大学赤本シリーズ

437

早稲田大学

基幹理工学部・創造理工学部・先進理工学部

JN062587

教学社

は　し　が　き

　おかげさまで，大学入試の「赤本」は，今年で創刊70周年を迎えました。

　これまで，入試問題や資料をご提供いただいた大学関係者各位，掲載許可をいただいた著作権者の皆様，各科目の解答や対策の執筆にあたられた先生方，そして，赤本を使用してくださったすべての読者の皆様に，厚く御礼を申し上げます。

　以下に，創刊初期の「赤本」のはしがきを引用します。これからも引き続き，受験生の目標の達成や，夢の実現を応援してまいります。

　本書を活用して，入試本番では持てる力を存分に発揮されることを心より願っています。

編者しるす

＊　　　＊　　　＊

　学問の塔にあこがれのまなざしをもって，それぞれの志望する大学の門をたたかんとしている受験生諸君！　人間として生まれてきた私たちは，自己の欲するままに，美しく，強く，そして何よりも人間らしく生きることをねがっている。しかし，一朝一夕にして，この純粋なのぞみが達せられることはない。私たちの行く手には，絶えずさまざまな試練がまちかまえている。この試練を克服していくところに，私たちのねがう真に人間的な世界がはじめて開かれてくるのである。

　人生最初の最大の試練として，諸君の眼前に大学入試がある。この大学入試は，精神的にも身体的にも，大きな苦痛を感ぜしめるであろう。あるスポーツに熟達するには，たゆみなき，はげしい練習を積み重ねることが必要であるように，私たちは，計画的・持続的な努力を払うことによって，この試練を克服し，次の一歩を踏みだすことができる。厳しい試練を経たのちに，はじめて満足すべき成果を獲得できるのである。

　本書は最近の入学試験の問題に，それぞれ解答を付し，さらに問題をふかく分析することによって，その大学独特の傾向や対策をさぐろうとした。本書を一般の参考書とあわせて使用し，まとはずれのない，効果的な受験勉強をされるよう期待したい。

（昭和35年版「赤本」はしがきより）

挑む人の、いちばんの味方

赤本創刊70周年

1954年に大学入試の過去問題集を刊行してから70年。赤本は大学に入りたいと思う受験生を応援しつづけてきました。これからも，苦しいとき落ち込むときにそばで支える存在でいたいと思います。

そして，勉強をすること，自分で道を決めること，努力が実ること，これらの喜びを読者の皆さんが感じることができるよう，伴走をつづけます。

そもそも赤本とは…

受験生のための大学入試の過去問題集！

70年の歴史を誇る赤本は，500点を超える刊行点数で全都道府県の370大学以上を網羅しており，過去問の代名詞として受験生の必須アイテムとなっています。

……………… なぜ受験に過去問が必要なのか？ ……………

大学入試は大学によって問題形式や頻出分野が大きく異なるからです。

記述式？

マーク式？

問題のレベルは？

時間配分は？

自分に足りないのは？

頻出分野は？

どんな対策が必要？

どんな問題が出るの？

みんなの疑問に答える赤本！

赤本で志望校を研究しよう！

赤本の掲載内容

傾向と対策

これまでの出題内容から，問題の「**傾向**」を分析し，来年度の入試に向けて具体的な「**対策**」の方法を紹介しています。

問題編・解答編

◆ 年度ごとに問題とその解答を掲載しています。

◆ 「**問題編**」ではその年度の試験概要を確認したうえで，実際に出題された過去問に取り組むことができます。

◆ 「**解答編**」には高校・予備校の先生方による解答が載っています。

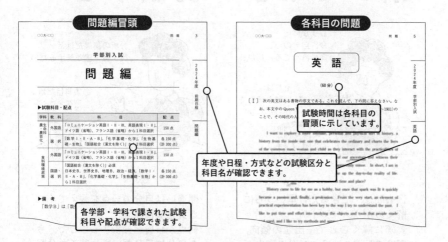

他にも，大学の基本情報や，先輩受験生の合格体験記，在学生からのメッセージなどが載っていることがあります。

2024年度から見やすいデザインに！ NEW

● 掲載内容について ●

著作権上の理由やその他編集上の都合により問題や解答の一部を割愛している場合があります。なお，指定校推薦入試，社会人入試，編入学試験，帰国生入試などの特別入試，英語以外の外国語科目，商業・工業科目は，原則として掲載しておりません。また試験科目は変更される場合がありますので，あらかじめご了承ください。

受験勉強は 過去問に始まり,

STEP 1
なにはともあれ

まずは解いてみる

しずかに…
今,自分の心と
向き合ってるんだから

ムーン

それは
問題を解いて
からだホン!

過去問は,**できるだけ早いうちに解くのがオススメ!**
実際に解くことで,**出題の傾向,問題のレベル,今の自分の実力**がつかめます。

STEP 2
じっくり具体的に

弱点を分析する

分析の結果だけど
英・数・国が苦手みたい

スリー

必須科目だホン
頑張るホン

間違いは自分の弱点を教えてくれる貴重な情報源。
弱点から自己分析することで,**今の自分に足りない力や苦手な分野**が見えてくるはず!

合格者があかす
赤本の使い方

傾向と対策を熟読
(Fさん／国立大合格)

大学の出題傾向を調べるために,赤本に載っている「傾向と対策」を熟読しました。

繰り返し解く
(Tさん／国立大合格)

1周目は問題のレベル確認,2周目は苦手や頻出分野の確認に,3周目は合格点を目指して,と過去問は繰り返し解くことが大切です。

過去問に終わる。

STEP 3

_{志望校に}
_{あわせて}

苦手分野の
重点対策

明日からはみんなで頑張るよ！
参考書も！問題集も！
よろしくね！

なにを!?
どこから!?

呼んだ？

グッ　グッ

参考書や問題集を活用して，苦手分野の**重点対策**をしていきます。**過去問を指針に，合格へ向けた具体的な学習計画を立てましょう！**

STEP 1 ▶ 2 ▶ 3

_{サイクル}
_{が大事！}

実践を
繰り返す

やるのは
ボクだよ～

STEP 1　解く!!

対策!!　分析!!

STEP 3　STEP 2

STEP 1～3を繰り返し，実力ア
ップにつなげましょう！
出題形式に慣れることや，時間配
分を考えることも大切です。

目標点を決める
（Yさん／私立大合格）

赤本によっては合格者最低点が載っているので，それを見て目標点を決めるのもよいです。

時間配分を確認
（Kさん／私立大学合格）

赤本は時間配分や解く順番を決めるために使いました。

添削してもらう
（Sさん／私立大学合格）

記述式の問題は先生に添削してもらうことで自分の弱点に気づけると思います。

新課程入試 Q&A

2022 年度から新しい学習指導要領（新課程）での授業が始まり，2025 年度の入試は，新課程に基づいて行われる最初の入試となります。ここでは，赤本での新課程入試の対策について，よくある疑問にお答えします。

Q1. 赤本は新課程入試の対策に使えますか？

A. もちろん使えます！

旧課程入試の過去問が新課程入試の対策に役に立つのか疑問に思う人もいるかもしれませんが，心配することはありません。旧課程入試の過去問が役立つのには次のような理由があります。

● 学習する内容はそれほど変わらない

新課程は旧課程と比べて科目名を中心とした変更はありますが，学習する内容そのものはそれほど大きく変わっていません。また，多くの大学で，既卒生が不利にならないよう「経過措置」がとられます（Q3参照）。したがって，出題内容が大きく変更されることは少ないとみられます。

● 大学ごとに出題の特徴がある

これまでに課程が変わったときも，各大学の出題の特徴は大きく変わらないことがほとんどでした。入試問題は各大学のアドミッション・ポリシーに沿って出題されており，過去問にはその特徴がよく表れています。過去問を研究してその大学に特有の傾向をつかめば，最適な対策をとることができます。

出題の特徴の例	・英作文問題の出題の有無
	・論述問題の出題（字数制限の有無や長さ）
	・計算過程の記述の有無

新課程入試の対策も，赤本で過去問に取り組むところから始めましょう。

Q2. 赤本を使う上での注意点はありますか？

A. 志望大学の入試科目を確認しましょう。

　過去問を解く前に，過去の出題科目（問題編冒頭の表）と 2025 年度の募集要項とを比べて，課される内容に変更がないかを確認しましょう。ポイントは以下のとおりです。科目名が変わっていても，実際は旧課程の内容とほとんど同様のものもあります。

英語・国語	科目名は変更されているが，実質的には変更なし。 ▶▶ ただし，リスニングや古文・漢文の有無は要確認。
地歴	科目名が変更され，「歴史総合」「地理総合」が新設。 ▶▶ 新設科目の有無に注意。ただし，「経過措置」(Q3参照)により内容は大きく変わらないことも多い。
公民	「現代社会」が廃止され，「公共」が新設。 ▶▶ 「公共」は実質的には「現代社会」と大きく変わらない。
数学	科目が再編され，「数学 C」が新設。 ▶▶ 「数学」全体としての内容は大きく変わらないが，出題科目と単元の変更に注意。
理科	科目名も学習内容も大きな変更なし。

　数学については，科目名だけでなく，どの単元が含まれているかも確認が必要です。例えば，出題科目が次のように変わったとします。

旧課程	「数学 I・数学 II・数学 A・数学 B（数列・ベクトル）」
新課程	「数学 I・数学 II・数学 A・**数学 B（数列）・数学 C（ベクトル）**」

　この場合，新課程では「数学 C」が増えていますが，単元は「ベクトル」のみのため，実質的には旧課程とほぼ同じであり，過去問をそのまま役立てることができます。

Q3. 「経過措置」とは何ですか？

A. 既卒の旧課程履修者への対応です。

　多くの大学では，既卒の旧課程履修者が不利にならないように，出題において「経過措置」が実施されます。措置の有無や内容は大学によって異なるので，募集要項や大学のウェブサイトなどで確認しておきましょう。

○旧課程履修者への経過措置の例

- ●旧課程履修者にも配慮した出題を行う。
- ●新・旧課程の共通の範囲から出題する。
- ●新課程と旧課程の共通の内容を出題し，共通範囲のみでの出題が困難な場合は，旧課程の範囲からの問題を用意し，選択解答とする。

　例えば，地歴の出題科目が次のように変わったとします。

旧課程	「日本史B」「世界史B」から1科目選択
新課程	「歴史総合，日本史探究」「歴史総合，世界史探究」から1科目選択※ ※旧課程履修者に不利益が生じることのないように配慮する。

　「歴史総合」は新課程で新設された科目で，旧課程履修者には見慣れないものですが，上記のような経過措置がとられた場合，新課程入試でも旧課程と同様の学習内容で受験することができます。

新課程の情報は WEB もチェック！
より詳しい解説が赤本ウェブサイトで見られます。
https://akahon.net/shinkatei/

科目名が変更される教科・科目

	旧 課 程	新 課 程
国語	国語総合 国語表現 現代文A 現代文B 古典A 古典B	現代の国語 言語文化 論理国語 文学国語 国語表現 古典探究
地歴	日本史A 日本史B 世界史A 世界史B 地理A 地理B	歴史総合 日本史探究 世界史探究 地理総合 地理探究
公民	現代社会 倫理 政治・経済	公共 倫理 政治・経済
数学	数学I 数学II 数学III 数学A 数学B 数学活用	数学I 数学II 数学III 数学A 数学B 数学C
外国語	コミュニケーション英語基礎 コミュニケーション英語I コミュニケーション英語II コミュニケーション英語III 英語表現I 英語表現II 英語会話	英語コミュニケーションI 英語コミュニケーションII 英語コミュニケーションIII 論理・表現I 論理・表現II 論理・表現III
情報	社会と情報 情報の科学	情報I 情報II

大学のサイトも見よう

目　次

解 答 編　　※問題編は別冊

掲載内容についてのお断り

- 創造理工学部建築学科の「空間表現」は 2023・2024 年度のみ掲載しています（解答は省略）。
- 創造理工学部建築学科の総合型選抜「早稲田建築 AO 入試（創成入試）」は掲載していません。

基本情報

🏛 沿革

1882（明治 15）	大隈重信が東京専門学校を開校
1902（明治 35）	早稲田大学と改称
1904（明治 37）	専門学校令による大学となる
1920（大正 9）	大学令による大学となり，政治経済学部・法学部・文学部・商学部・理工学部を設置

> 🖋1922（大正 11）早慶ラグビー定期戦開始。アインシュタイン来校
> 🖋1927（昭和 2）大隈講堂落成

1949（昭和 24）	新制早稲田大学 11 学部（政治経済学部・法学部・文学部・教育学部・商学部・理工学部〔各第一・第二／教育学部除く〕）発足

> 🖋1962（昭和 37）米国司法長官ロバート・ケネディ来校

1966（昭和 41）	社会科学部を設置

> 🖋1974（昭和 49）エジプト調査隊，マルカタ遺跡の発掘

1987（昭和 62）	人間科学部を設置

> 🖋1993（平成 5）ビル・クリントン米国大統領来校

2003（平成 15）	スポーツ科学部を設置
2004（平成 16）	国際教養学部を設置
2007（平成 19）	創立 125 周年。第一・第二文学部を文化構想学部・文学部に，理工学部を基幹理工学部・創造理工学部・先進理工学部に改組再編
2009（平成 21）	社会科学部が昼間部に移行

シンボル

　1906（明治 39）年に「弧形の稲葉の上に大学の二字を置く」という
校章の原型が作られ，創立 125 周年を機に伝統のシンボルである校章
・角帽・早稲田レッドをモチーフとし，現在の早稲田シンボルがデザ
インされました。

早稲田大学について

　早稲田大学の教育の基本理念を示す文書としての教旨は，高田早苗，坪内逍遥，天野為之，市島謙吉，浮田和民，松平康国などにより草案が作成されました。その後，教旨は初代総長・大隈重信の校閲を経て 1913（大正 2）年の創立 30 周年記念祝典において宣言され，今日の早稲田の校風を醸成するに至っています。

早稲田大学教旨

早稲田大学は学問の独立を全うし学問の活用を効し
模範国民を造就するを以て建学の本旨と為す

早稲田大学は**学問の独立**を本旨と為すを以て
之が自由討究を主とし
常に独創の研鑽に力め以て
世界の学問に裨補せん事を期す

早稲田大学は**学問の活用**を本旨と為すを以て
学理を学理として研究すると共に
之を実際に応用するの道を講し以て
時世の進運に資せん事を期す

早稲田大学は**模範国民の造就**を本旨と為すを以て
個性を尊重し　身家を発達し　国家社会を利済し
併せて広く世界に活動す可き人格を養成せん事を期す

教旨の概要

◉学問の独立

学問の独立は**在野精神**や**反骨の精神**などの校風と結び合います。早稲田大学は，自主独立の精神をもつ近代的国民の養成を理想とし，権力や時勢に左右されない科学的な教育・研究を行うことを掲げています。

◉学問の活用

歴史上，日本が近代国家をめざすため，学問は現実に活かしうるもの，すなわち近代化に貢献するものであることが求められました。これが学問の活用です。ただし，早稲田大学はこの学問の活用を安易な実用主義ではなく，**進取の精神**として教育の大きな柱の一つとしました。

◉模範国民の造就

早稲田大学は庶民の教育を主眼として創設されました。このことが反映された理念が模範国民の造就です。模範国民の造就は，グローバリゼーションが進展する現代にも通ずる理念であり，豊かな人間性をもった**地球市民の育成**と解釈されます。

早稲田大学校歌

作詞　相馬御風
作曲　東儀鉄笛

一、
都の西北　早稲田の森に
聳ゆる甍は　われらが母校
われらが日ごろの抱負を知るや
進取の精神　学の独立
現世を忘れぬ　久遠の理想
かがやくわれらが行手を見よや
わせだ　わせだ　わせだ
わせだ　わせだ

二、
東西古今の　文化のうしほ
一つに渦巻く　大島国の
大なる使命を　担ひて立てる
われらが行手は　窮り知らず
やがても久遠の　理想の影は
あまねく天下に　輝き布かん
わせだ　わせだ　わせだ
わせだ　わせだ

三、
あれ見よかしこの　常磐の森は
心のふるさと　われらが母校
集り散じて　人は変れど
仰ぐは同じき　理想の光
いざ声そろへて　空もとどろに
われらが母校の　名をばたたへん
わせだ　わせだ　わせだ
わせだ　わせだ

学部・学科の構成

(注) 下記内容は 2024 年 4 月時点のもので，改組・新設等により変更される場合があります。

大 学

● **政治経済学部** 早稲田キャンパス
　政治学科
　経済学科
　国際政治経済学科

● **法学部** 早稲田キャンパス
　法律主専攻（司法・法律専門職，企業・渉外法務，国際・公共政策）

● **教育学部** 早稲田キャンパス
　教育学科（教育学専攻〈教育学専修，生涯教育学専修，教育心理学専修〉，初等教育学専攻）
　国語国文学科
　英語英文学科
　社会科（地理歴史専修，公共市民学専修）
　理学科（生物学専修，地球科学専修）
　数学科
　複合文化学科

● **商学部** 早稲田キャンパス
　経営トラック，会計トラック，マーケティングトラック，ファイナンストラック，保険・リスクマネジメントトラック，ビジネスエコノミクストラック

● **社会科学部** 早稲田キャンパス
　社会科学科（『平和・国際協力』コース，『多文化社会・共生』コース，『サスティナビリティ』コース，『コミュニティ・社会デザイン』コース，『組織・社会イノベーション』コース）

● **国際教養学部** 早稲田キャンパス
　国際教養学科

●**文化構想学部**　戸山キャンパス

　文化構想学科（多元文化論系，複合文化論系，表象・メディア論系，文芸・ジャーナリズム論系，現代人間論系，社会構築論系）

●**文学部**　戸山キャンパス

　文学科（哲学コース，東洋哲学コース，心理学コース，社会学コース，教育学コース，日本語日本文学コース，中国語中国文学コース，英文学コース，フランス語フランス文学コース，ドイツ語ドイツ文学コース，ロシア語ロシア文学コース，演劇映像コース，美術史コース，日本史コース，アジア史コース，西洋史コース，考古学コース，中東・イスラーム研究コース）

●**基幹理工学部**　西早稲田キャンパス

　数学科

　応用数理学科

　機械科学・航空宇宙学科

　電子物理システム学科

　情報理工学科

　情報通信学科

　表現工学科

●**創造理工学部**　西早稲田キャンパス

　建築学科

　総合機械工学科

　経営システム工学科

　社会環境工学科

　環境資源工学科

　※学科を横断する組織として「社会文化領域」を設置。

●**先進理工学部**　西早稲田キャンパス

　物理学科

　応用物理学科

　化学・生命化学科

　応用化学科

　生命医科学科

　電気・情報生命工学科

●**人間科学部**　所沢キャンパス
　人間環境科学科
　健康福祉科学科
　人間情報科学科
●**スポーツ科学部**　所沢キャンパス／一部の授業は東伏見キャンパス
　スポーツ科学科（スポーツ医科学コース，健康スポーツコース，トレー
　　ナーコース，スポーツコーチングコース，スポーツビジネスコース，
　　スポーツ文化コース）

（備考）学科・専攻・コース等に分属する年次はそれぞれ異なる。

大学院

政治学研究科／経済学研究科／法学研究科（法科大学院）／文学研究科／
商学研究科／基幹理工学研究科／創造理工学研究科／先進理工学研究科／
教育学研究科／人間科学研究科／社会科学研究科／スポーツ科学研究科／
国際コミュニケーション研究科／アジア太平洋研究科／日本語教育研究科
／情報生産システム研究科／会計研究科／環境・エネルギー研究科／経営
管理研究科（WBS）

教育の特徴

　早稲田大学には，各学部の講義やカリキュラムのほか，グローバルエデュケーションセンター（GEC）により設置された科目や教育プログラムもあります。GECの設置科目はすべて学部・学年を問わず自由に履修でき，国内外の幅広く多様な分野で活躍するための「第二の強み」を作ることができます。GECの教育プログラムは4つに大別されます。

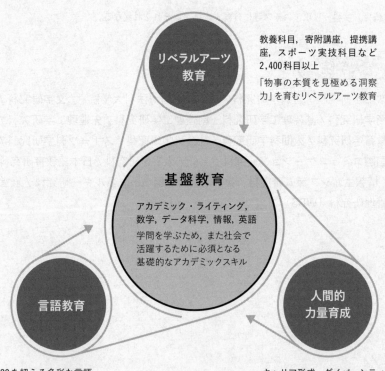

リベラルアーツ教育

教養科目，寄附講座，提携講座，スポーツ実技科目など2,400科目以上

「物事の本質を見極める洞察力」を育むリベラルアーツ教育

基盤教育

アカデミック・ライティング，数学，データ科学，情報，英語

学問を学ぶため，また社会で活躍するために必須となる基礎的なアカデミックスキル

言語教育

20を超える多彩な言語

言葉だけでなく，その言語圏の歴史や文化についても知ることで，グローバルな視野を養う

人間的力量育成

キャリア形成，ダイバーシティ，ボランティア，地域連携，リーダーシップ，ビジネス創出

理論だけでなく実践を通した学びで，人類社会に貢献するグローバル人材を育成する

イベント情報

　早稲田大学は，高校生・受験生に向けた情報発信の機会として，全国各地においてイベントを実施しています。

◉キャンパスツアー
　キャンパスの雰囲気を体感できるイベントです。在学生ならではの声や説明を聞くことができ，モチベーション UP につながります。
　　対面型ツアー／オンライン型ツアー

◉オープンキャンパス
　例年 7 ～ 8 月頃に東京をはじめ，仙台・大阪・広島・福岡にて実施されています。学生団体によるパフォーマンスも必見です。

◉進学相談会・説明会
　全国 100 カ所近くで開催されています。

受験生応援サイト「DISCOVER WASEDA」
　講義体験や詳細な学部・学科紹介，キャンパスライフ，施設紹介，合格体験記といった様々な動画コンテンツが掲載されています。

DISCOVER WASEDA
https://discover.w.waseda.jp

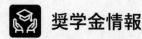

奨学金情報

　奨学金には，大学が独自に設置しているものから，公的団体・民間団体が設置しているものまで多くの種類が存在します。そのうち，早稲田大学が独自に設置している学内奨学金は約150種類に上り，すべて卒業後に返還する必要のない給付型の奨学金です。申請の時期や条件はそれぞれ異なりますが，ここでは，入学前に特に知っておきたい早稲田大学の学内奨学金を取り上げます。（本書編集時点の情報です。）

◎めざせ！ 都の西北奨学金　　入学前

首都圏の一都三県（東京都・埼玉県・千葉県・神奈川県）以外の国内高校・中等教育学校出身者を対象とした奨学金です。採用候補者数は1200人と学内の奨学金の中でも最大で選考結果は入学前に通知されます。

　給付額 ⇨ 年額45〜70万円　　収入・所得条件 ⇨ 1,000万円未満※
　※給与・年金収入のみの場合。

◎大隈記念奨学金　　入学前　　入学後

入学試験の成績，または入学後の学業成績を考慮して学部ごとに選考・給付されます。公募を経て選考される一部の学部を除き，基本的には事前申請が不要な奨学金です。

　給付額 ⇨ 年額40万円（原則）　　収入・所得条件 ⇨ なし

◎早稲田の栄光奨学金　　入学後

入学後に海外留学を目指す学生を支援する制度で，留学出願前に選考から発表まで行われます。留学センターが募集する，大学間協定によるプログラムで半期以上留学する学生が対象です。

　給付額 ⇨ 半期：50万円，　1年以上：110万円　　収入・所得条件 ⇨ 800万円未満※
　※給与・年金収入のみの場合。

その他の奨学金も含む詳細な情報は，
大学Webサイト及びその中の奨学金情報誌を
ご確認ください。

大学ウェブサイト
（奨学金情報）
▼

入 試 デ ー タ

 ## 入学試験の名称・定義

〔凡例〕

●：必須　　―：不要　　▲：以下の注意事項を参照

※1 英語以外の外国語を選択する場合に必要
※2 数学を選択する場合に必要
※3 提出しなくても出願可能（提出しない場合は，加点なしの扱い）
※4 出願時に「スポーツ競技歴調査書」「スポーツ競技成績証明書」の提出が必要

一般選抜

早稲田大学の試験場において試験を受ける必要が**ある**入試。

学　部	入試制度	共通テスト	英語4技能テスト	大学での試験
政治経済学部	一般	●	―	●
法　学　部	一般	▲※1 ※2	―	●
教　育　学　部*	一般（A方式）	▲※1	―	●
	一般（B方式）	▲※1	―	●
	一般（C方式）	●	―	●
	一般（D方式）	●	―	●
商　　学　　部	一般（地歴・公民型）	▲※1	―	●
	一般（数学型）	▲※1	―	●
	一般（英語4技能テスト利用型）	▲※1	●	●
社 会 科 学 部	一般	―	―	●
国 際 教 養 学 部	一般	●	▲※3	●
文 化 構 想 学 部	一般	▲※1	―	●
	一般（英語4技能テスト利用方式）	―	●	●
	一般（共通テスト利用方式）	●	―	●

（表つづく）

学　部	入試制度	共通テスト	英語4技能テスト	大学での試験
文　学　部	一般	▲※1	—	●
	一般（英語4技能テスト利用方式）	—	●	●
	一般（共通テスト利用方式）	●	—	●
基幹理工学部	一般	—	—	●
創造理工学部	一般	—	—	●
先進理工学部	一般	—	—	●
人間科学部	一般	—	—	●
	一般（共通テスト＋数学選抜方式）	●	—	●
スポーツ科学部	一般（共通テスト＋小論文方式）	●	—	●

＊教育学部の2022・2021年度については，下記の通りの実施であった。

学　部	入試制度	共通テスト	英語4技能スコア	大学での試験
教育学部	一般	—	—	●

大学入学共通テスト利用入試

早稲田大学の試験場において試験を受ける必要が**ない**入試。

学　部	入試制度	共通テスト	英語4技能テスト	大学での試験
政治経済学部	共テ利用（共通テストのみ方式）	●	—	—
法　学　部	共テ利用（共通テストのみ方式）	●	—	—
社会科学部	共テ利用（共通テストのみ方式）	●	—	—
人間科学部	共テ利用（共通テストのみ方式）	●	—	—
スポーツ科学部	共テ利用（共通テストのみ方式）	●	—	—
	共テ利用（共通テスト＋競技歴方式）	●※4	—	—

📊 入試状況（競争率・合格最低点など）

○基幹理工学部は学系単位の募集。各学系から進級できる学科は次の通り。

　　学系Ⅰ：数学科，応用数理学科

　　学系Ⅱ：応用数理学科，機械科学・航空宇宙学科，電子物理システム学科，情報理工
　　　　　　学科，情報通信学科

　　学系Ⅲ：情報理工学科，情報通信学科，表現工学科

○先進理工学部は第一志望学科の志願者数・合格者数を表記。合格最低点は，「第二志
望学科」合格者の最低点を除く。

○合格者数に補欠合格者は含まない。

○競争率は受験者数÷合格者数で算出。ただし，共通テスト利用入試（共通テストのみ
方式）の競争率は志願者数÷合格者数で算出。

○合格最低点は正規・補欠合格者の最低総合点であり，基幹理工・創造理工・先進理工
学部を除き，成績標準化後の点数となっている。成績標準化とは，受験する科目間で
難易度による差が生じないように，個々の科目において得点を調整する仕組みのこと。

○2022年度以前の教育学部理学科地球科学専修志願者で，理科の地学選択者について
は，理学科50名のうち若干名を「地学選択者募集枠」として理科の他の科目選択者
とは別枠で判定を行っている。合格最低点欄の〈　〉内は地学選択者募集枠の合格
最低点を示す。

○基幹理工学部・創造理工学部の「得意科目選考」の合格最低点は除く。

〈基準点について〉

○教育学部：すべての科目に合格基準点が設けられており，基準点に満たない場合は不
合格となる。また，以下の学科は，それぞれ次のような条件を特定科目の合格基準点
としている。

　　国語国文学科⇨「国語」：国語国文学科の全受験者の平均点

　　英語英文学科⇨「英語」：英語英文学科の全受験者の平均点

　　数学科⇨「数学」：数学科の全受験者の平均点

○商学部：英語4技能テスト利用型では，国語，地歴・公民または数学それぞれにおい
て合格基準点が設けられており，基準点に満たない場合は不合格となる。

○スポーツ科学部：小論文が基準点に満たない場合は不合格となる。

2024 年度一般選抜・共通テスト利用入試

大学ホームページ（2024 年 3 月 12 日付）より。

2024 年度合格最低点については本書編集段階では未公表のため，大学公表の資料でご確認ください。

学部・学科・専攻等				募集人員	志願者数	受験者数	合格者数	競争率
政治経済	一般		政　　　　　治	100	1,005	846	294	2.9
			経　　　　　済	140	1,269	995	318	3.1
			国 際 政 治 経 済	60	402	327	148	2.2
	共通テスト		政　　　　　治	15	401	—	133	3.0
			経　　　　　済	25	1,672	—	606	2.8
			国 際 政 治 経 済	10	293	—	103	2.8
法	一般			350	4,346	3,809	703	5.4
	共　　通　　テ　　ス　　ト			100	2,044	—	567	3.6
教　　　　　　　　　　　　育	一般（A方式・B方式）	教育	教育学	教育学	1,008	934	100	9.3
				生涯教育学	95	1,123	1,046	76	13.8
				教育心理学	632	578	57	10.1
			初 等 教 育 学	20	355	333	30	11.1
		国　語　国　文		80	1,308	1,226	179	6.8
		英　語　英　文		80	1,379	1,269	318	4.0
		社会	地 理 歴 史	140	1,712	1,609	207	7.8
			公 共 市 民 学		1,464	1,413	255	5.5
		理	地 球 科 学	20	704	625	86	7.3
		数		45	841	757	132	5.7
		複　　合　　文　　化		40	924	865	110	7.9
	一般（C方式）	教育	教育学	教育学	22	19	5	3.8
				生涯教育学	20	41	35	15	2.3
				教育心理学	22	19	9	2.1
			初 等 教 育 学	5	9	7	3	2.3
		国　語　国　文		15	61	54	15	3.6
		英　語　英　文		15	106	92	42	2.2
		社会	地 理 歴 史	25	52	47	22	2.1
			公 共 市 民 学		38	35	16	2.2

（表つづく）

学部・学科・専攻等			募集人員	志願者数	受験者数	合格者数	競争率
教育	一般（C方式）	理 生 物 学	15	235	116	51	2.3
		理 地 球 科 学	5	41	34	13	2.6
		数	10	127	71	38	1.9
		複 合 文 化	10	87	72	12	6.0
	一般（D方式）	理 生 物 学	10	160	145	31	4.7
商	一般	地 歴・公 民 型	355	7,730	7,039	695	10.1
		数 学 型	150	2,752	2,329	400	5.8
		英語4技能テスト利用型	30	412	359	76	4.7
社会科学	一 般		450	8,864	7,833	869	9.0
	共 通 テ ス ト		50	1,384	—	361	3.8
国際教養	一 般		175	1,352	1,229	380	3.2
文化構想	一般	一 般	370	6,898	6,618	783	8.5
		英語4技能テスト利用方式	70	2,410	2,355	339	6.9
		共通テスト利用方式	35	1,123	993	206	4.8
文	一般	一 般	340	7,755	7,330	860	8.5
		英語4技能テスト利用方式	50	2,375	2,307	326	7.1
		共通テスト利用方式	25	1,057	873	191	4.6
基幹理工	一般	学 系 I	45	581	524	189	2.8
		学 系 II	210	2,822	2,534	703	3.6
		学 系 III	65	1,128	1,032	205	5.0
創造理工	一般	建 築	80	763	675	176	3.8
		総 合 機 械 工	80	1,029	931	217	4.3
		経 営 シ ス テ ム 工	70	660	594	148	4.0
		社 会 環 境 工	50	452	412	113	3.6
		環 境 資 源 工	35	370	338	94	3.6
先進理工	一般	物 理	30	798	735	195	3.8
		応 用 物 理	55	457	422	134	3.1
		化 学・生 命 化	35	391	355	103	3.4
		応 用 化	75	1,196	1,097	303	3.6
		生 命 医 科	30	827	724	148	4.9
		電 気・情 報 生 命 工	75	517	465	133	3.5

（表つづく）

学部・学科・専攻等			募集人員	志願者数	受験者数	合格者数	競争率
人間科学	一般	一般 人間環境科	115	2,180	1,973	320	6.2
		健康福祉科	125	2,124	1,977	296	6.7
		人間情報科	100	1,528	1,358	200	6.8
		数学選抜方式 人間環境科	15	236	223	59	3.8
		健康福祉科	15	162	153	44	3.5
		人間情報科	15	258	242	70	3.5
	共通テスト	人間環境科	5	452	—	102	4.4
		健康福祉科	5	233	—	77	3.0
		人間情報科	5	352	—	99	3.6
スポーツ科学	一般	一般	150	1,090	914	303	3.0
	共通テスト	共通テストのみ方式	50	460	—	93	4.9
		競技歴方式	50	359	—	141	2.5

2023 年度一般選抜・共通テスト利用入試

学部・学科・専攻等			募集人員	志願者数	受験者数	合格者数	競争率	合格最低点／満点
政治経済	一般	政　　　　　治	100	824	708	260	2.7	151.5/200
		経　　　　　済	140	1,481	1,192	322	3.7	159.0/200
		国 際 政 治 経 済	60	561	462	131	3.5	158.5/200
	共通テスト	政　　　　　治	15	358	—	103	3.5	
		経　　　　　済	25	1,632	—	467	3.5	—
		国 際 政 治 経 済	10	353	—	111	3.2	
法	一般		350	4,780	4,269	811	5.3	90.25/150
	共　通　テ　ス　ト		100	1,836	—	510	3.6	—
教育	一般（A方式・B方式）	教育学 教育学	95	942	867	112	7.7	93.682/150
		教育学 生涯教育学		687	655	114	5.7	90.002/150
		教育学 教育心理学		722	677	64	10.6	94.023/150
		初 等 教 育 学	20	632	590	40	14.8	92.795/150
		国 語 国 文	80	1,194	1,120	199	5.6	106.451/150
		英 語 英 文	80	1,642	1,520	328	4.6	107.858/150
		社会 地 理 歴 史	140	1,929	1,827	217	8.4	97.546/150
		社会 公 共 市 民 学		1,771	1,686	248	6.8	94.899/150
		理 地 球 科 学	20	670	597	94	6.4	89.272/150
		数	45	903	806	149	5.4	122.042/150
		複 合 文 化	40	1,216	1,130	129	8.8	117.045/150
	一般（C方式）	教育学 教育学	20	35	27	9	3.0	173.200/240
		教育学 生涯教育学		21	21	10	2.1	155.700/240
		教育学 教育心理学		15	15	6	2.5	167.000/240
		初 等 教 育 学	5	13	13	2	6.5	170.200/240
		国 語 国 文	15	66	60	17	3.5	185.500/240
		英 語 英 文	15	78	66	32	2.1	168.200/240
		社会 地 理 歴 史	25	61	58	26	2.2	175.400/240
		社会 公 共 市 民 学		57	51	20	2.6	182.000/240

（表つづく）

学部・学科・専攻等			募集人員	志願者数	受験者数	合格者数	競争率	合格最低点／満点
教育	一般（C方式）	理 生　物　学	15	199	129	76	1.7	148.000/240
		理 地　球　科　学	5	36	35	10	3.5	176.700/240
		数	10	91	74	27	2.7	121.500/240
		複　合　文　化	10	45	41	22	1.9	163.700/240
	一般（D方式）	理 生　物　学	10	204	191	51	3.7	150.300/240
商	一般	地　歴・公　民　型	355	7,949	7,286	656	11.1	131.6/200
		数　　学　　型	150	2,490	2,129	370	5.8	109.05/180
		英語4技能テスト利用型	30	279	246	63	3.9	127/205
社会科学	一	般	450	8,862	7,855	826	9.5	78.92/130
	共　通　テ　ス　ト		50	1,329	—	355	3.7	—
国際教養	一	般	175	1,357	1,222	304	4.0	142.8/200
文化構想	一般	一　　　　般	370	7,353	7,049	736	9.6	131.7/200
		英語4技能テスト利用方式	70	2,694	2,622	355	7.4	85/125
		共通テスト利用方式	35	1,164	992	217	4.6	146/200
文	一般	一　　　　般	340	7,592	7,110	840	8.5	129.8/200
		英語4技能テスト利用方式	50	2,429	2,339	332	7.0	85/125
		共通テスト利用方式	25	1,115	875	203	4.3	146/200
基幹理工	一般	学　　系　　Ⅰ	45	509	463	177	2.6	190/360
		学　　系　　Ⅱ	210	3,048	2,796	640	4.4	206/360
		学　　系　　Ⅲ	65	1,079	993	194	5.1	199/360
創造理工	一般	建　　　　築	80	768	697	169	4.1	196/400
		総　合　機　械　工	80	988	909	267	3.4	179/360
		経　営　システム　工	70	629	584	154	3.8	191/360
		社　会　環　境　工	50	507	452	129	3.5	184/360
		環　境　資　源　工	35	280	259	90	2.9	180/360
先進理工	一般	物　　　　理	30	738	668	145	4.6	205/360
		応　用　物　理	55	565	517	119	4.3	188/360
		化　学・生　命　化	35	379	345	119	2.9	194/360
		応　　用　　化	75	1,060	962	325	3.0	195/360
		生　命　医　科	30	736	637	170	3.7	196/360
		電　気・情報生命工	75	557	509	147	3.5	188/360

（表つづく）

学部・学科・専攻等			募集人員	志願者数	受験者数	合格者数	競争率	合格最低点／満点
人間科学	一般	一般 人間環境科	115	1,977	1,794	283	6.3	87.40/150
		一般 健康福祉科	125	2,038	1,865	273	6.8	85.72/150
		一般 人間情報科	100	1,951	1,761	221	8.0	86.92/150
		数学選抜方式 人間環境科	15	166	161	66	2.4	276.7/500
		数学選抜方式 健康福祉科	15	204	194	46	4.2	282.2/500
		数学選抜方式 人間情報科	15	240	232	74	3.1	296.0/500
	共通テスト	人間環境科	5	343	—	90	3.8	—
		健康福祉科	5	366	—	92	4.0	
		人間情報科	5	387	—	92	4.2	
スポーツ科学	一般	一般	150	972	804	257	3.1	159.9/250
	共通テスト	共通テストのみ方式	50	455	—	92	4.9	—
		競技歴方式	50	270	—	143	1.9	—

（備考）合格最低点欄の「—」は非公表を示す。

2022 年度一般選抜・共通テスト利用入試

学部・学科・専攻等			募集人員	志願者数	受験者数	合格者数	競争率	合格最低点／満点
政治経済	一般	政　　　　治	100	908	781	252	3.1	152/200
		経　　　　済	140	1,470	1,170	312	3.8	155/200
		国 際 政 治 経 済	60	523	424	133	3.2	155.5/200
	共通テスト	政　　　　治	15	297	—	85	3.5	
		経　　　　済	25	1,365	—	466	2.9	—
		国 際 政 治 経 済	10	309	—	89	3.5	
法	一般		350	4,709	4,136	754	5.5	89.895/150
	共 通 テ ス ト		100	1,942	—	550	3.5	—
教育	一般	教育学 教育学	100	950	889	106	8.4	95.160/150
		教育学 生涯教育学		1,286	1,221	94	13.0	96.741/150
		教育学 教育心理学		691	623	65	9.6	95.679/150
		初 等 教 育 学	20	444	408	39	10.5	93.047/150
		国 語 国 文	80	1,389	1,312	190	6.9	106.903/150
		英 語 英 文	80	2,020	1,871	340	5.5	110.163/150
		社会 地 理 歴 史	145	2,057	1,929	228	8.5	97.443/150
		社会 公 共 市 民 学		2,100	2,002	275	7.3	96.009/150
		理 生 物 学	50	554	503	122	4.1	85.250/150
		理 地 球 科 学		687	610	98	6.2	86.571/150 〈83.250〉
		数	45	903	818	178	4.6	120/150
		複 合 文 化	40	1,427	1,326	150	8.8	114.255/150
商	一般	地 歴 ・ 公 民 型	355	8,230	7,601	694	11.0	130.6/200
		数 　 学 　 型	150	2,648	2,276	366	6.2	109.4/180
		英語 4 技能テスト利用型	30	899	774	80	9.7	133.7/205
社会科学	一般		450	9,166	8,082	823	9.8	89.451/130
	共 通 テ ス ト		50	1,132	—	305	3.7	—
国際教養	一般		175	1,521	1,387	342	4.1	151.1/200
文化構想	一般	一般	370	7,755	7,443	832	8.9	134/200
		英語 4 技能テスト利用方式	70	3,004	2,929	375	7.8	85.5/125
		共通テスト利用方式	35	1,183	957	203	4.7	142.5/200

（表つづく）

学部・学科・専攻等			募集人員	志願者数	受験者数	合格者数	競争率	合格最低点／満点
文	一般	一　　　　　般	340	8,070	7,532	741	10.2	131.9/200
		英語4技能テスト利用方式	50	2,646	2,545	332	7.7	86.5/125
		共通テスト利用方式	25	1,130	862	170	5.1	148/200
基幹理工	一般	学　　系　　I	45	615	559	142	3.9	178/360
		学　　系　　II	210	2,962	2,675	673	4.0	181/360
		学　　系　　III	65	967	886	165	5.4	176/360
創造理工	一般	建　　　　　築	80	759	684	151	4.5	185/400
		総 合 機 械 工	80	968	875	240	3.6	161/360
		経営システム工	70	682	623	158	3.9	178/360
		社 会 環 境 工	50	464	416	133	3.1	163/360
		環 境 資 源 工	35	239	222	62	3.6	163/360
先進理工	一般	物　　　　　理	30	697	643	162	4.0	196/360
		応 用 物 理	55	471	432	143	3.0	176/360
		化 学 ・ 生 命 化	35	437	388	120	3.2	175/360
		応 用 化	75	1,173	1,059	259	4.1	180/360
		生 命 医 科	30	695	589	146	4.0	186/360
		電気・情報生命工	75	594	543	138	3.9	172/360
人間科学	一般	一般　人間環境科	115	1,845	1,671	242	6.9	88.5/150
		一般　健康福祉科	125	1,923	1,757	266	6.6	85.5/150
		一般　人間情報科	100	1,921	1,715	252	6.8	87/150
		数学選抜方式　人間環境科	15	135	126	48	2.6	306.1/500
		数学選抜方式　健康福祉科	15	111	106	41	2.6	293.5/500
		数学選抜方式　人間情報科	15	239	227	75	3.0	321.9/500
	共通テスト	人間環境科	5	266	—	85	3.1	—
		健康福祉科	5	198	—	77	2.6	
		人間情報科	5	273	—	98	2.8	
スポーツ科学	一般	一　　　　　般	150	988	847	223	3.8	163/250
	共通テスト	共通テストのみ方式	50	475	—	109	4.4	—
		競 技 歴 方 式	50	331	—	119	2.8	—

（備考）合格最低点欄の「—」は非公表を示す。

2021 年度一般選抜・共通テスト利用入試

学部	区分	学科・専攻等	募集人員	志願者数	受験者数	合格者数	競争率	合格最低点／満点
政治経済	一般	政治	100	870	738	261	2.8	148/200
		経済	140	2,137	1,725	331	5.2	156/200
		国際政治経済	60	488	387	138	2.8	151/200
	共通テスト	政治	15	382	—	104	3.7	
		経済	25	1,478	—	418	3.5	—
		国際政治経済	10	314	—	113	2.8	
法	一般	般	350	4,797	4,262	738	5.8	90.295/150
	共通テスト		100	2,187	—	487	4.5	—
教育	一般	教育／教育学／教育学	100	1,440	1,345	77	17.5	97.688/150
		教育／教育学／生涯教育学		876	835	76	11.0	93.818/150
		教育／教育学／教育心理学		521	484	59	8.2	95.653/150
		教育／初等教育学	20	378	344	30	11.5	92.096/150
		国語国文	80	1,260	1,195	166	7.2	107.224/150
		英語英文	80	1,959	1,834	290	6.3	110.955/150
		社会／地理歴史	145	2,089	1,974	214	9.2	97.496/150
		社会／公共市民学		1,630	1,558	244	6.4	95.140/150
		理／生物学	50	454	395	89	4.4	86.245/150
		理／地球科学		676	612	112	5.5	87.495/150 〈84.495〉
		数	45	823	739	173	4.3	118.962/150
		複合文化	40	933	880	142	6.2	112.554/150
商	一般	地歴・公民型	355	8,537	7,980	681	11.7	131.35/200
		数学型	150	2,518	2,205	419	5.3	107.60/180
		英語4技能テスト利用型	30	250	214	66	3.2	120.05/205
社会科学	一般	般	450	8,773	7,883	739	10.7	78.62/130
	共通テスト		50	1,485	—	214	6.9	
国際教養	一般	般	175	1,622	1,498	330	4.5	155.94/200
文化構想	一般	一般	430	7,551	7,273	702	10.4	130.6/200
		英語4技能テスト利用方式	70	2,585	2,532	340	7.4	85/125
		共通テスト利用方式	35	1,348	1,146	172	6.7	149.5/200

（表つづく）

学部・学科・専攻等			募集人員	志願者数	受験者数	合格者数	競争率	合格最低点／満点
文	一般	一　　　　般	390	7,814	7,374	715	10.3	130.8/200
		英語4技能テスト利用方式	50	2,321	2,239	243	9.2	87.5/125
		共通テスト利用方式	25	1,281	1,037	162	6.4	150/200
基幹理工	一般	学　系　Ⅰ	45	444	403	150	2.7	198/360
		学　系　Ⅱ	210	2,937	2,689	576	4.7	219/360
		学　系　Ⅲ	65	908	823	169	4.9	213/360
創造理工	一般	建　　　　築	80	686	634	141	4.5	218/400
		総 合 機 械 工	80	874	806	215	3.7	192/360
		経 営 システム 工	70	721	662	146	4.5	206/360
		社 会 環 境 工	50	394	374	106	3.5	202/360
		環 境 資 源 工	35	273	260	67	3.9	202/360
先進理工	一般	物　　　　理	30	713	661	139	4.8	229/360
		応 用 物 理	55	402	370	125	3.0	210/360
		化 学 ・ 生 命 化	35	392	359	116	3.1	206/360
		応 用 化	75	1,123	1,029	308	3.3	209/360
		生 命 医 科	30	829	716	132	5.4	219/360
		電気・情報生命工	75	573	524	154	3.4	198/360
人間科学	一般	一般	人間環境科	115	1,916	1,745	190	9.2	87.620/150
			健康福祉科	125	2,043	1,894	244	7.8	85.601/150
			人間情報科	100	1,407	1,270	161	7.9	85.616/150
		数学選抜方式	人間環境科	15	189	182	43	4.2	―
			健康福祉科	15	137	134	36	3.7	―
			人間情報科	15	196	186	51	3.6	―
		共通テスト	人間環境科	5	421	―	77	5.5	―
			健康福祉科	5	296	―	76	3.9	
			人間情報科	5	370	―	72	5.1	
スポーツ科学	一般	一　　　　般	150	842	686	195	3.5	159.7/250
	共通テスト	共通テストのみ方式	50	482	―	96	5.0	―
		競 技 歴 方 式	50	314	―	122	2.6	―

（備考）合格最低点欄の「―」は非公表を示す。

募集要項の入手方法

　一般選抜・大学入学共通テスト利用入試の出願方法は「WEB 出願」です。詳細情報につきましては，入学センター Web サイトにて 11 月上旬公開予定の入学試験要項をご確認ください。

問い合わせ先

　早稲田大学　入学センター
　　〒 169-8050　東京都新宿区西早稲田 1-6-1
　　TEL　（03）3203-4331（直）
　　MAIL　nyusi@list.waseda.jp
　　Web サイト　https://www.waseda.jp/inst/admission/

 早稲田大学のテレメールによる資料請求方法

スマートフォンから　QRコードからアクセスしガイダンスに従ってご請求ください。
パソコンから　教学社 赤本ウェブサイト(akahon.net)から請求できます。

大 学 所 在 地

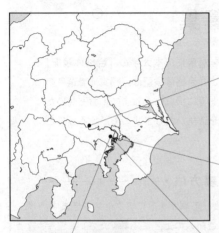

所沢キャンパス

西早稲田キャンパス

早稲田キャンパス

戸山キャンパス

早稲田キャンパス	〒169-8050	東京都新宿区西早稲田 1 - 6 - 1
戸山キャンパス	〒162-8644	東京都新宿区戸山 1 - 24 - 1
西早稲田キャンパス	〒169-8555	東京都新宿区大久保 3 - 4 - 1
所沢キャンパス	〒359-1192	埼玉県所沢市三ヶ島 2 - 579 - 15

早稲田大学を
空から
見てみよう！

各キャンパスの
空撮映像はこちら ▶

合格体験記
募集

　2025年春に入学される方を対象に，本大学の「合格体験記」を募集します。お寄せいただいた合格体験記は，編集部で選考の上，小社刊行物やウェブサイト等に掲載いたします。お寄せいただいた方には小社規定の謝礼を進呈いたしますので，ふるってご応募ください。

・応募方法・

下記 URL または QR コードより応募サイトにアクセスできます。
ウェブフォームに必要事項をご記入の上，ご応募ください。
折り返し執筆要領をメールにてお送りします。

※入学が決まっている一大学のみ応募できます。

☞ **http://akahon.net/exp/**

・応募の締め切り・

総合型選抜・学校推薦型選抜	2025年 2 月 23 日
私立大学の一般選抜	2025年 3 月 10 日
国公立大学の一般選抜	2025年 3 月 24 日

受験にまつわる川柳を募集します。
入選者には賞品を進呈！
ふるってご応募ください。

応募方法　**http://akahon.net/senryu/**　にアクセス！☞

気になること、聞いてみました！

在学生メッセージ

大学ってどんなところ？　大学生活ってどんな感じ？
ちょっと気になることを，在学生に聞いてみました。

以下の内容は 2020〜2023 年度入学生のアンケート回答に基づくものです。ここ
で触れられている内容は今後変更となる場合もありますのでご注意ください。

メッセージを書いてくれた先輩　　［政治経済学部］M.K. さん　　［法学部］W.S. さん
　　　　　　　　　　　　　　　　［文化構想学部］K.M. さん　　［教育学部］S.T. さん
　　　　　　　　　　　　　　　　［商学部］W.S. さん　　［国際教養学部］M.G. さん
　　　　　　　　　　　　　　　　［文学部］H.K. さん　　N.M. さん　　［人間科学部］R.T. さん

Message from current students

大学生になったと実感！

　自分のための勉強ができるようになったこと。高校生のときは定期テス
トや受験のための勉強しかしていなかったのですが，大学に入ってからは
自分の好きな勉強を自分のためにできるようになり，とても充実していま
す。（W.S. さん／法）

　自分で自由に履修を組めることです。高校生までと違い，必修の授業以
外は興味のある授業を自分で選べます。履修登録はかなり手こずりました
が，自分の興味や関心と照らし合わせながらオリジナルの時間割を考える
のはとても楽しいです。（N.M. さん／文）

　高校生の頃は親が管理するようなことも，大学生になるとすべて自分で
管理するようになり，社会に出たなと実感した。また，高校生までの狭い
コミュニティとまったく異なるところがある。早稲田大学は 1 つの小さな

世界のようなところで，キャンパス内やキャンパス周辺を歩いているだけで日本語以外の言語が必ず耳に飛び込んでくる。そのような環境にずっと触れるため，考え方や世界の見方がいい意味ですべて変わった。今まで生きてきた自分の中で一番好きな自分に出会えるところが大学だと思う。
（K.M. さん／文化構想）

大学生活に必要なもの

　軽くて使いやすいパソコンです。毎日授業がありパソコンを持ち歩くので，とにかく軽いものが良い！ Windows か Mac かは学部・学科で指定されていないのであれば好きなほうを選んで良いと思います！ iPhone とつなぐことができるので私は Mac がお気に入りです！（S.T. さん／教育）

　大学生になって一番必要だと感じたものは自己管理能力です。特に，私の通う国際教養学部は必修授業が少なく，同じ授業を受けている友達が少ないため，どの授業でどのような課題が出ているかなど，しっかりと自分自身で把握しておかなければ単位を落としかねません。私は今までスケジュール帳を使うことはあまりなかったのですが，大学生になり，授業の情報やバイト，友達との約束などをまとめて管理することが必要不可欠となったので，スケジュールアプリを使い始め，とても重宝しています。
（M.G. さん／国際教養）

この授業がおもしろい！

　英会話の授業です。学生が英語力別に分けられ，ランダムに 3，4 人のグループを組まれます。1 グループにつき 1 人の講師がついて，100 分間英語だけで会話をします。文法を間違えたときや何と言っていいかわからないとき，会話に詰まったときなどに講師が手助けしてくれます。最初は私には難しすぎると思っていましたが，意外と英語が話せるようになり楽しかったです。また，少人数のためグループでも仲良くなれて，一緒に昼

ご飯を食べていました。(M.K. さん／政治経済)

　ジェンダー論の授業が興味深かったです。高校までは，科目として習うことがありませんでしたが，「ジェンダーとは何か」という基本的な問いから，社会で起きている問題（ジェンダーレストイレは必要か，など）についてのディスカッションを通して，他の学生の考え方を知ることができました。(H.K. さん／文)

　心理学概論です。心理学の歴史と研究方法の特徴を学んだ後に，心は発達的にどのように形成されるのか，人が環境についての情報を入手するための心の働き，欲求や願望の充足を求めるときの心の動き方，経験を蓄積し利用する心の仕組み，困難な場面に直面したときの心の動き方と心の使い方などについて学ぶ授業です。もともと心理学に興味はあったのですが，この授業を通してより一層心理学に対する興味・関心が深まりました。(R.T. さん／人間科学)

大学の学びで困ったこと＆対処法

　大学の課題はレポート形式になっていることが多く，疑問提起が抽象的で答え方に困ることがあります。同じ授業を履修している学生に話しかけてコミュニティを作っておくことで，課題の意味を話し合ったり考えを深め合ったりできます。(H.K. さん／文)

　レポートの締め切りやテストの日程などのスケジュール管理が大変だったことです。スケジュールが自分で把握できていないとテスト期間に悲惨なことになります。私はテストやレポートについての連絡を教授から受け取ったらすぐにスマホのカレンダーアプリに登録するようにしています。(N.M. さん／文)

Message from current students

部活・サークル活動

　国際交流のサークルに入っています。人数が多いため，自分の都合が合う日程でイベントに参加することができます。また，海外からの留学生と英語や他の言語で交流したり，同じような興味をもつ日本人学生とも交流したり，と新たな出会いがたくさんあります。(H.K. さん／文)

　受験生に向けて早稲田を紹介する雑誌を出版したり，学園祭で受験生の相談に乗ったりするサークルに入っています。活動は週に1回ですが，他の日でもサークルの友達と遊んだりご飯を食べに行ったりすることが多いです。みんなで早慶戦を見に行ったり，合宿でスキーをするなどイベントも充実しています。(N.M. さん／文)

　私は現在，特撮評議会というサークルに入っています。主な活動内容は，基本的に週に2回，歴代の特撮作品を視聴することです。仮面ライダーやスーパー戦隊をはじめとした様々な特撮作品を視聴しています。また，夏休みには静岡県の別荘を貸し切って特撮作品を見まくる合宿を行います。特撮好きの人にとってはうってつけのサークルだと思うので，特撮に興味のある人はぜひ来てください!!　(R.T. さん／人間科学)

 ## 交友関係は？

　語学の授業ではクラスがあり，いつも近くの席に座るような友達が自然とできました。クラス会をしたり，ご飯に行ったりして，より仲が深まりました。(W.S. さん／法)

　入学前の学科のオリエンテーションの後，一緒にご飯を食べに行って仲良くなりました。他にも授業ごとに仲の良い友達を作っておくと，授業が楽しみになり，また重い課題が出た際に協力できるのでおススメです。「隣いいですか？」「何年生ですか？」「学部どちらですか？」等なんでもいいので勇気をもって話しかけてみましょう！　仲の良い友達が欲しいと

みんな思っているはず！（S.T. さん／教育）

いま「これ」を頑張っています

　アフリカにインターンシップに行く予定なので，英語力を伸ばすために外国人ゲストが多く訪れるホテルや飲食店で働いています。また，日本のことをもっとよく知りたいので国内を夜行バスで旅行しています。車中泊の弾丸旅行なので少し大変ですが，安価で旅行できることが最大の魅力です。体力的にも今しかできないことだと思うので楽しみます！（M.K. さん／政治経済）

　英語とスペイン語の勉強です。複合文化学科では第二外国語ではなく専門外国語という位置付けで英語以外の外国語を学びます。体育の授業で留学生と仲良くなったことで，自分も留学したいという思いが強まりました。まだ行き先を決められていないので英語とスペイン語の両方に力を入れて取り組んでいます！（S.T. さん／教育）

　塾講師のアルバイトを頑張っています。授業準備は大変ですが，自分の受験の経験を活かしながらどのように教えたらわかりやすいかを考えるのは楽しいです。保護者への電話がけなどもするので社会に出る前の良い勉強になっています。（N.M. さん／文）

普段の生活で気をつけていることや心掛けていること

　スキマ時間の活用です。大学生は自由な時間が多いため油を売ってしまいがちになります。空きコマや移動時間は話題の本や興味のある分野の専門書を読んだり英語の勉強をしたりして，少し進化した自分になれるようにしています！　もちろん空き時間が合う友達とご飯に行ったり，新宿にショッピングに出かけたりもします！　せっかくのスキマ時間は何かで充実させることを目標に，１人でスマホを触ってばかりで時間が経ってしま

Message from current students

うことがないように気をつけています。(S.T. さん／教育)

　無理に周りに合わせる必要など一切ない。自分らしく自分の考えを貫くように心掛けている。また，勉学と遊びは完全に切り離して考えている。遊ぶときは遊ぶ，学ぶときは学ぶ。そう考えることで自分のモチベーションを日々高めている。(K.M. さん／文化構想)

 ## おススメ・お気に入りスポット

　早稲田大学周辺のご飯屋さんがとても気に入っています。学生割引があったり，スタンプラリーを行ったりしているので楽しいです。また，授業終わりに友達と気軽に行けるのでとても便利です。(W.S. さん／法)

　文キャンの食堂です。授業の後，空きコマに友達と行ってゆっくり課題を進めたり，おしゃべりしたりできます。テラス席は太陽光が入るように天井がガラスになっているため開放感があります。お昼時にはとっても混むため，早い時間帯や，お昼時を過ぎた時間帯に使うのがおススメです。(H.K. さん／文)

　大隈庭園という早稲田キャンパスの隣にある庭園が気に入っています。天気が良い日はポカポカしてとても気持ちが良いです。空きコマに少しお昼寝をしたり，そこでご飯を食べることもできます。(N.M. さん／文)

 ## 入学してよかった！

　いろいろな授業，いろいろな人に恵まれているところが好きです。早稲田大学の卒業生に声をかけていただいて，アフリカでインターンシップをすることにもなりました。授業の選択肢も多く，乗馬の授業や国際協力の授業，法学部や文学部の授業，教員免許取得のための授業など，様々な授業があります。選択肢が多すぎて最初は戸惑うこともあるかと思いますが，

どんな人でも自分らしく楽しむことができる環境が整っているところが私にとっては早稲田大学の一番好きなところです。（M.K. さん／政治経済）

全国各地から学生が集まり，海外からの留学生も多いため，多様性に満ちあふれているところです。様々なバックグラウンドをもつ人たちと話していく中で，多角的な視点から物事を捉えることができるようになります。また，自分よりもレベルの高い友人たちと切磋琢磨することで，これまでに味わったことのないような緊張感，そして充実感を得られます。（W.S. さん／商）

 ## 高校生のときに「これ」をやっておけばよかった

Message from current students

学校行事に積極的に参加することです。大学では，クラス全員で何かを行う，ということはなくなります。そのため，学校行事を高校生のうちに全力で楽しむことが重要だと思います。大学に入ったときに後悔がないような高校生時代を送ってほしいです。（H.K. さん／文）

英語を話す力を養うことだと思います。高校では大学受験を突破するための英語力を鍛えていましたが，大学生になると，もちろんそれらの力も重要なのですが，少人数制の英語の授業などで英語を使ってコミュニケーションを取ることが多くなるため，英語を話す力のほうが求められます。私は高校時代，スピーキングのトレーニングをあまりしなかったので，英会話の授業で詰まってしまうことがしばしばありました。高校生のときに英語を話す力をつけるための訓練をしていれば，より円滑に英会話を進められていたのではないかと感じました。（R.T. さん／人間科学）

みごと合格を手にした先輩に，入試突破のためのカギを伺いました。
入試までの限られた時間を有効に活用するために，ぜひ役立ててください。

（注）ここでの内容は，先輩方が受験された当時のものです。2025 年
度入試では当てはまらないこともありますのでご注意ください。

・アドバイスをお寄せいただいた先輩・

Y.H. さん　創造理工学部（建築学科）
一般選抜 2024 年度合格，茨城県出身

　合格のポイントは，志望校に通う自分をできるだけリアルにイメージすることです。僕は勉強の息抜きに Google Earth で志望校のキャンパスを見て，モチベーションを上げていました。それから，僕は鉄道が好きだったので，自宅からキャンパスの最寄り駅までに使う路線のアナウンスや車両の全面展望などの動画を見てイメージトレーニングをしていました。志望校のキャンパスに実際に足を運ぶことができない地方の受験生も Google Map などで校舎や周辺の雰囲気をよく見ておくと，入試本番のときの安心感につながりますし，何より勉強へのモチベーションが上がっていいと思います。

その他の合格大学　東京理科大（工，創域理工〈建築〉），千葉大（工〈建築〉），法政大（デザイン工〈建築〉）

入試なんでも Q & A

受験生のみなさんからよく寄せられる,
入試に関する疑問・質問に答えていただきました。

Ⓠ 「赤本」の効果的な使い方を教えてください。

Ⓐ 志望校と自分のいまの実力との距離感を把握するのに赤本を使っていました。まず,第一志望校の赤本を9月あたりから使い始めました。最初は全く歯が立たず,絶望したことをよく覚えています。特に早稲田の理工系学部の英語は,全国的に見ても単語のレベルや制限時間に対する問題の量,長文の内容が高難易度であるので,できなくても仕方がないと割り切りました。数学,物理,化学も難易度は高く時間が足りないなと感じたので,入試問題と同じレベル帯の参考書を購入して解答のスピードをあげるようにしました。赤本を使用する最大の目的は,志望校の出題形式を把握し最終的に慣れていくことだと思うので,第一志望校の赤本に入試の1年前くらいから取り掛かり始めることをおすすめします。

Ⓠ 1年間の学習スケジュールはどのようなものでしたか?

Ⓐ 英語:7月までは,英単語や文法問題を中心に,長文問題集にも徐々に取り組み始めた。8月からは,英単語と長文問題集を繰り返し解いていた。

数学:6月までに数Ⅲまでを一周終わらせた。7月からは典型問題集などの一段階上のレベルのものに取り組み,11月から過去問演習に移った。

物理:6月までに一周目の学習を一通り終わらせ,7月から典型問題集に取り組み,12月から過去問に移った。

化学:8月までに有機化学までの学習を一通り終わらせ,9月から典型問題集,12月から過去問に移った。

Q どのように学習計画を立て，受験勉強を進めていましたか？

A いつまでに過去問演習を本格的に始めたいから典型問題集を何月頃までには完璧にするといった感じで最終目標から逆算して大まかな勉強の計画を立て，それに基づいて1カ月ごとの目標を決め，さらに1週間ごとの目標を決めていました。これを手帳に書き込み，毎日やることをその日の欄に書き出し，できたら二重線で消していくということをしていました。そして，毎日その日にできるようになったことを日記のように記録していました。

Q 時間をうまく使うために，どのような工夫をしていましたか？

A スマホがすぐに使える環境にいるとどうしても勉強への集中力が低下してしまうので，電源を切って勉強部屋の外に置いておくことで，スマホにいたずらに時間を使いすぎてしまうことを防いでいました。なお，学校への通学中には，ノイズキャンセリングイヤホンをして，スマホの無料の英単語アプリで，覚えた単語のアウトプットをしていました。隙間時間に行えるのでとても便利です。

Q 早稲田大学理工系学部を攻略する上で特に重要な科目は何ですか？

A 配点の大きな科目が合否を分ける鍵となります。ですから早稲田の理工系学部の場合には英語と数学が攻略する上で重要になってきます。数学は，過去問演習に加えて，『2024 早大入試プレ問題集数学』（代々木ゼミナール）で訓練を積んでいきました。これには代々木ゼミナールが実施している早大入試模試を6回分収録していて，演習を積むのには最適です。英語は特徴的な形式と難易度なので過去問をただやるのみです。

Q 苦手な科目はどのように克服しましたか？

A 　最初に過去問を解いたときに一番できなかったのが英語で，全体の2割弱しか点が取れませんでした。そこから過去問を3年分ほど解いて形式とレベルを把握してから，英単語の強化に焦点を当てました。全体のなかで大きな割合を占める長文が読めなかったのも単語力が足りていなかったからだと考え，それまでやっていた『英単語ターゲット1900』（旺文社）に加えて，『速読英単語 上級編』と『速読英熟語』（いずれもZ会）をやることにしました。これを繰り返し覚えることで，本番では7割以上得点することができました。

Q 模試の上手な活用法を教えてください。

A 　目標を決めて挑むことです。前回の模試ではB判定だったから，次はA判定を取るぞ！といった感じで，判定で目標設定をしていました。そのためにやるべきことを具体的に手帳に書き出し，次の模試までの日数と照らし合わせて，1週間でやるべき勉強を1日単位で計画していました。また，自己採点した後に必ず復習をするように心がけていました。模試は解けなかった問題や苦手な分野を見つける最高の機会なので，皆さんも弱点克服の機会だと思って復習するとよいと思います。弱点が減っていけば，入試でどんな分野から出題されても対応できるようになると思いますよ。

 Q 試験当日の試験場の雰囲気はどのようなものでしたか？
緊張のほぐし方，交通事情，注意点等があれば教えてください。

A 　早稲田は3割以上が浪人生といった印象を受けました。教室の雰囲気は終始静かで，周りの人と話している人はほとんどおらず，休み時間も参考書を読み込んでいる受験生がとても多かったです。気合いの強さを実感しました。

> Q　受験生のときの失敗談や後悔していることを教えてください。

A　模試の判定を過信しすぎて，実際の入試問題でもそれなりに点が取れると勘違いしていたのですが，直前期に難易度の高さに圧倒されて全然解けなくなってしまったことです。いくら模試で良い判定を取っていても志望校の問題が解けないと意味がないのです。逆に，模試であまり判定が良くなくても過去問で合格者最低点に到達できるのであれば，合格の可能性は十分にあると言えます。模試をあまり当てにしすぎるのはよくないと痛感させられました。

科目別攻略アドバイス

みごと入試を突破された先輩に，独自の攻略法や
おすすめの参考書・問題集を，科目ごとに紹介していただきました。

英　語

英単語と英熟語の徹底がポイントです。

📖 **おすすめ参考書**　『英単語ターゲット 1900』『関正生の The Rules 英語長文問題集 3 入試難関』『同 4 入試最難関』（いずれも旺文社）『速読英単語 上級編』『速読英熟語』（いずれも Z 会）

数　学

典型問題の制覇がポイントです。

📖 **おすすめ参考書**　『数学 I・A / II・B 最高の演習』（東進ブックス）

物　理

公式の理解と典型問題の制覇がポイントです。

📖 **おすすめ参考書**　「漆原あきらの物理が面白いほどわかる」シリーズ（KADOKAWA）

化　学

基本事項の暗記と典型問題の制覇がポイントです。

📖 **おすすめ参考書**　『橋爪のゼロから劇的にわかる理論化学の授業』『橋爪のゼロから劇的にわかる無機・有機化学の授業』（いずれも旺文社）

TREND & STEPS

傾向 と 対策

科目ごとに問題の「傾向」を分析し，具体的にどのような「対策」をすればよいか紹介しています。まずは出題内容をまとめた分析表を見て，試験の概要を把握しましょう。

注　意

「傾向と対策」で示している，出題科目・出題範囲・試験時間等については，2024 年度までに実施された入試の内容に基づいています。2025 年度入試の選抜方法については，各大学が発表する学生募集要項を必ずご確認ください。

来年度の変更点

2025 年度入試では，以下の変更が予定されている（本書編集時点）。
- 基幹理工学部の学系が 3 学系から 4 学系に再編される（従来の工学系〈学系Ⅱ〉が工学系と情報系〈学系 2 および学系 3〉に分かれる）。一般選抜の方式（理科解答パターン，得意科目選考）は，学系 1 は旧学系Ⅰ，学系 2 および学系 3 は旧学系Ⅱ，学系 4 は旧学系Ⅲに準じる。

英　語

年度	番号	項　目	内　容
2024 ●	〔1〕	読　解	内容説明，同意表現，段落区分
	〔2〕	読　解	語句整序
	〔3〕	読　解	空所補充，文整序，段落整序
	〔4〕	読　解	内容説明，空所補充，内容真偽
	〔5〕	文法・語彙	語の定義と共通語による空所補充（書き出し指定）
2023 ●	〔1〕	読　解	内容説明，同意表現，段落区分
	〔2〕	読　解	語句整序
	〔3〕	読　解	空所補充，同意表現，文整序，段落整序
	〔4〕	読　解	内容説明，内容真偽，グラフの表題　　　⊘**グラフ**
	〔5〕	文法・語彙	語の定義と共通語による空所補充（書き出し指定），共通語による空所補充
2022 ●	〔1〕	読　解	内容真偽，語句意，内容説明，段落区分，主題，空所補充
	〔2〕	読　解	語句整序
	〔3〕	読　解	共通語による空所補充，内容説明，空所補充，文整序，段落整序
	〔4〕	読　解	空所補充，内容説明　　　　　　　　　⊘**写真・グラフ**
	〔5〕	文法・語彙	語および慣用表現の定義と共通語による空所補充（書き出し指定），共通語による空所補充
2021 ●	〔1〕	読　解	内容説明，内容真偽，同意表現
	〔2〕	読　解	語句整序
	〔3〕	読　解	空所補充，文整序，段落整序
	〔4〕	読　解	内容説明，内容真偽，空所補充
	〔5〕	文法・語彙	語の定義と共通語による空所補充（書き出し指定）
2020 ◐	〔1〕	読　解	内容説明，内容真偽
	〔2〕	読　解	語句整序
	〔3〕	読　解	空所補充，文整序，段落整序
	〔4〕	読　解	内容真偽，内容説明，空所補充
	〔5〕	文法・語彙	語の定義と共通語による空所補充（書き出し指定）

（注）　●印は全問，◐印は一部マークシート法採用であることを表す。

読解英文の主題

年度	番号	類別	主題	語数
2024	〔1〕I	社会論	組織の情報安全管理とは？	約 830 語
	II	社会論	情報保全のための 2 つの戦略	約 310 語
	III	社会論	信頼感と不信感の構築について	約 290 語
	〔2〕	文化論	解析学の足跡	約 300 語
	〔3〕A	社会論	オンライン販売で用いられる戦略	約 100 語
	B	科学論	ビデオゲームやEスポーツが記憶力にもたらす効果	約 260 語
	〔4〕A	文化論	プレスポネンダムと呼ばれる議論原則	約 220 語
	B	科学論	計算の際のワーキングメモリーの使用	約 330 語
2023	〔1〕I	社会論	気候変動危機への不安と科学的知識の関係	約 840 語
	II	社会論	所属集団による科学的問題のとらえ方の違い	約 280 語
	III	社会論	気候変動危機への不安のとらえ方の政党差	約 210 語
	〔2〕	文化論	計算活動の始まり	約 200 語
	〔3〕A	文化論	どのような地図が使いやすいか	約 190 語
	B	科学論	骨の資料の洗浄作業	約 370 語
	〔4〕A	文化論	生存者バイアスとは？	約 200 語
	B	数学論	汚染物質の社会的費用と関数によるその表現	約 280 語
2022	〔1〕I	社会論	武器化される相互依存関係	約 770 語
	II	社会論	アメリカの国際制裁力	約 270 語
	III	社会論	アメリカとヨーロッパ諸国との関係の変化	約 270 語
	〔2〕	社会論	統計法とデータ分析の講座の紹介	約 210 語
	〔3〕A	文化論	科学史学という学問分野	約 190 語
	B	数学論	選手査定をする際の基準	約 510 語
	〔4〕A	社会論	2 つの「誤謬」	約 240 語
	B	文化論	幼稚園設計の新しいスタイル	約 260 語
2021	〔1〕I	科学論	医療画像認識のモデル	約 830 語
	II	科学論	専門家のチャンク手法	約 410 語
	III	科学論	医療専門家とチェスの専門家との類似点	約 200 語
	〔2〕	社会論	熱発電の実用化	約 180 語
	〔3〕A	文化論	音楽はなぜさまざまな感情を喚起できるのか	約 190 語
	B	数学論	発言が真実である確率の計算	約 400 語
	〔4〕B	統計論	「コンドルセの基準」	約 210 語
2020	〔1〕I・II	科学論	航空輸送における眠気や疲労についての研究	約 740 語
	III	科学論	生物数学的疲労モデル	約 340 語
	〔2〕	数学論	解析学とは	約 220 語
	〔3〕A	科学論	ブラックホールを見つける方法	約 290 語
	B	科学論	クレイジングによるポリマー着色	約 560 語
	〔4〕A	論説	前提，推論，結論——思考のプロセス	約 250 語
	B	社会論	不変コストと可変コストの関係式	約 260 語

傾　向　膨大な英文を読みこなす読解力が問われる
多彩な設問に対応できる問題演習を！

01 基本情報

試験時間：90分。

大問構成：大問5題。読解問題4題と文法・語彙問題1題の構成。例年
〔3〕〔4〕はA・BのSectionに分かれる。

解答形式：全問マークシート法。

02 出題内容

　問題や設問の文章，選択肢はすべて英文となっている。読解英文はいず
れも理系中心の話題を取り上げた内容であり，学術論文に近いもので，レ
ベルはかなり高い。英文の量からいっても速読即解は必須で，高いレベル
の英語力が必要である。また，出題形式が非常にユニークなのも特徴で，
〔5〕では，選択式でありながら，単語の綴りの正確さを試される問題も
含まれている。

① 読解問題

　〔1〕の長文読解問題は，700～800語程度の長文に，関連のある中文
（200～400語程度）2つを追加した三部構成になっている。設問は同意表
現や内容を問うオーソドックスなものから，テキストをまたいだ出題まで
変化に富んだものとなっている。設問もすべて英語で書かれており，読ま
なければならない英文量はかなりのボリュームである。

　〔2〕は読解問題の中で語句整序を扱う問題である。

　〔3〕の読解問題は，空所補充を中心としたものと，文・段落整序の2
つからなる。

　〔4〕の読解問題は，述べられていることについての応用的な内容を問
うものと，写真・表・グラフ・図・数式などの読み取りを伴うもので，一
部に計算も含まれることがある。

② 文法・語彙問題

　〔5〕は，純粋に文法・語彙問題といえる内容になっている。2020・

2021・2024 年度は，全問同じ出題形式で，語の定義に続く例文の空所に，定義に該当する語を補充するというものであった。2022 年度は，従来の出題形式（Section A）に加えて，慣用表現を問う問題（Section B）と，2 つの英文に共通して入る語を選ぶ問題（Section C）の 3 種類が出題された。2023 年度は，熟語を問う問題がなくなり，2 種類の出題になった。独特な出題スタイルであることに加え，問われている語彙にはかなり難しいものも含まれており，難度は高い。

03　難易度と時間配分

　難しい問題と易しい問題の差が大きく，時間がかかる問題もあれば，即答できる問題もある。ただし，読まなければならない英文の量は全体として膨大であり，かつ数学や理科に関する専門性の高い見慣れない用語が注釈なく現れるため，ハードルはかなり高いものになっている。文法問題で問われている単語には難しいものもあり，質・量ともにかなりの対応力が要求されている。

　試験時間内にすべての問題を終わらせるのは相当難しい。まず〔5〕を手早くすませて，読解問題は解答しやすいものから解いていくなど，効率のよい時間配分が重要となる。

対　策

01　流れに乗って英文を読む力

　英文の量が多いので，ある程度の速度をもって正確に読めなければ苦労する。では，長文がすらすら読めるようになるためにはどのような準備が必要だろうか。いかに細部にこだわらず大きな流れをつかもうとしても，文意のカギになるような名詞や動詞がわからないようでは無理であるから，まずは読解の基礎となる語彙の増強に力を入れたい。そのうえで，大きな流れ（文章全体や段落の主題）がおおよそわかるようになれば，細部の内容もかなり正確に推測・判断できるはずである。普段の勉強では正確に読

むことと素早くおおまかな内容をつかむことの両面をバランスよく実行したい。

　まず，ある一定の長さの英文（早稲田大学をめざすなら，少なくとも400〜500語程度）を辞書などを使わずに一読してみよう。そのときはできるだけ英文を大づかみするつもりで読み進めたい。ただし，いたずらに速度を上げるのではなく，ゆっくりでもよいので，前から順次「何が・どうした・何を」と，英語の語順どおりに情報を得ながら後戻りせずに進むことを実行しよう。その際，一読ではおおよそのこともつかめない文，正確に読めない箇所，未知の語句などに印をつけるなどしていくと，あとで重点的に見直すべきところがわかる。

　それができたら，今度はじっくりと文の構造や文法面を検討したり，語句の意味などを調べたりしながら精読していこう。そのとき全訳をしても悪くはないが，時間を有効に使いたいのであれば，複雑な文やなんとなくわかるが確信がもてない文だけを自ら訳してみるとよいだろう。そのようにして1段落読んだら，その段落の主旨を思い返しながら，次段落以下は前段落との関係や展開を意識して読んでみよう。文章全体についてその作業を行ったあと，もう一度全体を通読してみるとよい。それによって文章の流れに沿って筆者の主張や論旨についていく「感触」とでもいうものを味わっておこう。

　こういった手順を踏む学習は初めは時間がかかるかもしれないが，それを地道に積み重ねていけば，最終的には一読で英文の内容が頭にすっと入ってくるようになるはずである。演習の際には，『大学入試 ぐんぐん読める英語長文』（教学社）など，文の構造や内容についての解説が詳しい問題集を使用するとよいだろう。

02　正確な文法知識が読解力を向上させる

　文法知識を直接問う問題は少ないが，正確に英文を読みこなすためには文法力は不可欠である。文法の参考書を常に手元に置き，英文を読むうえでわからなかったところ，引っかかったところはこまめに確認し，正確な知識を蓄えてほしい。さらに問題集を使って知識の定着を図りたい。

　科学技術の情報は大半が英語によるものであり，自分から情報を発する

場合でも英語でなければならないという場面が将来的にはあるだろう。そういう実態も含めて，新入生にはあるレベルまで英語を「まずは読みこなす」力をもっていてほしいというのが大学側の本音ではないだろうか。

03 過去問の徹底演習を

　例年，質の高い良問となっている。取り上げられる英文は興味深い内容であり，一般の入試問題よりはやや専門的であることも多い。専門用語にも注釈はつかないので，過去問で知識を補うのが望ましい。習得単語の質と量を向上させるためにも，過去問演習は徹底的に行いたい。また，早稲田大学独自のユニークな出題内容や出題形式にも，過去問演習を通じて慣れておくとよい。

── 早稲田「英語」におすすめの参考書 ──

✓『大学入試 ぐんぐん読める英語長文』（教学社）
✓『早稲田の英語』（教学社）

赤本チャンネルで早稲田特別講座を公開中
実力派講師による傾向分析・解説・勉強法をチェック →

数 学

年度	番号	項 目	内 容
2024	〔1〕	図形と方程式，微分法	円と接線および座標軸で囲まれた部分の面積の最小
	〔2〕	整数の性質，数 列	3 の倍数の個数と連立漸化式
	〔3〕	ベクトル	四面体の各辺の中点を頂点とする八面体の体積 ✓証明
	〔4〕	確率，数列	確率と隣接 3 項間の漸化式
	〔5〕	微・積分法	媒介変数表示された曲線（カージオイド）と回転体の体積 ✓図示
2023	〔1〕	整数の性質，数 列	互いに素であることの証明，数学的帰納法 ✓証明
	〔2〕	確 率	取り出した玉の色と同じ色の玉を加えて取り出すときの確率 ✓証明
	〔3〕	微・積分法	指数関数のグラフとその逆関数のグラフで囲まれる図形の面積 ✓証明・図示
	〔4〕	複素数平面	複素数平面上を動く点と原点を結ぶ線分の通過する範囲 ✓図示
	〔5〕	ベクトル，積 分 法	三角形を回転させてできる回転体の体積
2022	〔1〕	微・積分法	指数関数のグラフと面積，回転体の体積 ✓図示
	〔2〕	整数の性質	不定方程式の整数解とその総和 ✓証明
	〔3〕	極 限	ガウス記号を含む隣接 2 項間の漸化式と極限 ✓証明
	〔4〕	積 分 法	正四角錐に内接する球の体積，2 つの球の共通部分の体積
	〔5〕	極限，微分法	対数を含む関数のグラフと変曲点，不等式の領域 ✓図示
2021	〔1〕	三角関数，微 分 法	2 直線のなす角の最小
	〔2〕	式 と 証 明	整式の除法と余り，二項定理 ✓証明
	〔3〕	複素数平面	複素数平面上の軌跡，面積 ✓証明・図示
	〔4〕	確 率	n 個の箱に k 個の玉を入れる入れ方と確率
	〔5〕	ベクトル	正四面体の辺と球面が交わる点の位置ベクトル
2020	〔1〕	複素数平面	単位円に内接する正三角形の頂点を表す複素数 ✓証明
	〔2〕	微 分 法	放物線に接する円の中心，無理関数の極小値
	〔3〕	微・積分法	回転体の体積と速さ ✓証明
	〔4〕	確率，極限	独立試行の確率と無限等比級数の和
	〔5〕	図形と方程式，微分法	絶対値を含む指数関数のグラフと領域 ✓図示

出題範囲の変更

　2025 年度入試より，数学は新教育課程での実施となります。詳細については，大学から発表される募集要項等で必ずご確認ください（以下は本書編集時点の情報）。

2024 年度（旧教育課程）	2025 年度（新教育課程）
数学Ⅰ・Ⅱ・Ⅲ・A・B（「確率分布と統計的な推測」を除く）	数学Ⅰ・Ⅱ・Ⅲ・A・B（「数学と社会生活」を除く）・C（「数学的な表現の工夫」を除く）

旧教育課程履修者への経過措置

　2025 年度入試のみ新教育課程と旧教育課程の共通範囲から出題する。

 微・積分法が中心，複素数平面に注意
高度な思考力と計算力を要し，総合力重視！

01　基本情報

試験時間：120 分。

大問構成：大問 5 題。ほとんどの問題が小問に分かれており，段階をふまえて次の小問へ進む形式である。

解答形式：記述式で，結果だけでなくそれに至る過程も求められる。2022 年度は答えのみでよい小問もあった。証明問題・図示問題が頻出である。

解答用紙：2024 年度は A 3 判の用紙が 3 枚あり，1 題あたりの解答スペースは〔1〕～〔4〕は B 5 判相当，〔5〕は B 4 判相当であった。

02　出題内容

　微・積分法からの出題が中心で，論理的な処理能力や理解力，それに計算力を問う形で出題されることが多い。数列・極限，複素数平面，確率および整数の性質も頻出分野である。また，三角関数や指数関数・対数関数については単独で出題されることは少ないものの，大問の中に材料として使われることが多いので注意が必要である。空間図形や立体を題材にした問題も多く，いろいろな分野の問題を融合させて総合的な考察力を問う内容となっている。

03 難易度と時間配分

2018 年度以降は易化傾向が続いていたが，2022 年度は難化して 2018 年度以前の難度に戻った。2023 年度は易化し，2024 年度は変化なしであった。

理解力と論理的思考力重視という出題方針は一貫しており，それに加えて高度な計算力を問う内容となっている。出題の意図を把握し，小問の誘導に沿って的確に解いていくことが重要である。標準〜やや難程度の出題で，年度や問題ごとに難易差のあるところが特徴であり，型にはまらない問題も含まれていることがあるので注意したい。

120 分で大問 5 題を解くことを考えると 1 題平均 24 分だが，最初にすべての問題に目を通し，解答しやすい問題を見極めて素早く確実に得点に結びつけていくこと。その上で，時間に余裕をもって残った問題に取り組みたい。

対策

01 典型問題の演習

典型問題に手こずるようではよい結果は期待できない。教科書だけではなく，発展レベルの問題も含んだ参考書『チャート式 基礎からの数学』シリーズ（青チャート）（数研出版）や『Focus Gold』シリーズ（啓林館），『NEW ACTION LEGEND』シリーズ（東京書籍）などを使用して，頻出問題，典型問題をすべてマスターしておくこと。特に，「数学Ⅲ」の範囲は重点的に学習しておくべきである。

02 論理的思考力の養成

丸暗記や問題解法のパターン化による学習法も最初の段階では必要であるが，質の高い一定レベル以上の問題については通用しない。何となく問題にあたって解けたからよいというのではなく，「どの公式を使うのか」

「なぜここでこの公式を使うのか」などを常に考えながら問題を解く習慣をつけたい。このような習慣が証明問題を解くのにも役立つのである。さらに、数学的帰納法や背理法などをマスターすることにより、証明問題をスムーズに解くことができるようになる。また、視点を変えて、別解がないかどうかを調べるのも実力向上には必要なことであり、発想の転換も心がけたい。

03　記述力の充実

　答案において、書き方や計算の処理を含めた展開の処理能力も試されていると考えてよい。したがって、時間配分と難易度の判断、そして解答をいかに適切に表現できるかがカギとなる。過去の問題を決められた時間を使って、本番のつもりで解いてみること。これが問題の難易度を判断する練習にもなる。また、答案の書き方がわからないときには、教科書や参考書の例題の解答、本書の解答などを参考にして、答案作りのポイントや手順を学んでいくとよいだろう。

04　計算力の強化

　頭の中で解法がわかっていても計算力がなくては最後まで答案を仕上げることは不可能である。かなりの計算力を要求する問題が多いので、迅速かつ正確な計算力、そして最後まであきらめない粘り強さを身につけておかなければならない。特に積分計算については出題頻度が高いので、十分に練習しておくべきである。さらに、空間図形・立体との融合問題に備え、普段の演習時からわかりやすい図を描くように努めることも大切である。

05　洞察力の向上

　数と式、方程式と不等式などは、他の分野の基礎となるべきものなので十分な学習が必要である。こうした基礎を重視するとともに、頻出分野の傾向と解法を深く探ること。問題で与えられた条件の意味、解法の見通し、さらに問題が作られた根拠になる理論や考え方などを洞察してみることは、

さらなる実力向上を図るためにも必要なことである。解くにあたって、「どのように考えたか」「要点は何か」、さらに「その解法が他の問題に利用できる部分はどこなのか」というように、その問題を分析的にとらえていくことが実力向上への道である。特に複数の分野にまたがって出題されている場合、いろいろな考え方があり、着想も多岐にわたるので、上記のことに気をつけて学習するとよい。

────── 早稲田「数学」におすすめの参考書 ──────

- ✓『大学入試 最短でマスターする数学Ⅰ・Ⅱ・Ⅲ・A・B・C』（教学社）
- ✓『チャート式 基礎からの数学』シリーズ（青チャート）（数研出版）
- ✓『Focus Gold』シリーズ（啓林館）
- ✓『NEW ACTION LEGEND』シリーズ（東京書籍）

物　理

年度	番号	項　目	内　　容
2024 ◗	〔1〕	波　　動	薄膜による全反射・干渉，ニュートンリング
	〔2〕	力　　学	万有引力による宇宙船の運動，ばね振り子
	〔3〕	電　磁　気	金属板・誘電体を挿入したコンデンサー，電気振動
2023 ◗	〔1〕	波動，力学，熱　力　学	弦を伝わる波の速さと気体を伝わる波の速さの導出
	〔2〕	力　　学	斜面上のばね振り子，放物面内の円運動　　⊘描図
	〔3〕	電　磁　気	2つのコイルの自己誘導・相互誘導
2022 ◗	〔1〕	電　磁　気	変化する磁場中での荷電粒子の円運動，回転する導体棒による起電力
	〔2〕	力　　学	鉛直面内での物体の円運動，運動量保存則，水平投射
	〔3〕	熱　力　学	気体分子運動論，断熱膨張　　　　　　　　⊘描図
2021 ◗	〔1〕	熱　力　学	断熱・定圧変化から成る熱サイクル
	〔2〕	力　　学	鉛直方向のばねの単振動，2球の衝突
	〔3〕	電　磁　気	電場中の荷電粒子の運動，コンデンサーのつなぎ換え
2020 ◗	〔1〕	波　　動	ヤングの干渉実験，プリズムによる屈折
	〔2〕	力　　学	ケプラーの第二法則，等速円運動，単振動　⊘描図
	〔3〕	電　磁　気	磁場を横切る金属棒に生じる起電力，直流回路

（注）　●印は全問，◗印は一部マークシート法採用であることを表す。

傾　向　力学と電磁気の計算問題が中心！

01　基本情報

出題範囲：「物理基礎・物理」

試験時間：理科2科目で120分。

大問構成：大問3題。

解答形式：〔1〕はマークシート法による選択式，〔2〕〔3〕は結果のみ

を解答用紙に記入する形式が続いている。計算過程の記述を求める問題は出題されていない。2020・2022・2023年度はグラフを描く描図問題が出題されている。

02 出題内容

頻出項目：力学と電磁気は高校の物理の2大分野であり，この両分野からの出題比率がかなり大きく，毎年必ず出題されている。

　力学・電磁気以外には，2020・2024年度は波動，2021・2022年度は熱力学の分野から出題されている。2023年度は波動・力学・熱力学の融合問題が出題された。

内　　容：空所補充や小問形式の計算問題が中心である。文字式の計算が多いが，数値計算を要することもある。また，描図を求める設問が含まれていることもある。通常の問題集などではあまりみられないユニークな問題が出題されることがあり，問題パターンを暗記するだけの学習では対処できないことも多い。

03 難易度と時間配分

　例年，標準的な難易度の問題も多いが，高度な応用力や思考力，総合的な数理能力を必要とする問題が出題されている。いくつかの式を組み合わせて結果を求めるような設問もよく含まれているので，計算力も重要である。

　1科目60分で大問3題を解くことを考えると1題平均20分だが，試験時間に対して問題量が多く，計算にも時間がかかる。見通しを立てて時間配分に注意し，できる問題をやり残さないようにすることも大切である。

対　策

01　教科書を中心に基本事項の徹底的な理解を

　標準的な問題も多いが，表面的な理解で公式を適用するだけでは対処できない問題もよく出題されている。教科書で扱われている程度の事項はきちんと学習し，公式を導く過程や物理量の定義などの理解を十分にしておきたい。教科書を中心にして，基本事項の本質的な理解を図ることがまず大切である。その上で，レベルの高い参考書を読んでみるのもよいだろう。

02　問題練習を十分に積む

　学力の高い受験生が集まり，競争率も高いので，ケアレスミスなどに注意して，標準的な問題には確実に正答していかなければならない。基本事項の徹底を図るためには，まずは，教科書傍用や標準的な難易度の問題集を完全にこなすのがよい。その上で，応用力や思考力を養うために，本書や入試問題集などに取り組むとよいだろう。『体系物理』（教学社）がおすすめである。

03　物理的な思考力・センスを養う

　十分な問題練習が必要であるが，いたずらに数をこなすのではなく，問題の背景や得られた結果の示す意味もよく考えてみる習慣をつけるとよい。また，別の計算方法を考えたり，そのままでは扱いにくい問題に仮説を立てて取り組むような練習もしておくとよい。未経験の問題に対処するための柔軟な思考力やセンスを養うには，こうした積み重ねが大切なのである。

04　計算力の養成

　計算過程の記述は直接は求められていないが，かなりの計算力を要する問題が含まれることもある。問題練習に際しては，面倒がらずに計算過程

を示しながら，自分で問題を解き切ることが大切である。正確で素早い計算をする力は，日頃の学習の積み重ねで身につくものである。

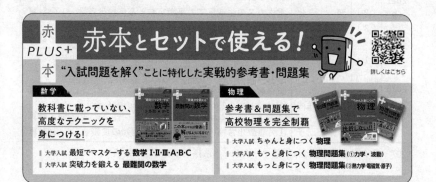

化　学

年度	番号	項　目	内　　容
2024 ◑	〔1〕	総　　合	(1)酸化数・同族元素　(2)分子間力と沸点 (3)気体の法則と水素吸蔵　(4)平衡の移動　(5)銅の化合物 (6)溶解度積　(7)気体の発生反応 (8)エタノールとフェノール　(9)スクロース (10)アミノ酸の反応と性質　　　　　　　　☑計算
	〔2〕	変　　化	ダニエル型電池と燃料電池の構造，反応，起電力，エネルギー効率　　　　　　　　　　　　　　　　　☑計算
	〔3〕	有機・高分子	環構造をもつアルケンの反応，2価エステルの構造と反応　　　　　　　　　　　　　　　　　　　　☑計算
2023 ◑	〔1〕	総　　合	(1)第3周期の元素　(2)ArとKの原子量 (3)ケイ素の結晶　(4)蒸気圧　(5)水の温度とpH (6)塩素のオキソ酸　(7)油脂　(8)不飽和結合の反応 (9)凝析　(10)ペプチド　　　　　　　　　　　☑計算
	〔2〕	理論・無機	水素の検出，生成・製造，性質，反応，利用，貯蔵　　　　　　　　　　　　　　　　　　　　　　☑計算
	〔3〕	総　　合	解熱鎮痛剤の含有率と芳香族化合物の異性体　☑計算
2022 ◑	〔1〕	総　　合	(1)平衡と熱化学　(2)ハロゲン　(3)製錬　(4)凝固点降下 (5)浸透圧　(6)水蒸気圧　(7)アジポニトリル　(8)ピラジン (9)二糖類　(10)アミノ酸と等電点　　　　　　☑計算
	〔2〕	変化・無機	硫酸銅(Ⅱ)水溶液，バナジウムとレドックスフロー電池　　　　　　　　　　　　　　　　　　　　☑計算
	〔3〕	高分子・有機	合成高分子の合成と性質　　　　　☑描図・計算
2021 ◑	〔1〕	総　　合	(1)電子殻　(2)分子の形　(3)熱量　(4)pH　(5)燃料電池 (6)ナトリウム　(7)気体の性質　(8)光反応　(9)ペプチド (10)ポリ酢酸ビニル　　　　　　　　　　　　☑計算
	〔2〕	変　　化	水性ガスの生成反応の平衡定数と反応速度定数　☑計算
	〔3〕	有機・高分子	アルコールの構造決定，油脂と脂肪酸の反応と分子式　　　　　　　　　　　　　　　　　　　　　☑計算
2020 ◑	〔1〕	総　　合	(1)β線　(2)イオンの半径　(3)緩衝液　(4)陽イオンの反応 (5)Caの化合物　(6)実在気体と蒸気圧　(7)$C_5H_{12}O$の異性体 (8)有機物の性質　(9)合成ゴムの構造 (10)タンパク質の熱変性　　　　　　　　　　☑計算
	〔2〕	理論・無機	(1)ベンゼンの蒸留（10字）(2)硫黄の化合物 (3)アンモニアと硝酸の合成　　　　　　☑論述・計算
	〔3〕	有機・高分子	(1)芳香族化合物の分離と反応　(2)糖類の性質　☑計算

(注)　●印は全問，◑印は一部マークシート法採用であることを表す。

理論・無機・有機とバランスのよい出題
化学平衡と有機の構造決定に特に注意！

01 基本情報

出題範囲：「化学基礎・化学」

試験時間：理科2科目で120分。

大問構成：大問3題。〔1〕は10の小問からなる総合問題。

解答形式：〔1〕はマークシート法で，例年各小問の文章中3個の空所を
　　選択肢から選んで埋める空所補充形式であったが，2024年度は空所が
　　2個となった。〔2〕〔3〕は記述式中心で，いずれも計算問題が含まれ
　　る。2022年度は描図問題，2020年度は短めの論述問題が出題された。

02 出題内容

　理論と有機からの出題が多く，無機はやや少ないが，小問集合が必出だ
ということもあり，全分野からバランスよく出題されている。〔1〕理論
・無機・有機の小問集合，〔2〕理論・無機，〔3〕有機・理論混合の3題
が軸となっているが，年度および全問を通じて，基礎的・基本的事項の知
識と理論に重点をおいて幅広く深い学習の到達度を判定しようとする出題
意図が感じられ，理論分野の深い理解力と応用力が求められている。その
ことは，2021・2022年度に出題された，リード文の中で目新しい理論や
反応を提示してその理解を前提に設問を並べるという，新しいスタイルに
もみられる。

　また，日常生活と化学との関連を問う出題もあり，生活と化学を意識さ
せる傾向がみられる。

理　論：周期表と原子構造の理解をもとにして化学結合と物質の性質を問
　　う内容がよく扱われている。また，2022年度〔2〕では電池に関する
　　総合問題が出題された。電池・電気分解，熱化学，反応速度や化学平衡
　　の計算は頻出であり，広範囲に学習をしておく必要がある。

無　機：物質の製法・性質，イオン反応・沈殿反応と呈色，錯イオンの生
　　成などの各論的な内容は例年，出題頻度がきわめて高い。

有　機：元素分析と分子式の決定など有機化合物の構造決定と異性体，官
能基の性質・反応と示性式・構造式の関係を特に重視しているようであ
る。また，油脂や脂肪酸の構造，さらにはペプチドの構造やアミノ酸配
列を詳しく問うものも出題されている。

　無機・有機ともに各論的な内容が理論的に理解されているかどうかを実
験問題で試すものが含まれており，単なる暗記に終わらない学習が大切で
ある。また，実験装置や器具，実験方法，試薬，観察される現象など，実
験に関する内容の出題頻度が高いことも特筆すべき傾向といえよう。蒸留
装置，水上置換，下方置換の描図はその顕著な例である。

03　難易度と時間配分

　各分野ともに広い範囲から出題され，確実な知識と正しい理解が要求さ
れる。大半が基本的な問題であるが，一部思考力が問われるものもある。
さらに毎年，幅広い分野にわたる知識を生かした応用力を要する問題もあ
るので，十分な準備が必要である。

　1科目当たり60分で大問3題を解くことを考えると1題平均20分だが，
試験時間に対して計算を伴う問題の量が多く，時間的な余裕はない。先に
〔1〕の選択問題や語句問題など解答しやすいものから確実に解いていこ
う。

対 策

01　基礎学習の徹底

　教科書の内容を徹底的に理解すること。太字の化学用語は言うに及ばず，
基礎的な法則，無機・有機の物質の性質や製法，化学式，化学反応式など，
基礎力の確立を第一とすること。

02 理論と計算

　原子構造や化学結合，物質の構成と性質，熱化学，反応速度と化学平衡，酸・塩基，酸化・還元などは毎年のように出題されている重要な理論である。計算では，気体の法則，溶液の性質，結晶構造，熱化学，酸・塩基の定量，pH，酸化還元反応の定量，鉛蓄電池，電気分解の電気量と反応量，反応速度，化学平衡，平衡定数などがよく出題されているので，十分に学習を積んでおこう。さらに，過去に出題されたアレーニウスの反応速度定数や 2020 年度に出題されたラウールの法則まで学習しておく必要がある。基礎的な問題からやや応用的なものまで反復練習し，計算力を養っておくこと。また，計算過程が求められる場合もあるので，解答に至る過程を簡潔にまとめる習慣も身につけておこう。さらに，解答の単位についても注意し，必要な換算を確実に行うこと。

03 無 機

　無機分野での単体や化合物の性質や製法，化学反応に関する出題のウエートはきわめて高い。特に物質の生成・分離など，その過程における気体の発生やイオンの呈色・沈殿反応，酸化還元反応は重要である。確実な知識に理論的考察を加える学習を心がけよう。

04 有 機

　物質の構造式や異性体，主要な官能基の特性や反応についてよく理解しておくこと。元素分析や組成式・分子式・構造式の決定なども出題されているので注意したい。また，有機では比較的難しい問題が出題されているので，少しレベルの高い問題にも取り組んでおくとよいだろう。天然高分子化合物（多糖類，タンパク質，核酸）も必須である。

05 実 験

　実験操作や器具，使用する薬品などについての出題頻度は高い。教科書

や参考書だけの知識に頼らず，できるだけ多くの実験を実際に経験しておきたいものである。特に操作の留意点，それぞれの操作の意味，器具の名称と正しい使い方，観察事項などをしっかり習得しておくこと。実験装置の描図にも慣れておくようにしたい。

06　過去問・問題集での演習

　若干の変化はあるものの，例年，出題形式や出題内容に一定の傾向がみられるので，本書を利用して過去問に挑戦するのが有効である。実際に問題を解いてみて，自ら傾向を分析するとともに理解が不十分な点はよく整理しておきたい。また，『新理系の化学問題100選』（駿台文庫）などの問題集で演習を積むのもよいだろう。

生　物

年度	番号	項　目	内　　容	
2024	〔1〕	生殖・発生	細胞分化，iPS 細胞，核移植，再生医療	✓論述
	〔2〕	遺 伝 情 報	遺伝子組換え，クローニング，複製起点	✓論述
	〔3〕	動物の反応	興奮の伝導と伝達，全か無かの法則，反射弓	✓論述・描図
2023	〔1〕	動物の反応，体内環境	シナプス後電位，血液循環，自律神経，左心室圧―容量曲線，酸素解離曲線	✓論述・計算
	〔2〕	代　　　謝，遺伝情報	呼吸，ミトコンドリア，PCR，電気泳動	✓論述・描図
	〔3〕	代　　　謝	酵素，K_m 値と k_{cat} 値，阻害剤，アロステリック酵素，補酵素	✓論述・描図
2022	〔1〕	遺 伝 情 報	遺伝暗号，遺伝子突然変異	✓論述
	〔2〕	遺 伝 情 報	ヒストン，真核生物の転写調節，電気泳動	✓論述
	〔3〕	体 内 環 境	腎臓，糖尿病	✓計算・論述
2021	〔1〕	総　　　合	共生説，血縁度，伴性遺伝，母性遺伝	✓論述・計算
	〔2〕	体 内 環 境	免疫，抗原抗体反応	✓論述・描図
	〔3〕	遺 伝 情 報	PCR，サンガー法	✓論述・描図
2020	〔1〕	細　　　胞	細胞分裂と染色体	✓論述・描図
	〔2〕	植物の反応，遺伝情報	組織の再生と脱分化	✓論述
	〔3〕	生　　　態，生殖・発生	ニッチと種間競争，個体群や細胞の配置	✓論述・描図

実験・考察問題が頻出
論述・描図・計算問題対策をしっかりと

01 基本情報

出題範囲：「生物基礎・生物」

試験時間：理科 2 科目で 120 分。

大問構成：大問 3 題。

解答形式：ほとんどが記述式。用語や数値の記述のほか，論述問題，描図
問題，計算問題も出題されている。近年は特に論述問題の比重が大きく
なっている。

02 出題内容

例年，遺伝情報，生殖・発生，動物の反応，体内環境からの出題が目立
つが，まずは，生物の出題範囲全般にわたって確実に基礎知識を身につけ
ておくことが必要である。その上で，大問として取り上げられることが多
い分野については，特に重点的な学習が求められる。

論述問題は，字数制限がなく，解答欄に収まる範囲でまとめる形の問題
となっている。内容は，実験や現象についての考察や説明が多い。**描図問
題**はグラフや模式図などの描図を求めるものが多い。**計算問題**は，遺伝子，
エネルギー効率，神経の伝導速度，腎臓における尿の生成，酸素解離曲線
などが取り上げられており，基本的なものも含めて出題されている。

03 難易度と時間配分

出題分野も広く，求められる知識も基本～応用まで幅広くなっている。
教科書ではあまり扱われない内容や目新しい内容もみられ，考察力を要す
る。また，論述問題や計算問題，描図問題もよく出題されていることを考
えると，総合的な学力を要求する内容であるといえる。

試験時間も1科目当たり60分と，時間的余裕はない。解答のスピード
が要求されるので，知識問題を早めに解いて，論述問題になるべく多くの
時間を確保したい。

対 策

01 基本を固める

応用レベルの問題や考察問題に対応するためにも，まずは教科書を中心

に学習すべきだろう。生物用語や教科書の記述をただ覚えるのではなく，各現象や実験の意味を十分に理解し，実験・考察問題に応用できるようにしておきたい。用語の確認として，教科書の巻末の索引を用いて自己の知識や理解を確認しておこう。

02　描図・計算問題対策

　標準的なものではあるが，描図問題や計算問題がしばしば出題されている。教科書にある代表的なグラフ・模式図（各組織や器官の模式図，断面図など）を自分で写して整理するようにしたい。グラフについては，縦軸・横軸の項目・単位に注意して写すこと。模式図については，その図の内容について簡単な説明ができるようにしておくこと。計算問題は，問題集にある応用レベルの計算問題を繰り返し解くことで力をつけておきたい。

03　実験・考察問題対策

　実験問題や考察問題では，内容や結果，理由を論述する問題が中心になっている。差がつきやすいところなので，十分な対策を講じておきたい。まず教科書にある実験・探究活動について，その方法・仮説・考察などを自分なりにまとめるとよい。考察については，実験の結果から自分で考察して説明できるように心がけること。また，最新の生物学の知識も問題を解く上でヒントとなることがあるので，生物学での大きな発見や話題になった事項について整理し，生物学上の意義なども押さえておきたい。

04　論述問題対策

　論述問題は必出で量も多く，増加傾向にあるので，対策が重要である。まずは生物学用語の説明や実験の考察などを題材に，1，2文程度で書く練習をしよう。生物の教科書の文章は1文が30〜60字程度のことが多いので，その文章を参考に文を組み立てるようにすればよい。頭の中で考えるだけでは不十分で，実際に用紙に書くことが重要である。その上で，先生に添削してもらったり，数日から1週間ほど時間をあけてから自分で見

直し，添削したりすると，より効果的である。

05　過去問での演習を

　早稲田大学の問題は標準〜応用レベルの，考察力を要する質の高い良問ぞろいである。過去問で，実際に問題のレベルを体験しておいてほしい。過去問を解く際は，描図問題や論述問題も一度自分の力で書いてみること。さらに，答え合わせを必ずして，間違えた箇所や解答例を見て不十分だと思った答案はそのままにせず，正しい知識を確認し，論述問題や描図問題ならどのように改善すればよいかまで考えて復習しておくと，いっそう効果的である。また，理科2科目で120分という試験時間は，非常に厳しい。全体の問題を見た上で，時間配分を考えながら解けそうな問題から解く練習もしておきたい。

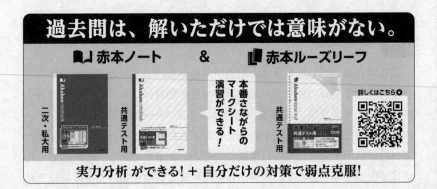

2024
年度

解

答

編

一般選抜

解 答 編

英 語

I 　**解答**
1—a　2—b　3—d　4—c　5—c　6—d
7—a　8—c　9—d　10—c　11—b　12—d
13—a　14—b　15—b

·········· **全訳** ··········

Text I 《組織の情報安全管理とは？》

　[A]　データ侵害の摘発は時の経過とともに大きく増加し，2019年には3,800件を数えた。保全の職員は侵害の可能性を減らすために働いているので，利用者が情報の安全を守る方針に従う意識がないことへの不安が続いている。情報保全の方針は，コンピューター利用に関する資源を守ろうとする遵法精神に左右される。利用者の保全対策が甘く，保全関連の命令に従えないときには，データ侵害が起こる可能性はより高くなる。利用者が抵抗をやめてしまい，データ侵害は避けられないものだから自分たちが行動しても組織内のデータ侵害を防ぐ効果はないという結論を下してしまう可能性がある。

　[B]　ビジネスにおいては，諦め感は，管理力と自主性が欠如していると自覚したことの結果であると言われてきた。心理学では，諦めは，個人が自分の嫌な現実を変えることができず有害な状況を制御できないと悟ったときに発生する，終末の状態であると考えられている。この定義の逆のことが組織防衛に適用可能で，それは，利用者が技術を制御できていると感じていたり，自分はより大きな自主性を持っていて，諦めずに個人的な安全管理に前向きに参加しようとする気持ちがより強いと感じていたりするときである。利用者が制御力や自主性を欠いていると感じたときや，安

全管理が中央集権化されていると感じたときには，彼らは組織を守ることを目的とした技術を無視したくなる。

　[C]　組織の防衛は歴史的に見て，方針を作成して，それを遵守する責任を一般の端末利用者に転嫁することによってコントロールされてきた。しかしこのことで，一部の保全研究者が「利用者は敵ではない」（アダムズおよびサス，1999年）と主張する結果となった。権威主義者たちの保全への反応が，組織を守るための利害と端末利用者が保全のためにとる行動との間に軋轢を生み出している。これらの軋轢に対する利用者の対処法には，諦めや撤退や降伏の気持ちが含まれることがある。降伏は，困難への回答であり，関わることをやめたくさせるような絶望感と同じものであると見なされることが多い。ここでは，降伏の定義は，行動しても何も生まれないしうまくいかないだろうから，諦めて行動しないでおこうという感情である。

　[D]　保全は従業員にマイナス効果を及ぼすという意見を支持する研究もあれば，情報保全の方針への違反に対する罰は，個人が従おうとする気持ちを減退させることになるので，否定的な反応を引き起こすと報告している研究もある。ダルシーのチーム（2014年）は，組織がコンピューターの安全を守る責任を従業員に押しつけたときには，労働環境にストレスが持ち込まれると考えた。これらのストレス因子は，無関心につながるモラルの低下を生み出すかもしれない。ダルシーのチーム（2014年）は，組織を守りたいという願望が，モラル低下のためにいかになくなってしまうかを示した。興味深いことに，保全の負担超過や複雑さや不確実性を経験している従業員は，モラル低下に走ってしまうかもしれないのである。このように保全行動が縮小するのは，従業員の安全要件が満たされない原因であると従業員たちが感じている，時間や労力や不満のためかもしれない。モラルの低下は，情報保全方針への取り組みに対する評価につながる可能性がある。その結果，諦め感が生まれ，組織内の情報保全方針の不遵守に影響を及ぼすかもしれない。利用者が労力を惜しむのであれ，努力をやめるのであれ，新たな楽しみに乗り換えるのであれ，別の意味ある行動を探すようになるのであれ，情報保全方針を守ることから撤退することになるのであれ，そのいずれにしても最終結果は安全性の低下となる。

　[E]　不信は，人や物を信頼できないとする感情であると定義される。

不信感を経験した個人は，相手の発言や行動を額面通りに受け入れられないと感じる。彼らは疑い深く，人が自分をだまそうとしていると感じている。不信感はマイナスの予想を持つものだと特徴づけられており，恐怖や注意や疑惑につながるものであった。興味深いことに，不信感はある人物や場所や物と関連があり，私利私欲のためのデータ利用を防ぐ際には有用なこともある。

　［F］　信頼感と不信感は同一のものではない。とは言え，両者はしばしば入れ替わる。一例として，信頼感は前向きの気持ちで作られ，一方不信感は後ろ向きの気持ちに関連がある。しかし，信頼感のレベルが高まれば不信感のレベルが低下する，ということではない。不信感は，脅威を与える相手への気づきをより高めることがあるので，前向きの力になる可能性もある。

　［G］　信頼感と不信感の綿密な調査は，多くの学科と研究環境にわたっている。推奨エージェントに関する研究により，情報技術に対する信頼構築エージェントと不信構築エージェントとの違いが明らかになった。研究結果によって，技術利用の状況内では，信頼のレベルを構築する行動は不信のレベルを低下させないこともあることが示された。実のところ，不信の傾向は，生涯にわたる学術的経験の結果なのである。不信感の要因となるものは，労働組織の評判と，個人の労働環境のマイナス面の受け止めである。

　［H］　ある興味深い研究が示しているのだが，不信感を抱きやすい人は，既存の保全行動を避ける可能性がある。彼らをだまそうとしている人たちは，そういった行動を見越しているかもしれないと思い込んでいるからである。人間性を考慮すると，人は信頼されるようになったりそうでなくなったりするけれども，これは「二者択一」と呼ばれるものではないということを銘記すべきである。とりわけ，同一人物が，シナリオ次第で，さらにそのシナリオの背景を囲む様々な要因次第で，信頼されたり不信感を持たれたりする。重要なのは，利用者が情報システムの保全方針と降伏の衝動に従うかどうかに，これらの感情がどう影響を及ぼすかである。

Text II　《情報保全のための2つの戦略》

① 情報システム（IS）の安全管理者は，内部犯罪の潜在的な危険性から情報財産とシステムの安全を守る責任がある。組織は，従業員が内部攻撃を

行うのを防ぐために，主に２つの戦略を採用してきた。(1)従業員の良心を刺激すること，(2)犯罪を実行するチャンスを減らす技術を取り入れることである。IS の安全管理者は，従業員が内部犯罪を行おうとする気持ちを抑制してきた。

② IS の安全管理者は，内部の人間の悪意のある試みの好機と見なされるような環境的なチャンスを取り除く必要がある。合理的選択論に従えば，悪意のある内部者が違法行為をしてもかまわないと思うのは，悪事を働くことで予期される見返りが，予想される危険やコストを上回る場合のみである。したがって，IS の安全管理者は，悪事のコストを増やし，予想される利益を減らすことに焦点を当てる必要がある。この保全策は，悪意のある内部者が計画を実行に移そうとする気持ちをより減退させる可能性があり（たとえば，電子監視システムやアクセス制御，インストールバリアなど），内部者の内なる動機に対処することだけに頼らなくてもよくなる。

③ しかし，組織レベルでのこの方法は，本来的に，個々の従業員のスペースを侵害する可能性と結びついている。個人の行動に課される規制が増えていくだろうから，従業員と雇用者との信頼に基づく互恵関係を徐々に失わせていくかもしれない。さらに，組織の方針に同意する以外の選択肢がない従業員は，この互恵関係における従業員と雇用者との交渉力の差が大きいために，問題を起こす可能性がある。

④ 手続きには問題が存在しないように思われるにもかかわらず，従業員は自分のプライバシー権を手放さざるを得なかった。その方針が自分たちの私的スペースを侵害する可能性があることが十分にわかっている場合でさえそうであった。交渉力のそうした巨大な差のために，従業員は，コンピューターの悪用などの否定的反応をするようになるかもしれない。これらの反応は，悪意のある内部者の観点からの犯罪実行のチャンスを最小限にしようとする組織の努力に反対の効果をもたらす可能性がある。

Text III 《信頼感と不信感の構築について》

これまでの研究は，主に信頼に焦点を当て，不信感はほぼ無視してきた。これは，ひとつには，信頼の構築と不信感の構築を１つの連続体の両端だと考えていたからである。したがって，信頼構築を増加させる１つの IT（情報技術）商品が，同時に不信感の構築を減少させるのである。しかし，IT 利用に関連する信頼構築と不信構築の過程が実は２つの別々の異なる

過程であるなら，この前提は正しくないかもしれない。たとえば，客は，どの商品を買えばよいかについての個人向けのアドバイスをもらうために，自分の個人的な必要性に基づいて，ウェブを使った商品推奨エージェント（RA）を利用することができる。オンラインの客は，アドバイスに従う前に，まずRAを信頼しなければならない。我々のプロトコル分析研究では，あるRAは専門用語を使って商品（コンピューター画面）の特徴を詳細に説明していた。我々の観察によると，説明が詳しくてプロ的であったという理由でこのRAを信頼した客もいた。しかし，このRAの説明の特徴は，必ずしも同時に自動的に不信感を減少させるものとは限らない。与えられた専門的な説明が完全には理解できない利用者もいるかもしれないし，そのような人は，そのRAの説明に混乱してそのRAの能力や誠実さに不信を抱くようになるかもしれない。別の例では，ある財政ウェブはコンテンツをダウンロードするのにしばらく時間がかかる。ダウンロードに時間がかかるために，そのウェブサイトの技術能力に不信感を持つ客が出てくるかもしれない。なぜそんなにも長い間待つ必要があるのか，その人にはわからないからだ。待ち時間が長いのは，有益な市場情報の最新の蓄積を含んだグラフや表がたくさんあるためだと理解する客ならば，同じダウンロード時間でも，そのウェブサイトを信頼するかもしれない。したがって，経験的証拠を集めることによって，信頼構築と不信構築の実際の過程——たとえば，あるITの特徴が利用者に信頼感または不信感を植えつけることを利用者がどのようにして解釈するか——を理解することが重要である。

━━━━━ 解　説 ━━━━━

◆「設問1〜9はテキストⅠに関するものである」

1．「組織の安全が自主性と結びついているのはなぜか」

　a．「組織内での個人的な安全管理は，より大きな自主性を体験するときにより起こりやすい」

　b．「組織の安全の環境は，より大きな降伏感と自主性によって強化される」

　c．「組織内での個人的な安全管理は，組織が権威的な安全反応を課した場合により起こりやすい」

　d．「降伏感と自主性が増すと，中央集権的な安全管理につながる」

　段落〔A〕では，組織の情報保全は個人の情報管理意識に委ねられるこ

とが多く，個人の諦め感によって組織の情報保全が脅かされると述べられている。また，段落［B］では，自主性の欠如によって諦め感が生まれるので，組織防衛にはこの逆のこと（つまり自主性を高めること）をすればよいと説明されている。この趣旨に合致しているのは a である。

2.「以下のうち，組織の安全に関心がなくなる結果になるかもしれないものはどれか」

　　a.「従業員を安全違反で罰することができない組織」

　　b.「モラル低下につながるかもしれないストレス因子を持ち込む雇用者」

　　c.「組織の保全方針への関わりが評価される可能性の低下」

　　d.「組織内の安全管理の分散化」

段落［D］の第3文（These stressors may …）で，ストレス因子がモラル低下を生み出し，それが（組織防衛への）無関心につながる，と述べられている。さらに，第2文（D'Arcy et al. …）では，そのストレス因子は組織（雇用主）によって押しつけられると述べられている。これらの趣旨に合致しているのは b である。

3.「疑い深い人が組織のためになるかもしれないのはなぜか」

　　a.「彼らはより恐れを抱いている」

　　b.「彼らはより否定的な気持ちを経験している」

　　c.「彼らは他人を信用できないと感じている」

　　d.「彼らは脅威を与える関係者に対してより用心深い」

段落［F］の最終文（Distrust can be …）参照。「不信感が脅威を与える相手への気づきをより高めることがあるので，不信感が前向きの力になる可能性もある」と述べられている。この「前向きの力」とは，「組織防衛にとって前向き」という意味であると考えられるので，d はこの趣旨に合致している。

4.「capitulation という語は本文中ではどのような意味か」

　　a.「自主性」　　　　　　　　　　　b.「最後の状態」

　　c.「諦めること」　　　　　　　　　d.「制御すること」

当該段落では，capitulation という語の定義をビジネスと心理学の面で説明している。「管理力と自主性がないと自覚する」，「現実を変えられないと悟る」などの表現から連想されるのは c である。

5.「以下のうち，安全性の改善について筆者が推薦しそうなものはどれか」

　　a．「組織を敵と見なしている一般の端末利用者」

　　b．「一般の端末利用者に保全手順から撤退するよう促すこと」

　　c．「一般の端末利用者に，より自主性を与える組織」

　　d．「独裁的な手段を用いて降伏感に応えること」

　段落［B］の最終文（When users feel …）で，「利用者が自主性を欠いていると感じたときには，組織を守る技術を無視したくなる」と述べられているので，「自主性」を重視した方が組織防衛には有益であることがわかる。よって正解はcである。

6.「以下のうち，段落［A］で述べられているような computing resources に含んでよいものはどれか」

　　a．「末端の利用者」　　　　　　　b．「データ侵害」

　　c．「利用者の法令遵守」　　　　　d．「携帯電話のアプリ」

　computing resources は「コンピューター利用に関する資源〔資料〕」という意味である。これに合致するのはdである。文脈からの類推でも，この語句は「利用者が守る」対象となっているので，aやbやcであるとは考えにくい。

7.「信頼感または不信感と関連のある感情の種類はどれか」

　　a．「マイナス感情は不信感と関連がある」

　　b．「前向きの感情は不信感と関連がある」

　　c．「マイナス感情は信頼感と関連がある」

　　d．「感情は信頼感とも不信感とも関連がない」

　段落［E］を参照する。第4文（Distrust has been …）で「不信感はマイナスの予想を持つ」と説明されており，aはこの趣旨に合致している。同時にb，c，dはこの趣旨に合っていないという理由で除くことができる。

8.「以下のうち，信頼感と不信感との関係を最もよく説明しているものはどれか」

　　a．「信頼感と不信感は同じ概念であることが多い」

　　b．「信頼感と不信感は不安と関連がある」

　　c．「信頼感のレベルが上がっても不信感のレベル低下につながるとは

限らない」

　d．「前向きの感情は，信頼感と不信感のレベル低減につながることが多い」

　段落［F］を参照。ここで述べられているのは，信頼感と不信感が同じものでないのはもちろんだが，二律背反でもない，という趣旨である。これに合致しているのは c である。a は第 1 文（Trust and distrust …）の趣旨「同一のものではない」に合致せず不適。b は第 2 文（As an illustration, …）「信頼感は前向きの気持ちで作られる」に合致せず不適。d は c と反対の趣旨なので不適。

9．「本文の A 〜 H の段落は，3 つの部分にグループ分けすることができる。すなわち，(i)－A，(ii)－BCD，(iii)－EFGH である。以下のうち，この 3 つの部分の役割を最もよく説明しているものはどれか」

　a．「(i)は本文の主題を再検討しており，(ii)は主題を降伏感の点から概説しており，(iii)は信頼－不信の点から主題を定義している」

　b．「(i)は背景となる研究を説明しており，(ii)は組織の安全を築く方法を 1 つ説明しており，(iii)はコンピューター計算の方法を説明している」

　c．「(i)は本文全体のキーワードをいくつか定義しており，(ii)はこれらのワードのうちの 1 つが組織の安全とどのように関連しているのか説明しており，(iii)は代わりになるが論争を起こしそうな語を説明している」

　d．「(i)は本文全体を考慮しており，(ii)は組織の安全確立に関連する基本的概念を 1 つ説明しており，(iii)は関連した概念を説明している」

　4 つの説明はいずれも少しずつ異なるので，趣旨と合致しない部分を見つけることが重要である。a は(i)の「再検討」や(iii)の「主題の定義」は行っていないので不適。b は(i)の「背景となる研究」や(iii)の「計算方法の説明」は行っていないので不適。c は(i)・(ii)・(iii)とも term「用語」に焦点を当てているが，(ii)，(iii)でそれぞれ 1 つの特定の語について説明しているわけではないので不適。d は，(i)の「本文全体」＝「組織の情報保全」，(ii)の「基本的概念」＝「従業員の受け止め」，(iii)の「関連した概念」＝「信頼感と不信感」と考えられるので，本文の構成に合致しているといえる。よって d が正解。

◆「設問 10 〜 12 はテキスト I およびテキスト II に関するものである」

10．「テキスト II で述べられている，組織による一般の端末利用者の電子

監視システムは，テキストⅠのどの観点の例か」

　　a．「組織が降伏すること」

　　b．「情報安全を侵害した者に対する罰」

　　c．「保全に対する独裁的な反応」

　　d．「安全の法令遵守を増やすために用いる利点」

　電子監視システムは，テキストⅡ第1段で述べられている2つの戦略のうちの1つで，利用者が悪事を働くチャンスを減らすためのものである。このやり方は組織が従業員に対して押しつけるものであり，中央集権的・独裁的であると言える。よってｃが最も適切である。

11.「従業員のスペースを侵害することで最も起こりそうなことは，テキストⅠにある以下の結果のうちどれか」

　　a．「モラルの向上」　　　　　　b．「降伏」

　　c．「独裁的な反応」　　　　　　d．「安全の法令遵守」

　ｃは雇用主側の反応なのでここでは不適。テキストⅡではスペースの侵害はマイナス要因として挙げられているので，ａやｄが起こるとは考えられない。テキストⅠ段落［B］にあるように，自分のスペースが侵害されると自主性が失われるので，降伏＝諦め感につながる可能性がある。この趣旨に合致しているのはｂである。

12.「合理的選択論は以下のうちのどの結果を予測しているか」

　　a．「想定される見返りとコストがほぼ等しいときには，従業員は組織に対して違法行為をする可能性が低くなる」

　　b．「ISの安全管理者は，違法行為を防ぐために，悪意のある内部者の利益を増やしコストを減らすことに集中するであろう」

　　c．「ISの安全管理者は，違法行為を防ぐために，悪意のある内部者にとっての環境的チャンスとコストを増やすことに集中するであろう」

　　d．「従業員は，見返りがコストを上回る可能性があるときの方が組織に対して違法行為を働きやすい」

　テキストⅡ第2段参照。悪事のコストと見返りに言及し，後者が前者を上回ると予想される場合に悪事が発生しやすい，と述べられている。ｄはこの趣旨に合致しており，これが正解である。

◆「設問13〜15はテキストⅠ，テキストⅡおよびテキストⅢに関するものである」

13.「テキストⅠおよびテキストⅢで提示された情報から引き出すことのできる結論はどれか」

　　a.「同じ人間あるいは別々の人間が信頼したり不信感を抱いたりするのは，決断を下すときの状況によって決まる」

　　b.「信頼したり不信を抱いたりするのが決断を下すときの状況によって決まるのは，同一人物ではなく別々の人間の場合である」

　　c.「推奨エージェントは，決断を下すときの状況とは関係なく，様々な背景を持つ人たちの間に信頼を築く」

　　d.「推奨エージェントは，決断を下すときの全ての状況において，様々な背景を持つ個人に対する不信感を減らす」

　cとdの「推奨エージェント」については，テキストⅠで述べられている。cについては，推奨エージェントがどんな状況下で信頼を構築するかは述べられていないので，不適。dは，段落［G］に「信頼レベルを構築する行動は不信のレベルを低下させないこともある」とあるので，不適。よってaかbかの選択となる。テキストⅢの後半では，信頼か不信かの結論を下すときの状況例として，説明とダウンロードが挙げられている。この状況の違いによって利用者の受け取り方が異なるという趣旨なので，これに合致しているのはaである。

14.「テクノロジーと触れ合うときに理解と自主性を欠く利用者は，以下のうちのどれを体験する可能性があるか」

　　a.「悪用」　　　　　　　　　　b.「疑念」

　　c.「自覚」　　　　　　　　　　d.「信頼」

　テキストⅠで述べられているのは，自主性を欠く利用者は諦め感を抱きやすく，自身での情報管理を十分にできないために不信感に陥って既存の保全行動を疑いがちになる，という趣旨である。この趣旨から考えると，bが最も適切である。

15.「以下のうち，テキストⅠ，ⅡおよびⅢの関係を最もよく説明しているものはどれか」

　　a.「テキストⅠは組織防衛の２つの原則を紹介し，テキストⅡとⅢはそれをさらに詳しく説明している」

　　b.「テキストⅠとⅡは組織防衛のいくつかの原則を説明しており，一方テキストⅢはそのうちの１つを例証している」

　ｃ．「テキストⅠ，Ⅱ，Ⅲはそれぞれ，組織防衛の異なる原則を定義しており，テキストⅢは具体的なケースを取り上げている」

　ｄ．「テキストⅠは組織防衛の原則を説明しており，テキストⅡは代わりとなる意見を説明しており，テキストⅢはその意見を関連づけている」

　本文の主題は組織の情報保全である。テキストⅠでは従業員が保全に対し後ろ向きな気持ちになることで，組織の情報の安全性が低下する（データ侵害が起きてしまう）ことが述べられている。テキストⅡは，従業員の内部犯罪を取り上げている。テキストⅢでは，テキストⅠで取り上げた「従業員が保全に対して後ろ向きな気持ちになる」ことの原因としてあげられている，「不信」についての説明を加えている。この構成に合致している選択肢はｂである。テキストⅡの「従業員の内部犯罪」はテキストⅠの「従業員が保全に対し後ろ向きな気持ちになること」の説明ではないので，ａは不適。

～～～～～～～～～～　**語句・構文**　～～～～～～～～～～

テキストⅠ　**（段落［A］）** disclose「～を摘発する」　breach「違反，侵害」　over time「時の経過とともに」

（段落［B］） autonomy「自治，自主性」　detrimental「有害な」

（段落［C］） end user「一般の端末利用者」　authoritarian「権威主義の」

（段落［D］） stressor「ストレス因子」

（段落［E］） be defined as ～「～であると定義される」　at face value「額面通りに」　exploitation「（データなどを）私利私欲に利用すること」

（段落［F］） interchange「～を入れ替える」　as an illustration「一例として」

（段落［G］） scrutiny「綿密な調査」

（段落［H］） be predisposed to be ～「～になりやすい」　either or「二者択一」

テキストⅡ　**（第1段）** asset「有用なもの，財産」　curb「～を抑制する」

（第2段） malicious「悪意のある」　malfeasance「悪事，不正行為」　electronic monitoring and surveillance「電子監視システム」

（第3段） be coupled with ～「～と結びついている」　infringe「～を侵害する」　undermine「～を徐々に傷つける」　bilateral「双方の，互恵的

な」　bargain「交渉する」

（第4段）nonexistent「実在しない」　from the perspective of ～「～の観点から」

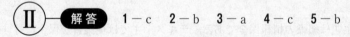

Ⅱ　**解答**　1－c　2－b　3－a　4－c　5－b

·· **全訳** ··

《解析学の足跡》

　厳密に論理的観点から言えば，解析学の厳格な講座は微積分学の講座よりも先に取っておくべきである。しかし，厳密な論理は，歴史と実情の双方によって覆されている。歴史的には，17世紀発祥の微積分学がまず生まれ，形式ばらない直感力をもとに急速に発達した。その理論が理にかなった論理学的基盤に基づいて組み立てられていると主張できるようになったのは，19世紀に入ってかなり経ってからのことだった。実情の方はと言えば，大学の教員は全員が知っているように，学生は，あまり厳密でない解析学講座ですら，直感的真理と伝統的微積分講座に由来するまったく技巧的な技術を獲得して，初めてその準備ができるのである。私が常に思ってきたことであるが，解析学は現代数学のポンス・アシノラム（ロバの橋，つまり，賢い者と愚かな者とを区別する能力評価テスト）である。思うに，これが示しているのは，我々が2,000年間でどれだけ進歩してきたかである。というのは，解析学はピタゴラスの定理（かつてはその称号を受けていた）よりもはるかに洗練されているからである。その科目を教えたことがある人は誰でも，どれだけ忍耐強くなければならないかを知っている。その考え方は，能力の高い学生であっても，次第に定着していくものだからだ。微積分学が現在解析学と呼ばれるものにまで進化するのに2世紀以上かかり，専門の教師に指導を受けた才能ある学生ですら，問題点の全てを即座に理解することを期待できないので，これはさほど驚くべきことではない。私は斬新なことは何も始めていない。なぜなら，解析学のような十分に確立した分野では，独創性はあまりに容易に奇抜さに変わるからである。関数が持つ「奇妙な」例によって視覚的直観的アプローチの限界を説明することは大切だが，「病状」だけを強調しすぎると，解析学が何に関するものであるかについて全く間違った印象を与えてしまう。私

は，その過ちは避けられたのではないかと思う。

===== **解　説** =====

「本文を読み，１～５の７個の語を正しい順に並べ替えなさい。その後，３番目と５番目の語を含む選択肢を a～d から選びなさい」

1． 完成すべき英文は century was it possible to claim that である。よって３番目は it，５番目は to となり，c が正解である。

　直前が 19th であることから，この直後に続くのは century 以外には考えられないのでこれが１番目となる。２番目以降の順序については，当該文の構文を吟味する必要がある。この文は，Not until が文頭に来ることにより倒置（疑問文の語順）が起こっている。つまり，本来ならば形式主語 it と to 不定詞を用いた構文 it was possible to claim that ～「～だと主張することは可能であった」となるべきところを，was it ～ に倒置させる必要がある。

2． 完成すべき英文は the sheer technical skills that come from である。よって３番目は technical，５番目は that となり，b が正解である。

　直前に and がある点に注意。当該部分は the intuitions と並列関係になっていると考えられ，the＋複数形の名詞の形が予想される。よって the skills となるが，technical は形容詞なのでこの skills の前に位置する。さらに sheer は technical を修飾する副詞と考えられ，technical の前に来る。最後に，that は skills を先行詞とする主格の関係代名詞で，come from ～「～に由来する」が後に続く。

3． 完成すべき英文は how much progress we have made in である。よって３番目は progress，５番目は have となり，a が正解である。

　直前の I suppose は挿入句なので，その前の This shows とのつながりから，目的語〔節〕が入ることになると考えられる。主語・動詞と how があることから，この部分は間接疑問になっていると予想される。much の存在から how 単独ではなく how much progress「どれだけ多くの進歩」という表現になっていると考え，それに主語の we と動詞の have made を続ける。最後に，直後の two thousand years には前置詞が必要であり，in を補って並べ替えは完成する。

4． 完成すべき英文は since it took more than two centuries である。よって３番目は took，５番目は than となり，c が正解である。

　まず全体の構文を推理する。直前で1つの節（主節）が完成しているので，当該部分は接続詞で始まっていると考えてよい。候補となるのは since だけで，主節が完了形でないことから「〜なので」の意味だと考えられ，これが最初に来る。動詞は took 以外にないので，it takes＋時間＋for *A* to *do*「*A* が〜するのに〈時間〉がかかる」という表現が想定される。〈時間〉に当てはまるのは more than two centuries となり，並べ替えが完成する。

5. 完成すべき英文は wrong impression of what analysis is about である。よって3番目は of，5番目は analysis となり，b が正解である。

　直前の the に注目すると，後に続く名詞は impression か analysis が候補となるが，形容詞 wrong の存在を考えると，the wrong impression「誤った印象」になっていると推測するのが妥当である。これに of が続いて「〜についての」になっていると思われる。さらに，what は間接疑問を作る疑問詞で，主語 analysis と動詞 is が続き，最後に前置詞 about が来て並べ替えが完成する。

────── **語句・構文** ──────

analysis「解析学」 calculus「微積分学」 overrule「〜を覆す」 practicality「実行可能性，現実」 intuition「直感的知覚，知識」 a great deal「大いに，うんと」 take root「（考えなどが）根づく，定着する」

 **解答**　Section A. 1 － d　2 － c　3 － b　4 － a
　　　　　　　　　　5 － a　6 － d
Section B. 7 － a　8 － d

············ **全訳** ············

Section A. 《オンライン販売で用いられる戦略》

　あなたが様々な種類のソファを専門に扱うオンラインの家具店を始めたとする。お客にとってその快適性が魅力的なものもあれば，値段が魅力的なものもある。サイトに入ってくる人が快適性に注目し，結果として価格よりも快適性に優先順位をつけてソファを購入する気にさせるために，できると思うことはあるだろうか。

　答えを出すために長く努力する必要はない。マーケティングの2人の教授，ナオミ＝マンデルとエリック＝ジョンソンが，まさにそのようなオン

ライン家具店を使った一連の研究の中で，答えを与えてくれているからだ。マンデルが 1990 年代末にこの研究プロジェクトを始めたとき，アマゾンや eBay といったネット上の店の影響力は，まだ見られるようになり始めたばかりだった。しかし，この取引形態の中で最大限の成功を勝ち取る方法が，システム的に取り組まれていたのではなかった。

　2002 年に発表されてからほとんど見過ごされてきたある記事の中で，彼らは，サイトのトップページの壁紙にふわふわの雲を置くだけで，どのようにしてサイトの訪問者の注意を快適さの方に引きつけることができたかを説明している。ソファに何を求めているのかを尋ねられて，策略によって，この訪問者たちは快適さにより高い重要性を与えることになったのである。

Section B.《ビデオゲームや E スポーツが記憶力にもたらす効果》

[D]　ビデオゲームは人気があり，E スポーツもその影響力が上がっているにもかかわらず，両者は我々の社会で必ずしも肯定的な意見を享受しているわけではない。それでも，その中核では，現代のビデオゲームはしばしば，信じられないほど豊かな認知経験，たとえば問題解決や競技やチームワークや社会的交流の機会を提供してくれる。結果として，ゲームや E スポーツは脳にかなり前向きの効果を与えてくれる可能性がある。

[B]　現代の多くのビデオゲームが持つはっきりとした一面は，それらが斬新で豊かな探検の世界を与えてくれる点である。ドナルド゠ヘッブの先駆者的研究（ヘッブ，1947 年）にまで遡る，数十年間にわたる神経科学の研究は，実験用の動物を豊かな環境下に置くだけで，根底に潜む広範囲の神経科学的メカニズムでの認知能力が改善されることを示している。

[E]　この「環境的豊かさ」は，記憶力や，記憶力を支えることで知られている海馬のような脳内構造への年齢的な影響を改善するだけでなく，アルツハイマー病のマウスモデルでアミロイドベータ斑と神経繊維のもつれの両方の存在も減少させ，海馬神経の発生やシナプスの適応性の不足を取り返し，海馬による記憶力を改善し，環境的豊かさと海馬神経発生に重要な神経栄養因子を上方調節することが示されている。

[C]　このように，ビデオゲームによってさえ，環境的豊かさは海馬と海馬が支える記憶力にプラス効果を及ぼすかもしれないという意見には，数多くの神経生物学的証拠が存在する。

[A] (3)我々の研究室でもそれ以外の研究室でも，これまでの研究は，大きな没入型の3Dビデオゲームをすることで海馬による記憶力にプラス効果が及ぼされると説明してきた。(1)たとえば，ゲーマーではない若者を使った教育活動の中で，スーパーマリオ3Dワールドを2週間することで，海馬による記憶力の成績が改善したことがわかった。この記憶力改善は，現実に参加しているグループとリモートコントロールのグループ両方に関して見られ，ゲームの実施量と改善の度合いには相関関係があった。(5)我々は，より年配の60～80歳においても，同様の効果を見つけた。4週間ゲームをすることで，15～20歳年下の被験者の能力に匹敵するような記憶力の改善があったのである。(4)さらに別の研究で，我々はマインクラフトを使って，強化の量と種類をより直接的に操作した。(2)この研究では，2週間仮想世界の空間を探検し，その世界で集めた資源で複雑な建造物を構築した結果，記憶能力がしっかりと改善されたのである。

━━━━━━━━ 解説 ━━━━━━━━

◆**Section A.** 「本文を読んで，設問1～6に対する最も適切な選択肢をa～dから選びなさい」

1. 「空所ⅰ，ⅱ，ⅲ，ⅳのうち，冠詞 "A／a" または "An／an" を補わねばならないものはどれか」

不定冠詞を補う必要があるのは，直後の名詞が可算名詞の単数形の場合である。不可算名詞であったり，可算名詞であっても複数形であったりする場合は補う必要がない。これを念頭にそれぞれの選択肢を考えていく。(ⅰ)の price「価格」は可算名詞で単数形であるが，当該箇所は直前の their comfort との比較になっているため，their price とする。よって，a は不要である。(ⅱ)の success「成功」は不可算名詞なので a は不要。(ⅲ)の maneuver「策略」も，個々の策略を挙げているのではなく策略そのものに言及しているので，不可算名詞の扱いとなり，これも不要。(ⅳ)の sofa「ソファ」は可算名詞で単数形なので a が必要である。よって正解は d となる。

2. 「以下のうち，空所Aに入れるのに最も適切なものはどれか」

直後に「お客にとって」という表現が続いているので，主語の Some は some sofas「いくつかのソファ」であるとわかる。したがって「魅了される」と受動態になる a は不適。また，b の場合，attract は他動詞なので

目的語が続くことになり，to は不要で不適。d は「呼び物」という意味で可算名詞の扱いになるので冠詞なしでは不適。c は形容詞で「（〜にとって）魅力的な」という意味になり，矛盾しない。よって c が正解である。

3.「以下のうち，空所 B に入れるのに最も適切なものはどれか」

直前で prioritize という動詞が用いられている点に注意する。prioritize *A* over *B* で「*A* を *B* よりも優先させる」という意味になる。よって b が正解である。over の本来の意味「〜を超えて」からの類推でも正解可能である。

4.「以下のうち，空所 C に入れるのに最も適切なものはどれか」

直前に動詞 provided「〜を与えた」があるので，C には目的語が入ると考えられる。よって b と d は除外される。a と c はいずれも代名詞であると考えられるが，何を指しているのかを考えた場合，意味の上でも空所を含む文（You've no need …）の前半に出てくる（an）answer がそれであるとわかる。よって，不特定の単数名詞に対して用いる a が正解となる。

5.「以下のうち，空所 D に入れるのに最も適切なものはどれか」

当該文の主節の述語動詞は was（only）beginning「〜し始めたばかりだった」で，この主語は（the）impact（of virtual stores such as Amazon and eBay）「（アマゾンや eBay といったネット上の店の）影響力」である。したがって不定詞部分は受動態になっていると考えられ，a と d が候補となるが，意味の上で a を選択する（影響が「見られ」始めた，となる）。

6.「以下のうち，空所 E に入れるのに最も適切なものはどれか」

直前の attention「注意」という語に注目すると，draw *one's* attention to 〜 で「…の注意を〜に引きつける」という用法が想起される。よって d が正解である。これは attention の基本用例なのでぜひ覚えておきたい。

◆Section B.「下の［A］〜［E］の 5 つの段落は 1 つの節を構成しているが，正しい順序になっていない。さらに，段落［A］の(1)〜(5)の 5 つの文も正しい順序になっていない。本文を読み，設問 7・8 に対する最適な選択肢を a 〜 d から選びなさい」

7.「以下のうち，段落［A］にとって最適な（最も筋の通る）文の順序を示しているものはどれか」

(1)の For example，(2)の In this study，(4)の In yet another study，

(5)の a similar effect は，いずれもすでに述べられたものを受けた表現であるので，この段落の先頭に来るとは考えにくい。よって(3)が先頭ではないかという前提で考えてみる。(3)の趣旨は，「ビデオゲームは記憶力へのプラス効果がある」であり，(1)はその例示であるので(3)→(1)となる。次に，(1)の被験者が若者であったことに注意すると，高齢者を調べた(5)がこれに続いていると考えられ，(1)→(5)となる。残る(2)と(4)の順序であるが，(4)では研究が行われたことだけが述べられており，(2)では研究の結果が説明されているので，(4)→(2)と考えるのが妥当である。よって(3)→(1)→(5)→(4)→(2)となり，段落［A］が完成するので，正解は a である。

8.「以下のうち，本文にとって最適な（最も筋の通る）段落の順序を示しているものはどれか」

　この形式（段落整序）の問題を解答する上で重要なのは，最初の段落を特定することである。選択肢より，その可能性があるのは［B］か［D］のどちらかである。よって両者の検討からスタートする。

　［D］では，ビデオゲームの特長をいくつか述べてから脳への効果があることを紹介している。［B］で述べられているのはその効果の1つである。したがって［D］が先頭の段落であると考えられる。よって，b か d にしぼられる。

　次に，［D］に続くのは［A］か［B］かを考える。すでに述べたように，［D］の趣旨はビデオゲームが脳に効果がある点，［B］の趣旨はその一面の紹介なので，この2つの段落は連続していると考えるのが妥当である。よって［D］→［B］となる。

　次に，［B］の第2文（Decades of …）に enriched environments「豊かな環境」という表現が出てくるが，［E］の This "environmental enrichment"「環境的豊かさ」は［B］を受けてその表現を言い換えたものだと考えられる。よって［B］→［E］となる。

　次に，［E］の文中で environmental enrichment「環境的豊かさ」，hippocampus「海馬」という語が登場するが，これらの語は引き続き［C］でも用いられている。よってこの2つの段落は連続していると考えられ，［E］→［C］となる。

　最後に［A］は，海馬への効果を調べる研究を紹介しており，これは［C］に続く段落であると考えられる。よって［D］→［B］→［E］→

［C］→［A］となり，正解はdである。

───────────── **語句・構文** ─────────────

Section A.（第1段） specialize in ～「～を専門に扱う」　incline *A* to *do*「*A* を～したい気持ちにさせる」

（第2段） optimize「～を最大限に利用する」

（第3段） fluffy「ふわふわした」　assign *A* to *B*「*A*（時間・価値など）を *B* に与える」

Section B.（段落［A］） manipulate「～を処理する，操作する」

（段落［B］） novel「斬新な」

（段落［D］） have the potential to *do*「～する可能性がある」

（段落［E］） plaque「歯垢，斑」　deficit「不足，障害」　plasticity「適応性」

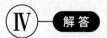　　**解　答**　　**Section A.**　1－d　2－b　3－c　4－d
　　　　　　　　　　　　　　　　5－a

Section B.　6－d　7－b　8－d　9－c　10－c

··· **全　訳** ···

Section A.《プレスポネンダムと呼ばれる議論原則》

① 　貴族で兵士，後には聖職者となったイグナチウス＝ロヨラは，自らが唯一著した本『霊操』の冒頭で，プレスポネンダムと呼ばれる基本原則を提案した。それにはこう書かれている。

② 　「善良な全てのクリスチャンは，隣人の発言を非難するのではなく，もっと熱心に良い意味の解釈をすべきである。さらに，相手の発言に好ましい解釈ができない場合は，その意図を問うべきである。その意図が間違っていれば，その人を慈悲の心をもって正してあげるべきである。正し方が十分でない場合は，発言を良いものとして理解することでその発言が救われることになるあらゆる適切な方法を探し出すべきである」

③ 　言うまでもなく，イグナチウスはクリスチャンに対して，特別な文脈においてのみこう書いたのである。しかし，我々が示そうとしているのは，これが手順を作るためのヒントとして役立つ可能性があるという点である。その手順は，我々が違った認識的見方で相手から学ぶのを可能にし，自身の世界観を十分に発展させてくれる一方で，慈悲の原則につながる全ての

理解を守ってくれる。

④　イグナチウスの原則の中では，我々は実際には「仮定する」という１つの手順にまとまる４つの段階を区別できる。この区別は，右に示しているように，慈悲の弁証法的原則をモデル化するのに非常に役立つであろう。

> 1．回収しなさい
> 相手の発言を好意的に解釈できない場合は…
> 2．尋ねなさい
> その意図が間違っている場合は…
> 3．正しなさい
> これが十分でない場合は
> 4．ほかの方法を探しなさい

Section B.《計算の際のワーキングメモリーの使用》

我々は，ある問題を解決したいときには，その問題に関連する情報を全てワーキングメモリー内に収める。あいにく，ワーキングメモリーは非常に制限されている。我々は新しい項目を一度に３～４個しかワーキングメモリーに収められない。このことで，我々の問題解決力は大きな制約を受ける。我々はこのことを，一連の掛け算問題の長さを増やすことで知ることができる。46×7という問題を暗算で解くよう求められた場合，あなたがうまくやれる可能性はある。あなたはそうするために，そんなにもたくさんの新しい情報を一度にワーキングメモリーに収める必要がないからだ。しかし，まだあなたが間違いを犯す可能性がある。自分のワーキングメモリーを使って，いくつかのことを思い出さねばならないからだ。この問題はいくつかの方法で解くことができる。以下のものはおそらく最も一般的なものであろう。

　　①7×6＝42である。

　　②2は頭に留めておいて，4を繰り上げる。

　　③7×4＝28である。

　　④28＋4＝32である。

　　⑤2を留めておいたのを思い出しなさい。

　　⑥よって最終の答えは322となる。

この計算にどんな方法を使っても，情報の次の要素を計算している間，1つの要素はワーキングメモリーに収めておかねばならない。その後，最初の要素を思い出さねばならないのである。それと2つ目の要素を一緒に使うことに関わる何かをする必要があるからだ。このような問題を解いていると，直前の計算を終える頃には最初の計算結果を忘れている，というこ

とがよく起こる。3桁の数と1桁の数の掛け算は，ワーキングメモリーをさらに試すことになる。

23,759×42 という問題を暗算で解くよう求められた場合は，ほぼ確実に正解できないだろう。それは問題の解き方がわからないからではなく，これを解くには情報の新しい要素をあまりにもたくさん一度にワーキングメモリーの中に収める必要があるからである。

=========== 解　説 ===========

◆**Section A.**「設問1〜5に対して，最適な選択肢をa〜dから選びなさい」

1.「以下のうち，誰かと議論するときにRETRIEVE（「回収」）段階に最も調和しているものはどれか」

　a.「自分が好む発言は拒否して，好まない発言を受け入れる」

　b.「相手の立場を理解できるような情報を得られるまで質問する」

　c.「論理的誤謬に焦点を当てて，相手の発言がいかに誤りであるかを指摘する」

　d.「相手が言ったことを良い意味で理解する方法を考える」

　本文で与えられている表をヒントにする。aは1〜4のどれにも該当しないので不適。bは「質問する」とあり，2に該当するので不適。cは「誤りを指摘する」とあり，3の「正す」に該当するので不適。dは議論の際のスタート地点であると考えられ，1に該当する。よってdが正解。

◆「下の議論と2〜5の設問に対して，P，QおよびRは主張（議論の中での発言）であり，プライム符号（′）はある主張の修正版を示している」

　①ジェイム：Pは真である。

　②シドニー：（Pは偽だと思っている）本当にPが真だと思いますか？

　③ジェイム：ええ，Pは真だと思います。

　④シドニー：でも，この場合はPでないものが真ではありませんか？
　　　　　　　P′が真だということですか？

　⑤ジェイム：おっしゃる通りです。P′は真です。

　⑥シドニー：（考える：自分はP′が真だと本当に思うのか？　それはQと矛盾している。Qは偽なのか？）

2.「この議論がイグナチウスのプレスポネンダムにならっているとすれ

ば，以下のうち4つの空所をそれぞれ補うのに最も適切なものはどれか」

　①でジェイムが「Pは真である」と述べたことに対して，②のシドニーは「偽である」と思っている。つまり，好意的に解釈できていない。したがって，次にシドニーが取ると予想される行動は「尋ねる」である。ジェイムはPにしか言及していないので，質問も当然Pに関するものとなる。よって②の空所にはPが入る。続く③の空所も，シドニーの質問に対する返答であると考えれば，Pが入ると予想され，この時点でbが正解であるとわかる。④の Do you mean P′ is ＿＿＿? に対して，⑤では Yes と答えた後，＿＿＿ is true. と続けている。この流れから，④の P′ is ＿＿＿ と⑤の ＿＿＿ is true は同じ内容になると考えられる。よって，④には true，⑤には P′ が入り，bが正解となる。

3．「議論の中の行で，CORRECT 段階に該当しているものはどれか」

　4つの段階を考えると，1は相手の発言の受け入れになるが，2〜4はこちらからの能動的行為となるので，②・④・⑥がそれに当たることがわかる。順番に考えていくと，①が RETRIEVE，②が ASK，④が CORRECT，⑥が FIND OTHER WAY となる。よって正解はcである。

◆「以下にある2種類の議論の定義を考えてみよう。

藁の人の議論——討論者によって相手の主張を非常に脆弱な形にするために策定された議論。しばしば相手の主張を倒しやすくするためにそれを誤った伝え方をすることで行われる。

鋼鉄の人の議論——相手の発言に基づいて，相手の主張を可能な限り最も強力なものに再構築したもの。しばしば議論をより知的やりがいのあるものにするために用いられる」

4．「以下のうち正しいものはどれか」

　a．「CORRECT 段階は基本的には藁の人の議論を策定するための試みである」

　b．「プレスポネンダムは鋼鉄の人の議論に応用することはできない」

　c．「プレスポネンダムは藁の人の議論に応用することはできない」

　d．「CORRECT 段階は基本的には鋼鉄の人の議論を策定するための試みである」

　④では，相手の発言を再構築してより強いものにし，次の議論（P′ は本当に真なのかということ）につなげようとしている。これは「鋼鉄の人

の議論」にあたるので，正解は d。CORRECT の手法について，「相手の主張を打ち負かしてはいけない」といったことは書かれていないので，「藁の人の議論」は，CORRECT の 1 つの方法としても用いることができると考えられるため，c は不適。

5.「上の議論の以下の言い換えのうち，藁の人の議論を作る例と見なされるものはどれか」

　　a．行②：(頭の中で：P はある程度 R によって決まり，R は偽であることが広く知られている) では，R は真ということですね？

　　b．行③：ええ，実は，R が偽なので P′ は真だと思います。

　　c．行④：(頭の中で：P と P′ はどちらも真である) しかし，P が偽だというのは本当ではありませんか？　P′ も偽だということですか？

　　d．行⑥：(頭の中で：本当に P″ が真なのか？　それは P とほぼ同じだ。実は P は真なのか？)

　藁の人の議論の特徴は，「誤った伝え方をして，相手の主張を倒しやすくする」という点である。a を見ると，R が偽であることが広く知られているにもかかわらず，「R は真ということですね？」と尋ねている。これは「誤った伝え方をして，相手の主張を倒しやすくしている」と捉えてよいので (相手はこの質問に No と答えざるを得ず，そうなると「P は真」という相手の主張に信憑性がなくなるので)，a が最も適切である。

◆Section B.「設問 6 ～ 10 に対して最も適切な選択肢を a ～ d から選びなさい」

6.「以下のうち，空所 A に入れるのに最も適切なものはどれか」

　A で表される問題の解法は，①～⑥で示されている。これによると，まず 7 と 6 を掛け，十の位の 4 を繰り上げた上で 7 と 4 を掛けている。このことから，7 と 46 を掛けたことがわかる。よって正解は d となる。

7.「以下のうち，空所 B に入れるのに最も適切なものはどれか」

　当該部分では，A の問題を正解できる可能性が高い理由を述べている。2 桁と 1 桁の暗算計算の場合，覚えておくべき情報はそれほど多くない。つまり，「そんなにたくさんの情報をワーキングメモリーに収める必要がない」となる。この趣旨になる表現は b の too much である。

8.「以下のうち，空所 C に入れるのに最も適切なものはどれか」

　6 の正解が d の 46×7 であることがわかっていれば，問題なく d が正解

となる。①～⑥の手順から考えると，③と④は実は十の位の計算で，$7 \times 40 + 40 = 320$ である。これに⑤で 2 を加えることになるので，答えは 322 となる。

9.「与えられた解答例で，問題に取り組んでいるときのある時点での it と the second piece それぞれに対して妥当な値の組はどれか」

　it が指しているのは，いったんワーキングメモリーに収められた「最初の要素」である。よって当該箇所の意味は「最初の要素と 2 つ目の要素を一緒に使う」となる。この作業が表現されているのは④で，「最初の要素」＝「繰り上げた 4」，「2 つ目の要素」＝「$7 \times 4 = 28$」である。よって正しい組み合わせは c となる。

10.「以下のうち，空所 D に入れるのに最も適切なものはどれか」

　D は，暗算ではほぼ正解できない計算の例である。選択肢を見ると， a は 41×2 の答えの後に 0 を 4 つ加えればよい。b は円周率の小数点を右に 3 つ移動させればよい。d はそれぞれの 1 を 3 に換えればよい。これに対して c の計算は暗算では非常に難しい。よって正解は c となる。

━━━━━━━━━━━━ **語句・構文** ━━━━━━━━━━━━

Section A.（第 3 段）serve「役立つ」 epistemic「知識の，認識的な」
（第 4 段）presuppose「仮定する」
Section B. at any one time「同時に」 work out「（問題など）の答えを見つけ出す」

Ⓥ **解答**　　1 ─ a 　2 ─ b 　3 ─ c 　4 ─ c 　5 ─ a 　6 ─ b
　　　　　　　　7 ─ a 　8 ─ a 　9 ─ c 　10 ─ d 　11 ─ c 　12 ─ b
13 ─ d 　14 ─ a 　15 ─ b

━━━━━━━━━━━━ **解説** ━━━━━━━━━━━━

「設問 1 ～ 15 には，2 つの定義がそれぞれ 1 つの例文とともに与えられている。両方の定義に合致し，両方の文の空所に合う語を考えなさい。その単語のそれぞれの文字を下の表にしたがって 1 ～ 4 の数字に変換しなさい。1 は a ～ g，2 は h ～ m，3 は n ～ s，4 は t ～ z の文字を表している。その後，合致する数字の配列を選択肢 a ～ d から選びなさい。たとえば，思いついた語が wise ならば，最初の文字である w は与えられているので，残りの文字は i が 2，s が 3，e が 1 に変わる。ゆえに，正しい答えは

w231 になる」

1. 定義と例文の意味は以下の通り。

(i)「ある物をいつもの所に結びつけたり固定したりすること：トラックの運転手はチェーンで積み荷をトラックに固定した」

(ii)「強い衝動や感情を制御すること：ツアーガイドはその観光客の無礼な振る舞いに対して怒りを抑えることができなかった」

　r で始まり2つの定義に合致する語は restrain「(i)～を固定する，(ii)（感情など）を抑える」である。よって r1343123 となり，a が正解。

2. 定義と例文の意味は以下の通り。

(i)「あることに反対すること：裁判での専門家の証言は，それより前の重要目撃者の証言に反論した」

(ii)「公式の論証において，おそらくは真になり得ない命題：A は B であるという命題と A は B ではないという命題は論理的矛盾である」

　c で始まり2つの定義に合致する語は contradict「(i)～に反論する，(ii)矛盾（contradiction）」である。よって c334311214 となり，b が正解。

3. 定義と例文の意味は以下の通り。

(i)「高さが異なる2つのレベルをつないだ面：その建設作業員は，上の階に行くために狭い勾配を通って慎重に荷物を移動させねばならなかった」

(ii)「何かをしたり何かであったりする傾向を持っていること：その教授は，やる気になれば授業時間が終わった後でも講義を続けようとした」

　i で始まり2つの定義に合致する語は incline「(i)勾配，(ii)（人）を～したい気持ちにさせる」である。よって i312231 となり，c が正解。

4. 定義と例文の意味は以下の通り。

(i)「あるプロジェクトに対して特別に提供されるお金：研究者たちは，数百万ドルの助成金の提案が受け入れられたことを大喜びした」

(ii)「あることを許可すること：近隣の指定地区の委員会は，新しい保育園と遊び場の建設を許可した」

　g で始まり2つの定義に合致する語は grant「(i)助成金，(ii)許可する」である。よって g3134 となり，c が正解。

5. 定義と例文の意味は以下の通り。

(i)「ざらざらしている：その岩は表面がとてもざらざらしていた」

(ii)「厳しい，または厳格な：その山頂の冬の環境はとても厳しいものだっ

た」

　hで始まり2つの定義に合致する語は harsh「(i)ざらざらした，(ii)厳しい」である。よって $h1332$ となり，aが正解。

6. 定義と例文の意味は以下の通り。

(i)「通常は教育か研究に専念する組織または機関：誤りが見つかったとき，その研究所はただちに訂正と公式の謝罪を出した」

(ii)「公式の方針を設けること：その会社は，次の会計年度の初めに，職場内のハラスメントを抑えるための新しい方針を制定するだろう」

　iで始まり2つの定義に合致する語は institute「(i)研究所，(ii)～を制定する」である。よって $i33424441$ となり，bが正解。

7. 定義と例文の意味は以下の通り。

(i)「結果または影響：政府の行動は，その国の財政状態に恐ろしい影響を及ぼすことが予想された」

(ii)「大きな重要性：明らかになったように，その決定は市民の日常生活にとってほとんど重要ではなかった」

　cで始まり2つの定義に合致する語は consequence「(i)影響，(ii)重要さ」である。よって $c3331341311$ となり，aが正解。

8. 定義と例文の意味は以下の通り。

(i)「数が増えること：クラブのキャプテンとして，彼女の責任は増えるだろう」

(ii)「(生物が) 再生産すること：バクテリアは暖かく湿った環境下で繁殖する」

　mで始まり2つの定義に合致する語は multiply「(i)増える，(ii)繁殖する」である。よって $m4242324$ となり，aが正解。

9. 定義と例文の意味は以下の通り。

(i)「ある物を合わせること：その新産業の規則は複数の生産者の調整を数多く必要としたので，一時的な価格上昇につながった」

(ii)「一夜を過ごす場所：予算が心配な旅行者に適切な宿泊施設を提供するオンラインビジネスがたくさんある」

　aで始まり2つの定義に合致する語は accommodation「(i)調節，適合，(ii)宿泊施設」である。よって $a113223114233$ となり，cが正解。

10. 定義と例文の意味は以下の通り。

(i)「ある物の性質，目的，働きなどを変えること：古い研究室の建物は大学の拡大を支えるために事務室と教室のスペースに変えられた」

(ii)「宗教や政策の所属を変えた人：その神聖な場所は，信仰を強めるために来た非常にたくさんの改宗者を魅了した」

　cで始まり2つの定義に合致する語はconvert「(i)～を変える，(ii)改宗者」である。よってc334134となり，dが正解。

11. 定義と例文の意味は以下の通り。

(i)「位置を特定する数字：無線で座標を受け取った後，航海士は自分の位置を特定し，進路から外れていることに気づいた」

(ii)「計画や努力を監督管理すること：関係する膨大な用事のために，誰もその組織が毎年行っている募金運動を組織したくなかった」

　cで始まり2つの定義に合致する語はcoordinate「(i)座標，(ii)～を組織する」である。よってc333123141となり，cが正解。

12. 定義と例文の意味は以下の通り。

(i)「あることを論理的結果として示すこと：その実験での発見によって，長く受け入れられてきた理論が疑わしく再検証が必要であることが示された」

(ii)「有罪となるような関係になること：その重役は会社の収入を海外へ移すことで税の支払いを回避しようという計画に関与した」

　iで始まり2つの定義に合致する語はimplicate「(i)～を指摘する，(ii)～を関与させる」である。よってi23221141となり，bが正解。

13. 定義と例文の意味は以下の通り。

(i)「人生の終わりの，人生の終わりに関わる：私たちは，ペットが末期がんの終末期で，おそらくあと数週間しか生きられないだろうということを知って大きなショックを受けた」

(ii)「運行路線の最後にあたる駅や港：荒れた天候のために，フェリーは2時間以上遅れて終点に到着した」

　tで始まり2つの定義に合致する語はterminal「(i)終末，(ii)終点」である。よってt1322312となり，dが正解。

14. 定義と例文の意味は以下の通り。

(i)「ある出来事が起こる背景や状況：その映画のオープニング場面の背景は，20世紀半ばの大学の卒業式である」

(ii)「機械や装置が作動する範囲：ブラウザを開いた後は，より安全に動く
ように設定調節を変える必要がある」

　sで始まり2つの定義に合致する語はsetting「(i)状況，背景，(ii)設定
調節」である。よって $s144231$ となり，aが正解。

15. 定義と例文の意味は以下の通り。

(i)「人間の道徳的性格が健全であること：一般の人々の多くが強い疑惑を
向けていたが，管財局はその問題を正直に扱うことで誠実さを示した」

(ii)「全体，完全な性質または状態：暴風の間，波が船を激しく揺さぶった
が，その構造の完璧さは保たれて安全に航海を完了した」

　iで始まり2つの定義に合致する語はintegrity「(i)誠実，高潔，(ii)完全
無欠の状態」である。よって $i34113244$ となり，bが正解。

講 評

　2024年度も長文読解問題1題，中文読解問題3題，文法・語彙問題
1題の計5題の出題で，この傾向はここ数年大きく変わることなく継続
している。

　Ⅰの長文読解問題は，組織内の情報安全管理の対策を，いくつかの面
からとらえた英文である。語彙・表現・構文は難解で，要旨を把握する
のに時間がかかり苦労するかもしれない。設問の内容や選択肢も難しい
ものが多いが，粘り強く考えてほしい。

　Ⅱの読解問題は語句整序による英文完成問題で，テーマは解析学であ
る。7語を並べ替えて，3番目と5番目の語の組み合わせを答えるとい
う形式で，例年通りの出題である。日本語が与えられていないので，前
後の文脈の解釈と文法・語法の知識が問われる問題である。

　Ⅲの読解問題は，オンライン販売の戦略を扱った英文と，ビデオゲー
ムが脳機能にプラス効果をもたらすとする英文の2種類による読解問題
である。Section Aは空所補充と冠詞の有無が出題されており，標準的
な難度である。Section Bは文および段落の整序問題。難度としては標
準的だが，解答に時間がかかる種類の問題で，注意が必要である。

　Ⅳの読解問題では，Section Aは論理学的な英文が，Section Bは数
式を使った英文が出題されており，例年通りの傾向である。英文の内容

は難しく，趣旨を把握しにくいかもしれないが，設問自体は解答しやすいものになっている。

　Vの語彙問題は，15問全てが同じ出題方法（定義と例文から同一の単語を答える）に統一されている。正解となる単語は高校レベルのものだが，すぐに頭に浮かばず時間を要する語もあるかもしれない。

　量・難度とも，最高レベルの問題と言ってよいだろう。90分の試験時間があっという間に終わってしまうかもしれない。過去問に当たるなどして傾向に慣れておくことが必要である。

$$\boxed{\text{数 学}}$$

I

　$S+T$ が最小になるのは，接線 l と座標軸で囲まれた直角三角形の面積が最小になるときであり，このときの $S-T$ の値を求める。

　変数を何にするかによっていろいろと解法が考えられる。変数として，l の傾きや接点の座標，あるいはどこかの角などが挙げられる。l の x 切片，y 切片が正であることから変数のとりうる値の範囲を確認し，微分法を用いて $S+T$ が最小になるときの変数の値を確定する。

解答　円 C の中心を K，C と l の接点を H，直線 l と x 軸，y 軸との交点をそれぞれ A，B とする。ここで $K(0, 1)$ である。

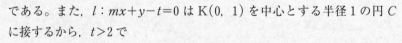

　l は x 切片，y 切片がともに正であるから

$$y = -mx + t \quad (m > 0, \ t > 0)$$

とおけ，このとき

$$A\left(\frac{t}{m}, \ 0\right), \ B(0, \ t)$$

である。また，$l : mx + y - t = 0$ は $K(0, 1)$ を中心とする半径 1 の円 C に接するから，$t > 2$ で

$$\frac{|1-t|}{\sqrt{m^2 + 1^2}} = 1$$

　これより　　$|1-t|^2 = m^2 + 1$

　よって　　$m^2 = t^2 - 2t$　……①

である。ここで

$$S + T = \triangle OAB - \frac{1}{2} \cdot \pi \cdot 1^2$$

であるから，$S+T$ が最小になるのは $\triangle \text{OAB}$ の面積が最小になるときである。

また

$$(\triangle \text{OAB})^2 = \left(\frac{1}{2} \cdot \text{OA} \cdot \text{OB}\right)^2 = \left(\frac{1}{2} \cdot \frac{t}{m} \cdot t\right)^2 = \frac{t^4}{4m^2} = \frac{t^3}{4(t-2)}$$

$$(\because \quad ①)$$

で，$(\triangle \text{OAB})^2$ が最小のとき，$\triangle \text{OAB}$ の面積も最小になる。

$f(t) = \dfrac{t^3}{4(t-2)}$ とおくと

$$f'(t) = \frac{1}{4} \cdot \frac{3t^2(t-2) - t^3 \cdot 1}{(t-2)^2} = \frac{2t^2(t-3)}{4(t-2)^2}$$

より，$t>2$ における $f(t)$ の増減表は右のようになる。

t	2	$\cdots$	3	$\cdots$
$f'(t)$		$-$	0	$+$
$f(t)$		$\searrow$	極小かつ最小	$\nearrow$

したがって，$f(t)$ は $t=3$ で最小となり，$S+T$ も $t=3$ で最小となる。

$t=3$ のとき，① と $m>0$ より $m=\sqrt{3}$ で，A$(\sqrt{3},\ 0)$，B$(0,\ 3)$ であるから

$$\text{AK} = \text{BK} = 2$$

これと，OK$=$KH$=1$，$\angle \text{AOK} = \angle \text{AHK} = \angle \text{BHK} = \dfrac{\pi}{2}$ から

$$\triangle \text{AKO} \equiv \triangle \text{AKH} \equiv \triangle \text{BKH}$$

これより　　$\angle \text{AKO} = \angle \text{AKH} = \angle \text{BKH} = \dfrac{\pi}{3}$

よって，$\triangle \text{AKO} = \triangle \text{AKH} = \triangle \text{BKH} = U$ とおくと，求める値は

$$S-T = 2\left(U - \frac{1}{6} \cdot \pi \cdot 1^2\right) - \left(U - \frac{1}{6} \cdot \pi \cdot 1^2\right)$$

$$= U - \frac{\pi}{6} = \frac{1}{2} \cdot \sqrt{3} \cdot 1 - \frac{\pi}{6}$$

$$= \frac{\sqrt{3}}{2} - \frac{\pi}{6} \quad \cdots\cdots (答)$$

(注)　「C と l と y 軸により囲まれた部分」がどの部分を指すのかについて，「C と l と x 軸により囲まれた部分」は，円と 2 本の接線で囲まれた部分（円の内部を直線が通らない）であるから，円の内部は含まないと考

えるのが一般的である。したがって，本問では「C と l と y 軸により囲まれた部分」も円の内部を含まないと考えるのが自然である。

別解1　円 C の中心を K，C と l の接点を H，直線 l と x 軸，y 軸との交点をそれぞれ A，B とする。ここで K$(0,\ 1)$ である。

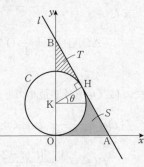

　直線 KH と x 軸の正の向きとのなす角を θ とすると

$$\text{H}(\cos\theta,\ 1+\sin\theta)$$

で，l は x 切片，y 切片がともに正であるから，$0<\theta<\dfrac{\pi}{2}$ となり，l の方程式は

$$\cos\theta\cdot x+\sin\theta\cdot(y-1)=1$$

である。このとき，A$\left(\dfrac{1+\sin\theta}{\cos\theta},\ 0\right)$，B$\left(0,\ \dfrac{1+\sin\theta}{\sin\theta}\right)$ であるから

$$S+T=\triangle\text{OAB}-\frac{1}{2}\cdot\pi\cdot1^2$$

$$=\frac{1}{2}\cdot\frac{1+\sin\theta}{\cos\theta}\cdot\frac{1+\sin\theta}{\sin\theta}-\frac{\pi}{2}$$

$$=\frac{(1+\sin\theta)^2}{\sin2\theta}-\frac{\pi}{2}$$

$S+T=g(\theta)$ とおくと

$$g'(\theta)=\frac{2(1+\sin\theta)\cos\theta\sin2\theta-(1+\sin\theta)^2\cdot2\cos2\theta}{\sin^2 2\theta}$$

$$=\frac{2(1+\sin\theta)\{\cos\theta\sin2\theta-(1+\sin\theta)\cos2\theta\}}{\sin^2 2\theta}$$

$$=\frac{2(1+\sin\theta)\{2\sin\theta\cos^2\theta-(1+\sin\theta)\cos2\theta\}}{\sin^2 2\theta}$$

$$=\frac{2(1+\sin\theta)\{2\sin\theta(1-\sin^2\theta)-(1+\sin\theta)(1-2\sin^2\theta)\}}{\sin^2 2\theta}$$

$$=\frac{2(1+\sin\theta)(2\sin^2\theta+\sin\theta-1)}{\sin^2 2\theta}$$

$$=\frac{2(1+\sin\theta)^2(2\sin\theta-1)}{\sin^2 2\theta}$$

よって，$0<\theta<\dfrac{\pi}{2}$ における $g(\theta)$ の増減表は次のようになる。

θ	0	$\cdots$	$\dfrac{\pi}{6}$	$\cdots$	$\dfrac{\pi}{2}$
$g'(\theta)$		$-$	0	$+$	
$g(\theta)$		$\searrow$	$\dfrac{3\sqrt{3}}{2}-\dfrac{\pi}{2}$	$\nearrow$	

したがって，$g(\theta)$ すなわち $S+T$ は $\theta=\dfrac{\pi}{6}$ で最小値 $\dfrac{3\sqrt{3}}{2}-\dfrac{\pi}{2}$ をとる。

$\theta=\dfrac{\pi}{6}$ のとき，B(0, 3)，H$\left(\dfrac{\sqrt{3}}{2},\ \dfrac{3}{2}\right)$，$\angle$BKH$=\dfrac{\pi}{3}$ より

$$T=\triangle\mathrm{BKH}-\dfrac{1}{6}\cdot\pi\cdot1^2=\dfrac{1}{2}\cdot(3-1)\cdot\dfrac{\sqrt{3}}{2}-\dfrac{\pi}{6}=\dfrac{\sqrt{3}}{2}-\dfrac{\pi}{6}$$

であるから，求める値は

$$S-T=(S+T)-2T$$
$$=\left(\dfrac{3\sqrt{3}}{2}-\dfrac{\pi}{2}\right)-2\left(\dfrac{\sqrt{3}}{2}-\dfrac{\pi}{6}\right)$$
$$=\dfrac{\sqrt{3}}{2}-\dfrac{\pi}{6}$$

別解2 円 C の中心を K，C と l の接点
を H，直線 l と x 軸，y 軸との交点をそれ
ぞれ A，B とする。ここで K(0, 1) である。

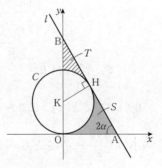

　$\angle$OAB$=2\alpha$ とおく。l は x 切片，y 切
片がともに正であるから，$0<2\alpha<\dfrac{\pi}{2}$ す
なわち $0<\alpha<\dfrac{\pi}{4}$ である。

　$\triangle$OAK$\equiv\triangle$HAK（$\because$　OA$=$HA，OK
$=$HK$=1$，AK 共通）より，$\angle$OAK$=\angle$HAK であるから

$$\angle\mathrm{OAK}=\dfrac{1}{2}\angle\mathrm{OAB}=\alpha$$

よって

$$\mathrm{OA}=\dfrac{\mathrm{OK}}{\tan\angle\mathrm{OAK}}=\dfrac{1}{\tan\alpha}$$

$$OB = OA \cdot \tan\angle OAB = \frac{1}{\tan\alpha} \cdot \tan 2\alpha = \frac{1}{\tan\alpha} \cdot \frac{2\tan\alpha}{1-\tan^2\alpha}$$

$$= \frac{2}{1-\tan^2\alpha}$$

したがって

$$S+T = \triangle OAB - \frac{1}{2}\cdot\pi\cdot 1^2$$

$$= \frac{1}{2}\cdot\frac{1}{\tan\alpha}\cdot\frac{2}{1-\tan^2\alpha} - \frac{\pi}{2}$$

$$= \frac{1}{\tan\alpha - \tan^3\alpha} - \frac{\pi}{2}$$

$\tan\alpha = u$ とおくと，$0 < \alpha < \dfrac{\pi}{4}$ より $0 < u < 1$ で

$$S+T = \frac{1}{u-u^3} - \frac{\pi}{2}$$

$h(u) = u - u^3$ とおくと $h'(u) = 1 - 3u^2$ であるから，$0 < u < 1$ における $h(u)$ の増減表は次のようになる。

u	0	$\cdots$	$\dfrac{\sqrt{3}}{3}$	$\cdots$	1
$h'(u)$		$+$	0	$-$	
$h(u)$	(0)	$\nearrow$	$\dfrac{2\sqrt{3}}{9}$	$\searrow$	(0)

よって，$h(u)$ は $u = \dfrac{\sqrt{3}}{3}$ で最大値 $\dfrac{2\sqrt{3}}{9}$ をとる。

$0 < u < 1$ で $h(u) > 0$ であるから，$S+T$ は $u = \dfrac{\sqrt{3}}{3}$ すなわち $\alpha = \dfrac{\pi}{6}$ で

最小値 $\dfrac{3\sqrt{3}}{2} - \dfrac{\pi}{2}$ をとる。

$\alpha = \dfrac{\pi}{6}$ のとき，$OA = \sqrt{3}$，$\angle OKA = \dfrac{\pi}{3}$ より

$$S = 2\left(\triangle OAK - \frac{1}{6}\cdot\pi\cdot 1^2\right) = 2\left(\frac{1}{2}\cdot\sqrt{3}\cdot 1 - \frac{\pi}{6}\right) = \sqrt{3} - \frac{\pi}{3}$$

したがって，求める値は

$$S-T = 2S - (S+T) = 2\left(\sqrt{3} - \frac{\pi}{3}\right) - \left(\frac{3\sqrt{3}}{2} - \frac{\pi}{2}\right) = \frac{\sqrt{3}}{2} - \frac{\pi}{6}$$

参考　〔別解 1 〕で $\theta=\dfrac{\pi}{2}-2\alpha$ とおくと

$$OA=\frac{1+\sin\theta}{\cos\theta}=\frac{1+\sin\left(\dfrac{\pi}{2}-2\alpha\right)}{\cos\left(\dfrac{\pi}{2}-2\alpha\right)}=\frac{1+\cos2\alpha}{\sin2\alpha}=\frac{2\cos^2\alpha}{2\sin\alpha\cos\alpha}$$

$$=\frac{\cos\alpha}{\sin\alpha}=\frac{1}{\tan\alpha}$$

$$OB=\frac{1+\sin\theta}{\sin\theta}=\frac{1+\sin\left(\dfrac{\pi}{2}-2\alpha\right)}{\sin\left(\dfrac{\pi}{2}-2\alpha\right)}=\frac{1+\cos2\alpha}{\cos2\alpha}=\frac{2\cos^2\alpha}{2\cos^2\alpha-1}$$

$$=\frac{2}{2-\dfrac{1}{\cos^2\alpha}}=\frac{2}{2-(1+\tan^2\alpha)}=\frac{2}{1-\tan^2\alpha}$$

となり，〔別解 2 〕と同じになる。

参考　△OAB の面積が最小になるときの A の x 座標は次のようにして求めることもできる。

　A の x 座標を a （条件より $a>1$），B の y 座標を b （同様に $b>2$）とする。

　円の接線の性質より　　OA＝AH＝a

△OAB∽△HKB より OA：HK＝BO：BH であるから

　　$a:1=b:\text{BH}$

これより　　$\text{BH}=\dfrac{b}{a}$

さて，△OAB＝△KOA＋△KHA＋△KHB であり，右辺の 3 つの三角形は OA，HA，HB をそれぞれ底辺としたときの高さが円 C の半径 1 に等しいから

$$\frac{1}{2}ab=\frac{1}{2}\left(2a+\frac{b}{a}\right) \qquad ab=2a+\frac{b}{a} \qquad a^2b=2a^2+b$$

$$(a^2-1)b=2a^2$$

$a>1$ より，$a^2-1\neq0$ に注意して　　$b=\dfrac{2a^2}{a^2-1}$

したがって　　$\triangle\text{OAB}=\dfrac{1}{2}a\cdot\dfrac{2a^2}{a^2-1}=\dfrac{a^3}{a^2-1}$

a で微分して $\dfrac{a^2(a^2-3)}{(a^2-1)^2}$ から $a=\sqrt{3}$ で，極小かつ最小。

===== 解　説 =====

《円と接線および座標軸で囲まれた部分の面積の最小》

　円弧と2線分で囲まれた部分の面積に関する問題である。適当に変数を設定して立式・計算する問題なのでいろいろな解法が考えられ，解法によって計算量も変わってくるので注意が必要である。$S+T$ が最小になるとき，すなわち △OAB が最小となるときの l の x 切片と y 切片を求めることがポイントとなる。

　〔解答〕は，接線 l の方程式を $y=-mx+t$ とおき，点と直線の距離の公式を用いて m を t で表した。$(\triangle OAB)^2$ は t の分数関数になるので微分法を用いて最小となる t の値を求めることができる。

　〔別解1〕は，接点 H が円周上の点であることから $(\cos\theta,\ 1+\sin\theta)$ とおき，△OAB の面積を三角関数で表した。

　〔別解2〕では，$\tan\alpha=u$ とおくと △OAB の面積は u で表せ，3次関数の最大を考えればよいので，微分はやや楽になる。原点 O に関して A と対称な点を A′ とすると，本問では，$S+T$ が最小になるのは円 C に外接する二等辺三角形 BAA′ の面積が最小になるときである。これを △BAA′ が正三角形になるときであると予想すれば ∠OAB=2α とおくことが考えられる。

＝＝＝＝ ＼ 発想 ／ ＝＝＝＝

⑴　3の倍数の判定方法は早稲田大学の受験生には問題ないであろう。3の倍数である n 桁の自然数の $(n+1)$ 桁目に1，2，4を追加したときに，3で割った余りがどうなるかを考えれば，a_{n+1} を b_n，c_n を用いて表すことができる。

⑵　⑴の結果と $a_n+b_n+c_n=3^n$ を用いて式変形を行う。

⑶　⑴，⑵の結果を用いる。

⑷　$p_{n+1}=\alpha p_n+\beta^n$ 型の漸化式である。$A_m=\dfrac{a_{6m+1}}{3^{6m+1}}$ とおけばわかりやすい。

解答 (1)　自然数を 3 で割ったときの余りは，各位の数の和を 3 で割ったときの余りと等しい。1，4 を 3 で割ると 1 余り，2 を 3 で割ると 2 余ることに注意すると

(i)　3 の倍数である n 桁の自然数の $(n+1)$ 桁目に，1 または 4 を追加すれば 3 で割ると 1 余る自然数に，2 を追加すれば 3 で割ると 2 余る自然数になる。

(ii)　3 で割ると 1 余る n 桁の自然数の $(n+1)$ 桁目に，1 または 4 を追加すれば 3 で割ると 2 余る自然数に，2 を追加すれば 3 の倍数になる。

(iii)　3 で割ると 2 余る n 桁の自然数の $(n+1)$ 桁目に，1 または 4 を追加すれば 3 の倍数に，2 を追加すれば 3 で割ると 1 余る自然数になる。

よって

$$\left.\begin{array}{l} a_{n+1}=b_n+2c_n \\ b_{n+1}=c_n+2a_n \\ c_{n+1}=a_n+2b_n \end{array}\right\} \quad \cdots\cdots(\text{答})$$

(2)　$a_n+b_n+c_n$ は 3 個の数 1，2，4 を重複を許して n 個並べてできる n 桁の自然数の個数であるから

$$a_n+b_n+c_n=3^n \quad \cdots\cdots①$$

(1)と①を用いて

$$\begin{aligned} a_{n+2}&=b_{n+1}+2c_{n+1} \\ &=(c_n+2a_n)+2(a_n+2b_n) \\ &=4(a_n+b_n+c_n)-3c_n \\ &=4\cdot3^n-3c_n \quad \cdots\cdots(\text{答}) \end{aligned}$$

(3)　(2)と同様にして

$$b_{n+2}=4\cdot3^n-3a_n, \quad c_{n+2}=4\cdot3^n-3b_n$$

よって

$$\begin{aligned} a_{n+6}&=4\cdot3^{n+4}-3c_{n+4} \\ &=4\cdot3^{n+4}-3(4\cdot3^{n+2}-3b_{n+2}) \\ &=8\cdot3^{n+3}+9b_{n+2} \\ &=8\cdot3^{n+3}+9(4\cdot3^n-3a_n) \\ &=28\cdot3^{n+2}-27a_n \quad \cdots\cdots(\text{答}) \end{aligned}$$

(4)　$a_{n+6}=28\cdot3^{n+2}-27a_n$ $(n=1, 2, 3, \cdots)$ の両辺を 3^{n+6} で割って

$$\frac{a_{n+6}}{3^{n+6}} = \frac{28}{81} - \frac{1}{27} \cdot \frac{a_n}{3^n}$$

$n = 6m+1 \ (m=0, 1, 2, \cdots)$ とすると

$$\frac{a_{6(m+1)+1}}{3^{6(m+1)+1}} = \frac{28}{81} - \frac{1}{27} \cdot \frac{a_{6m+1}}{3^{6m+1}}$$

ここで，$A_m = \dfrac{a_{6m+1}}{3^{6m+1}}$ とおくと

$$A_{m+1} = \frac{28}{81} - \frac{1}{27} A_m$$

これより

$$A_{m+1} - \frac{1}{3} = -\frac{1}{27}\left(A_m - \frac{1}{3}\right)$$

$a_1 = 0$ であるから　　$A_0 = \dfrac{a_1}{3} = 0$

よって，数列 $\left\{A_m - \dfrac{1}{3}\right\}$ は初項 $A_0 - \dfrac{1}{3} = -\dfrac{1}{3}$，公比 $-\dfrac{1}{27}$ の等比数列

になるから

$$A_m - \frac{1}{3} = -\frac{1}{3}\cdot\left(-\frac{1}{27}\right)^m \quad \text{すなわち} \quad A_m = \frac{1}{3}\left\{1-\left(-\frac{1}{27}\right)^m\right\}$$

したがって

$$a_{6m+1} = 3^{6m+1}A_m$$

$$= 3^{6m}\left\{1-\left(-\frac{1}{27}\right)^m\right\}$$

$$= 3^{6m} - (-3)^{3m} \quad \cdots\cdots \text{(答)}$$

========= 解　説 =========

《3 の倍数の個数と連立漸化式》

　数 1，2，4 を重複を許して $(6m+1)$ 個並べてできる $(6m+1)$ 桁の
自然数の個数を m で表す問題である。

⑴　n 桁の自然数を 3 で割った余りを
r とし，n 桁の自然数の $(n+1)$ 桁目
に 1，2，4 を追加したときに，3 で
割った余りを表にすると右のようにな
る。

r ＼ $(n+1)$ 桁目	1	2	4
0	1	2	1
1	2	0	2
2	0	1	0

(2) $a_n + b_n + c_n$ は重複順列の総数である。

(3) (1)の結果から，(2)の結果を $a_n \to b_n \to c_n \to a_n$ と順に置き換えても成り立つことがわかる。

(4) $p_{n+1} = \alpha p_n + \beta^n$ 型の漸化式の解き方は熟知しておきたい。両辺を β^{n+1} で割って $\dfrac{p_{n+1}}{\beta^{n+1}} = \dfrac{\alpha}{\beta} \cdot \dfrac{p_n}{\beta^n} + \dfrac{1}{\beta}$ とし，$\dfrac{p_n}{\beta^n} = q_n$ とおけば，基本的な隣接 2 項間の漸化式になる。答えの形は $a_{6m+1} = 3^{3m}\{3^{3m} - (-1)^m\}$ などいろいろ考えられる。

Ⅲ

＼ 発 想 ／

(1) PS，QT，RU の中点が一致することを示す。

(2) (1)で考えた PS，QT，RU の交点 M を中心とする球面上に P，Q，R，S，T，U があることを示す。すなわち，MP＝MQ ＝MR＝MS＝MT＝MU となることを示す。

(3) 手順は次のようになる。まず，四角形 QRTU が長方形になることを示し，長方形 QRTU の面積を求める。次に，PS が長方形 QRTU に垂直であることを示し，PS の長さを求める。これにより，$\dfrac{1}{3} \times$（長方形 QRTU の面積）$\times$PS で八面体の体積を求めることができる。

解 答 $\overrightarrow{OA} = \vec{a}$，$\overrightarrow{OB} = \vec{b}$，$\overrightarrow{OC} = \vec{c}$ とおくと

$$\overrightarrow{OP} = \frac{1}{2}\vec{a}, \quad \overrightarrow{OQ} = \frac{1}{2}\vec{b}, \quad \overrightarrow{OR} = \frac{1}{2}\vec{c}$$

$$\overrightarrow{OS} = \frac{\vec{b} + \vec{c}}{2}, \quad \overrightarrow{OT} = \frac{\vec{c} + \vec{a}}{2}, \quad \overrightarrow{OU} = \frac{\vec{a} + \vec{b}}{2}$$

である。

(1) PS，QT，RU の中点をそれぞれ M_1，M_2，M_3 とすると

$$\overrightarrow{OM_1} = \frac{\overrightarrow{OP} + \overrightarrow{OS}}{2} = \frac{\vec{a} + \vec{b} + \vec{c}}{4}$$

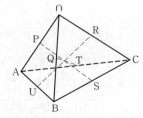

$$\overrightarrow{OM_2}=\frac{\overrightarrow{OQ}+\overrightarrow{OT}}{2}=\frac{\vec{a}+\vec{b}+\vec{c}}{4}$$

$$\overrightarrow{OM_3}=\frac{\overrightarrow{OR}+\overrightarrow{OU}}{2}=\frac{\vec{a}+\vec{b}+\vec{c}}{4}$$

よって，M_1，M_2，M_3 は一致し，この点を M とすると，PS，QT，RU は 1 点 M で交わる。　　　　　　　　　　　　　　（証明終）

(2)　$OA^2+BC^2=|\vec{a}^2|+|\vec{c}-\vec{b}|^2=|\vec{a}|^2+|\vec{b}|^2+|\vec{c}|^2-2\vec{b}\cdot\vec{c}$

　　　$OB^2+CA^2=|\vec{b}^2|+|\vec{a}-\vec{c}|^2=|\vec{a}|^2+|\vec{b}|^2+|\vec{c}|^2-2\vec{c}\cdot\vec{a}$

　　　$OC^2+AB^2=|\vec{c}^2|+|\vec{b}-\vec{a}|^2=|\vec{a}|^2+|\vec{b}|^2+|\vec{c}|^2-2\vec{a}\cdot\vec{b}$

$OA^2+BC^2=OB^2+CA^2=OC^2+AB^2$ であるから

　　　$\vec{b}\cdot\vec{c}=\vec{c}\cdot\vec{a}=\vec{a}\cdot\vec{b}$

(1)より，$\overrightarrow{OM}=\dfrac{\vec{a}+\vec{b}+\vec{c}}{4}$ であるから，$\vec{b}\cdot\vec{c}=\vec{c}\cdot\vec{a}=\vec{a}\cdot\vec{b}=l$ とおくと

$$|\overrightarrow{MP}|^2=\left|\frac{1}{2}\vec{a}-\frac{\vec{a}+\vec{b}+\vec{c}}{4}\right|^2=\left|\frac{\vec{a}-\vec{b}-\vec{c}}{4}\right|^2$$

$$=\frac{1}{16}(|\vec{a}|^2+|\vec{b}|^2+|\vec{c}|^2-2\vec{a}\cdot\vec{b}+2\vec{b}\cdot\vec{c}-2\vec{c}\cdot\vec{a})$$

$$=\frac{1}{16}(|\vec{a}|^2+|\vec{b}|^2+|\vec{c}|^2-2l)$$

同様に

$$|\overrightarrow{MQ}|^2=\left|\frac{1}{2}\vec{b}-\frac{\vec{a}+\vec{b}+\vec{c}}{4}\right|^2=\left|\frac{-\vec{a}+\vec{b}-\vec{c}}{4}\right|^2$$

$$=\frac{1}{16}(|\vec{a}|^2+|\vec{b}|^2+|\vec{c}|^2-2l)$$

$$|\overrightarrow{MR}|^2=\left|\frac{1}{2}\vec{c}-\frac{\vec{a}+\vec{b}+\vec{c}}{4}\right|^2=\left|\frac{-\vec{a}-\vec{b}+\vec{c}}{4}\right|^2$$

$$=\frac{1}{16}(|\vec{a}|^2+|\vec{b}|^2+|\vec{c}|^2-2l)$$

よって

　　　$|\overrightarrow{MP}|^2=|\overrightarrow{MQ}|^2=|\overrightarrow{MR}|^2$　すなわち　$|\overrightarrow{MP}|=|\overrightarrow{MQ}|=|\overrightarrow{MR}|$

また，M は辺 PS，QT，RU の中点であるから

　　　$|\overrightarrow{MS}|=|\overrightarrow{MP}|$，$|\overrightarrow{MT}|=|\overrightarrow{MQ}|$，$|\overrightarrow{MU}|=|\overrightarrow{MR}|$

　したがって, 6 点 P, Q, R, S, T, U は点 M から等距離にあるので, これらの 6 点は同一球面上にある。　　　　　　　　　　（証明終）

(3)　(1), (2)より, 6 点 P, Q, R, S, T, U は点 M を中心とする球面上にあり, PS, QT, RU は M を通るから直径である。

　よって, 4 点 Q, T, R, U は球の同一大円上にあり, QT, RU はこの大円の直径であるから

$$\angle QRT = \angle RTU = \angle TUQ = \angle UQR = \frac{\pi}{2}$$

　したがって, 四角形 QRTU は長方形である。

　また, 点 Q, U はそれぞれ辺 OB, AB の中点であるから, 中点連結定理により

　　QU∥OA

　これと PS⊥OA より　　PS⊥QU

　同様に, QR∥BC と PS⊥BC より

　　PS⊥QR

　よって, PS は長方形 QRTU に垂直である。

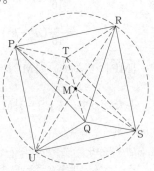

　長方形 QRTU の面積は

$$QU \cdot QR = \frac{1}{2}OA \cdot \frac{1}{2}BC = \frac{1}{4}ak$$

　また, QU⊥QR より

$$RU = \sqrt{QU^2 + QR^2} = \sqrt{\left(\frac{a}{2}\right)^2 + \left(\frac{k}{2}\right)^2} = \frac{1}{2}\sqrt{a^2 + k^2}$$

　PS, RU は球の直径であるから

$$PS = RU = \frac{1}{2}\sqrt{a^2 + k^2}$$

　ゆえに, 求める八面体の体積 V は

$$V = \frac{1}{3} \times (長方形 QRTU の面積) \times PS$$

$$= \frac{1}{3} \cdot \frac{1}{4}ak \cdot \frac{1}{2}\sqrt{a^2 + k^2}$$

$$= \frac{1}{24}ak\sqrt{a^2 + k^2} \quad \cdots\cdots(答)$$

参考 PS の長さは次のようにして求めることもできる。

(2)より

$$|\overrightarrow{\mathrm{MP}}|^2 = \frac{1}{16}(|\vec{a}|^2 + |\vec{b}|^2 + |\vec{c}|^2 - 2l)$$

$$= \frac{1}{16}(|\vec{a}|^2 + |\vec{b}|^2 + |\vec{c}|^2 - 2\vec{b}\cdot\vec{c})$$

$$= \frac{1}{16}(|\vec{a}|^2 + |\vec{c} - \vec{b}|^2)$$

$$= \frac{1}{16}(|\overrightarrow{\mathrm{OA}}|^2 + |\overrightarrow{\mathrm{BC}}|^2)$$

$$= \frac{1}{16}(a^2 + k^2)$$

$|\overrightarrow{\mathrm{MP}}| > 0$ より $|\overrightarrow{\mathrm{MP}}| = \frac{1}{4}\sqrt{a^2 + k^2}$

したがって $\mathrm{PS} = 2|\overrightarrow{\mathrm{MP}}| = \frac{1}{2}\sqrt{a^2 + k^2}$

(4) ※

※(4)については，設問の記述に不備があったため，適切な解答に至らないおそれがあることから，解答に至る過程等を十分に精査し，採点する措置が取られたことが大学から公表されている。

═══════ 解 説 ═══════

《四面体の各辺の中点を頂点とする八面体の体積》

　四面体の対辺の中点を結ぶ 3 本の線分が 1 点で交わることを示し，さらに一定の条件の下，各辺の中点 6 点が同一球面上にあることを示し，これらの 6 中点を頂点とする八面体の体積を求める問題である。

(1)　線分 PS と QT の交点を RU が通ることを示す方法もあるが，計算量が多くなる。対称性を考えれば PS，QT，RU の中点は一致すると予想でき，これを示す方が楽である。

(2)　与えられた等式は，$\vec{b}\cdot\vec{c} = \vec{c}\cdot\vec{a} = \vec{a}\cdot\vec{b}$ と同値である。これを利用して，6 点 P，Q，R，S，T，U が点 M から等距離にあることを示すことができる。

(3)　QT，RU は球の直径であることから，四角形 QRTU は長方形であることがわかる。また，PS⊥OA かつ PS⊥BC より PS⊥(長方形 QRTU)であることが導ける。PS の長さは，PS=RU と QU⊥QR から三平方の

定理で求めるか，〔参考〕のように(2)の $|\overrightarrow{\mathrm{MP}}|^2$ を利用して計算するとよい。

Ⅳ

◇ 発想 ◇

(1)　具体的に W が連敗するすべての場合を数え上げ，余事象の確率を考える。

(2)　1試合目に W が勝つか，K が勝つかによって場合分けをする。

(3)　与えられた2つの等式と，(2)で求めた等式とを比較する。

(4)　(3)の2つの等式から，数列 $\{p_{n+1}-\beta p_n\}$，$\{p_{n+1}-\alpha p_n\}$ が等比数列であることがわかる。それぞれの一般項を求め，それらを連立して解く。

解答

(1)　3試合行ったときに W が連敗するのは，（1試合目，2試合目，3試合目）に勝つのが

$$(K,\ K,\ K),\ (K,\ K,\ W),\ (W,\ K,\ K)$$

の3通りあるから，確率は

$$\left(\frac{1}{2}\right)^3 \cdot 3 = \frac{3}{8}$$

「W が連敗しない」は「W が連敗する」の余事象であるから

$$p_3 = 1 - \frac{3}{8} = \frac{5}{8} \quad \cdots\cdots(答)$$

(2)　$(n+2)$ 試合行ったときに W が連敗しないのは，次の(i), (ii)の場合で，これらは互いに排反である。

(i)　1試合目に W が勝ち，残りの $(n+1)$ 試合で W が連敗しない

(ii)　1試合目に K が勝ち，2試合目に W が勝ち，残りの n 試合で W が連敗しない

よって　　$p_{n+2} = \dfrac{1}{2}p_{n+1} + \dfrac{1}{2}\cdot\dfrac{1}{2}\cdot p_n$

すなわち　　$p_{n+2} = \dfrac{1}{2}p_{n+1} + \dfrac{1}{4}p_n$ ……① ……(答)

(3)　$p_{n+2} - \beta p_{n+1} = \alpha(p_{n+1} - \beta p_n)$ ……②

$p_{n+2} - \alpha p_{n+1} = \beta(p_{n+1} - \alpha p_n)$ ……③

②，③はともに

$$p_{n+2}=(\alpha+\beta)p_{n+1}-\alpha\beta p_n \quad \cdots\cdots ④$$

となるから，①，④より

$$\alpha+\beta=\frac{1}{2} \quad かつ \quad \alpha\beta=-\frac{1}{4}$$

を満たす。

　よって，α，β は x の2次方程式 $x^2-\dfrac{1}{2}x-\dfrac{1}{4}=0$，すなわち $4x^2-2x-1=0$ の2つの解であり，解は

$$x=\frac{1\pm\sqrt{5}}{4}$$

$\alpha<\beta$ であるから

$$\alpha=\frac{1-\sqrt{5}}{4}, \quad \beta=\frac{1+\sqrt{5}}{4} \quad \cdots\cdots(答)$$

(注)　④を満たす $\alpha+\beta$，$\alpha\beta$ が $\alpha+\beta=\dfrac{1}{2}$ かつ $\alpha\beta=-\dfrac{1}{4}$ 以外にないことは，次のようにして確認することができる。

　2試合行ったときに W が連敗するのは，2試合とも K が勝つときであるから，W が連敗しない確率は

$$p_2=1-\left(\frac{1}{2}\right)^2=\frac{3}{4}$$

①より

$$p_4=\frac{1}{2}p_3+\frac{1}{4}p_2=\frac{1}{2}, \quad p_5=\frac{1}{2}p_4+\frac{1}{4}p_3=\frac{13}{32}$$

④より

$$p_4=(\alpha+\beta)p_3-\alpha\beta p_2=\frac{5}{8}(\alpha+\beta)-\frac{3}{4}\alpha\beta$$

$$p_5=(\alpha+\beta)p_4-\alpha\beta p_3=\frac{1}{2}(\alpha+\beta)-\frac{5}{8}\alpha\beta$$

であるから

$$\begin{cases} \dfrac{5}{8}(\alpha+\beta)-\dfrac{3}{4}\alpha\beta=\dfrac{1}{2} \quad \cdots\cdots(ア) \\ \dfrac{1}{2}(\alpha+\beta)-\dfrac{5}{8}\alpha\beta=\dfrac{13}{32} \quad \cdots\cdots(イ) \end{cases}$$

(ア)×5−(イ)×6 より

$$\frac{1}{8}(\alpha+\beta)=\frac{1}{16} \quad \text{すなわち} \quad \alpha+\beta=\frac{1}{2}$$

これと(ア)より　　$\alpha\beta=-\frac{1}{4}$

逆に，$\alpha+\beta=\frac{1}{2}$，$\alpha\beta=-\frac{1}{4}$ のとき，①より④は常に成り立つ。

ゆえに，$\alpha+\beta=\frac{1}{2}$ かつ $\alpha\beta=-\frac{1}{4}$ である。

(4) ②より数列 $\{p_{n+1}-\beta p_n\}$ は公比 α の等比数列，③より数列 $\{p_{n+1}-\alpha p_n\}$ は公比 β の等比数列であるから，$n\geqq2$ に注意すると

$$p_{n+1}-\beta p_n=(p_3-\beta p_2)\alpha^{n-2} \quad \cdots\cdots⑤$$
$$p_{n+1}-\alpha p_n=(p_3-\alpha p_2)\beta^{n-2} \quad \cdots\cdots⑥$$

⑥-⑤より

$$(\beta-\alpha)p_n=(p_3-\alpha p_2)\beta^{n-2}-(p_3-\beta p_2)\alpha^{n-2} \quad \cdots\cdots⑦$$

ここで

$$\beta-\alpha=\frac{1+\sqrt{5}}{4}-\frac{1-\sqrt{5}}{4}=\frac{\sqrt{5}}{2}$$

また，2試合行ったときに W が連敗するのは，2試合とも K が勝つときであるから，W が連敗しない確率は

$$p_2=1-\left(\frac{1}{2}\right)^2=\frac{3}{4}$$

よって

$$p_3-\alpha p_2=\frac{5}{8}-\frac{1-\sqrt{5}}{4}\cdot\frac{3}{4}=\frac{7+3\sqrt{5}}{16}$$
$$p_3-\beta p_2=\frac{5}{8}-\frac{1+\sqrt{5}}{4}\cdot\frac{3}{4}=\frac{7-3\sqrt{5}}{16}$$

したがって，⑦より

$$\frac{\sqrt{5}}{2}p_n=\frac{7+3\sqrt{5}}{16}\cdot\left(\frac{1+\sqrt{5}}{4}\right)^{n-2}-\frac{7-3\sqrt{5}}{16}\cdot\left(\frac{1-\sqrt{5}}{4}\right)^{n-2}$$

ゆえに

$$p_n=\frac{1}{\sqrt{5}}\left\{\frac{7+3\sqrt{5}}{8}\cdot\left(\frac{1+\sqrt{5}}{4}\right)^{n-2}-\frac{7-3\sqrt{5}}{8}\cdot\left(\frac{1-\sqrt{5}}{4}\right)^{n-2}\right\}$$

$$\cdots\cdots(\text{答})$$

━━━━━━━━━━━━━ 解　説 ━━━━━━━━━━━━━

《確率と隣接 3 項間の漸化式》

　　2 チームが試合を行い，一方が連敗しない確率を求める問題である。

(1)　3 試合で W が連敗するのは，3 連敗するときと，2 連敗するときである。

(2)　$(n+2)$ 試合行ったときに W が連敗しない条件を考える。1 試合目にどちらが勝つかで場合分けを行うとよい。1 試合目に K が勝ったときは，2 試合目は必ず W が勝たなければならない。W が勝ったあとの n 試合は W が連敗しなければよい。1 試合目に W が勝ったときは，残りの $(n+1)$ 試合で W が連敗しなければよい。また，$(n+2)$ 試合目にどちらが勝つかで場合分けを行う考え方もある。$(n+2)$ 試合目に K が勝つときは，$(n+1)$ 試合目は W が勝ち，それまでの n 試合は W が連敗しなければよい。$(n+2)$ 試合目に W が勝つときは，それまでの $(n+1)$ 試合は W が連敗しなければよい。1 試合目にどちらが勝つかを考えた場合とほとんど同じであるが，1 試合目にどちらが勝つかを考えた方がわかりやすい。

(3)　隣接 3 項間の漸化式を解くときの定石である。問題文からは「2 式を満たす α，β をすべて求めよ」と読み取れるので，(注) のように確認すれば安心である。①，④ より $\left(\alpha+\beta-\dfrac{1}{2}\right)p_{n+1}=\left(\alpha\beta+\dfrac{1}{4}\right)p_n$ で，

$\alpha+\beta-\dfrac{1}{2}\neq0$ とすると，$p_{n+1}=\dfrac{\alpha\beta+\dfrac{1}{4}}{\alpha+\beta-\dfrac{1}{2}}p_n$ となるから，数列 $\{p_n\}$ が等

比数列でなければ $\alpha+\beta$，$\alpha\beta$ は一意に定まる。本問では，$p_2=\dfrac{3}{4}$，

$p_3=\dfrac{5}{8}$，$p_4=\dfrac{1}{2}$ で，数列 $\{p_n\}$ は等比数列ではないから，$\alpha+\beta$，$\alpha\beta$ は一意に定まる。ただし，この一意性は(4)で p_n を求めるのには影響しない。

(4)　$n\geqq2$ であるから，〔解答〕は $p_3-\alpha p_2$，$p_3-\beta p_2$ を用いた。$p_1=1$ とすると①を満たすから，$p_2-\alpha p_1=\dfrac{2+\sqrt{5}}{4}$，$p_2-\beta p_1=\dfrac{2-\sqrt{5}}{4}$ を用いて

$$p_n=\dfrac{1}{\sqrt{5}}\left\{\dfrac{2+\sqrt{5}}{2}\cdot\left(\dfrac{1+\sqrt{5}}{4}\right)^{n-1}-\dfrac{2-\sqrt{5}}{2}\cdot\left(\dfrac{1-\sqrt{5}}{4}\right)^{n-1}\right\}$$

とすることもできる。

さらに，$\dfrac{2+\sqrt{5}}{2}=4\cdot\left(\dfrac{1+\sqrt{5}}{4}\right)^3$，$\dfrac{2-\sqrt{5}}{2}=4\cdot\left(\dfrac{1-\sqrt{5}}{4}\right)^3$ より

$$p_n=\dfrac{4}{\sqrt{5}}\left\{\left(\dfrac{1+\sqrt{5}}{4}\right)^{n+2}-\left(\dfrac{1-\sqrt{5}}{4}\right)^{n+2}\right\}$$

とすることもできる。

◇◇◇◇◇◇◇◇◇◇◇◇◇◇◇◇◇◇ ＼ 発 想 ／ ◇◇◇◇◇◇◇◇◇◇◇◇◇◇◇◇◇◇

(1)　2倍角の公式を用いて変形し，2次関数の最大値・最小値問題に帰着する方法と，三角関数の微分法を用いる方法が考えられる。

(2)　x，y を t で微分し，x，y の増減表を作り，x，y の動きに注意して C の概形を描く。$\dfrac{dx}{dt}=0$，$\dfrac{dy}{dt}=0$ となる点では接線の傾きに注意する。

(3)　y についての定積分によって計算するが，$0\le y\le\dfrac{1}{4}$ の範囲については注意する。$\dfrac{\pi}{2}\le t\le\dfrac{2}{3}\pi$ の部分を y 軸のまわりに1回転してできる立体から，$\dfrac{2}{3}\pi\le t\le\pi$ の部分を y 軸のまわりに1回転してできる立体を除いて計算する。

解答　(1)　$y=-\cos t-\dfrac{1}{2}\cos 2t-\dfrac{1}{2}$

$\qquad\qquad =-\cos t-\dfrac{1}{2}(2\cos^2 t-1)-\dfrac{1}{2}$

$\qquad\qquad =-\cos^2 t-\cos t$　……①

$\qquad\qquad =-\left(\cos t+\dfrac{1}{2}\right)^2+\dfrac{1}{4}$

　$0\le t\le\pi$ のとき $-1\le\cos t\le 1$ であるから，y は

$\cos t=-\dfrac{1}{2}$ すなわち $t=\dfrac{2}{3}\pi$ で

　　　　　最大値 $\dfrac{1}{4}$　……(答)

を，$\cos t=1$ すなわち $t=0$ で

　　　　　最小値 -2　……(答)

をとる。

(2)　　　$\dfrac{dy}{dt}=\sin t+\sin 2t=\sin t+2\sin t\cos t$

　　　　　　$=\sin t(2\cos t+1)$　……②

　$0\leqq t\leqq\pi$ のとき $\sin t\geqq 0$ であるから，$\dfrac{dy}{dt}<0$ とすると

　　　　$\sin t>0$　かつ　$2\cos t+1<0$

すなわち　　$\sin t>0$　かつ　$\cos t<-\dfrac{1}{2}$

よって，$\dfrac{dy}{dt}<0$ となる t の範囲は

　　$\dfrac{2}{3}\pi<t<\pi$　……(答)

また

　　　$\dfrac{dx}{dt}=\cos t+\cos 2t=\cos t+2\cos^2 t-1=(\cos t+1)(2\cos t-1)$

したがって，$0\leqq t\leqq\pi$ に対する x，y の値の変化は次のようになる。

t	0	$\cdots$	$\dfrac{\pi}{3}$	$\cdots$	$\dfrac{2}{3}\pi$	$\cdots$	π
$\dfrac{dx}{dt}$	$+$	$+$	0	$-$	$-$	$-$	0
x	0	$\nearrow$	$\dfrac{3\sqrt{3}}{4}$	$\searrow$	$\dfrac{\sqrt{3}}{4}$	$\searrow$	0
$\dfrac{dy}{dt}$	0	$+$	$+$	$+$	0	$-$	0
y	-2	$\nearrow$	$-\dfrac{3}{4}$	$\nearrow$	$\dfrac{1}{4}$	$\searrow$	0

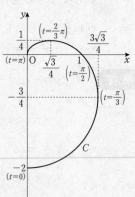

　　また，①より $y=-\cos t(\cos t+1)$ であるから，$0\leqq t\leqq\pi$ において $y=0$

となるのは

$$\cos t=0,\ -1\quad すなわち\quad t=\frac{\pi}{2},\ \pi$$

のときである。

　以上より，C の概形は上図のようになる。

(3)　$0\leqq t\leqq\dfrac{2}{3}\pi$ における x を x_1，$\dfrac{2}{3}\pi\leqq t\leqq\pi$ にお

ける x を x_2 とすると

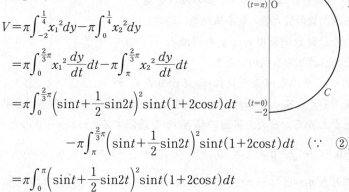

$$V=\pi\int_{-2}^{\frac{1}{4}}x_1{}^2dy-\pi\int_0^{\frac{1}{4}}x_2{}^2dy$$

$$=\pi\int_0^{\frac{2}{3}\pi}x_1{}^2\frac{dy}{dt}dt-\pi\int_{\pi}^{\frac{2}{3}\pi}x_2{}^2\frac{dy}{dt}dt$$

$$=\pi\int_0^{\frac{2}{3}\pi}\left(\sin t+\frac{1}{2}\sin2t\right)^2\sin t(1+2\cos t)dt$$

$$\qquad-\pi\int_{\pi}^{\frac{2}{3}\pi}\left(\sin t+\frac{1}{2}\sin2t\right)^2\sin t(1+2\cos t)dt\quad(\because\ \text{②})$$

$$=\pi\int_0^{\pi}\left(\sin t+\frac{1}{2}\sin2t\right)^2\sin t(1+2\cos t)dt$$

ここで

$$\left(\sin t+\frac{1}{2}\sin2t\right)^2\sin t(1+2\cos t)$$

$$=(\sin t+\sin t\cos t)^2(1+2\cos t)\sin t$$

$$=\sin^2t(1+\cos t)^2(1+2\cos t)\sin t$$

$$=(1-\cos^2t)(1+\cos t)^2(1+2\cos t)\sin t$$

であり，$\cos t=u$ とおくと

$$-\sin t\,dt=du\quad すなわち\quad \sin t\,dt=-du$$

で，t と u の対応は右のようになるから

t	0	$\rightarrow$	π
u	1	$\rightarrow$	-1

$$V=\pi\int_1^{-1}(1-u^2)(1+u)^2(1+2u)(-1)du$$

$$=\pi\int_{-1}^1(-2u^5-5u^4-2u^3+4u^2+4u+1)du$$

$$=2\pi\int_0^1(-5u^4+4u^2+1)du$$

$$=2\pi\left[-u^5+\frac{4}{3}u^3+u\right]_0^1$$

$$= \frac{8}{3}\pi \quad \cdots\cdots(答)$$

━━━━━━━━ **解 説** ━━━━━━━━

《媒介変数表示された曲線（カージオイド）と回転体の体積》

　媒介変数表示された曲線の概形を描き，その曲線を y 軸のまわりに1回転してできる立体の体積を求める問題である。

(1)　〔解答〕は問題の(1)，(2)の流れを見て，2次関数の最大値・最小値問題に帰着して求めた。微分法を用いて y の増減表（右表）を作れば(2)でも利用できる。

t	0	$\cdots$	$\frac{2}{3}\pi$	$\cdots$	π
$\dfrac{dy}{dt}$		$+$	0	$-$	
y	-2	↗	$\dfrac{1}{4}$	↘	0

(2)　x，y の増減表を見れば，t が 0 から π まで動くとき，点 (x, y) は点 $(0, -2)$ から ↗↖↙ の向きに移動することがわかる。また，接線の傾き m を確認すると，$t \to +0$ のとき $m \to +0$，$t \to \frac{\pi}{3}-0$ のとき $m \to +\infty$，$t \to \frac{\pi}{3}+0$ のとき $m \to -\infty$，$t=\frac{2}{3}\pi$ のとき $m=0$，$t \to \pi-0$ のとき $m \to +\infty$ となる。各点には t の値も書き込んでおくとよい。

(3)　$x_1=\sin t+\frac{1}{2}\sin 2t \ \left(0 \leqq t \leqq \frac{2}{3}\pi\right)$，$x_2=\sin t+\frac{1}{2}\sin 2t \ \left(\frac{2}{3}\pi \leqq t \leqq \pi\right)$

として，$\dfrac{dy}{dt}=\sin t(1+2\cos t)$，

y	$-2 \to$	$\frac{1}{4}$
t	$0 \to$	$\frac{2}{3}\pi$

y	$\frac{1}{4} \to$	0
t	$\frac{2}{3}\pi \to$	π

を用いて $\pi\displaystyle\int_{-2}^{\frac{1}{4}} x_1{}^2 dy - \pi\int_{0}^{\frac{1}{4}} x_2{}^2 dy$ を置換積分する。さらに，$\cos t=u$ と置換することにより，u の5次関数の定積分になるので，奇関数・偶関数の性質を利用して積分計算を行うとよい。

━━ **講 評** ━━

　微・積分法と数列を中心に，確率，整数の性質，ベクトルからの出題である。図示問題は1問，証明問題は2問で，2023年度に比べると少なめであった。頻出項目である複素数平面からの出題はなく，代わって

図形と方程式からの出題があった。

　Ⅰ　図形と方程式の問題に微分法を絡めたもの。解法がいろいろ考えられるので，的確な解法を選び，選んだ解法で最後まで解き切ることが大切である。

　Ⅱ　3で割った余りを題材にした数列の問題である。小問が親切な誘導になっているので解きやすい。(4)は隣接2項間の漸化式の解法をよく勉強しているかが問われている。

　Ⅲ　空間ベクトルの問題。(1)，(2)は四面体を題材にした問題を数多く解いていれば対応できる。(3)の八面体の体積問題では立体感覚が重要となる。わかりやすい図を描く練習もしておく必要がある。

　Ⅳ　確率を題材にした数列の典型問題。(2)ができれば，あとは隣接3項間の漸化式を定石通り解くことになる。

　Ⅴ　数学Ⅲの微・積分法の問題で，これも典型問題である。計算量がやや多いので計算ミスに注意，また図示問題では細部にも注意したい。

　2024年度も2023年度と同じくやや難レベルの問題はなく，難易度に変化はない。Ⅲがややレベルの高い問題であるが，全体としては典型問題を深く学習していれば対応できるものが並んでいる。特に図形感覚・立体感覚，計算力を磨いておこう。

物　理

I　解答

(1)—e　(2)—e　(3)—c　(4)—h　(5)—f　(6)—a
(7)—f　(8)—b　(9)—b　(10)—f　(11)—a　(12)—e

―――――――――――――――　解 説　―――――――――――――――

《薄膜による全反射・干渉，ニュートンリング》

(1)・(2)　点 B，点 C において，屈折の法則より

$$n_1\sin\theta_1=n_2\sin\theta_2=n_3\sin\theta_3$$

$$\therefore\quad \sin\theta_2=\frac{n_1}{n_2}\sin\theta_1,\quad \sin\theta_3=\frac{n_1}{n_3}\sin\theta_1$$

(3)　薄膜の上面で屈折するためには，点 B における θ_1 の臨界角を α として，$\theta_1<\alpha$ でなければならない。α は $\theta_2=90°$ として求めると

$$n_1\sin\alpha=n_2\sin90°\quad \therefore\quad \sin\alpha=\frac{n_2}{n_1}$$

よって，$\sin\theta_1<\sin\alpha$ より

$$\sin\theta_1<\frac{n_2}{n_1}=\frac{\sqrt{2}}{2}\quad \therefore\quad \theta_1<45°$$

さらに薄膜の底面で全反射するためには，点 C における θ_2 の臨界角を β として，$\theta_2\geqq\beta$ でなければならない。β は $\theta_3=90°$ として求めると

$$n_2\sin\beta=n_3\sin90°\quad \sin\beta=\frac{n_3}{n_2}\quad \therefore\quad \sin\theta_2\geqq\frac{n_3}{n_2}$$

よって

$$\sin\theta_1=\frac{n_2}{n_1}\sin\theta_2\geqq\frac{n_2}{n_1}\cdot\frac{n_3}{n_2}=\frac{n_3}{n_1}=\frac{1}{2}\quad \therefore\quad \theta_1\geqq30°$$

以上より

$$30°\leqq\theta_1<45°$$

(4)　経路 ABCEF と経路 A′EF の経路差は $2d\cos\theta_2$ である。$n_1<n_2<n_3$ より，点 E，点 C での反射光は共に位相が π ずれるから，2 つの反射光の反射による位相のずれはない。よって，弱め合いの干渉を起こす条件は，光路差が $2n_2d\cos\theta_2$ であることに注意すると

$$2n_2 d\cos\theta_2 = \left(m + \frac{1}{2}\right)\lambda$$

$$(m = 0, \ 1, \ 2, \ \cdots)$$

$$\therefore \quad d\cos\theta_2 = \frac{2m+1}{4}\frac{\lambda}{n_2}$$

(5) 点光源の像が点 P′ にできるから，
$\overline{\mathrm{PL}} = a$ とおくと，次図よりレンズから
像までの距離は $l_1 + l_2 - h$ となるから，
レンズの式より

$$\frac{1}{a} + \frac{1}{l_1 + l_2 - h} = \frac{1}{f}$$

$$\therefore \quad a = \frac{1}{\dfrac{1}{f} - \dfrac{1}{l_1 + l_2 - h}}$$

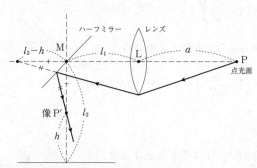

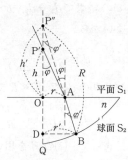

(6) 点 A における入射角を φ，屈折角を φ' と
すると，屈折の法則より

$$1 \times \sin\varphi = n \times \sin\varphi'$$

近似式 $\sin\varphi \fallingdotseq \varphi$，$\sin\varphi' \fallingdotseq \varphi'$ を用いると

$$\varphi = n\varphi'$$

$\overline{\mathrm{OP''}} = h'$ とすると，右図より

$$r = h\tan\varphi = h'\tan\varphi'$$

近似式 $\tan\varphi \fallingdotseq \varphi$，$\tan\varphi' \fallingdotseq \varphi'$ を用いると

$$h\varphi = h'\varphi'$$

よって

$$h'=\frac{\varphi}{\varphi'}h=nh$$

(7)　光線は点 B で球面 S_2 に垂直に入射しているから，$\overline{P''B}$ は球面 S_2 の半径 R となる。よって，近似式を用いて

$$r'=R\sin\varphi'\quad\therefore\quad r'=R\varphi'$$

また

$$r=h\tan\varphi\fallingdotseq h\varphi\quad\therefore\quad\varphi=\frac{r}{h}$$

よって，$\varphi=n\varphi'$ を用いると

$$r'=R\varphi'=\frac{R}{n}\varphi=\frac{Rr}{nh}$$

(8)　$\triangle P''DB$ で三平方の定理より

$$R^2=(R-d_1)^2+r'^2$$

$$=R^2\Big(1-\frac{d_1}{R}\Big)^2+r'^2$$

$\dfrac{d_1}{R}\ll1$ であるから，近似式を用いると

$$R^2\fallingdotseq R^2\Big(1-\frac{2d_1}{R}\Big)+r'^2=R^2-2Rd_1+r'^2$$

$$\therefore\quad d_1=\frac{r'^2}{2R}$$

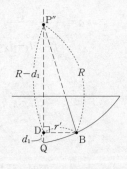

(9)　$\overline{CE}\fallingdotseq\overline{BD}=r'$ と近似できるとすると，
(8)の結果で $d_1\to d_2$, $R\to R+\Delta R$ とすればよいから

$$d_2=\frac{r'^2}{2(R+\Delta R)}$$

(10)　(9)の d_2 で $\Delta R\ll R$ であるから

$$d_2=\frac{r'^2}{2R}\Big(1+\frac{\Delta R}{R}\Big)^{-1}\fallingdotseq\frac{r'^2}{2R}\Big(1-\frac{\Delta R}{R}\Big)$$

よって，(7)の r' を用いると

$$\overline{DE}=d_1-d_2=\frac{r'^2}{2R^2}\Delta R=\frac{1}{2R^2}\Big(\frac{Rr}{nh}\Big)^2\Delta R=\Big(\frac{r}{nh}\Big)^2\frac{\Delta R}{2}$$

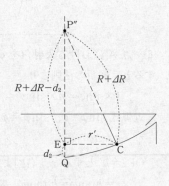

(11)　2 つの反射光の光路差は，(10)の $\overline{DE}$ を用いると

$$2\overline{BC} \fallingdotseq 2\overline{DE} = \left(\frac{r}{nh}\right)^2 \Delta R$$

点 B での反射は位相がずれず，点 C での反射光は位相が π ずれるから，弱め合いの干渉を起こす条件は

$$\left(\frac{r}{nh}\right)^2 \Delta R = m\lambda \quad (m=0,\ 1,\ 2,\ \cdots) \qquad \therefore\quad r = nh\sqrt{\frac{m\lambda}{\Delta R}}$$

⑿　中心 O' から m 番目の暗い輪の半径を r''，直線 AP' とスクリーンの交点を A' とすると，右図の三角形 $OP'A$ と三角形 $O'P'A'$ の相似より

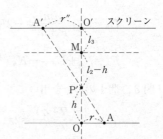

$$\frac{r''}{r} = \frac{l_2+l_3-h}{h}$$

$$\therefore\quad r'' = \frac{l_2+l_3-h}{h}r$$

$$= n(l_2+l_3-h)\sqrt{\frac{m\lambda}{\Delta R}}$$

Ⅱ　解答　問 1．$V_A = \sqrt{\dfrac{GM}{R+a}}$

問 2．U_A は K_A の -2 倍，E_A は K_A の -1 倍

問 3．$k = \dfrac{4\pi^2}{GM}$

問 4．V_P は V_A の $\sqrt{\dfrac{2(R+2a)}{2R+3a}}$ 倍

問 5．ΔE は K_A の $\dfrac{a}{2R+3a}$ 倍

問 6．$T = \dfrac{\pi}{\sqrt{GM}}\left(R+\dfrac{a}{2}\right)^{\frac{3}{2}}$

問 7．$\dfrac{\alpha}{\beta^2}$ 倍　問 8．$\dfrac{\alpha}{\beta^2}$ 倍　問 9．1 倍

━━━━━━━━━━━━━ 解　説 ━━━━━━━━━━━━━

《万有引力による宇宙船の運動，ばね振り子》

問 1．宇宙船の質量を m とすると，万有引力を向心力として等速円運動をするから，運動方程式より

$$m\frac{V_{\text{A}}{}^2}{R+a}=G\frac{Mm}{(R+a)^2}\qquad\therefore\quad V_{\text{A}}=\sqrt{\frac{GM}{R+a}}$$

問2. 問1の V_{A} を用いると

$$K_{\text{A}}=\frac{1}{2}mV_{\text{A}}{}^2=\frac{1}{2}\frac{GMm}{R+a}$$

よって

$$U_{\text{A}}=-G\frac{Mm}{R+a}=-2K_{\text{A}}\qquad\therefore\quad\frac{U_{\text{A}}}{K_{\text{A}}}=-2$$

$$E_{\text{A}}=K_{\text{A}}+U_{\text{A}}=-K_{\text{A}}\qquad\therefore\quad\frac{E_{\text{A}}}{K_{\text{A}}}=-1$$

問3. 問1の V_{A} を用いて

$$T_{\text{A}}=\frac{2\pi(R+a)}{V_{\text{A}}}=2\pi(R+a)\sqrt{\frac{R+a}{GM}}$$

$$T_{\text{A}}{}^2=\frac{4\pi^2}{GM}(R+a)^3\qquad\therefore\quad k=\frac{4\pi^2}{GM}$$

問4. 点 Q における宇宙船の速さを V_{Q} とすると，ケプラーの第二法則より

$$\frac{1}{2}V_{\text{P}}\cdot(R+a)=\frac{1}{2}V_{\text{Q}}\cdot(R+2a)\qquad\therefore\quad V_{\text{Q}}=\frac{R+a}{R+2a}V_{\text{P}}$$

点 P と点 Q で力学的エネルギー保存則より

$$\frac{1}{2}mV_{\text{P}}{}^2-G\frac{Mm}{R+a}=\frac{1}{2}mV_{\text{Q}}{}^2-G\frac{Mm}{R+2a}$$

$$V_{\text{P}}{}^2\left\{1-\left(\frac{R+a}{R+2a}\right)^2\right\}=\frac{2GM}{R+a}\left(1-\frac{R+a}{R+2a}\right)$$

$$V_{\text{P}}{}^2\left(1+\frac{R+a}{R+2a}\right)\left(1-\frac{R+a}{R+2a}\right)=\frac{2GM}{R+a}\left(1-\frac{R+a}{R+2a}\right)$$

問1の V_{A} を用いると

$$V_{\text{P}}{}^2\cdot\frac{2R+3a}{R+2a}=2\cdot V_{\text{A}}{}^2\qquad\therefore\quad\frac{V_{\text{P}}}{V_{\text{A}}}=\sqrt{\frac{2(R+2a)}{2R+3a}}$$

問5. 点 P での力学的エネルギーを求めると

$$E_{\text{B}}=\frac{1}{2}mV_{\text{P}}{}^2-G\frac{Mm}{R+a}$$

一方，$E_{\text{A}}=\dfrac{1}{2}mV_{\text{A}}{}^2-G\dfrac{Mm}{R+a}$ だから

$$\Delta E = E_B - E_A = \frac{1}{2} m \left(V_P{}^2 - V_A{}^2 \right) = \frac{1}{2} m V_A{}^2 \left\{ \left(\frac{V_P}{V_A} \right)^2 - 1 \right\}$$

$K_A = \dfrac{1}{2} m V_A{}^2$ と問 4 の結果を用いると

$$\frac{\Delta E}{K_A} = \left(\frac{V_P}{V_A} \right)^2 - 1 = \frac{2(R+2a)}{2R+3a} - 1 = \frac{a}{2R+3a}$$

問 6． 楕円軌道 C の長半径は

$$\frac{(R+a)+R}{2} = R + \frac{a}{2}$$

よって，ケプラーの第三法則より周期を T_C とすると

$$T_C{}^2 = \frac{4\pi^2}{GM} \left(R + \frac{a}{2} \right)^3 \quad \therefore \quad T_C = \frac{2\pi}{\sqrt{GM}} \left(R + \frac{a}{2} \right)^{\frac{3}{2}}$$

点 P で放出されてから初めて点 S に至る時間は半周期であるから

$$T = \frac{T_C}{2} = \frac{\pi}{\sqrt{GM}} \left(R + \frac{a}{2} \right)^{\frac{3}{2}}$$

問 7． 地球の質量を M_E，地球の半径を R_E，地球表面付近での重力加速度の大きさを g_E とすると，質量 m の物質について

$$m g_E = G \frac{M_E m}{R_E{}^2} \quad \therefore \quad g_E = \frac{G M_E}{R_E{}^2}$$

惑星 X 表面付近での重力加速度の大きさを g_X とすると，$M = \alpha M_E$，$R = \beta R_E$ であるから

$$g_X = \frac{GM}{R^2} = \frac{G \cdot \alpha M_E}{(\beta R_E)^2} = \frac{\alpha}{\beta^2} g_E \quad \therefore \quad \frac{g_X}{g_E} = \frac{\alpha}{\beta^2}$$

問 8． おもりの速さが最大となるのは単振動の振動中心（力がつり合うところ）を通過するときで，自然長で手を離すから，Δx 伸びたとき重力と弾性力はつり合っている。よって，ばね定数を k'，おもりの質量を m'，地球上での伸びを Δx_E として

$$m' g_E = k' \Delta x_E$$

惑星 X 上では

$$m' g_X = k' \Delta x$$

よって，問 7 の結果を用いると

$$\frac{\Delta x}{\Delta x_E} = \frac{g_X}{g_E} = \frac{\alpha}{\beta^2}$$

問9. ばね振り子の周期は，ばね定数 k' とおもりの質量 m' で決まり，$2\pi\sqrt{\dfrac{m'}{k'}}$ となる。よって，惑星 X 上でも地球上でも同じである。

Ⅲ **解答** **問1.** $\dfrac{\varepsilon_0 S V}{d}$ **問2.** $\dfrac{3\varepsilon_0 S V}{2d}$ **問3.** $\dfrac{3\varepsilon_0 S V}{2d}$

問4. $\dfrac{2V}{R}$ **問5.** $-\dfrac{3\varepsilon_r}{2\varepsilon_r+1}\dfrac{\varepsilon_0 S V}{d}$

問6. 時間変化率の正負：正　時間変化率の大きさ：$\dfrac{V}{L}$

問7. $2\pi\sqrt{\dfrac{L\varepsilon_0 S}{d}}$ **問8.** $t=\dfrac{3\varepsilon_r}{4(\varepsilon_r-1)}d$　$\varepsilon_r>4$

問9. $\dfrac{V}{2}\sqrt{\dfrac{\varepsilon_0 S}{Ld}}$ **問10.** $\dfrac{3\varepsilon_0 S V^2}{4d}$

=== 解説 ===

《金属板・誘電体を挿入したコンデンサー，電気振動》

問1. 極板 A に蓄えられている電気量を Q_1 とすると，極板 B に蓄えられている電気量は $-Q_1$ となる。よって，ガウスの法則より，極板間の電場の強さを E_1 とすると

$$E_1=\frac{Q_1}{\varepsilon_0 S}$$

よって

$$V=E_1 d=\frac{Q_1 d}{\varepsilon_0 S} \quad \therefore\quad Q_1=\frac{\varepsilon_0 S V}{d}$$

問2. 極板 A に蓄えられている電気量を Q_2 とすると，極板 B に蓄えられている電気量は $-Q_2$ となる。このとき，金属板 C の上面に $-Q_2$，下面に Q_2 の電気量が静電誘導で現れるから，極板 A と金属板 C 上面

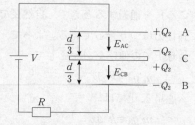

の間の電場の強さを E_{AC}，金属板 C 下面と極板 B の間の電場の強さを E_{CB} とすると

$$E_{AC}=\frac{Q_2}{\varepsilon_0 S},\ \ E_{CB}=\frac{Q_2}{\varepsilon_0 S}$$

金属板 C 中の電場の強さは 0 であるから

$$V = E_{AC} \times \frac{d}{3} + E_{CB} \times \frac{d}{3} = \frac{2Q_2 d}{3\varepsilon_0 S} \quad \therefore \quad Q_2 = \frac{3\varepsilon_0 SV}{2d}$$

問 3. 極板 A に蓄えられている電気量を Q_A とすると，極板 B に蓄えられている電気量は $-Q_A$ となる。Q_A による電場の強さを E_A，Q による電場の強さを E_C とすると，各極板が両側に作る電場の強さ E_A，E_B，E_C はガウスの法則より

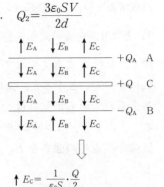

$$E_A = E_B = \frac{Q_A}{2\varepsilon_0 S}, \quad E_C = \frac{Q}{2\varepsilon_0 S}$$

となり，その向きは右上図のようになる。

よって，AC 間，CB 間の電場の強さ $E_{AC}{}'$，$E_{CB}{}'$ は右下図のように

$$E_{AC}{}' = 2E_A - E_C = \frac{1}{\varepsilon_0 S}\left(Q_A - \frac{Q}{2}\right)$$

$$E_{CB}{}' = 2E_A + E_C = \frac{1}{\varepsilon_0 S}\left(Q_A + \frac{Q}{2}\right)$$

AB 間の電位差は V であるから

$$V = E_{AC}{}' \times \frac{d}{3} + E_{CB}{}' \times \frac{d}{3} = \frac{2Q_A d}{3\varepsilon_0 S} \quad \therefore \quad Q_A = \frac{3\varepsilon_0 SV}{2d}$$

(注) 電場を作る電荷が各極板の上下に分布すると考えると右図のようになり，極板 A，B のコンデンサーの外側に電荷 $+\dfrac{Q}{2}$ があることになる。AC 間の電荷 $Q_A - \dfrac{Q}{2}$，BC 間の電荷 $Q_A + \dfrac{Q}{2}$ は引きつけ合って動けないので，回路のどこかを接地すれば外側の $+\dfrac{Q}{2}$ を打ち消すように電子が移動し，極板 A の電荷は $Q_A - \dfrac{Q}{2}$，極板 B の電荷は $-Q_A - \dfrac{Q}{2}$ となる。本問では接地していないので，極板 A 全体の電荷は $+Q_A$，極板 B 全体の電荷は $-Q_A$ となるが，$Q_A - \dfrac{Q}{2} = \dfrac{3\varepsilon_0 SV}{2d} - \dfrac{Q}{2}$ と答えても正解と考えることもできる。

問4. 問3の状況で極板 A, B 間の電圧は A が B より V 高い。よって, 直流電源を逆向きに接続すると, スイッチを閉じた直後の回路の起電力は $2V$ となり, 電流の大きさを I とすると, $I=\dfrac{2V}{R}$ となる。

問5. 極板 A に蓄えられている電気量を $-Q_A'$ とすると, 極板 B に蓄えられている電気量は Q_A' となる。このとき, コンデンサーの空気部分の電場の強さを E_A' とすると

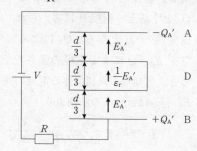

$$E_A'=\frac{Q_A'}{\varepsilon_0 S}$$

誘電体中の電場の強さは $\dfrac{E_A'}{\varepsilon_r}$ であるから

$$V=E_A'\times\frac{2}{3}d+\frac{E_A'}{\varepsilon_r}\times\frac{1}{3}d$$

$$=\frac{2Q_A'd}{3\varepsilon_0 S}+\frac{Q_A'd}{3\varepsilon_r\varepsilon_0 S}=\frac{2\varepsilon_r+1}{3\varepsilon_r\varepsilon_0 S}Q_A'd$$

$$\therefore\quad Q_A'=\frac{3\varepsilon_r}{2\varepsilon_r+1}\frac{\varepsilon_0 SV}{d}$$

極板 A に蓄えられている電気量は $-Q_A'=-\dfrac{3\varepsilon_r}{2\varepsilon_r+1}\dfrac{\varepsilon_0 SV}{d}$ である。

問6. コンデンサーの電荷 Q を右図のようにとると, Q が減少するとき I は正の向きに流れるから

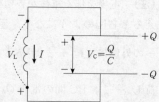

$$I=-\frac{dQ}{dt}$$

コイルの自己誘導起電力を V_L とすると $V_L=-L\dfrac{dI}{dt}$, コンデンサーの電圧を V_C とすると $V_C=\dfrac{Q}{C}$, ここで, $C=\dfrac{\varepsilon_0 S}{d}$ はコンデンサーの電気容量である。回路の抵抗を無視すると, キルヒホッフの第二法則より

$$V_L+V_C=0$$

スイッチを入れた直後は $V_C=V$ であるから

$$-L\frac{dI}{dt}+V=0 \qquad \therefore \quad \frac{dI}{dt}=\frac{V}{L} \quad (>0)$$

問 7. 問 6 より

$$-L\frac{dI}{dt}+\frac{Q}{C}=0, \quad I=-\frac{dQ}{dt}$$

$$\frac{Q}{C}=L\frac{dI}{dt}=-L\frac{d^2Q}{dt^2} \qquad \therefore \quad \frac{d^2Q}{dt^2}=-\frac{1}{LC}Q$$

これは単振動を表し，角周波数を ω，周期を T とすると

$$\omega^2=\frac{1}{LC} \qquad \therefore \quad T=\frac{2\pi}{\omega}=2\pi\sqrt{LC}=2\pi\sqrt{\frac{L\varepsilon_0 S}{d}}$$

問 8. 誘電体 E を挿入したときのコンデ
ンサーの電気容量を C' とすると，空気部
分と誘電体部分の直列接続であるから

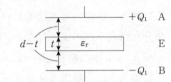

$$\frac{1}{C'}=\frac{1}{\dfrac{\varepsilon_0 S}{d-t}}+\frac{1}{\dfrac{\varepsilon_r\varepsilon_0 S}{t}}$$

$$=\frac{\varepsilon_r(d-t)+t}{\varepsilon_r\varepsilon_0 S}$$

$$\therefore \quad C'=\frac{\varepsilon_r\varepsilon_0 S}{\varepsilon_r(d-t)+t}$$

周期が問 7 の 2 倍になったから

$$C'=4C \qquad \therefore \quad \frac{\varepsilon_r\varepsilon_0 S}{\varepsilon_r(d-t)+t}=\frac{4\varepsilon_0 S}{d}$$

$$\varepsilon_r d=4\{\varepsilon_r d-(\varepsilon_r-1)t\} \qquad \therefore \quad t=\frac{3\varepsilon_r}{4(\varepsilon_r-1)}d$$

$t<d$ となるには

$$\frac{3\varepsilon_r}{4(\varepsilon_r-1)}d<d$$

$$3\varepsilon_r<4(\varepsilon_r-1) \qquad \therefore \quad \varepsilon_r>4$$

問 9. 再びスイッチを閉じる直前にコンデンサーに蓄えられていた電気量
は CV，電気容量は $4C$ であるから，コンデンサーの極板間の電位差がゼ
ロになった瞬間にコイルに流れている電流の大きさを I_L とすると，エネ
ルギー保存則より

$$\frac{1}{2}LI_L{}^2=\frac{1}{2}\frac{(CV)^2}{4C}=\frac{1}{8}CV^2$$

$$\therefore\quad I_L=\frac{V}{2}\sqrt{\frac{C}{L}}=\frac{V}{2}\sqrt{\frac{\varepsilon_0 S}{Ld}}$$

問10. スイッチを閉じる前の各極板の電荷分布は問3より右図のようになる。ここで，$Q_A=\dfrac{3\varepsilon_0 SV}{2d}$ である。再びスイッチを閉じて十分時間が経過し電流が流れなくなると極板 A と極板 B は等電位となるが，金属板 C には電気量 Q が残る。CA 間と CB 間の電圧は等しいので，電荷分布は右下図のようになる。

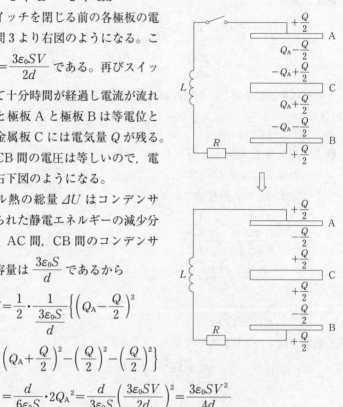

　ジュール熱の総量 ΔU はコンデンサーに蓄えられた静電エネルギーの減少分に等しく，AC 間，CB 間のコンデンサーの電気容量は $\dfrac{3\varepsilon_0 S}{d}$ であるから

$$\Delta U=\frac{1}{2}\cdot\frac{1}{\dfrac{3\varepsilon_0 S}{d}}\Big\{\Big(Q_A-\frac{Q}{2}\Big)^2$$

$$+\Big(Q_A+\frac{Q}{2}\Big)^2-\Big(\frac{Q}{2}\Big)^2-\Big(\frac{Q}{2}\Big)^2\Big\}$$

$$=\frac{d}{6\varepsilon_0 S}\cdot 2Q_A{}^2=\frac{d}{3\varepsilon_0 S}\Big(\frac{3\varepsilon_0 SV}{2d}\Big)^2=\frac{3\varepsilon_0 SV^2}{4d}$$

（講　評）

　2024 年度は 2023 年度と同様，大問 3 題，試験時間は理科 2 科目で 120 分の出題であった。出題形式も同様で，Ⅰはマークシート法による選択式，ⅡとⅢは記述式で，いずれも結果のみを答えればよい。

　Ⅰ　(1)～(4)は薄膜による光の屈折，全反射，干渉の基本で，完答を要する。(3)で薄膜上面で全反射しない条件を忘れそうである。(5)以下はレ

ンズ，ハーフミラー，ニュートンリングを組み合わせた光学系という難解なテーマで，差がつくであろう。(5)は P′ に結像することがわかれば容易である。解答群がヒントになる。(6)は屈折の法則と近似式の頻出のテーマである。(7)は「点 B で S_2 に垂直に入射している」の意味がわかるかどうか。(8)・(9)はニュートンリングで頻出の近似で，独立で解答できる。こういう設問を確実に正解すること。(10)～(12)は(7)と連動しているが，難しくはない。(7)がクリアできれば完答も可能であろう。

　Ⅱ　問1～問3は万有引力による等速円運動の基本で，完答したい。問4は楕円軌道の頻出テーマで，計算がやや面倒であるが，ここはクリアしなければならない。問5は問4と連動している。問6はケプラーの第三法則で楕円の長半径を求める必要があるが，案外間違えやすい。問7は重力加速度の基本，問8・問9はばね振り子の基本なので，確実に得点したい。このように，最後に簡単に解ける設問が置かれることもあるので注意すること。

　Ⅲ　問1・問2は平行板コンデンサーの充電の基本で容易である。電気容量から求めることもできるが，問3との一貫性を保つため，ガウスの法則から電場を求めて計算した。問3は金属板に電荷を与えたときの電荷分布という目新しいテーマで，簡単に見えてかなり難解である。ガウスの法則から各電荷が作る電場を求めて和を求めればよいのであるが，本問のように回路が接地していない場合，極板全体の電気量は金属板の電気量によらず一定であることがわかる。極板の上面，下面の電荷分布は変化する。接地してあれば電荷の出入りがあるので，極板の電気量は金属板の電気量の影響を受けることになる。問4は回路の起電力を考えれば容易である。問5も合成容量から求めてもよい。問6・問7は振動回路の基本で完答したい。問8は問7の周期が電気容量に依存するので，合成容量を求めればよいことがわかる。問9は最初の状態から始まることに注意すればよい。問10は電流が流れなくなっても金属板に電荷が残っていることに注意しなければならないが，結果は簡単になる。

　全体として，2024年度はⅠの後半とⅡの設定が目新しかったものの，容易に解ける設問がかなりあり，2023年度に比べて易化したと思われる。しかし問題量は2023年度と同様に多く，試験時間内に完答するのは難しい。解きやすい設問を見つけて確実に解くことが重要となる。

化　学

Ⅰ　**解答**　(1)**A**—(エ)　**B**—(オ)　(2)**A**—(ア)　**B**—(ウ)
(3)**A**—(ア)　**B**—(イ)　(4)**A**—(イ)　**B**—(ウ)
(5)**A**—(ア)　**B**—(オ)　(6)**A**—(イ)　**B**—(エ)　(7)**A**—(エ)　**B**—(ウ)
(8)**A**—(ウ)　**B**—(ウ)　(9)**A**—(エ)　**B**—(オ)　(10)**A**—(オ)　**B**—(ア)

―――――――――――――――― 解説 ――――――――――――――――

《総　合》

(1)　**A.** 与えられた各分子中の N 原子の酸化数を x とすると

$NH_3 : x+(+1)\times 3=0 \quad x=-3$

$HNO_3 : (+1)+x+(-2)\times 3=0 \quad x=+5$

$NO : x+(-2)=0 \quad x=+2$

B. 窒素とリンは 15 族元素であるから，価電子の数はともに 5 である。

(2)　**A.** 無極性分子では，分子量が大きいほどファンデルワールス力が大きく沸点は高い。よって，塩素の方がフッ素より沸点が高い。

B. 同程度の分子量では，極性分子の方が無極性分子より沸点が高い。アンモニアは三角錐形の極性分子でメタンは正四面体形の無極性分子である。よって，アンモニアの沸点はメタンより高い。

(3)　**A.** 容器 **Y** の体積を y〔L〕とすると，ボイルの法則より

$4.0\times 10^5\times 6.0=3.0\times 10^5\times(y+6.0) \quad y=2.0〔L〕$

B. 圧力 $3.0\times 10^5-2.0\times 10^5=1.0\times 10^5$〔Pa〕で体積 8.0 L の水素が吸収されたと考えられるから，求める水素の物質量を x〔mol〕とすると

$1.0\times 10^5\times 8.0=x\times 8.31\times 10^3\times 298 \quad x=0.323\fallingdotseq 0.32$〔mol〕

(4)　**A.** N_2O_4 の解離前後の各成分の物質量を示すと次のようになる。

$$N_2O_4 \rightleftharpoons 2NO_2 〔mol〕$$

解離前	1.0	0
変化量	−0.20	0.40
解離後	0.80	0.40 合計 1.2

　各成分の分圧 $p_{N_2O_4}$，p_{NO_2} は物質量に比例するので，求める圧平衡定数 K_p は

$$K_\mathrm{p}=\frac{p_{\mathrm{NO_2}}{}^2}{p_{\mathrm{N_2O_4}}}=\frac{\left(1.0\times10^5\times\dfrac{0.40}{1.2}\right)^2}{1.0\times10^5\times\dfrac{0.80}{1.2}}$$

$$=1.66\times10^4\fallingdotseq1.7\times10^4\,[\mathrm{Pa}]$$

B. 褐色が濃くなったから平衡は右へ移動したことになる。一方，ルシャトリエの原理により，加熱すると平衡は吸熱反応の方向へ移動するから，右向きの反応（正反応）は吸熱反応である。

(5) **A.** Cu と濃硫酸により硫酸銅（Ⅱ）が生成し，その水溶液から析出する結晶 **W** は $CuSO_4 \cdot 5H_2O$（式量 249.6）である。また，結晶水を含まない化合物 **X** は $CuSO_4$（式量 159.6）であるから，求める **X** の質量は

$$10\times\frac{159.6}{249.6}=6.39\fallingdotseq6.4\,[\mathrm{g}]$$

B. 化合物 **Y** および **Z** が生成する反応式は，それぞれ次のとおりである。

$$2Cu+O_2\longrightarrow 2CuO$$

$$4CuO\longrightarrow 2Cu_2O+O_2$$

よって，A の結果と合わせて，**X**，**Y**，**Z** の色は，白，黒，赤となる。

(6) **A.** AgCl の飽和溶液では，$[Ag^+]=[Cl^-]$ であるから，溶解度積について

$$K_\mathrm{sp}(\mathrm{AgCl})=[Ag^+][Cl^-]=[Ag^+]^2=1.8\times10^{-10}$$

よって

$$[Ag^+]=1.34\times10^{-5}\fallingdotseq1.3\times10^{-5}\,[\mathrm{mol/L}]$$

B. Ag_2CrO_4 の沈殿が生じ始めたとき，$[Ag^+]=1.34\times10^{-5}\,[\mathrm{mol/L}]$ であるから，求める $[CrO_4{}^{2-}]$ は

$$K_\mathrm{sp}(\mathrm{Ag_2CrO_4})=[Ag^+]^2[CrO_4{}^{2-}]=1.8\times10^{-10}\times[CrO_4{}^{2-}]$$

$$=4.0\times10^{-12}$$

$$[CrO_4{}^{2-}]=2.22\times10^{-2}\fallingdotseq2.2\times10^{-2}\,[\mathrm{mol/L}]$$

よって，最も近い値は(エ)となる。

(7) 選択肢における反応式と発生する気体の物質量はそれぞれ次のとおりである。

① $\quad CaF_2+H_2SO_4\longrightarrow CaSO_4+2HF\qquad 2\,\mathrm{mol}$ の HF

② $\quad Zn+2NaOH+2H_2O\longrightarrow Na_2[Zn(OH)_4]+H_2\qquad 1\,\mathrm{mol}$ の H_2

③　　$NH_4NO_2 \longrightarrow N_2 + 2H_2O$　　　$1\,mol$ の N_2

④　　$3Cu + 8HNO_3 \longrightarrow 3Cu(NO_3)_2 + 4H_2O + 2NO$　　　$\dfrac{2}{3}\,mol$ の NO

⑤　　$2KClO_3 \longrightarrow 2KCl + 3O_2$　　　$\dfrac{3}{2}\,mol$ の O_2

⑻　エタノールにあてはまる記述：①・②・③・④

フェノールにあてはまる記述：④・⑤・⑥・⑦

（エタノール）③第1級アルコールであるから酸化するとカルボン酸が生じる。

④Na と反応して H_2 と C_2H_5ONa を生じる。

⑤中性物質であるから NaOH と中和反応はしない。

（フェノール）①常温常圧で固体である。

②水に溶けにくい。

③酸化してもカルボン酸は生じない。

④Na と反応して H_2 とナトリウムフェノキシドを生じる。

⑤弱酸のため NaOH と反応し，塩のナトリウムフェノキシドを生じる。

⑥$FeCl_3$ 水溶液に対して呈色するのはフェノール類の特徴である。

⑦白色の 2,4,6-トリブロモフェノールを生じる。フェノールの検出反応である。

⑼　スクロースは二糖類で，グルコースとフルクトースを構成成分とする。これらの単糖類は，酵母が含む酵素によってアルコール発酵し，エタノールと二酸化炭素を生じる。

　　　　$C_6H_{12}O_6 \longrightarrow 2C_2H_5OH + 2CO_2$

⑽　A．ポリマー Y が生成するときの重合反応式は次のとおりである。

　　　$n\mathbf{X} \longrightarrow \mathbf{Y} + nH_2O$　（n は重合度）

　よって，X と Y の分子量をそれぞれ m と M とすると，$H_2O = 18.0$ だから

　　$n \times m = M + 18.0n$　　$\dfrac{M}{n \times m} = 1 - \dfrac{18.0}{m} = \dfrac{2.70}{3.00}$　　$m = 180$

　したがって，アミノ酸 X は分子量が 181 のチロシンである。

B．チロシンの示性式は $HO\!-\!\langle\bigcirc\rangle\!-\!CH_2\!-\!CH(NH_2)\!-\!COOH$ であり，フェノール性ヒドロキシ基とアミノ基をもつから，①と⑤の反応を示す。

なお，②は還元性を示すホルミル基（アルデヒド基），③はS原子をそれぞれもつ化合物が示し，④はトリペプチド以上のペプチドが示す反応（ビウレット反応），⑤はニンヒドリン反応である。

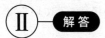 **解答**

(1) **問1．** (1)Cu　(2)Ag　(3)Cu　(4)Pb

問2． 負極：$Cu \longrightarrow Cu^{2+} + 2e^-$

正極：$Ag^+ + e^- \longrightarrow Ag$

問3． (カ)

問4． (ア)・(エ)

問5． 0.93 V

(2) **問6．** 1.7×10^{-2} mol

問7． 3.3×10^3 C

問8． 2.4×10^3 J

問9． 49%

問10． (イ)

問11． 負極：$CH_3OH + H_2O \longrightarrow CO_2 + 6H^+ + 6e^-$

正極：$O_2 + 4H^+ + 4e^- \longrightarrow 2H_2O$

=== **解説** ===

《ダニエル型電池と燃料電池の構造，反応，起電力，エネルギー効率》

(1) **問1．** ダニエル電池において銅が正極，亜鉛が負極である。よって，図1のように電圧計を接続すると，左側が正極，右側が負極のとき電圧は負の値を示す。一方，その逆のとき電圧は正の値を示す。以上のことから，実験(1)〜(4)における正極は，それぞれCu，Ag，Cu，Pbとなる。また，一般的に考えると，イオン化傾向がより小さい金属の方が正極となる。このことから，与えられた金属のうち，イオン化列ではなじみのないMnのイオン化傾向が最も大きいことがわかる。

問2． 正極では還元反応，負極では酸化反応が起こる。

問3． 還元剤としての強さとは，イオン化傾向の大きさのことであるから，Mn＞Pb＞Cuとなる。

問4． イオン化列において，Li〜PbがH₂よりイオン化傾向が大きい。よって，与えられた金属のイオン化傾向の大きさは，Mn＞Zn＞H₂＞Cu＞Agとなり，HClと反応してH₂を発生するのは，ZnとMnである。

問5. イオン化傾向は Pb>Cu>Ag であるから，Pb-Ag を電極に用いたときに生じる電位差は，Pb-Cu，Cu-Ag による電池の電位差の和だと考えられる。よって，Pb-Ag による電位差は，実験(2)，(3)より

$$0.47+0.46=0.93(V)$$

実験(5)では，Ag が正極，Pb が負極であり，図1の接続をしているため，電圧の測定値は正の値の 0.93 V となる。

(2) 問6. 求める H_2 の物質量を x[mol] とすると

$$1.0\times10^5\times0.50=x\times8.31\times10^3\times350$$

$$x=1.71\times10^{-2}≒1.7\times10^{-2}[mol]$$

問7. 負極での反応は，$H_2 \longrightarrow 2H^++2e^-$ であるから，求める電気量は

$$1.71\times10^{-2}\times2\times9.65\times10^4=3.30\times10^3≒3.3\times10^3[C]$$

問8. 求める電気エネルギーは

$$3.30\times10^3\times0.73=2.40\times10^3≒2.4\times10^3[J]$$

問9. 求める変換効率は

$$\frac{2.40\times10^3}{286\times10^3\times1.71\times10^{-2}}\times100=49.0≒49[\%]$$

問10. この燃料電池での反応は次のとおりである。

負極：$H_2 \longrightarrow 2H^++2e^-$

正極：$4H^++O_2+4e^- \longrightarrow 2H_2O$

負極で生じた H^+ は固体高分子膜を，電子 e^- は導線を通って正極に移動し，正極で O_2 と反応して H_2O を生じる。

問11. 負極で CO_2 が生じたから，CH_3OH は次のように酸化されたと考えられる。

$$CH_3OH+H_2O \longrightarrow CO_2+6H^++6e^-$$

正極では，負極で生じた H^+ と e^- が O_2 と次のように反応して H_2O を生じる。

$$O_2+4H^++4e^- \longrightarrow 2H_2O$$

 **Ⅲ** 　**解　答**　　**(1) 問1.** C_6H_{10}

問2.

$$\begin{array}{c} CH_3 \\ | \\ HC = C \quad CH_2 \\ | \qquad | \\ CH_2 - CH_2 \end{array}$$

問3.

$$HO-\underset{\overset{||}{O}}{C}-CH_2-CH_2-\underset{\overset{|}{CH_3}}{CH}-\underset{\overset{||}{O}}{C}-OH$$

問4. (ア)・(イ)・(エ)

問5. ヘキサメチレンジアミンの分子数：2.00×10^2

アミド結合の数：3.99×10^2

(2) **問6.** $C_3H_8O_3$

問7. $CH_2(OH)CH(OH)CH_2(OH) + 3(CH_3CO)_2O$

$$\xrightarrow{\text{酸触媒}} CH_2(OCOCH_3)CH(OCOCH_3)CH_2(OCOCH_3) + 3CH_3COOH$$

問8. $C_{17}H_{35}COOH$

問9. $C_{18}H_{30}O_2$

問10. $CH_2(OCOC_{17}H_{35})CH(OH)CH_2(OCOC_{17}H_{35})$

========== 解 説 ==========

《環構造をもつアルケンの反応，2価エステルの構造と反応》

(1) **問1.** 実験1－1より，化合物 **A〜C** の組成式を C_xH_y とすると，$CO_2 = 44.0$，$H_2O = 18.0$ だから

$$x : y = \frac{39.6}{44.0} : \frac{13.5}{18.0} \times 2 = 0.90 : 1.5 = 3 : 5$$

組成式：C_3H_5（式量 41）

よって，分子式および分子量について

$$(C_3H_5)_n = 41n \leqq 120 \qquad n = 1 \text{ または } 2$$

さらに，5員環または6員環の環式炭化水素であるから $n = 2$ となり，分子式は C_6H_{10} である。

問2. 分子 C_6H_{10} の不飽和度は，$(6 \times 2 + 2 - 10) \times \dfrac{1}{2} = 2$ だから，**A〜C** は環構造と C=C を1つずつもつ。よって，それらの構造および $KMnO_4$ による酸化反応は次の①〜⑤の5通りが考えられる。

2
0
2
4
年
度

一
般
選
抜

化
学

①
$$
\begin{matrix}CH=CH\\H_2C\qquad CH_2\\CH_2-CH_2\end{matrix}\ \longrightarrow\ HO-\underset{O}{C}-CH_2-CH_2-CH_2-CH_2-\underset{O}{C}-OH
$$
　　　　(a)　　　　　　　　　　　　　　　(b)

②
$$
\begin{matrix}CH_3\\HC\qquad CH_2\\CH_2-CH_2\end{matrix}\ \longrightarrow\ HO-\underset{O}{C}-CH_2-CH_2-CH_2-\underset{O}{C}-CH_3
$$
　　　　(c)　　　　　　　　　　　　　(d)

③
$$
\begin{matrix}CH_3\\CH\\HC\qquad CH_2\\CH-CH_2\end{matrix}\ \longrightarrow\ HO-\underset{O}{C}-CH_2-CH_2-\underset{CH_3}{C^*H}-\underset{O}{C}-OH
$$
　　　　(e)　　　　　　　　　　　　(f)

（C*：不斉炭素原子）

④
$$
\begin{matrix}CH_3\\CH\\H_2C\qquad CH_2\\CH=CH\end{matrix}\ \longrightarrow\ HO-\underset{O}{C}-CH_2-\underset{CH_3}{CH}-CH_2-\underset{O}{C}-OH
$$
　　　　(g)　　　　　　　　　　　(h)

⑤
$$
\begin{matrix}CH_2\\C\\H_2C\qquad CH_2\\CH_2-CH_2\end{matrix}\ \longrightarrow\ H_2C\underset{CH_2-CH_2}{\overset{O\atop\|\atop C}{\ }}CH_2+CO_2
$$
　　　　(i)　　　　　　　　　　(j)

　一方，実験1−2および1−3より，化合物 **D** はメチル基をもちヨードホルム反応を示すことから(d)である。よって，**A** は(c)である。

問3. 実験1−2より，化合物 **E** はメチル基と C* をもつことから(f)である。

問4. 各高分子の重合反応は次のとおりである。

(ア)グルコースの縮合重合

(イ)フェノールとホルムアルデヒドとの付加縮合

(ウ)エチレンの付加重合

(エ)エチレングリコールとテレフタル酸の縮合重合

(オ)酢酸ビニルの付加重合

問5． AとBは5員環構造をもつから，リード文に示されたA～Cの構造に関する記述を考慮するとCは6員環構造をもつ(a)だと考えられる。よって，化合物Fは(b)のアジピン酸であり，実験1－4で得られた高分子化合物Gはナイロン66である。また，ナイロン66の構造は次のとおりであり

$$[-NH-(CH_2)_6-NH-CO-(CH_2)_4-CO-]_n$$

繰り返し構造の式量は226であるから，Gの重合度 n は

$$n=\frac{4.52\times10^4}{226}=200$$

よって，1分子中に含まれるヘキサメチレンジアミンは200個で，アミド結合の数は，$200\times2-1=399$ 個となる。

(注) Gの分子末端のヘキサメチレンジアミンのアミノ基はアミド結合をしていない。大雑把な計算の場合400個でもよいが，有効数字3桁と指定してあるので厳密に計算するのがよい。

(2) 問6． 実験2－2より，得られた化合物WとアルコールTの物質量は等しいから，Tの分子量は

$$218\times\frac{2.30}{5.45}=92.0$$

また，アセチル化反応は次のとおりである。

$$-OH+(CH_3CO)_2O \longrightarrow -OCOCH_3+CH_3COOH$$

これが1回生じると分子量は42.0増加するので，1分子のTに生じたアセチル化の回数は

$$\frac{218-92.0}{42.0}=3 \text{ 回}$$

よって，Tは3価のアルコールである。また，問7の設問文中にも示されているように，1つの炭素原子には1つのヒドロキシ基しか結合しないので，Tは最低3個のC原子を含むことになり，Tの分子量から3つのOHおよび3個のC原子の式量を引くと次のようになる。

$$92.0-17.0\times3-12.0\times3=5.0$$

これはH原子5個分の式量と考えられるので，Tの分子式は $C_3H_8O_3$ となる。これを示性式で表すとグリセリン $C_3H_5(OH)_3$ になる。

問7． 無水酢酸によるグリセリンのアセチル化反応である。

問8. 実験2－3より，カルボン酸 **U** と **V** はともに1価のカルボン酸だと考えられる。なぜなら，**U** を多価カルボン酸と仮定すると，実験2－3で得られる酸無水物 **X** は **U** の分子内あるいは分子間で脱水した多種多様な環状酸無水物の混合物となるので，実験2－3での数値5.50 g は意味をなさなくなり，問8は問題として成立しない（例えば，**U** を2価のカルボン酸とすると，分子内脱水や2分子による環状酸無水物だけでなく，理論的には3分子以上の **U** による大きな環状酸無水物の生成が可能である）。すなわち，**U** と **V** は1価カルボン酸の脂肪酸である。

よって，実験2－3より，2分子のカルボン酸（脂肪酸）から酸無水物が生成すると，式量が18.0減少するから，カルボン酸 **U** の分子量を M とすると

$$\frac{2M-18.0}{2M}=\frac{5.50}{5.68} \qquad M=284$$

さらに，実験2－4より，**U** は飽和のカルボン酸であるから，示性式を $C_nH_{2n+1}COOH$ とすると

$$C_nH_{2n+1}COOH=284 \qquad n=17$$

よって，**U** の示性式は $\qquad C_{17}H_{35}COOH$

問9. 実験2－4より，**U** と **V** の C 原子数は等しい。次に，実験2－5より，1分子の **V** が含む C=C の数を x とすると，**V** の分子量は $284-2x$ となり，1分子の **V** に x 分子の Br_2（分子量159.8）が付加することになるから

$$\frac{1.39}{284-2x}=\frac{3.79}{284-2x+159.8\times x} \qquad x=3.00$$

よって，**V** の示性式は $C_{17}H_{29}COOH$ となり，分子式は $C_{18}H_{30}O_2$ である。

問10. **S** は2つのエステル結合をもっているから，グリセリン（**T**）に **U** と **V** が1分子ずつエステル結合した化合物だと考えられる。実験2－6より，これに水素を付加させると，**V** は **U** に変化するので，**Z** は **T** に2分子の **U** がエステル結合したときに C* をもたない構造をしていることになる。よって，**S** および **Z** の構造は

$$
\begin{array}{ccc}
\text{CH}_2\text{-OCOC}_{17}\text{H}_{35} & & \text{CH}_2\text{-OCOC}_{17}\text{H}_{35} \\
| & \xrightarrow{\text{H}_2} & | \\
\text{C*H-OH} & & \text{CH-OH} \\
| & & | \\
\text{CH}_2\text{-OCOC}_{17}\text{H}_{29} & & \text{CH}_2\text{-OCOC}_{17}\text{H}_{35} \\
\text{S} & & \text{Z}
\end{array}
$$

(注) グリセリン（**T**）の中央の C 原子がエステル結合に関係していると，**Z** においてもその C 原子が C* となる。

講評

Ⅰ　小問集合形式の総合問題であった。やや易～標準のレベルであるが，時間的に厳しいので，計算問題を後に回して短時間で解答できる選択問題から始めるのがよいだろう。⑽は，アミノ酸の脱水縮合における反応前後の質量から単量体を決定するという目新しい出題だが，質量保存則と生成した水の質量を用いて解答が得られる。

Ⅱ　ダニエル型電池と燃料電池に関する出題で，全体としては標準レベルであった。金属のイオン化列，起電力，電圧計での測定についての理解があれば問 1・問 5 は解答可能である。問 8 は水素の燃焼熱と電気エネルギーの関係の理解が必要であった。問 11 は燃料電池におけるメタノールの酸化反応がポイントでやや難しかった。

Ⅲ　環式アルケンと 2 価エステルに関する出題で，全体としては標準レベルであった。問 2 は与えられた条件から可能な環式アルケンを特定し，その反応をたどればよい。問 5 はナイロン 66 が題材だと気づくとスムースであった。問 6・問 8 での化合物にはいろいろな可能性があるが，これまでに学んだ知識をもとに素直に考えるとよい。問 10 での油脂の立体異性体についてはよく見かけるものだったのではないだろうか。

生　物

問1. 虹彩の細胞が脱分化して未分化な細胞となり，その後，水晶体の細胞に再分化する。

問2. 目的とするタンパク質の遺伝子にGFP遺伝子を連結してベクターに組み込み，そのタンパク質の発現の様子を調べたい組織の細胞に導入する。この細胞に青色光を照射するとGFPが緑色蛍光を発色することから，その組織での目的とするタンパク質の遺伝子の発現の程度や，その細胞での目的とするタンパク質の細胞内局在を調べることができる。

問3. 名称：体細胞クローン
理由：同一のゲノムDNA配列であっても，DNAのメチル化の状態や，ヒストンのメチル化やアセチル化などの状態が異なっており，遺伝子の発現状態は異なるため。

問4. 核移植によってできた細胞で合成されるタンパク質は，細胞に導入したヒトの細胞の核に由来するタンパク質であり，イモリの細胞質にもともと存在していた再生力の強いイモリの神経細胞に由来するタンパク質が減少すると，再生力はヒトの細胞と同様に弱くなる可能性があるため。

問5. 患者本人の細胞を利用してiPS細胞を作製し，このiPS細胞をもとに臓器を作製した場合，作製した臓器を患者に移植しても拒絶反応が起こらない。

問6. オルガノイドの眼に光を照射した際にオルガノイドの眼や脳の神経回路に生じる反応が，生体の眼に光を照射した際に生体の眼や脳の神経回路に生じる反応と同様であることを確認する。

問7. 脳のオルガノイドがヒトの脳と同等の機能を有した場合，ヒト個人として取り扱う必要があるかなどの倫理的問題が生じる。

─────── 解　説 ───────

《細胞分化，iPS細胞，核移植，再生医療》
問1. 水晶体を除去すると，虹彩色素上皮細胞が色素を失って脱分化し，活発に分裂するようになる。この増殖した細胞が水晶体細胞に再分化し，水晶体が再形成される。

問2. GFP 遺伝子を目的とするタンパク質の遺伝子に連結することで，目的とするタンパク質と GFP の融合タンパク質を合成することができる。

問3. DNA の塩基配列の変化を伴うことなく，DNA に起こる化学的な修飾などにより遺伝子発現に生じる変化をエピジェネティックな変化と呼び，このしくみを研究する学問をエピジェネティクスと呼ぶ。

問5. 初期胚を利用して作製される ES 細胞の場合は患者本人の細胞から作製されるものではないため，ES 細胞をもとに作製した臓器を患者に移植すると，拒絶反応が起こって生着しない可能性が非常に高い。

問6. オルガノイドと生体では同じような形態であることはわかるが，さらに機能も同じであることを確認すればよい。

問7. 器官であるオルガノイドを，個体と同様にみなすかどうかが問題である。

問1. あ. 相補 **い.** DNA ポリメラーゼ
問2. 様子：大腸菌のコロニーは出現しない。
理由：プラスミド P1 には A 耐性遺伝子が存在しないことから，薬剤 A を含む寒天プレートでは，プラスミド P1 が導入されていない大腸菌と同様，プラスミド P1 が導入された大腸菌の生存率も著しく低下し，増殖できないため。

問3. 様子：大腸菌のコロニーは出現しない。
理由：プラスミド P2 を導入した大腸菌は薬剤 A への耐性を示すが，プラスミド P2 には複製起点を含む配列が存在せず，分裂後の大腸菌にプラスミド P2 が受け継がれない。そのため薬剤 A を含む寒天プレートでは，プラスミド P2 をもたないほとんどの大腸菌は生存率が著しく低下し，増殖できないため。

問4. う. 大腸菌 DNA の複製起点を含む配列 **え.** 複製 **お.** 薬剤 A
問5. 酵母が薬剤 A を含む培地でコロニーを形成するためには，導入したプラスミドが酵母内で複製され，分裂後の酵母に受け継がれる必要があることから，プラスミド P に組み込まれた DNA 断片は，酵母 DNA の複製起点となる配列を含んでいる。

問6. 大腸菌の複製に関わるタンパク質は大腸菌 DNA の複製起点を含む配列にのみ，酵母の複製に関わるタンパク質は酵母 DNA の複製起点を含

む配列にのみ，それぞれ結合する。

━━━━━━━━━━　解　説　━━━━━━━━━━

《遺伝子組換え，クローニング，複製起点》

問 2． 大腸菌は原核細胞からなる原核生物であり，薬剤 A を含む寒天プレートでは A 耐性遺伝子が存在しない場合は生存率が著しく低下し，コロニーを形成できない。

問 3． プラスミドに複製起点を含む配列が存在しない場合，プラスミドが複製されないため，分裂後の大腸菌にはプラスミドが受け継がれない。

問 5． 問 2 ～問 4 の内容をふまえて，酵母が薬剤 A を含む培地でコロニーを形成するためには，導入したプラスミドが酵母内で複製され，分裂後の酵母に受け継がれる必要があることから考えればよい。

問 6． 大腸菌 DNA の複製起点を含む配列は酵母では働かず，酵母 DNA の複製起点となる配列は大腸菌では働かないことから考えればよい。

 　**問 1．あ．**感覚ニューロン　**い．**脊髄
　う．運動ニューロン　**え．**介在ニューロン

お．反射弓

問 2．か．負　**き．**正　**く．**両　**け．**向かって　**こ．**消失

問 3．さ．閾値　**し．**全か無かの法則

問 4． 刺激を受けて開口する電位依存性ナトリウムチャネルが，興奮が終わりつつある部分では不活性化しており，短い間は別の刺激が加わっても開口できなくなっている状態のこと。

問 5． 名称：終板電位

　運動ニューロンの終末に興奮が伝わると，シナプス小胞に蓄えられているアセチルコリンがシナプス間隙に放出され，アセチルコリンが筋細胞膜上のリガンド依存性ナトリウムチャネルに結合することでチャネルが開口してナトリウムイオンが筋細胞内に流入し，膜電位が上昇する。これによって閾値を超えると，電位依存性チャネルが開口し，ナトリウムイオンが細胞内に流入することで活動電位が生じる。

問6.

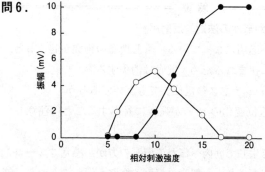

問7.

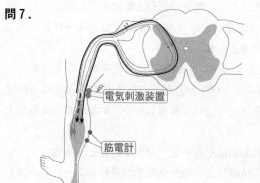

問8. パルスAを生じさせる運動ニューロンの閾値の方が，パルスBを生じさせる感覚ニューロンの閾値よりも大きいため。

問9. 運動神経には閾値の異なる運動ニューロンが多数束になって存在しており，相対刺激強度の上昇にともなって興奮する運動ニューロンの数が増加してパルスAの振幅が増大するが，すべてのニューロンが興奮すると，パルスAの振幅は増加せず一定値を示すようになるため。

問10. 相対刺激強度の上昇にともなって興奮する感覚ニューロンの数が増加すると，パルスBの振幅は増大する。相対刺激強度がさらに上昇して運動ニューロンが興奮するようになると，運動ニューロンの刺激部位から中枢側へ伝わった興奮と，感覚ニューロンを経由して中枢から伝わった興奮が運動ニューロン上で衝突し，衝突した部位の両側が不応期となることで興奮が消失する。その結果，感覚ニューロンで生じた興奮が筋肉へ到達しにくくなるため，パルスBの振幅は小さくなる。

═══ 解 説 ═══

《興奮の伝導と伝達，全か無かの法則，反射弓》

問2. 興奮後の部位は不応期になっている。もし興奮の衝突が起こると，衝突した部位が不応期に挟まれるため，興奮は消失する。

問5. 名称は「(興奮性) シナプス後電位」でもよいであろう。

問6. 図2をもとに，電位変化の mV が振幅に対応することに注意して作図すればよい。

問7. 運動ニューロンで生じて筋肉へ伝わる興奮の方が，感覚ニューロンで生じて筋肉へ伝わる興奮よりも，興奮の伝わる経路が短いことから，筋電位の変化が起こるまでの時間が短いパルス A が運動ニューロンに生じた興奮によるものであると考えられる。

問8. パルス A はパルス B よりも高い刺激強度で発生することから，パルス A を生じさせる運動ニューロンの方が，パルス B を生じさせる感覚ニューロンより強い刺激を与えなければ興奮しない，すなわち，閾値が大きいと考えられる。

問10. 運動ニューロンの刺激部位から中枢へ向かう興奮と，感覚ニューロンから伝達されて中枢から神経終末へ向かう興奮が運動ニューロンの軸索上で衝突すると，問2で解答したように，この興奮は消失する。

(講 評)

　大問数は 2017 年度から 3 題が続いている。2024 年度は，論述量は 2023 年度と比べてやや減少したものの，分量が多く，時間内に完答するのは難しい。特に，Ⅰでは論述しづらい問題が多く出題されたため，ⅡとⅢに時間をかけて得点を確保しておきたい。2024 年度は計算問題が出題されなかったが，グラフや興奮の伝わる経路に関する描図問題が出題された。

　Ⅰ　iPS 細胞と再生医療をテーマとした出題であった。問1は水晶体の再生についての論述問題であったが，正しく解答するためには詳細な知識が必要であった。問2は GFP の使用についての論述問題であり，語句指定があったため，比較的解答しやすかったと考えられる。問3はエピジェネティクスについての論述問題であり，やや詳細な知識が必要

であった。問 4 は核移植についての論述問題であり，やや解答しづらい問題であった。問 5 は ES 細胞と比較した iPS 細胞の利点についての論述問題であった。iPS 細胞に関する出題は頻出であることから，しっかり解答しておきたい。問 6 は，人工的に作製した臓器や組織（オルガノイド）が，生体内での本体の機能と同等であるかを調べる実験を考察する論述問題であった。目新しいテーマであり，解答しづらかったと考えられる。問 7 はオルガノイドを利用した研究と，この研究を進めるに際しての倫理的な問題を考える論述問題であった。生命倫理に関する問題であり，解答しづらかったと考えられる。

Ⅱ　原核生物と真核生物の複製起点がテーマの出題であった。問 2 と問 3 では，遺伝子組換えに利用するプラスミドに組み込まれている薬剤耐性遺伝子と複製起点の働きをふまえて考察する論述問題が出題された。問 3 では，プラスミドに複製起点を含む配列が存在しないことから，分裂後の大腸菌にプラスミドが受け継がれないことに気づけるかどうかがポイントである。問 4 で酵母において大腸菌の複製起点が機能しないことで，酵母がコロニーを形成できないことを推測させる文章が与えられていることから，これを参考に問 3 の解答を導くことができたのではないだろうか。問 5 と問 6 は，大腸菌と酵母の複製起点がそれぞれ異なる塩基配列をもつことに着目する論述問題であった。問 2 ～問 4 の内容に沿って考えれば，比較的解答しやすかったと考えられる。

Ⅲ　脊髄反射がテーマの出題であった。問 4 は不応期，問 5 は興奮の伝達についての論述問題であり，いずれも基本的な内容であるので，確実に解答しておきたい。問 6 は図を読み取って書き換える描図問題であったが，振幅であることに注意する必要がある。問 7 は，ヒラメ筋につながる神経繊維を電気刺激したときに生じるヒラメ筋の筋電位をもとに，興奮の伝わる経路を示す描図問題であった。電気刺激した神経繊維には運動神経と感覚神経の両方が含まれていることに気がつけば，容易に解答できたと考えられる。問 8 は運動神経と感覚神経の閾値の違いを図から読み取って解答する論述問題であり，より強い刺激強度で興奮する神経繊維の方が閾値は大きいことに気づけばよい。問 10 では，感覚ニューロンから伝わった興奮と運動ニューロンに生じた興奮が運動ニューロン上で衝突した際に，興奮が消失することをふまえて考察する論述問題

であった。問4と問7が正答できていれば，語句指定があったため，比較的容易に解答できたのではないだろうか。

　2024年度は，2023年度と比較して問題の量や論述の分量が減少したため，やや解きやすかった印象ではあるが，Ⅰでやや詳細な知識を要する論述問題が多かったため，完答するのは難しいと考えられる。例年，基本的な知識をもとに考察させ，その結果を論述させる問題形式が多いことから，知識はもちろんのこと，考察した内容を文章として表現する力を養っておく必要がある。過去問を解いて，論述の練習をしておくとともに，時間配分についても考えておきたい。

解答編

英語

I **解答** 　1―a　2―d　3―a　4―c　5―d　6―c
　　　　　　　7―c　8―a　9―c　10―b　11―c　12―a
13― b　14― a　15― d

◆━ 全　訳 ━◆

Text I ≪気候変動危機への不安と科学的知識の関係≫

　［１］　気候変動は私たちに近づいてきており，その影響を防ぐために行動する時間がなくなろうとしている。このことにもかかわらず，多くの人々はそれが問題であることすら信じることを拒否している。気候変動に関する認識を理解するために，この拒絶の背後にある理由を調べる研究が行われた。この研究で，私たちはアメリカの成人が気候変動の危険についてどう認識しているのか，代表的なデータを収集した。尺度には，気候変動に関する大衆の意見における，２つの対立する説明を評価できるものが選ばれた。１つは科学的理解の命題（SCT）と呼ぶことができるもので，大衆は科学者たちが知っていることを知らない，あるいは科学者が考えるようには考えないと予測するものである。したがって，大衆は，気候変動を，科学者がそうすべきだと考えるほどには深刻にとらえることができないと予測される。

　［２］　もう一方の説明は，文化的認知の命題（CCT）と表すことができる。CCT は，個人が社会的な危険を認識するとき，自分と同じ集団に特有の価値観と一致する認識を形成する傾向があると仮定するものである。SCT が科学者と大衆の間の対立を強調するのに対して，CCT は大衆の中の異なる階層間の対立を強調する。それぞれの階層に属する者たちは，科学的根拠の解釈を，他者と相いれない独自の文化的哲学に当てはめるからである。

　［３］　大衆が気候変動の危機をどう認識するかの説明は，そういった仮

説が気候変動に対する不安と具体的な個人の特徴との相互関係を前提としている限りにおいては，観察的研究によって検証することが可能である。私たちは，参加者たちに気候変動危機の深刻さを 0（危険性なし）から 10（きわめて危険）までの等級で格付けするよう指示した。

　［4］　まず，SCT は，一般大衆は科学的根拠が難しいために気候変動の深刻さを過小評価していると仮定する。これが正しいとすれば，気候変動に関する不安は，科学的知識と正の相関関係にあるはずである。つまり，人々の科学的知識が増えるにつれて不安も増大するはずだ。

　［5］　次に，SCT は，気候変動の不安が低いのは，一般大衆の専門的な推論をする能力には限度があるためだとする。最近の心理学研究では，2 つの別々な情報処理形態が提唱されている。それは，システム 1：速いが不正確な可能性のある様々な意思決定（発見的決定による判断）で用いられている，素早い直感的判断を含んでいる。そして，システム 2：意識的な熟考や計算を必要とする，である。この研究によると，ほとんどの大衆が主として，より努力を必要とするシステム 2 の処理に頼ることなく，システム 1 の推論を採用している。

　［6］　この考え方が正しいとすると，気候変動の不安はヌーメラシー（基本的計算能力）と正の相関関係を持つことになる。ヌーメラシーとは，量的な情報を理解して利用する個人個人の能力のことである。計算能力の高い人は，正確さを高めるシステム 2 の推論形態を使う傾向が強く，システム 1 による誤認をしにくい。

　［7］　これらの予想は支持されなかった。回答者たちの科学的知識が増すと，気候変動の不安は減少したのだ。計算能力と気候変動危機との間に，負の相関関係もあった。その差は小さなものであったが，それでも SCT と矛盾していた。SCT は正反対の結果を示すだろうと予測していたからだ。

　［8］　CCT も検証可能な予測を生成している。CCT は，階層的個人主義的世界観——権威をはっきりとした社会的序列に関連付け，権威を持つ個人の決定に，集団が干渉を及ぼすことを拒絶する世界観——に賛同する人々は，環境の危機を懐疑的にとらえる傾向があると予測している。そういった人々は，そうした危機が世界中で受け入れられると，階層的個人主義者が尊重する行動形態である商業や工業への規制が認められるだろうと

直感的に認識する。対照的に，平等的共同的世界観——あまり秩序的でない社会組織の形態を好み，集団が個人の要求に，より大きな注意を払うことを好む世界観——を持つ人々は，商業や工業に対して道義的に疑い深い傾向がある。社会に不公平があるのはそれらのせいであると彼らは考えているからである。したがって，彼らは，それらの行動形態は危険であり，規制する価値があると考える方が有益だととらえる。この考え方では，平等的共同主義者は，階層的個人主義者よりも気候変動の危機についてより不安を抱いていると予測される。

　[9]　私たちのデータは CCT の予測を支持した。階層的個人主義者は，気候変動の危機を平等的共同主義者よりもかなり低く格付けしたのである。科学的知識や計算能力を考慮しても，階層制と個人主義の 2 要素が，気候変動についての不安を低く予測した。

　[10]　しかしながら，以上の発見は，それ自体で，SCT が CCT ほど支持できないと例証しているわけではない。文化的認識——自身の集団の中で優位を占めている考えに順応していくこと——が，科学情報を冷静で分析的な方法で評価できない点を埋め合わせるために使われる，信頼できないシステム 1 の発見的方法の 1 つに過ぎないと見なされるからである。

　[11]　この主張は別の検証可能な予測を生み出す。文化的認識が，科学情報やシステム 2 の推論の代用品としての発見的方法に過ぎないのであれば，文化的認識に対する信頼は，科学知識やシステム 2 の推論能力が最も高い個人の中で最も低くなるはずである。よって，SCT は，科学知識や計算能力が増すにつれて，階層的個人主義的世界観と結びついた気候変動への懐疑的な態度は低くなり，階層的個人主義者と平等的共同主義者との隔たりは減少するはずだと暗示している。

　[12]　しかし，この SCT の予測も，支持されなかった。平等的共同主義者の中で，科学知識および計算能力と，気候変動危機への不安とは，小さいながらも正の相関関係を示した。対照的に，階層的個人主義者の中で，科学知識と計算能力は，不安と負の相関関係を示した。したがって，科学知識と計算能力が増すにつれて，分極性は小さくなるのではなく，実際には大きくなる。

Text II　≪所属集団による科学的問題のとらえ方の違い≫

　「アイデンティティ保護」認識は確かに実在する過程であるが，「矛盾す

る根拠」に対して，正反対の意見が生じる程度は非常に過大評価されている。たとえば，科学的に意見が一致していると強調すると，重要な科学の問題について，かえって一般の人々の意見が合わなくなってしまうという予想を考えてみよう。気候変動に関しては，それは人間が引き起こしたものであるという科学的に一致した意見を知らせることで，正反対のことになると相当数の研究が実際に示している。それはほとんどの人にとって，対立している世界観を相殺することになる。

　保守的な人や自由主義者は，自分が所属するグループに基づいて，それぞれが自分たちの価値観を優先するかもしれない。しかし，このことは，彼らが常にもう一方の価値観を否定的な目で見ているという意味ではない。さらに，社会の構成員を1人残らず「階層的個人主義者」か「平等的共同主義者」という次元で分類するのは，不必要に制限を大きくすることになる。これは特に，他の研究で示されている次の事実を考える際に当てはまる。つまり，バイオテクノロジーや気候変動など，特定の科学的問題に関しては，多くの様々な「大衆」が存在するのだ。たとえば，気候変動については，少なくとも6種類の異なる聴衆が確認されていて，それぞれが独自の信条や価値観や意見や行動を伴っている。注意すべきは，これらの聴衆が文化的に全く異なるものと見なされているのではなく，一般的には同じ文化の中での，異なる「解釈を持つ集団」だと考えられている点である。

　全く道理にかなったことだが，どちらの領域でも，極端に位置するような集団は，自分たちが深く抱いている価値観や信条に異議を唱えるような科学情報を拒絶しようとする意志がある。だが，大部分の中間層はどうだろうか？　2つの極端な信条を対比することで，意見が正反対になる状況は確かに「引き起こされ」うるが，これは一般大衆の描写としては正確ではなさそうである。実際，最近の研究では，科学的対極が生じるのは，たとえば特定の主義に偏ったメディアにだけ触れるなど，他の要因によるものかもしれないと主張されている。

Text III ≪気候変動危機への不安のとらえ方の政党差≫

　ピュー研究センターの新しい詳細な調査によると，気候問題に関する政治の不一致は，気候変動が起きているのかどうかや人間が一役買っているのかどうかについての考えをはるかに超えて広がっている。政党間の分裂に関しては，気候政策と気候科学についての最大の隔たりは，政治的志向

の両端部分にいる政党間にあるものである。可能性のある原因から誰が整理すべきかまで全体にわたって，自由主義的な民主党も保守的な共和党も，気候関連の問題を全く異なるレンズを通して見ている。自由主義的な民主党は，他のどの政党・イデオロギー集団にも増して，温暖化の原因について気候科学者の間で広範囲な意見の一致があることに気づいている。ほぼ全ての科学者がこの点で一致していると述べた保守的な共和党員は，自由主義的な民主党員の 55％に比べて，わずか 16％であった。

　気候問題の意見に強い影響を及ぼすことのない事柄の 1 つは，驚くべきことかもしれないが，その人の一般的な科学的知識のレベルである。調査によると，科学知識についての 9 項目の指数の点数が高かろうが，中間だろうが，低かろうが，その影響は控えめで，気候変動や気候科学者についての考え方と関連することは時々しか起こらなかった。特に，政党やイデオロギーや問題についての不安と比較すると，その影響は控えめだった。しかし，人々が気候問題について信じていることに対する科学知識の役割は様々であり，関係性が生じる場合には，その関係性は複雑なものである。

━━━━━━━━ ◀解　説▶ ━━━━━━━━

◆「設問 1 ～ 9 はテキスト I に関するものである」

▶ 1.「CCT によると，気候変動に関する私たちの考えを説明できるのは以下のうちどれか」

　a.「私たちは自分が属している集団と同じことを考える傾向がある」

　b.「私たちは権威から発信される情報を信頼していない」

　c.「私たちは科学的文献から得られた根拠をもとに結論を下す」

　d.「気候変動についての教育はいくつかの集団に制限されている」

　第 2 段第 2 文（CCT posits that …）に「CCT は，個人が社会的な危険を認識するとき，自分と同じ集団に特有の価値観と一致する認識を形成する傾向があると仮定する」と述べられている。本文の表現はやや難しいが，「社会的な危険」＝「気候変動」，「一致する認識を形成する」＝「同じことを考える」と対応させると，a はほぼ同じ内容を説明していると考えられる。よって a が正解である。

▶ 2.「SCT によると，気候変動が深刻な問題だと考えると予測されるのはどんな種類の人たちか」

　a.「科学はやりがいのある分野だと信じている人々」

　　b.「文化間の違いがわかる人々」

　　c.「自分の直感力を使って決断する人々」

　　d.「決断を下すときに努力する人々」

　第6段の内容から，SCT による予測では，気候変動を心配するのは計算能力の高い人で，そういう人はシステム2の推論を使うとわかる。前の第5段最終文（Most members of …）では，「より努力を必要とするシステム2のプロセス」と述べている。つまり，努力をする人々は気候変動を深刻にとらえるということになる。この趣旨に最も近いのはdである。

▶3.「SCT では，気候変動への不安と相関関係を最も示しやすいヌーメラシー能力は以下のうちどれか」

　　a.「統計やグラフを解釈する能力」

　　b.「高度を使って気温を計算する能力」

　　c.「降水量の総計を測定する能力」

　　d.「子供が数学の宿題をするのを手伝う能力」

　第6段第2文（Numeracy refers to …）で，ヌーメラシーとは「量的な情報を理解して利用する個人個人の能力」のことであると説明している。選択肢中で量的な情報にあたるのは，統計やグラフで示される値である。よってaが正解である。

▶4.「この文脈では，eschew(s) という語はどのような意味か」

　　a.「無視する」　　　　　　　　　b.「評価する」

　　c.「拒絶する」　　　　　　　　　d.「つなぐ」

　当該部分は，階層的個人主義的世界観を説明している部分で，「権威を持つ個人の決定に集団が干渉するのを（　　　）世界観」と述べられている。権威と社会階級を結びつける個人主義の人々のすることなので，彼らは権威を持つ個人への干渉を否定すると考えられる。この趣旨に最も近いのはcである。

▶5.「筆者の結論によると，気候変動を深刻な問題だと考えるのはどのような種類の人々か」

　　a.「科学的な情報を評価できない人々」

　　b.「素早く直感的に判断する人々」

　　c.「本質的に階層主義の人々」

　　d.「本質的に平等主義の人々」

　第 9 段第 2 文（Hierarchical individualists rated …）によると，「階層的個人主義者は，気候変動の危機を平等的共同主義者よりもかなり低く格付けした」とある。つまり，平等主義者は気候変動の危機を高く格付けしたのだと考えてよい。よって正解は d である。

▶ 6.「第 10 段で，SCT が CCT よりも支持できないことを例証するには発見が不十分なのはなぜか」

　　a.「文化的な集団の一員である点に基づいて判断する人々には，より科学的知識がある」

　　b.「権威的な地位にいる人々は，理科の教育課程について決定する人でもある」

　　c.「直感的に決断する人々は，自分が属する集団が信じていることをより受け入れやすい」

　　d.「気候変動の危機に不安を持つ人々は，商工業に，より不信感を持ちやすい」

　第 10 段の because 以下が理由である。表現が難しいが，「CCT の，自身の集団の中で信じられていることに順応するというのは，SCT では，直感的なシステム 1 に頼ることだ」という説明である。つまり，集団の信条への順応は直感に頼ることと同等なので，発見からは SCT と CCT の妥当性に優劣をつけられないということである。この趣旨に最も近いのは c である。

▶ 7.「この研究によるデータが支持しているのはどの理論か」

　　a.「SCT と CCT の両方」　　　　b.「SCT でも CCT でもない」

　　c.「CCT のみ」　　　　　　　　d.「SCT のみ」

　第 9 段第 1 文（Our data supported …）で「私たちのデータは CCT の予測を支持した」とある。SCT については，第 10 段で「SCT が CCT ほど支持できないのではない」とあるものの，第 12 段第 1 文（However, this SCT …）で「この SCT の予測も，支持されなかった」と述べられている。つまり，CCT は支持されたが SCT は支持されなかった，ということである。よって正解は c である。

▶ 8.「結果に基づくと，気候変動の危機の深刻さをより受け入れさせるための最善の方法はどれか」

　　a.「個人が必要としているものに集団が注意することの重要性を人々

に教える」

　　b ．「気候変動が引き起こす問題の個人的体験を増やす」

　　c ．「環境被害を起こしている企業を規制すると公約する政治家を選ぶ」

　　d ．「気候変動の影響を例証する教材を開発する」

　第 8 段第 4 文（In contrast, people …）に，「平等的共同的世界観」を「個人の要求に集団の注意をより大きく払うことを好む世界観」のことであると説明している。同段最終文（On this view, …）では「平等的共同主義者は階層的個人主義者よりも気候変動の危機についてより不安を抱いている」と予測しており，次の段落でこの予測は裏付けられている。よって，「平等的共同的世界観」を持つようにすることが，気候変動の深刻さを受け入れるよう促すための方法であると言える。この趣旨に最も近いのは a である。b や c に該当する内容はない。d のようにすると科学リテラシーは上がるかもしれないが，SCT の予測が否定されているので，気候変動危機の深刻さの認識が下がることはあっても上がることはない。

▶ 9．「以下の段落配置のうち，テキスト I のまとめ方を最もうまく示しているものはどれか」

　それぞれの段落の要旨は以下のようになる。

［ 1 ］「気候変動を認めない大衆の意見を説明する理論の 1 つは SCT である」

［ 2 ］「もう 1 つの理論は CCT である」

［ 3 ］「2 つの理論がもたらす説明を検証するための観察実験を行った」

［ 4 ］「SCT は科学的知識と正の相関関係があると仮定する」

［ 5 ］「SCT はさらに，推論能力とも正の相関関係があると説明している」

［ 6 ］「SCT が正しいなら，気候変動への不安はヌーメラシーと正の相関関係にあると考えられる」

［ 7 ］「科学的知識においても，ヌーメラシーにおいても，SCT の予測と矛盾する結果が出た」

［ 8 ］「CCT は個人の世界観との関連を予測した」

［ 9 ］「CCT の予測を支持するデータが出た」

［10］「観察結果は SCT と CCT の妥当性の違いを提供しているわけではない」

［11］「SCT による別の検証可能な予測が生まれる」

[12]「この予測でも SCT の説明は支持されなかった」

　以上のように要約すると，［１］，［２］，［３］が「２つの理論の提示および，観察実験を実施したことに関する導入部」，［４］，［５］，［６］，［７］が「SCT の予測とその結果」，［８］と［９］が「CCT の予測とその結果」，［10］，［11］，［12］が「結果の検証および，それに伴う SCT の別の予測とその検証結果」というまとまりになっていると考えられる。これに合致しているのは c である。

◆「設問 10〜12 はテキストⅠおよびⅡに関するものである」

▶10.「テキストⅡに基づくと，以下のうち，様々な『大衆』間の分極化を低減するのに最善な方法はどれか」

　　a.「科学者たちの間の違いを強調する」

　　b.「様々なメディアの情報源を利用するよう人々に奨励する」

　　c.「『大衆』の数を特徴づける」

　　d.「文化的価値について過激論者に教える」

　テキストⅡ第３段最終文（Indeed, recent research …）で「科学的対極が生じるのは，たとえば特定の主義に偏ったメディアにだけ触れるなど，他の要因によるものかもしれない」と述べられている。つまり，様々なメディアから情報を得るようにすれば，対極が生じる可能性が低くなる。この趣旨に最も近いのは b である。

▶11.「テキストⅠとテキストⅡの関係はどれか」

　　a.「テキストⅡはテキストⅠで提示された意見に賛同し，より支持力の強い根拠を提示している」

　　b.「テキストⅡはテキストⅠを批判し，テキストⅠでの指摘を完全に拒否している」

　　c.「テキストⅡはテキストⅠでの指摘を認めているが，他の要因も重要であると示唆している」

　　d.「テキストⅡはテキストⅠでの主張を説明し，対極にある世界観を支持している」

　テキストⅠでは，環境リスクの認識について，個人主義者であるか共同主義者であるかが認識の違いを予測する尺度になると述べられており，２つの対立を認める立場である。テキストⅡでも第２段第１文（Conservatives and liberals …）で，保守派と自由主義派の対立を一応認めている。しか

し，同文後半から最終段最終文にかけては，個人主義と共同主義は二者択一の極端な分類であり，様々な意見の大衆がいることと中間層の広さを指摘し，科学的対極の理由として別の要因の可能性があることを示唆している。この関係を説明しているのは c のみである。よって正解は c となる。

▶12.「テキストⅠの筆者とテキストⅡの筆者が反対の情報を提示しているのは，以下の指摘のうちのどれに対してか」

　　a.「科学的に一致した意見についての科学的知識あるいは素養が増えると対極化が進むのかどうか」

　　b.「階層的個人主義者と平等的共同主義者との間の考え方の違い」

　　c.「利用する推論体系の種類と引き出される結論との間の関係」

　　d.「大衆あるいは社会の数と両極端が持っている信条との間のつながり」

　　テキストⅠの第 12 段最終文（Hence, polarization …）では，「科学知識と計算能力が増すにつれて，分極性は…大きくなる」と述べられているのに対して，テキストⅡの第 1 段では「科学的コンセンサスを知ることで，対極性は中和される」と述べられている。テキストⅠは科学的素養が増えることで分極化する，テキストⅡは分極化しなくなると述べており，この 2 つは明らかに対立した考え方である。よって，a が正解である。

▶13.「テキストⅡの筆者によると，テキストⅢで述べられている保守的な共和党員と自由主義的な民主党員との間の隔たりはどうすれば埋められるか」

　　a.「様々な『大衆』が存在すると示すことによって」

　　b.「科学的に意見が一致していると強調することによって」

　　c.「全ての共同体で読み書き能力を向上させることによって」

　　d.「それぞれの集団の考え方を説明することによって」

　　テキストⅢ第 1 段より「保守的な共和党支持者」と「自由主義的な民主党支持者」は，環境問題やそれに関する科学者間のコンセンサスの認識について対立していると考えられる。テキストⅡの筆者は，第 1 段最終文（A substantial number …）で，気候変動においては科学的コンセンサスを伝えることで，対立が中和されると述べている。よって，政党員間の隔たりを埋める方法は，科学的コンセンサスを伝えることである。この趣旨に合致しているのは b である。a はテキストⅡの第 2 段後半にそういった「大衆」が存在することは示唆されているが，その存在を示すことで隔た

りが埋まるとは述べられていない。一般論としては正しいようにも思えるが，テキストⅡに則っていないので正解とは言えない。

▶14.「テキストⅢ第2段第1文と一致しているのはどの筆者の立場か」

　a．「テキストⅠの筆者のみ」

　b．「テキストⅡの筆者のみ」

　c．「テキストⅠとⅡ両方の筆者」

　d．「テキストⅠとⅡどちらの筆者も一致しない」

　テキストⅢの第2段第1文（One thing that …）は「気候問題の意見に強い影響を及ぼすことのない事柄の1つは，その人の科学的知識のレベルである」という意味である。科学的知識があろうとなかろうと意見に大した影響はないという立場である。テキストⅠについては，第7段で述べられているように，回答者の科学的知識は気候変動危機への不安と負の相関関係にあるが，その差は小さく，また，SCT が否定されていることから，科学的知識は意見に関係ないという立場だと考えられる。一方，テキストⅡでは，設問13で解説したように，科学的コンセンサスを伝えることで気候問題での対立が中和されるとしており，科学知識が増えると意見に影響すると考えられる。よって，一致するのはテキストⅠのみとなり，正解はａである。

▶15.「テキストⅠとテキストⅡの情報によると，自由主義的な民主党員とはどのような種類の人か」

　a．「システム1で判断する人」　　b．「システム2で判断する人」

　c．「階層的個人主義者」　　　　　d．「平等的共同主義者」

　テキストⅢ第1段後半より，自由主義的民主党員は環境リスクを高く見積もると考えられる。テキストⅠ第9段の内容から，環境リスクを高く見積もるのは，「平等的共同主義者」である。よって「自由主義的な民主党員」と一致するのはｄである。同段の内容から，ｃは誤り。ａとｂは SCT に関連する事柄なので無関係な分類である。

◆━◆━◆━◆━◆　●語句・構文●　━◆━◆━◆━◆━◆

テキストⅠ　（段落[1]）run out of ～「～を切らす」

（段落[2]）posit「～と仮定する」　cohere with ～「～に一致する」　第3文の one は a conflict を指す。

（段落[3]）insofar as ～「～する限りでは」

（段落[4]）assert「～ということを主張する」

（段落[5]）discrete「別々の」 visceral「直感的な」 resort to ～「～に頼る」

（段落[6]）vulnerable to ～「～の影響を受けやすい，～に負けやすい」

（段落[8]）subscribe to ～「～に賛同する」 skeptical「懐疑的な」

（段落[10]）compensate for ～「～を埋め合わせる」

テキストⅡ （第1段）substantial「相当な」 neutralize「～を相殺する」

（第3段）at large「（名詞の後で）一般の」

テキストⅢ （第1段）when it comes to ～「～に関しては」 across the board「全体にわたって」

Ⅱ 解答 1－c　2－b　3－c　4－a　5－a

◆━━━━━◆全　訳◆━━━━━◆

≪計算活動の始まり≫

　近代の，文字を持たない文化から伝わっている最も単純な真の計算活動が発生した時期は，新石器時代末期および青銅器時代初期までさかのぼる。数量を確認して管理することを目的としたこれらの活動は，対象を表す記号の体系を構造化し規格化することに基づいている。数えて計算する技術として計算活動が発生したのは，定住生活の結果だったのかもしれない。記号は，数えたり計算したりするときに1対1の対応を作るための，世代から世代へと伝えていくことのできる最も単純な道具である。農耕，動物の飼育，家庭管理の組織化は，明らかに，記号による技術を有益にし，さらにその体系的な伝承と発達を可能にする社会状況へとつながっていった。記号が「数字」ではなく物質を表している限りにおいては，そういった技術は「原始計算的な」ものであり，したがって加法や乗法のような計算活動に相当する記号変換のために使用されることはない。

　これらの技術を用いる土着文化と遭遇した初期の探検家や旅行者たちは，彼らの活動を近代的な数の見方で解釈し，そういう民族の知的能力が不十分なために原始計算術の限界が生じると考えた。文化人類学者や心理学者がこれらの思い込みに挑戦して，原始計算の活動に関わる特定の知的構造物を真剣に研究し始めたのは，ようやく20世紀前半になってからのこと

だった。

◀ 解　説 ▶

「本文を読み，１～５の７個の語を正しい順に並べ替えなさい。その後，３番目と５番目の語を含む選択肢を a ～ d から選びなさい」

▶ 1．完成すべき英文は aiming at the identification and control of である。よって３番目は the，５番目は and となり，c が正解である。

　当該文に従位接続詞も関係詞もないことから，These activities are based on … という構文であると考えられる。つまり，（　　）の部分は現在分詞による後置修飾である。aim at ～ で「～を目標とする」という意味になるので，These activities の直後に来るのは aiming at である。次に，at の目的語は identification「確認」と control「管理」が候補となるが，意味を考えれば「確認して管理する」の順になるから identification and control となる。その際，このまとまりの前に定冠詞 the がついたと考えられる。最後に of が来て quantities が続くことになる。

▶ 2．完成すべき英文は tallying techniques may have been a consequence である。よって３番目は may，５番目は been となり，b が正解である。

　直前の and は同質のものを結ぶので，counting と対応する tallying が続くと考えられる。これに続くのは techniques で，「数えて計算する技術」という意味になる。次に，述語動詞の部分を考えると，助動詞 may で始まり次に動詞の原形が続くことが予想されるが，選択肢から，ここでは have been と完了形になる。これに続く補語が a consequence となり，直後の of へと続いていく。

▶ 3．完成すべき英文は led to social conditions that made symbolic となる。よって３番目は social，５番目は that となり，c が正解である。

　この文の主語は The organization of … household administration で，副詞の apparently が続いているので，一般動詞で始まると考え，led が来る。lead to ～ で「～につながる」という意味になるので，２番目は to となる。to の目的語の候補は名詞の conditions のみだが，２つある形容詞のうちの social がこの前に置かれて「社会状況」という意味になると考えられる。残りの３語のうち，made は動詞の過去形で関係代名詞 that が主語になると考えると，その目的語が symbolic（techniques）となっ

て英文が完成する。

▶4．完成すべき英文は travelers encountering indigenous cultures using these techniques となる。よって 3 番目は indigenous，5 番目は using となり，a が正解である。

　この問題も，まず直前の and に注目すると，explorers と同質のものを結ぶので travelers が候補であることがわかる。また，後の interpreted が述語動詞であるから，encountering と using はどちらも現在分詞の後置修飾であると考えられ，その意味上の主語は encountering が（Early explorers and）travelers，using が cultures になると推測できる。最後に，encountering の目的語が indigenous cultures，using の目的語が these techniques と考えることで英文が完成する。

▶5．完成すべき英文は began to study specific mental constructions connected となる。よって 3 番目は study，5 番目は mental となり，a が正解である。

　当該文の前半に動詞の challenged があり，（　　）の中にも動詞の began があるので，空所前の and は動詞 challenged と began を結んでいると考えられる。よって began が 1 番目に来る。次に，動詞の原形 study に注目すると，これは to 不定詞で began に続いて「研究し始めた」という意味になっていると推測できる。この目的語は名詞の constructions になるが，2 つの形容詞 specific と mental はこの順番で constructions の前に置かれていると考えられる。残っている connected は直後の with を伴って「～に関わる」という意味の後置修飾語になり，英文が完成する。

◆━◆━◆━◆━◆　●語句・構文●　◆━◆━◆━◆━◆

（第 1 段）Neolithic「新石器時代の」 the Bronze Age「青銅器時代」 sedentariness「定住」

Ⅲ　解答
Section A.　1 － c　2 － b　3 － d　4 － d　5 － b　6 － d

Section B.　7 － b　8 － a

◆━━━◆全　訳◆━━━◆

Section A. ≪どのような地図が使いやすいか≫

　あらゆる模型や地図は抽象化の結果であり，ある目的のために使う方が

他の目的に使うよりも役に立つ。道路地図は私たちに，A地点からB地点まで車で行く方法を教えてくれるが，私たちが飛行機を操縦している場合にはあまり役に立たないだろう。そのような場合には，飛行場や無線標識や飛行経路や地形を強調した地図が欲しいのである。しかし，地図がなければ，私たちは迷子になってしまう。地図が詳細であればあるほど，その地図は現実をより完全に反映することになる。しかし，極度に詳細な地図は，多くの目的に対しては役に立たない。私たちがある大きな町から別の町へ主要な高速道路で行きたいと思っている場合，自動車移動とは関係のない情報を多く含んでいて，それほど重要でもない道路が大量にある複雑さのせいで主要高速道路が見失われてしまっているような地図は必要ないし，煩わしいと思うだろう。それに対して，高速道路が１つしか載っていない地図は，現実性がたくさん損なわれていて，その高速道路が大事故で封鎖されている場合に，別のルートを見つけられる可能性が制限されてしまう。つまり，私たちに必要な地図とは，現実を表現すると同時に，私たちの目的に最もかなうように簡略化されている地図なのである。

Section B.　≪骨の資料の洗浄作業≫

　［A］　骨の資料は，特に先史時代という背景においては，考古学的遺産の重要な部分であると見なされている。古代年表でこれらの資料を研究することによって，人間が最低限の生活を営むために立てていた戦略についての情報が手に入る。一方，古代の人間の行動や彼らが暮らしていた環境に光を当ててくれる古生物学や古生態学のデータも，それに加えて提供される。考古学に関する骨を研究する１つの方法は，顕微鏡でしか見えないような骨の表面の変化に焦点を当てる化石学的分析によるものである。これらの変化には，獲物の死体を処理するときにできる切り跡や叩いた跡が含まれる。それらは人間の活動の明確な指標となる。他の痕跡には，非常に様々な肉食動物がつけた歯形や，たとえば踏みつけや特定の種類の生化学的置換のような，地層堆積後の損傷による変化さえも含まれる。この非常に微細な証拠の全てが，考古学現場の研究において重要な役割を果たすのである。

　［C］　骨の表面とその変化を研究するためには，研究中の資料はまず，きれいにしなければならない。考古学の骨の資料の場合，掃除は堆積物や続成作用由来の表面の除去から成る。ほとんどの場合，骨の組成も続成作

用の過程で変化する。続成作用の過程は，骨の保存状態や力学的特徴にも影響を与える。これらの変性の１つ１つが，この遺物の掃除や研究やその後の分析に影響するのである。

　　［D］　この目的のための最も一般的な方法の１つは機械的掃除で，道具で物理的力を用いることによって物質を除去することである。機械的掃除は物質を対象物に一体化させている結合を破壊し，それによって除去可能になる。使用される道具は主として，ブラシ，綿棒，メス，パンチ，様々な歯科器具といった手のひらサイズの器具である。掃除の手順には，用いられる力の種類に応じて３つの主要な掃除法——叩く，切る，擦る——が含まれる。

　　［B］　手による掃除の手順の間に，資料の表面が誤って損なわれることがある。掃除中の事故は，骨の表面変化のような，研究のための貴重な情報を壊したり変えてしまったりすることがある。以前の研究では，掃除の処理が，考古学および古生物学の骨に引き起こす可能性がある変化の種類を評価した。また，いくつかの研究では，様々な化石の準備法における研磨手順を検証した。ヴィエストらは，自動器具によって生まれる変化を記述し，こうした変化と，典型的には肉食哺乳類によって残される跡が，同じ結果になる可能性があると述べた。フェルナンデス＝ハルボとマリン＝モンフォートは，道具と組み合わせたときにある種の溶剤が起こす，骨の表面の皮質への浸食効果の可能性を記した。同様に，マリン＝モンフォートらは，発掘や掃除の道具が考古学の骨の表面に作る変化を特徴づけようとした。それらは新しい種類の化石学上の痕跡を生み出すからである。

　　［E］　それにもかかわらず，掃除によって生じる変化を査定することには２つの大きな障害がある。まず，資料の表面に直接道具を用いても，一般的な掃除の手順と真の相似形になるわけではない。次に，資料の初めの状態がわからなければ，掃除で生じた変化を客観的に見極めることは難しい仕事である。

━━━━━◀解　説▶━━━━━

◆**Section A.**「本文を読んで，設問１〜６に対する最も適切な選択肢をａ〜ｄから選びなさい」

▶１.「空所ⅰ，ⅱ，ⅲ，ⅳのうち，冠詞『A/a』または『An/an』を補うことができるのはどれか」

　　a.「i と iv のみ」　　　　　　　　b.「ii と iii のみ」

　　c.「i，ii，iv のみ」　　　　　　　d.「i，iii，iv のみ」

　それぞれの空所の対象となる名詞は，i が（road）map，ii が map，iii が reality，iv が（extremely detailed）map である。map「地図」は普通名詞なので，単数形の場合には前に（形容詞があればさらにその前に）不定冠詞が必要であり，reality「現実」は抽象名詞なので不要である。よって c が正解である。

▶ 2.「以下のうち，2 つの空所 A に入れるのに最も適切なものはどれか」

　　a.「したがって」　　　　　　　　　b.「しかしながら」

　　c.「言い換えれば」　　　　　　　　d.「思ったとおり」

　最初の空所については，直前の 2 文の要旨が「目的に応じた地図でないとあまり役に立たない」であるのに対して，当該文の要旨が「地図がないと困る」となっている。つまり，前後を対比させているのだと考えられる。この文脈に最も適切なのは b の however である。2 番目の空所の前後も「詳しい地図ほど現実を反映する」と「極端に詳しいと役立たない」で対比になっているので，b が最適であるとわかる。

▶ 3.「以下のうち，本文で使われている secondary と同じ意味を持つものはどれか」

　　a.「一時的な」　b.「2 番目」　c.「公共の」　d.「重要でない」

　本文で述べられている secondary roads は，当該文中の the major highways「主要な高速道路」との対比として用いられている。つまり secondary は major の対義語と考えられるので，d の minor が最も適切である。

▶ 4.「以下のうち，空所 B に入れるのに最も適切なものはどれか」

　　a.「無関係な」　b.「交通手段」　c.「主要な」　d.「代わりの」

　当該部分（to find 以下）の意味は，「高速道路が大事故で封鎖されている場合に（　　）ルートを見つける」となる。つまり，高速道路を通行できない場合の「代替ルート」という意味になっていると考えられる。よって d の alternative が最も適切である。

▶ 5.「以下のうち，空所 C に入れるのに最も適切なものはどれか」

　　a.「人々」　b.「私たち」　c.「彼ら（それら）」　d.「事故」

　本文の第 2 文（（　i　）road map …）を確認すると，目的語が us，

主語が we で，以降も同じである。文末が our purposes になっている点を考えても，b の we が入ると考えるのが妥当である。

▶ 6．「以下のうち，2 つの空所 D に入れるのに最も適当なものはどれか」

a．「抽象概念」 b．「モデル」 c．「交通手段」 d．「現実」

当該部分は「（　　）を表現すると同時に簡略化もしている地図」という意味になる。第 6 文（If we wish …）で紹介されているのは，詳細すぎる地図が使いにくい場合の例であり，第 7 文（A map, on …）で紹介されているのは，簡略すぎる地図も使いにくいという例である。「詳細」や「簡略」は対象の現実の姿に対するものであるから，最も適当なのは d である。

◆Section B．「下の[A]～[E]の 5 つの段落は 1 つの節を構成しているが，正しい順序になっていない。さらに，段落[A]の(1)～(6)の 6 つの文も正しい順序になっていない。本文を読み，設問 7・8 に対する最適な選択肢を a ～ d から選びなさい」

▶ 7．「以下のうち，段落[A]にとって最適な（最も筋の通る）文の順序を示しているものはどれか」

まず冒頭の 1 文を探す。(2)の主語は，Bone materials と概括的な表現になっていて，指示語もないため何かの文を受けているのではないと思われる。また，「骨」は本文のテーマにもなっている。よって(2)が先頭になる。次に(1)の these materials は，(2)の Bone materials を受けたものであると考えられるので，(2)→(1)となる。(1)では骨の資料を研究することの意義が述べられており，(6)の One method「方法の 1 つ」は考古学的な骨の研究方法についての説明であるから，(1)→(6)となる。さらに，(3)の These modifications は(6)の文末の microscopic bone surface modifications を指していると考えられ，(6)→(3)となる。(5)の Other marks は，(3)の cut marks and percussion marks と対比させて「他の跡」と表現していると考えられるので，(3)→(5)となる。最後に，(4)の All of this microscopic evidence は，(6)，(3)，(5)で紹介されている骨の表面の変化を指しているので，(4)が最後に来てこの段落は完結する。正しい順序は(2)→(1)→(6)→(3)→(5)→(4)となり，b が正解。

▶ 8．「以下のうち，本文にとって最適な（最も筋の通る）段落の順序を示しているものはどれか」

　［A］の内容は，骨の研究というテーマを示した後で，骨の表面の変化に焦点を絞って述べており，全体の導入部になっていると考えられる。よって［A］が第 1 段落となる。導入部の後は，実際の研究方法の説明に移行したと考えられる。よって「骨の表面とその変化を研究するためには」という表現で始まっている［C］が［A］に続く第 2 段落である。

　次に，［D］の第 1 文の this purpose「この目的」が何を指しているかを考えると，当該文で mechanical cleaning と述べていることから「骨をきれいにする目的」のことであると推測できる。よって，［D］の前には，骨の掃除について述べている［C］があるはずなので，［D］は第 3 段落となる。

　［D］では掃除方法が紹介されているが，掃除の作業が資料を損傷する場合もあると述べているのが［B］であり，この 2 つの段落はつながっていると考えられる。よって［B］が第 4 段落となる。

　最後に，［E］は，掃除による変化を査定することには問題があるという内容で，冒頭が Nevertheless「それにもかかわらず」なので，その前には掃除による変化の査定が可能だという内容があるはずである。こういった内容になっているのは［B］である。掃除によって骨につく痕跡を記述し特徴づけた，ヴィエストら，フェルナンデス，マリンらの研究について言及している。よって［E］が最終段落となる。

　これらにより，正しい順序は［A］→［C］→［D］→［B］→［E］となり，a が正解である。

◆━◆━◆　●語句・構文●　◆━◆━◆━◆━◆━◆━◆

Section A. topography「地形」　the more 〜 the more …「〜であればあるほどいっそう…」　eliminate「〜を除去する」

Section B. （段落［A］）chronology「年表」　palaeobiological「古生物学の」　palaeoecological「古生態学の」

（段落［B］）palaeontological「古生物学の」　abrasive「研磨用の」

（段落［C］）diagenetic「続成作用の」

（段落［D］）swab「綿棒」　scalpel「メス」

（段落［E］）drawback「問題点，障害」

IV　解答　**Section A**.　1 － c　2 － d　3 － c　4 － b　5 － a
　　　　　　　　Section B.　6 － a　7 － c　8 － b　9 － a　10 － b

━━━━━━━━━━◆全　訳◆━━━━━━━━━━

Section A.　≪生存者バイアスとは？≫

「生存者バイアス」とは論理的誤謬のことで，これはある集団の中で特定の条件，つまり「生き残る」ことを満たした一部の集団の性質のみに基づいて結論を下し，同じ集団の他の成員（たとえば「生き残る」ことができなかった人）も同じ性質を持っていたかどうかを考慮しないときに生じる。

Section B.　≪汚染物質の社会的費用と関数によるその表現≫

水路には環境に被害を与える 2 つの汚染源（どちらも年に 100 トン放出するが，その削減費用は異なる）があると仮定する。それぞれの汚染源 i に対して，現在排出されている汚染物質の合計（EP_i）は，除去または低減された汚染物質（A_i）と残っている汚染物質（P_i）の和に等しい。社会目標は，汚染による損害額と，汚染を抑制することで損害を緩和するのにかかる費用の総額を最小にすることである。その社会目標は，汚染による損害額と，損害緩和費用を総計する関数を用いることによって決定できる。その損害緩和は，排出される汚染物質の総量に対する制限を必要とする。

$$W(P,A) = \Sigma a_i A_i^2 + d(\Sigma P_i)^2$$

ここでは，$W(P,A)$ は汚染物質によって決まる社会的費用の関数で，$a_i A_i^2$ は汚染源 i について，汚染単位 A_i を取り除くのにかかる総緩和費用，そして $d(\Sigma P_i)^2$ は，それぞれの汚染源 i に残留する汚染物質が原因となる環境被害の金銭価値である。それぞれの汚染源について，緩和費用が二次形式になっているのは簡潔さのためである。それはこういう一般的見地も反映している。それは，汚染物質をよりたくさん除去するために第 1 の方法から第 2・第 3 の方法へ移行すると，除去される汚染物質の単位当たりの費用が次第に増える割合で増大するという見方である。同様に，損害を二次関数としてモデル化したのは簡潔さのための選択だが，それは汚染物質による損害の総量は，汚染の総量に伴って次第に増える割合で増大するという一般的見解を伝えている。

この考え方は，図 1 で示されている。そこでは，a_1 が 1 ドル，a_2 が 1.5 ドル，d が 2 ドルである。汚染緩和の最適レベルは，総緩和費用と損害額の合計が最小の場所に発生する（図 1）。最適な解決には 154 トンの緩和が求められる。

━━━━━━━━◀解　説▶━━━━━━━━

◆**Section A.**「本文を読み，設問 1 ～ 5 に対して， a ～ d から最適な選択肢を選びなさい」

▶1.「以下のうち，生存者バイアスが人を誤った結論に導くのに必要かつ十分なものはどれか」

　a.「生存は生存者のみに明らかな性質によって引き起こされるはずである」

　b.「生存は非生存者のみに明らかな性質によって引き起こされるはずである」

　c.「生存者と非生存者は結論に関連した 1 つの性質の点で異なっているはずである」

　d.「生存者と非生存者は結論に関連したすべての性質の点で同一のはずである」

　生存者バイアスが誤った結論につながる必要十分条件なので，生存者バイアスによる誤った結論になっているものを選ぶことになる。本文より，生存者バイアスによる誤った結論とは，生存者のみを見て，ある性質が生存に寄与したと結論づけることである。言い換えると，ある 1 つの性質が生存という結果を生んだという（誤った）結論について，生存者と非生存者はその性質において異なるとすることなので，この趣旨に合致しているのは c である。a については，生存者にのみ（only）というには，非生存者を調べている必要があるので，生存者バイアスにならない。b は文が矛盾している。d は「すべての性質が同一」であれば，生存者と非生存者を分ける性質が存在しないので両者を分けられない。

◆「設問 2 ～ 5 は以下の追加文を参照する」

　「この点を慎重に検討してみよう。指導者層の男女格差は実際に存在する。そこでの男女格差が昇進の男女格差に関わっていることも本当である。昇進の差と，固定観念的意見の程度との間にも関連が存在する。これらの力学は，様々な状況，様々な国で例証されてきた。『指導者適性』——あるいはそれの欠落——についての固定観念は，ほとんど根拠に基づいていない。信頼できる推論を下せるほどには，指導者の地位に十分な数の女性がいないだけなのである。非常に興味深いことに，理屈の上では男性の上司の方を好む社員が女性の上司を体験すると，彼らはその

上司を低く格付けすることはない。これは 2011 年に実施された大きな調査でわかっている。上層部の女性責任者に対する偏見は私たちの心の中にある。あるいは，私の好きな組織経済学の教科書——スタンフォード大学の 2 人の経済学者，ポール = ミルグロムとジョン = ロバーツによる——から引用すればこうなる。『その思い込みがたとえ全くの事実無根であっても，これまで，それに反証するような根拠が生み出されたことはない。女性には，その思い込みが間違っていると証明する機会は決して巡ってこないからである』」

▶ 2.「本文によると，以下のうち正しいものはどれか」

Ⅰ.「女性の上司を経験したことのある社員は，その上司を男性の上司と同じように格付けする」

Ⅱ.「指導者層での男女格差は，女性に対する偏見によって引き起こされる」

Ⅲ.「我々は，女性上司について適切な判断を下せるだけの十分な経験がない」

a.「Ⅰのみ」　b.「Ⅱのみ」　c.「ⅠとⅡのみ」　d.「ⅠとⅡとⅢ」

Ⅰについては第 5 文（Interestingly enough, when …）を参照。「女性の上司を体験すると，彼らはその上司を低く格付けすることはない」とあり，Ⅰはこの趣旨と合致している。

Ⅱについては第 1 文（Let's take stock: …）を参照。「昇進の差と固定観念的意見の程度との間にも関連が存在する」とあり，ここで言う「固定観念」とは「女性に対する偏見」のことである。この文から，女性への偏見と昇進の男女格差と指導者層での男女格差が関連しているとわかる。Ⅱはこの趣旨と合致している。

Ⅲについては第 4 文（There simply are …）を参照。「信頼できる推論を下せるほどには，指導者の地位に十分な数の女性がいない」とある。Ⅲはこの趣旨に合致している。

よってⅠもⅡもⅢも正しいということになり，d が正解である。

▶ 3.「以下のうち，hardly based on evidence の言い回しで示唆されている『欠けている根拠』である可能性が最も高いものはどれか」

a.「指導者の地位にいる男性」　　b.「指導者でない地位にいる男性」

c.「指導者の地位にいる女性」　　d.「指導者でない地位にいる女性」

第 4 文（There simply are …）にあるように，「指導者の地位に十分な数の女性がいない」ので根拠は乏しいということになる。よって正解は c である。

▶ 4．「指導者適性に関する固定観念が生存者バイアスの一例を表しているのはなぜか」

　a．「優秀な管理者である男性を考慮に入れていない」

　b．「劣った管理者である男性を考慮に入れていない」

　c．「女性が優秀な管理者であると思っている男性を考慮に入れていない」

　d．「女性の上司を経験している男性を考慮に入れていない」

生存者バイアスとは，生存者の性質のみから結論を出すことで，指導者適性における生存者とは「優秀な指導者である男性」である。指導者適性の固定観念とは，「優秀な指導者になるのは男性である」という内容だと考えられるが，これが生存者バイアスの一例となるのは「優秀な指導者である男性」のみから「優秀な指導者になるのは男性である」という固定観念を導いており，非生存者が考慮されていないからである。非生存者とは「劣った指導者である男性」である。よって，非生存者について正しく表現した b が正解である。

▶ 5．「以下の例のうち，生存者バイアスを最も適切に説明しているものはどれか」

　a．「成功を収めた運動選手に，成功するためにどんな歩みをしてきたかについて尋ねること」

　b．「試された患者が全員回復したことを理由に，ある薬が効くと結論づけること」

　c．「おいしそうに見えるブドウだけを食べて，腐ったように見えるブドウは捨ててしまうこと」

　d．「ある集団の中で，より健康そうなメンバーがより生き残れそうだと結論を下すこと」

生存者バイアスとは，生存者の性質のみで結論を出すことである。a の場合，成功したという「結果」に到達した運動選手（生存者）のみを対象とし，そうでなかった者は考慮していない。これは生存者バイアスなので a が正解である。b は全員回復しており，非生存者がいないので不適。c

は「見た目」という要因で選別しているので偏見にはならず不適。d は今後の予測でしかないので，やはり生存者バイアスとは言えず不適。

◆**Section B**.「本文を読んで，設問 6 〜10 に対して最適な選択肢を a 〜d から選びなさい」

▶ 6.「本文によると，以下のうち社会目標を達成するために最小にすべきものはどれか」

　　a.「社会的費用」　　　　　　　　b.「汚染物質の除去費用」

　　c.「利用される軽減方法」　　　　d.「汚染物質排出」

　第 1 段第 3 ・ 4 文（The social objective …）で述べられているように，社会目標を達成するということは，関数 $W(P,A)$ を最小にすることである。数式の直後にある説明に「$W(P,A)$ は（汚染物質次第の）社会的費用の関数」とある。よって a を最小にすべきである。

▶ 7.「"as one moves from primary to secondary to tertiary methods to remove more of a pollutant, the cost per unit of pollutant removed increases at an increasing rate" という考え方は方程式の中でどのように反映されているか」

　　a.「環境の被害が二次式である」

　　b.「軽減費用が合計される」

　　c.「除去される汚染量が 2 乗される」

　　d.「汚染物質によって決まる関数が最小になる」

　下線部の主旨は，汚染物質がよりたくさん除去されるにつれて，汚染物質除去の費用が増すということである。下線部の前の also に着目して，さらにその前の文を確認すると「緩和費用が二次形式になっている」とあり，これは数式の $a_iA_i^2$ の部分である。at an increasing rate は「次第に増加する割合で」という意味で，増加割合が一定でなく，費用増加は指数関数的だと言っていると考えると，この二次関数の形式と対応する。A_i が表すのは除去される汚染量で，$a_iA_i^2$ はその除去費用だから，除去される汚染量を 2 乗することで費用増加のダイナミズムを表現していると言える。よって c が正解である。

▶ 8.「図 1 の最適な表題はどれか」

　　a.「水路の環境被害の費用」　　　b.「水路の汚染の社会的費用」

　　c.「汚染軽減費用の削減」　　　　d.「水路汚染の環境費用」

　図 1 は，水路汚染をどれだけ減らす場合に，社会的費用 $W(P,A)$ が最小になるのかを表している。つまり，キーワードは「社会的費用」であると言える。この語が表題に用いられているのは b なので，これが正解となる。

▶ 9 .「図 1 の実線で，矢印で示された点は何を表すか」

　a .「最適な汚染緩和にかかる費用」　　b .「汚染緩和の最小費用」

　c .「汚染損失が決定できないこと」　　d .「最小の損害額」

　実線で表されている $W(P,A)$ は汚染物質除去費用と残った汚染物質による損害の合計である。図の矢印の地点はこの合計が最小になっている。第 2 段第 2 文（The optimum level …）で説明されているように，これは最適な汚染軽減量の点で，横軸が量，縦軸は費用である。よって矢印が表しているのは a である。

▶10.「図 1 の実線 $W(P,A)$ は何を表しているか」

　a .「水路から汚染物質を全て除去することで社会に生じる費用の合計」

　b .「汚染物質の一部を除去し，残りをそのままにしておいた場合の費用の合計」

　c .「環境への被害のモデルを作る費用の合計」

　d .「環境保護を続けていくのに必要な費用の合計」

　設問 9 でも解説しているように，$W(P,A)$ は，汚染物質除去費用と残った汚染物質による損害の合計である。「残った汚染物質による損害」とは b の「残りをそのままにしておいた場合の費用」と考えてよい。よって b が最も適切である。

◆━━◆━◆　●語句・構文●　━◆━●━◆━◆━━◆

Section A.（本文）fallacy「誤った推論，誤謬」

（追加文）take stock「慎重に検討する」　thereof「それの」

Section B.（第 1 段）abatement「緩和，軽減」　function「関数」

constraint「制限」

Ⅴ　解答

Section A.　1 － b　2 － d　3 － c　4 － b　5 － b
　　　　　　　6 － a　7 － c　8 － a　9 － a　10－ c

Section B.　11－ b　12－ c　13－ b　14－ d　15－ d

━━◆解　説▶━━

◆**Section A**.「設問 1 ～ 10 には，2 つの定義がそれぞれ 1 つの例文とともに与えられている。両方の定義に合致し，両方の文の空所に合う語を考えなさい。その単語のそれぞれの文字を下の表にしたがって 1 ～ 4 の数字に変換しなさい。1 は a ～ g，2 は h ～ m，3 は n ～ s，4 は t ～ z の文字を表している。その後，合致する数字の配列を選択肢 a ～ d から選びなさい。たとえば，思いついた語が *wise* ならば，最初の文字である *w* は与えられているので，残りの文字は *i* が 2，*s* が 3，*e* が 1 に変わる。ゆえに，正しい答えは *w*231 になる」

▶1．定義と例文の意味は以下のとおり。

(i)「音楽を本来作られたのとは異なる楽器のために改作したもの：ヘビーメタルの曲を弦楽四重奏用に編曲した曲はおもしろかった」

(ii)「2 人または 2 団体間の合意：若い夫婦の生活上の合意は伝統的な親を心配させた」

　a で始まり 2 つの定義に合致する語は arrangement「(i)編曲，(ii)取り決め，合意」である。よって *a*3313112134 となり，b が正解。

▶2．定義と例文の意味は以下のとおり。

(i)「証拠で強固に支えられていること：その理論は現実に基づいていなかった」

(ii)「地面と電気的につなぐこと：実験室の設備はアースしておく必要がある」

　g で始まり 2 つの定義に合致する語は grounded「(i) (根拠に) 基づいている，(ii)アースされている」である。よって *g*3343111 となり，d が正解。

▶3．定義と例文の意味は以下のとおり。

(i)「数や価値や質が絶えず減ること：思春期から成人への移行は肉体活動の低下を伴う」

(ii)「あることをするのを礼儀正しく拒絶すること：22 歳の時に，ヘルツは，電波の存在を証明しようというヘルムホルツからの誘いを最初のうちは断った」

　d で始まり 2 つの定義に合致する語は decline「(i)低下，(ii)〜を (丁重に) 断る」である。よって *d*112231 となり，c が正解。

▶4．定義と例文の意味は以下のとおり。

(i)「人や商品を輸送するために使用されるもの：多くの研究で，発車と停止が燃料消費と乗り物の排気ガスに及ぼす影響が調査された」

(ii)「あることを達成する方法：スポーツは，生活技能を獲得するための手段と見なすことができる」

　v で始まり 2 つの定義に合致する語は vehicle「(i)乗り物，輸送手段，(ii)（目的達成の）手段」である。よって *v*122121 となり，b が正解。

▶5．定義と例文の意味は以下のとおり。

(i)「ある物体が向いている方向：平行方向を採用すると，旋回待機中の飛行機同士のやり取りは増える」

(ii)「特定の対象に対する個人の基本的な意見や反応：共通の生活様式の信条を持つ人たちは強力な社会的ネットワークを作るかもしれない」

　o で始まり 2 つの定義に合致する語は orientation「(i)方向，(ii)態度，信条」である。よって *o*3213414233 となり，b が正解。

▶6．定義と例文の意味は以下のとおり。

(i)「とても鋭い刃や先端があること：そのナイフの刃は鋭かった」

(ii)「興奮や熱望に満ちている：学生たちはその実験を始めたがっていた」

　k で始まり 2 つの定義に合致する語は keen「(i)鋭い，(ii)切望して」である。よって *k*113 となり，a が正解。

▶7．定義と例文の意味は以下のとおり。

(i)「選り抜きの，または選り好みする：サムは自分がどんな食べ物を食べるかについてはうるさい」

(ii)「他とは別のものと考えられている対象：あの特別な絵は 1785 年に描かれた」

　p で始まり 2 つの定義に合致するのは particular「(i)好みがうるさい，(ii)特別の」である。よって *p*134214213 となり，c が正解。

▶8．定義と例文の意味は以下のとおり。

(i)「皮膚がはがれてむき出しになっている；赤く腫れて，痛みのある状態：彼女の手はつらい労働ですりむけていた」

(ii)「調理も加工も精製もされていない：生魚を食べるのを拒否する人もいる」

　r で始まり 2 つの定義に合致するのは raw「(i)皮のすりむけた，(ii)生

の」である。よって $r14$ となり，a が正解。

▶9．定義と例文の意味は以下のとおり。

(i)「あるものが本当または有益であることを証明すること：そのモデルは実験での根拠によって認証されている」

(ii)「まだ廃れてもいないし失効もしていない：このチケットは年末まではまだ有効だ」

　v で始まり 2 つの定義と合致するのは valid「(i)根拠のある，(ii)有効な」である。よって $v1221$ となり，a が正解。なお，(i)は動詞で，be validated で「認証された」という意味である。

▶10．定義と例文の意味は以下のとおり。

(i)「特定の国のもの，またはその内部：太陽光パネルは国内の電力需要を軽減し，原子力発電所への依存を減らせると期待されている」

(ii)「国または家族と関係している：湿地は家庭用および商業用の水源として役立っている」

　d で始まり 2 つの定義に合致する語は domestic「(i)国内の，(ii)家庭の」である。よって $d3213421$ となり，c が正解。

◆**Section B**．「11〜15 の設問に対して，2 つの例文が与えられている。両方の文の空所に入れるのに最も適切な語を，選択肢 a 〜 d から選びなさい」

▶11．(i)「研究の実証性とは，それが（　　）な科学的方法と手順に従って実行されるということである」

(ii)「すべての子供たちについて水準を高めることへの我々の取り組みは，全く（　　）なままであろう」

　　a．「植民地の」　　　　　　　　　b．「厳密な，過酷な」

　　c．「説明の入った」　　　　　　　d．「あいまいな」

　両方の文から想像できるのは，「研究」も「水準を高める取り組み」も易しいものではないということである。そのような意味を持つ選択肢は b のみである。なお，(i)においては「厳密な」，(ii)においては「過酷な」の意味が最も適切である。よって正解は b である。

▶12．(i)「角膜は目の表面を覆っている透明な（　　）である」

(ii)「大きな音は耳の（　　）に損傷を与える可能性がある」

　　a．「アーチ形の物」　　　　　　　b．「葉」

　　c．「膜」　　　　　　　　　　　　d．「感知装置」

　(i)は「角膜」，(ii)は「鼓膜」についての記述であると推測できる。よって最も適切な選択肢は c である。b および c はあまり目にすることのない語で，難度の高い設問である。

▶13. (i)「全体にわたる解決策は，エクセルではなく，単純なテキストエディターを作ることで，それはこれらのファイルを開くための（　　）プログラムを作ることである」

(ii)「彼らはこの 3 カ月間ローンの返済をしていなかったので，銀行は彼らが（　　）であると考えた」

　　a．「残留物」　　　　　　　　b．「初期設定の，（債務などの）不履行」

　　c．「名誉毀損」　　　　　　　d．「潜在的な」

　(i)は「（コンピュータの）初期設定」，(ii)は「債務不履行」という意味で用いられていると考えられる。よって最も適切なのは b である。

▶14. (i)「1885 年，ヨーロッパの首脳がアフリカを分割するために集まり，今日まで存在している（　　）国境を作成した」

(ii)「賃料の値上げに関しては，借り手は，家主の手による（　　）取り扱いから法令で守られている」

　　a．「活気に満ちた」　　　　　　b．「合成の」

　　c．「感傷的な」　　　　　　　d．「任意の，独断的な」

　(i)の国境も(ii)の家賃の引き上げも，きちんとした理由に基づかずに一方的に決めるというイメージがある。これに最も当てはまるのは d である。

▶15. (i)「我々はお金への（　　）がどんどん大きくなっていく物質主義的時代に生きている」

(ii)「時には子供たちにコンピュータを使わせてあげてもよいですが，（　　）にならないようにしてください」

　　a．「気質，性質」　　　　　　　b．「限界，パラメーター」

　　c．「反乱，反発」　　　　　　　d．「執着，取りつかれること」

　(i)は「執着」，(ii)は「亡者，取りつかれている状態」のような意味で用いられていることがわかる。よって d が最も適切である。

◆講　評

　2023 年度も長文読解問題 1 題，中文読解問題 3 題，文法・語彙問題

1 題の計 5 題の出題で，この傾向は，ここ数年ほぼ変わらず継続している。

Ⅰの長文読解問題は，「気候変動のとらえ方の違いを科学リテラシーもしくは所属集団の価値観の観点から説明する」ことを題材にした英文。語彙も表現も難解で要旨を理解するのに苦労することが予想される。設問の内容も選択肢も難しいので，ある程度時間をかけてじっくりと取り組む必要がある。

Ⅱの読解問題は語句整序による英文完成問題。7 語を並べ替えて，3 番目と 5 番目の語の組み合わせを答えるという形式で，例年通りである。和訳がなく，前後の文脈の理解と文法・語法の知識が必要となる。

Ⅲは，地図に必要な要素に関する英文と，考古学資料となる骨に関する英文の 2 種類による読解問題である。Section A は空所補充と冠詞の有無が出題されており，標準的な難度と言える。Section B は段落および文の整序問題で，難度としては標準だが，確信できる解答にたどり着くためにはそれなりの時間を必要とする。

Ⅳの読解問題では，Section A は論理学的な英文が，Section B はグラフや数式を使った設問が出題されている。英文は難解で，設問にも難解なものが含まれる。設問数が多いので，スピーディーに答えていきたいところであるが，解答には時間を要しただろう。

Ⅴの語彙問題は，与えられたヒントをもとに単語を推測し，指示に従って綴りを答えたり選択したりする問題である。やや難しい語彙も含まれており，難度は高い。

量・難度とも，最高レベルの問題と言ってよい。90 分の試験時間で解ききるのはハードなので，傾向を熟知したうえで対策を練っておくべきである。

数学

I

◇発想◇　(1)　$(3x+2)^n=(x^2+x+1)Q_n(x)+a_nx+b_n$　……①
の両辺に $3x+2$ を掛けて，$(3x+2)^{n+1}=(x^2+x+1)Q_{n+1}(x)$
$+a_{n+1}x+b_{n+1}$ と比較する。

(2)　①に $n=1,\ 2,\ \cdots$ を代入して $a_n,\ b_n$ を 7 で割った余りがど
のような数になるかを推測し，それを数学的帰納法で示す。①の
x に適切な整数値を代入して a_n と b_n の関係式を作り，a_n と b_n
を 7 で割った余りを求める方法も考えられる。

(3)　数学的帰納法を用いる。a_k と b_k が互いに素であると仮定し
て a_{k+1} と b_{k+1} も互いに素であることを示す際，a_{k+1} と b_{k+1} の
最大公約数が 1 であることを示す方法と，背理法を用いる方法が
考えられる。

解答　(1)　$(3x+2)^n$ を x^2+x+1 で割った商を $Q_n(x)$ とすると，余り
を a_nx+b_n とおくから

$$(3x+2)^n=(x^2+x+1)Q_n(x)+a_nx+b_n \quad ……①$$

と表される。両辺に $3x+2$ を掛けて

$$
\begin{aligned}
(3x+2)^{n+1}&=(x^2+x+1)Q_n(x)(3x+2)+(a_nx+b_n)(3x+2)\\
&=(x^2+x+1)Q_n(x)(3x+2)+3a_nx^2+(2a_n+3b_n)x+2b_n\\
&=(x^2+x+1)\{(3x+2)Q_n(x)+3a_n\}\\
&\qquad\qquad +(-a_n+3b_n)x+(-3a_n+2b_n)
\end{aligned}
$$

$(3x+2)^{n+1}$ を x^2+x+1 で割った余りは $a_{n+1}x+b_{n+1}$ であるから

$$a_{n+1}x+b_{n+1}=(-a_n+3b_n)x+(-3a_n+2b_n)$$

これが x についての恒等式であるから

$$
\left.
\begin{aligned}
a_{n+1}&=-a_n+3b_n \quad ……②\\
b_{n+1}&=-3a_n+2b_n \quad ……③
\end{aligned}
\right\} \quad ……(答)
$$

(2)　$3x+2$ を x^2+x+1 で割ると，商は 0，余りは $3x+2$ であるから

$$a_1=3,\ b_1=2$$

これと②，③より

$$a_2=-a_1+3b_1=3, \quad b_2=-3a_1+2b_1=-5$$

これより，$a_n\equiv3\ (\mathrm{mod}\ 7)$，$b_n\equiv2\ (\mathrm{mod}\ 7)$ と推測する。

すべての n に対して

　　　a_n と b_n は整数で，$a_n\equiv3\ (\mathrm{mod}\ 7)$，$b_n\equiv2\ (\mathrm{mod}\ 7)$　……(∗)

が成り立つことを，数学的帰納法で示す。

[1]　$n=1$ のとき

　$a_1=3$，$b_1=2$ であるから(∗)は成り立つ。

[2]　$n=k$（k は自然数）のとき，(∗)が成り立つと仮定すると

　　　a_k と b_k は整数で，$a_k\equiv3\ (\mathrm{mod}\ 7)$，$b_k\equiv2\ (\mathrm{mod}\ 7)$

　である。②，③より

　　　$a_{k+1}=-a_k+3b_k$，$b_{k+1}=-3a_k+2b_k$

　であり，a_k と b_k は整数であるから，a_{k+1} と b_{k+1} も整数で

　　　$a_{k+1}\equiv-a_k+3b_k\equiv-3+3\cdot2\equiv3\ (\mathrm{mod}\ 7)$

　　　$b_{k+1}\equiv-3a_k+2b_k\equiv-3\cdot3+2\cdot2\equiv-5\equiv2\ (\mathrm{mod}\ 7)$

　よって，$n=k+1$ のときも(∗)は成り立つ。

[1]，[2]より，すべての n に対して $a_n\equiv3\ (\mathrm{mod}\ 7)$，$b_n\equiv2\ (\mathrm{mod}\ 7)$

であるから，a_n と b_n は 7 で割り切れない。　　　　　　　　　　（証明終）

(3)　②×2−③×3 より　　$2a_{n+1}-3b_{n+1}=7a_n$　……④

②×3−③ より　　$3a_{n+1}-b_{n+1}=7b_n$　……⑤

④，⑤より

$$a_n=\frac{2a_{n+1}-3b_{n+1}}{7}, \quad b_n=\frac{3a_{n+1}-b_{n+1}}{7} \quad ……（答）$$

次に，すべての n に対して

　　　2 つの整数 a_n と b_n は互いに素である　……(∗∗)

ことを，数学的帰納法で示す。

[1]　$n=1$ のとき

　$a_1=3$，$b_1=2$ であるから(∗∗)は成り立つ。

[2]　$n=k$（k は自然数）のとき，(∗∗)が成り立つと仮定すると

　　　a_k と b_k は互いに素である　……⑥

　a_{k+1} と b_{k+1} の最大公約数を g とおくと，(2)より a_{k+1} と b_{k+1} は素数 7

　で割り切れないから g と 7 は互いに素で

$$a_{k+1}=gA,\ b_{k+1}=gB\quad(A \text{ と } B \text{ は互いに素な整数})$$

と表される。④，⑤より

$$7a_k=2a_{k+1}-3b_{k+1},\ 7b_k=3a_{k+1}-b_{k+1}$$

であるから

$$7a_k=2gA-3gB,\ 7b_k=3gA-gB$$

すなわち

$$7a_k=g(2A-3B),\ 7b_k=g(3A-B)$$

g と 7 は互いに素であるから，g は a_k の約数かつ b_k の約数である。よって，g は a_k と b_k の公約数になり，⑥より $g=1$ である。

ゆえに，$n=k+1$ のときも（＊＊）は成り立つ。

[1]，[2]より，すべての n に対して，2 つの整数 a_n と b_n は互いに素である。　　　　　　　　　　　　　　　　　　　　　　　　　（証明終）

参考　[2]で，a_{k+1} と b_{k+1} が互いに素でないと仮定して

$$a_{k+1}=pa,\ b_{k+1}=pb\quad(p \text{ は 7 でない素数，} a \text{ と } b \text{ は整数})$$

とおくと

$$7a_k=p(2a-3b),\ 7b_k=p(3a-b)$$

p と 7 は互いに素であるから，p は a_k の約数かつ b_k の約数である。

よって，（7 でない）素数 p が a_k と b_k の公約数になり，a_k と b_k が互いに素であることに矛盾する。したがって，a_{k+1} と b_{k+1} は互いに素である，とすることもできる。

別解　⑵　〈代入法による解法〉

$3x+2$ を x^2+x+1 で割ると，商は 0，余りは $3x+2$ であるから

$$a_1=3,\ b_1=2$$

これと②，③より，すべての n に対して a_n と b_n は整数になることがわかる。さらに，$Q_1(x)=0$ で，⑴より $Q_{n+1}(x)=(3x+2)Q_n(x)+3a_n$ であるから，整数 m に対して

$$Q_1(m)=0,\ Q_{n+1}(m)=(3m+2)Q_n(m)+3a_n$$

から，すべての n に対して，m が整数のとき $Q_n(m)$ は整数である。

①に $x=2$，-3 を代入すると

$$8^n=7Q_n(x)+2a_n+b_n,\ (-7)^n=7Q_n(x)-3a_n+b_n$$

よって

$$1^n \equiv 2a_n + b_n \pmod 7, \quad 0^n \equiv -3a_n + b_n \pmod 7$$

すなわち

$$\begin{cases} 2a_n + b_n \equiv 1 \pmod 7 & \cdots\cdots(\mathcal{T}) \\ 3a_n - b_n \equiv 0 \pmod 7 & \cdots\cdots(\mathcal{A}) \end{cases}$$

(ア)＋(イ)より

$$5a_n \equiv 1 \pmod 7 \text{ であるから } 15a_n \equiv 3 \pmod 7$$

したがって　　$a_n \equiv 3 \pmod 7$　　$\cdots\cdots(\dot{\mathcal{D}})$

(ウ)と(イ)より　　$b_n \equiv 3a_n \equiv 3\cdot 3 \equiv 2 \pmod 7$　　$\cdots\cdots(\mathfrak{x})$

(ウ), (エ)より, a_n と b_n は 7 で割り切れない。

━━━━━━◀解　説▶━━━━━━

≪互いに素であることの証明, 数学的帰納法≫

　2 次式で割った余りの 1 次の係数と定数項が互いに素であることを示す問題である。

▶(1)　$(3x+2)^{n+1}$ を x^2+x+1 で割った余りは, $(a_nx+b)(3x+2)$ を x^2+x+1 で割った余りに等しい。

▶(2)　(1)の連立漸化式を用いて数学的帰納法で示す。〔解答〕では, 念のため a_n と b_n が整数であることも示した。合同式を用いると記述量が少なくてすむ。〔別解〕では, (1)の連立漸化式を用いないで, 恒等式の性質を利用し, x に適切な整数を代入して示した。ここでは, 商 $Q_n(x)$ の x に整数 m を代入したときに $Q_n(m)$ が整数であることに注意しなければならない。

▶(3)　数学的帰納法を用いて示すが, (1)の連立漸化式と, (2)の a_n と b_n が素数 7 で割り切れない, すなわち a_n と b_n の公約数が 7 と互いに素であることを利用する。

II　◆発想◆　(1)　$P_1(k)$, $P_2(k)$ は具体的に取り出す玉の色を考えて確率を求めればよい。その結果から $P_n(k)$ を推測し, 数学的帰納法で示すのがわかりやすい。赤玉を k 回取り出すときのそれぞれの回に赤玉を取り出す確率と, 黒玉を $(n-k)$ 回取り出すときのそれぞれの回に黒玉を取り出す確率を考えて $P_n(k)$ を求めることもできる。

(2)　$n \geq 3$ のとき, $k=1$, $2 \leq k \leq n-1$, $k=n$ の場合に分けて考

える。$2 \leqq k \leqq n-1$ のときは，1回目から $(k-1)$ 回目に黒玉，k 回目に赤玉，$(k+1)$ 回目から n 回目に黒玉を取り出す確率を考えて $Q_n(k)$ を求め，k が含まれていないことを確認する。

解答　(1)　(i)　1回の操作を行ったとき

赤玉を 0 回すなわち黒玉を取り出す確率は $\dfrac{1}{2}$，赤玉を 1 回取り出す確率は $\dfrac{1}{2}$ であるから

$$P_1(0) = P_1(1) = \frac{1}{2}$$

すなわち　　$P_1(k) = \dfrac{1}{2}$　$(k=0,\ 1)$　……(答)

(ii)　2回の操作を行ったとき

赤玉を 0 回すなわち黒玉を 2 回取り出す確率は

$$P_2(0) = \frac{1}{2} \cdot \frac{2}{3} = \frac{1}{3}$$

赤玉を 1 回取り出すのは，赤黒の順に取り出すときと，黒赤の順に取り出すときを考えて，確率は

$$P_2(1) = \frac{1}{2} \cdot \frac{1}{3} + \frac{1}{2} \cdot \frac{1}{3} = \frac{1}{3}$$

赤玉を 2 回取り出す確率は

$$P_2(2) = \frac{1}{2} \cdot \frac{2}{3} = \frac{1}{3}$$

よって　　$P_2(k) = \dfrac{1}{3}$　$(k=0,\ 1,\ 2)$　……(答)

(iii)　(i), (ii)より

$$P_n(k) = \frac{1}{n+1} \quad (k=0,\ 1,\ \cdots,\ n) \quad \cdots\cdots(*)$$

であると推測できる。

すべての自然数 n について，$(*)$ が成り立つことを数学的帰納法で示す。

[1]　$n=1$ のとき

(i)より $P_1(k) = \dfrac{1}{2}$ $(k=0,\ 1)$ であるから，$(*)$ は成り立つ。

［2］　$n=m$（m は自然数）のとき，（＊）が成り立つと仮定すると

$$P_m(k)=\frac{1}{m+1}\quad(k=0,\ 1,\ \cdots,\ m)\quad\cdots\cdots①$$

$n=m+1$ のときを考えると

$$P_{m+1}(0)=\frac{1}{2}\cdot\frac{2}{3}\cdot\ \cdots\ \cdot\frac{m+1}{m+2}=\frac{1}{m+2}$$

$$P_{m+1}(m+1)=\frac{1}{2}\cdot\frac{2}{3}\cdot\ \cdots\ \cdot\frac{m+1}{m+2}=\frac{1}{m+2}$$

さらに，$1\leqq k\leqq m$ に対し，$(m+1)$ 回の操作を行ったとき，赤玉をちょうど k 回取り出すのは

(A)　m 回の操作で赤玉を k 回取り出し，$(m+1)$ 回目の操作で黒玉を取り出す場合

(B)　m 回の操作で赤玉を $(k-1)$ 回取り出し，$(m+1)$ 回目の操作で赤玉を取り出す場合

で，これらの事象は互いに排反であるから

$$P_{m+1}(k)=P_m(k)\cdot\frac{(m+2)-(k+1)}{m+2}+P_m(k-1)\cdot\frac{k}{m+2}$$

$$=\frac{1}{m+1}\cdot\frac{m-k+1}{m+2}+\frac{1}{m+1}\cdot\frac{k}{m+2}\quad(①より)$$

$$=\frac{m+1}{(m+1)(m+2)}$$

$$=\frac{1}{m+2}$$

　　よって　　$P_{m+1}(k)=\frac{1}{m+2}\quad(k=0,\ 1,\ \cdots,\ m,\ m+1)$

　　したがって，$n=m+1$ のときも（＊）は成り立つ。

［1］，［2］より，すべての自然数 n について（＊）は成り立つ。

ゆえに　　$P_n(k)=\frac{1}{n+1}\quad(k=0,\ 1,\ \cdots,\ n)\quad\cdots\cdots$（答）

(2)　(ⅰ)　$n=1$ のとき　　$Q_1(1)=\frac{r}{r+b}$

(ⅱ)　$n=2$ のとき

$$Q_2(1)=\frac{r}{r+b}\cdot\frac{b}{r+b+1},\quad Q_2(2)=\frac{b}{r+b}\cdot\frac{r}{r+b+1}$$

(ⅲ)　$n \geqq 3$ のとき

$$Q_n(1) = \frac{r}{r+b} \cdot \frac{b}{r+b+1} \cdot \frac{b+1}{r+b+2} \cdot \cdots \cdot \frac{b+(n-2)}{r+b+(n-1)}$$

$$= \frac{r(b+n-2)!(r+b-1)!}{(b-1)!(r+b+n-1)!}$$

$$Q_n(n) = \frac{b}{r+b} \cdot \frac{b+1}{r+b+1} \cdot \cdots \cdot \frac{b+(n-2)}{r+b+(n-2)} \cdot \frac{r}{r+b+(n-1)}$$

$$= \frac{r(b+n-2)!(r+b-1)!}{(b-1)!(r+b+n-1)!}$$

また，$k=2,\ 3,\ \cdots,\ n-1$ に対し

$$Q_n(k) = \frac{b}{r+b} \cdot \cdots \cdot \frac{b+(k-2)}{r+b+(k-2)} \cdot \frac{r}{r+b+(k-1)} \cdot \frac{b+(k-1)}{r+b+k} \cdots$$

$$\cdot \frac{b+(n-2)}{r+b+(n-1)}$$

$$= \frac{r(b+n-2)!(r+b-1)!}{(b-1)!(r+b+n-1)!}$$

(ⅰ)〜(ⅲ)より，すべての自然数 n について

$$Q_n(k) = \frac{r(b+n-2)!(r+b-1)!}{(b-1)!(r+b+n-1)!} \quad (k=1,\ 2,\ \cdots,\ n)$$

よって，$Q_n(k)$ は k によらない。　　　　　　　　　　　　（証明終）

別解　(1)　＜それぞれの回に赤玉・黒玉を取り出す確率を考える解法＞

((ⅱ)までは〔解答〕と同じ)

$n \geqq 2$ のとき

$$P_n(0) = \frac{1}{2} \cdot \frac{2}{3} \cdot \cdots \cdot \frac{n}{n+1} = \frac{1}{n+1}$$

$$P_n(n) = \frac{1}{2} \cdot \frac{2}{3} \cdot \cdots \cdot \frac{n}{n+1} = \frac{1}{n+1}$$

また，$k=1,\ 2,\ \cdots,\ n-1$ に対し，n 回のうち $K_1,\ K_2,\ \cdots,\ K_k$ 回目に赤玉を取り出し，$B_1,\ B_2,\ \cdots,\ B_{n-k}$ 回目に黒玉を取り出すとする。ここで

$$\{K_1,\ K_2,\ \cdots,\ K_k,\ B_1,\ B_2,\ \cdots,\ B_{n-k}\} = \{1,\ 2,\ \cdots,\ n\} \quad \cdots\cdots(\mathcal{P})$$

である。

(K_i-1) 回 $(i=1,\ 2,\ \cdots,\ k)$ の操作を行ったとき，袋には (K_i+1) 個の玉が入っており，そのうち赤玉は i 個であるから，次の操作で赤玉を取り出す確率は $\dfrac{i}{K_i+1}$ である。同様に，(B_j-1) 回 $(j=1,\ 2,\ \cdots,\ n-k)$

の操作を行い，次の操作で黒玉を取り出す確率は $\dfrac{j}{B_j+1}$ である。

n 回のうち，赤玉を取り出す k 回の選び方は ${}_n\mathrm{C}_k$ 通りあるから

$$P_n(k)={}_n\mathrm{C}_k\frac{1}{K_1+1}\cdot\frac{2}{K_2+1}\cdot\cdots\cdot\frac{k}{K_k+1}\cdot\frac{1}{B_1+1}\cdot\frac{2}{B_2+1}\cdot\cdots$$
$$\cdot\frac{n-k}{B_{n-k}+1}$$

$$={}_n\mathrm{C}_k\frac{k!(n-k)!}{2\cdot3\cdot\cdots\cdot n(n+1)}\quad((\mathcal{F})\text{より})$$

$$=\frac{n!}{k!(n-k)!}\cdot\frac{k!(n-k)!}{n!(n+1)}$$

$$=\frac{1}{n+1}$$

よって，$n\geqq2$ のとき　　$P_n(k)=\dfrac{1}{n+1}$ 　$(k=0,\ 1,\ \cdots,\ n)$

これと(i)より

$$P_n(k)=\frac{1}{n+1}\quad(k=0,\ 1,\ \cdots,\ n)$$

◀ 解　説 ▶

≪取り出した玉の色と同じ色の玉を加えて取り出すときの確率≫

　ポリアの壺に関する問題。これは，初めに赤玉が r 個，黒玉が b 個入っている袋から無作為に玉を1つ取り出し，取り出した玉を袋に戻したうえで，取り出した玉と同じ色の玉を c 個袋に入れる操作を繰り返す，という設定のものである。このとき，n 回目に赤玉を取り出す確率は $\dfrac{r}{r+b}$ になる。

▶(1)　操作を1回行うと，袋の中は取り出した玉と同じ色の玉が1個増えるということである。(iii)〔2〕で，m 回の操作後の袋の中には $(m+2)$ 個の玉が入っており，そのうち赤玉は，(A)の場合 $(k+1)$ 個，(B)の場合 k 個入っていることになる。〔別解〕では，赤玉を取り出す k 回のそれぞれの確率と，黒玉を取り出す $(n-k)$ 回のそれぞれの確率を掛け合わせ，それに ${}_n\mathrm{C}_k$ を掛けて $P_n(k)$ を計算した。$K_1,\ K_2,\ \cdots,\ K_k,\ B_1,\ B_2,\ \cdots,\ B_{n-k}$ はすべて異なり，1から n のいずれかであることに注意する。

▶(2)　$k=1,\ n$ のときとそれ以外のときに分けて考えなければならない。

$2\leqq k\leqq n-1$ を満たす k が存在するのは $n\geqq3$ のときである。

Ⅲ ◆発想◆ (1) 定義域，値域に注意して，$y=e^{x-2}$ を $x=(y$ の式) の形に変形する。

(2) $x=e^{x-2}$ を解くのは難しい。$h(x)=e^{x-2}-x$ の増減を調べるのが定石である。

(3) C_1 は $y=e^x$ のグラフを x 軸方向に 2 だけ平行移動したもの，C_2 は $y=\log x$ のグラフを y 軸方向に 2 だけ平行移動したものである。(1), (2)でわかったことも含めて図示する。

(4) C_1 と C_2 が直線 $y=x$ に関して対称であることを利用して面積を求める。面積は α, β の多項式で表さなければならないので，α, β が $e^{x-2}=x$ の解であることを用いる。

解答 (1) $y=e^{x-2}$ ……①

の定義域は実数全体，値域は $y>0$ である。

①より $x-2=\log y$ すなわち $x=\log y+2$

x と y を入れ替えて $y=\log x+2$ $(x>0)$

よって，$f(x)=e^{x-2}$ の逆関数は $g(x)=\log x+2$

また，逆関数の逆関数はもとの関数であるから，$g(x)$ の逆関数は $f(x)$ である。

ゆえに，$f(x)$ と $g(x)$ はそれぞれ互いの逆関数である。 （証明終）

(2) $h(x)=f(x)-x$ とおくと

$h(x)=e^{x-2}-x$, $h'(x)=e^{x-2}-1$

であるから，$h(x)$ の増減表は右のようになる。
また，$2<e$ より

$h(0)=e^{-2}>0$

$h(4)=e^2-4>2^2-4=0$

x	$\cdots$	2	$\cdots$
$h'(x)$	$-$	0	$+$
$h(x)$	↘	-1	↗

よって，$h(x)$ は

$x\leqq2$ で単調減少，$2\leqq x$ で単調増加，$h(0)>0>h(2)$，$h(2)<0<h(4)$

であるから，方程式 $h(x)=0$ は $x<2$ と $2<x$ でそれぞれ 1 つずつ実数解をもつ。

したがって，方程式 $x=f(x)$ は異なる 2 つの実数解をもつから，直線 $y=x$ と C_1 は 2 点で交わる。　　　　　　　　　　　　　（証明終）

(3)　(1)より C_1 と C_2 は直線 $y=x$ に関して対称になり，直線 $y=x$，C_1，C_2 は右図のようになる。

(4)　α，β は $e^{x-2}=x$ の解であるから

$$e^{\alpha-2}=\alpha,\ e^{\beta-2}=\beta\ \cdots\cdots②$$

C_1 と C_2 で囲まれる図形は直線 $y=x$ に関して対称であるから，求める面積は

$$2\int_{\alpha}^{\beta}(x-e^{x-2})dx=2\left[\frac{x^2}{2}-e^{x-2}\right]_{\alpha}^{\beta}$$

$$=2\left\{\frac{1}{2}(\beta^2-\alpha^2)-(e^{\beta-2}-e^{\alpha-2})\right\}$$

$$=(\beta+\alpha)(\beta-\alpha)-2(\beta-\alpha)\quad(②より)$$

$$=\beta^2-2\beta-\alpha^2+2\alpha\ \cdots\cdots(答)$$

━━━━◀解　説▶━━━━

≪指数関数のグラフとその逆関数のグラフで囲まれる図形の面積≫

　指数関数と対数関数がそれぞれ互いに逆関数であることを利用して，2 つのグラフで囲まれる図形の面積を求める問題である。

▶(1)　関数 $y=f(x)$ の値域に含まれる任意の y の値に対して x の値がただ 1 つ定まるとき，関数 $y=f(x)$ の逆関数が存在する。また，逆関数の逆関数はもとの関数になる。

▶(2)　交点が 2 個であることを示すのであるが，交点がどの区間にあるのかもわかる範囲で述べておくとよい。$h(x)$ の区間における単調性，正負について調べればよい。$h(x)$ の定義域は実数全体で，かつ連続であることは明らかなので，〔解答〕では触れなかった。

▶(3)　$f(x)$ と $g(x)$ はそれぞれ互いに逆関数なので，C_1 と C_2 は直線 $y=x$ に関して対称である。グラフどうしの交点，グラフと座標軸の交点の座標をすべて記入すること。

▶(4)　$\log x$ を積分するより e^{x-2} を積分する方が容易。$e^{\alpha-2}$，$e^{\beta-2}$ は α，β の多項式ではないことに注意する。

Ⅳ　◇発想◇　(1)　単に計算するだけである。

(2)　αz の実部は実際に計算して求める。$(w-\alpha)\overline{(w-\alpha)}$ を求める際には，$\dfrac{\alpha z + \overline{\alpha z}}{2}$ が αz の実部になることを利用して計算を楽にする。

(3)　(2)によって w がどのような図形上にあるかがわかる。z が線分 AB 上を動くことから，w の動く範囲を調べる。図を描き，z と w の偏角に注目すれば，w の動く範囲がわかってくる。

解答　(1)　$w=\dfrac{3}{z}$ より

$z=1$ のとき　　$w=3$　……(答)

$z=\dfrac{1+\sqrt{3}\,i}{2}$ のとき

$$w=\frac{3\cdot 2}{1+\sqrt{3}\,i}=\frac{6(1-\sqrt{3}\,i)}{(1+\sqrt{3}\,i)(1-\sqrt{3}\,i)}=\frac{3(1-\sqrt{3}\,i)}{2}\quad\text{……(答)}$$

$z=\sqrt{3}\,i$ のとき

$$w=\frac{3}{\sqrt{3}\,i}=-\sqrt{3}\,i\quad\text{……(答)}$$

(2)　$\alpha z=\dfrac{3-\sqrt{3}\,i}{2}\{(1-t)+t\sqrt{3}\,i\}$

$$=\frac{\{3(1-t)+3t\}+\{3\sqrt{3}\,t-\sqrt{3}\,(1-t)\}i}{2}$$

$$=\frac{3}{2}+\frac{\sqrt{3}\,(4t-1)}{2}i$$

よって，αz の実部は　　$\dfrac{3}{2}$　……(答)

したがって $\dfrac{\alpha z+\overline{\alpha z}}{2}=\dfrac{3}{2}$ より　　$\alpha z+\overline{\alpha z}=3$　……①

また，$\alpha\overline{\alpha}=\left(\dfrac{3}{2}\right)^2+\left(-\dfrac{\sqrt{3}}{2}\right)^2=3$　……② であるから

$$(w-\alpha)\overline{(w-\alpha)}=(w-\alpha)(\overline{w}-\overline{\alpha})$$

$$= \left(\frac{3}{z} - \alpha \right)\left(\frac{3}{\overline{z}} - \overline{\alpha} \right)$$

$$= \frac{9}{z\overline{z}} - \frac{3\overline{\alpha}}{z} - \frac{3\alpha}{\overline{z}} + \alpha\overline{\alpha}$$

$$= \frac{9}{z\overline{z}} - \frac{3(\alpha z + \overline{\alpha z})}{z\overline{z}} + 3 \quad (②より)$$

$$= \frac{9}{z\overline{z}} - \frac{3 \cdot 3}{z\overline{z}} + 3 \quad (①より)$$

$$= 3 \quad \cdots\cdots③ \quad \cdots\cdots(答)$$

(3) z が線分 AB 上を動くときの条件は

$$z = (1-t) + t\sqrt{3}\, i \quad (t は実数) \quad \cdots\cdots④$$

かつ

$$0 \leqq \arg z \leqq \frac{\pi}{2} \quad \cdots\cdots⑤$$

である。

④のとき③が成り立つから $|w-\alpha|^2 = 3$

$|w-\alpha| \geqq 0$ であるから $|w-\alpha| = \sqrt{3}$

よって,点 w は点 α を中心とする半径 $\sqrt{3}$ の円周上にある。また

$$\arg w = \arg \frac{3}{z} = \arg 3 - \arg z$$

$$= -\arg z$$

であるから,⑤より

$$-\frac{\pi}{2} \leqq \arg w \leqq 0 \quad \cdots\cdots⑥$$

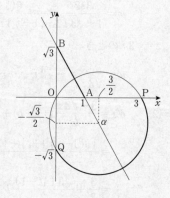

したがって,点 w は点 α を中心とする半径 $\sqrt{3}$ の円周の⑥を満たす部分(右上図の太線部分)を動くから,線分 L が通過する範囲は右下図の網かけ部分で境界線を含む。

点 α を中心とする半径 $\sqrt{3}$ の円を C,

P(3),$Q(-\sqrt{3}\, i)$ とすると,求める面積

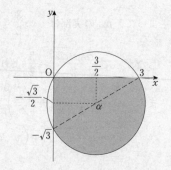

は，円 C の面積の $\dfrac{1}{2}$ と $\triangle$OPQ の面積の和であるから

$$\frac{1}{2}\pi(\sqrt{3})^2+\frac{1}{2}\cdot3\cdot\sqrt{3}=\frac{3(\sqrt{3}+\pi)}{2} \quad\cdots\cdots(答)$$

━━━■◀ 解　説 ▶■━━━

≪複素数平面上を動く点と原点を結ぶ線分の通過する範囲≫

　線分上を動く点 z に対し，$w=\dfrac{3}{z}$ で表される点 w と原点を結ぶ線分の通過する範囲を図示し，その面積を求める問題である。

▶(1)　計算結果は，(3)で w が動く範囲を確認するのに使える。

▶(2)　αz の実部を $(w-\alpha)\overline{(w-\alpha)}$ の計算に用いるのがポイントである。

▶(3)　z が線分 AB 上を動くとき，$z=(1-t)+t\sqrt{3}\,i\,(0\leqq t\leqq1)$ と表されることを確認してから，(2)の結果 $(w-\alpha)\overline{(w-\alpha)}=3$ を用いる。$0\leqq t\leqq1$ の代わりに $0\leqq\arg z\leqq\dfrac{\pi}{2}$ を用いる方がわかりやすい。$|w-\alpha|=\sqrt{3}$ と $-\dfrac{\pi}{2}\leqq\arg w\leqq0$ より，w が動いて描く図形は点 α を中心とする半径 $\sqrt{3}$ の半円弧になることがわかる。

　なお，本問は「反転（中心 O，半径 r の円 O があり，O とは異なる点 $Z(z)$ に対し，半直線 OZ 上の点 $Z'(z')$ を $OZ\cdot OZ'=r^2$ となるように定めるとき，点 Z を点 Z' に対応させることを，円 O に関する反転という）」に関連した問題である。複素数平面上では $\overline{z'}=\dfrac{r^2}{z}$ と表される。また，反転によって原点を通らない直線は原点を通る円に移ることになる。

　◆発想◆　(1)　ベクトルの内積または余弦定理を用いる。

(2)　点 P が線分 AB を $s:(1-s)$ に内分するとし，P の x 座標が h になるときの y 座標，z 座標を求める。ベクトルを用いる方法，平行線と線分の比を用いる方法が考えられる。

(3)　平面 $x=h$ 上に線分 PQ を描いて考える。点と線分の距離は，点から線分に引いた垂線の長さ，または点と線分の端点との距離の小さい（大きくない）方である。

(4)　△ABC を平面 $x=h$ で切ったときの断面積を積分する。断面は線分 PQ または点 A を x 軸のまわりに 1 回転させてできる図形であるから，円または 2 つの同心円に挟まれる図形または点になる。

解答　(1)　$\overrightarrow{AB}=(-2,\ 2,\ -2)$, $\overrightarrow{AC}=(-2,\ -4,\ -2)$ であるから

$$\overrightarrow{AB}\cdot\overrightarrow{AC}=(-2)\cdot(-2)+2\cdot(-4)+(-2)\cdot(-2)=0$$

$\overrightarrow{AB}\neq\vec{0}$, $\overrightarrow{AC}\neq\vec{0}$ であるから　　$\angle BAC=\dfrac{\pi}{2}$　……(答)

(2)　点 P は線分 AB 上の点であるから

$$\overrightarrow{OP}=(1-s)\overrightarrow{OA}+s\overrightarrow{OB}\quad(0\leq s\leq 1)$$

と表される。$\overrightarrow{OA}=(2,\ 1,\ 2)$, $\overrightarrow{OB}=(0,\ 3,\ 0)$ であるから

$$\overrightarrow{OP}=(2(1-s),\ (1-s)+3s,\ 2(1-s))$$
$$=(2-2s,\ 1+2s,\ 2-2s)\quad……①$$

P は平面 $x=h$ との交点であるから

$$2-2s=h \text{ より }\quad s=\frac{2-h}{2}\quad……②$$

$0\leq h\leq 2$ より $0\leq s\leq 1$ を満たす。

①，②より　　　$\overrightarrow{OP}=(h,\ 3-h,\ h)$

点 Q は線分 AC 上の点であるから

$$\overrightarrow{OQ}=(1-t)\overrightarrow{OA}+t\overrightarrow{OC}\quad(0\leq t\leq 1)$$

と表される。$\overrightarrow{OA}=(2,\ 1,\ 2)$, $\overrightarrow{OC}=(0,\ -3,\ 0)$ であるから

$$\overrightarrow{OQ}=(2(1-t),\ (1-t)-3t,\ 2(1-t))$$
$$=(2-2t,\ 1-4t,\ 2-2t)$$

Q は平面 $x=h$ との交点であるから

$$2-2t=h \text{ より }\quad t=\frac{2-h}{2}$$

$0\leq h\leq 2$ より $0\leq t\leq 1$ を満たす。

よって　　$\overrightarrow{OQ}=(h,\ -3+2h,\ h)$

したがって　　P$(h,\ 3-h,\ h)$, Q$(h,\ -3+2h,\ h)$　……(答)

⑶　$O_h(h,\ 0,\ 0)$，$H(h,\ 0,\ h)$ とすると，平面 $x=h$ 上において線分 PQ は下図のようになる。

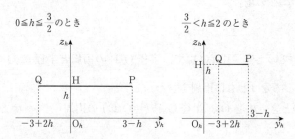

$0\leqq h\leqq\dfrac{3}{2}$ のとき　　　　　　　$\dfrac{3}{2}<h\leqq 2$ のとき

よって，点 $(h,\ 0,\ 0)$ と線分 PQ の距離は

$0\leqq h\leqq\dfrac{3}{2}$ のとき　　　$O_hH=h$

$\dfrac{3}{2}<h\leqq 2$ のとき　　　$O_hQ=\sqrt{(-3+2h)^2+h^2}=\sqrt{5h^2-12h+9}$

すなわち

$$0\leqq h\leqq\dfrac{3}{2}\text{ のとき } h,\ \dfrac{3}{2}<h\leqq 2\text{ のとき } \sqrt{5h^2-12h+9}\quad\cdots\cdots(答)$$

⑷　線分 PQ を x 軸のまわりに 1 回転させたときに，線分 PQ が通過する部分を D，その面積を S とする。

（i）　$0\leqq h\leqq\dfrac{3}{2}$ の場合

$$(3-h)^2-(-3+2h)^2=-3h^2+6h=-3h(h-2)\geqq 0$$

より　　　$(3-h)^2\geqq(-3+2h)^2$

であるから　　$|3-h|\geqq|-3+2h|$

ただし，等号は $h=0$ のとき成り立つ。

よって，D は

　　$h=0$ のとき，中心 O_h，半径 O_hP（$=3$）の円周と内部（このとき $O_hH=0$）

　　$0<h\leqq\dfrac{3}{2}$ のとき，中心 O_h で，半径 O_hP の円周と半径 O_hH の円周で挟まれる部分（ともに円周を含む）

である。

したがって

$$S=\pi(O_hP^2-O_hH^2)=\pi[\{(3-h)^2+h^2\}-h^2]=\pi(3-h)^2$$

(ii)　$\dfrac{3}{2}<h\leqq2$ の場合

D は

$\dfrac{3}{2}<h<2$ のとき，中心 O_h で，半径 O_hP の円周と半径 O_hQ の円周で

挟まれる部分（ともに円周を含む）

$h=2$ のとき，中心 O_h，半径 O_hP（$=O_hQ$）の円周

である。

よって

$$S=\pi(O_hP^2-O_hQ^2)$$
$$=\pi[\{(3-h)^2+h^2\}-\{(-3+2h)^2+h^2\}]$$
$$=\pi(-3h^2+6h)$$

これは $h=\dfrac{3}{2}$ のときも成り立つ。

(i), (ii)より，求める体積は

$$\int_0^{\frac{3}{2}}\pi(3-h)^2dh+\int_{\frac{3}{2}}^{2}\pi(-3h^2+6h)dh$$

$$=\pi\left[-\frac{1}{3}(3-h)^3\right]_0^{\frac{3}{2}}+\pi\left[-h^3+3h^2\right]_{\frac{3}{2}}^{2}$$

$$=\pi\left(-\frac{9}{8}+9\right)+\pi\left\{(-8+12)-\left(-\frac{27}{8}+\frac{27}{4}\right)\right\}$$

$$=\frac{17}{2}\pi\quad\cdots\cdots(答)$$

別解　(2)　〈平行線と線分の比を用いた解法〉

$0<h<2$ のとき，点 A, P, Q から yz 平面へ垂線 AA′, PP′, QQ′ を下ろすと

$$AA′\parallel PP′,\ AA′=2,\ PP′=h,\ QQ′=h$$

であるから

$$AB:PB=AA′:PP′=2:h,\ AC:QC=AA′:QQ′=2:h$$

よって，点 P は線分 AB を $(2-h):h$ に内分し，点 Q は線分 AC を $(2-h):h$ に内分する。

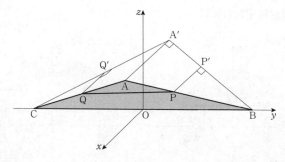

したがって

　P の座標は $\left(\dfrac{2h}{2},\ \dfrac{h+3(2-h)}{2},\ \dfrac{2h}{2}\right)$

　Q の座標は $\left(\dfrac{2h}{2},\ \dfrac{h-3(2-h)}{2},\ \dfrac{2h}{2}\right)$

すなわち

　　　$P(h,\ 3-h,\ h),\ Q(h,\ -3+2h,\ h)$

これは $h=0$, 2 のときも成り立つ。

━━━━━━━━ ◀解　説▶ ━━━━━━━━

≪三角形を回転させてできる回転体の体積≫

　空間内にある三角形を x 軸のまわりに回転させてできる回転体の体積を求める問題である。

▶(1)　余弦定理を用いてもよいが，結果が $\dfrac{\pi}{2}$ になるので，内積を計算する方が速い。

▶(2)　点 P が線分 AB 上にあることを $\overrightarrow{OP}=(1-s)\overrightarrow{OA}+s\overrightarrow{OB}\ (0\leqq s\leqq 1)$ と表すことがポイントである。

▶(3)　$0\leqq h\leqq 2$ に対し，点 P の y 座標は $3-h>0$ で，点 Q の y 座標は $0\leqq h\leqq\dfrac{3}{2}$ のとき $-3+2h\leqq 0$，$\dfrac{3}{2}<h\leqq 2$ のとき $-3+2h>0$ であることに注意する。

▶(4)　線分 PQ を x 軸のまわりに 1 回転させることは，線分 PQ を点 $O_h(h,\ 0,\ 0)$ のまわりに 1 回転させることと同じである。このとき，線分 PQ が通過する部分は，O_h を中心とし，O_h と線分 PQ 上の点の距離の最大値と最小値を半径とする 2 つの同心円に挟まれる部分で，下図の網か

け部分（境界線を含む）になる。

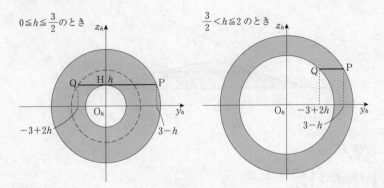

$0 \leqq h \leqq \dfrac{3}{2}$ のとき　　　　　　$\dfrac{3}{2} < h \leqq 2$ のとき

$h=0$ のとき 1 つの円，$h=2$ のとき 1 つの円周になるが，回転体の体積を求める積分計算には影響ない。

❖ **講　評**

　微・積分法を中心に，整数の性質，数列，確率，複素数平面，と頻出分野からの出題である。証明問題は 5 問で多め，図示問題は 2 問で例年並みである。

　Ⅰ　整数に関する証明に数学的帰納法を用いるもの。(1)は容易。(2)・(3)は帰納的な考察が必要である。記述量が多く，少し時間がかかる。

　Ⅱ　2 色の玉の取り出しを題材にした確率の問題。(1)の $P_n(k)$ を求めるのが本問のメインである。$P_1(k)$，$P_2(k)$ から推測し，それを証明する方法はよく出題されるので慣れておきたい。(2)は標準的な問題である。

　Ⅲ　逆関数を題材にした微・積分法の面積問題。小問に従って進めていけば解決できる，数学Ⅲとしては基本的な問題である。

　Ⅳ　複素数平面の頻出問題。これも小問に従って進めていけば解決できる問題である。(1)・(2)は計算問題。(2)で実部に注目できるかが試されている。(3)は偏角を用い，うまく説明して図示したい。

　Ⅴ　積分法と空間ベクトルの融合問題。典型問題なので，きちんと勉強していれば対応できる。記述には少し注意が必要であるが，計算量は標準的なのでミスのないようにしよう。

　2023 年度はやや難レベルの問題がなく，2022 年度に比べ易化した。

計算量も少なめで，どの問題も途中までは容易に進める。I (2)・(3)，II (1)，IV(3)，V(4)で差がつくので，関連事項や記述方法も含めてよく勉強しておくことが大切である。

物理

I　解答

(1)— g　(2)— h　(3)— a　(4)— d　(5)— f　(6)— e
(7)— c　(8)— b　(9)— h　(10)— c　(11)— g　(12)— a
(13)— d　(14)— f

◀解　説▶

≪弦を伝わる波の速さと気体を伝わる波の速さの導出≫

▶(1)　部分 L の長さは $u\Delta t$，単位長さあたりの質量は ρ であるから，質量は $\rho \cdot u\Delta t$ である。

▶(2)　合力の y 方向の成分を f_y とすると，$\sin\theta \fallingdotseq \theta$ と近似して

$$f_y = T\sin\theta \fallingdotseq T\theta$$

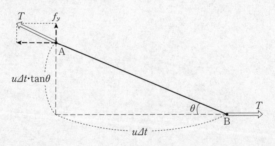

▶(3)　$\tan\theta \fallingdotseq \theta$ と近似して，点 A は Δt の間に y 方向へ

$$u\Delta t \cdot \tan\theta \fallingdotseq u\theta\Delta t$$

動くから，時刻 $t_0+\Delta t$ の瞬間の点 A の y 方向の速度成分を v_y とすると

$$v_y = \frac{u\theta\Delta t}{\Delta t} = u\theta$$

時刻 $t_0+\Delta t$ の直後は，部分 L の各点の y 方向の速度成分は点 A の y 方向の速度成分と同じであるから，$u\theta$ となる。

▶(4)　Δt の間の部分 L の運動量変化は受けた力積に等しいから，(1)～(3)の結果より

$$\rho u\Delta t \cdot v_y = f_y \cdot \Delta t$$

$$\rho u^2\theta \cdot \Delta t = T\theta \cdot \Delta t \quad \therefore \quad u = \sqrt{\frac{T}{\rho}}$$

▶(5)　部分 M にはたらく y 方向の合力の大きさを $f_y{}'$ とすると，$\sin\dfrac{\theta}{2}\fallingdotseq\dfrac{\theta}{2}$ と近似して

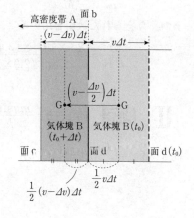

$$f_y{}'=T\sin\dfrac{\theta}{2}\times 2\fallingdotseq T\theta$$

▶(6)　部分 M の弦 CD の長さは $r\theta$ であるから，質量を $\varDelta m$ とすると

$$\varDelta m=\rho\cdot r\theta$$

▶(7)　部分 M は半径 r，速さ u の等速円運動をするから，(5)・(6)の結果より

$$\varDelta m\cdot\dfrac{u^2}{r}=f_y{}'$$

$$\rho r\theta\cdot\dfrac{u^2}{r}=T\theta \quad\therefore\quad u=\sqrt{\dfrac{T}{\rho}}$$

▶(8)　面 c と面 d の距離は $v\varDelta t$ であるから

$$V_0=S\cdot v\varDelta t \quad\therefore\quad \varDelta t=\dfrac{V_0}{Sv}$$

▶(9)　気体塊 B は，面 c が x の正方向へ $(P_0+\varDelta P)S$，面 d が x の負方向へ P_0S の力を受けるから，x 方向の合力を F とすると

$$F=(P_0+\varDelta P)S-P_0S=\varDelta P\cdot S$$

▶(10)　重心の速さは $\varDelta t$ の間に v から $v-\varDelta v$ に一定の割合で変化するから，平均の速さは $v-\dfrac{\varDelta v}{2}$ である。時刻 t_0 での重心の位置は面 d から左へ $\dfrac{v\varDelta t}{2}$ であったから，時刻 $t_0+\varDelta t$ での重心の位置は面 d から左へ

$$\left(v-\dfrac{\varDelta v}{2}\right)\varDelta t-\dfrac{v\varDelta t}{2}$$

$$=\dfrac{1}{2}(v-\varDelta v)\varDelta t$$

である。よって，面 c が x の負方向へ動いた距離は

$$2 \times \frac{1}{2}(v - \varDelta v)\varDelta t = (v - \varDelta v) \times \varDelta t$$

▶(11) 面 c と面 d の距離は $v\varDelta t$ から $(v - \varDelta v)\varDelta t$ になったから，気体塊 B の体積変化 $\varDelta V$ は

$$\varDelta V = S(v - \varDelta v)\varDelta t - Sv\varDelta t = -S\varDelta v \cdot \varDelta t$$

(8)の $\varDelta t$ を用いて

$$\varDelta V = -S\varDelta v \cdot \frac{V_0}{Sv} = -\frac{\varDelta v}{v} \times V_0$$

▶(12) (9)より

$$(\varDelta P \cdot S) \cdot \varDelta t = \rho_0 V_0 \varDelta v$$

(8)の $\varDelta t$，(11)の $\varDelta v$ を用いて

$$(\varDelta P \cdot S) \cdot \frac{V_0}{Sv} = \rho_0 V_0 \cdot \left(-\frac{v\varDelta V}{V_0} \right)$$

$$v^2 = -\frac{V_0 \varDelta P}{\rho_0 \varDelta V} \qquad \therefore \quad v = \sqrt{-\frac{V_0 \varDelta P}{\rho_0 \varDelta V}}$$

▶(13) 気体塊 B の物質量は $\dfrac{\rho_0 V_0}{M}$ であるから，状態方程式より

$$P_0 V_0 = \frac{\rho_0 V_0}{M} R T_0 \qquad \therefore \quad \frac{P_0}{\rho_0} = \frac{R T_0}{M}$$

よって

$$v^2 = \frac{\alpha P_0}{\rho_0} = \frac{\alpha R T_0}{M}$$

▶(14) 与えられた数値を用いると，(13)より

$$\alpha = \frac{M v^2}{R T_0} = \frac{2.9 \times 10^{-2} \times (3.4 \times 10^2)^2}{8.3 \times 2.9 \times 10^2} = 1.39 \fallingdotseq 1.4 = \frac{7}{5}$$

Ⅱ 解答 問 1．$b = \dfrac{mg\sin\theta}{k}$ 問 2．$V_b = a\sqrt{\dfrac{k}{m}}$

問 3．$V_x^2 = \dfrac{k}{m}(a^2 - x^2)$

〔グラフ〕

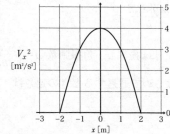

問 4 .

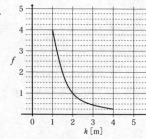

問 5 ． $V_0=\sqrt{2gh_0}$

問 6 ． $V_a=V_0+d\sqrt{\dfrac{k}{2m}}$ ， $V_b=V_0-d\sqrt{\dfrac{k}{2m}}$

問 7 ． $h_1=\dfrac{V_a{}^2}{2g}$ ， $V_1=\sqrt{2gh_0}$

問 8 ． $f=\dfrac{h_0h_1}{h^2}$ ， $V_z{}^2=\dfrac{2gH_1H_2}{h}$

問 9 ． $h_2=\sqrt{h_0h_1}$ ， $V_z{}^2=2gaR^2$

問 10.

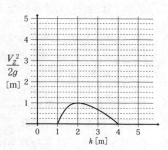

問 11. 曲面の内面にそって y 軸のまわりを回転しながら $y=h_0$ まで下降し，再び $y=h_1$ まで上昇する運動をくり返す。

━━━━━━━ ◀解　説▶ ━━━━━━━

≪斜面上のばね振り子，放物面内の円運動≫

▶問 1 ．球にはたらく重力と弾性力の斜面にそった成分のつりあいより

$$kb = mg\sin\theta \quad \therefore \quad b = \frac{mg\sin\theta}{k}$$

▶問 2．始状態を基準にすると，球は振幅 a，角振動数 $\omega = \sqrt{\dfrac{k}{m}}$ の単振動をするから，始状態の位置をはじめて通過するときの速さは

$$V_b = a\omega = a\sqrt{\frac{k}{m}}$$

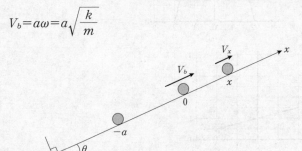

▶問 3．球は斜面にそって単振動するから，力学的エネルギー保存則より

$$\frac{1}{2}mV_x{}^2 + \frac{1}{2}kx^2 = \frac{1}{2}ka^2$$

$$\therefore \quad V_x{}^2 = \frac{k}{m}(a^2 - x^2)$$

$\dfrac{k}{m} = 1 [\mathrm{s^{-2}}]$，$a = 2 [\mathrm{m}]$ より

$$V_x{}^2 = 4 - x^2$$

よって，グラフは〔解答〕のようになる。

▶問 4．$A = -mg\sin\theta$，$B = k(b-x) = \dfrac{mg\sin\theta}{b}(b-x)$ より

$$f = \frac{|B|}{|A|} = \left| 1 - \frac{x}{b} \right|$$

よって，$b = 4 [\mathrm{m}]$，$a = 2 [\mathrm{m}]$ のとき，$-2 \leqq x \leqq 2$ であるから，f と x の関係のグラフは〔解答〕のようになる。

▶問 5．$y = h_0$ のとき，円運動の半径を r_0 とすると，$h_0 = ar_0{}^2$ である。このとき，$\tan\phi = 2ar_0$ であるから，円運動の運動方程式より

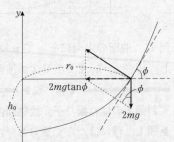

$$2m \cdot \frac{V_0{}^2}{r_0} = 2mg\tan\phi = 4mgar_0$$

$$V_0{}^2 = 2gar_0{}^2 = 2gh_0$$

$$\therefore \quad V_0 = \sqrt{2gh_0}$$

▶問6．運動量保存則より

$$2mV_0 = mV_a + mV_b$$

$$\therefore \quad V_a + V_b = 2V_0$$

力学的エネルギー保存則より

$$\frac{1}{2}mV_0{}^2 \times 2 + \frac{1}{2}kd^2 = \frac{1}{2}mV_a{}^2 + \frac{1}{2}mV_b{}^2$$

$$\therefore \quad 2V_0{}^2 + \frac{k}{m}d^2 = V_a{}^2 + V_b{}^2$$

V_b を消去して

$$2V_0{}^2 + \frac{k}{m}d^2 = V_a{}^2 + (2V_0 - V_a)^2 = 2V_a{}^2 + 4V_0{}^2 - 4V_0V_a$$

$$2V_a{}^2 - 4V_0V_a + 2V_0{}^2 = \frac{k}{m}d^2$$

$$2(V_a - V_0)^2 = \frac{k}{m}d^2 \quad \therefore \quad V_a - V_0 = \pm d\sqrt{\frac{k}{2m}}$$

$V_a > V_b$ より $V_a > V_0$, $V_b < V_0$ であるから

$$V_a = V_0 + d\sqrt{\frac{k}{2m}}, \quad V_b = 2V_0 - V_a = V_0 - d\sqrt{\frac{k}{2m}}$$

▶問7．$y = h_0,\ h_1$ のときの半径をそれぞれ $r_0,\ r_1$ とすると

$$h_0 = ar_0{}^2, \quad h_1 = ar_1{}^2$$

また，rV が一定であるから，$r_0V_a = r_1V_1$ である。よって

$$\frac{h_0}{h_1} = \frac{r_0{}^2}{r_1{}^2} = \frac{V_1{}^2}{V_a{}^2} \quad \therefore \quad h_0 = \frac{V_1{}^2}{V_a{}^2}h_1$$

力学的エネルギー保存則より

$$\frac{1}{2}mV_a{}^2 = \frac{1}{2}mV_1{}^2 + mg(h_1 - h_0)$$

$$V_a{}^2 - V_1{}^2 = 2gh_1 \cdot \frac{V_a{}^2 - V_1{}^2}{V_a{}^2} \quad \therefore \quad h_1 = \frac{V_a{}^2}{2g}$$

よって

$$V_1{}^2 = \frac{h_0}{h_1}V_a{}^2 = 2gh_0 \quad \therefore \quad V_1 = \sqrt{2gh_0}$$

▶問 8．$F_r = m\dfrac{V^2}{r}$ より

$$B = \frac{mV^2 \cos\varphi}{r}, \quad A = mg\sin\varphi$$

よって，$\tan\varphi = 2ar$，$h = ar^2$ を用いると

$$f = \frac{B}{A} = \frac{V^2}{gr\tan\varphi} = \frac{V^2}{gr \cdot 2ar} = \frac{V^2}{2gh}$$

ここで，$rV = r_1 V_1$，$h = ar^2$，$h_1 = ar_1^2$，$V_1 = \sqrt{2gh_0}$ を用いて

$$V^2 = \frac{r_1^2}{r^2} V_1^2 = \frac{h_1}{h} V_1^2 = \frac{2gh_0 h_1}{h}$$

よって　　$f = \dfrac{h_0 h_1}{h^2}$

力学的エネルギー保存則より

$$\frac{1}{2} m(V^2 + V_z^2) + mg(h - h_0) = \frac{1}{2} m V_a^2$$

$V^2 = \dfrac{2gh_0 h_1}{h}$，$V_a^2 = 2gh_1$ を用いて，$H_1 = h - h_0$，$H_2 = h_1 - h$ として

$$V_z^2 = 2g\Big(h_0 - h + h_1 - \frac{h_0 h_1}{h}\Big)$$

$$= 2g\frac{h(h_1 - h) - h_0(h_1 - h)}{h}$$

$$= 2g\frac{(h - h_0)(h_1 - h)}{h} = \frac{2gH_1 H_2}{h}$$

▶問 9．$A = B$，すなわち $f = 1$ のとき，問 8 で $h = h_2$ として

$$\frac{h_0 h_1}{h_2^2} = 1 \qquad \therefore \quad h_2 = \sqrt{h_0 h_1}$$

このとき，問 8 より

$$V_z^2 = \frac{2g(\sqrt{h_0 h_1} - h_0)(h_1 - \sqrt{h_0 h_1})}{\sqrt{h_0 h_1}}$$

$$= 2g(\sqrt{h_1} - \sqrt{h_0})(\sqrt{h_1} - \sqrt{h_0})$$

$$= 2g(\sqrt{h_1} - \sqrt{h_0})^2$$

$\sqrt{h_1} = \sqrt{a}\, r_1$，$\sqrt{h_0} = \sqrt{a}\, r_0$ より，$R = r_1 - r_0$ として

$$V_z^2 = 2ga(r_1 - r_0)^2 = 2gaR^2$$

▶問 10. $V_a=2V_0$ のとき，$V_0=\sqrt{2gh_0}$，$V_a=\sqrt{2gh_1}$ より

$\qquad h_1=4h_0$

よって，$h_0=1$〔m〕のとき

$$f=\frac{h_0 h_1}{h^2}=\frac{4}{h^2}$$

$$\frac{V_z{}^2}{2g}=\frac{(h-h_0)(h_1-h)}{h}=\frac{(h-1)(4-h)}{h}$$

$1\leqq h\leqq 4$ の間でこれらのグラフを描けば〔解答〕のようになる。

▶問 11. $y=h_1$ が最上点，$y=h_0$ が最下点となる。

Ⅲ 　解答　問 1 ．コイル 1 を貫く磁束：$\dfrac{\mu_0 N_1 S_1 \alpha}{d}t$

コイル 2 を貫く磁束：$\dfrac{\mu_0 N_1 S_1 \alpha}{d}t$

問 2 ．$-\dfrac{\mu_0 N_1 N_2 S_1 \alpha}{R_2 d}$　　問 3 ．(1)$R_1\alpha$　(2)$\dfrac{\mu_0 N_1{}^2 S_1 \alpha}{d}$

問 4 ．$\dfrac{3\mu_0 N_1{}^2 S_1 \alpha^2 T_0{}^2}{2d}-\dfrac{\mu_0{}^2 N_1{}^2 N_2{}^2 S_1{}^2 \alpha^2 T_0}{R_2 d^2}$

問 5 ．$ABa\omega_0$　　問 6 ．$I_0=\dfrac{AB\omega_0 bc}{\rho}$　　問 7 ．$\dfrac{2\pi A^2 B^2 \omega_0 abc}{\rho}$

問 8 ．(3)$\dfrac{I_0}{2T}$　(4)$-\dfrac{LI_0}{2Tr}$　(5)$-\dfrac{I_0}{T}$　(6)$\left(5+\dfrac{L}{Tr}\right)I_0$

問 9 ．時間帯〔Ⅰ〕：$-\dfrac{MI_0}{2RT}$　　時間帯〔Ⅱ〕：$\dfrac{MI_0}{RT}$

問 10．4 倍

━━━━━━━━◀解　説▶━━━━━━━━

≪2 つのコイルの自己誘導・相互誘導≫

▶問 1 ．コイル 1 の単位長さあたりの巻き数は $\dfrac{N_1}{d}$，時刻 t にコイル 1 を流れる電流は $I_1=\alpha t$ であるから，内部の磁束密度の大きさ B_1 は

$$B_1=\mu_0\cdot\frac{N_1}{d}\cdot I_1=\frac{\mu_0 N_1 \alpha}{d}t$$

よって，コイル 1 を貫く磁束 $\varPhi_1$ は 1 巻きあたり

$$\Phi_1 = B_1 S_1 = \frac{\mu_0 N_1 S_1 \alpha}{d} t$$

コイル 2 を貫く磁束 Φ_2 は，B_1 がコイル 1 の内部にしか生じていないから，1 巻きあたり

$$\Phi_2 = B_1 S_1 = \frac{\mu_0 N_1 S_1 \alpha}{d} t$$

▶問 2．コイル 2 に生じる誘導起電力の大きさを V_2 とすると，巻き数が N_2 であるから

$$V_2 = N_2 \frac{d\Phi_2}{dt} = \frac{\mu_0 N_1 N_2 S_1 \alpha}{d}$$

よって，コイル 2 を流れる電流を I_2 とすると，大きさは

$$|I_2| = \frac{V_2}{R_2} = \frac{\mu_0 N_1 N_2 S_1 \alpha}{R_2 d}$$

コイル 1 に流れる電流は図 1 で左から見て時計回りであるから，B_1 は図 1 の右向きに増加する。よって，レンツの法則よりコイル 2 は図 1 の左向きの磁束を作ろうとし，電流 I_2 の向きは図 1 で左から見て反時計回りとなるので，I_2 の符号は負である。よって

$$I_2 = -\frac{\mu_0 N_1 N_2 S_1 \alpha}{R_2 d}$$

▶問 3．コイル 1 に生じる自己誘導起電力 V_1 は，問 1 の Φ_1 を用いて

$$V_1 = -N_1 \frac{d\Phi_1}{dt} = -\frac{\mu_0 N_1{}^2 S_1 \alpha}{d}$$

キルヒホッフの第二法則より

$$V(t) + V_1 = R_1 I_1$$

$$\therefore \quad V(t) = R_1 \cdot \alpha t + \frac{\mu_0 N_1{}^2 S_1 \alpha}{d}$$

▶問 4．問 3 より $V(t) = R_1 I_1 - V_1$ であるから，電源の仕事率は

$$V(t) \cdot I_1 = R_1 I_1{}^2 - V_1 I_1$$

R_1 での消費電力は $W_1 = R_1 I_1{}^2$，R_2 での消費電力は $W_2 = R_2 I_2{}^2$ であるから，2 つのコイルに蓄えられているエネルギーの変化を ΔU とすると，問 2・問 3 より

$$\Delta U = V(t) \cdot I_1 - W_1 - W_2 = -V_1 I_1 - W_2$$

$$= \frac{\mu_0 N_1{}^2 S_1 \alpha^2}{d} t - \frac{\mu_0{}^2 N_1{}^2 N_2{}^2 S_1{}^2 \alpha^2}{R_2 d^2}$$

よって，$t = T_0$ から $t = 2T_0$ までの増加 U は

$$U = \int_{T_0}^{2T_0} \varDelta U dt = \left[\frac{\mu_0 N_1{}^2 S_1 \alpha^2}{2d} t^2 - \frac{\mu_0{}^2 N_1{}^2 N_2{}^2 S_1{}^2 \alpha^2}{R_2 d^2} t \right]_{T_0}^{2T_0}$$

$$= \frac{3\mu_0 N_1{}^2 S_1 \alpha^2 T_0{}^2}{2d} - \frac{\mu_0{}^2 N_1{}^2 N_2{}^2 S_1{}^2 \alpha^2 T_0}{R_2 d^2}$$

▶問 5．図 2 を左から見ると，「小領域」内の電子は速さ $v = A\omega_0$ で時計回りに回転し，磁束密度 B は裏から表向きであるから，ローレンツ力を円筒中心から離れる向きに受け，円筒中心に近い方が高電位になるので，起電力の符号は正である。よって，起電力を V_0 とすると

$$V_0 = vBa = ABa\omega_0$$

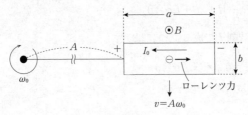

▶問 6．「小領域」の長さは a，断面積は bc であるから，抵抗値 r は

$$r = \rho \frac{a}{bc}$$

よって，電流の大きさ I_0 は

$$I_0 = \frac{V_0}{r} = \frac{AB\omega_0 bc}{\rho}$$

▶問 7．「小領域」は磁場から回転と逆向きに大きさ $F = I_0 Ba$ の力を受けるので，1 回転させるのに必要な仕事 W は

$$W = F \cdot 2\pi A = \frac{2\pi A^2 B^2 \omega_0 abc}{\rho}$$

▶問 8．図 3 より，時刻 t における ω は

$$\omega = \begin{cases} \dfrac{\omega_0}{2T} t & (0 < t < 2T) \\[2mm] \dfrac{\omega_0}{T} (5T - t) & (4T < t < 5T) \end{cases}$$

$V_0 = ABa\omega_0 = rI_0$，$V = ABa\omega$ を用いると

$$V=\begin{cases} \dfrac{rI_0}{2T}t & (0<t<2T) \\[3mm] \dfrac{rI_0}{T}(5T-t) & (4T<t<5T) \end{cases}$$

時刻 t に「小領域」を流れる電流を $I=\alpha t+\beta$ (α, β は定数) とすると，円筒の自己インダクタンスが L，抵抗が r であるから，キルヒホッフの第二法則より

$$V-L\dfrac{dI}{dt}=rI$$

よって，$0<t<2T$ の時間帯[Ⅰ]のとき

$$\dfrac{rI_0}{2T}t-L\alpha=r(\alpha t+\beta)$$

$$r\Big(\alpha-\dfrac{I_0}{2T}\Big)t+r\beta+L\alpha=0$$

これが任意の時刻 t で成り立つには

$$\alpha-\dfrac{I_0}{2T}=0, \quad r\beta+L\alpha=0$$

よって

$$\alpha=\dfrac{I_0}{2T}, \quad \beta=-\dfrac{L}{r}\alpha=-\dfrac{LI_0}{2Tr}$$

$4T<t<5T$ の時間帯[Ⅱ]のとき，同様にして

$$\dfrac{rI_0}{T}(5T-t)-L\alpha=r(\alpha t+\beta)$$

$$r\Big(\alpha+\dfrac{I_0}{T}\Big)t+r\beta+L\alpha-5rI_0=0$$

よって

$$\alpha=-\dfrac{I_0}{T}, \quad \beta=5I_0+\dfrac{LI_0}{Tr}=\Big(5+\dfrac{L}{Tr}\Big)I_0$$

▶問9．時刻 t にコイルに流れる電流を I_L とすると，円筒とコイルの相互インダクタンスが M，豆電球の抵抗が R であるから

$$RI_L=-M\dfrac{dI}{dt} \qquad \therefore \quad I_L=-\dfrac{M}{R}\dfrac{dI}{dt}$$

問8より

$$I=\begin{cases} \dfrac{I_0}{2T}t-\dfrac{LI_0}{2Tr} \quad (0<t<2T) \\[2ex] -\dfrac{I_0}{T}t+\left(5+\dfrac{L}{Tr}\right)I_0 \quad (4T<t<5T) \end{cases}$$

であるから

$$I_L=\begin{cases} -\dfrac{MI_0}{2RT} \quad (0<t<2T) \\[2ex] \dfrac{MI_0}{RT} \quad (4T<t<5T) \end{cases}$$

となる。

▶問 10. 豆電球での消費電力は $P=RI_L{}^2$ であるから，問 9 より

$$P=\begin{cases} \dfrac{M^2I_0{}^2}{4RT^2} \quad (0<t<2T) \\[2ex] \dfrac{M^2I_0{}^2}{RT^2} \quad (4T<t<5T) \end{cases}$$

よって，P が 4 倍になるから，明るさも 4 倍になる。

❖講　評

　2023 年度は 2022 年度と同様，大問 3 題，試験時間は理科 2 科目で 120 分の出題であった。出題形式も同様で，Ⅰはマークシート法による選択式，ⅡとⅢは記述式で，いずれも結果のみを答えればよい。

　Ⅰ　(1)～(4)は弦を伝わる波の速さを，パルス波の微小部分の運動量変化と受けた力積から導くという目新しいテーマであるが，問題文に従って解いていけば十分完答できる。(3)で部分 L の各点が同じ速さで動くことに注意すること。(5)～(7)はこの速さを弦の微小部分の円運動から導く方法で，(1)～(4)よりやや難しいが完答したい。(8)～(12)は気体中を伝わる縦波（音波）の速さを，やはり気体塊の運動量変化と受けた力積から導く内容で難しくはないが，(10)の面 c の移動距離が求まるかどうかで差がつくであろう。(13)・(14)は独立の内容で，気体の密度と物質量の関係がわかればよいが，類題を解いたことがないと難しく感じるかもしれない。

　Ⅱ　問 1 ～問 3 は斜面上でのばね振り子の単振動の基本で，完答しなければならない。始状態の位置（振動中心）を基準にすると，重力の位

置エネルギーは考えなくてよいことに気付けば，計算は簡単になる。問4は，ばねの弾性力は自然長の位置を基準にすることに注意する。問5は放物面の内面にそった等速円運動という難解なテーマであるが，$\tan\phi=2ax$ が与えられているので容易に解ける。問6は2物体の分裂の基本である。ここまでは完答したい。問7は $rV=$ 一定（面積速度一定）と，$y=ax^2$ を用いて力学的エネルギー保存則から求めればよい。問8～問11は難問である。問5・問7と似た内容であるが，H_1，H_2，R などで表すように変形できるかどうかで，差がつくであろう。

　Ⅲ　問1はソレノイドによる磁束で基本的であるが，コイル2を貫く磁束で断面積を S_2 としてはいけない。問2はレンツの法則をよく理解していないと間違える。問3はコイル1の自己誘導を忘れないこと。ここまでは完答したいが，電磁誘導が苦手な受験生は多いと思われる。問4は難問である。問2・問3がヒントになるが，R_1 でのジュール熱が電源のする仕事の一部と相殺されることに気が付くかどうかがポイントである。ここで差がつくであろう。問5～問10は「小領域」とコイルの自己誘導と相互誘導で前半と似たテーマであるが，設定が複雑なので手が付かなかった受験生も多いと思われる。問5～問7は解きやすいが，問8が難しい。電流を $I=\alpha t+\beta$ と置いて考えればよいが，I の時間微分が含まれるので難解である。問9・問10は問8と連動しているが，相互誘導の理解がないと答えられない。

　全体として，2023 年度はⅡの後半とⅢが難問で，2022 年度に比べて難化したと思われる。試験時間内に完答するのは難しく，ⅠとⅡの前半を確実に解き，その上で残りにチャレンジするのが得策であろう。

化学

I 解答

(1)A ―(ウ)　B ―(イ)　C ―(ウ)
(2)A ―(ア)　B ―(オ)　C ―(ア)
(3)A ―(イ)　B ―(ウ)　C ―(ア)　(4)A ―(エ)　B ―(ウ)　C ―(エ)
(5)A ―(イ)　B ―(オ)　C ―(イ)　(6)A ―(エ)　B ―(エ)　C ―(イ)
(7)A ―(エ)　B ―(オ)　C ―(ウ)　(8)A ―(エ)　B ―(ウ)　C ―(エ)
(9)A ―(エ)　B ―(ア)　C ―(オ)　(10)A ―(イ)　B ―(エ)　C ―(エ)

◀解　説▶

≪総　合≫

▶(1)　A. 同一周期では，原子番号が大きくなるにつれて原子核の正電荷が大きくなるので，最外殻電子への引力がより大きくなる。そのため原子半径はより小さくなる。一方，最外殻電子への引力がより大きくなることで，イオン化エネルギー，電子親和力および電気陰性度はより大きくなる。また，単体の融点は，金属結合のナトリウム，マグネシウム，アルミニウム，共有結合のケイ素，分子間力のリン，硫黄を比較すると，共有結合が最も強く分子間力が最も弱いと考えられるので当てはまらない。

B. ケイ素は共有結合の結晶であり，分子性物質のリン（黄リン）P_4 や硫黄（単斜硫黄，斜方硫黄）S_8 は分子内に共有結合をもつ。よって，3個の単体が共有結合を含む。なお，赤リンやゴム状硫黄はそれぞれリンや硫黄の原子の共有結合による高分子と考えられる。

C. 酸と反応（中和反応）するのは，塩基性酸化物の Na_2O，MgO および両性酸化物の Al_2O_3，さらに，SiO_2 と HF の反応も考慮すれば 4 個が正解となる。

▶(2)　A. 原子番号は陽子の数と等しい。

D・C. アルゴンとカリウムの同位体のうち ^{40}Ar と ^{39}K の存在比がそれぞれの元素の中で最も多いため，アルゴンの原子量がカリウムより大きくなる。また，$^{40}_{19}K$ は，安定な原子核へ変化するために陽子 1 個が中性子 1 個へ変化する際に電子も放出されることで $^{40}_{18}Ar$ を生成するため，原子量は変わらず，原子番号が $^{40}_{18}Ar$ より 1 増加すると考えられている。

▶(3)　A．ケイ素の単位格子中の原子は，各頂点と各面の中心，および単位格子を 8 等分した小立方体の 1 つおきの中心に存在する。よって，求める原子の数は

$$\frac{1}{8} \times 8 + \frac{1}{2} \times 6 + 4 = 8 \text{ 個}$$

B．ケイ素の結晶の密度は

$$\frac{28.1}{6.02 \times 10^{23}} \times 8 \times \frac{1}{(5.40 \times 10^{-8})^3} = 2.371 \fallingdotseq 2.37 \, [\text{g/cm}^3]$$

C．単位格子を 8 等分した小立方体の中心と頂点にある原子は接しているので，ケイ素原子の半径を $r\,[\text{cm}]$ とすると，この小立方体の対角線の長さは $4r$ に相当するから

$$4r = \sqrt{3} \times \frac{5.40 \times 10^{-8}}{2}$$

$$\therefore \quad r = 1.167 \times 10^{-8} \fallingdotseq 1.17 \times 10^{-8} \, [\text{cm}]$$

（注）　$\sqrt{3} = 1.73$ として計算した。

▶(4)　A．ジエチルエーテルの全量が気体であるとすると，40℃ での分圧は

$$1.0 \times 10^5 \times 0.40 = 4.0 \times 10^4 \, [\text{Pa}]$$

一方，ジエチルエーテルの沸点は 34℃ で，このときの蒸気圧が $1.0 \times 10^5 \, \text{Pa}$ と考えられるので，40℃ での蒸気圧はこの値よりも大きい。よって，40℃ では，ジエチルエーテルは全量が気体であり，その分圧は $4.0 \times 10^4 \, \text{Pa}$ である。

B．ジエチルエーテルが全量気体であると仮定したときの分圧 $4.0 \times 10^4 \, \text{Pa}$ は 0℃ におけるジエチルエーテルの蒸気圧 $2.5 \times 10^4 \, \text{Pa}$ よりも大きい。よって，ジエチルエーテルの分圧は 0℃ での蒸気圧 $2.5 \times 10^4 \, \text{Pa}$ に等しく，一部は液体として存在している。一方，0℃ での窒素の分圧は

$$1.0 \times 10^5 - 2.5 \times 10^4 = 7.5 \times 10^4 \, [\text{Pa}]$$

分圧は物質量に比例するので，求める気体のジエチルエーテルの物質量は

$$0.60 \times \frac{2.5 \times 10^4}{7.5 \times 10^4} = 0.20 \, [\text{mol}]$$

C．気体の合計物質量は 0.80 mol であるから，求める体積を $V\,[\text{L}]$ とす

ると

$$1.0\times10^5\times V=0.80\times8.31\times10^3\times273$$

$$\therefore\quad V=18.1\fallingdotseq18[\mathrm{L}]$$

▶(5)　A．水の電離の逆反応は中和反応である。

B・C．中和熱が正の値であるから，水の電離反応の反応熱は負の値であり，水の電離反応は吸熱反応である。よって，ルシャトリエの原理により，高温ほど水の電離反応の平衡は電離の方向へ偏るので，$[\mathrm{H^+}]$ は大きくなる。したがって，25℃ より高温では pH は 7 より小さく，低温では 7 より大きい。

▶(6)　A・B．塩素原子を 1 個含むオキソ酸には，HClO（次亜塩素酸），$\mathrm{HClO_2}$（亜塩素酸），$\mathrm{HClO_3}$（塩素酸），$\mathrm{HClO_4}$（過塩素酸）の 4 種類がある。このうち酸として最も強いのは $\mathrm{HClO_4}$ である。

C．塩素を水に溶かしたときの反応は

$$\mathrm{Cl_2+H_2O \rightleftharpoons HCl+HClO}$$

よって，このオキソ酸 HClO 中の塩素原子の酸化数を x とすると

$$(+1)+x+(-2)=0\quad\therefore\quad x=+1$$

▶(7)　油脂とは，3 価のアルコールであるグリセリン $\mathrm{C_3H_5(OH)_3}$ と高級脂肪酸 RCOOH（R は脂肪族炭化水素基）とが物質量比 1：3 で反応して生じるエステルのことである。また，けん化とは次の反応のことである。

$$\mathrm{C_3H_5(OCOR)_3+3KOH \longrightarrow C_3H_5(OH)_3+3RCOOK}$$

A．油脂のけん化における物質量比は，油脂：KOH＝1：3 であるから，この油脂の分子量を M とすると

$$\frac{427}{M}:1.50=1:3\quad\therefore\quad M=854$$

B．油脂 1 mol を KOH でけん化すると，脂肪酸のカリウム塩 3 mol とグリセリン 1 mol が生じる。

C．この脂肪酸 1 mol を構成するパルミチン酸（分子量 256）を $x[\mathrm{mol}]$，リノール酸（分子量 280）を $(3-x)[\mathrm{mol}]$ とすると，グリセリンと水の分子量はそれぞれ 92，18 であるから，この油脂の分子量について

$$92+256\times x+280\times(3-x)-18\times3=854\quad\therefore\quad x=1[\mathrm{mol}]$$

パルミチン酸は飽和脂肪酸，リノール酸は分子内に C＝C 結合を 2 つもつ不飽和脂肪酸であるから，この油脂 1 分子中には C＝C 結合が 4 つ存在す

る。よって，この油脂に水素を付加させて硬化油とするとき，油脂と水素の物質量比は，1：4 であるから，求める水素の物質量を y〔mol〕とすると

$$\frac{427}{854} : y = 1 : 4 \qquad \therefore \quad y = 2.00 \text{〔mol〕}$$

▶(8)　A．臭素水が脱色されるのは，炭素原子間の不飽和結合に臭素が付加するからであり，この不飽和結合を有する左側の 3 つの化合物が当てはまる。

B．過マンガン酸カリウムによって C=C 結合が切断され，新たに O 原子が結合する（酸化開裂）。

$$\begin{matrix} R_1 \\ R_2 \end{matrix} \!\! > \!\! C = C \!\! < \!\! \begin{matrix} R_3 \\ R_4 \end{matrix} \xrightarrow{\text{KMnO}_4} \begin{matrix} R_1 \\ R_2 \end{matrix} \!\! > \!\! C = O + O = C \!\! < \!\! \begin{matrix} R_3 \\ R_4 \end{matrix}$$

　（$R_1 \sim R_4$ は炭化水素基または水素原子）

よって，アセトン $(CH_3)_2CO$ が生じるためには，$R_1 = R_2 = CH_3$ または $R_3 = R_4 = CH_3$ が条件となり，当てはまるのは左側の 2 つである。

（注）　右から 2 番目のアルキンも過マンガン酸カリウムによって酸化開裂するが，炭化水素基が上記の条件を満たさないのでアセトンは生じない。

C．アンモニア性硝酸銀水溶液と反応（銀鏡反応）するのは，還元性を示すホルミル（アルデヒド）基 −CHO をもつ右端の化合物のみである。

▶(9)　A．㈐塩化鉄(Ⅲ)の加水分解により，$Fe(OH)_3$ を成分とする疎水コロイドが得られる。

㈗石けんは親水基の −COO⁻ を外側（水溶液側）に向けた親水コロイドのミセルを形成する。

㈚卵白はタンパク質であるから，ペプチド結合などの多数の親水基をもつ分子コロイドを形成する。

㈛デンプンは多糖類であるから，親水基であるヒドロキシ基を多数もつ分子コロイドを形成する。

㈜錯イオン $[Ag(NH_3)_2]^+$ が生成する。

B．疎水コロイドに少量の電解質を加えると凝析が生じる。

C．粘土のコロイド粒子は電気泳動で陽極側に移動するから，負に帯電している。よって，凝析によって濁りを除くには，反対電荷である正で，価数の大きいイオンをもつ硫酸アルミニウム $Al_2(SO_4)_3$ が最も適している。

▶⑽　A．酢酸鉛(Ⅱ)水溶液を加えて生じる黒色沈殿は PbS である。よって，硫黄を含むアミノ酸であるシステイン，またはメチオニンを成分とするペプチドの Cys-Gly-Met，Cys-Asp-Glu が当てはまる。

B．この呈色反応はキサントプロテイン反応であるから，ベンゼン環を含むアミノ酸であるフェニルアラニン，チロシンまたはトリプトファンを成分とするペプチドの Tyr-Lys-Ala，Phe-Ser-Gly，$\begin{array}{c}\text{Lys-Gly}\\ |\qquad|\\ \text{Ala-Trp}\end{array}$，$\begin{array}{c}\text{Phe-Asp}\\ |\qquad|\\ \text{Glu-Ser}\end{array}$ が当てはまる。

C．ニンヒドリン反応を示すのは遊離の（ペプチド結合をしていない）$-NH_2$ をもつペプチドであるから，すべての鎖状ペプチド（分子末端に $-NH_2$ と $-COOH$ をもつ），および塩基性アミノ酸（側鎖に $-NH_2$ をもつ）のリシンを成分とする環状ペプチドの $\begin{array}{c}\text{Lys-Gly}\\ |\qquad|\\ \text{Ala-Trp}\end{array}$ が当てはまる。

Ⅱ　解答

問 1．㈹

問 2．㈶，㈹

問 3．①m　②$m+\dfrac{1}{2}n$　③m　④H_2O　⑤CO_2

問 4．陽極：$2Cl^- \longrightarrow Cl_2 + 2e^-$

陰極：$2H_2O + 2e^- \longrightarrow H_2 + 2OH^-$

問 5．物質量：0.15 mol　削減率：5.3％

問 6．一酸化炭素：$Fe_2O_3 + 3CO \longrightarrow 2Fe + 3CO_2$

水素：$Fe_2O_3 + 3H_2 \longrightarrow 2Fe + 3H_2O$

問 7．0.12 mol

問 8．㈹

問 9．㈵

◀解　説▶

≪水素の検出，生成・製造，性質，反応，利用，貯蔵≫

▶問 1．㈹青色の塩化コバルト紙は水と接することで赤色に変化する。この水の成分元素である水素は試料が含んでいたと考えられる。

㈾銅の炎色反応が観察されるが，試料が塩素 Cl（またはハロゲン）を含

むことがわかる。バイルシュタイン反応という。

(イ)発生した気体は NH_3 であるので、試料が窒素 N を含むことがわかる。なお、NaOH を試料に加えているので、試料が水素 H を含むとは判断できない。

(ウ)$CaCO_3$ が沈殿するから、試料が炭素 C を含むことがわかる。

(エ)白色沈殿は AgCl であるので、試料が塩素 Cl を含むことがわかる。

(オ)黒色沈殿は PbS であるので、試料が硫黄 S を含むことがわかる。

▶問 2．(イ)・(カ)それぞれ次の反応によって水素が得られる。

$$Zn + H_2SO_4 \longrightarrow ZnSO_4 + H_2$$
$$Ca + 2H_2O \longrightarrow Ca(OH)_2 + H_2$$

(ア)過酸化水素の分解により酸素が発生する。

$$2H_2O_2 \longrightarrow 2H_2O + O_2$$

(ウ)弱塩基の遊離によりアンモニアが発生する。

$$2NH_4Cl + Ca(OH)_2 \longrightarrow CaCl_2 + 2NH_3 + 2H_2O$$

(エ)酸化還元反応で塩素が発生する。

$$MnO_2 + 4HCl \longrightarrow MnCl_2 + 2H_2O + Cl_2$$

(オ)酸化還元反応で一酸化窒素が発生する。

$$3Cu + 8HNO_3 \longrightarrow 3Cu(NO_3)_2 + 2NO + 4H_2O$$

▶問 3．①～③について

・炭素原子数の保存から③は m である。

・よって、酸素原子数の保存から①は m である。

・②を x とすると、水素原子数の保存の関係から

$$n + 2m = 2x \qquad \therefore \quad x = \frac{1}{2}n + m$$

④・⑤について、水蒸気と一酸化炭素の反応から水素が生じていると考えられるので、反応式は

$$H_2O + CO \longrightarrow CO_2 + H_2$$

▶問 4．陽極では酸化反応、陰極では還元反応が生じる。水溶液中ではナトリウムイオンは還元されずに水が還元される。

▶問 5．1 mol の混合ガスに含まれる水素の物質量を x〔mol〕とすると

$$890 \times (1-x) + 286 \times x = 800 \qquad \therefore \quad x = 0.149 \fallingdotseq 0.15 〔mol〕$$

800 kJ の熱量を得るために必要な水素添加前の都市ガスの物質量は

$\dfrac{800}{890}$ mol であるから，このガスの燃焼で発生する二酸化炭素も $\dfrac{800}{890}$ mol

である。一方，水素を添加した混合ガス 1 mol から発生する二酸化炭素は，

$(1-0.149)$ mol であるから，求める削減率は

$$\dfrac{\dfrac{800}{890}-(1-0.149)}{\dfrac{800}{890}}\times100=5.32\fallingdotseq5.3〔\%〕$$

▶問 7．この燃料電池の負極での反応は $H_2 \longrightarrow 2H^+ + 2e^-$ であるから，

消費された水素の物質量は

$$\dfrac{80\times5\times60}{9.65\times10^4}\times\dfrac{1}{2}=0.124\fallingdotseq0.12〔mol〕$$

▶問 8．700 km 走るために必要な水素の質量は，$\dfrac{700}{120}$ kg であるから，

これを 100 L のタンクに入れるときの圧力 $P〔Pa〕$ は

$$P\times100=\dfrac{700}{120}\times10^3\times\dfrac{1}{2.0}\times8.31\times10^3\times293$$

$$\therefore\quad P=7.10\times10^7〔Pa〕$$

よって，約 700 倍となる。

▶問 9．(a)標準状態における水素の密度は

$$\dfrac{2.0\times10^{-3}}{22.4\times10^{-3}}=8.92\times10^{-2}〔kg/m^3〕$$

液体水素ではその体積が $\dfrac{1}{800}$ になるので，その密度は

$$8.92\times10^{-2}\times800=71.3〔kg/m^3〕$$

(b)水素とトルエンの反応は

$$3H_2+C_6H_5CH_3 \longrightarrow C_6H_{11}CH_3$$

メチルシクロヘキサン $C_6H_{11}CH_3$ の分子量は 98 で，そのうち付加した水素の式量は 6.0 であるから，液体のメチルシクロヘキサン中の付加した水素の密度は

$$770\times\dfrac{6.0}{98}=47.1〔kg/m^3〕$$

（注）　メチルシクロヘキサン中のすべての水素原子を H_2 として取り出すことはできない。

(c)アンモニアの分子量は 17 で，そのうちの水素の式量は 3.0 であるから，液体アンモニア中の水素の密度は

$$690 \times \frac{3.0}{17} = 121 [\mathrm{kg/m^3}]$$

以上より，貯蔵できる水素の密度は　　　(c)＞(a)＞(b)

Ⅲ　解答

問 1．$C_9H_8O_4$

問 2．アセチルサリチル酸

問 3．(ア)

問 4．$Al(OH)_3 + 3HCl \longrightarrow AlCl_3 + 3H_2O$

$Al(OH)_3 + NaOH \longrightarrow Na[Al(OH)_4]$

問 5．65 %

問 6．9 種類

問 7．

問 8．

問 9．

◀解　説▶

≪解熱鎮痛剤の含有率と芳香族化合物の異性体≫

▶問 1．化合物 A の完全燃焼の反応式は

$$A + 9O_2 \longrightarrow 9CO_2 + 4H_2O$$

A の分子式を $C_xH_yO_z$ とすると

・C 原子の保存より　　$x = 9$

・H 原子の保存より　　$y = 8$

・O 原子の保存より

$$z+18=18+4 \quad \therefore \quad z=4$$

以上よりAの分子式は　　$C_9H_8O_4$

(注)　反応式の右辺にC，H，O 以外の原子が存在しないので，Aの分子式にはC，H，O 以外の原子が含まれる可能性がない。

▶問2．リード文から化合物Aについて次のことがわかる。

　⑴解熱鎮痛作用がある。

　⑵炭酸水素ナトリウムとの反応からカルボキシ基を含む。

　⑶加水分解によってフェノール性ヒドロキシ基をもつ化合物が生成する。

分子式を加味して，Aはアセチルサリチル酸だと推測できる。

▶問3．化合物Bは，塩酸や過剰な水酸化ナトリウム水溶液に溶けることから両性水酸化物であり，さらにアンモニア水には溶けないことから水酸化亜鉛ではないことがわかるので，水酸化アルミニウム $Al(OH)_3$ である。

▶問4．水酸化アルミニウムは両性水酸化物であるから，塩酸と水酸化ナトリウム水溶液の両方と中和反応を生じる。

▶問5．化合物A（アセチルサリチル酸）は過剰量の水酸化ナトリウム水溶液と加熱すると，次式のように加水分解と中和反応が起こる。

また，化合物B（水酸化アルミニウム）は過剰量の水酸化ナトリウム水溶液とは，次式のように錯塩を生成する。

$$Al(OH)_3+NaOH \longrightarrow Na[Al(OH)_4]$$

次にフェノールフタレインを指示薬として，塩酸で中和滴定すると，次の反応が起こる。

（注）　フェノールフタレインの変色域（pH 8.0〜9.8）では，炭酸より弱い酸であるフェノール性ヒドロキシ基のナトリウム塩は，H^+ を受け取り，フェノール性ヒドロキシ基に変化する（弱酸の遊離）。一方，炭酸より強い酸であるカルボキシ基のナトリウム塩は，H^+ を受け取らず，−COONa のままで存在する。

テトラヒドロキシドアルミン酸ナトリウムは，弱塩基性では分解して水酸化アルミニウムに変化する。

$$Na[Al(OH)_4] + HCl \longrightarrow Al(OH)_3 + NaCl + H_2O$$

この反応によって，$Na[Al(OH)_4]$ は元の $Al(OH)_3$ に戻ったので，中和滴定には影響しなかったことになる（題意にもかなう）。

したがって，化合物 A は次式のように 2 価の酸として水酸化ナトリウム水溶液と反応したことになる。

また，0.50 mol/L 水酸化ナトリウム水溶液 10.0 mL は，本来ならば，0.50 mol/L 塩酸 10.0 mL と過不足なく中和する。しかし実際には，空気中の CO_2 を吸収したことにより 0.50 mol/L 水酸化ナトリウム水溶液 9.00 mL 相当分の働きをしたことになる。

よって化合物 A と反応したのは，0.50 mol/L 水酸化ナトリウム水溶液 (9.00−3.20) mL であり，求めるアセチルサリチル酸の物質量を x [mol] とすると

$$2x = 0.50 \times \frac{9.00 - 3.20}{1000} \quad \therefore \quad x = 1.45 \times 10^{-3} \text{[mol]}$$

市販薬 0.40 g 中のアセチルサリチル酸（分子量 180）の質量パーセントは

$$\frac{1.45 \times 10^{-3} \times 180}{0.40} \times 100 = 65.2 \fallingdotseq 65 \text{[％]}$$

▶問 6．ベンゼンの二置換体における 2 つの置換基を X と Y とすると，全体の化学式は

$$C_8H_{10}O - C_6H_4 = C_2H_6O$$

したがって，X と Y の組み合わせは次の 3 通りである。

	X	Y
(1)	$-OH$	$-C_2H_5$
(2)	$-OCH_3$	$-CH_3$
(3)	$-CH_2OH$	$-CH_3$

(1)～(3)にはそれぞれ o-, m-, p-の異性体があるので，構造異性体の種類は9種類である。

▶問7．一置換体の置換基の化学式は，C_2H_5O である。この構造式は次のように考えることができる。

(1)アルコール：$-CH_2-CH_2-OH$　　　$-CH(OH)-CH_3$

(2)エーテル：$-O-CH_2-CH_3$　　　$-CH_2-O-CH_3$

▶問8．化合物Dは，アセチルサリチル酸（化合物A）と化合物Cによるエステルと考えられる。よって，Cはアルコールである。また，Cを酸化して得られる化合物Eは銀鏡反応を示さない（Eはアルデヒドではなくケトン）から，Cは次の第二級アルコールである。

したがって，Dの構造式は次のとおりである。

▶問9．問8の〔解説〕より，Cを酸化すると次のようにEが得られる。

❖講　評

　試験時間は2科目で120分と例年と変わりなく，大問数も3題と変化がなかった。問題のレベルは2022年度よりやや易化した。また，理論・無機・有機とバランスよく出題されていた。計算問題では，計算が容易なように数値に配慮がなされている場合が多い。近年の傾向として，リード文や問題文で説明を付した目新しい法則，数式，反応式を与えて，

その理解を前提とする出題が見られる。

　Ⅰ　例年通り小問集合形式の総合問題であった。内容的に難しい問題は少ないが，時間的に厳しいので，計算問題を後に回して短時間で解答できる選択問題から始めるのがよいだろう。(3)は，与えられたケイ素の結晶の単位格子から密度と原子の半径を計算する問題で，単位格子の構造をしっかり理解する必要があったが，ダイヤモンドと同じであることを知っていると有利であった。(4)は，問題集の例題にも見られる混合気体の全圧と温度，蒸気圧さらには物質量に関する問題で，練習を積んでいれば見通しをもって取り組むことができた。(5)は，水の電離平衡と反応熱との関係から pH と温度の関係が問われたが，目新しさに戸惑うことなくルシャトリエの原理を当てはめることができれば解答可能であった。(7)は，けん化と水素化の関係から油脂の構成を求めるもので，きちんと計算することで正解に至る標準的な問題であった。(8)は，教科書の参考などで扱う過マンガン酸カリウムによる C=C 結合の酸化開裂の問題で戸惑ったかもしれない。(10)は，ペプチドを構成するアミノ酸の特徴を理解していないと解答は難しかったであろう。取り上げられた各反応に対応する構造や成分は知っていても，具体的なアミノ酸名と結びつけることを困難に感じたかもしれない。(1)・(2)・(6)・(9)あたりで確実に得点しておきたい。

　Ⅱ　理論と無機に関する設問で構成されていたが，テーマとしては水素が取り上げられた。問 1 は水素の検出反応で高校までの既習知識であったと思われるが，より深い原理的な理解を求めているとも考えられた。問 2 は実験室的水素発生の基本的な問題であった。問 3 は水素の工業的製法の問題で目新しかったが，解答は容易であったと思われる。問 4 は教科書で扱われている基本的な問題であった。問 5 は出題意図をしっかり理解する必要があり，それをもとに論理的思考を展開しなければならなかった。問 6・問 7 は基本的な問題であったが，鉄鉱石の水素還元や燃料電池の水素消費量など今日的要素を含んでいた。このようなことへの興味関心が問題の理解を通じて解答を助けたかもしれない。問 8 は気体の水素を物質量ではなく質量で扱うところに戸惑ったかもしれない。さらに，燃料電池による自動車の走行距離という普段あまり考えない内容を扱うことに思考が混乱したかもしれない。問 9 は化合物として水素

を貯蔵する場合の水素としての換算をどうすればよいかということで混乱したかもしれない。特にメチルシクロヘキサンの場合は，すべての水素原子が水素として取り出せるわけではないことに気づく必要があった。

Ⅲ　解熱鎮痛剤として用いられている市販薬の成分に関する実験を中心とする問題であった。問1は解熱鎮痛剤の主成分の分子式を決める問題であり，これが正解できないとそれ以降の設問への解答は困難を極めることになっただろう。基本的な問題であるから落ち着いて取り組めばよかった。問2はリード文から読み取れる内容に加えて，これまでの学習からある程度の見当をつけるとよい。問3・問4は無機に関する問題であるが基本的な内容であった。なお，問3はリード文ではなく，与えられた選択肢から解答を考える方法で対応したい。問5はやや難の出題であった。NaOH の濃度を評価する必要があり，HCl での滴定によってどのような反応が生じ，または生じないかを考察しなければならなかった。弱酸の遊離がどのような条件で生じるかの理解が求められたが，その前段の化合物 A と NaOH との反応だけでも困難を来したかもしれない。問6・問7は与えられた条件をもとに場合分けをして考えればよかった。ただ，問6ではベンゼン環における位置異性体に気づく必要があった。問8・問9では化合物 C がアルコール，化合物 D がエステルであるだろうと気づくことがポイントであった。

生物

I　**解答**　問 1．K^+（カリウムイオン）

問 2．内側

問 3．(ア)　理由：神経細胞 C，D は興奮性シナプス後電位を，神経細胞 E は抑制性シナプス後電位を神経細胞 B に生じさせる。神経細胞 C，D，E が同時に興奮すると，神経細胞 C と E，または神経細胞 D と E が同時に興奮した場合と比べて多くの興奮性シナプス後電位が神経細胞 B に発生するため，これらが加算されると，膜電位の変化が神経細胞 B の閾値を超え，活動電位を発する。

問 4．(エ)　理由：神経細胞 C の軸索末端では，電位依存性カルシウムチャネルが開くことにより細胞内へ Ca^{2+} が流入することで神経伝達物質が放出される。細胞外液中の Ca^{2+} を取り除くと，電位依存性カルシウムチャネルが開いても細胞内に Ca^{2+} が流入しないため，神経伝達物質が放出されず，神経細胞 B では膜電位が変化しない。

問 5．(あ)左心室　(い)右心房　(う)右心室　(え)左心房

(お)洞房結節（ペースメーカー）

問 6．動脈血：肺静脈，大動脈

静脈血：肺動脈，大静脈

問 7．心拍数は，交感神経を興奮させると増加し，副交感神経を興奮させると減少する。したがって，洞房結節における膜電位の変化が速くなる(B)が交感神経を，膜電位の変化が遅くなる(C)が副交感神経をそれぞれ興奮させたときの電位変化である。

問 8．血液量：$(120-50)\times\dfrac{60}{0.75}=5600$〔mL〕

時間：$6.16\div5.6=1.1$ 分（$=66$ 秒）

問 9．①—(エ)　②—(ア)　③—(ウ)　④—(イ)

問 10．⑤—(キ)　⑥—(カ)　⑦—(オ)　⑧—(ク)

問 11．大動脈弁は大動脈から左心室への血液の逆流を，房室弁は心室から心房への血液の逆流をそれぞれ防ぐ。

問 12.　①　交感神経を興奮させると，洞房結節で発生する活動電位の頻度が増加して心拍数が増加するので，図 5 (B)の曲線を一周する速度は速くなる。

②　図 5 (B)の曲線では，左心室容量の最大値が大きく，最小値が小さいので，交感神経を興奮させたときの 1 回の排出量は図 5 (A)の曲線と比べると増加する。

③　交感神経を興奮させると，1 回の心拍の速度が上昇して単位時間当たりの拍動数が増加し，また，1 回の排出量が増加するので，単位時間当たりの排出量は増加する。

問 13.　排出量：図 5 (C)の曲線では，左心室容量の最大値と最小値の差が図 5 (A)と比べて小さいので，1 回の排出量は減少する。

運動機能の違い：図 5 (C)の曲線では，図 5 (A)の曲線と比べて左心室容量が大きく，排出量が少ないので，左心室が拡張しており，収縮力が低下している。

問 14.　肺胞における酸素ヘモグロビンのうち，組織で酸素を解離する酸素ヘモグロビンの割合は，図 6 A の曲線では

$$\frac{90-60}{90} \times 100 \fallingdotseq 33 [\%]$$

図 6 B の曲線では

$$\frac{80-30}{80} \times 100 \fallingdotseq 62.5 [\%]$$

問 15.　呼吸によって血液中の二酸化炭素濃度が上昇し，図 6 B のような曲線をとるようになることで，ヘモグロビンが酸素を解離しやすくなるため，組織に供給できる酸素量が増加する。

問 16.　胎児がもつヘモグロビンは，母親がもつヘモグロビンよりも酸素親和性が高いため，酸素濃度の低い母親の胎盤で酸素を受け取って酸素ヘモグロビンになることができる。

問 17.　二酸化炭素を体外に十分に排泄できない場合，血液中の二酸化炭素濃度が上昇して血液の pH が低下するため，酸素解離曲線は図 6 B の方向に移動すると考えられる。

■ ◀解 説▶ ■

≪シナプス後電位，血液循環，自律神経，左心室圧－容量曲線，酸素解離曲線≫

▶問 3．表 1 より，神経細胞 C と神経細胞 D は，神経細胞 B との間に興奮性シナプスを形成しており（図 3 (ア)），神経細胞 E は，神経細胞 B との間に抑制性シナプスを形成している（図 3 (ウ)）ことがわかる。神経細胞 C（または神経細胞 D）と神経細胞 E のように，神経細胞 B に 1 つの神経細胞からの興奮性シナプス後電位と 1 つの神経細胞からの抑制性シナプス後電位を生じさせると，これが加算されて閾値付近まで膜電位が上昇する（図 3 (イ)）。したがって，神経細胞 C，D，E から神経細胞 B に 2 つの神経細胞からの興奮性シナプス後電位と 1 つの神経細胞からの抑制性シナプス後電位を生じさせると，図 3 (イ)よりも膜電位が上昇して閾値を超え，活動電位を発すると考えられる。

▶問 8．左心室容量が 120 mL から 50 mL に減少することから，1 回の拍動で左心室から 120−50＝70〔mL〕の血液が大動脈に送り出される。また，1 回の拍動に要する時間は 0.75 秒であるので，1 分間（60 秒）の拍動回数は 60÷0.75＝80 回である。したがって，1 分間に左心室から送り出される血液量は

$$70×80＝5600〔mL〕＝5.6〔L〕$$

心臓からは 1 分間に 5.6 L が送り出されるので，全身の血液が 6.16 L である場合，全身に血液が回る，すなわち全身の血液が心臓から送り出されるのに要する時間は

$$6.16÷5.6＝1.1 分（＝66 秒）$$

▶問 9・問 10．左心室の心筋が収縮し始めると，最初は左心室容量は変わらずに左心室内圧が上昇する。この時期は，等容量性収縮期と呼ばれる。左心室内圧が大動脈内圧を上回ると，大動脈弁が開いて血液が全身へと送り出され，左心室容量が減少する。この時期は，心室拍出期と呼ばれる。血液が左心室から流出し終えると，大動脈弁が閉じて左心室の心筋が弛緩し始め，最初は左心室容量は変わらずに左心室内圧が低下する。この時期は，等容量性弛緩期と呼ばれる。左心室内圧が左心房内圧を下回ると，房室弁が開いて血液が左心房から左心室へと流入し，左心室容量が増加する。この時期は，心室充満期と呼ばれる。血液が左心室へ流入し終えると，房

室弁が閉じて，等容量性収縮期へと戻る。

▶問 15.　酸素解離曲線は，二酸化炭素濃度が高いとき，pH が低いとき，温度が高いときに，右側へ移動する。したがって，血液中の二酸化炭素濃度の上昇や解糖により生じた乳酸によって pH が低下することや，運動によって体温が上昇することなどを理由としてもよいであろう。

Ⅱ　解答

問 1．㈎マトリックス　㈠アセチル CoA　㈢細胞内共生（共生）

問 2．核 DNA は線状であり，mtDNA は環状である。

問 3．臓器または組織の名称：脳，骨格筋，心臓，肝臓など
理由：多くの ATP を必要とするため。

問 4．異常なタンパク質を指定する遺伝子が核 DNA にある場合は両親から，mtDNA にある場合は母親のみから伝わる。

問 5．タンパク質がもつシグナル配列のはたらきで，ミトコンドリアに運ばれる。

問 6．細胞内に核は 1 個しかないが，ミトコンドリアは多数存在するため，核 DNA より mtDNA の方が分子数が多い。

問 7．右図。理由：半数の mtDNA から 300bp，残り半数の mtDNA から 200bp の DNA 断片が増幅されるため。

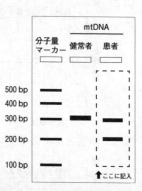

──────◀解　説▶──────

≪呼吸，ミトコンドリア，PCR，電気泳動≫

▶問 2．核 DNA はヒストンと結合しているが，mtDNA はヒストンと結合していないという特徴もある。

▶問 4．精子のもつミトコンドリアは，受精の際，卵内に進入すると分解されてしまうため，細胞のもつミトコンドリアはすべて母親に由来する。

▶問 5．特定の細胞小器官に局在するタンパク質は，シグナル配列と呼ばれる短いペプチド配列をもつ。

▶問 6．PCR の増幅効率は，核 DNA を鋳型とした場合と mtDNA を鋳型とした場合では同程度であることから，試料溶液中に鋳型となった

mtDNA の方が多く含まれていたと考えられる。

▶問 7. 設問文に「100 bp の欠損は患者の mtDNA の半数が有している
ものとする」とあることから，300−100＝200 bp の DNA 断片と 300 bp
の DNA 断片が同程度，増幅されると考えられる。

Ⅲ **解答**　問 1. 最大速度：ほぼすべての酵素が基質と結合して酵
素−基質複合体を形成し，酵素−基質複合体の濃度が最
大となったため。

相互作用：K_m の値は酵素 A が最も小さく，酵素 B と酵素 C は同程度で
ある。K_m の値が小さいほど基質との相互作用は大きいので，基質との相
互作用は酵素 A が最も大きく，酵素 B と酵素 C は同程度である。

式：$k_{cat-B}=2k_{cat-C}$

問 2.

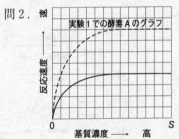

問 3. 阻害名称：競争的阻害

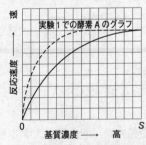

問 4. 図 3 において，基質濃度が十分に高いときの酵素 D の最大速度は，
物質 Y の有無にかかわらず等しい。したがって，物質 Y を加えても，基
質から生成物を生じる酵素 D の化学反応の速度（k_{cat} の値）は変わらない。

問 5. 表 1 より，物質 Y を加えると，物質 Y と同時に基質 X と結合して
いる酵素 D の相対量が増加している。また，図 3 より，物質 Y を加える

と，K_m の値が小さくなっている。したがって，酵素 D は物質 Y と結合することで，基質 X との相互作用が大きくなると考えられる。

問 6．図 3 より，酵素 D のグラフは S 字状であり，また，表 1 より，物質 Y と基質 X は酵素 D に同時に結合しているので，酵素 D はアロステリック酵素である。したがって，物質 Y は酵素 D のアロステリック部位に結合することで酵素 D の活性部位の立体構造を変化させ，基質 X との相互作用を大きくしたと考えられる。

問 7．特性：透析膜には多数の小孔が存在しており，分子量の小さい物質は透過させるが，分子量の大きい物質は透過させない半透性をもつ。

液量：透析膜の袋の外から袋の中に水が浸透するため，透析後の透析膜の袋の中の液量は増加していると考えられる。

問 8．液④では，煮沸によって酵素の本体であるタンパク質が熱変性したため，酵素が失活した。

問 9．分子量 700 の物質は，透析によって分子量 150000 の物質と分離でき，再度，分子量 150000 の物質と混合すると結合できる，熱に強い物質である。また，酵素 E が活性をもつためには，この低分子の物質と結合することが必要であり，このようなはたらきをもつ物質を補酵素と呼ぶ。

━━━━━━◀解　説▶━━━━━━

≪酵素，K_m 値と k_{cat} 値，阻害剤，アロステリック酵素，補酵素≫

▶問 1．K_m の値は基質親和性を示しており，最大反応速度の半分の速度を与える基質濃度のことであるので，図 1 から K_m の値は，酵素 A＜酵素 B＝酵素 C であることがわかる。K_m の値が小さいほど基質親和性が高い（相互作用が大きい）ことを示すので，基質親和性（相互作用の大小）は，酵素 A＞酵素 B＝酵素 C であることがわかる。一方，k_{cat} の値は分子活性とも呼ばれ，単位時間あたりに酵素がどれだけの基質を生成物に変換できるかを示している。図 1 から，基質濃度が十分に高いとき，酵素 B の反応速度は酵素 C の反応速度の 2 倍であることから，k_{cat-B} は k_{cat-C} の 2 倍になる。

▶問 2．図 2 から，基質濃度を S としたとき，酵素濃度と反応速度は比例することがわかる。したがって，基質濃度が S のときの反応速度が半分になるように，実験 1 での酵素 A のグラフを上下方向に圧縮したグラフを描けばよい。

▶問 3．酵素の活性部位に結合する基質と似た構造の物質を競争的阻害剤と呼び，競争的阻害剤による酵素反応の阻害様式を競争的阻害と呼ぶ。基質濃度が低いときは，競争的阻害剤が酵素の活性部位へ結合する確率が高いため，反応は大きく阻害されるが，基質濃度が十分に高くなると，競争的阻害剤が酵素の活性部位へほとんど結合できなくなるため，反応はほとんど阻害されなくなる。したがって，設問文に「基質濃度が S においては」「阻害効果がみられないとする」とあるように，基質濃度が低いときには実験 1 での酵素 A のグラフよりも反応速度は小さいが，基質濃度が S のときの反応速度は実験 1 での酵素 A のグラフと同程度になるようにグラフを描けばよい。

▶問 5．表 1 において，物質 Y を加えていない場合（D/X）は，酵素 D（分子量 300000）と基質 X（分子量 280）が結合しており，試料溶液中における酵素 D －基質 X の複合体（分子量 300280）の相対量は「中」である。一方，物質 Y を加えた場合（D/X/Y）は，酵素 D（分子量 300000）と基質 X（分子量 280）に加えて物質 Y（分子量 510）が結合しており，試料溶液中における酵素 D －基質 X －物質 Y の複合体（分子量 300790）の相対量は「多」である。したがって，物質 Y を加えることで，酵素 D と基質 X の相互作用は大きくなることがわかる。

▶問 6．問 5 の〔解答〕で説明したように，基質 X と物質 Y は酵素 D と同時に結合していることから，物質 Y は基質 X が結合する活性部位とは異なる場所に結合していると考えられる。図 3 において，酵素 D のグラフが S 字状になっていることと併せて考えると，酵素 D はアロステリック酵素であると考えられ，物質 Y は酵素 D のアロステリック部位に結合すると考えられる。

▶問 9．補酵素は，ビタミンなどからなる低分子で熱に強い物質である。補酵素は，タンパク質を主成分とする酵素本体と弱い力で結合しており，透析によって分離することができる。

❖講　評

　大問数は 2017 年度から 3 題が続いている。2023 年度は，論述量は 2022 年度と比べて増加した。論述しづらい問題は多くないため，取り組みやすかったとは考えられるが，分量が多く，時間内に完答するのは

難しい。また，描図問題の出題や，血液循環や酸素解離曲線に関する計算問題が出題された。

　Ⅰ　神経と血液循環をテーマとした出題であった。問 3 はシナプス後電位についての出題であり，複数の神経細胞から同時に刺激を受けた場合の膜電位の変化が加算されることを知っていれば，解答できたと考えられる。問 8 では，左心室圧と左心室容量の関係を示したグラフから，1 回の拍動によって左心室から送り出された血液量を読み取る必要があったが，難しいものではなく，計算も容易であった。問 9 ～問 13 では，左心室圧と左心室容量の関係を示したグラフから，左心室や弁の状態を読み取る必要があったが，類題を演習したことのある受験生には容易であったのではないだろうか。問 14 は酸素解離曲線に関する計算問題であったが，基本的な問題であり，容易に正解できたと考えられる。

　Ⅱ　ミトコンドリアがテーマの出題であった。問 4 では，ミトコンドリアが母親のみから伝わることを知っておく必要があり，問 5 では，シグナルペプチドについての知識が必要であった。問 6 は，細胞には多数のミトコンドリアが存在することに気がつけば，解答できたと考えられる。問 7 は電気泳動に関する描図問題であったが，設問文をしっかり読めば，容易に解答できる問題である。

　Ⅲ　酵素がテーマの出題であった。問 1 と問 4 では，リード文から K_m 値と k_{cat} 値が意味するものを読み取る必要があり，これを理解できたかどうかが差になったのではないか。問 2 と問 3 は酵素の反応速度に関する描図問題であり，k_{cat} 値や競争的阻害について理解できていれば容易であったと考えられる。問 5 と問 6 では，アロステリック酵素に関する問題であることに気がつけたかどうかがポイントである。問 7 と問 9 は補酵素に関する実験問題であるが，透析の仕組みを知っていれば，難しいものではなかったと考えられる。

　2023 年度は，難易度としては 2022 年度と大きく変わらなかった印象であるが，論述の分量がかなり多かったため，完答するのは難しいと考えられる。基本的な知識をもとに考察させ，その結果を論述させる問題形式が多いことから，知識はもちろんのこと，考察した内容を文章として表現する力を養っておく必要がある。過去の問題を解いて，論述の練習をしておくとともに，時間配分についても練習しておきたい。

2022 年度

解 答 編

解答編

英語

I　解答
1―d　2―d　3―c　4―b　5―c　6―a
7―c　8―b　9―a　10―d　11―c　12―b
13―d　14―a　15―b

◆全　訳◆

Text I　≪武器化される相互依存関係≫

　［1］　グローバル化された世界の体系の多くを構成している非対称ネットワークは，国政術の道具として組み立てられたものではなかった。それらは通常，独占や半独占を作り出すというビジネス的な動機，特定の市場において拡大することへの見返りの増加，富める者がますます豊かになる仕組みをもつネットワークの結びつき，またより中央集権化されたコミュニケーションネットワークが得られる効率性を表している。中央集権化されたネットワークを構築することによって，市場関係者は経済だけでなく政治の問題にも関わっている国々に，その影響力を国境を越えて広げるのに必要な手段をうっかり提供してしまう。このようにして，効率性と市場支配力を追求する市場関係者によって生み出された体系は，国家によって全く異なる目的に用いられることもある。

　［2］　ここでは，私たちの行う力の説明を，関連はしているけれども別個の，経済的相互依存の結果生まれる2つの力の源に区別する。1つ目は市場支配力である。しばしば具体性が不十分なのだが，市場支配力についての研究は，経済的な潜在力の総計（国内の消費者から国内総生産，つまり GDP まで，さまざまに異なる方法で計測される）を強調している。経済市場の大きな国々では，市場アクセスを戦略的な目的のために活用できる。それゆえ，国家の経済能力は，力の資源を生み出すのである。2つ目の力の源は，コヘインとナイの先駆的な研究までさかのぼり，貿易の事例で最も周到に調査されてきたのだが，相互的な依存関係に関わるものであ

る。別の国家から輸入される特定の商品に依存し，代わりになる仕入れ先がない国家は，突然の経済騒動や市場操作に敏感に反応するかもしれない。

　［3］　市場の大きさと相互の経済作用は重要だが，それらはグローバル化がもたらす構造的変化のすべてでは決してない。世界的な経済ネットワークは，市場アクセスを許可するか拒否するか，あるいは相互的圧力を課すかどうかという国家の一方的な決定を超えた，明確な影響をもたらす。世界的な経済ネットワークは，いくつかの国家が相互依存をネットワーク自体のレベルで武器化できるようにするのだ。とりわけ，それらは2つの形態の武器化を可能にする。1つは，情報の流れから重要な知識を手に入れる力の武器化である。これを「パノプティコン（一望監視施設）効果」と呼ぶことにする。パノプティコンについてのジェレミー゠ベンサムの概念は，厳密には建築学的な構造で，その中では1人の，あるいは数人の中心的な関係者が他者の行動を容易に観察できた。ハブノードに物理的にアクセスできる国家，またはハブノードの管轄権をもっている国家は，この影響力を行使してハブを通過していく情報を手に入れることができる。ハブは分散化したコミュニケーション構造においては極めて重要な手段なので，他の関係者が情報のやり取りの最中にこれらのハブを避けることは困難である——いや，事実上不可能でさえある。

　［4］　テクノロジーが発達するにつれ，国家が他の敵対国（あるいは敵対国が依存している第三者的国家）の活動についての情報を手に入れる能力もそれに対応してより精巧になってきている。財政機関が依存している記録文書は容易に検索できるため，銀行の支店やインターネットの端末は貴重な情報源へと変わる。携帯電話のような新しいテクノロジーも，センサーとして機能する。パノプティコン効果の下では，国家の直接監視力よりも，国家が私的関係者の情報を収集したり発信したりする活動を利用する能力の方が大きく上回るかもしれない。

　［5］　そういった情報は，特権をもつ国家に敵対国の活動への手がかりとなる手段を提供し，そうでない場合にはグローバル政治に特有のものとなる脆弱な情報環境を部分的に埋め合わせてくれる。パノプティコン効果を利用できる国家は，敵対国の意図や戦略を理解する上で，情報的優位がある。この情報は，ハブを利用できる国家に，標的となる国家の特定の動きに対抗したり，交渉を行ったり，政治機構を創設したりするための行動

において，戦略上の利点を提供する。

　　［6］　2つ目の手段は，私たちが「チョークポイント効果」と呼ぶものによって作用し，特権をもつ国家が第三者（たとえば，他の国家や私的関係者）によるハブ利用を制限したり罰したりできることも含んでいる。ハブは効率上の多大な恩恵を与えてくれるし，またハブを使わないことは極めて難しいので，ハブを管理できる国家はかなり大きな強制力をもつことになり，ハブを利用できない国家やその他の関係者はかなり悪い影響を被ることになる。

　　［7］　国家はチョークポイント効果を獲得するために，さまざまな手段を用いる可能性がある。その手段には，国政術や信頼性や同盟国を巻き込む能力や他の同様の要因が，領土外への威圧的政策をどのように成功させたり失敗させたりしたかについての既存の文献（たとえば，2011 年のカチェマレックとニューマンのもの）で述べられている手段も含まれている。国家が単独または複数のキーとなるハブへの独占的な管轄権をもち，それがその国家に市場利用に関する問題を規制できる合法的な権限を与える場合もある。また，ハブが 2 つ以上の管轄権にまたがって分散しており，威圧の恩恵を最大限に利用するためには複数の国家が協働しなければならない場合もある。これらすべての威圧的な試みは経済的ネットワーク構造の中で行われるのだが，私たちの説明はその欠くことのできない重要性を強調しているのだ。ハブが 1 つ以上存在する場所では，これらのノードを管理する関係者がネットワーク全体へのアクセスを阻止したり制限したりすることがはるかに容易になるのである。

Text II　≪アメリカの国際制裁力≫

　　外交政策の手段としての国際制裁は，国家が世界政治の中で独立した関係者として利害を表現したものである。それはまた，国家が他国に対して国境を越えて力を行使しようとしていることの表現でもある。国際制裁は主権を表現したものであるが，それらは同時に主権という概念への挑戦でもあり——主権とは通例 1 つの国の行動の自由への尊重をともなった内外における独立であると理解される（ジェニングズとワット，1992 年）——その概念の境界を取り決め，最終的にはその限界をあらわにするのである。

　　アメリカの制裁は，標的となる国を自分の力の下に置くのだが，同時に，

その支配力を直接紛争には関わっていない外国の領土に治外法権的に押しつけることによって，その力を国境の向こうにまで行き渡らせる。したがって，アメリカの制裁の規定は，「アメリカの支配権の下にある人」という広範囲にわたる定義を用いている。つまり，事実上，アメリカの個々人は，国内にいようといまいと，常にアメリカの制裁の規定に従う必要があるのだ（クラーク，1999 年）。

　決定的なことに，アメリカの個々人に適用されるこれらのいわゆる「一次的制裁」も，アメリカが世界の財政機構の中で中心的な地位にいることを巧みに利用している（ファーレルとニューマン，2019 年）。アメリカの銀行は，自らを通過していくアメリカドルの支払いが，たとえアメリカ外で終始するものであっても，また支払人と受取人がアメリカの個々人でなくても，アメリカの制裁の規定と一致していることを保証する必要がある。アメリカドルは，国際貿易や資本の市場取引において支配的な通貨であるから，このことは，アメリカに取り締まる権力を国境を越えて発揮する手段を提供することになる。大雑把に言えば，アメリカドルのあらゆる取引がアメリカの財政システムを通過していくのである。

Text III 《アメリカとヨーロッパ諸国との関係の変化》

　歴史的に見て，アメリカの地政学的力に対してヨーロッパが提携することによって，ヨーロッパの組織や国家は比較的自立していく余地を獲得していた。それはヨーロッパのエリートに，防衛と外交との統合という難しい問題を避ける能力を授け（コッティ，2019 年），所属する国家が軍事費を最小限にすることと，それらの資源を別の場所に再配備することを可能にした（アゲスタムとハイド゠プライス，2019 年）。それによりヨーロッパは自身を，自由貿易や協力や民主主義の推進に対する志向によって定義される，世界の中の標準的な関係者と想定できるようになったのである（マナーズ，2002 年）。

　新しい世界的混乱における地政学的動乱の型は，この形態の提携を数多くのやり方で混乱させつつある。まず，アメリカがヨーロッパから部分的に撤退してしまい，注意を世界のほかの地域に向けつつある。このプロセスは冷戦終結時に始まったのだが，オバマとトランプ（アメリカ大統領）政権下で，アメリカの力が弱体化していると思われていることに対して，新興の挑戦者である中国にこれまで以上に注力することで応じようとする

（バビック，2020 年）につれて，2008 年以降相当に加速した。これはトランプの下で，多国間協力への嫌悪感と結びついて，パリ気候協定やイラン核契約での欧州連合（EU）との深刻な意見の食い違いにつながっていった（アゲスタムとハイド＝プライス，2019 年）。アメリカのヨーロッパからの撤退は NATO の将来をめぐる緊張の中にも現れており，そこではアメリカが共同防衛に継続的に関わっていくかどうかに関する疑念があったことに加えて，負担の共有について論争が繰り返された（シュワルツァー，2017 年）。貿易や外交や国際協力に関するアメリカと EU との間の溝によって，EU の政策立案者の間に，国の自立や戦略の自主性を重視することが必要だという認識が助長された（アゲスタムとハイド＝プライス，2019 年；欧州委員会，2016 年）。

━━━━━━━━◀解　説▶━━━━━━━━

◆「設問 1 ～ 9 はテキスト I に関するものである」

▶ 1．「asymmetric networks『非対称ネットワーク』（第 1 段に出てくる）について正しいのは以下のうちどれか」

　a．「非対称ネットワークは経済的相互依存を当てにしている」

　b．「非対称ネットワークは力の不均衡を生み出す」

　c．「非対称ネットワークはハブを利用する」

　d．「a，b，c のすべてが当てはまる」

　第 2 段第 6 文（The second source …）に「（非対称ネットワークが生み出す）2 つ目の力の源は，…相互的な（経済的）依存関係に関わる」と述べられているので，a は正しい。また，第 1 段第 2 文（They typically reflect …）に「（非対称ネットワークは）富める者がますます豊かになる仕組みをもつネットワークの結びつき（などを表す）」とあるので，b も正しい。さらに，第 3 段最終文（Because hubs are …）に「情報のやり取りの最中にハブを避けることは事実上不可能である」とあるように，非対称ネットワークを利用するにはハブを使うことになる。よって c も正しい。以上のことから，正解は d となる。

▶ 2．「第 2 段で使われている ends という語の意味に最も近いのは以下のうちどれか」

　a．「限界」　　b．「終わり」　　c．「終了」　　d．「目的」

　end には a ～ d のいずれの意味もあるので，本文の前後関係をもとにど

の意味で使われているかを見極めることになる。当該箇所は「経済市場の
大きな国々では，市場アクセスを戦略的な ends のために活用できる」と
いう意味になるので，最も意味が近いのは d である。「目的，目標」の意
味で使われる場合は複数形になることが多い。

▶ 3．「第 5 段の privileged states『特権をもつ国家』によって用いられ
る力の源はどれか」

　　a．「市場の大きさ」　　　　　　b．「相互の経済作用」
　　c．「集中化された情報の流れ」　　d．「世界的独占権」

　第 5 段第 2 文（States with access …）に「パノプティコン効果を利用
できる国家は，敵対国の意図や戦略を理解する上で，情報的優位がある」
とあるが，「パノプティコン効果を利用できる国家」とは，下線部の「特
権をもつ国家」を受けている表現である。そうした国家が「情報的優位」
を得るのだから，その力の源は c の「集中化された情報の流れ」だと考え
るのが自然である。

▶ 4．「第 6 段および第 7 段での用法に従えば，coercive『威圧的な』は
以下のどの状況か」

　　a．「ハブの利用を掌握する国家が，第三者を通じて，これらのハブの
　　　利用を取り決める」
　　b．「自らの政治目的を達成するために，国家がハブの掌握を通じて力
　　　や脅しを使う」
　　c．「第三者が，ハブの利用権を得るために報奨を利用する」
　　d．「特権をもつ国家がハブを利用するのを防ぐために，第三者が領土
　　　外に管轄権を行使する」

　第 6 段第 2 文（Because hubs offer …）で述べられているように，
coercive な力をもっているのは特権をもった国家なので，第三者を主語と
する c，d は不適。coercive は「強制的な，威圧的な」という意味なので，
force「力」や threats「脅し」を行使すると説明している b が最も適切で
ある。

▶ 5．「『パノプティコン効果』と『チョークポイント効果』について正し
いのは以下のうちどれか」

　　a．「パノプティコン効果はハブの利用を制限し，一方チョークポイン
　　　ト効果はハブの利用を必要とする」

　ｂ．「パノプティコン効果はより多くのハブの開発という結果になるが，チョークポイント効果はそうではない」

　ｃ．「チョークポイント効果でのハブ使用の規制はパノプティコン効果の利用を制限する」

　ｄ．「新しいハブの開発はあらゆる関係者が両方の効果を利用できるようになることを防ぐだろう」

　第 3 段第 5 文（The first weaponizes …）で説明されているように，「パノプティコン効果」はハブを利用している国家の情報を手に入れることを指し，第 6 段第 1 文（The second channel …）にあるように，「チョークポイント効果」はハブの利用を制限することを指す。つまり，後者によってハブの利用が制限されれば，前者による情報収集も制限されることになる。これに合致しているのは ｃ である。

▶ 6．「『パノプティコン効果』の実社会での例となるのは以下のうちどれか」

　ａ．「インターネット・サービス・プロバイダーは，政府の機関にｅメールのデータを提供することが求められる」

　ｂ．「ハッキンググループが，政府が掌握している大量の情報を漏洩させた」

　ｃ．「記者が未公開の情報源から非合法な監視行動についての情報を受け取った」

　ｄ．「情報局がコピー機を使って，外国政府の大使館職員から情報を入手した」

　第 3 段第 6 文（Jeremy Bentham's conception …）で，「パノプティコン効果」には「中心的な関係者が他者の行動を容易に観察できる」という構造上の特徴があると説明されている。ｂ は情報を得ているわけではなく逆に漏洩しているので不適。ｃ は第三者から情報を受動的に受け取っており，情報的優位を得られるかどうかは第三者の意向に依存するため不適。ｄ は諜報活動の結果得られた情報であり，第 3 段第 5 文（The first weaponizes …）に述べられているような「情報の流れ」から優先的に情報を得たわけではないため不適。また，ｂ，ｃ，ｄ は当事者がそれぞれ「ハッキンググループ」，「記者」，「情報局」など，直接の「中心的な関係者」ではないことからも誤りであることがわかる。よって，「中心的な関

係者」だと考えられる政府が情報に関する優位を得られるような構造について述べたａが正解となる。

▶ 7.「『チョークポイント効果』の実社会での例となるのは以下のうちどれか」

　ａ.「国際的な船輸送を 1 週間ストップさせた大運河の事故」

　ｂ.「海賊行為を取り締まるためにアフリカの沖合に外国の戦艦が存在すること」

　ｃ.「ある国が，原油を運ぶ船舶が狭い海峡を通過できないようにするために脅しをかけること」

　ｄ.「ある国による，電話の充電器が USB を使うことを主張する要求」

　第 6 段第 1 文（The second channel …）にあるように，「チョークポイント効果」はハブの利用を制限したり罰したりすることを指す。つまり，相手にとって重要な行動を制限することを意味している。よって原油の輸送を制限することにつながる ｃ が正解である。

▶ 8.「テキスト I のまとめ方を最もうまく示しているのは，以下の段落配置のうちどれか」

　それぞれの段落の要旨は以下のようになる。

［1］「ビジネス目的で発達したネットワークが，外交の力としても有効である」

［2］「その外交の力の源は 2 つに区別される」

［3］「ネットワークへの依存を利用する手段の 1 つは『パノプティコン効果』である」

［4］「『パノプティコン効果』によって他国の情報を入手できる」

［5］「したがって『パノプティコン効果』は戦略上有用である」

［6］「2 つ目の手段は『チョークポイント効果』である」

［7］「『チョークポイント効果』は他国への強制力を与えてくれる」

　以上のように要約すると，［1］と［2］が「ネットワークを外交に活用する」，［3］，［4］，［5］が「『パノプティコン効果』についての説明」，［6］と［7］が「『チョークポイント効果』についての説明」の 3 つにまとめられる。これに合致しているのは ｂ である。

▶ 9.「テキスト I に対する適切な表題はどれか」

　ａ.「相互依存を武器にする」

　　b．「国際防衛のためのテクノロジー」

　　c．「集中化された情報ネットワーク」

　　d．「領土外への威圧の失敗」

　このテキストで中心的に述べられているのは，ネットワーク上の国家の相互依存状態が外交の武器となりえるという点で，その具体例も挙げられている。この趣旨を最もよく表している表題はａである。

◆「設問 10～12 はテキストⅠおよびⅡに関するものである」

▶10.「international sanctions『国際的制裁』と sovereignty『主権』がどのような関係にあるかを最もよく説明しているのは以下のうちどれか」

　　a．「制裁は他国の主権にほとんど影響を及ぼさない」

　　b．「制裁とは常に，アメリカが他国に力を行使することである」

　　c．「制裁は，アメリカの主権が支持されていることを保証するために，国際銀行によって生み出された」

　　d．「制裁は，国家の主権を働かせることにも，他国の主権に不法侵入することにもなる」

　テキストⅡの第 1 段第 1 文（International sanctions, …）および同段第 2 文（They are also …）参照。制裁は自国の独立性を表現するとともに，他国に対して力を行使することでもある，と述べられている。この趣旨に最も近いのはｄである。

▶11.「アメリカの規定に従えば，アメリカ国民は以下のうちどれをしなければならないか」

　　a．「アメリカ国内にいるときは，他国の自治権を無視する」

　　b．「その国にいるときも，他国の自治権を無視する」

　　c．「外国にいる場合でもアメリカの制裁に従う」

　　d．「その国にいるときは，他国までアメリカの力を拡張する」

　テキストⅡの第 2 段第 2 文（US sanctions regulations …）のコロン以下の部分（effectively, US persons …）参照。「国内にいようといまいと，常にアメリカの制裁の規定に従う必要がある」と説明されている。この内容に合致しているのはｃである。

◆「設問 12 は以下の追加文を参照する」

　「世界の資本市場取引における USD の優位性が，USD による支払いを活用する個々人がアメリカの制裁に従うことを保証している。これは

（　　　）の一例である」

▶12.「上の記述の空所に入れるのに最も適切なものは以下のうちどれか」

　　a.「一次的制裁」　　　b.「チョークポイント効果」

　　c.「行動の自由」　　　d.「パノプティコン効果」

　追加文の趣旨は,「アメリカは特権をもつ国なので, 他国や個人の経済活動を制限できる」ということになる。これは, テキストⅠの第6段第1文（The second channel …）にあるように, 相手にとって重要な行動を制限することを意味する「チョークポイント効果」と一致している。よってbが正解である。

◆「設問 13～15 は, テキストⅠ, ⅡおよびⅢに関するものである」

▶13.「テキストⅢにあるアメリカの政策決定に基づくと, EU の政策立案者が推薦するであろうことは以下のうちどれか」

　　a.「パリ気候協定を再実行する」

　　b.「外交政策決定をもっとアメリカに依存する」

　　c.「イラン核契約を無効にする」

　　d.「軍事費を増やす」

　第2段最終文（The gulf between …）参照。「EU の政策立案者の間に, 国の自立や戦略の自主性を重視することが必要だという認識が助長された」とある。これに従えば, より多くの軍事費が必要になる。よってdが最も適切である。

◆「設問 14 は以下の追加文に関するものである」

　「EU が財政取引で USD を使うことに反する決定をして, 代わりにユーロ（EU の通貨）の使用を選んだ場合には, アメリカは EU を無理やり制裁に従わせるために（　　　）を行使する力を失うことになるだろう」

▶14.「上の記述の空所に入れるのに最も適切なものは以下のうちどれか」

　　a.「チョークポイント効果」　　b.「第三者」

　　c.「外国の領土」　　　　　　　d.「国際的な制裁」

　EU が USD に依存していれば, アメリカは USD を操作することで EU 諸国の経済活動を制限することができる。これは, テキストⅠの第6段第1文（The second channel …）にあるように「チョークポイント効果」である。EU がユーロを選べばこの操作が効力を失うことになる。よって空所に入るのはaである。

▶15.「アメリカ大統領の多国間協力への嫌悪感は，アメリカがパノプティコン効果を利用する力にどのような影響を与えるか」

　a.「諸国家はアメリカドルの使用を減らすかもしれない。それは，アメリカがもはや侵略国に制裁を強要することができなくなることを意味するかもしれない」

　b.「諸国家はアメリカドルの使用を減らすかもしれない。それは，アメリカの銀行を通じて行われる取引からの情報がもはや利用できなくなることを意味するかもしれない」

　c.「アメリカと他国との間の協調のレベルの低下が，それらの国の間の貿易量を減らすかもしれない」

　d.「アメリカと他国との間の協調のレベルの低下が，アメリカが侵略国に対して制裁を取り決める力を減らすかもしれない」

　テキストⅠの第3段第5文（The first weaponizes …）で説明されているように，パノプティコン効果とは通常の情報の流れから重要なことを知る手段を指している。この効果に影響が出るということは，「情報が減る」ことになると考えられる。情報についての影響を述べているのはbだけなので，これが正解となる。

◆━◆━◆━◆━ ●語句・構文● ━◆━◆━◆━◆

テキストⅠ　（段落[1]）inadvertently「うっかりして，軽率にも」　最終文の can be put の主語は structures。

（段落[2]）range from *A* to *B*「*A* から *B* に及ぶ」　date back to ～「～にさかのぼる」　manipulation「市場操作」

（段落[3]）far from ～「決して～ではない」　node「ノード（ネットワークの送受信局）」　intermediary「媒介者，手段」

（段落[4]）tap into ～「～に活用する，～につけいる」

（段落[5]）offer *A* *B*「*A* に *B* を提供する」　最終文（This information offers …）では *A* は those … hub, *B* は a strategic advantage である。

（段落[6]）got around ～「～を避ける，逃れる」

（段落[7]）including those の those は tools を指している。

テキストⅡ　（第1段）amount to ～「～に等しい，～同然である」

（第2段）subject *A* to *B*「*A*（人・国など）を *B*（支配・統治）の下に置く」　comply with ～「～に従う」

（第 3 段）in line with ～「～と一致して」
テキストⅢ　（第 1 段）sidestep「～を避ける」　reallocate「～を再配置する」　normative「標準的な，規範的な」
（第 2 段）turbulence「(社会的) 動乱」　disrupt「～を混乱させる」　recur「繰り返される」

Ⅱ　解答　1 — a　2 — b　3 — d　4 — d　5 — b

◆全　訳◆

≪統計法とデータ分析の講座の紹介≫

　この版での注目点は，これまでの版のものとはわずかに変化している。確かに，統計法とデータ分析の講座の最も重要な目標は，学生に自分たちの分野での統計学の役割を十分に理解させ，よりありふれた実験設定のいくつかに適切な統計法を応用してデータを要約分析する能力を身につけさせることである。これらの目標を達成していくのと同時に，データを意味あるものにしていく状況のどこにこれらの方法がマッチするのかを学生たちに注意してもらいたい。この目的に対して，私たちはデータを意味あるものにしていく際の 4 つの段階を考えることで第 4 版に取りかかってきた。つまり，データを収集すること，データをまとめること，データを分析すること，データ分析の結果を伝えることである。テキストは，必要な背景や関連する教材をもつ別個の章だけでなく，データを意味あるものにしていく 4 つの段階に関する章を含むいくつかの部分に分けられている。この編成と重点によって，私たちは学生に，データのまとめと分析は，データを意味あるものにしていくという，より大きな課題へのステップなのだということを理解してほしいのだ。したがって，この版は，テキスト内の方法やデータ分析術をそれらが現実の実用的な問題を解決するために用いられる状況に関連させることで，これまでの版よりもはるかに実用的なものになることを目指している。

◀解　説▶

「本文を読み，1 ～ 5 の 7 個の語を正しい順に並べ替えなさい。その後，3 番目と 5 番目の語を含む選択肢を a ～ d から選びなさい」

▶1．完成すべき英文は some of the more routine experimental

settings である。よって 3 番目は the，5 番目は routine となり，a が正解である。

　　7 個の語から思い浮かぶ表現のイメージは，some of＋名詞の複数形で「〜のうちのいくつか」である。これが直前の前置詞 for に続くと考えられる。名詞の複数形は settings でこれの前に定冠詞 the と形容詞の routine，experimental が置かれていると考える。最後に，more は比較級を作るので，比較の対象となる形容詞 routine「ありふれた」の前に置かれ，その後ろに experimental が続くことになる。

▶ 2．完成すべき英文は on where these methods fit into the である。よって 3 番目は these，5 番目は fit となり，b が正解である。

　　まず想起すべきは直前の動詞 focus の用法である。focus *A* on *B* で「*A* を *B* に集中させる」となる。*A* にあたるのは直前の the student なので，並べ替えは on で始まることになる。また，直後の context には冠詞が必要なので，並べ替えの最後は the になる。さらに，on の目的語であるが，関係副詞 where には先行詞を含んで「〜する場所」となる用法があるので，これが on に続くことになる。最後に，関係詞節内の主語と動詞は，these methods fit になり，fit into 〜 で「〜に合う，はまる」となる。

▶ 3．完成すべき英文は is divided into parts which include chapters となる。よって 3 番目は into，5 番目は which となり，d が正解である。

　　イメージできる述語は，is divided into 〜「〜に分けられている」である。この文の主語は The text であると考えられるので，並べ替えの最初の 3 語は確定する。後続の表現としては parts which include chapters か chapters which include parts の 2 つが考えられるが，当該文の後半で as well as separate chapters と述べられているので，「parts が含んでいる chapters」と「独立した chapters」とが併記されているのだと推測できる。よって前者の方が正解となる。

▶ 4．完成すべき英文は being ever more practical than previous editions である。よって 3 番目は more，5 番目は than となり，d が正解である。

　　比較級を用いた表現であると推察できるので，more practical than 〜「〜よりも実用的な」という配列が予想できる。直前の at の目的語として

考えられるのは動名詞の being であり，than の後ろにくるのは previous editions「これまでの版」となる。最後に，ever は比較級を強調するために用いられていると考えられるので，more の前に置かれる。

▶ 5．完成すべき英文は in which they are used to solve である。よって 3 番目は they，5 番目は used となり，b が正解である。

　予想できるのは関係代名詞 which であるが，節の中の主語と述語動詞は they are used「それらが使われる」になると考えられるので，which は主語にも目的語にもなりえない。よって，in which の形で，関係副詞と同じ働きをしていると考える。最後に，to solve は不定詞の副詞的用法で，used の後に置かれる。

◆━◆━◆━◆━◆　●語句・構文●　◆━◆━◆━◆━◆━◆

make sense「意味が通じる，筋が通る」

Ⅲ　　**解答**　Section A.　1 ─ a　2 ─ d　3 ─ b　4 ─ c　5 ─ c
　　　　　　　　　　6 ─ c　Section B.　7 ─ b　8 ─ c

◆━━━◆全　訳◆━━━◆

Section A.　≪科学史学という学問分野≫

　過去 50 年以上にわたって，科学史は，ごく数人の学者が真剣に研究するけれども理科教育では広く使われる学科から，科学の社会からはいくぶん孤立した，確立された学問分野へと発展してきた。プロの科学史家は，自分のことを科学者よりもむしろ歴史学者であると考えているので，科学者たちを「ホイッグ主義」を広めたとして批判し，科学の技術的内容を犠牲にして社会的背景を強調しすぎた者もいた。

　今では，人文科学と社会科学の中である程度の発達と受容を獲得しているので，科学史は科学への懸け橋を再建し始めている。科学史家たちは，歴史に関心をもつ科学者たちを歓迎し，学生や一般大衆に科学を説明するためのさまざまな教材を提供している。科学者に関する限り，健全な歴史探究の価値をより理解しており，科学史の話題に関する学術書や学術雑誌を読むだけでなく，自分たちの社会の中で歴史的部門や中心部に確固たる支持をしている。このことは特に物理学において当てはまるが，他の科学もこの方向に動いてきている。歴史のもつ教育的恩恵だけでなく，一般の人々との関わりも今や認知されているのである。

Section B. ≪選手査定をする際の基準≫

[C]　選手査定は，選手観察，チームの選手選定，選手契約やスカウトなど，プロスポーツの組織が決断を下す過程において重要な役割を果たしている。これまでにさまざまな文献が，組織が決断を下す過程を支えるために成績の客観的評価を考えることの利点を概説してきた。これらの研究は客観的評価の利点（たとえば信頼性や一貫性など）を示しているが，それぞれの研究は，成績の客観的評価と主観的評価の両方を補完的に利用することの重要性を強調している。

[A]　⑵ AF（オーストラリアンフットボール）は，それぞれ 22 人の選手（フィールドに 18 人，交代要員が 4 人）で構成される敵対する 2 チームが，大きな楕円形のフィールドでプレーする，活力に満ちた侵略的団体球技である。⑷このスポーツの活力に満ちた性質と AF の競技中に発生する複雑なやりとりのために，個人個人の成績を分析するのは，主観的にも客観的にも難しい。⑶このことにもかかわらず，選手の成績についてのさまざまな客観的基準が，AF の最高競技である AFL での選手成績に基づいて作られている。⑴記述分析的な文献の例としては，最も重要な成績指標を特定し，チームの勝ち点に最も強い関係がある指標を入れることで選手のランキングのモデルを作り出したスチュワートおよびその他の者による文献（2007 年）も含まれている。ヒースマンとその他の者（2008 年）は，認められる価値に関連した数的な価値をそれぞれの成績指標に当てはめる選手の影響力のランキングを作り出した。⑸それからこれらの価値は，試合環境の状況に関連して計測され，選手がグラウンドにいた時間に応じて調整された。

[E]　選手の成績についてのさまざまな客観的基準は，商業目的のためにも存在する。「AFL 選手ランキング」や「AFL 選手格付け」はその例である。それらはどちらも，統計学のプロバイダーによって製作される。前者はスチュワートおよびその他の者（2007 年）のものとよく似た手法を用いているが，このモデルを拡大して 50 以上の変数を含んでいる。後者は大部分の選手成績格付けシステムの代わりとなる手法を採用していて，競技場の公平性の原理に基づいている。この制度では，1 つ 1 つの行動が，その行動がチームが次に得点する期待値をどのくらい上げたり下げたりしたかに関わって数量化される。1 人の選手のすべての成績が，試合中のそ

の選手の行動によって作り出される公平性のすべての変化によって測定されるのである。

［D］　成績の主観的な分析も AFL では珍しいものではない。「AFL コーチ協会賞」や「AFL の最もフェアで優秀な選手賞」などはその例である。さらに，さまざまなクラブがクラブ単位の賞を決定する方法として主観的なコーチランキングを使っているし，さまざまなメディアが一般の関心に応えるために主観的なランキングを発表している。

［B］　AF における選手の成績査定への批判でよくあるものは，その特定の役割がプレーに，より頻繁に関わっていて，その行動が成績査定に，より明白な効果をもつことのできる選手への偏った評価である。これらの偏りは，チームスポーツに関する記述分析的な文献の中で，選手成績の主観的分析と客観的分析の両方に関連して記録されてきた。AF に関しては，これはとりわけミッドフィールドの選手に関わっている。彼らの役割が，ボールの所有権を獲得したり維持したりするプレーに続く行動や，フィールドでのチームの位置を前進させる行動に集約されることが多いからである。これまでの選手成績の客観的な測定法は，選手成績の比較は同じ役割をもつ選手の中でのみ行われるべきであると主張して，この点と戦ってきた。

━━━━━━◀解　説▶━━━━━━

◆**Section A**.「本文を読んで，設問 1 〜 6 に対する最も適切な選択肢を a 〜 d から選びなさい」

▶1．「2 つの空所Aに入れるのに最も適切なものは以下のうちどれか」

　第 1 段のAには過去分詞 studied と（widely）used を結ぶ語が，第 2 段のAには主語・動詞を含む節どうしを結ぶ語が入る必要がある。どちらにも用いることができるのは，等位接続詞の but である。b の thus，c の indeed，d の even はいずれも副詞なので，特に第 2 段の英文を整理させるためにはさらに接続詞が必要となる。よって正解は a である。

▶2．「本文中の them という語が指しているのは以下のうちどれか」

　some of them が主語で overemphasized「〜を強調しすぎた」が動詞なので，them は人間を指していると考えるべきである。よって c の「科学の社会」は除外される。また，当該文の前半で，「プロの科学史家は，科学者たちを『ホイッグ主義』を広めたとして批判した」とあり，さらに

「その中で強調しすぎた者もいた」と続いていると考えられる。したがって them が指しているのは前半部分の主語になっている Professional historians「プロの歴史家たち」であり，d が正解となる。a.「ホイッグ主義者」　b.「科学者」

▶ 3.「空所 C に入れるのに最も適切なものは以下のうちどれか」

　直後の分詞構文の時制が現在完了形になっている点に注意する。この部分は「今や〜だから」の意味の now that の that が省略された形だと考えられる。よって b が最も適切である。a.「次に」　c.「つまり」　d.「このように」

▶ 4.「空所 D に入れるのに最も適切なものは以下のうちどれか」

　a.「歴史家」　　b.「学生」　　c.「科学者」　　d.「記者」

　直後の表現に注意する。「健全な歴史探究の価値をより理解して」いて，「科学史の話題に関する学術書や学術雑誌を読」むのは誰なのかを考える。最も適切なのは c である。for *one's* part「〜に関する限り」

▶ 5.「2 つの空所 E に入れるのに最も適切なものは以下のうちどれか」

　第 2 段第 3 文（（　D　）for their …）の空所 E については，空所 D が Scientists となることを理解していることが前提となる。現在では科学者が科学史に関心をもっていることを述べた文脈なので，空所の直前の「自分たち（科学者）の社会の中で歴史的部門や中心部に確固たる支持をしている」という内容は，空所の直後の「科学史の話題に関する学術書や学術雑誌を読む」という記述と同種類で，どちらも科学者が行っていることだと考えられる。したがって，c の as well as「〜だけでなく…も」が最も適切。また，第 2 段第 3 文の内容がつかめていなかったとしても，同段最終文（The public relations …）の空所 E の前後を考えると，The public relations と the educational benefits となっており，この両方が are now recognized「今認知されている」の主語になっていることがわかる。よって c が最も適切である。

▶ 6.「ⅰ〜ⅳの空所のうち，冠詞の "a" または "an" が入るのはどれか」

　ⅰ は at（the）expense of 〜 の形で「〜を犠牲にして」という意味になるので an は入らない。ⅱ は a degree of 〜 で「ある程度の〜」という意味になるので a が必要である。ⅲ は対象となる名詞が understanding「理解，知識」で，通常は不可算名詞の扱いなのだが，have〔get〕a 〜

understanding で「〜なふうに理解する」という用法になる。よって a が
必要である。ivは history が「歴史学」で不可算名詞の扱いになるので a
は必要ない。よって不定冠詞が入るのは ii と iii だけであり，c が正解。

◆**Section B.**「下の[A]〜[E]の5つの段落は1つの節を構成している
が，正しい順序になっていない。さらに，段落[A]の(1)〜(5)の5つの文も
正しい順序になっていない。本文を読み，設問7・8に対する最適な選択
肢を a 〜 d から選びなさい」

▶7.「以下のうち，段落[A]にとって最適な（最も筋の通る）文の順序
を示しているものはどれか」

　(1)は，特定の指標や数値をもとに選手のランキングを作り出したことを
Example「例」として挙げている。これは，(3)の various objective player
performance measures「選手の成績についてのさまざまな客観的基準」
の例であると考えられるので，(3)→(1)となる。(3)は冒頭の Despite this
「このことにもかかわらず」の後，選手の成績についての基準は AFL の
選手成績に基づいて作られているとあり，これに対する否定的な内容が前
文で述べられていると推測する。(4)を見てみると「個人個人の成績を分析
するのは，主観的にも客観的にも難しい」となっており，このことを this
が指していると考えられる。よって(4)→(3)となる。また，(5)の These
values「これらの価値」は，(1)の最終文（Heasman et al. …）の numerical
values「数的な価値」を指していると考えられる。よって(1)→(5)となる。
最後に，(2)で AF「オーストラリアンフットボール」がどんな競技である
かが紹介されている。これは他の文章に先立って述べられて，その後にこ
の競技での選手の査定についての記述が続いていると考えられるので，(2)
がこの段落の第1文となる。したがって正しい順序は(2)→(4)→(3)→(1)
→(5)となり，b が正解。

▶8.「以下のうち，本文にとって最適な（最も筋の通る）段落の順序を
示しているものはどれか」

　本文のトピックは「選手査定」の方法であると考えられるが，選手査定
そのものの説明がされているのは[C]である。よって[C]が第1段落とな
る。

　次に，[A]で AF が紹介・説明され，[B]，[D]，[E]でも AF という
語が出てくるので，この4つの段落の中では[A]が最も前にくると考えら

れる。よって［C］→［A］となる。

　［A］の内容は，「客観的基準による査定」であるが，［E］のトピックも同じく客観的基準になっている。よって［A］→［E］の順であると考えられる。

　この後に続くと考えられるのは，主観的査定について述べている［D］であり，［B］で成績査定への批判をつけ加えて本文は完結する。

　したがって［C］→［A］→［E］→［D］→［B］となり，c が正解である。

━━━━━━━━━●語句・構文●━━━━━━━━━

Section A. （第 1 段）promulgate「～を広める」

（第 2 段）maturity「成熟，発達」

Section B. （段落［A］）assign *A* to *B*「*A* を *B* に割り当てる」

（段落［B］）tangible「明白な」

（段落［C］）proclaim「～だと明らかに示す」

（段落［E］）variable「変数」

IV 　解答　**Section A**.　1 － c　2 － a　3 － b　4 － a　5 － c
　　　　　　　Section B.　6 － a　7 － c　8 － a　9 － d　10 － b

◆━━━━━◆全　訳◆━━━━━◆

Section A. ≪2 つの「誤謬」≫

　誤謬とは，間違った結論に至らせる推論の誤りのことである。たくさんの種類の誤謬があるが，ここでは 2 つの現象間に因果関係を与える 2 種類の相関関係についての誤謬を紹介したい。その 2 つは，「相関関係は因果関係を証明する」という誤謬と，「前後即因果」の誤謬である。

　雑誌『エコノミスト』が，エイプリルフールのジョークで，ある国のアイスクリームの消費量と学業成績との相関関係を示すグラフを発表した（2016 年 4 月 1 日）。結論は，アイスクリームの消費が増加すれば学業成績は向上する，というものであった。これは，「相関関係は因果関係を証明する」という誤謬の一例である。2 つの現象に相関があるように見えたとしても，一方の現象がもう一方の現象を引き起こすわけではない。この場合，相関関係はおそらくその国の国内総生産（GDP）によって説明されるであろう。その国の経済的な富が，アイスクリーム消費の増加と学業成績の向上の両方を引き起こしたのかもしれないのだ。

　これに対して，「前後即因果」の誤謬は，たとえ両者の間に因果関係がなくても，先に起こった現象が後から起こった現象の原因になっていると想定する推論ミスである。広告業は，製品を売るためにしばしばこの誤謬を当てにしている。ある人が清涼飲料を飲んだ後，高いレベルの専門的技術でスポーツをしているところを見せる広告はその一例で，明らかに清涼飲料を飲んだことがスポーツの優秀さにつながっていると示唆している。

Section B. ≪幼稚園設計の新しいスタイル≫

　建築家の手塚貴晴は，良い幼稚園は利用目的に基づいてデザインされることが必要だと主張している。幼稚園には子どもたちをリラックスさせ，押し込められている感覚の少ない十分な開放性があるべきである。このデザインがあれば，園児は本来の自分になって自由に動き回り，常に騒音を出すことが可能になる。

　これは従来の幼稚園とは対照的である。これまでの幼稚園は，壁に囲まれた教室の中で，子どもたちの活動のほとんどを制限しているからである。このデザインは，子どもたちが自分の席について学習するので，はるかに管理的で静かな環境という結果になる。こういった幼稚園の子どもたちには，自由に動き回って自分らしさを発揮できる活動の時間が与えられるが，それをできる唯一の場所は，建物の外にある運動場で，あらかじめ決められた休憩時間の間だけである。

　自分の理想を実現するために，手塚氏は賞を獲得した幼稚園である「ふじようちえん」を東京に設計した。この幼稚園には，壁のない教室としての「教えの場所」が4つあり，外に通じるスライドドアで囲まれているだけである。この建物のコンセプトは，図1で示されているように，運動場を囲む環状で，彼がこれを思いついたのは，自分の子どもが円を描いて走り回るのが好きなのを思い出したときだった。

　手塚氏と彼の設計に向けられた批判の一つは，自由に動き回れることが，たとえば図2で示されているように，よくない結果をもたらすかもしれないというものである。しかし，手塚氏は，親が子どもに対してしばしば過保護であると言い，幼稚園のデザインは子どもたちが「この世界でどう生きていくかを学ぶ」助けになるように，やや危険なものであることが必要だと述べている。

■━━━━ ◀解　説▶ ━━━━■

◆Section A.「本文を読み，設問 1 〜 5 に対して，ａ〜ｄから最適な選択肢を選びなさい」

▶1.「これらの広告主が『前後即因果』の誤謬を犯していることを示すのに，空所Ａに入れる最も適切なものは以下のどれか」

　ａ.「清涼飲料を飲む人しか，スポーツで秀でることはできない」

　ｂ.「スポーツに秀でた人は清涼飲料を飲む」

　ｃ.「清涼飲料を飲むことがスポーツで秀でることにつながる」

　ｄ.「誰もが清涼飲料を飲むべきである」

「前後即因果」の誤謬なので，順序が問題である。「清涼飲料」が先で，「スポーツ」が後であるということは，この誤謬の中では前者が要因，後者が結果という関係になっていると考えられる。この関係に合致している説明はｃである。

▶2.「本文で紹介されている 2 種類の誤謬の違いは何か」

　ａ.「『前後即因果』の誤謬では現象が必然的に連続して起こるが，もう一方の誤謬では連続しない」

　ｂ.「『相関関係は因果関係を証明する』誤謬では，現象が連続して起こるが，もう一方の誤謬では連続しない」

　ｃ.「『前後即因果』の誤謬では現象が互いの原因となると想定するが，もう一方の誤謬は想定しない」

　ｄ.「『相関関係は因果関係を証明する』誤謬は，ある現象が別の現象の原因になると想定するが，もう一方の誤謬は想定しない」

本文で例証されているように，「相関関係は因果関係を証明する」誤謬は 2 つの独立した現象が同時進行で発生するのに対して，「前後即因果」の誤謬は 2 つの現象が連続して起こることに意味がある。この性質に合致しているのはａである。どちらの誤謬も 2 つの現象には因果関係があると想定しているので，ｃとｄは当てはまらない。

◆「設問 3 は以下の追加文を参照する」

「自閉症スペクトラム障害（ASD）と診断される子どもが，過去 20 年で増加していることが観察されている。同時に，はしかの予防接種も増加している。これらの事実のために，自分の子どもがワクチンを接種するのを拒否する親もいる」

▶3.「この親たちが犯しているのはどちらの相関関係についての誤謬か」

　a.「『前後即因果』の誤謬」

　b.「『相関関係は因果関係を証明する』誤謬」

　c.「2つの誤謬の両方」

　d.「どちらの誤謬でもない」

　このケースでは，はしかのワクチン接種の増加と ASD の増加との間には，同時期にともに増加したという点で相関関係があるだけで，どちらかがどちらかの原因になっているというような因果関係があることは証明されていない。それにもかかわらず，ワクチン接種が ASD の原因になっているという誤謬を犯している。これは第2段（In an April …）に述べられている「アイスクリームの消費が増加すれば学業成績は向上するという『相関関係は因果関係を証明する』誤謬の一例」と同種のものである。したがって，b が正解。

◆「設問4および5は，以下の追加文を参照する」

　「ガーデナーとランバートが 1959 年に行った研究で，動機づけと第2言語の達成の間の相関関係が見つかった。二人は，別の言語を身につけようという動機づけの強さが，その言語習得の成功を予言することになると結論づけた。しかし，ウォルターの『進んだ達成目標』理論によれば，この関係は堂々巡りかもしれない。つまり，より高いレベルの達成はより高い動機づけの要因となり，今度はその動機づけがより良い達成を引き起こすのである。さらに，バンドゥラの『社会認知モデル』は，動機づけと達成の両方に関係がある自己効力感がガーデナーとランバートが観察した相関を説明するもう一つの要因になるかもしれないと予測している」

▶4.「『相関関係は因果関係を証明する』誤謬を犯しているかもしれない研究者は以下のうち誰か」

　a.「ガーデナーとランバート」

　b.「ウォルター」

　c.「バンドゥラ」

　d.「ガーデナー，ランバート，バンドゥラ」

　追加文の第1文（In 1959 research …）および第2文（They concluded that …）にあるように，ガーデナーとランバートは言語習得の動機づけ

と第 2 言語での高い達成の間に相関関係を見出し，動機づけの強さが高い達成の要因になるという結論に達した。しかしウォルターは，それらは互いに互いの要因になりえるために堂々巡りになると考え，バンドゥラは自己効力感が要因となっているのではないかという予測を行った。つまり，ガーデナーとランバートの主張は「相関関係は因果関係を証明する」誤謬であった可能性があることになる。よって正解は a である。

▶ 5 . 「本文によれば，相関関係を解釈するときに注意すべきことは何か」

　　a . 「相関関係は 2 つの現象の間のありえる関係を示している」

　　b . 「まったく相関関係がなくても，関係性はありえる」

　　c . 「相関関係に気づいても，それは第 3 の要因の存在が起こしたものかもしれない」

　　d . 「相関関係の大きさは，関係性の強さを示しているにすぎない」

　本文で挙げられている例は「アイスクリームの消費と学業成績」，「清涼飲料とスポーツ」の 2 つであるが，どちらの例についても，両者の間に明確な因果関係はなく，別の要因が働いていると考えられる。この趣旨に合致しているのは c である。

◆**Section B**.「テキストを読んで，設問 6 ～10 に対して最適な選択肢を a ～ d から選びなさい」

▶ 6 . 「テキストで述べられている従来の幼稚園を，最も適切に特徴づけているのは以下のうちどれか」

　　a . 「規則や管理がより多く，座っていることも多い」

　　b . 「規則がより多く，座っていることも多いが，管理は少ない」

　　c . 「管理がより多く，座っていることも多いが，規則は少ない」

　　d . 「規則も管理もより少なく，座っていることも少ない」

　第 2 段第 1 文（This is in …）および同段第 2 文（This design results …）にあるように，従来の幼稚園は子どもたちの活動を制限する規則が多く，壁のある部屋の中で管理し，座った状態で学習させてきた。この 3 点を正確に説明しているのは a である。

▶ 7 . 「テキストで説明されている図 1 を最もよく表しているのは以下のうちどれか」

　当該文では，第 3 段最終文（The concept of …）で「この建物のコンセプトは運動場を囲む環状」であると述べられている。そのような形状に

なっているのはcである。

◆「設問8は下のグラフに関するものである。グラフは異なる活動の間に出る騒音のレベルを示している」

▶8.「上のグラフで，黒い棒が最もよく表しているのは以下のうちどれか」

　　a.「従来の幼稚園」　　　　　　　b.「新しい幼稚園」

　　c.「両方の幼稚園の建物の中」　　d.「両方の幼稚園の建物の外」

　第1段最終文（This design would …）にあるように，新しい幼稚園では常に騒音を出すことができる。一方，第2段第2文（This design results …）で従来の幼稚園は教室にいる間は管理的で静かだと述べられ，また第2段最終文（Children in these …）では，従来の幼稚園では園児が自由に活動できるのは「建物の外にある運動場」だけだと説明されている。園児は自由に活動しているときに大きな声を上げやすいと考えるのが自然なので，教室と運動場の差が歴然としている黒い棒は従来の幼稚園の騒音レベルを表し，教室と運動場の差がほぼないグレーの棒は新しい幼稚園を表していると考えられる。よってaが正解となる。

▶9.「図2を最もよく表しているのは以下のうちどれか。なお，図2は幼稚園でのけがの数を表している」

　最終段第1文（One of the …）では，図2で新しい幼稚園に関してよくない結果が出ていることが示されている。つまり，新しい幼稚園の方が従来の幼稚園よりもけがの数が多いという結果であると考えられる。これに合致しているのはdである。

▶10.「新しい幼稚園の教育哲学を最もよく表しているのは以下のうちどれか」

　　a.「子どもたちは安全を確保される必要がある」

　　b.「子どもたちは自然に学ぶ必要がある」

　　c.「子どもたちには標準化された教育が必要である」

　　d.「子どもたちは組織化される必要がある」

　cとdは従来の幼稚園が守ってきた哲学であると考えられる。aももちろん重要な哲学だが，新しい幼稚園は，たとえけがが多くても自由に行動できることを優先的に考えていることがわかる。この考えに合致しているのはbである。

━━◆━◆━◆━●語句・構文●━◆━◆━◆━━◆━◆━◆━◆━

Section A. （第1段）causality「因果関係」

（追加文）diagnose「～を診断する」 vaccination「ワクチン接種」

Section B. （第1段）constrained「押し込められた，強いられた，束縛された」

（第2段）be in contrast to ～「～と対照的である」 predesignated「予定された」

（第3段）annular「環状の」

V 　解答　**Section A**. 1 － d　2 － c　3 － b　4 － d　5 － b
　　　　　　　6 － a　7 － b　**Section B**. 8 － a　9 － d　10 － c
Section C. 11 － a　12 － d　13 － b　14 － c　15 － a

━━━━━◀解　説▶━━━━━

◆**Section A**.「設問1～7には，2つの定義がそれぞれ1つの例文とともに与えられている。両方の定義に合致し，両方の文の空所に合う語を考えなさい。その単語のそれぞれの文字を下の表にしたがって1～4の数字に変換しなさい。1はa～g，2はh～m，3はn～s，4はt～zの文字を表している。その後，合致する数字の配列を選択肢a～dから選びなさい。たとえば，思いついた語がwiseならば，最初の文字であるwは与えられているので，残りの文字はiが2，sが3，eが1に変わる。ゆえに，正しい答えはw231になる」

▶1．定義と例文の意味は以下のとおり。

(i)「揺るぎなく強固に確立されている：その製薬会社は，新開発の薬には深刻な副作用がないというしっかりとした証拠を示す必要がある」

(ii)「かなり重要性や大きさや価値がある：お望みなら，サラダに調理済みのエビを加えてください。あるいは，もっと十分な食事にするなら，冷たい鶏肉のスライスとライ麦パンを入れてください」

s で始まり2つの定義に合致する語は substantial「(i)しっかりとした，(ii)(量・価値・重要性などが) 十分な」である。よって s4134134212 となり，d が正解。

▶2．定義と例文の意味は以下のとおり。

(i)「感情よりも理性に基づいている：人間は理性的な動物だ」

(ii)「分別ある判断を下すことができる：消費者は合理的な決断ができるように，十分に知らされる必要がある」

　rで始まり2つの定義に合致する語は rational「(i)理性的な，(ii)合理的な」である。よって r1423312 となり，c が正解。

▶3．定義と例文の意味は以下のとおり。

(i)「起こっていることを変えるために，困難な状況に関わること：警察は夫婦間の争いに介入したがらない」

(ii)「2つの出来事や場所の間に存在すること：その2つの市の間には砂漠が介在する」

　i で始まり2つの定義に合致する語は intervene「(i)介入する，(ii)介在する」である。よって i34134131 となり，b が正解。

▶4．定義と例文の意味は以下のとおり。

(i)「手持ちの情報を使って，行われた事柄の価値を計算すること：私たちは，この講座をとる学生の数の概算がぜひとも必要だ」

(ii)「正確に計算することなく，ある物の価値を判断しようとすること：科学者たちは，喫煙が寿命を平均して12年ほど縮めると推定している」

　e で始まり2つの定義に合致する語は estimate「(i)概算，(ii)〜を推定する」である。よって e3422141 となり，d が正解。

▶5．定義と例文の意味は以下のとおり。

(i)「特に行動で示されるときの，ある物に対して普段もっている意見や感情：私が教授だとわかるやいなや，彼らの態度がすっかり変わった」

(ii)「他人の意見に関心がないことや個人的なやり方で物事をしたいことを示す，自信に満ちた，時に攻撃的な振る舞い：そんな態度を取らず，行儀よくした方がよい」

　a で始まり2つの定義に合致する語は attitude「(i)態度，(ii)ふてぶてしい態度」である。よって a4424411 となり，b が正解。

▶6．定義と例文の意味は以下のとおり。

(i)「光を当てることで物を見えるようにしたり明るくしたりすること：その通りは満月に照らされていた」

(ii)「あることを明らかにしたり説明したりするのに役立つこと：私の物理の教科書は，恒星の中で炭素が形成される様子を明らかにしている」

　i で始まり2つの定義に合致する語は illuminate「(i)〜を照らす，(ii)〜

を明らかにする」である。よって i224223141 となり，ａが正解。

▶７．定義と例文の意味は以下のとおり。

(i)「就職先のような，ある立場に対して検討してもらうために提出された正式な文書：大学に申請書が提出された」

(ii)「あることを実行させる行為：通常，その法律の適用は国に居住するすべての人間に当てはまる」

　ａで始まり２つの定義に合致する語は application「(i)申請書，(ii)適用」である。よって a3322114233 となり，ｂが正解。

◆**Section B**．「設問８〜10 に対して，２つの例文とともに慣用表現の定義が与えられている。定義に合致し，かつ両方の文の空所に合う慣用表現を考えなさい。その表現のそれぞれの文字を **Section A** の表にしたがって変換し，合致する数字の配列を選択肢ａ〜ｄから選びなさい。たとえば，思いついた慣用表現が hit the books ならば，最初の文字であるｈは与えられているので，残りの文字は hit が h24，the が 421，books が 13323 に変わる。ゆえに，正しい答えは（h24）（421）（13323）になる」

▶８．「非常に不確かで，まだ決まっていないか，または結論が出ていない」

(i)「夏に向けての私たちの計画はまだ決定していない」

(ii)「その提案はすべて未解決のままになっている」

　２つの例文に当てはまる慣用表現は（up）in the air「(i)未決定で，(ii)未解決のままで」である。よって i3 421 123 となり，ａが正解。

▶９．「ある物事が本当であるふりをする」

(i)「百万ドル持っているふりをしよう」

(ii)「私はしばしば，死んだ父親が今も私に助言してくれているふりをするのだが，それは常に役に立つ」

　２つの例文に当てはまる慣用表現は make believe 〜「〜というふりをする」である。よって m121 1122141 となり，ｄが正解。

▶10．「ぎりぎり間に合って」

(i)「彼はすんでのところで誕生日パーティーに間に合った」

(ii)「その患者はぎりぎりのところで命を救う薬を投与された」

　２つの例文に当てはまる慣用表現は（in the）nick of time「(危ういところで) 間に合って」である。よって n212 31 4221 となり，ｃが正解。

◆**Section C.**「11〜15 の設問に対して，2 つの例文が与えられている。両方の文の空所に入れるのに最も適切な語を，選択肢 a 〜 d から選びなさい」

▶11.（ⅰ）「（　　　）な人が自分自身の間違いに気づかないのは，よくあることである」

（ⅱ）「そのスポーツ選手はとても（　　　）なので，自分は絶対に負けないと思っている」

　　a．「横柄な，傲慢な」　　　b．「カリスマ的な」

　　c．「勇気のある」　　　　　d．「謙虚な」

　「自分の間違いに気づかない」や「絶対に負けないと思っている」から連想される性格は，明らかにマイナスイメージをもっていると考えられる。よって a が最も適切である。

▶12.（ⅰ）「（　　　）なウミガメはまだこの能力が発達しておらず，水面に浮かんで眠らなければならないことが報告されている」

（ⅱ）「多くの（　　　）な法廷弁護士が，警察が若い犯罪者を扱う様子を厳しく批判した」

　　a．「不可欠の」　　　　　b．「大人の」

　　c．「死を免れない」　　　d．「子どもの，未成年者向きの」

　「まだこの能力が発達していない」から連想されるのは，「まだ成長しない」→「まだ子どもである」となる。d の juvenile には，「子どもの」のほかに「未成年者を扱う」という意味もあり，（ⅱ）にも合致する。よって d が正解。

▶13.（ⅰ）「デニムのジャケットはとても（　　　）で丈夫なので，中古品店でいつでも見つけられる」

（ⅱ）「オンラインショッピングを提供している企業は今や（　　　）である」

　　a．「疑わしい」　　　b．「至るところにある」

　　c．「哀れな」　　　　d．「治癒力のある」

　両方の文から類推できる内容は「数が多い」や「広く普及している」などであろう。このイメージに最も近いのは b の ubiquitous である。

▶14.（ⅰ）「上院は政治的犯罪や大臣の（　　　）の場合における最高法廷でもある」

（ⅱ）「裁判官は終身で任命され，法廷の判決と（　　　）によってしか解任

できない」

　a.「理解，実現」　　b.「吸収，熱中」

　c.「弾劾，訴追」　　d.「合法性，正当性」

　両方の文から類推できる内容は「大臣や裁判官が裁かれたり罷免されたりする」→「弾劾」である。これに合致するのは c の impeachment である。

▶15.（ⅰ）「物体が自分の真正面になければ見えないとき，それは（　　）な視力喪失の兆候である」

（ⅱ）「最近では，人々は大都市の（　　　）な地域に家を買う方を好んでいる」

　a.「周辺の」　　　b.「知覚のある」

　c.「試験的な」　　d.「内視鏡の」

　（ⅰ）の文から類推できる内容は「視野の端の部分が見えない」である。このイメージに最も近いのは a の peripheral であり，（ⅱ）の文に補っても意味が成立する。よって a が正解。

❖講　評

　2022 年度も長文読解問題 1 題，中文読解問題 3 題，文法・語彙問題 1 題の計 5 題の出題で，この傾向はここ数年変わらず継続されている。

　Ⅰの長文読解問題は，「国家の相互依存関係を武器にしていく」ことを題材にした英文。テーマが政治学・経済学的内容なので，基礎知識のない高校生には難しいかもしれない。語彙も表現も難解である。設問の英文も決して易しくなく，この大問でかなりの時間を費やすことになりそうである。

　Ⅱの読解問題は語句整序による英文完成問題。7 語を並べ替えて，3 番目と 5 番目の語の組み合わせを答えるという形式は例年通りである。和訳が与えられていないので，文法や語法の知識でアプローチする必要がある。本問では関係詞の知識と前置詞の処理がポイントとなる。

　Ⅲは，科学史学に関する英文と，選手の成績査定に関する英文の 2 種類による読解問題である。**Section A** は空所補充，指示内容，冠詞の有無が出題されており，標準的な難度である。**Section B** は段落および文の整序問題で，難度としては標準だが，一度迷い始めるといくらでも時

間がかかってしまう。注意が必要である。

　Ⅳの読解問題の英文は，**Section A** は論理学的な英文，**Section B** は写真やグラフを使った設問が出題されている。英文自体は量が多いが，難度はやや易なのでスピーディーに答えていきたい。

　Ⅴの語彙問題は，与えられたヒントをもとに単語や慣用表現を推測し，指示にしたがって数字の配列に変換する問題。独特な出題スタイルになっている。やや難しい語彙も含まれており，難度は高い。

　量・難度とも，最高レベルと言ってよい。試験時間が 90 分しかないので，出題の傾向を事前に熟知しておくことが必須であろう。

数学

$\mathbf{I}$ ◆発想◆ (1) 曲線 C については漸近線を確認する。曲線 D については，$y=g(x)$ の凹凸を含む増減表を作り，$\displaystyle \lim_{x \to \pm \infty} g(x)$ を調べて概形を描く。

(2) C と D によって囲まれた部分を(1)で描いた図で確認し，定積分によって面積を計算する。

(3) C と D によって囲まれた部分のうち，$y \geqq 0$ の部分と，$y \leqq 0$ の部分を x 軸に関して対称移動したものを合わせた部分を考える。これを x 軸の周りに 1 回転させてできる立体が，体積を求める立体と一致する。

解答 (1) 曲線 C は，曲線 $y=3e^x$ を y 軸方向に -6 だけ平行移動したものである。

曲線 D について，$g(x)=e^{2x}-4e^x$ より

$$g'(x)=2e^{2x}-4e^x=2e^x(e^x-2)$$

$$g''(x)=4e^{2x}-4e^x=4e^x(e^x-1)$$

よって，$y=g(x)$ の増減，グラフの凹凸は右表のようになる。

x	$\cdots$	0	$\cdots$	$\log2$	$\cdots$
$g'(x)$	$-$	$-$	$-$	0	$+$
$g''(x)$	$-$	0	$+$	$+$	$+$
$g(x)$	$\searrow$	-3	$\searrow$	-4	$\nearrow$

また

$$\lim_{x \to \infty} g(x) = \lim_{x \to \infty} e^{2x}\left(1 - \frac{4}{e^x}\right) = \infty$$

$$\lim_{x \to -\infty} g(x) = 0$$

さらに，$f(x)=g(x)$ とすると

$$3e^x-6=e^{2x}-4e^x$$

$$e^{2x}-7e^x+6=0$$

$$(e^x-1)(e^x-6)=0$$

$\therefore$ $e^x=1,\ 6$ すなわち $x=0,\ \log6$

したがって，C と D の概形は右図のよう

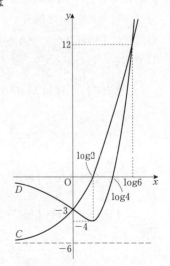

になる。

(2)　(1)の図より

$$S=\int_0^{\log 6}\{(3e^x-6)-(e^{2x}-4e^x)\}dx$$

$$=\int_0^{\log 6}(-e^{2x}+7e^x-6)dx$$

$$=\left[-\frac{1}{2}e^{2x}+7e^x-6x\right]_0^{\log 6}$$

$$=-\frac{1}{2}\cdot(6^2-1^2)+7\cdot(6-1)-6\log 6\quad(\because\ e^{\log 6}=6)$$

$$=\frac{35}{2}-6\log 6\quad\cdots\cdots(答)$$

(3)　$f(x)=-g(x)$ とすると

$$3e^x-6=-(e^{2x}-4e^x)$$

$$e^{2x}-e^x-6=0$$

$$(e^x+2)(e^x-3)=0$$

$e^x+2>0$ より

$$e^x=3\quad\text{すなわち}\quad x=\log 3$$

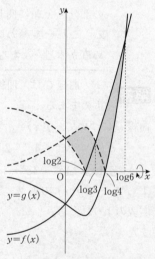

よって，C と D によって囲まれた部分のうち，$y\leqq 0$ の部分を x 軸に関して対称移動したものと，$y\geqq 0$ の部分を合わせた部分は，右図の網かけ部分で，これを x 軸の周りに 1 回転させてできる立体の体積が V である。したがって

$$V=\pi\int_0^{\log 3}\{g(x)\}^2dx+\pi\int_{\log 3}^{\log 6}\{f(x)\}^2dx-\pi\int_0^{\log 2}\{f(x)\}^2dx$$

$$-\pi\int_{\log 4}^{\log 6}\{g(x)\}^2dx$$

ここで

$$\int\{f(x)\}^2dx=\int 9(e^{2x}-4e^x+4)dx=9\left(\frac{1}{2}e^{2x}-4e^x+4x\right)+C_1$$

$$\int\{g(x)\}^2dx=\int(e^{4x}-8e^{3x}+16e^{2x})dx=\frac{1}{4}e^{4x}-\frac{8}{3}e^{3x}+8e^{2x}+C_2$$

$$(C_1,\ C_2\text{ は積分定数})$$

であるから

$$F(x)=9\left(\frac{1}{2}e^{2x}-4e^{x}+4x\right),\ \ G(x)=\frac{1}{4}e^{4x}-\frac{8}{3}e^{3x}+8e^{2x}$$

とおくと

$$V=\pi[\,\{G(\log3)-G(0)\}+\{F(\log6)-F(\log3)\}$$
$$-\{F(\log2)-F(0)\}-\{G(\log6)-G(\log4)\}\,]$$

$$=\pi[\,\{F(\log6)-F(\log3)-F(\log2)+F(0)\}$$
$$-\{G(\log6)-G(\log4)-G(\log3)+G(0)\}\,]$$

$$=\pi\Big[9\Big\{\frac{1}{2}(6^2-3^2-2^2+1^2)-4(6-3-2+1)+4(\log6-\log3-\log2)\Big\}$$

$$-\Big\{\frac{1}{4}(6^4-4^4-3^4+1^4)-\frac{8}{3}(6^3-4^3-3^3+1^3)+8(6^2-4^2-3^2+1^2)\Big\}\Big]$$

$$=\pi\Big[9\Big(\frac{1}{2}\cdot24-4\cdot2\Big)-\Big\{\frac{1}{4}(6^4-4^4-80)-\frac{8}{3}(6^3-3^3-63)+8\cdot12\Big\}\Big]$$

$$=\pi[\,36-\{4(3^4-4^2-5)-8(2\cdot6^2-3^2-21-12)\}\,]$$

$$=36\pi\ \ \cdots\cdots(\text{答})$$

━━━━━◀解　説▶━━━━━

≪指数関数のグラフと面積，回転体の体積≫

　2 曲線の概形を描き，2 曲線によって囲まれた部分の面積，およびその部分を x 軸の周りに 1 回転させてできる立体の体積を求める問題である。

▶(1)　曲線 $y=e^{x}$ の概形は既知であるから，C は漸近線に注意して描けばよい。D については，凹凸を調べよとは指示されていないので，増減と $\lim_{x\to\pm\infty}g(x)$ を調べて概形を描くことも考えられる（(2)・(3)でも困らない）が，本問では容易に凹凸，変曲点がわかるので調べるべきである。2 曲線の交点の座標も明記しておくべきである。

▶(2)　(1)で「$e^{x}=6\Longleftrightarrow x=\log6$」であったことに注意して計算する。$a^{\log_{a}M}=M$ は公式として，よく用いられる。

▶(3)　C と D によって囲まれた部分が x 軸の上下に存在するので，x 軸の下側（上側）の部分を x 軸の上側（下側）に折り返して考えることが重要である。積分計算は煩雑である。$F(x)$，$G(x)$ を用いる代わりに

$$\int_{0}^{\log t}\{f(x)\}^2dx=\frac{9}{2}(t^2-1)-36(t-1)+4\log t$$

$$\int_0^{\log t}\{g(x)\}^2dx=\frac{1}{4}(t^4-1)-\frac{8}{3}(t^3-1)+8(t^2-1)$$

を用いる方法もある。

$$V=\pi\int_0^{\log2}[\{g(x)\}^2-\{f(x)\}^2]dx+\pi\int_{\log2}^{\log3}\{g(x)\}^2dx$$

$$+\pi\int_{\log3}^{\log4}\{f(x)\}^2dx+\pi\int_{\log4}^{\log6}[\{f(x)\}^2-\{g(x)\}^2]dx$$

としてもよいが，計算量が増えるので要注意である。

II **◇発想◇** (1)　与えられた 3 条件を，1 番目，3 番目，2 番目の順に用いて数式で表すと

　　1 番目の条件から　　　$f(x)=x^2+ax+b$, a, b は整数

　　3 番目の条件から　　　$f(x)=(x-\alpha)(x-\beta)$, α は整数

　　2 番目の条件から　　　$f(1)=(1-\alpha)(1-\beta)=pq$

これらのことから，p, q が相異なる素数であることに注意して，$(\alpha-1,\ \beta-1)$ の組をすべて求める。

(2)　(1)で求めた $f(x)=0$ の解のすべてから，相異なる解の総和を具体的に計算する。

解答 (1)　$f(x)$ は 2 次式で，係数はすべて整数，x^2 の係数は 1 であるから

$$f(x)=x^2+ax+b\quad(a,\ b\ は整数)$$

と表される。

また，方程式 $f(x)=0$ の解を α, β とおくと

$$f(x)=(x-\alpha)(x-\beta)=x^2-(\alpha+\beta)x+\alpha\beta$$

と表されるから

$$\alpha+\beta=-a,\ \alpha\beta=b$$

であり，$f(x)=0$ は整数解をもつから，α を整数とすると，$\beta=-a-\alpha$ も整数である。

よって，$\alpha\leqq\beta$ としても一般性は失われない。

さらに，$f(1)=pq$ より

$$(1-\alpha)(1-\beta)=pq\quad すなわち\quad(\alpha-1)(\beta-1)=pq$$

$\alpha-1$, $\beta-1$ は整数で $\alpha-1\leqq\beta-1$ であり，p, q は相異なる素数であるか

ら，$p<q$ として考えると

$$(\alpha-1, \ \beta-1)=(-pq, \ -1), \ (-q, \ -p), \ (1, \ pq), \ (p, \ q)$$

したがって

$$(\alpha, \ \beta)=(1-pq, \ 0), \ (1-q, \ 1-p), \ (2, \ 1+pq),$$
$$(1+p, \ 1+q) \quad \cdots\cdots ①$$

であるから

$$(-a, \ b)=(1-pq, \ 0), \ (2-p-q, \ (1-p)(1-q)),$$
$$(3+pq, \ 2(1+pq)), \ (2+p+q, \ (1+p)(1+q))$$

$q<p$ としても，$(-a, \ b)$ は同じ結果になるから

$$\left.\begin{array}{l} f(x)=x^2-(1-pq)x \\ f(x)=x^2-(2-p-q)x+(1-p)(1-q) \\ f(x)=x^2-(3+pq)x+2(1+pq) \\ f(x)=x^2-(2+p+q)x+(1+p)(1+q) \end{array}\right\} \quad \cdots\cdots(答)$$

(2) (1)より $m=4$ で，$f_1(x)=0$，$f_2(x)=0$，$f_3(x)=0$，$f_4(x)=0$ の解を
すべて挙げると，$p<q$ のとき，①より

$$1-pq, \ 0, \ 1-q, \ 1-p, \ 2, \ 1+pq, \ 1+p, \ 1+q \quad \cdots\cdots②$$

であり，これは $q<p$ のときも同じ結果になる。

よって，$f_1(x)\times f_2(x)\times f_3(x)\times f_4(x)=0 \quad \cdots\cdots③$ の解は②の 8 個の整
数である。

p，q が相異なる素数であることより

$$-pq, \ -1, \ -q, \ -p, \ 1, \ pq, \ p, \ q$$

はすべて相異なるから

$$1-pq, \ 1-1, \ 1-q, \ 1-p, \ 1+1, \ 1+pq, \ 1+p, \ 1+q$$

すなわち，②の 8 個の解もすべて相異なる。

したがって，③の相異なる解の総和は

$$(1-pq)+0+(1-q)+(1-p)+2+(1+pq)+(1+p)+(1+q)=8$$

ゆえに，③の相異なる解の総和は p，q によらない。 （証明終）

━━━━◀解 説▶━━━━

≪不定方程式の整数解とその総和≫

　与えられた条件から不定方程式を作り，素数の性質を用いて不定方程式
の整数解，およびその総和を考える問題である。

▶(1)　2 次方程式 $f(x)=0$ が少なくとも 1 つ整数解をもつことと，$f(x)$ の係数がすべて整数で x^2 の係数が 1 であることから，$f(x)=0$ の 2 つの解はともに整数であることを確認する。pq の約数は ± 1，$\pm p$，$\pm q$，$\pm pq$ であることから，$(\alpha-1,\ \beta-1)$ の組をすべて求める。負の約数も考えなければならないことに注意する。〔解答〕では $p<q$ として $(-a,\ b)$ を求め，$q<p$ のときも同じ結果になることを確認したが，「$p<q$ としても一般性を失わない」としてもよい。

▶(2)　(1)で求めた 8 個の解がすべて相異なることを示して，その総和を計算する。$2\leqq p<q$ としても一般性を失わないとして

$$-pq<-q<-p<-1<1<p<q<pq$$

から

$$1-pq<1-q<1-p<0<2<1+p<1+q<1+pq$$

となることにより，8 個の解がすべて相異なることを示してもよい。

III　◇発想◇　(1)　数列 $\{b_n\}$，$\{c_n\}$ は基本的な隣接 2 項間の漸化式で定義されているので，一般項 b_n，c_n を n で表し極限を求める。

(2)　$[a_n]\leqq a_n<[a_n]+1$ すなわち $a_n-1<[a_n]\leqq a_n$ である。これを用いて，数学的帰納法で $b_n\leqq a_n\leqq c_n$ を示す。

(3)　$b_n\leqq a_n\leqq c_n$ であるが，$\lim\limits_{n\to\infty}b_n\neq\lim\limits_{n\to\infty}c_n$ であるから，はさみうちの原理を用いて $\lim\limits_{n\to\infty}a_n$ を求めることはできない。そこで，$1<\lim\limits_{n\to\infty}b_n<\lim\limits_{n\to\infty}c_n<2$ に注目し，$1<b_n\leqq a_n\leqq c_n<2$ を満たす n がどのような自然数であるかを考える。

解答　(1)　$b_{n+1}=\dfrac{b_n}{2}+\dfrac{7}{12}$ より

$$b_{n+1}-\frac{7}{6}=\frac{1}{2}\left(b_n-\frac{7}{6}\right)$$

よって，数列 $\left\{b_n-\dfrac{7}{6}\right\}$ は初項 $b_1-\dfrac{7}{6}=r-\dfrac{7}{6}$，公比 $\dfrac{1}{2}$ の等比数列なので

$$b_n-\frac{7}{6}=\left(r-\frac{7}{6}\right)\left(\frac{1}{2}\right)^{n-1}\quad\text{すなわち}\quad b_n=\frac{7}{6}+\left(r-\frac{7}{6}\right)\left(\frac{1}{2}\right)^{n-1}$$

したがって　　$\displaystyle\lim_{n\to\infty}b_n=\dfrac{7}{6}$　……(答)

また，$c_{n+1}=\dfrac{c_n}{2}+\dfrac{5}{6}$ より

$$c_{n+1}-\frac{5}{3}=\frac{1}{2}\left(c_n-\frac{5}{3}\right)$$

よって，数列 $\left\{c_n-\dfrac{5}{3}\right\}$ は初項 $c_1-\dfrac{5}{3}=r-\dfrac{5}{3}$，公比 $\dfrac{1}{2}$ の等比数列なので

$$c_n-\frac{5}{3}=\left(r-\frac{5}{3}\right)\left(\frac{1}{2}\right)^{n-1}\quad\text{すなわち}\quad c_n=\frac{5}{3}+\left(r-\frac{5}{3}\right)\left(\frac{1}{2}\right)^{n-1}$$

したがって　　$\displaystyle\lim_{n\to\infty}c_n=\dfrac{5}{3}$　……(答)

(2)　$n=1,\ 2,\ 3,\ \cdots$ について

$$b_n\leqq a_n\leqq c_n\quad\text{……①}$$

が成り立つことを数学的帰納法で示す。

(i)　$n=1$ のとき

　$a_1=b_1=c_1=r$ であるから，①は成り立つ。

(ii)　$n=k$（k は自然数）のとき①が成り立つと仮定すると

$$b_k\leqq a_k\leqq c_k\quad\text{……②}$$

ここで，$a_k-1<[a_k]\leqq a_k$ と $a_{k+1}=\dfrac{[a_k]}{4}+\dfrac{a_k}{4}+\dfrac{5}{6}$ より

$$\frac{a_k-1}{4}+\frac{a_k}{4}+\frac{5}{6}<a_{k+1}\leqq\frac{a_k}{4}+\frac{a_k}{4}+\frac{5}{6}$$

すなわち　　$\dfrac{a_k}{2}+\dfrac{7}{12}<a_{k+1}\leqq\dfrac{a_k}{2}+\dfrac{5}{6}$　……③

②を用いると

$$b_{k+1}=\frac{b_k}{2}+\frac{7}{12}\leqq\frac{a_k}{2}+\frac{7}{12}\quad\text{……④}$$

$$c_{k+1}=\frac{c_k}{2}+\frac{5}{6}\geqq\frac{a_k}{2}+\frac{5}{6}\quad\text{……⑤}$$

③〜⑤より　　$b_{k+1}\leqq a_{k+1}\leqq c_{k+1}$

　よって，$n=k+1$ のときも①は成り立つ。

(i)，(ii)より，$b_n\leqq a_n\leqq c_n$（$n=1,\ 2,\ 3,\ \cdots$）は成り立つ。　　（証明終）

(3)　n が増加すると 2^n も増加し，$n\to\infty$ のとき $2^n\to\infty$ であるから

$$\left|r-\frac{7}{6}\right|<2^{N-4} \quad \cdots\cdots ⑥ \quad かつ \quad \left|r-\frac{5}{3}\right|<2^{N-4} \quad \cdots\cdots ⑦$$

を満たす自然数 N が存在する。

よって，$n \geqq N$ のとき

$$b_n = \frac{7}{6} + \left(r-\frac{7}{6}\right)\left(\frac{1}{2}\right)^{n-1}$$

$$\geqq \frac{7}{6} - \left|r-\frac{7}{6}\right|\left(\frac{1}{2}\right)^{n-1}$$

$$> \frac{7}{6} - 2^{N-4}\left(\frac{1}{2}\right)^{N-1} \quad \left(\because ⑥, \ 0<\left(\frac{1}{2}\right)^{n-1}\leqq\left(\frac{1}{2}\right)^{N-1}\right)$$

$$= \frac{7}{6} - \frac{1}{8} = \frac{25}{24}$$

$$> 1$$

$$c_n = \frac{5}{3} + \left(r-\frac{5}{3}\right)\left(\frac{1}{2}\right)^{n-1}$$

$$\leqq \frac{5}{3} + \left|r-\frac{5}{3}\right|\left(\frac{1}{2}\right)^{n-1}$$

$$< \frac{5}{3} + 2^{N-4}\left(\frac{1}{2}\right)^{N-1} \quad \left(\because ⑦, \ 0<\left(\frac{1}{2}\right)^{n-1}\leqq\left(\frac{1}{2}\right)^{N-1}\right)$$

$$= \frac{5}{3} + \frac{1}{8} = \frac{43}{24}$$

$$< 2$$

したがって，$n \geqq N$ に対して $1<b_n\leqq a_n\leqq c_n<2$ が成り立ち，このとき $[a_n]=1$ であるから

$$a_{n+1} = \frac{1}{4} + \frac{a_n}{4} + \frac{5}{6} \quad すなわち \quad a_{n+1} = \frac{a_n}{4} + \frac{13}{12} \quad (n\geqq N)$$

これより

$$a_{n+1} - \frac{13}{9} = \frac{1}{4}\left(a_n - \frac{13}{9}\right)$$

と変形できるから

$$a_n - \frac{13}{9} = \left(a_N - \frac{13}{9}\right)\left(\frac{1}{4}\right)^{n-N}$$

すなわち $\quad a_n = \frac{13}{9} + \left(a_N - \frac{13}{9}\right)\left(\frac{1}{4}\right)^{n-N} \quad (n\geqq N)$

ゆえに $\quad \displaystyle\lim_{n\to\infty}a_n = \frac{13}{9} \quad \cdots\cdots(答)$

■━━━━◀解　説▶━━━━■

≪ガウス記号を含む隣接 2 項間の漸化式と極限≫

　ガウス記号を含む隣接 2 項間の漸化式で定義された数列の極限を求める問題である。

▶(1)　$b_{n+1}=pb_n+q$（$p \neq 1$, $q \neq 0$）の形の漸化式であるから，$\alpha=p\alpha+q$ を満たす α を用いて $b_{n+1}-\alpha=p(b_n-\alpha)$ と変形し，$b_n=\alpha+(b_1-\alpha)p^{n-1}$，$|p|<1$ のとき $\lim\limits_{n \to \infty} b_n=\alpha$ となる。

▶(2)　ガウス記号 $[x]$ を扱うときには，$[x] \leq x < [x]+1$ や $x-1 < [x] \leq x$ に注目する。〔解答〕の(ii)で $n=k+1$ のときを考える際

$$a_{k+1}-b_{k+1} > \frac{1}{2}(a_k-b_k) \geq 0, \quad c_{k+1}-a_{k+1} \geq \frac{1}{2}(c_k-a_k) \geq 0$$

を示してもよい。このことから

$$a_n-b_n > \frac{1}{2}(a_{n-1}-b_{n-1}) > \left(\frac{1}{2}\right)^2(a_{n-2}-b_{n-2})$$

$$> \cdots > \left(\frac{1}{2}\right)^{n-1}(a_1-b_1) = \left(\frac{1}{2}\right)^{n-1}(r-r)=0$$

$$c_n-a_n \geq \frac{1}{2}(c_{n-1}-a_{n-1}) \geq \left(\frac{1}{2}\right)^2(c_{n-2}-a_{n-2})$$

$$\geq \cdots \geq \left(\frac{1}{2}\right)^{n-1}(c_1-a_1) = \left(\frac{1}{2}\right)^{n-1}(r-r)=0$$

を数学的帰納法で示したことになる。なお，$b_n \leq a_n$ の等号が成り立つのは $n=1$ のときだけである。

▶(3)　(1)の結果より，n が十分大きいとき，b_n は $\dfrac{7}{6}$ に近く，c_n は $\dfrac{5}{3}$ に近いことから，$n \geq N$ に対して $1 < b_n$, $c_n < 2$ を満たす自然数 N が存在する。〔解答〕では，この N がどのくらい大きな数であるかを確認した。

$b_n=\dfrac{7}{6}+\left(r-\dfrac{7}{6}\right)\left(\dfrac{1}{2}\right)^{n-1} > 1$ とすると　　$12\left(r-\dfrac{7}{6}\right) > -2^n$

$c_n=\dfrac{5}{3}+\left(r-\dfrac{5}{3}\right)\left(\dfrac{1}{2}\right)^{n-1} < 2$ とすると　　$6\left(r-\dfrac{5}{3}\right) < 2^n$

より，$12\left|r-\dfrac{7}{6}\right| < 2^n$ かつ $6\left|r-\dfrac{5}{3}\right| < 2^n$ を満たす n の 1 つを N とすればよい。

〔解答〕では $2^4\left|r-\dfrac{7}{6}\right|<2^N$ かつ $2^4\left|r-\dfrac{5}{3}\right|<2^N$ を満たす自然数 N を用いた。

$n \geqq N$ に対して $a_{n+1}=\dfrac{a_n}{4}+\dfrac{13}{12}$ が成り立つことに注意して $a_n\ (n \geqq N)$ を計算する。

IV

◆発想◆ すべて立体的に考えて処理しようとすると難しい。適宜平面的に考えて処理する。

(1) $n=2,\ 3$ の場合は和集合の要素の個数を求めるときと同様の方法がわかりやすい。$n=6$ の場合，4 個以上の球すべての共通部分はないので，2 個の球の共通部分，3 個の球の共通部分がいくつあるかを考える。

(2) 球 B_1 の半径を求める方法として，相似を用いる方法，面積を用いる方法，体積を用いる方法が考えられる。

(3) 球 B_1, B_2 のそれぞれの半径と中心間の距離がわかれば，2 つの円の共通部分の回転体の体積として求められる。

解答

(1) $n=2$ の場合 $\qquad (a,\ b,\ c)=(2,\ -1,\ 0)$

$\quad\ n=3$ の場合 $\qquad (a,\ b,\ c)=(3,\ -3,\ 1)$ ……(答)

$\quad\ n=6$ の場合 $\qquad (a,\ b,\ c)=(6,\ -12,\ 8)$

(2) 右上図のように正八面体の中心を C とし，辺 P_2P_3 の中点を M，辺 P_4P_5 の中点を N とすると，正四角錐 P_6–$P_2P_3P_5P_4$ と球 B_1 を平面 P_6MN で切ったときの断面は右下図のようになる。

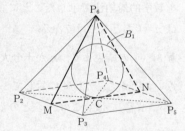

正八面体の一辺の長さを l とすると

$$l=\sqrt{3}+1,\quad MN=l$$

また，点 C は正方形 $P_6P_3P_1P_4$ の中心であるから

$$P_6C=\frac{\sqrt{2}}{2}l$$

P_6M, P_6N はそれぞれ正三角形 $P_6P_2P_3$, 正三角形 $P_6P_4P_5$ の中線であるから

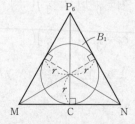

$$P_6M = P_6N = \frac{\sqrt{3}}{2}l$$

B_1 の半径を r として，$\triangle P_6MN$ の面積を考えると

$$\frac{1}{2}r(P_6M + P_6N + MN) = \frac{1}{2}MN \cdot P_6C$$

が成り立つから

$$\frac{1}{2}r\left(\frac{\sqrt{3}}{2}l + \frac{\sqrt{3}}{2}l + l\right) = \frac{1}{2}l \cdot \frac{\sqrt{2}}{2}l$$

よって

$$r = \frac{\sqrt{2}\,l}{2(\sqrt{3}+1)} = \frac{\sqrt{2}}{2}$$

したがって

$$X = \frac{4}{3}\pi r^3 = \frac{4}{3}\pi\left(\frac{\sqrt{2}}{2}\right)^3 = \frac{\sqrt{2}}{3}\pi \quad \cdots\cdots(答)$$

参考 $\triangle P_6MN$ の面積を考える代わりに，正四角錐 $P_6-P_2P_3P_5P_4$ の体積を考えてもよい。正方形 $P_2P_3P_5P_4$ の面積を S とすると

$$\frac{1}{3}r(\triangle P_6P_2P_3 + \triangle P_6P_3P_5 + \triangle P_6P_5P_4 + \triangle P_6P_4P_2 + S) = \frac{1}{3}S \cdot P_6C$$

$\triangle P_6P_2P_3 = \triangle P_6P_3P_5 = \triangle P_6P_5P_4 = \triangle P_6P_4P_2 = \frac{1}{2}l^2\sin 60° = \frac{\sqrt{3}}{4}l^2$ である

から

$$\frac{1}{3}r\left(\frac{\sqrt{3}}{4}l^2 \cdot 4 + l^2\right) = \frac{1}{3}l^2 \cdot \frac{\sqrt{2}}{2}l$$

より，$r = \frac{\sqrt{2}\,l}{2(\sqrt{3}+1)} = \frac{\sqrt{2}}{2}$ が導かれる。

(3) 球 B_1，B_2 の中心をそれぞれ C_1，C_2 とすると，正八面体と球 B_1，B_2 を平面 $P_2P_5P_6$ で切ったときの断面は右図のようになる。
よって

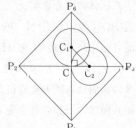

$$C_1C_2 = \sqrt{CC_1{}^2 + CC_2{}^2}$$
$$= \sqrt{r^2 + r^2} = \sqrt{2}\,r = 1$$

B_1，B_2 は半径 $r = \frac{\sqrt{2}}{2}$ の球であるから，Y は xy 平面上の2つの円（内

部を含む）

$$x^2+y^2\leqq\frac{1}{2}$$

$$(x-1)^2+y^2\leqq\frac{1}{2}$$

の共通部分を，x 軸の周りに 1 回転させてできる立体の体積である。
したがって

$$Y=2\pi\int_{\frac{1}{2}}^{\frac{\sqrt{2}}{2}}\left(\frac{1}{2}-x^2\right)dx$$

$$=2\pi\left[\frac{x}{2}-\frac{x^3}{3}\right]_{\frac{1}{2}}^{\frac{\sqrt{2}}{2}}$$

$$=2\pi\left\{\left(\frac{\sqrt{2}}{4}-\frac{\sqrt{2}}{12}\right)\right.$$

$$\left.-\left(\frac{1}{4}-\frac{1}{24}\right)\right\}$$

$$=\left(\frac{\sqrt{2}}{3}-\frac{5}{12}\right)\pi$$

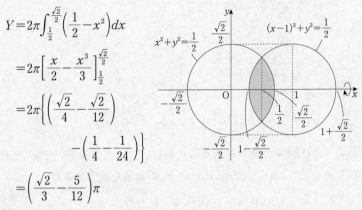

ゆえに

$$V_2=2X-Y$$

$$=2\cdot\frac{\sqrt{2}}{3}\pi-\left(\frac{\sqrt{2}}{3}-\frac{5}{12}\right)\pi$$

$$=\left(\frac{5}{12}+\frac{\sqrt{2}}{3}\right)\pi \quad\cdots\cdots(答)$$

別解 (2) ＜相似を用いる解法＞

正八面体の中心を C とし，辺 P_2P_3 の中点を M，
辺 P_4P_5 の中点を N，球 B_1 の中心を C_1，B_1 と
面 $P_6P_2P_3$ の接点を H とすると，正四角錐
$P_6-P_2P_3P_5P_4$ と球 B_1 を平面 P_6MN で切ったと
きの断面は右図のようになる。
正八面体の一辺の長さを l とすると

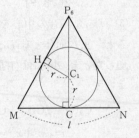

$$l=\sqrt{3}+1,\quad MC=\frac{1}{2}MN=\frac{1}{2}l$$

また，点 C は正方形 $P_6P_3P_1P_4$ の中心であるから　　　$P_6C = \dfrac{\sqrt{2}}{2}l$

P_6M は正三角形 $P_6P_2P_3$ の中線であるから　　　$P_6M = \dfrac{\sqrt{3}}{2}l$

$\triangle P_6C_1H \backsim \triangle P_6MC$ ($\because$　$\angle C_1P_6H = \angle MP_6C$, $\angle P_6HC_1 = \angle P_6CM = 90°$)
であるから

　　　$P_6C_1 : C_1H = P_6M : MC$

球 B_1 の半径を r として

$$\left(\dfrac{\sqrt{2}}{2}l - r \right) : r = \dfrac{\sqrt{3}}{2}l : \dfrac{1}{2}l$$

これより　　　$\left(\dfrac{\sqrt{2}}{2}l - r \right) \cdot \dfrac{1}{2}l = \dfrac{\sqrt{3}}{2}lr$

よって　　　$r = \dfrac{\sqrt{2}\,l}{2(\sqrt{3}+1)} = \dfrac{\sqrt{2}}{2}$

（以下，〔解答〕と同じ）

■━━━━━━━━ ◀解　説▶ ━━━━━━━━■

≪正四角錐に内接する球の体積，2 つの球の共通部分の体積≫

▶(1)　立体 B の体積を $V(B)$，B_i と B_j $(i \neq j)$ の共通部分を $B_i \cap B_j$，合わせて得られる立体を $B_i \cup B_j$ と表すことにすると

　　　$V(B_2) = V(B_3) = V(B_1) = X$,

　　　$V(B_2 \cap B_3) = V(B_3 \cap B_1) = V(B_1 \cap B_2) = Y$, $V(B_1 \cap B_2 \cap B_3) = Z$

である。

　　　$V_2 = V(B_1 \cup B_2) = V(B_1) + V(B_2) - V(B_1 \cap B_2) = 2X - Y$

　　　$V_3 = V(B_1 \cup B_2 \cup B_3)$

　　　　　$= V(B_1) + V(B_2) + V(B_3) - V(B_1 \cap B_2) - V(B_2 \cap B_3)$

　　　　　　　　　　　　　　　　$- V(B_3 \cap B_1) + V(B_1 \cap B_2 \cap B_3)$

　　　　　$= 3X - 3Y + Z$

また，異なる 4 個以上の球の共通部分の体積は 0 であるから，異なる 2 個の球の共通部分の体積の総和を Y_0，異なる 3 個の球の共通部分の体積の総和を Z_0 とすると

　　　$V_6 = 6X - Y_0 + Z_0$

異なる 2 個の球の共通部分は ${}_6C_2$ 通りあるが，このうち

$$V(B_1 \cap B_6) = V(B_2 \cap B_5) = V(B_3 \cap B_4) = 0$$

で，これ以外の体積は Y であるから

$$Y_0 = ({}_6C_2 - 3)Y = 12Y$$

異なる3個の球の共通部分は ${}_6C_3$ 通りあるが，このうち

$$V(B_1 \cap B_6 \cap B_i) = 0 \quad (i = 2, \ 3, \ 4, \ 5)$$
$$V(B_2 \cap B_5 \cap B_j) = 0 \quad (j = 1, \ 3, \ 4, \ 6)$$
$$V(B_3 \cap B_4 \cap B_k) = 0 \quad (k = 1, \ 2, \ 5, \ 6)$$

で，これ以外の体積は Z であるから

$$Z_0 = ({}_6C_3 - 4 \cdot 3)Z = 8Z$$

よって　　$V_6 = 6X - 12Y + 8Z$

▶(2) 正八面体では8個の面はすべて正三角形であり，四角形 $P_1P_2P_6P_5$，$P_1P_3P_6P_4$，$P_2P_3P_5P_4$ は正方形である。したがって，対称性から，B_1 と四角錐 $P_6 - P_2P_3P_5P_4$ の底面との接点は正方形の中心，側面との接点は P_6 を通る中線上にある。また，$P_1P_6 \perp$ (正方形 $P_2P_3P_5P_4$) である。これらのことを既知として断面図を描いて考える。

▶(3) これも断面図を描けば，B_1 と B_2 の中心間の距離は容易にわかるので，Y は回転体の体積として求めることができる。

◆発想◆ (1) 何を s に置き換えると $\lim\limits_{s \to \infty} se^{-s} = 0$ が使えるかを考える。

(2) 手順は決まっている。$f''(x)$ を計算し，変曲点が存在してその y 座標が0になるときの a の値を求める。さらに，$y = f(x)$ の増減と凹凸，および $\lim\limits_{x \to +0} f(x)$，$\lim\limits_{x \to \infty} f(x)$ を調べてグラフを描く。

(3) 接線 l の y 切片が負になるような，t のとりうる値の範囲を a で表す。a の値によって場合分けする必要がある。

解答 (1) $-a\log x = s$ とおくと，$a > 0$ より $x \to +0$ のとき $s \to \infty$ で，

$\log x = -\dfrac{s}{a}$，$x = e^{-\frac{s}{a}}$ であるから

$$\lim_{x \to +0} f(x) = \lim_{x \to +0} x^a \log x = \lim_{s \to \infty} (e^{-\frac{s}{a}})^a \cdot \left(-\frac{s}{a}\right) = \lim_{s \to \infty} \left(-\frac{1}{a}\right) se^{-s}$$

$\lim\limits_{s \to \infty} se^{-s} = 0$ より　　　$\lim\limits_{x \to +0} f(x) = 0$　……(答)

(2)　$f(x) = x^a \log x$ より $x > 0$ で

$$f'(x) = ax^{a-1}\log x + x^a \cdot \frac{1}{x} = x^{a-1}(a\log x + 1)$$

$$f''(x) = (a-1)x^{a-2}(a\log x + 1) + x^{a-1} \cdot \frac{a}{x}$$

$$= x^{a-2}\{a(a-1)\log x + 2a - 1\}$$

$a = 1$ のとき，$f''(x) = \dfrac{1}{x} > 0$ であるから，変曲点は存在しない。

$a \neq 1$ のとき，$f''(x) = 0$ とすると

$$\log x = \frac{1-2a}{a(a-1)}\quad \text{すなわち}\quad x = e^{\frac{1-2a}{a(a-1)}}$$

$0 < a < 1$ のとき $a(a-1) < 0$，$1 < a$ のとき $a(a-1) > 0$ であるから，

$x = e^{\frac{1-2a}{a(a-1)}}$ の前後で $f''(x)$ の符号は

$0 < a < 1$ のとき正から負へ，$1 < a$ のとき負から正へ変わるので，変曲点

は $\left(e^{\frac{1-2a}{a(a-1)}},\ \dfrac{1-2a}{a(a-1)}e^{\frac{1-2a}{a-1}} \right)$ である。

よって，変曲点が x 軸上に存在するとき

$$\frac{1-2a}{a(a-1)}e^{\frac{1-2a}{a-1}} = 0 \text{ より}\qquad a = \frac{1}{2}\quad \text{……(答)}$$

このとき

$$f(x) = x^{\frac{1}{2}}\log x$$

$$f'(x) = \frac{1}{2}x^{-\frac{1}{2}}(\log x + 2)$$

$$f''(x) = -\frac{1}{4}x^{-\frac{3}{2}}\log x$$

より，$y = f(x)$ の増減，グラフの凹凸は下表のようになる。

x	0	$\cdots$	$\dfrac{1}{e^2}$	$\cdots$	1	
$f'(x)$		$-$	0	$+$	$+$	$+$
$f''(x)$		$+$	$+$	$+$	0	$-$
$f(x)$		$\searrow$	$-\dfrac{2}{e}$	$\nearrow$	0	$\curvearrowright$

また, $\displaystyle\lim_{x\to +0}f(x)=0$ $(\because$　(1)), $\displaystyle\lim_{x\to\infty}f(x)=\infty$ で

あるから, $y=f(x)$ のグラフの概形は右図の

ようになる。

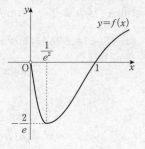

(3)　接線 l の方程式は

$$y-t^a\log t=t^{a-1}(a\log t+1)(x-t)$$

すなわち

$$y=t^{a-1}(a\log t+1)x+t^a\{(1-a)\log t-1\}$$

よって, l が y 軸の負の部分と交わるための条件は

$$t^a\{(1-a)\log t-1\}<0\quad (t>0)$$

$t^a>0$ であるから

$$(1-a)\log t-1<0\quad\text{すなわち}\quad (a-1)\log t>-1\quad\cdots\cdots①$$

である。したがって

(i)　$0<a<1$ のとき

$\log t<-\dfrac{1}{a-1}$ より　　$0<t<e^{-\frac{1}{a-1}}$

(ii)　$a=1$ のとき

①は常に成り立つから　　$t>0$

(iii)　$1<a$ のとき

$\log t>-\dfrac{1}{a-1}$ より　　$t>e^{-\frac{1}{a-1}}$

ここで, $g(a)=e^{-\frac{1}{a-1}}$ $(a>0,\ a\neq 1)$ とおくと

$$g'(a)=\frac{1}{(a-1)^2}e^{-\frac{1}{a-1}}$$

$$g''(a)=-\frac{2}{(a-1)^3}e^{-\frac{1}{a-1}}+\frac{1}{(a-1)^4}e^{-\frac{1}{a-1}}=-\frac{2a-3}{(a-1)^4}e^{-\frac{1}{a-1}}$$

よって, $a>0$ における $g(a)$ の増減, 曲線 $t=g(a)$ の凹凸は次のように

なる。

a	0	$\cdots$	1	$\cdots$	$\dfrac{3}{2}$	$\cdots$
$g'(a)$		$+$		$+$	$+$	$+$
$g''(a)$		$+$		$+$	0	$-$
$g(a)$		↗		↗	$\dfrac{1}{e^2}$	↗

また

$$\lim_{a\to +0}g(a)=e,\ \lim_{a\to\infty}g(a)=1$$

$$\lim_{a\to 1-0}g(a)=\infty,\ \lim_{a\to 1+0}g(a)=0$$

漸近線は直線 $t=1$，$a=1$ である。

以上より，求める領域は右図の網かけ部分

で，境界線は含まない。

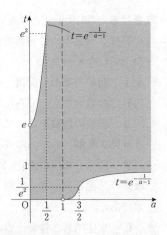

━━━━◀解　説▶━━━━

≪対数を含む関数のグラフと変曲点，不等式の領域≫

$y=x^a\log x\ (a>0)$ の変曲点が x 軸上に存在するときの $y=x^a\log a$ のグラフと，$(a-1)\log t>-1$ を満たす点 $(a,\ t)$ が存在する領域を図示する問題である。

▶(1)　$s=-a\log x$ とおくことがポイントである。

▶(2)　点 $(p,\ f(p))$ が曲線 $y=f(x)$ の変曲点であるための条件は，$f''(p)=0$ かつ $x=p$ の前後で $f''(x)$ の符号が変わることである。したがって，$x=e^{\frac{1-2a}{a(a-1)}}$ の前後で $f''(x)$ の符号が変わることの確認は重要である。$y=f(x)$ のグラフの概形を描く際には，増減と凹凸および $\lim_{x\to +0}f(x)$，$\lim_{x\to\infty}f(x)$ を調べること。

▶(3)　①を t について解く際には a による場合分けが必要である。$a=1$ のときにも注意する。凹凸を調べずに $t=g(a)$ のグラフの概形を描くことも考えられるが，(2)で変曲点がテーマになっているので，ここでも凹凸を調べておくべきである。〔解答〕では $0<a<1$ の範囲のグラフに対し，$(0,\ e)$ の明示だけでは不十分と考え，$\left(\dfrac{1}{2},\ e^2\right)$ も明示した。

❖講　評

微・積分法と極限を中心とした出題が 2022 年度の特徴で，出題分野

を見ると 2019 年度と似た傾向である。証明問題 2 問は例年通り，図示問題は 3 問と多めの出題である。頻出項目である確率，複素数平面からの出題はなかった。

　Ⅰ　曲線の概形，面積，体積に関する微・積分法の典型・頻出問題。内容は標準的なものであるが，⑶は計算量が多く骨が折れる。

　Ⅱ　素数の性質を用いて不定方程式を解く標準的な整数問題。⑴ができれば⑵も解けるであろう。

　Ⅲ　隣接 2 項間の漸化式の問題。⑴・⑵は基本的なものであるが，⑶はガウス記号をうまく処理しなければならないので，やや難レベルの問題である。

　Ⅳ　立体図形と積分法の融合問題。立体感覚が試されている。問題設定を理解し，どういう図形になるのかを把握するのが難しい。

　Ⅴ　極限と微分法の標準問題。指数・対数関数の微分に関する正確な計算力，および適切な図示能力が試されている。

　2022 年度は，2021 年度に比べ，やや難レベルの問題が目立ち，計算量も増加し，難化した。Ⅰ⑶，Ⅲ⑶，Ⅳがやや難レベルである。計算力，論理的思考力と表現力，それに立体感覚が要求されている。「数学Ⅲ」を中心に，数学の総合的な能力向上を目標とした学習が必要である。

I 解答

(1)— b　(2)— e　(3)— a　(4)— f　(5)— d　(6)— h

(7)— c　(8)— g　(9)— e　(10)— c　(11)— c　(12)— e

(13)— a

◀解　説▶

≪変化する磁場中での荷電粒子の円運動，回転する導体棒による起電力≫

▶問 1．(1)　粒子の速さが v のときの糸の張力の大きさを T とすると，円運動の運動方程式より

$$M\frac{v^2}{L}=qvB_0+T \qquad \therefore \quad T=M\frac{v^2}{L}-qvB_0$$

糸がたるまないためには $T \geqq 0$ であればよいから

$$M\frac{v^2}{L}-qvB_0 \geqq 0 \qquad \therefore \quad v \geqq \frac{qLB_0}{M}$$

よって，v の最小値 v_0 は

$$v_0=\frac{qLB_0}{M}$$

(2)　(1)の結果を用い，与えられた数値を代入すると

$$\omega_0=\frac{v_0}{L}=\frac{qB_0}{M}=\frac{1.6\times10^{-19}\times1.0}{1.7\times10^{-27}}$$

$$=0.941\times10^8 \fallingdotseq 9.4\times10^7[\text{rad/s}]$$

(3)　$t>0$ のとき半径 L の円軌道内部を貫く磁束 Φ は

$$\Phi=B\cdot\pi L^2=\pi L^2 B_0(1+kt)$$

よって，円周に沿って発生する誘導起電力の大きさ V は

$$V=\frac{\Delta\Phi}{\Delta t}=\pi L^2 kB_0$$

円周に沿った方向の電場の大きさ E は

$$E=\frac{V}{2\pi L}=\frac{1}{2}LkB_0$$

(4)　円軌道を z 軸正方向へ貫く磁束が増加するから，z 軸負方向の磁束を作る向きに誘導起電力が生じ，電場の向きは図 1 の v の向きとなる。よ

って, 粒子の運動方程式は

$$Ma=qE=\frac{1}{2}qLkB_0$$

(1)より $qLB_0=Mv_0$ であるから

$$Ma=\frac{1}{2}Mkv_0 \quad \therefore \quad a=\frac{k}{2}v_0$$

▶問2. (5)　$t>0$ のとき, 粒子の円運動の運動方程式より

$$M\frac{v^2}{L}=qvB+T$$

ここで, (4)より

$$v=3v_0+at=v_0\left(3+\frac{1}{2}kt\right)$$

また

$$\frac{M}{L}=\frac{qB_0}{v_0}, \quad B=B_0(1+kt)$$

よって

$$T=\frac{M}{L}v^2-qvB$$

$$=\left\{\frac{qB_0}{v_0}\cdot v_0\left(3+\frac{1}{2}kt\right)-qB_0(1+kt)\right\}\cdot v_0\left(3+\frac{1}{2}kt\right)$$

$$=qB_0v_0\left(2-\frac{1}{2}kt\right)\left(3+\frac{1}{2}kt\right)$$

$$=qB_0v_0\left(6-\frac{1}{2}kt-\frac{1}{4}k^2t^2\right)$$

(6)　(5)より, $T=0$ となる時刻を t とすると

$$6-\frac{1}{2}kt-\frac{1}{4}k^2t^2=-\frac{1}{4}(kt+6)(kt-4)=0$$

$t>0$ より　　$t=\dfrac{4}{k}$

▶問3. (7)　中心 O から距離 r の
位置の電子の速さは $v=r\omega$ である
から, ローレンツ力の大きさ f は

$$f=evB_0=e\omega B_0 r$$

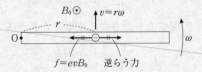

よって, ローレンツ力に逆らって中心 O からもう一方の端まで 1 C の電

荷を運ぶのに必要な仕事から，起電力の大きさ V を求めると

$$V=\frac{1}{e}\int_0^L e\omega B_0 r dr = \omega B_0\left[\frac{r^2}{2}\right]_0^L = \frac{1}{2}L^2\omega B_0$$

別解　中心 O から r の位置での電場の大きさを E_r とする。一定の起電力
が生じているとき，電子にはたらく力はつり合う。ゆえに

$$eE_r = f = e\omega B_0 r \quad \therefore \quad E_r = \omega B_0 r$$

よって

$$V=\int_0^L E_r dr = \int_0^L \omega B_0 r dr = \frac{1}{2}L^2\omega B_0$$

(8)　(7)の結果に与えられた数値を代入して

$$V=\frac{1}{2}\times 0.10^2\times 1.0\times 10^2\times 1.0 = 0.5\,(\mathrm{V})$$

(9)　1 回転するのにかかる時間は $T=\dfrac{2\pi}{\omega}$ であるから，この時間に抵抗
R で発生するジュール熱 Q は，(7)の結果を用いて

$$Q=\frac{V^2}{R}\cdot T = \frac{1}{R}\cdot\left(\frac{1}{2}L^2\omega B_0\right)^2\cdot\frac{2\pi}{\omega} = \frac{\pi\omega B_0^2 L^4}{2R}$$

▶問 4．(10)　1 C の電荷にはたらくローレンツ力の大きさ f は

$0\leqq r<\dfrac{L}{2}$ のとき　　$f=\omega r\cdot B_0 = \omega B_0 r$

$\dfrac{L}{2}\leqq r\leqq L$ のとき　　$f=\omega r\cdot B_0\dfrac{L}{2r} = \dfrac{1}{2}L\omega B_0$

よって，$0\leqq r<\dfrac{L}{2}$ 間の起電力の大きさを V_1 とすると

$$V_1=\int_0^{\frac{L}{2}}\omega B_0 r dr = \frac{1}{2}\omega B_0\left[r^2\right]_0^{\frac{L}{2}} = \frac{1}{8}L^2\omega B_0$$

$\dfrac{L}{2}\leqq r\leqq L$ 間の起電力の大きさを V_2 とすると

$$V_2=\int_{\frac{L}{2}}^L \frac{1}{2}L\omega B_0 dr = \frac{1}{2}L\omega B_0\left[r\right]_{\frac{L}{2}}^L = \frac{1}{4}L^2\omega B_0$$

よって

$$V=V_1+V_2 = \frac{3}{8}L^2\omega B_0$$

(11)　$\dfrac{\Delta\Phi}{\Delta t}=V$ であるから，(10)の結果より

$$\Delta\Phi = V\Delta t = \frac{3}{8}L^2\omega B_0\Delta t$$

(12) (10)の V_1 を用いて

$$\Delta\Phi_1 = V_1\Delta t = \frac{1}{8}L^2\omega B_0\Delta t$$

(13) (10)の V_2 を用いて

$$\Delta\Phi_2 = V_2\Delta t = \frac{1}{4}L^2\omega B_0\Delta t$$

Ⅱ 解答 問1. 台の加速度：$-\dfrac{a}{5}$　台の加速度の向き：右向き

問2. $\dfrac{1}{10}v_0$　問3. $\dfrac{7v_0{}^2}{20gl}$　問4. $\dfrac{1}{14}l$　問5. $\dfrac{4mv_0{}^2}{25r}+mg$

問6. $\dfrac{1}{6}v_0$　問7. $\dfrac{mv_0{}^2}{9r}-\dfrac{5}{3}mg$　問8. $-\sqrt{gr}$

問9. $\dfrac{\sqrt{145gr}}{2}$　問10. $\dfrac{203}{320}$

◀解 説▶

≪鉛直面内での物体の円運動，運動量保存則，水平投射≫

▶問1. 物体と台の間にはたらく動摩擦力の大きさを f とすると，物体には負方向，台には正方向に動摩擦力がはたらく。台の加速度を A とすると，物体と台の運動方程式は

　　　物体：$ma=-f$　　台：$5mA=f$

よって

$$A = \frac{f}{5m} = -\frac{a}{5}$$

$a<0$ であるから，A は正の向きである。

▶問2. 求める速度を V_0 とすると，水平方向の運動量保存則より

$$mv_0 = m\cdot\frac{v_0}{2}+5mV_0 \quad \therefore \quad V_0 = \frac{1}{10}v_0$$

別解 物体が台上の点Bを通過するまでの時間を t とすると

$$\frac{v_0}{2} = v_0 + at \quad \therefore \quad t = -\frac{v_0}{2a}$$

よって

$$V_0 = At = -\frac{a}{5} \cdot \left(-\frac{v_0}{2a}\right) = \frac{1}{10}v_0$$

▶問3．動摩擦係数を μ' とすると，物体と台の運動エネルギーの和は動摩擦力がした仕事だけ変化するから

$$\left\{\frac{1}{2}m\left(\frac{v_0}{2}\right)^2 + \frac{1}{2}\cdot 5m\cdot\left(\frac{v_0}{10}\right)^2\right\} - \frac{1}{2}mv_0{}^2 = -\mu'mgl$$

$$\mu'gl = \left(\frac{1}{2} - \frac{1}{40} - \frac{1}{8}\right)v_0{}^2 = \frac{7}{20}v_0{}^2$$

$$\therefore \quad \mu' = \frac{7v_0{}^2}{20gl}$$

別解　物体が点 B を通過するまでに物体と台が進んだ距離をそれぞれ x_1, x_2 とすると

$$x_1 = v_0 t + \frac{1}{2}at^2 = v_0\cdot\left(-\frac{v_0}{2a}\right) + \frac{1}{2}a\left(-\frac{v_0}{2a}\right)^2$$

$$= -\frac{3v_0{}^2}{8a}$$

$$x_2 = \frac{1}{2}At^2 = \frac{1}{2}\cdot\left(-\frac{a}{5}\right)\cdot\left(-\frac{v_0}{2a}\right)^2$$

$$= -\frac{v_0{}^2}{40a}$$

よって

$$l = x_1 - x_2 = -\frac{7v_0{}^2}{20a} \qquad \therefore \quad a = -\frac{7v_0{}^2}{20l}$$

物体の運動方程式より

$$ma = -\mu'mg$$

$$\therefore \quad \mu' = -\frac{a}{g} = \frac{7v_0{}^2}{20gl}$$

▶問4．台の変位を x_2 とすると，台の運動エネルギーは動摩擦力がした仕事だけ変化するから

$$\mu'mgx_2 = \frac{1}{2}\cdot 5m\cdot\left(\frac{v_0}{10}\right)^2 = \frac{mv_0{}^2}{40}$$

問3の結果を用いると

$$x_2 = \frac{v_0{}^2}{40\mu'g} = \frac{1}{14}l$$

別解 問 3 の〔別解〕より

$$x_2 = -\frac{v_0{}^2}{40} \cdot \frac{1}{a} = -\frac{v_0{}^2}{40} \cdot \left(-\frac{20l}{7v_0{}^2}\right) = \frac{1}{14}l$$

▶問 5．問 2 の結果より，物体が点 B を通過した瞬間の台上から見た物体の速度を v' とすると

$$v' = \frac{v_0}{2} - \frac{v_0}{10} = \frac{2}{5}v_0$$

物体が台から受ける垂直抗力の大きさを N とすると，台上から見た物体の円運動の運動方程式より

$$m\frac{v'^2}{r} = N - mg$$

$$\therefore \quad N = \frac{m}{r}\left(\frac{2}{5}v_0\right)^2 + mg$$

$$= \frac{4mv_0{}^2}{25r} + mg$$

▶問 6．物体が点 C を通過するとき，物体と台の水平方向の速度は等しくなるからこれを V とおくと，点 B と点 C で水平方向の運動量保存則より

$$m \cdot \frac{v_0}{2} + 5m \cdot \frac{v_0}{10} = (m+5m)V$$

$$6V = \frac{v_0}{2} + \frac{v_0}{2} = v_0$$

$$\therefore \quad V = \frac{1}{6}v_0$$

▶問 7．点 C を通過するときの物体の鉛直上向きの速度成分を v_y とすると，点 B と点 C で力学的エネルギー保存則より

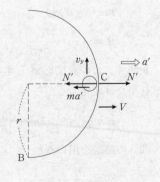

$$\frac{1}{2}m\left(\frac{v_0}{2}\right)^2 + \frac{1}{2}\cdot 5m\cdot\left(\frac{v_0}{10}\right)^2$$

$$= \frac{1}{2}m\left\{v_y{}^2 + \left(\frac{v_0}{6}\right)^2\right\}$$

$$\qquad\qquad + \frac{1}{2}\cdot 5m\cdot\left(\frac{v_0}{6}\right)^2 + mgr$$

$$\frac{v_0{}^2}{4} + \frac{v_0{}^2}{20} = v_y{}^2 + 6\cdot\frac{v_0{}^2}{36} + 2gr$$

$$\therefore \quad v_y{}^2 = \frac{2}{15}v_0{}^2 - 2gr$$

物体がレール面から受ける垂直抗力の大きさを N' とすると，台は水平右向きに N' を受けるから，台の右向きの加速度の大きさを a' とすると

$$5ma' = N' \qquad \therefore \quad ma' = \frac{N'}{5}$$

台上で点 C における円運動の運動方程式を作ると，左向きに慣性力 ma' がはたらくから

$$m\frac{v_y{}^2}{r} = N' + ma' = \frac{6}{5}N'$$

$$\therefore \quad N' = \frac{5}{6} \cdot \frac{m}{r}\left(\frac{2v_0{}^2}{15} - 2gr\right)$$

$$= \frac{mv_0{}^2}{9r} - \frac{5}{3}mg$$

▶問 8．点 D における台の速度を V_D，物体の速度を v_D とすると，台上から見た物体の速度は，左向きに大きさ $V_D - v_D$ となる。よって，台上から見た物体の円運動の運動方程式より

$$m\frac{(V_D - v_D)^2}{r} = mg \qquad \therefore \quad V_D - v_D = \sqrt{gr} \quad \cdots\cdots ①$$

したがって，台に対する物体の相対速度は

$$v_D - V_D = -\sqrt{gr}$$

▶問 9．点 B と点 D で水平方向の運動量保存則より

$$m \cdot \frac{v_0}{2} + 5m \cdot \frac{v_0}{10} = mv_D + 5mV_D$$

$$\therefore \quad v_D + 5V_D = v_0 \quad \cdots\cdots ②$$

①，②より

$$V_D = \frac{1}{6}(v_0 + \sqrt{gr}), \quad v_D = \frac{1}{6}(v_0 - 5\sqrt{gr})$$

点 B と点 D で力学的エネルギー保存則より

$$\frac{1}{2}m\left(\frac{v_0}{2}\right)^2 + \frac{1}{2} \cdot 5m \cdot \left(\frac{v_0}{10}\right)^2$$

$$= \frac{1}{2}m\left\{\frac{1}{6}(v_0 - 5\sqrt{gr})\right\}^2 + \frac{1}{2} \cdot 5m\left\{\frac{1}{6}(v_0 + \sqrt{gr})\right\}^2 + 2mgr$$

両辺に 2 をかけて，式を展開すると

$$\frac{v_0{}^2}{4}+\frac{v_0{}^2}{20}$$

$$=\frac{1}{36}(v_0{}^2-10v_0\sqrt{gr}+25gr)+\frac{5}{36}(v_0{}^2+2v_0\sqrt{gr}+gr)+4gr$$

$$\frac{6}{20}v_0{}^2=\frac{6}{36}v_0{}^2+\frac{30}{36}gr+4gr$$

$$\frac{3}{10}v_0{}^2=\frac{1}{6}v_0{}^2+\frac{29}{6}gr$$

$$\frac{2}{15}v_0{}^2=\frac{29}{6}gr$$

$$v_0{}^2=\frac{15}{2}\cdot\frac{29}{6}gr=\frac{145}{4}gr$$

$$\therefore\quad v_0=\frac{\sqrt{145gr}}{2}\quad\cdots\cdots③$$

▶問 10. 物体が点 D から台上の点に落
下するまでの時間を t とすると

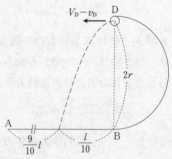

$$\frac{1}{2}gt^2=2r\quad\therefore\quad t=2\sqrt{\frac{r}{g}}$$

問 8 より，物体は速さ $V_{\mathrm{D}}-v_{\mathrm{D}}=\sqrt{gr}$ で
左向きに水平投射されるので，水平方向
について

$$\frac{l}{10}=(V_{\mathrm{D}}-v_{\mathrm{D}})t=2r\quad\therefore\quad l=20r\quad\cdots\cdots④$$

問 3 の結果に③，④を用いて

$$\mu'=\frac{7v_0{}^2}{20gl}=\frac{7}{20g\cdot20r}\cdot\frac{145gr}{4}$$

$$=\frac{203}{320}$$

Ⅲ　**解答**　問 1. 運動量変化の大きさ：$2mu_x$

力積の大きさ：$\dfrac{mu_x{}^2}{L}$

問 2. 圧力：$\dfrac{Nmv^2}{3LS}$　温度：$\dfrac{Nmv^2}{3R}$

問 3．内部エネルギー：$\dfrac{Nmv^2}{2}$　定積モル比熱：$\dfrac{3}{2}R$

問 4．$\dfrac{5}{2}R$　問 5．$\dfrac{Nm}{24R}(3v^2+5V^2)$

問 6．1 回の弾性衝突による運動エネルギー変化：$-2mwu_x$

壁が移動したときの運動エネルギー変化：$-\dfrac{mu_x{}^2 d}{L}$

問 7．$-\dfrac{Nmv^2 d}{3L}$　問 8．$\dfrac{Nmv^2 d}{3L}$　問 9．$\dfrac{2d}{3L}$

問 10.

気体がされた仕事：$\dfrac{Nmv^2 d^2}{9L^2}$

━━━━━◀解　説▶━━━━━

《気体分子運動論，断熱膨張》

▶問 1．気体分子の速度は壁との弾性衝突で u_x から $-u_x$ になるから，運動量変化は

$$-mu_x - mu_x = -2mu_x$$

よって，変化の大きさは $2mu_x$ である。

単位時間に分子は距離 u_x 動き，$2L$ 進むごとに同じ壁に 1 回衝突するから，単位時間に衝突する回数は $\dfrac{u_x}{2L}$ である。よって，単位時間の気体分子の運動量変化は

$$-2mu_x \cdot \dfrac{u_x}{2L} = -\dfrac{mu_x{}^2}{L}$$

これは分子が壁から受ける力積に等しく，分子が壁に与える力積はこの反

作用なので，力積の大きさは $\dfrac{mu_x{}^2}{L}$ となる。

▶問2．1 mol の気体分子の個数は N であるから，全分子が単位時間に壁に与える力積は，$\overline{u_x{}^2} = \dfrac{\sum\limits_N u_x{}^2}{N}$ を用いて

$$\sum_N \frac{mu_x{}^2}{L} = \frac{Nm\overline{u_x{}^2}}{L}$$

$v^2 = \overline{u_x{}^2} + \overline{u_y{}^2} + \overline{u_z{}^2}$ で，速度の向きは等方的であるから $\overline{u_x{}^2} = \overline{u_y{}^2} = \overline{u_z{}^2}$ とすることができて

$$v^2 = 3\overline{u_x{}^2} \quad \therefore \quad \overline{u_x{}^2} = \frac{1}{3}v^2$$

単位時間に与える力積は力であるから，力の大きさを F とすると

$$F = \frac{Nm\overline{u_x{}^2}}{L} = \frac{Nmv^2}{3L}$$

よって，圧力 P は

$$P = \frac{F}{S} = \frac{Nmv^2}{3LS}$$

温度を T とすると，理想気体の状態方程式より

$$P \cdot LS = RT$$

$$\therefore \quad T = \frac{PLS}{R} = \frac{Nmv^2}{3R}$$

▶問3．理想気体の分子の力学的エネルギーの平均は，運動エネルギーの平均であるから，内部エネルギーを U とすると

$$U = N \cdot \frac{1}{2}mv^2 = \frac{Nmv^2}{2}$$

問2の T の式を用いると

$$U = \frac{3}{2}R \cdot \frac{Nmv^2}{3R} = \frac{3}{2}RT$$

定積変化では吸収した熱量 Q は内部エネルギーの変化 $\varDelta U$ に等しいから，温度変化を $\varDelta T$ とすると，1 mol あたり

$$Q = \varDelta U = \frac{3}{2}R\varDelta T$$

よって，定積モル比熱を C_V とすると，$\Delta T = 1$ として得られるので

$$C_V = \frac{3}{2}R$$

▶問 4．内部エネルギーは 1 個の分子あたり $\dfrac{R}{N}T$ 増すから

$$U = \frac{3}{2}RT + N \cdot \frac{R}{N}T = \frac{5}{2}RT$$

問 3 と同様に考えて

$$Q = \Delta U = \frac{5}{2}R\Delta T$$

$$\therefore \quad C_V = \frac{5}{2}R$$

▶問 5．左右の容器内の気体の温度をそれぞれ T_1, T_2 とすると，問 2 より

$$T_1 = \frac{Nmv^2}{3R}, \quad T_2 = \frac{NmV^2}{3R}$$

左右の容器内の気体の内部エネルギーをそれぞれ U_1, U_2 とすると，問 3 より

$$U_1 = \frac{3}{2}RT_1 = \frac{1}{2}Nmv^2, \quad U_2 = \frac{5}{2}RT_2 = \frac{5}{6}NmV^2$$

十分時間がたって左右の容器内の温度が T になったとすると，全内部エネルギー U は

$$U = \frac{3}{2}RT + \frac{5}{2}RT = 4RT$$

内部エネルギーの和は保存するから，$U = U_1 + U_2$ より

$$4RT = \frac{1}{2}Nmv^2 + \frac{5}{6}NmV^2$$

$$\therefore \quad T = \frac{1}{4R} \cdot \frac{Nm(3v^2 + 5V^2)}{6}$$

$$= \frac{Nm}{24R}(3v^2 + 5V^2)$$

▶問 6．壁に衝突した直後の気体分子の速度成分を u_x' とすると，はね返り係数が 1 より

$$1 = \frac{w - u_x'}{u_x - w} \quad \therefore \quad u_x' = -u_x + 2w$$

よって，1回弾性衝突したときの運動エネルギーの変化を Δk とすると，w の1次式で近似して

$$\Delta k = \frac{1}{2}m{u_x'}^2 - \frac{1}{2}m{u_x}^2$$

$$= \frac{1}{2}m\{(-u_x+2w)^2 - u_x^2\}$$

$$= \frac{1}{2}m\left\{u_x^2\left(1-\frac{2w}{u_x}\right)^2 - u_x^2\right\}$$

$$\fallingdotseq \frac{1}{2}m\left\{u_x^2\left(1-\frac{4w}{u_x}\right) - u_x^2\right\}$$

$$= -2mwu_x$$

壁の位置が L から $L+d$ へ移動するまでにかかる時間は $\dfrac{d}{w}$ であるから，この間に分子が壁に衝突する回数は

$$\frac{u_x \cdot \dfrac{d}{w}}{2L} = \frac{u_x d}{2Lw}$$

よって，この間の運動エネルギーの変化を ΔK とすると

$$\Delta K = \Delta k \cdot \frac{u_x d}{2Lw}$$

$$= -2mwu_x \cdot \frac{u_x d}{2Lw}$$

$$= -\frac{m{u_x}^2 d}{L}$$

▶問7. $\displaystyle\sum_N {u_x}^2 = N\overline{{u_x}^2} = \frac{1}{3}N v^2$ より，内部エネルギーの変化 ΔU は

$$\Delta U = \sum_N \Delta K = -\frac{Nmv^2 d}{3L}$$

▶問8. 定積変化であるから，気体の温度を，壁を移動させる前に戻すには，問7で減少した内部エネルギーをもとに戻せばよい。

気体に加えられた熱量を Q とすると

$$Q = |\Delta U| = \frac{Nmv^2 d}{3L}$$

▶問9. 圧力 P，体積 V の単原子分子理想気体1molの内部エネルギー

U は，$U = \dfrac{3}{2}PV$ であるから，問 8 の定積変化前，変化後の圧力をそれぞれ P_1，P_2 とすると

$$U = \frac{3}{2}P_1 S(L+d), \quad U + |\Delta U| = \frac{3}{2}P_2 S(L+d)$$

$$\therefore \quad P_2 - P_1 = \frac{2|\Delta U|}{3S(L+d)}$$

問 6 の断熱変化前の圧力を P_0 とすると，問 2 と問 7 の結果より

$$P_0 = \frac{Nmv^2}{3LS} = \frac{|\Delta U|}{Sd}$$

よって

$$\frac{P_2 - P_1}{P_0} = \frac{2d}{3(L+d)}$$

d の 1 次式で近似すると

$$\frac{P_2 - P_1}{P_0} = \frac{2d}{3L}\left(1 + \frac{d}{L}\right)^{-1} \fallingdotseq \frac{2d}{3L}\left(1 - \frac{d}{L}\right) \fallingdotseq \frac{2d}{3L}$$

▶問 10. このサイクルで気体がされた仕事は右の $P\text{-}V$ 図の網かけ部分の面積で表される。d の 2 次式で表すために，三角形の面積で近似して

$$\frac{1}{2} \cdot \frac{2d}{3L}P_0 \cdot Sd = \frac{Sd^2}{3L} \cdot \frac{Nmv^2}{3LS}$$

$$= \frac{Nmv^2 d^2}{9L^2}$$

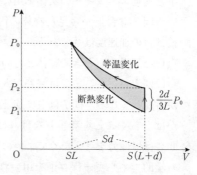

❖講　評

2022 年度は 2021 年度と同様，大問 3 題，試験時間は理科 2 科目で 120 分の出題であった。出題形式も同様で，Ⅰはマークシート法による選択式，ⅡとⅢは記述式で，いずれも結果のみを答えればよい。

Ⅰ　(1)・(2)はローレンツ力による荷電粒子の円運動，(3)・(4)は磁場の変化による円軌道に沿った起電力という頻出のテーマで，完答したい。(5)・(6)は v，B が時間 t で変化するときの糸の張力 T の計算で，難しく

はないが解答群から選ぶのがやや面倒である。⑺～⑼は回転する導体棒に生じる起電力であるが，1C の電荷にはたらくローレンツ力から求めるという表現が目新しく，戸惑った受験生もいたであろう。⑽も同様にローレンツ力から求めればよい。⑾～⒀は起電力から磁束を求めればよく，難しくはないのだが，通常の磁束の時間変化から起電力を計算する手順とは逆なので戸惑う。図 3 から磁束変化を求めることもできるが，計算が大変である。

　Ⅱ　問 1 は物体と台にはたらく動摩擦力が作用反作用の関係になるので，物体の加速度は負，台の加速度が正になることに注意すればよいが，いきなりここでつまずくかもしれない。問 2 は問 1 で加速度を求めたので運動方程式から解くのが自然な流れであろうが，運動量保存則から解くほうが計算量は少ない。問 3 も等加速度運動の式から解けるが，計算量が多くなる。仕事と運動エネルギーの関係から解くほうが楽である。問 4 に関しては加速度から解くと問 3 で答えが出ているのであるが，仕事と運動エネルギーの関係を用いれば容易である。ここまでは完答したい。問 5 は台上から見た物体の円運動を考えるが，点 B を通過した直後は台の加速度は 0 であるから，慣性力は考慮しなくてもよい。問 6 は点 C を通過するとき，物体と台の水平方向の速度が等しくなることに気づけばよい。ここまでは完答できた受験生も多かったであろうが，問 7 から難しくなる。問 7 は台に加速度が生じ，台上で見ると物体に慣性力がはたらくことを考慮しなければならない。v_y の計算も大変である。問 8 は慣性力を考えなくてよいので容易である。問 9 は運動量保存則と力学的エネルギー保存則を用いれば解けるが，計算量が多い。問 10 は水平投射で，問 9 の結果を用いればよい。

　Ⅲ　問 1・問 2 は気体分子運動から気体の圧力を求める典型的な内容で，完答しなければならないが，それなりの時間がかかる。問 3 は単原子分子理想気体の定積モル比熱であるから，$\frac{3}{2}R$ を覚えていた受験生も多かったであろう。問 4 の比例係数 $\frac{R}{N}=k$ はボルツマン定数で，回転運動の平均エネルギーが 1 分子あたり kT となる。定積モル比熱

$\frac{5}{2}R$ は，2 原子分子を表している。問 5 は単原子分子と多原子分子の熱平衡という目新しいテーマで，内部エネルギーの保存を考えればそう難しくはないが，差がつくかもしれない。問 6 ～問 8 は断熱膨張での運動エネルギー，すなわち内部エネルギーの減少を求める内容で類題も多いが，計算量が多く時間がかかる。問 9 が難しく，内部エネルギーが圧力を用いて表せることに気づかないと手が出ないであろう。問 10 のグラフは描けるであろうが，仕事を d の 2 次式で表すには三角形の面積で近似する必要があり，かなり難しい。

　全体として，2022 年度はオーソドックスなテーマが多く，2021 年度に比べればやや解きやすかったと思われるが，計算量は多く，2021 年度と同様，試験時間内に完答するのは難しい。各大問の前半や解きやすそうな設問を確実に解き，その上で残りにチャレンジするのが得策であろう。

化学

I 解答　(1)A—(オ)　B—(エ)　C—(イ)
(2)A—(イ)　B—(ア)　C—(ウ)

(3)A—(エ)　B—(ア)　C—(オ)　(4)A—(エ)　B—(ウ)　C—(エ)

(5)A—(イ)　B—(ウ)　C—(ウ)　(6)A—(ウ)　B—(ア)　C—(ウ)

(7)A—(ア)　B—(エ)　C—(ウ)　(8)A—(イ)　B—(イ)　C—(オ)

(9)A—(ア)　B—(エ)　C—(イ)　(10)A—(ウ)　B—(ウ)　C—(ア)

◀解　説▶

≪総　合≫

▶(1)A. 平衡前後の各成分の物質量は次のとおりである。

$$CO + 2H_2 \rightleftharpoons CH_3OH$$

平衡前　0.80　1.60　　　　0　　〔mol〕
平衡後　0.70　1.40　　　0.10　〔mol〕

よって，求める平衡定数 K は

$$K = \frac{[CH_3OH]}{[CO][H_2]^2} = \frac{\dfrac{0.10}{20}}{\dfrac{0.70}{20}\left(\dfrac{1.40}{20}\right)^2}$$

$$= 29.1 \fallingdotseq 29 \, [(mol/L)^{-2}]$$

B. 式①の正反応は，総分子数が減少する発熱反応であるから，ルシャトリエの原理より，全圧を大きくし（容器の体積を小さくし），温度を低くするほど平衡は右に移動する。

C. 気体反応において

反応熱＝（生成物の結合エネルギーの和）

　　　　　−（反応物の結合エネルギーの和）

が成り立つので，求める CO における結合エネルギーを x〔kJ/mol〕とすると

$$100 = (413 \times 3 + 352 + 463) - (x + 436 \times 2) \quad \therefore \quad x = 1082 \, [kJ/mol]$$

▶(2)A. ハロゲン化水素は同形の分子であるから，分子量が大きいほど分子間力が大きく沸点は高い。ただし，HF は分子間で水素結合をするので

著しく沸点が高くなる。

ハロゲン化水素の沸点は高い順に

$$HF > HI > HBr > HCl$$

よって，求める単体は気体の Cl_2 であり，その色は黄緑色である。

B．HF は弱酸であり，次のようにガラスの主成分である二酸化ケイ素と反応して，ヘキサフルオロケイ酸を生じる。

$$SiO_2 + 6HF \longrightarrow H_2SiF_6 + 2H_2O$$

その他のハロゲン化水素の水溶液はすべて強酸である。

C．ハロゲン化銀のうち水によく溶解するものは AgF のみである。

▶(3)A．鉄鉱石の主成分である Fe_2O_3 の溶鉱炉での還元反応は，次のとおり。

$$Fe_2O_3 + 3CO \longrightarrow 2Fe + 3CO_2$$

B．アルミニウムの溶融塩電解（融解塩電解）では，溶融した Al_2O_3 から生じた Al^{3+} が陰極（炭素電極）で次のように還元される。

$$Al^{3+} + 3e^- \longrightarrow Al$$

C．銅の電解精錬では，陽極としての粗銅に含まれる銅よりイオン化傾向が小さい不純物（金や銀）は，酸化されることなく単体のまま陽極泥となる。

▶(4)A．凝固点降下度は質量モル濃度に比例するが，溶質が同じであればその質量と溶媒の質量の比に比例する。よって，求めるエチレングリコールの質量を x [g] とすると

$$\frac{\dfrac{0.105}{0.352}}{100} = \frac{0.230}{\dfrac{x}{1000}} \qquad \therefore \quad x = 7.71 \fallingdotseq 7.7 \text{ [g]}$$

B．化合物 X の組成式を $C_xH_yO_z$ とすると

$$x : y : z = \frac{48.0}{12.0} : \frac{9.3}{1.0} : \frac{100 - (48.0 + 9.3)}{16.0}$$

$$= 4.0 : 9.3 : 2.66 \fallingdotseq 3 : 7 : 2$$

よって，求める組成式は　　$C_3H_7O_2$

C．化合物 X の分子量を M とすると，エチレングリコールの分子量は 62.0 であるから，凝固点降下度は質量モル濃度に比例することを用いて

$$\frac{0.105}{\dfrac{0.352}{62.0} \times \dfrac{1000}{100}} = \frac{0.500}{\dfrac{5.00}{M} \times \dfrac{1000}{124}}$$

$$\therefore \quad M = 149.1 \fallingdotseq 150$$

化合物 X はその分子量より，3 分子のエチレングリコールから 2 分子の水が脱離した鎖状構造をしていると考えられる。

$$3C_2H_4(OH)_2 \longrightarrow HOC_2H_4-O-C_2H_4-O-C_2H_4OH + 2H_2O$$

なお，化合物 X は非電解質と考えてよい。

▶(5)A. 浸透圧〔Pa〕は，断面積 1 m^2 当たりにかかる力〔N〕であるから

$$2.50 \text{〔cm〕} \times 1.00 \text{〔g/cm}^3\text{〕} \times 10^{-3} \text{〔kg/g〕} \div 10^{-4} \text{〔m}^2\text{/cm}^2\text{〕} \times 9.8 \text{〔m/s}^2\text{〕}$$

$$= 245 \text{〔N/m}^2\text{〕} = 2.45 \times 10^2 \text{〔Pa〕}$$

別解　$1.013 \times 10^5 \times \dfrac{2.50}{13.6} \times \dfrac{1}{76.0} = 245.0 \fallingdotseq 2.45 \times 10^2 \text{〔Pa〕}$

B. 高分子化合物 I の分子量を M とすると，ファントホッフの式より

$$\frac{1.00}{M} \times 8.31 \times 10^3 \times 300 = 2.45 \times 10^2$$

$$\therefore \quad M = 1.01 \times 10^4 \fallingdotseq 1.0 \times 10^4$$

C. 高分子化合物 II の分子量は高分子化合物 I の約 10 倍であるから，質量が同じであれば生じる浸透圧は高分子化合物 I の $\dfrac{1}{10}$ 倍である。よって，求める h は

$$h = \frac{2.50}{2} + \frac{2.50}{2} \times \frac{1}{10} = 1.375 \fallingdotseq 1.4 \text{〔cm〕}$$

▶(6)A. 求める気体の物質量を n〔mol〕とすると，気体の状態方程式より

$$1.02 \times 10^5 \times 27.3 = n \times 8.31 \times 10^3 \times 312$$

$$\therefore \quad n = 1.074 \fallingdotseq 1.07 \text{〔mol〕}$$

B. 39℃ での飽和水蒸気圧は 7.0×10^3 Pa であり，物質量は分圧に比例するから，水蒸気の物質量は

$$1.074 \times \frac{7.0 \times 10^3}{1.02 \times 10^5} = 0.0737 \fallingdotseq 0.074 \text{〔mol〕}$$

C. 0.0℃ での飽和水蒸気圧は 0.6×10^3 Pa であるので，空気の分圧は

$$5.30 \times 10^4 - 0.6 \times 10^3 = 5.24 \times 10^4 \text{〔Pa〕}$$

空気の物質量は

$$1.074-0.0737=1.0003[\text{mol}]$$

であるから，水蒸気の物質量は

$$1.0003\times\frac{0.6\times10^3}{5.24\times10^4}=0.0114[\text{mol}]$$

よって，気体の物質量は

$$1.0003+0.0114=1.0117\fallingdotseq1.01[\text{mol}]$$

▶(7)A．ナイロン 66 の合成反応は次のとおりであり，原料はヘキサメチレンジアミンとアジピン酸である。

$$nH_2N(CH_2)_6NH_2+nHOOC(CH_2)_4COOH$$

$$\longrightarrow \text{+}NH(CH_2)_6NH-CO(CH_2)_4CO\text{+}_n+2nH_2O$$

B．電解において酸化反応が生じるのは陽極である。このときの酸化反応は

$$2H_2O \longrightarrow 4H^++O_2+4e^-$$

C．㋐アルケンは C_nH_{2n}，アルキンは C_nH_{2n-2} であるから，脱水素反応である。

㋑油脂からセッケンを得る反応はけん化といい，NaOH を用いる加水分解反応である。

㋒油脂（脂肪油）に触媒（ニッケル）を用いて水素付加して得られる化合物を硬化油といい，マーガリンの原料となる。

㋓生ゴムに硫黄を加えてエボナイトを得る。

㋔オストワルト法では，アンモニアを触媒の白金を用いて酸化する。

▶(8)A．六員環をもつには 4 つの炭素原子と 2 つの窒素原子が必要であるから，ピラジンのほかに 2 つの窒素原子の位置の違いによる異性体が 2 種類存在する。

B．ピラジンへの置換基の置換を順序立てて考える。まず，−F の置換の方法は 1 種類である。次に，アミド基の置換の方法は次の①〜③の 3 通りである。

①　　　　　　　　　②　　　　　　　　　③

①～③へのヒドロキシ基の置換の方法は，それぞれ 2 通り存在するから，合計 6 通りとなる。よって，アビガンを除く異性体の数は 6−1＝5 となる。

C．レムデシビルはエボラ出血熱に対応する抗ウイルス薬として開発された。

▶(9)　①はマルトース，②はセロビオース，③はトレハロース，④はスクロース，⑤はラクトースである。

A．アンモニア性硝酸銀を還元する（銀鏡反応を示す）のは，1 位の炭素原子に結合しているヒドロキシ基がグリコシド結合に用いられていない①と②と⑤である。

B．スクロースはインベルターゼによって加水分解されて，等物質量のグルコースとフルクトース（転化糖）を生じる。

C．α-グリコシド結合をもつものは，①と③と④である。

▶(10)　アミノ酸がカラムから流出するのは，そのアミノ酸が陽イオンから双性イオンになったからであり，そのときの緩衝液の pH が等電点だと考えられる。よって，pH4 では酸性アミノ酸である③が，pH7 では中性アミノ酸である①，②，⑤が，pH11 では塩基性アミノ酸である④がそれぞれ流出する。

A．3 種類のアミノ酸から，重複を許した 2 つのアミノ酸による順列の方法（ジペプチドの数）は $3^2＝9$ 通りである。

B．グルタミン酸は酸性アミノ酸であるから，③である。

C．③はアミノ酸溶液 X に含まれる。

II 解答
(1)問 1．(ｵ)　問 2．73%　問 3．$1.3\times10^{-10}\,\text{mol/L}$
問 4．Cu(OH)_2　問 5．$1.0\times10^{-5}\,\text{mol/L}$
問 6．(a) 2　(b) 4　(c) 2　問 7．$9.80\times10^{-2}\,\text{mol/L}$
(2)問 8．(a)―(ｴ)　(b)―(ｱ)　問 9．＋5

問10.　$V_2(SO_4)_3$

問11.　(イ)・(ウ)

問12.　電気量：$3.86\times10^3\,C$　　電流：$36.4\,mA$

━━━━━━━━◀解　説▶━━━━━━━━

≪硫酸銅(Ⅱ)水溶液，バナジウムとレドックスフロー電池≫

◆(1)　▶問1．$CuSO_4$ は，弱塩基の $Cu(OH)_2$ と強酸の H_2SO_4 による正塩であるので，水溶液は酸性である。

▶問2．$[OH^-]=1.0\times10^{-9}\,[mol/L]$ のときの水溶液が含む Cu^{2+} の物質量は

$$\frac{2.2\times10^{-20}}{(1.0\times10^{-9})^2}\times\frac{12.2}{1000}=2.68\times10^{-4}\,[mol]$$

よって，沈殿した Cu^{2+} の割合は

$$\left(1-\frac{2.68\times10^{-4}}{0.100\times\dfrac{10.0}{1000}}\right)\times100=73.2\fallingdotseq73\,[\%]$$

▶問3．もとの $CuSO_4$ 水溶液の体積は $10.0\,mL$ であるから，深青色の水溶液における全 $Cu(Ⅱ)$ イオンの濃度は

$$\frac{0.100}{2}=0.0500\,[mol/L]$$

求める Cu^{2+} の濃度を $x\,[mol/L]$ とすると

$$K=\frac{[Cu(NH_3)_4]^{2+}}{[Cu^{2+}][NH_3]^4}$$

$$=\frac{0.0500-x}{x\times(0.10)^4}=3.9\times10^{12}$$

∴　$x=1.28\times10^{-10}\fallingdotseq1.3\times10^{-10}\,[mol/L]$

▶問4．希硫酸によりアンモニアが中和されて（NH_3 が減少），問3での錯イオン生成の平衡反応が左へ移動し Cu^{2+} が増加する。そのため $Cu(OH)_2$ の沈殿が生じる。

▶問5．沈殿がちょうど溶解したときの $[Cu^{2+}]$ は

$$\frac{0.100\times10.0}{45.6}\,[mol/L]$$

よって，$Cu(OH)_2$ の溶解度積 K_{sp} より

$$\frac{0.100 \times 10.0}{45.6} \times [\text{OH}^-]^2 = 2.2 \times 10^{-20}$$

$$[\text{OH}^-]^2 = 1.00 \times 10^{-18} \qquad \therefore \quad [\text{OH}^-] = 1.00 \times 10^{-9} [\text{mol/L}]$$

したがって

$$[\text{H}^+] = \frac{1.0 \times 10^{-14}}{[\text{OH}^-]} = 1.0 \times 10^{-5} [\text{mol/L}]$$

▶問 6．KI のヨウ化物イオンが酸化されたと考えられるから，Cu^{2+} は還元されている。よって，反応式は次のとおりである。

$$2\text{Cu}^{2+} + 4\text{I}^- \longrightarrow 2\text{CuI} + \text{I}_2$$

▶問 7．与えられた反応式より，用いたチオ硫酸ナトリウムの物質量は生成したヨウ素の 2 倍である。また，生成したヨウ素の物質量は問 6 の反応式より Cu^{2+} の $\frac{1}{2}$ 倍である。よって，チオ硫酸ナトリウムと Cu^{2+} の物質量は等しい。

$$\frac{0.100 \times 10.0}{1000} = \frac{x \times 10.2}{1000}$$

$$\therefore \quad x = 0.09803 \fallingdotseq 9.80 \times 10^{-2} [\text{mol/L}]$$

◆(2)　▶問 8．リード文で与えられた化合物における V 原子の酸化数は，$\text{VCl}_3 (+3)$，$\text{V}(\text{CH}_3\text{COO})_4 (+4)$，$\text{VOSO}_4 (+4)$，$(\text{VO}_2)_2\text{SO}_4 (+5)$ である。よって，複数の酸化数をとり，最高酸化数が $+5$ であるから，周期表 5 族の遷移元素であると考えられる。

▶問 9．問 8 の〔解説〕で示したとおりである。

▶問 10．与えられた反応式の右辺には 2e^- があるから，正反応は酸化反応であり，V 原子の酸化数は $+2 \to +3$ と変化するものとみなせる。また，両辺における原子数と電荷の保存を考えると，生成物は $\text{V}_2(\text{SO}_4)_3$ である。

▶問 11．正極活物質 (VO_2^+) および負極活物質 (V^{2+}) が隔膜を透過すると電池としての性能が極端に低下する。なお，SO_4^{2-} は正極，負極の両方に存在し，直接酸化還元反応に関与しないので透過しても問題はない。

(注)　上記の活物質が透過すると，正極で起こるべき反応が負極で，負極で起こるべき反応が正極で生じることになり，電池として作用しなくなる。

▶問 12．与えられた 2 つの反応式より，$2.00 \times 10^{-2}\,\text{mol}$ の $(\text{VO}_2)_2\text{SO}_4$ はその 2 倍となる $4.00 \times 10^{-2}\,\text{mol}$ の電子を受け取り，$4.00 \times 10^{-2}\,\text{mol}$ の

VSO_4 は同量の電子を与えるので過不足なく反応は完了する。よって，得られた電気量は

$$4.00 \times 10^{-2} \times 9.65 \times 10^4 = 3.86 \times 10^3 \text{[C]}$$

また，電解液の流速は，円周率を 3.14 とすると

$$3.14 \times \left(\frac{0.200}{2}\right)^2 \times 3.00 \times 10^{-1} = 9.42 \times 10^{-3} \text{[mL/s]}$$

よって，1.00 L の電解液が完全に流れきるのに要する時間は

$$\frac{1.00 \times 10^3}{9.42 \times 10^{-3}} \text{ s}$$

したがって，求める電流 [mA] は，$i\text{[A]} = \dfrac{Q\text{[C]}}{t\text{[s]}}$ より

$$\frac{3.86 \times 10^3}{\dfrac{1.00 \times 10^3}{9.42 \times 10^{-3}}} \times 10^3 = 36.36 \fallingdotseq 36.4 \text{[mA]}$$

Ⅲ　解答

問 1 ．a．けん化　b．塩析　c．付加縮合　d．ノボラック

問 2 ．E．CH_3CHO　J．CHI_3

問 3 ．(ア)・(イ)

問 4 ．

問 5 ．

問 6 ．ウ・オ

問 7 ．$2CH_4 \longrightarrow C_2H_2 + 3H_2$

問 8 ．$CaC_2 + 2H_2O \longrightarrow Ca(OH)_2 + C_2H_2$

問 9.

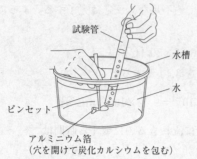

試験管
水槽
水
ピンセット
アルミニウム箔
（穴を開けて炭化カルシウムを包む）

問 10. ベンゼン

問 11. (ウ)・(オ)

問 12. D

問 13. 4.3×10^2

━━━━━━◀解　説▶━━━━━━

≪合成高分子の合成と性質≫

▶問 1. 〔高分子化合物 A〕 リード文から気体 C はアセチレンだと考えられる。よって，アセチレンから得られる単量体 B および高分子化合物 A は，それぞれ酢酸ビニル，ポリ酢酸ビニルだと推測される。酢酸ビニル $CH_2=CH(OCOCH_3)$ の組成式は C_2H_3O であるから，この推測は妥当である。

以上のことから，化合物 X は酢酸であり，一連の合成反応は次のようになる。

$$CH{\equiv}CH + CH_3COOH \longrightarrow CH_2=CH(OCOCH_3)$$
気体 C　　　　　X　　　　　　　　　　B

$$nCH_2=CH(OCOCH_3) \longrightarrow {+}CH_2-CH(OCOCH_3){+}_n$$
　　　　　B　　　　　　　　　　　　　　A

$${+}CH_2-CH(OCOCH_3){+}_n + nNaOH$$
　　　　　A

$$\xrightarrow{\text{けん化}} {+}CH_2-CH(OH){+}_n + nCH_3COONa$$
ポリビニルアルコール

ポリビニルアルコールは水溶性（OH が多い）であるから硫酸ナトリウム水溶液で塩析させて繊維とする。また，ろ液中に含まれる酢酸ナトリウムは HCl で中和すると，弱酸の遊離によって酢酸となる。

$$CH_3COONa + HCl \longrightarrow CH_3COOH + NaCl$$
　　　　　　　　　　　　　　　D(X)

また，B（酢酸ビニル）と NaOH の反応はけん化であるが，生成物のビニルアルコールは不安定なため異性化してアセトアルデヒド（化合物 E）となる。

$$CH_2=CH(OCOCH_3)+NaOH \longrightarrow CH_2=CHOH+CH_3COONa$$
$$\qquad\qquad\quad B$$
$$CH_2=CHOH \longrightarrow CH_3CHO$$
$$\qquad\qquad\qquad\quad E$$

なお，ポリビニルアルコールをアセタール化することで綿によく似た性質をもつビニロンが得られる。

〔熱硬化性樹脂 G〕　酸触媒によるフェノールとホルムアルデヒド（化合物 F）の付加縮合によって，フェノール樹脂の中間体であるノボラックが得られる。

ノボラック生成反応式は次のとおり。

▶問 2．化合物 E は問 1 の〔解説〕で示したとおりアセトアルデヒドである。また，ヨーグルトなどに含まれる化合物 H は乳酸 $CH_3CH(OH)COOH$ である。E と H は，それぞれ構造 CH_3CO-，$CH_3CH(OH)-$ をもつので，ともにヨードホルム反応を示す。よって，黄色沈殿 J はヨードホルム CHI_3 である。

▶問 3．(ア)正しい。$CH_3OH \xrightarrow[-2H]{酸化} HCHO$

(イ)正しい。メラミン樹脂は，メラミンとホルムアルデヒドの付加縮合によって得られる。

(ウ)誤り。CH_4 の実験室的製法。

$$CH_3COONa+NaOH \longrightarrow CH_4+Na_2CO_3$$

(エ)誤り。分子内脱水反応が生じる。

$$C_2H_5OH \longrightarrow CH_2=CH_2+H_2O$$

(オ)誤り。$C_2H_5OH \xrightarrow[-2H]{酸化} CH_3CHO$

▶問 4．ノボラックに硬化剤を加えて加熱すると重合反応がさらに進行し

て熱硬化性樹脂であるフェノール樹脂（G）が得られる。フェノール樹脂ではオルト位とパラ位にホルムアルデヒドの付加が生じる。

▶問 5．2 分子の乳酸の –COOH と –OH においてエステル化反応が起こり，環状エステル（化合物 I）が生じる。

$$O=C-OH \quad HO-CH-CH_3 \longrightarrow O=C-O-CH-CH_3 \quad +2H_2O$$

なお，I の開環重合によって生分解性高分子のポリ乳酸が得られる。

$$n(CH_3CHCOO)_2 \longrightarrow \{O-CH(CH_3)-CO\}_{2n}$$

▶問 6．ヨードホルムは水に溶けにくい化合物であるから，有機溶媒で抽出する。図 2 では，ヨードホルムを含む有機溶媒は下層にあるので，有機溶媒の密度は水より大きい。よって，ウ，オ，カ，ケに可能性があるが，水によく溶けるカは除外される。また，この抽出は室温（20℃）で行われているから，有機溶媒の融点は 20℃ より低く，沸点は 20℃ より高い必要がある。したがって，ケは除外され，ウとオが利用可能な溶媒となる。

▶問 7．アルカンの熱分解とは，酸素のない状態で加熱し，アルキンやアルケンと水素に分解する反応のことである。

▶問 8・問 9．アセチレンは水にほとんど溶けない。また，〔解答〕のような水上置換法を用いると，一般的な水上置換に比べてほとんど空気を含まないアセチレンが得られる。

▶問 10．アセチレンの 3 分子重合によってベンゼン（化合物 K）が得られる。

$$3C_2H_2 \longrightarrow$$

▶問 11．化合物 A は酢酸ビニルの付加重合によって得られる。㈱はアクリロニトリル $CH_2=CHCN$，㈲はスチレン〈構造式〉$-CH=CH_2$ の付加重合によって得られる。なお，㈰は ε-カプロラクタムの開環重合，㈳はヘキサメチレンジアミンとアジピン酸，㈭はエチレングリコールとテレフタル酸の縮合重合で得られる。

▶問 12．X は酢酸であるから，同じ化合物は D である。

▶問 13．酢酸ビニルの分子量は 86.0 であるので，化合物 A の平均重合度

n は

$$\frac{37000}{86.0}=430 \fallingdotseq 4.3 \times 10^2$$

❖講　評

　試験時間は 2 科目で 120 分と変わりなく，大問数も 3 題と変化がなかった。問題のレベルは 2021 年度とほぼ同様であった。また，理論・無機・有機とバランスよく出題されていた。計算問題では，計算が容易なように数値に配慮がなされている場合が多い。近年の傾向として，リード文や問題文で説明を付した目新しい法則，数式，反応式を与えて，その理解を前提とする出題がみられる。

　Ⅰ　例年どおり小問集合形式の総合問題であった。内容的に難しい問題は少ないが，時間的に厳しいので，計算問題を後に回して短時間で解答できる選択問題から始めるのがよいだろう。(5)は，液柱の高さを浸透圧に換算する方法を選択し，それに基づいてしっかり計算することが求められた。(6)は，空気は条件が変化しても全量が気体であるが，水蒸気の量は温度によって変化することを用いて計算を進める必要がある。(7)は，ヘキサメチレンジアミンの合成反応という目新しい題材が取り上げられた。(8)は，ピラジンという目新しい物質をもとに異性体を考えることと，抗ウイルス薬についての知識の両方が求められた。(9)は，教科書とは異なる二糖類の構造表示についてしっかり読み取ることが求められた。(10)は，アミノ酸のイオン交換樹脂による分離方法とジペプチドの種類についての考察が必要であった。(1)～(4)あたりで確実に得点しておきたい。

　Ⅱ　理論と無機に関する出題で構成されていた。

　(1)問 1・問 4 は硫酸銅(Ⅱ)とその水溶液についての基本的出題であった。問 2 は溶解度積を用いる基本的な計算問題であった。問 3 の錯イオン形成についての平衡定数は目新しい題材ではあるが，考え方は標準的である。問 5 は，問 1～問 4 までの一連の操作で銅(Ⅱ)イオンの物質量は変わらないが，水溶液の体積が変化しているため，濃度は異なる点に注意する必要があった。問 6・問 7 は目新しい反応を扱っているが，基本的には酸化還元反応であるから，その観点で量的関係を扱えばよかっ

た。

　(2)レドックスフロー電池という目新しい電池を題材にした出題であった。問 8 はバナジウムの周期表での位置を問うものであるが，与えられた化合物中のバナジウム原子の酸化数から推測することができる。問 9 は与えられた $(VO_2)_2SO_4$ がイオン性化合物であることに気づくと容易であった。問 10 は，酸化還元反応であることを前提にして，電荷と原子数の保存の考え方から生成物を導くことができる。問 11 は，正負両極の活物質が混合すると，その場で酸化還元反応が完結してしまい電流が得られないことを考えればよい。問 12 は，電解液が流れきったところで電池の反応が終了するのだから，それに要する時間で，反応において授受される全電気量を割ると電流が得られることに気づけたかどうかがポイントであった。

　Ⅲ　複数の合成高分子の合成反応や単量体の性質・反応に関する出題であった。問 1 では，与えられた文章から気体 C を特定することとフェノール樹脂の酸触媒を用いた合成方法という，やや細かい知識がポイントとなった。問 2 は，ビニルアルコールが不安定でアセトアルデヒドに変化することとヨードホルム反応を示す構造を理解していれば容易であった。問 4 では，熱硬化性樹脂であるフェノール樹脂の立体網目構造は，フェノール分子の 3 カ所での重合反応が必要であることを知っていなければならなかった。問 5 では，教科書では扱われない 2 分子の乳酸から生じる環状エステルが単量体となることを推測する必要があった。問 6 は抽出に用いる有機溶媒がもつべき性質を考察し選択する問題で，与えられた物理的性質の表を読解する必要があった。問 7 では，教科書では詳しく扱われないアルカンの熱分解の反応式が問われたが，難しくはなかったと思われる。問 9 は実験に関する問題であるが，教科書で説明されている内容であった。問 11 は重合反応に関する基本的問題であった。問 13 は問題集の例題でよく扱われるタイプの問題であった。

生物

Ⅰ　**解答**　問1．あ．リボソーム　い．tRNA　う．AUG
え・お．グルタミン酸・アルギニン（順不同）

問2．か．フェニルアラニン　き．バリン　く．セリン　け．プロリン
こ．リシン

問3．多くの遺伝子が機能を持たない理由：マイコプラズマではトリプトファンを指定する UGA コドンが，酵母では終止コドンとして働くので本来のタンパク質よりも短いタンパク質が合成され，機能しないから。

一部の遺伝子が機能を持つ理由：タンパク質のアミノ酸配列を指定する領域に UGA コドンが存在しないか，存在し短いタンパク質が合成されるが，タンパク質の機能に必要な領域が保持されている場合は，機能が保持されるから。

問4．3の倍数ではない個数の塩基の挿入が起こるとフレームシフトが起こるため，挿入が起こった場所より後方のアミノ酸配列が大きく変化して遺伝子の機能が失われる可能性が高い。置換が起こると置換が起こったコドンのみに変化が生じ，指定するアミノ酸が変化しなかった場合は遺伝子の機能に影響がなく，1つのアミノ酸のみが変化した場合は遺伝子の機能に影響することもしないこともあり，終止コドンに変化した場合は本来のタンパク質よりも短いタンパク質が合成されるため遺伝子の機能が失われる可能性が高い。

問5．コドンの1塩基目か2塩基目に，1塩基置換が起こっている。

◀解　説▶

≪遺伝暗号，遺伝子突然変異≫

▶問1．え・お．ポリ（GA）には，GAG と AGA の2種類のコドンが存在する。

▶問2．問題文から，UUU がフェニルアラニン（→か），CCC がプロリン（→け），AAA がリシン（→こ）をそれぞれ指定することがわかる。また，ポリ（UG）には UGU と GUG の2種類のコドンが存在するが，表1から UGU はシステインを指定するので，GUG がバリン（→き）を

指定することがわかる。さらに，ポリ (UUC) には UUC と UCU，CUU の 3 種類のコドンが存在するが，表 1 から UUC と CUU はそれぞれフェニルアラニンとロイシンを指定するので，UCU がセリン（→く）を指定することがわかる。

▶問 3．表 1 から，酵母では UGA が終止コドンとして働くことに着目して考えればよい。

▶問 5．N501Y 置換ではコドンの 1 番目の塩基が A から U，E484K 置換ではコドンの 1 番目の塩基が G から A，L452R 置換ではコドンの 2 番目の塩基が U から G へとそれぞれ置換している。

II　解答

問 1．あ．ヌクレオソーム　い．クロマチン
う．プロモーター　え．基本転写因子

問 2．(ⅰ)規則性：約 150 塩基対の倍数の長さになっている。
理由：ヌクレアーゼはリンカー部分をランダムに切断するため，連結しているヌクレオソームの数に応じて長さの異なる DNA 断片が得られたため。
(ⅱ)―イ

問 3．反応時間が長くなるにつれて切断されるリンカー部分が増加したことで，連結しているヌクレオソームの数が減少し，短い DNA 断片が増加したから。

問 4．セントロメア領域以外のヒストンは一定の長さの DNA と結合し，ヌクレアーゼはリンカー部分に接近しやすい状態になっている。一方，セントロメア領域のヒストンと結合している DNA の長さは一定ではなく，またヒストンの DNA への結合状態は強いため，クロマチン構造が密に折りたたまれて，ヌクレアーゼがリンカー部分に接近しにくい状態になっている。

問 5．セントロメア領域ではクロマチン構造が密に折りたたまれており，基本転写因子や RNA ポリメラーゼなどが DNA に結合しづらいため，その他の DNA 領域と比べて転写の度合いは小さくなると考えられる。

問 6．ヒストン B 変異細胞ではヒストン B の量が著しく少ないので，セントロメア領域の DNA もその他の DNA 領域と同様に，ヒストン A を含む 8 量体が多く結合するようになるため，巻き付く DNA の長さは一定となり，ヌクレアーゼはリンカー部分に接近しやすい構造となっている。

■■■■■■■ ◀解　説▶ ■■■■■■■

≪ヒストン，真核生物の転写調節，電気泳動≫

▶問 2．1 個のヒストン 8 量体に約 150 塩基対の DNA 断片が巻き付いていると考えると，ヌクレアーゼによって 1 個のヌクレオソームが分離した場合は約 150 塩基対の DNA 断片が，2 個連結したヌクレオソームが分離した場合は約 300 塩基対の DNA 断片が得られたと考えられる。

▶問 3．ヌクレアーゼを長い時間反応させると，長く連結していたヌクレオソームがさらに切り離されるため，少ない数のヌクレオソームが連結した短い DNA 断片が多く得られるようになる。

▶問 4．図 3 では明瞭なバンドが検出されるのに対し，図 4 の左図ではいろいろな長さのスメアなバンドが検出されることから，セントロメア領域では 1 個のヌクレオソームがさまざまな長さの DNA 断片と結合している可能性が考えられる。また，ヌクレアーゼ添加後 8 分のときにおいても約 150 塩基対の DNA 断片があまり得られていないことから，ヌクレアーゼがリンカー部分に接近しづらいため，ヌクレオソームを 1 個ずつに分離できていないと考えられる。

▶問 5．ヌクレアーゼがリンカー部分に接近しづらいことから，セントロメア領域ではクロマチン構造が密に折りたたまれており，転写に関わる因子も DNA と結合しづらいと考えられる。

▶問 6．ヒストン B 変異細胞（図 4 右図）では図 3 と同様の結果が得られていることから，ヒストン B の量が著しく少ない場合，ヒストン A を含む 8 量体のみの場合と同様の結果になると考えればよい。

Ⅲ　**解答**　問 1．あ．ネフロン（腎単位）
　　　　　　　い・う．糸球体・ボーマンのう（順不同）　え．集合
問 2．⑴ 120（倍）

⑵原尿量：180 L　再吸収率：99.2%

⑶タンパク質は原尿中に含まれないため，糸球体からボーマンのうへ濾過されない。グルコースは原尿中には含まれるが尿中には含まれないので，糸球体からボーマンのうへ濾過された後，尿細管（細尿管）ですべて再吸収される。

⑷ナトリウムイオン，尿素，クレアチニンの濃縮率はそれぞれ約 1，約

67, 75 であり, 濃縮率の低いものほど再吸収される割合が高い。これは, 再吸収される割合が高いナトリウムイオンが生命活動に必要な物質であり, 再吸収される割合が低い尿素やクレアチニンは生命活動に重要な物質ではないことを示している。

(5)クレアチニンは体内に存在する物質であるので, イヌリンのように外部から投与する必要がなく, 簡単にろ過量を調べることができるのが長所である。一方, クレアチニンは尿細管 (細尿管) で一部が再吸収されるので, 正確なろ過量を推定することが難しくなるのが短所である。

(6)タンパク質を大量に摂取するとその代謝量が増える。また, 飢餓状態のときにはタンパク質を呼吸基質として利用することが増える。その結果, タンパク質の分解産物であるアンモニアの量が増え, そのアンモニアが肝臓で尿素に変換されて, 血しょう中や尿中の尿素濃度を増大させるから。

問 3. 副腎髄質から分泌されるアドレナリンは, 肝臓においてグリコーゲンからグルコースへの分解を促進し, 副腎皮質から分泌される糖質コルチコイドは, 組織においてタンパク質からグルコースへの合成を促進することで, それぞれ血糖値の上昇に関わる。

問 4. 肝臓や筋肉に貯蔵されるグリコーゲンはグルコースが多数結合した物質であり, すばやくグルコースに変換することができる。一方, 脂肪組織などに貯蔵される脂肪は単位重量当たりに蓄えているエネルギー量が大きい物質であり, 少ない重量で多くのエネルギーを貯蔵することができる。

問 5. モデルマウス 1 : 血しょう中のグルコース濃度が高く, また, 尿中にグルコースが排出されているので, 糖尿病のモデルマウスである。

モデルマウス 2 : 血しょう中と尿中のナトリウムイオン濃度が高いので, 高血圧のモデルマウスである。

モデルマウス 3 : 血しょう中の尿素濃度とクレアチニン濃度が高く, 尿中の尿素濃度とクレアチニン濃度が低いので, 腎臓病のモデルマウスである。

問 6. (1)グルコースの再吸収を抑制してグルコースを尿中に多く排出することで, 血糖値の上昇を抑え, 糖尿病の治療に役立っている。

(2)ナトリウムイオンの再吸収を抑制してナトリウムイオンを尿中に多く排出することで, 水の再吸収を抑えて体液量を減少させ, 高血圧を緩和することができる。

◀解 説▶

≪腎臓, 糖尿病≫

▶問 2. (1) 濃縮率は, 尿中の濃度を血しょう中の濃度で割ることで求めることができる。したがって, イヌリンの濃縮率は

1.2÷0.01=120 倍

(2) 原尿量は, 尿量にイヌリン (再吸収されない物質) の濃縮率をかけることで求めることができる。したがって, 1 日当たりの原尿量は

1.5[L]×120=180[L]

となる。また, 再吸収された水の量は 180−1.5=178.5[L] であるので, 再吸収率は

178.5÷180×100=99.16≒99.2[%]

となる。

▶問 5. モデルマウス 1 はグルコース, モデルマウス 2 はナトリウムイオン, モデルマウス 3 は尿素とクレアチニンの血しょう中濃度がそれぞれ高くなっている点に注目すればよい。

▶問 6. (2) ナトリウムイオンの再吸収を抑制すると, 水の再吸収も抑制されるため, 血液の循環量が減少して血圧が低下する。

❖講 評

大問数は例年どおり 3 題である。論述量は 2021 年度と比べて増加したが, 論述しづらい問題が減少したため, 取り組みやすかったのではないだろうか。2022 年度は描図問題の出題はなかったが, 腎臓における尿生成の計算問題が出題された。

Ⅰ 遺伝暗号の解読をテーマとした出題であった。問 1 と問 2 は, ニーレンバーグやコラーナの実験についての問題を演習したことがあれば, 容易に解答できたと考えられる。問 3 では, UGA が標準的には終止コドンとして働くことに気がつく必要がある。問 4 では, 挿入される塩基数が 3 の倍数でないことに触れておく必要がある。問 5 は, 新型コロナウイルスを題材とした突然変異の考察問題であったが, 丁寧に遺伝暗号表を読み取れば, 容易に正解できたのではないだろうか。

Ⅱ ヒストンがテーマの出題であった。問 2 では, 電気泳動の結果から約 150 塩基対の倍数の DNA 断片が得られていることに気がつく必要

がある。問 3 は，ヌクレアーゼで長い時間処理することで，切断される
リンカー部分が増加することに気がつけばよい。問 4 では，電気泳動で
スメアなバンドが得られた理由を考察する点が難しかったと考えられる。
問 5 は，ヌクレアーゼがリンカー部分に接近できないことから，基本転
写因子や RNA ポリメラーゼも DNA と結合しづらくなることが推測で
きれば，容易に解答できる問題である。問 6 では，ヒストン B の量が
減少すれば，他の領域と同様にヒストン A を含む 8 量体が多くなるこ
とに気がつけばよい。

　III　腎臓がテーマの出題であった。問 2 では，尿の生成に関する計算
問題や，ろ過と再吸収に関する知識・考察問題などが出題されたが，標
準的な難易度の設問であることから，論述量は多いがしっかり解答して
おきたい。問 4 は，脂肪が持つエネルギー源としての特徴についての知
識がなければ，解答しづらい問題であった。問 5 と問 6 は，表 2 のデー
タをもとに他のマウスと比較して血しょう中濃度が高くなっているもの
に気がつければ，比較的容易に解答できたのではないだろうか。

　2022 年度は 2021 年度と比べ，やや易化した印象である。基本的な知
識をもとに考察させ，その結果を論述させる問題形式が多いことから，
知識はもちろんのこと，考察した内容を文章として表現する力も養って
おく必要がある。過去の問題を解いて，論述の練習をしておくとともに，
時間配分についても練習しておきたい。

2021
年度

解答編

解答編

■英語■

I 解答 1−d 2−c 3−a 4−b 5−b 6−c
7−a 8−d 9−c 10−d 11−b 12−b
13−a 14−d 15−c

◆全 訳◆

Text I ≪医療画像認識のモデル≫

［1］「全体的」あるいは「包括的」処理手順は，医療画像認識の専門的知識の中心的な構成要素として，さまざまな理論の枠組みに組み入れられてきた。これに含まれるのは，全体的モデル（Kundel 他，2007 年），包括的−限局的検査モデル（Nodine と Kundel，1987 年），二段階探知モデル（Swensson，1980 年）などである。さらに，全体的処理に関する他のいくつかの概念化が，初めは他の分野で進み，後に医療画像認識の分野に応用された。これに含まれるのは，目に見える状況が2つの別々の経路で処理されるという考え（Torralba 他，2006 年，Wolfe 他，2011 年，Drew 他，2013 年）や，チェスの分野から生まれたチャンク・テンプレート理論（Chase と Simon，1973 年 a，b，Gobet と Simon，1996 年，2000 年，Wood，1999 年）などである。以下に議論されているように，これらのさまざまな理論上の観点は，医療画像の認識中の全体的処理に関する別々の——しかし部分的には共通している——概念化を提示している。

［2］ 包括的−限局的検査モデル（Nodine と Kundel，1987 年，Nodine と Mello-Thoms，2000 年，2010 年も参照）によると，医療専門家たちは，ある画像の包括的な印象を素早く抽出するのだが，この印象は，その画像の内容と，専門家が正常な医療画像や異常な医療画像の見え方について以前からもっている知識（すなわち，その専門家のスキーマ）とを比較することで構成されている。この包括的印象によって，専門家たちはパータベイションを確認できる。パータベイションとは，専門家たちのスキーマと

の偏差で，異常の可能性を示すものである。この包括的印象を用いると，医療専門家たちはその後異常の起こる可能性がある場所に目を向けられ，これらの場所を中心窩（言い換えれば，人間の目の中の，詳しい視覚情報の抽出を可能にしている小さな領域）を使ってさらに検査できるのだ。これらの包括的処理段階と限局的処理段階は連続的に（画像の包括的な印象が限局的処理よりも先に起こる，というように）作用するものとして概念化されるが，Nodine と Mello-Thoms（2000 年，869 ページ）は，包括的処理段階と限局的処理段階は繰り返されることがあると記している。ある起こり得る異常の限局的処理が完了すると，「注意が医療画像に回帰し，別の乱れた領域に印をつける新たな包括的印象を得て，限局的分析がその領域を探査し，新たな対象が認められるかもしれない。そして，観察者が診断決定を下す根拠が十分に集まったと確信するまで，異常を探す循環的な検査は継続するのである」。

　[3]　包括的－限局的検査モデルと同様に，二段階探知モデル（Swensson，1980 年）も，医療画像認識における全体的処理の重要な役割を強調している。二段階探知モデルによると，専門家たちは，広範囲にわたる訓練を経て認識手法を獲得する。この手法は，更なる検査を要する特徴を自動的に認識する最初のフィルターとして働く。これらの認識手法は，画像内の異常が起こる可能性のある領域に専門家の注意を迅速に向けるために，正常な解剖学的構造を取り除くことができる。このようにして，二段階探知モデルも包括的－限局的検査モデルも，専門家が自分の傍中心窩と周中心窩（すなわち，中心窩の外にある視野の領域）の視覚を使って１つの画像の大きな領域を処理できることを前提としている。そのことによって専門家たちは，その画像の中で重要になる可能性があり，後から中心窩視を使ってさらに検査できる領域を素早く認識できるのである。その上，包括的－限局的検査モデルと同様に，二段階探知モデルは連続する２つの処理段階を採用する（とはいえ，包括的－限局的検査モデルとは違って，これらの段階は循環的とは考えられていなかった）。もっと正確に言えば，二段階探知モデルによると，最初のフィルター（前注意的に働くと考えられている）を形づくる知覚手法は，その後の処理段階に情報を提供する。この処理段階の間，重要な意味をもつかもしれない特定の特徴に注意が集中し，「選択されたそれぞれの特徴が，その特徴が標的とし

て報告されるかどうか（また，どれくらいの確信をもって報告されるか）を決定する認知過程によって明確な評価を受ける」（Swensson，1980 年，11 ページ）。Swensson（1980 年）は信号検出理論を用いて，正規のモデルの中にあるこの 2 つの段階（つまり，最初の「前注意フィルター」と，その後の「認知的評価」）を実行した。これは，放射線科医の診断能力に関する実証研究から得られた ROC 曲線を模擬実験するためであった。

　[4]　二段階探知モデルや包括的 - 限局的検査モデルと一致して，Kundel たち（2007 年）は，医療画像認識における専門的技術の発達は，比較的時間のかかる「調査―発見」モードから，より迅速な全体的モードへの移行を反映していると主張した。全体的モードは画像を素早く包括的に評価することを伴う。これによって専門家は，ゆくゆくは異常となり得るパータベイションを認識することができる。その後専門家は「調査―発見」モードに着手する。これは，目立たないために初めの包括的評価の間には気づかれなかった，さらなる異常の場所を画像の精査で突き止めるだけでなく，重要な意味をもつ可能性がある場所に注視を移動させることを伴う。Kundel たち（2007 年）は，包括的処理は調査―発見モードと一緒に働くことができるので，包括的情報は精査がすでに進行中であっても新たな異常に「印をつけ」続けられるという指摘もしている。Kundel たち（2007 年）は，医療画像認識中に包括的処理に従事する能力が発達するには，広範囲にわたる訓練と経験を要すると主張している。だから専門家たちとは対照的に，初心者は素早い全体的モードに従事する能力を獲得していない。したがって，何よりもまず，より時間のかかる調査―発見モードを使って異常を発見することに限られているのだ。

Text II　≪専門家のチャンク手法≫

　WM（ワーキングメモリ）の最大容量を理解するための重要な要素の 1 つは，チャンク化（いくつかの塊に分けること）である。この手法は，標準的な認知能力を理解する上で重要であるだけでなく，初心者と専門家の違いを説明する上でも重要である。チャンク手法は de Groot（1946 年/1978 年）と Miller（1956 年）によって初めて説明され，その後 Chase と Simon（1973 年 a）によって理論化された。最新の定義は Gobet たち（2001 年，236 ページ）によるもので，1 つのチャンク（塊）は「互いに強い関連をもち合うが，ほかのチャンク内の要素とは関連の弱い要素が集

まったもの」という意味である。チャンクを説明するために，Miller（1956 年）とその後に Cowan（2001 年）が同じ例を使った。"fbiibm" という文字列が与えられているとき，"FBI" や "IBM" のような頭字語を知っている人なら，WM に 2 つのチャンク（"FBI" と "IBM"）を作ることで情報を簡素化することができる。こういったよく知られているパターンは LTM（長期記憶）に存在している——FBI とは連邦捜査局，IBM とは有名なコンピュータ会社のこと——ので，"f"，"b"，"i"，"i"，"b"，"m" の文字列は，6 つの文字ではなく 2 つの要素として WM 内で符号化することができるのである。

　チャンク化の理論は，初心者よりも専門家の方が勝っている理由を説明してくれる。たとえばチェスの世界では，チャンク化は，どうしてチェスの専門家が盤上の駒を初心者よりも多く思い出すことができるのかを説明するために用いられてきた（Chase と Simon，1973 年 b，de Groot，1946 年/1978 年）。チェスの駒の配置についての知識が——LTM 内のチャンクに換算すると——初心者より多いおかげで，専門家たちは与えられたチェスの駒の配置を WM 内で符号化する際にはチャンクを少なくし，それによって WM にメモリの余地を獲得することができるのである。例を挙げると，あるチェスの名人は，盤上に与えられた 15 個の駒を 1 個のチャンクとして符号化することができる（Gobet と Clarkson，2004 年）。統計学的に見て，この作業が初心者のプレーヤーに発生する可能性は比較的低い。チェスの駒の配置についての知識が専門家より少なく，したがって LTM 内に所有しているチャンクも少ないからである。

　Chase と Simon（1973 年 a）は de Groot（1946 年/1978 年）の結果を裏づけたのだが，同時に以下のことも発見した。つまり，思い出すべきチェスの駒がでたらめな位置に置かれているときには，専門家の初心者に対する優位性は消滅していたということである。2 人の主張によると，専門家たちは，そのでたらめな位置を符号化するために LTM チャンクを使うことができなかったのだ。これらの位置が，専門家たちが LTM の中にもっているチャンクのどれも含んでいなかったからである。したがって，その駒の位置は彼らにとって，初心者にとってとほぼ同じくらい不慣れなものだったのだ。専門家の強みが発揮されるのは，専門家が自分の知識を実際に使える場合だけだった。コンピュータの MAPP（記憶に支援された

パターン認識）シミュレーションを使って，Simon と Gilmartin（1973 年）は，名人レベルに匹敵する LTM 内のチャンク数は，1 万個から 10 万個に及ぶと計算した。

Text III　≪医療専門家とチェスの専門家との類似点≫

　医療の専門家が示している包括的処理の長所と，チェスの専門家が示している視野の広さとの間には，3 つの主な類似点を引き出すことができる。第一に，どちらの場合においても，知覚による符号化の利点は，領域限定であるようだ。放射線科医は，キャラクターの Waldo を探したり，NINA という語を探したりすることを含む対照実験の視覚探索課題で検査したとき，初心者よりも成績が良いということはない（Nodine と Krupinski，1998 年，Nodine と Kundel，1997 年）し，放射線医学の作業にもっと似ている比較実験の視覚探索課題では，放射線科医と素人との間で同じようなパターンの結果が示された（Moise ほか，2005 年）。第二に，チェスの専門知識は，医学的診断の専門知識と類似している。どちらの形の専門知識も，目に見える配列についての広範囲な領域限定の知識と関わっているからだ（Wood，1999 年）。この知識によって，専門家は個々の特徴をただ見るのではなく，自分たちがパターンを認識できるように領域限定の情報を「チャンク」することができるのである（Gunderman ほか，2001 年）。さらに，包括的処理モードを容易にするためには，この領域に関連する視覚知識の語彙を確立することが必要なようだ。第三に，チェスのプレーヤーにとっても医療の専門家にとっても，この知識のすべてが意識的気づきにとって利用可能というわけではない可能性がある（Heiberg Engel，2008 年，Norman ほか，1992 年）。

━━━━━━━━━ ◀解　説▶ ━━━━━━━━━

◆「設問 1 〜 9 はテキスト I に関するものである」

▶ 1．「包括的－限局的検査モデル，二段階探知モデル，チャンク・テンプレート理論によると，医療画像を認識する際に，専門家と初心者との間に差が生まれる主たる原因となっているものは以下のうちのどれか」

a．「より良い視力」　　　b．「共通している概念化の処理」
c．「2 つの別々な経路」　　d．「画像の印象全体の処理」

　専門家と初心者との違いについての記述があるのは第 4 段最後の 2 文（Kundel et al. (2007) contends …）であり，その趣旨は「初心者は全体

的モードに対応する能力が劣っている」ということである。つまり，画像全体の処理において両者の差がみられるのである。これに合致する選択肢はdである。

▶2．「以下のうち，元々医療画像認識における専門的知識を説明するために開発されたものはどれか」

　　1）「全体的モデル」　　　　　2）「包括的－限局的検査モデル」

　　3）「二段階探知モデル」　　　4）「チャンク・テンプレート理論」

a．「1と2のみ」　　　　　b．「2と4のみ」

c．「1，2，3のみ」　　d．「1，2，3，4」

　第1段第1文（A variety of …）の including 以下で述べられているように，1の「全体的モデル」，2の「包括的－限局的検査モデル」，3の「二段階探知モデル」はいずれも医療画像認識の専門的知識の構成要素である。一方，4のチャンク・テンプレート理論は，同段第2文（Moreover, several other …）で述べられているように，チェスの分野から生まれたものである。よって，4のみが該当しないので，cが正解である。

▶3．「テキストⅠの筆者がチャンク・テンプレート理論を挙げた動機として，最も可能性があるのは以下のうちのどれか」

a．「医療画像認識における専門的知識を説明するために使うことができる」

b．「チェスの研究は医療画像の研究よりも歴史が古い」

c．「彼らは，チェスのプレーヤーは医療画像認識が得意であるかもしれないと主張したいと思っている」

d．「彼らは，医療画像認識の専門的知識が他の種類の専門的知識とどう異なるかを示したいと思っている」

　第1段第2文（Moreover, several other …）参照。チャンク・テンプレート理論は「初めは他の分野で進み，後に医療画像認識の分野に応用された」ものであると述べられている。この趣旨に合致しているのはaである。

▶4．「以下のうち，包括的－限局的検査モデルに照らして正しいものはどれか」

a．「専門家のスキーマは，ある画像を評価する方法のための設計図であ

る」

ｂ．「専門家たちは傍中心窩や周中心窩の視野に入る異常に気づくことができる」

ｃ．「専門家たちは画像を評価する過程の第一段階で見えているものに気づいていない」

ｄ．「専門家たちは画像の全体的印象のみに基づいて診断を決定することができる」

　第3段第3文（These perceptual mechanisms …）参照。包括的－限局的検査モデルも二段階探知モデルも，異常が起こる可能性をもつ領域を発見するためのものであり，さらに同段第4文（Thus, both the …）で「傍中心窩と周中心窩の視覚を使って広い領域を処理できることを前提としている」と述べられている。この趣旨に合致しているのはｂである。

▶5．「以下のうち，第2段および第4段で用いられている語perturbations に最も意味が近いものはどれか」

ａ．「運動」　　ｂ．「差異」　　ｃ．「スキーマ」　　ｄ．「領域」

　第2段第2文（This global impression …）で perturbations という語が登場するが，直後で which are deviations from the expert's schemas「それは専門家のスキーマとの隔たりである」と説明している。この説明に最も近い選択肢はｂである。

▶6．「第2段および第3段で，recursive という語はどういう意味で用いられているか」

ａ．「最初の過程は2番目の過程への情報として働かない」

ｂ．「最初の過程は2番目の過程への情報として働く」

ｃ．「2つの処理段階の間を注意が進んだり戻ったりする」

ｄ．「乱れが生じた領域がさらに考慮するために再び印をつけられる」

　第2段最終文（Although these global …）に attention shifts back「注意が回帰する」と述べられている点に注意。つまり，一旦処理が終わった後でも新たな対象（異常の可能性）が見つかる場合があるということである。recursive はこの状況を説明していると考えられるので，ｃが最も適切である。

▶7．「以下のうち，二段階探知モデルの2つの段階について正しいものはどれか」

a.「２つの段階は注意を集中するという観点で異なる」

b.「２つの段階によっていっせいに情報が処理される」

c.「最初の段階は意識して起こり，２番目の段階は潜在意識下で起こる」

d.「明確な評価の段階に続いて全体的な段階が起こる」

　第３段最終文（Swensson（1980）used …）で，このモデルの２つの段階は「最初の『前注意フィルター』と，その後の『認知的評価』」であると述べられている。つまり，注意を向ける対象が異なるということである。この内容に最も近いのはａである。

▶8.「以下のうち，モデルの性能と人間の能力を比較して経験的に検証されてきたものはどれか」

a.「全体的モデル」　　　　　　　　b.「包括的－限局的モデル」

c.「チャンク・テンプレート理論」　　d.「二段階探知モデル」

　第３段最終文（Swensson（1980）used …）参照。「Swensson は二段階探知モデルの２つの段階を実行した。これは，放射線科医の診断能力に関する実証研究から得られた ROC 曲線を模擬実験するためであった」と述べられている。よって，正解はｄである。

▶9.「以下のうち，テキスト I の基本構造を最もうまく説明しているものはどれか」

a.「ある研究分野における科学的発見を年代順に要約したものである」

b.「専門家と初心者の画像認識を比較して，その違いを説明している」

c.「ある現象の説明方法をいくつか簡潔に紹介し，その後詳細を示している」

d.「いくつかの理論を紹介し，その後それぞれの長所と短所を比較している」

　第１段では，医療画像認識のモデルを３つ（全体的モデル，包括的－限局的検査モデル，二段階探知モデル）紹介しており，第２～４段ではその３つのモデルを１つずつ詳しく説明している。この流れに沿っている選択肢はｃである。年代順に紹介されていないのは一目瞭然なので，ａは不適。専門家と初心者の比較については第４段で初めて登場するので，ｂも不適。それぞれの理論の説明には長所や短所が含まれていないので，ｄも不適。

◆「設問 10～12 はテキスト I とテキスト II に関するものである」

▶10.「チャンク化の理論によると，専門家について正しいものは以下のうちどれか」

a.「専門家は，ワーキングメモリの中に最大 10 万個のチャンクを蓄えることができる」

b.「専門家と初心者は，長期記憶の中に同じ数のチャンクをもっている」

c.「専門家はチャンクを思い出すときに長期記憶を使うことはないが，初心者は使う」

d.「専門家は，同じワーキングメモリの限度内で初心者よりもたくさんの情報を表現するためにチャンクを用いる」

　テキストⅡの第2段第3文（Thanks to their …）に，「専門家たちは与えられたチェスの駒の配置を WM 内で符号化する際にはチャンクを少なくし，それによって WM にメモリの余地を獲得することができる」と述べられている。つまり，チャンク化の目的は WM 内の余地を残すことであると考えられる。この趣旨に合致しているのは d である。ここで論じられているのは WM なので，長期記憶に関わっている b，c は不適。また，チャンクの数は同第3段最終文（With their MAPP …）で言及されているが，これは WM ではなく LTM の話なので a も不適。

▶11.「専門家と初心者との差がチャンク化の理論で説明できるとしたら，医療画像認識における専門家または初心者について正しいものは以下のうちどれか」

a.「病気の名前が会社の名前に似ていたら，専門家の方が病気の名前を憶えやすいだろう」

b.「専門家の方が，医療画像内における特徴の特定の配置を見たことがある可能性が高いだろう」

c.「包括的検査は初心者の方が上手く，限局的検査は専門家の方が上手いだろう」

d.「初心者は，長期記憶しか使わずに画像を処理することができるだろう」

　テキストⅡの第2段最終文（This process is …）で述べられているように，チャンク化の能力は LTM 内に所有しているチャンクの多寡によって決まる。LTM 内のチャンクは経験（画像認識においていろいろな形状を見たことがあるかどうか）によって築かれるものである。この部分に言

及しているのは b である。

▶12.「テキスト I で論じられている理論とテキスト II で論じられている理論との関係を，テキスト I の筆者ならどのように考える可能性が最も高いだろうか」

ａ.「テキスト II の理論は，他の種類の専門知識は説明できるが，医療画像の専門知識は説明できない」

ｂ.「どちらの理論も，同じ基礎手順についての類似した考え方を表している」

ｃ.「両者の理論は相反している」

ｄ.「新しい理論はそれぞれ，古い理論における進歩を示している」

　テキスト I で説明されている理論は医療画像認識の方法の理論，テキスト II で述べられているのはチェスの専門家にみられるチャンク化の理論である。この 2 種類の理論は一見無関係のようだが，テキスト I の第 1 段最終文（As discussed below, …）にあるように「部分的には共通している」。よって，ｂが最も適切である。

◆「設問 13〜15 はテキスト I，テキスト II およびテキスト III に関するものである」

▶13.「本文によると，以下のうち正しくないものはどれか」

ａ.「チェスの駒の配置を素早く記憶できるチェスの専門家は，Waldo を見つけるのも比較的得意なはずである」

ｂ.「チェスと医療画像認識の専門知識は，どちらも視覚情報のパターンを認めることと関連している」

ｃ.「専門家は，自分が専門とする作業をどのように行っているのかを説明できないかもしれない」

ｄ.「本文で説明されている専門知識の理論は，すべて経験の要素を含んでいる」

　画像認識は当然視覚を使う作業であり，チェスのチャンク化も盤上の駒の位置を見ることから始まる。よって，ｂは正しい。テキスト III の最終文（Third, for both …）に，専門的知識が本人に自覚されているとは限らないという趣旨のことが述べられているので，ｃは正しい。テキスト I の第 2 段第 1 文（According to the …）にあるように，画像認識の作業は，実際の画像と専門家のこれまでの知識との比較によって行われる。また，

チェスにおいても，テキストⅡの第 2 段第 3 文（Thanks to their …）に
あるように，知識量が重要な要素となっているので，ｄも正しい。ａの内
容にかかわる記述はどのテキストにも存在しない。よって，正しいとは言
えない。

▶14.「以下のうち本文で示唆されているものはどれか」

ａ.「初心者の包括的処理は専門家のそれと似ている」

ｂ.「調査―発見の処理は全体的処理よりも速い」

ｃ.「チャンク化の理論はチェスの専門知識の説明はできるが，医療画像
認識の専門知識は説明できない」

ｄ.「人が専門家になる際に経験する最初の変化は，全体的処理の中で起
こるのであって，限局的レベルの処理で起こるのではない」

　テキストⅠの第 4 段最後の 2 文（Kundel et al.(2007) contends …）で
は「専門家と違って初心者は包括的処理の能力が発達していない」ことが
読み取れる。また，テキストⅡでは「専門家は包括的処理において初心者
よりも勝っている」という趣旨が述べられており，したがって，両者が類
似しているとは言えない。よって，ａは不適。テキストⅠの第 4 段第 1 文
（Congruent with the …）に「比較的時間のかかる『調査―発見』モード
から，より迅速な全体的モードへの移行」という記述があるので，ｂも不
適。チャンク化の理論が取り上げられているのは，チェスだけでなく医療
画像認識にも適用されるからなので，ｃも不適。テキストⅠの第 1・2 段
より，「全体的処理」は「医療画像認識の専門的知識の中心的な構成要素」，
「限局的処理」は 2 つの処理段階のうちの第 2 段階である。専門家になる
過程で「限局的処理」における変化から経験するとは考えられない。よっ
て，ｄは正しい。

▶15.「以下のうち，テキストⅠ，Ⅱ，Ⅲの間の関係を最も適切に説明し
ているものはどれか」

ａ.「テキストⅠはある話題を論じ，Ⅱは無関係な話題を論じ，Ⅲはその
2 つの話題を対比している」

ｂ.「テキストⅠはいくつかの理論に前置きを与えており，Ⅱは反対の理
論を紹介しており，Ⅲはこれらの理論がどのように影響しあうかをまとめ
ている」

ｃ.「テキストⅠはある現象を説明するためにいくつかの理論を紹介して

おり，Ⅱは１つの理論が他の領域にどのように当てはまるかを論じており，Ⅲはその現象が異なる領域でどのように発生するかを比較している」

d.「テキストⅠはある現象を要約しており，Ⅱは別の現象を要約しており，Ⅲはその２つの現象を対比している」

　テキストⅠでは医療画像認識のモデルを３つ紹介している。テキストⅡではチェスの分野で確立された理論が医療画像認識にも当てはまることが説明されている。テキストⅢは，なぜ当てはまるのかを類似点を指摘することで説明している。この流れに最も近いのは，ｃである。

●語句・構文●

テキストⅠ　（段落[１]）including「～を含めて」（前置詞）
conceptualization「概念化」
（段落[２]）extract「～を引き出す，抽出する」 i.e.「すなわち，言い換えれば」
（段落[３]）parafoveal「傍中心窩の」 peripheral「周中心窩の」
implement「～を実行する」
（段落[４]）congruent with ～「～と一致する」 in parallel with ～「～と同時に，一緒に」 contend「（that 以下のこと）を強く主張する」
テキストⅡ　（第１段）acronym「頭字語（各語の頭文字を並べて作った語）」
（第２段）chess position「チェスの駒の位置」
（第３段）S is as ～ as …「Sは…と同じくらい～である」
テキストⅢ　analogous to ～「～に類似した」 facilitate「～を容易にする」

Ⅱ **解答** 1－b　2－d　3－c　4－a　5－c

◆全　訳◆

≪熱発電の実用化≫

　原生林は人間の居住地にはほど遠い。したがって，配電網を使えないので森林の無線センサーに電力を供給することは難しく，送電線を敷設するには費用がかかる。その上，一定の間隔で電池を交換しなければならず，それは大変な労力を要する。また，高い木々が，太陽光線が林床に届くの

を阻み，太陽エネルギーは使用できなくなる。最近では，研究者たちが現地の素材にますます焦点を当てるようになっていて，土は十二分な熱をもつ大きなエネルギー倉庫である。ゼーベック効果に基づく新しい方法は，森林の土と空気との温度差を利用して，発電するのである。

　熱電気には大きな利点があり，特殊な環境における熱電気に関して行われる研究がどんどん増えてきている。ニュウエイドたちは，レバノンの農村部の世帯向けに，家庭用の木材ストーブ熱発電機を開発した。彼らは熱電気のモジュールを家庭用の木材ストーブに取りつけ，木材の燃焼によって放出される熱で発電したのである。1 個の熱発電機（TEG）で 4.2 ワットもの電力を生み出すことができ，一方，ストーブは調理や暖房のような他の目的のために利用可能なままなのである。

━━━━━━━━━━◆解 説▶━━━━━━━━━━━

「本文を読み，1〜5 の 7 個の語を正しい順に並べ替えなさい。その後，3 番目と 5 番目の語を含む選択肢を a〜d から選びなさい」

▶1．完成すべき英文は batteries must be changed at regular intervals である。よって 3 番目は be，5 番目は at となり，b が正解である。

　まず動詞の形をイメージする。助動詞＋受動態になっていると考えられるので，must be changed「変えられねばならない」が確定する。意味を考えると，この動詞の主語になるのは batteries「電池」に決まる。最後に，at〜intervals「〜な間隔で」という表現から，at regular intervals になることがわかる。

▶2．完成すべき英文は solar irradiation from reaching the forest floor である。よって 3 番目は from，5 番目は the となり，d が正解である。

　直前の動詞 inhibit と選択肢の from が大きなヒントとなる。inhibit *A* from *doing* で，「*A* が〜するのを妨げる，*A* に〜させないようにする」の意味となるからである。よって *A* from reaching … の形が確定する。次に，reach の動作主は solar irradiation「太陽光線」，目的語は the forest floor「林床」になると考えられ，英文が完成する。forest は「森林の」の意味の形容詞でもあることに注意したい。

▶3．完成すべき英文は of research into thermoelectricity in special environments である。よって 3 番目は into，5 番目は in となり，c が正

解である。

　この問題も直前の部分が大きなヒントになる。a＋形容詞＋amount of ＋不可算名詞で「～な量の…」という表現であるから，最初の2語は of research か of thermoelectricity となることがわかる。research into ～ で「～についての研究」となるので，研究対象として thermoelectricity 「熱電気」が続く。残り3語で in special environments「特殊な環境下 で」となり，副詞句として最後にくる。

▶4. 完成すべき英文は to domestic woodstoves and generated power with である。よって3番目は woodstoves，5番目は generated となり，a が正解である。

　まず，attach *A* to *B*「*A* を *B* に取りつける」という表現を想起する。*A* は thermoelectric modules「熱電気のモジュール」が与えられているの で，*B* には取りつけ先，つまり domestic woodstoves が入ることがわか る。動詞 generated「発生させた」は and の後に使われた2つ目の動詞 （1つ目は attached）であると判断し，その目的語は power「電力」にな る。最後に「～を使って」と手段を表す前置詞 with が the heat の前に置 かれて英文が完成する。

▶5. 完成すべき英文は while the stove remains available for other で ある。よって3番目は stove，5番目は available となり，c が正解であ る。

　動詞 remains に注目する。この文では，すでに述語動詞 can produce があるので，remains が存在するためには接続詞か関係詞が必要になる。候補となるのは while「一方～」で，これが先頭にくる。また，remains の主語は三人称単数になることから，the stove であると考えられ，さら に available「利用可能な」が補語になると考えられる。最後に，直後の purposes から，for other purposes「他の目的のために」を連想すること ができ，英文が完成する。

◆━◆━◆━◆　●語句・構文●　◆━◆━◆━◆━◆━◆━◆

（第1段）primeval forests「原生林」　grid「配電網」
（第2段）thermoelectricity「熱電気（熱によって生じる電気）」

Ⅲ　**解答**　　Section A.　1－b　2－d　3－a　4－b　5－c
　　　　　　　　6－a　　Section B.　7－d　8－c

━━━◆全　訳◆━━━━━━━━━━━━

Section A.　≪音楽はなぜさまざまな感情を喚起できるのか≫

　音楽は実にさまざまな強い感情を喚起することができる。その感情には，喜び，悲しみ，恐れ，安らぎ，落ち着きなどが含まれる。人々は，感情の衝撃や調整を，私たちが音楽を聞く主たる理由の2つとして引き合いに出す。音楽は聞き手に猛烈な喜びや強烈な幸福の感情を生じさせることができ，それは時に「スリル」や「背筋がぞくぞくする」経験となる。音楽の喜びは，気持ちの高ぶりの激しさと密接な関係がある。正反対の感情価（例：「楽しい」または「悲しい」）でさえ，快いものとして体験され，聞き手はしばしば，最も感動的な音楽は2つ以上の感情を同時に喚起すると報告している。音楽には，食べ物や性にかかわるような明確に生き残れる恩恵はない。また，乱用薬物を連想させる依存性も示さない。それにもかかわらず，普通の人間は，かなりの時間を費やして音楽を聞き，それを人生で最も楽しい活動の1つとみなしている。多くの人は，音楽には特別で神秘的な特性があり，その効果は神経的あるいは神経化学的な状態まで容易に縮小できるものではないと信じている。認知神経科学の進歩は，音楽が他の強化刺激と同じ神経化学的報酬システムに影響を与えているという根拠を提示して，この見解に異議を唱えている。

Section B.　≪発言が真実である確率の計算≫

［D］　数えきれないほどの世代が社会的交流をすることによって磨きをかけてきた人間の直観力の1つが信頼である。それは，ある人物が真実を述べている確率がどの程度かを評価する能力に基づいている。異なる環境間に存在する鮮明な差異のうちの1つは，我々が考えを変える理由ができるまでは人は正直であると想定するか，あるいは不正直であると想定するかである。

［B］　人は，さまざまな国のお役所的手続きの中で，この差異に直面する。イギリスでは，お役所仕事は人が正直だと考えられているという前提に基づいている。しかし，私が他のいくつかの国で気づいたことだが，そこでは正反対のことが標準的な前提であり，規則や規制は，人は不正直であろうという推測のもとに作られているのである。保険金の請求をすれば，自

分が加入している保険会社が顧客に対応する際どちらの選択肢を採用しているのかがわかるだろう。

［A］ (5)宇宙を探検するための我々の探求が，ヤヌスという馴染みのない天体の文明と接触したと想像してほしい。(2)その住民の政治活動や商業活動を長期にわたって監視し，彼らは平均して4回に1回本当のことを話し，4回に3回は嘘をつくということがわかった。(4)この不安な評価にもかかわらず，我々は訪問を行うことを決断し，多数派の一団のリーダーに歓迎される。リーダーは自分の慈悲深い目的について重大な声明を出す。(3)これに続いて，ライバルの一団の長が立ち上がり，そのリーダーの声明は本当のものであると言う。(1)リーダーの声明がまさに本当のものである確率はどれくらいだろうか？

［E］ 我々は，ライバルの長がリーダーの声明は真実であると言った場合に，実際にその通りである確率を知る必要がある。これは，リーダーの声明が真実で，かつライバルの長の主張も真実である確率を，ライバルの長の声明が真実である確率で割った答えと等しい。

［C］ さて，最初に —— 2人ともが真実を述べている確率は，$\frac{1}{4} \times \frac{1}{4} = \frac{1}{16}$ である。ライバルの長が真実を述べた確率は，以下の2つの確率の和である。2つのうちの1つ目はリーダーもライバルも真実を話した確率であり，これは $\frac{1}{4} \times \frac{1}{4} = \frac{1}{16}$ となる。また，リーダーもライバルも嘘をついた確率は，$\frac{3}{4} \times \frac{3}{4} = \frac{9}{16}$ となる。よって，リーダーの声明が本当に真実である確率は，$\frac{1}{16} \div \frac{10}{16}$，つまり $\frac{1}{10}$ となる。

■■■■■■■■ ◀解　説▶ ■■■■■■■■

◆**Section A.**「本文を読んで設問1〜6に対する最適な選択肢を a〜d から選びなさい」

▶1.「空所Ⅰ〜Ⅲのうち，冠詞（a, an, the）を入れなければならないのはどれか」

a variety of〜 で「さまざまな〜」という表現であるから，Ⅰには a が入る。Ⅱの直後の listener は可算名詞で，単数の場合は冠詞が必要になる。

ここでは，総称用法の the をつける。drugs of abuse は「乱用薬物」という表現として完成しているので，Ⅲは冠詞が不要。よって，ｂが正解である。

▶２．「以下のうち，空所Ａに当てはまるものはどれか」

　be related to ～ で「～と関係がある」という表現であるから，ｄが正解である。

▶３．「以下のうち，空所Ｂに当てはまるものはどれか」

　直前の intensity「激しさ」が初出で定冠詞を伴っているのは，of emotional arousal「気持ちの高ぶりの」によって限定されているためなので，ａが正解である。

▶４．「以下のうち，空所Ｃに当てはまるものはどれか」

　ａ．「～時に」　ｂ．「～さえ」　ｃ．「したがって」　ｄ．「～だが」　空所を含む文は pleasurable までの前半と listeners からの後半がそれぞれ節になっているが，両者はすでに and で結ばれており，接続詞の入る余地がないので，ａとｄは除外される。また，前半の節は「正反対の感情価が快いものとして体験される」，前文は「音楽の喜びは，気持ちの高ぶりの激しさと密接な関係がある」という意味で，因果関係にないので，ｃも不適。Even は「正反対であっても，同様に快いものとして体験される」という意外性を強調すると考えられるので，ｂが正解である。

▶５．「以下のうち，空所Ｄに当てはまるものはどれか」

　ａ．「その結果」　ｂ．「頻繁に」　ｃ．「それにもかかわらず」　ｄ．「同様に」　前文は「音楽には生存にかかわる実益も，薬物のような依存性もない」，空所を含む文は「人間は音楽を聞くことに相当の時間を費やす」という趣旨で，両者は対立しているので，ｃが正解である。

▶６．「以下のうち，空所Ｅに当てはまるものはどれか」

　空所の直前は「音楽の効果は神経的あるいは神経化学的な状態まで容易には縮小できない，という見解に認知神経科学の進歩は異議を唱えている」という趣旨で，直後の「音楽が他の強化刺激と同じ神経化学的な報酬システムに影響を与えているという根拠」は，異議を唱える根拠となっている。ａの「～をもって，示して」が正解である。

◆**Section B**. 「下の［Ａ］〜［Ｅ］の５つの段落は１つの節を構成しているが，正しい順序になっていない。さらに，段落［Ａ］の(1)〜(5)の５つの文も

正しい順序になっていない。本文を読み，設問 7・8 に対する最適な選択
肢を a～d から選びなさい」

▶ 7.「以下のうち，段落［A］にとって最適な（最も筋の通る）文の順序
を示しているものはどれか」

　まず第 1 文を見極める。(1)の the Leader's「そのリーダーの」，(2)の
their「彼らの」，(3)の the leader「そのリーダー」，(4)の the leader「その
リーダー」は，いずれも(5)の a civilization on the strange world of
Janus の住民（あるいはそのうちの 1 人）を指していると考えられる。よ
って，第 1 文は(5)で，その内容も状況設定になっているので矛盾はない。

　次に，(4)の this worrying appraisal「この不安な評価」とは，(2)の
that 以下の内容，すなわちヤヌスの住民が真実を述べる（あるいは嘘を
つく）確率を指している。よって，(2)→(4)となる。また，(4)の who 以下
で多数派のリーダーが声明を行ったことが述べられており，(3)の冒頭部分
This is followed by …「これに…が続く」の This がこの声明を受けてい
るのだと考えられる。よって，(4)→(3)となる。

　最後に，(1)の「…の確率はどれくらいだろうか？」は，(2)～(4)の条件が
すべて出そろったもとでの問いかけであると考えられる。よって，(3)→
(1)となる。以上のことから，正しい順番は(5)—(2)—(4)—(3)—(1)となり，d
が正解である。

　選択肢が与えられていない場合は以上のように考えていくことになるが，
選択肢が与えられているので，消去法で考えた方がずっと速い。第 1 文が
(5)になることがわかった時点で，正解の可能性のある選択肢は d しかない
からである。もちろん，その上でさらに読んで確認することは必要である。

▶ 8.「以下のうち，本文にとって最適な（最も筋の通る）段落の順番を
示しているものはどれか」

　まず，［C］と［E］の the Leader という表現に注目すると，これは無論
［A］で登場するヤヌスの住民のリーダーを指している。よって，この 2 つ
の段落はいずれも［A］の後になることがわかる。つまり，［A］→［C］→
［E］か［A］→［E］→［C］のいずれかになるはずである。さらに，［E］では
求める確率の導き方，［C］ではその導き方による実際の計算が説明されて
いる。よって，［A］→［E］→［C］となる。

　次に，［B］と［D］の内容を見てみると，［B］の this distinction「この

差異」は[D]の第 3 文の One of the sharp distinctions「鮮明な差異のうちの 1 つ」を指していると考えられるので，[D]→[B]となる。

　最後に，[D]→[B]で指摘しているのは，人が本当のことを言っていると想定するか嘘をついていると想定するか，2 つの前提が考えられるという点である。[A]以下の内容は，まさにこのテーマに基づいたたとえ話になっている。よって，[D]→[B]は[A]の前にくる。以上のことから，正しい順番は[D]－[B]－[A]－[E]－[C]となり，c が正解である。

◆━◆━◆━◆　●語句・構文●　◆━◆━◆━◆━◆━◆

Section A. cite「～を挙げる，引用する」 readily「容易に」 stimuli「刺激」(stimulus の複数形)

Section B.（段落[A]）on the average「平均して，概して」 appraisal「評価，査定」

（段落[B]）premise「前提，仮定」 default「普通に起こる，標準的な」 presumption「推測，仮定」

（段落[C]）probability「確率」

（段落[D]）hone「～に磨きをかける」 how likely it is の it は形式主語で，真の主語は that 以下である。

（段落[E]）given that ～「～と仮定すると」

Ⅳ **解答** **Section A**. 1 － b　2 － c　3 － d　4 － d　5 － a
　　　　　　Section B. 6 － c　7 － b　8 － d　9 － b　10 － a

◆━◆━◆━◆━◆　◆全　訳◆　◆━◆━◆━◆━◆━◆

Section B. ≪「コンドルセの基準」≫

ある地域での市会議員選挙を考えてみる。そこでは歴史的に，民主党支持者が 60％，共和党支持者が 40％である。今回の選挙には，1 議席に 3 人が立候補している。すなわち，民主党のドンとキー，共和党のエルである。有権者は誰が好みかを候補者全員をランキングして示している。その好みの投票結果の一覧は，以下のとおりである。

342 と 214 と 298 を合計した 854 人の有権者がこの選挙に参加したことがわかる。1 位投票の割合を計算すると：

ドン：$\dfrac{214}{854}=25.1\%$

$$キー：\frac{298}{854}=34.9\%$$

$$エル：\frac{342}{854}=40.0\%$$

よって，この選挙では，民主党支持者が2人の民主党候補者に割れ，それによって共和党候補者のエルが，相対多数方式のもとで40%の投票を得たことで勝利している。この選挙を綿密に分析すると，それが「コンドルセの基準」に背いていることがわかる。1対1で比較して検討すると：

　　エル対ドン：342人がエルの方を好み，512人がドンの方を好む。よって，ドンの方が好まれている。

　　エル対キー：342人がエルの方を好み，512人がキーの方を好む。よって，キーの方が好まれている。

　　ドン対キー：556人がドンの方を好み，298人がキーの方を好む。よって，ドンの方が好まれている。

したがって，ドンは選挙での1位票の数は最小だったけれども，他の候補者との1対1の比較ではいずれの場合も彼の方が好まれているので，コンドルセの基準では彼が勝者である。

━━━━━━◀解　説▶━━━━━━

◆Section A.「設問1～5に対して，a～dから最適な選択肢を選びなさい」

▶1.「次のうち，下の推論と同じ論理構造をもつものはどれか」

〈推論〉「第六感を証明する確かな証拠は存在しない。ゆえに，第六感は存在しない」

a.「子どもはみんなニンジンが嫌いである。ゆえに，私の6歳の甥もニンジンが嫌いである」

b.「ジョンはメアリーがコーヒーを飲むのを見たことがない。ゆえに，彼は彼女がコーヒーを飲まないと結論づける」

c.「キャベツは私たちの健康に有益でないことが示されている。ゆえに，ホウレン草も私たちにとって良くない」

d.「医師たちは粉末薬Zを服用しないよう勧めている。ゆえに，粉末薬は液体薬よりも劣っている」

　〈推論〉の前提部分は結論に正しく結びつかない。証拠は実は存在して

いるのに見つけられていないだけかもしれないし，将来見つかるかもしれないからである。つまり，「存在を立証する証拠が認められていないことは，存在しないことの証明にはならない」のである。〈推論〉と同じ論理構造をもつのは，ｂである。実際にはメアリーはコーヒーを飲んでいるのに，ジョンが単にそれを見たことがないだけかもしれない。つまり，「しているのを見たことがないことは，それをしないことの証明にはならない」のである。ａは前提に疑問の余地があるが，前提と結論は矛盾しない。ｃとｄは前提と結論が無関係である。

▶２.「次のうち，下の記述の結論がもし本当ならば，それと最も明確に矛盾するものはどれか」

〈記述〉「健康な人にはヒトジラミがついていて，そうでない人にはついていないことが何世紀も前に観察された。よって，ヒトジラミは人を健康にすると結論づけられた」

ａ.「病気の人は体温が高いことが多く，それがヒトジラミを寄せつけない」

ｂ.「健康で通常の体温でいると，ヒトジラミが快適に暮らす環境を提供することになる」

ｃ.「病気の人にヒトジラミをつけてもその人たちを回復させることはできない」

ｄ.「ヒトジラミがついていない健康な人々の集団が観察されている」

　〈記述〉の内容が真であるなら，ヒトジラミは人を健康にする。つまり，病人の病気を治して健康にすることができると考えられる。ｃはそれを否定する内容になっている。よって，最も矛盾するのはｃである。ａとｂは，いずれも〈記述〉の観察結果が結論に結びつかないことを示唆しているが，結論をはっきりと否定するものではない。また，ｄも〈記述〉の結論に疑問を投げかけてはいるが，明確に矛盾するものではない。

◆「設問３〜５は以下の状況に関するものである」

数学の最終試験が金曜日に予定されている。テスト前，４人の学生（エイミー，フジ，ダン，ロジャー）が，月曜日から木曜日までに少なくとも１回は集まって勉強するために勉強グループを作った。

　エイミーが勉強できるのは，木曜の午後と夜に加えて，月曜，火曜，水曜の夜のみである。

　フジが勉強できるのは，火曜の午後と夜に加えて，月曜，水曜，木曜の夜のみである。

　ダンが勉強できるのは，月曜の午後と夜に加えて，水曜，木曜の夜と火曜の午後のみである。

　ロジャーが勉強できるのは，月曜の午後に加えて，火曜，水曜，木曜の午後と夜のみである。

▶ 3．「グループ全員が 2 回集まってテスト勉強をしたい場合，以下のうちどれがその日になるか」

a．「月曜と火曜」　　　b．「月曜と水曜」

c．「火曜と木曜」　　　d．「水曜と木曜」

　それぞれの学生が勉強できる時を表にまとめると以下のようになる。

	月曜		火曜		水曜		木曜	
	午後	夜	午後	夜	午後	夜	午後	夜
Amy		○		○		○	○	○
Fuji		○	○	○		○		○
Dan	○	○	○			○		○
Roger	○		○	○	○	○	○	○

全員が○（勉強できる）なのは水曜と木曜である。よって，d が正解。

▶ 4．「試験が木曜日の午前に移動した場合，以下のうち当てはまるのはどれか」

Ⅰ．「グループ全員が集まってテスト勉強をするのは不可能である」

Ⅱ．「エイミーは午後にグループに加わってテスト勉強することはできない」

Ⅲ．「フジとダンの 2 人だけなら 3 回テスト勉強ができる」

　Ⅰは水曜の夜に集まるのが可能なので誤り。Ⅱは，エイミーは月曜から水曜までは午後がダメなので当てはまる。Ⅲは月曜の夜，火曜の午後，水曜の夜が可能なので当てはまる。よって，d が正解である。

▶ 5．「以下のことを仮定してみる。テストが木曜日の午前に移動して，もう 1 人の学生（レオ）がテスト勉強のグループに加わりたいと思っている。しかし彼は午後しか参加できない。以下のうち当てはまるのはどれか」

ａ．「レオはエイミーと一緒に勉強できない」

ｂ．「レオが一緒に勉強できるのはロジャーだけである」

ｃ．「レオが一緒に勉強できるのはフジとダンだけである」

ｄ．「レオは４人のうちの誰とも一緒に勉強できるが，グループ全体で勉強することはできない」

エイミーは午後がダメ，レオは夜がダメなので一緒に勉強することは不可能である。よって，ａが正解で，ｄは不可である。レオは火曜の午後にフジ，ダン，ロジャーと一緒に勉強できるのでｂとｃは不可。

◆**Section B**. 「設問６〜10 に対して，ａ〜ｄから最適な選択肢を選びなさい」

▶６．「次の名前のうち，空所Ａ，Ｂ，Ｃのそれぞれに当てはまるものはどれか」

　１対１の比較の１つ目によると，エルよりもドンの方を好む人が 512 人いることがわかる。この数字は 214 と 298 を合計した数字なので，表の右端の列ではドンがエルの上に位置する。同様に，比較の３つ目を見ると，ドンよりもキーの方を好む人が 298 人いることから，右端の列ではキーがドンの上に位置する。よって，正しい序列は上からキー，ドン，エルとなり，ｃが正解。

▶７．「次の語のうち，空所Ｄに当てはまるものはどれか」

ａ．「２等分にする」　　ｂ．「分ける」

ｃ．「合計する」　　　　ｄ．「与える」

　１位投票の割合を見ると，ドンが１位の割合が 25.1%，キーが１位の割合が 34.9% となっているので，60% の民主党支持者が２つに割れたことがわかる。よって，ｂが最も適切である。２等分（同じ割合）ではないのでａは不適。

▶８．「次の名前のうち，空所Ｅ，Ｆ，Ｇのそれぞれに当てはまるものはどれか」

　当該箇所はエルとキーの比較なので，いずれの空所にもエルかキーが入ることになる。342 は表の左端の列の数字であり，ここではエルがキーよりも上位にあるので，Ｅにはエルが入る。512 は右の２列の数字の合計なので，中央の列と同様に右端でもキーの方がエルよりも上位になっていると考えられる。よって，Ｆにはキーが入る。最後に，Ｇに入るのはより大

きな数字を得た方なので，キーが入る。よって，dが正解である。

▶9.「次の語のうち，空所H，Iのそれぞれに当てはまるものはどれか」
　ドンを1位に選んだ票数は214で，3人の中では最少である。しかし，1対1の比較では，ドンはエルとキーのどちらよりも好まれていることがわかる。よって，最も適切なのは，bの smallest「最も小さい」，preferred「より好まれている」である。

▶10.「次の『コンドルセの基準』の定義のうち，本文の内容に最も合致しているのはどれか」
a．「1対1の対戦で，それぞれの相手候補者に勝った候補者が勝者となる」
b．「共和党支持者の票であれ，民主党支持者の票であれ，より多くの票を取った者が誰でも当選者と決定される」
c．「1位の票を最も多く取った候補者が勝者となる」
d．「公正な選挙であるためには，選挙は1対1の比較でなければならない」
　「コンドルセの基準」で勝者となるドンは，1位の票数は214で最も少ないが，1対1の比較ではエルにもキーにも勝利している。この基準を最も的確に表現しているのはaである。

●語句・構文●

Democratic「民主党の」　Republican「共和党の，共和党支持者」
Democrat「民主党支持者」　plurality「相対多数」　violate「〜に背く」

V 解答

1—a　2—d　3—b　4—c　5—b　6—c
7—a　8—a　9—d　10—b　11—c　12—a
13—a　14—c　15—d

◀解　説▶

「設問1〜15には，2つの定義がそれぞれ1つの例文とともに与えられている。両方の定義に合致し，両方の文の空所に合う単語を考えなさい。その単語のそれぞれの文字を下の表にしたがって1〜4の数字に変換しなさい。1はa〜g，2はh〜m，3はn〜s，4はt〜zの文字を表している。その後，合致する数字の配列を選択肢a〜dから選びなさい。たとえば，思いついた語がwise ならば，最初の文字であるwは与えられている

ので，残りの文字は i が 2，s が 3，e が 1 に変わる。ゆえに，正しい答えは w231 になる」

▶1．定義と例文の意味は以下のとおり。

(i)「あるものがもっている用途，あるいは人や物がする仕事：新しい仕事では，あなたはさまざまな職務を果たすことになるだろう」

(ii)「〜として使われること：学校と図書館は傷病者に対応する一時的な病院としての機能を果たしている」

　f で始まり 2 つの定義に合致する語は function「(i)職務，(ii)機能を果たす」である。よって f4314233 となり，a が正解。

▶2．定義と例文の意味は以下のとおり。

(i)「動詞の時を表す文法上の指標：英語では，単純現在時制は進行中の動作か習慣的な動作を表すために用いられる」

(ii)「身体的あるいは神経的に不安な状態：電話が鳴ったとき，部屋にいる誰もが緊張した。選挙結果の知らせかもしれないと思ったからだ」

　t で始まり 2 つの定義に合致する語は tense「(i)時制，(ii)緊張した」である。よって t1331 となり，d が正解。

▶3．定義と例文の意味は以下のとおり。

(i)「誰かを裕福にすること：金持ちになるために，若者は最も可能性の高い企業に進んで投資すべきである」

(ii)「あるものの品質をさらに上げること：谷を覆う霧がその絵の神秘的な雰囲気をさらに強めている」

　e で始まり 2 つの定義に合致する語は enrich「(i)〜を富ませる，(ii)〜の質を向上させる」である。よって e33212 となり，b が正解。

▶4．定義と例文の意味は以下のとおり。

(i)「突然で予想できない：現代の観客は様式や時期や話の筋が急に切り替わることにとまどうかもしれないが，その伝統的な映画は今も印象的だ」

(ii)「失礼に当たるギリギリのところまでそっけない：彼女は一言も言わずそっけない態度でパーティーを辞した。彼女の振る舞いはプロとしてふさわしくなかった」

　a で始まり 2 つの定義に合致する語は abrupt「(i)突然の，(ii)ぶっきらぼうな」である。よって a13434 となり，c が正解。

▶5．定義と例文の意味は以下のとおり。

(i)「存在するようになること：家庭用コンピュータ技術の出現とその世界的広がりは，数多くの社会変化につながった」

(ii)「隠されていた後に見えるようになること：黒い雲からの太陽の出現が一面を照らした」

　e で始まり 2 つの定義に合致する語は emergence「(i)，(ii)とも出現」である。よって e21311311 となり，b が正解。

▶ 6．定義と例文の意味は以下のとおり。

(i)「特定の人物あるいは集団に与えられた特別な権利やメリット：すべてのメンバーに，どのパックツアーも 10%引きで購入できる特典がある」

(ii)「まれな機会で特別な楽しみをもたらすとみなされるもの：その学生はこの特別な奨学金を受ける恩恵に浴する」

　p で始まり 2 つの定義に合致する語は privilege「(i)特典，(ii)恩恵」である。よって p32422111 となり，c が正解。

▶ 7．定義と例文の意味は以下のとおり。

(i)「刑事事件で最終的に有罪だと判断すること：その殺人者の有罪判決が再審で覆された」

(ii)「その人の振る舞いの基準として機能すると考えられている，善悪の道徳的観念：ほんの一部の弁護士であっても，自分の道徳的信念が仕事に影響を及ぼすのを許すようになれば，法体系全体が崩壊してしまうだろう」

　c で始まり 2 つの定義に合致する語は conviction「(i)有罪判決，(ii)信念」である。よって c334214233 となり，a が正解。

▶ 8．定義と例文の意味は以下のとおり。

(i)「金融上の両替媒体：どの空港にも，レートが毎日，時には毎時間変動する通貨両替店がいくつかある」

(ii)「一般的に受け入れられたり使用されたりしているという性質：強力なソーシャルメディアの存在が政治や積極行動主義に即座に受け入れられ，多くの専門家がそれを熱心に求める」

　c で始まり 2 つの定義に合致する語は currency「(i)通貨，(ii)普及，容認」である。よって c4331314 となり，a が正解。

▶ 9．定義と例文の意味は以下のとおり。

(i)「あるものの使い方を説明している文書：現代的な家庭用電子機器が出はじめた頃は，所有者の手引書は一般消費者よりも技師に向けて書かれて

いた」

(ii)「手でなされたり行われたりする仕事の：その建設現場はとても離れた場所にあるので，重機が入ることはできず多くの手作業が必要だった」

　m で始まり 2 つの定義に合致する語は manual「(i)手引書，案内書，(ii)手を使う」である。よって m13412 となり，d が正解。

▶10．定義と例文の意味は以下のとおり。

(i)「1 とその数自身でしか割り切れない整数に関係する：現在わかっている最大の素数はパトリック゠ラロッシュによって発見されたのだが，それは 2400 万桁以上ある」

(ii)「力と気力が最高な成熟期：大学生は人生の全盛期にあるとしばしば言われる」

　p で始まり 2 つの定義に合致する語は prime「(i)素数の，(ii)全盛期」である。よって p3221 となり，b が正解。

▶11．定義と例文の意味は以下のとおり。

(i)「何かを取り除く行為：ハリケーンの進路に残ったゴミや残骸の処理問題について意見の不一致が生じた」

(ii)「何かあるいは誰かを利用する力：当局は，火事の延焼を防ぐために，使える手段はすべて使うことを約束した」

　d で始まり 2 つの定義に合致する語は disposal「(i)処分，(ii)使用権」である。よって d2333312 となり，c が正解。

▶12．定義と例文の意味は以下のとおり。

(i)「あるもの，あるいはある人の特性や特徴：メアリーの最も良い特質の 1 つは，ある決断から起こりえるすべての結果を想像する能力である」

(ii)「あることの手柄と考える：これらの言葉はウィンストン゠チャーチルによるものであると長い間考えられてきたが，彼が本当に言ったかどうかは疑わしい」

　a で始まり 2 つの定義に合致する語は attribute「(i)特質，(ii)〜によるものと考える」である。よって a44321441 となり，a が正解。

▶13．定義と例文の意味は以下のとおり。

(i)「自然に，あるいは人工的に切り開かれた長くて狭い通路：その操縦士は船を操舵して狭い水路を上って行った」

(ii)「あるものの流れを向ける：メディアの代表者は候補者の声明を報道機

関に時宜を得たやり方で向ける」

　c で始まり 2 つの定義に合致する語は channel「(i)水路, (ii)〜を向ける」である。よって c213312 となり, a が正解。

▶14.　定義と例文の意味は以下のとおり。

(i)「行うのを禁止したり許さなかったり妨げたりすること：新しい規則を定めた理由の 1 つは, 未成年の居住者に違法薬物を売るのを禁じることであった」

(ii)「恥ずかしがりな, あるいは煮え切らない：理工学部の学生のお決まりのイメージは, 社会的に抑制されているというものだが, これほど真実から遠いものはないであろう！」

　i で始まり 2 つの定義に合致する語は inhibit「(i)〜を妨げる, 禁じる, (ii)〜を（緊張や羞恥心によって）抑制する」である。よって i322124 となり, c が正解。

▶15.　定義と例文の意味は以下のとおり。

(i)「もたらすこと：その危機は多くの政策立案者に対して大きなジレンマを引き起こした。そのジレンマとは, 過度に強権的に思われることなく, いかにして断固とした行動を起こすかであった」

(ii)「印象づけるために気取って話したり振る舞ったりすること：その事実が明らかになったとき, その重役は全く知らないという態度をとり, 自分は実は被害者であるというふりをした」

　p で始まり 2 つの定義に合致する語は pose「(i)〜を引き起こす, (ii)見せかけ」である。よって p331 となり, d が正解。

❖講　評

　2021 年度も長文読解問題 1 題，中文読解問題 3 題，文法・語彙問題 1 題の計 5 題の出題で，この傾向はここ数年変わっていない。

　Ⅰの長文読解問題は，「医療画像認識のモデル」を題材にした英文。例年と比べても 2021 年度はテーマが難解かつ抽象的で，語彙も難しい。また，設問に対する答えとなる部分を見つけるのにも時間がかかる。解答の際には，設問や選択肢に先に目を通しておくなど，一定の工夫が必要であろう。

　Ⅱの読解問題は語句整序による英文完成問題。7 語を並べ替えて，3 番目と 5 番目の語の組み合わせを答えるという形式は例年通りである。和訳が与えられていないので，文法の知識でのアプローチが要求される。本問では前置詞の処理がポイントになる。

　Ⅲの読解問題は，音楽と情緒との関係と，確率の計算に関する 2 種類の英文による構成である。Section A の空所補充は，主に文法・語彙の知識が問われており，難度は標準的である。Section B は段落および文の整序問題で，これも標準的な難度であった。

　Ⅳの読解問題の英文は，Section A は論理学的な設問，Section B では統計学的な内容をテーマにした英文が出題されている。英語の知識だけでなく論理的思考力も求められている。

　Ⅴの語彙問題は，与えられたヒントをもとに単語を推測し，指示に従って数字の配列に変換する問題。綴りも含めた語彙力が要求される。2021 年度は語彙のレベルがやや高かった。

　量・難度とも，最高レベルと言ってよいだろう。試験時間 90 分はあっという間に過ぎ去ってしまうかもしれない。わかる所からどんどん進めていってほしい。

■数学■

I ◇発想◇　(1)「直線の傾き」と「直線が x 軸の正の向きとなす角」の関係式を利用する。問題文が「直線と x 軸のなす角」となっているので注意して記述する。

(2)　$\angle$APB を $\alpha,\ \beta$ で表す。図を描いて確認する。

(3)　$\angle$APB と $\tan\angle$APB の関係，$\tan\angle$APB と t の関係を確認する。$\dfrac{\pi}{2}<\angle$APB$<\pi$ で，$\angle$APB が増加すると $\tan\angle$APB も増加するから，$\angle$APB が最小となるのは $\tan\angle$APB が最小のときである。$\tan\angle$APB は t の関数であるから，$0<t<1$ において $\tan\angle$APB が最小になるときを考える。

 解答　(1)　$0<t<1$ ……① より，$t-(-1)>0$，$1-t>0$ であるから，直線 AP，BP の傾きをそれぞれ m_1，m_2 とすると

$$m_1=\frac{t^3-(-1)}{t-(-1)}=\frac{t^3+1}{t+1},\ \ m_2=\frac{1-t^3}{1-t}$$

ここで，① より，$0<t^3<1$ であるから，$m_1>0$，$m_2>0$ である。

また，$0<\alpha<\dfrac{\pi}{2}$，$0<\beta<\dfrac{\pi}{2}$ ……② より，

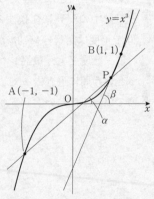

$\tan\alpha>0$，$\tan\beta>0$ であるから

$$\begin{aligned}\tan\alpha=m_1&=\frac{(t+1)(t^2-t+1)}{t+1}\\&=t^2-t+1\\\tan\beta=m_2&=\frac{(1-t)(1+t+t^2)}{1-t}\\&=t^2+t+1\end{aligned}$$

よって

$$\tan\alpha=t^2-t+1,\ \tan\beta=t^2+t+1 \quad ……(答)$$

(2)　① より　　$t^2-t+1<t^2+t+1$

すなわち　　　$\tan\alpha < \tan\beta$

これと②より，$0 < \alpha < \beta < \dfrac{\pi}{2}$ であるから　　　$0 < \beta - \alpha < \dfrac{\pi}{2}$

点 P は C 上で原点 O と点 B の間の動点であるから

　　　$\dfrac{\pi}{2} < \angle \mathrm{APB} < \pi$　……③

よって　　　$\angle \mathrm{APB} = \pi - (\beta - \alpha)$

したがって

$$\begin{aligned}
\tan\angle \mathrm{APB} &= \tan\{\pi - (\beta - \alpha)\} \\
&= -\tan(\beta - \alpha) \\
&= -\frac{\tan\beta - \tan\alpha}{1 + \tan\beta\tan\alpha} \\
&= -\frac{(t^2 + t + 1) - (t^2 - t + 1)}{1 + (t^2 + t + 1)(t^2 - t + 1)} \\
&= -\frac{2t}{t^4 + t^2 + 2} \quad \text{……(答)}
\end{aligned}$$

(3)　$\dfrac{\pi}{2} < \angle \mathrm{APB} < \pi$（∵　③）において，$\angle \mathrm{APB}$ が増加すると，$\tan\angle \mathrm{APB}$ も増加するから，$\angle \mathrm{APB}$ を最小にする t と，$\tan\angle \mathrm{APB}$ を最小にする t は一致する。

$f(t) = -\dfrac{2t}{t^4 + t^2 + 2}$ とおくと

$$\begin{aligned}
f'(t) &= -2 \cdot \frac{(t^4 + t^2 + 2) - t(4t^3 + 2t)}{(t^4 + t^2 + 2)^2} \\
&= \frac{2(3t^4 + t^2 - 2)}{(t^4 + t^2 + 2)^2} \\
&= \frac{2(t^2 + 1)(3t^2 - 2)}{(t^4 + t^2 + 2)^2}
\end{aligned}$$

よって，①における $f(t)$ の増減表は右のようになる。

したがって，$t = \dfrac{\sqrt{6}}{3}$ のとき，$f(t)$ は最小になるから，$\angle \mathrm{APB}$ を最小にする t の値は

t	(0)	…	$\dfrac{\sqrt{6}}{3}$	…	(1)
$f'(t)$		$-$	0	$+$	
$f(t)$		↘	極小 かつ最小	↗	

$$t = \frac{\sqrt{6}}{3} \quad \cdots\cdots(\text{答})$$

━━━━━━◀解　説▶━━━━━━

≪2直線のなす角の最小≫

　曲線 $y = x^3$ 上の点で交わる 2 直線のなす角の最小を考える問題である。

▶(1)　傾き m の直線が x 軸の正の向きとなす角を θ とすると，$m = \tan\theta$ が成り立つ。本問では，直線 AP，BP と x 軸のなす鋭角をそれぞれ α，β としているので，$\tan\alpha > 0$，$\tan\beta > 0$ を確認する。

▶(2)　点 P は直径を AB とする円の内部にあるから，$\angle\mathrm{APB} > \dfrac{\pi}{2}$ であり，$0 < \beta - \alpha < \dfrac{\pi}{2}$ であるから，$\angle\mathrm{APB} = \pi - (\beta - \alpha)$ である。傾きが n_1，n_2 $(n_1 n_2 \ne -1)$ である 2 直線のなす鋭角を θ とすると，$\tan\theta = \left| \dfrac{n_1 - n_2}{1 + n_1 n_2} \right|$ であることを利用する方法も考えられるが，(1)の「$\tan\alpha$，$\tan\beta$ を t を用いて表せ」という設問の流れから，正接の加法定理を用いて求めるのがよい。

▶(3)　微分法を用いて，$0 < t < 1$ において $f(t)$ を最小にする t の値を求める。$\dfrac{\pi}{2} < \angle\mathrm{APB} < \pi$ で，$\tan\angle\mathrm{APB}$ が $\angle\mathrm{APB}$ に対して単調増加であることを確認しておくことも重要である。

━━━━━━━━━━━━━━━━━━━━━━━━━━

II　◆発想◆　(1)　整式の割り算を実行するか，$x^6 + 1$ の因数分解を利用する。

(2)　(1)より，$x^6 = (x^2 + 1)f(x) - 1$ と表されることがわかるので，$x^{2021} = (x^6)^{336} \cdot x^5$ から，$x^{2021} = f(x)Q(x) + R(x)$ （ただし，$R(x)$ は 0 または $(R(x)$ の次数$) < (f(x)$ の次数$))$ の形に変形することを考える。二項定理の利用に気づくことが大切である。また，$x^{12} - 1$ が $f(x)$ で割り切れることを利用して求めることもできる。

(3)　$n = 3k$ （k は自然数）とおき，(2)と同様に二項定理を用いるか，$(x^2 - 1)^3 - 1$ が $f(x)$ で割り切れることを用いる。

解答　(1)　$x^6=(x^4-x^2+1)(x^2+1)-1=f(x)(x^2+1)-1$ であるから,

x^6 を $f(x)$ で割ったときの余りは　　-1　……(答)

参考　$x^6+1=(x^2+1)(x^4-x^2+1)=(x^2+1)f(x)$ より

$\qquad x^6=(x^2+1)f(x)-1$

(2)　(1)より, $x^6=(x^2+1)f(x)-1$ であるから

$$x^{2021}=(x^6)^{336}\cdot x^5=\{(x^2+1)f(x)-1\}^{336}\cdot x^5\quad\cdots\cdots①$$

ここで, $(x^2+1)f(x)=A$ とおいて二項定理を用いると

$$(A-1)^{336}={}_{336}C_0A^{336}+{}_{336}C_1A^{335}\cdot(-1)+\cdots$$
$$+{}_{336}C_{335}A\cdot(-1)^{335}+{}_{336}C_{336}(-1)^{336}$$
$$=A({}_{336}C_0A^{335}-{}_{336}C_1A^{334}+\cdots-{}_{336}C_{335})+1$$

であるから, ${}_{336}C_0A^{335}-{}_{336}C_1A^{334}+\cdots-{}_{336}C_{335}=Q_1(x)$ とおくと

$$\{(x^2+1)f(x)-1\}^{336}=(x^2+1)f(x)Q_1(x)+1\quad\cdots\cdots②$$

①, ②より

$$x^{2021}=\{(x^2+1)f(x)Q_1(x)+1\}x^5$$
$$=x^5(x^2+1)f(x)Q_1(x)+x^5$$
$$=x^5(x^2+1)f(x)Q_1(x)+(x^4-x^2+1)x+x^3-x$$
$$=f(x)\{x^5(x^2+1)Q_1(x)+x\}+x^3-x$$

よって, x^{2021} を $f(x)$ で割ったときの余りは　　x^3-x　……(答)

(3)　$n=3k$（k は自然数）とおくと

$$(x^2-1)^n-1=(x^2-1)^{3k}-1$$
$$=(x^6-3x^4+3x^2-1)^k-1$$
$$=\{(x^4-x^2+1)(x^2-2)+1\}^k-1$$
$$=\{(x^2-2)f(x)+1\}^k-1\quad\cdots\cdots③$$

ここで, $(x^2-2)f(x)=B$ とおいて, 二項定理を用いると

$$(B+1)^k={}_kC_0B^k+{}_kC_1B^{k-1}+\cdots+{}_kC_{k-1}B+{}_kC_k$$
$$=B({}_kC_0B^{k-1}+{}_kC_1B^{k-2}+\cdots+{}_kC_{k-1})+1$$

であるから　${}_kC_0B^{k-1}+{}_kC_1B^{k-2}+\cdots+{}_kC_{k-1}=Q_2(x)$ とおくと

$$\{(x^2-2)f(x)+1\}^k=(x^2-2)f(x)Q_2(x)+1\quad\cdots\cdots④$$

③, ④より

$$(x^2-1)^n-1=(x^2-2)f(x)Q_2(x)$$

よって，n が 3 の倍数であるとき，$(x^2-1)^n-1$ は $f(x)$ で割り切れる。

(証明終)

別解 ＜因数分解を用いる解法＞

(2) (1)より，$x^6+1=(x^2+1)f(x)$ であるから

$$x^{12}-1=(x^6+1)(x^6-1)=(x^2+1)(x^6-1)f(x)$$

よって

$$x^{2016}-1=(x^{12})^{168}-1$$
$$=(x^{12}-1)\{(x^{12})^{167}+(x^{12})^{166}+\cdots+x^{12}+1\}$$
$$=(x^2+1)(x^6-1)f(x)\{(x^{12})^{167}+(x^{12})^{166}+\cdots+x^{12}+1\}$$

であるから，$(x^2+1)(x^6-1)\{(x^{12})^{167}+(x^{12})^{166}+\cdots+x^{12}+1\}=A(x)$ とおくと

$$x^{2016}-1=f(x)A(x)$$

したがって

$$x^{2021}=(x^{2016}-1)x^5+x^5$$
$$=f(x)A(x)\cdot x^5+(x^4-x^2+1)x+x^3-x$$
$$=f(x)\{x^5A(x)+x\}+x^3-x$$

ゆえに，x^{2021} を $f(x)$ で割ったときの余りは　x^3-x

(3) $n=3k$（k は自然数），$g(x)=(x^2-1)^3$ とおくと

$$(x^2-1)^n-1=(x^2-1)^{3k}-1$$
$$=\{g(x)\}^k-1$$
$$=\{g(x)-1\}[\{g(x)\}^{k-1}+\{g(x)\}^{k-2}+\cdots+g(x)+1]$$

ここで

$$g(x)-1=(x^2-1)^3-1$$
$$=\{(x^2-1)-1\}\{(x^2-1)^2+(x^2-1)+1\}$$
$$=(x^2-2)(x^4-x^2+1)$$
$$=(x^2-2)f(x)$$

であるから

$$(x^2-1)^n-1=(x^2-2)f(x)[\{g(x)\}^{k-1}+\{g(x)\}^{k-2}+\cdots+g(x)+1]$$

よって，n が 3 の倍数であるとき，$(x^2-1)^n-1$ は $f(x)$ で割り切れる。

■◀解　説▶■

≪整式の除法と余り，二項定理≫

　整式を整式で割ったときの余りに関する問題である。

▶(1)　$x^6 \div (x^4 - x^2 + 1) = x^2 + 1$ 余り -1 である。

▶(2)　$2021 = 6 \times 336 + 5$ であるから，(1)の結果を用いて $\{(x^2+1)f(x)-1\}^{336}$ に二項定理を用いる。

$$\{(x^2+1)f(x)-1\}^{336} = \sum_{r=0}^{336} {}_{336}\mathrm{C}_r\{(x^2+1)f(x)\}^{336-r}(-1)^r$$

$$= \sum_{r=0}^{335} {}_{336}\mathrm{C}_r\{(x^2+1)f(x)\}^{336-r}(-1)^r + (-1)^{336}$$

$$= (x^2+1)f(x) \cdot \sum_{r=0}^{335} {}_{336}\mathrm{C}_r\{(x^2+1)f(x)\}^{335-r}(-1)^r + 1$$

と表現することもできる。また
n が自然数のとき
$$a^n - b^n = (a-b)(a^{n-1} + a^{n-2}b + \cdots + ab^{n-2} + b^{n-1}) \quad \cdots\cdots(\mathcal{r})$$
n が正の奇数のとき
$$a^n + b^n = (a+b)(a^{n-1} - a^{n-2}b + \cdots - ab^{n-2} + b^{n-1}) \quad \cdots\cdots(\mathcal{i})$$
が成り立つ。〔別解〕は $x^{12}-1$ が $f(x)$ で割り切れることに着目して(ア)を用いた。x^6+1 が $f(x)$ で割り切れることに着目して(イ)を用いようとすると

$$x^{2022} = \{(x^6)^{337} + 1\} - 1$$
$$= (x^6+1)\{(x^6)^{336} - (x^6)^{335} + \cdots - x^6 + 1\} - 1$$
$$= (x^6+1)x(x^{2015} - x^{2009} + \cdots - x^5) + x^6$$

より，$x^{2021} = (x^6+1)(x^{2015} - x^{2009} + \cdots - x^5) + x^5$ と，少し工夫した式変形が必要になる。

▶(3)　(2)の解法を利用することができる。③の形にして二項定理を用いるか，〔別解〕のように $\{g(x)\}^k - 1$ の形にして(ア)を用いるとよい。

III　◇発想◇　(1)　異なる 3 点 z_1, z_2, z_3 に対し，「z_1, z_2, z_3 が一直線上にある $\Longleftrightarrow \dfrac{z_3-z_1}{z_2-z_1}$ が実数」が成り立つことを利用する。

(2)　$z=t+i$（t は実数）と表されることから，x, y を t で表す。

(3)　点 w が辺 AB 上を動くとき，点 w^2 は(2)で求めた軌跡の $-\dfrac{1}{2}\leqq t\leqq 2$ に対応する部分を動く。点 z が △OAB の周および内部にあるとき，$z=kw$（$0\leqq k\leqq 1$）と表されることから図形 K を図示する。

(4)　y についての定積分で面積を求める。

解答　(1)　　$\alpha^2=(2+i)^2=3+4i$

$$\beta^2=\left(-\frac{1}{2}+i\right)^2=-\frac{3}{4}-i$$

より，3 点 O，C(α^2)，D(β^2) は相異なり

$$\frac{\alpha^2-0}{\beta^2-0}=\frac{3+4i}{-\dfrac{3}{4}-i}=-4\ \text{（実数）}$$

であるから，点 C，D と原点 O の 3 点は一直線上にある。　（証明終）

(2)　α, β の虚部はともに 1 であるから，点 P(z) が直線 AB 上を動くとき，t を実数として $z=t+i$ と表される。このとき

$$z^2=t^2-1+2ti$$

で，t^2-1，$2t$ は実数であるから

$$\begin{cases} x=t^2-1 & \cdots\cdots① \\ y=2t & \cdots\cdots② \end{cases}$$

②より　　$t=\dfrac{y}{2}$

これを①に代入して，求める軌跡の方程式は

$$x=\frac{y^2}{4}-1\ \ \cdots\cdots③\ \ \cdots\cdots\text{（答）}$$

(3) 点 P′(w) が辺 AB 上を動くとき，(2)
より点 Q′(w^2) は③の $-\dfrac{1}{2} \leqq t \leqq 2$ に対応
する部分を動くから，②より，Q′(w^2) は
放物線の一部

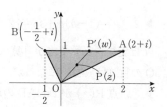

$$x = \frac{y^2}{4} - 1 \quad (-1 \leqq y \leqq 4) \quad \cdots\cdots③'$$

を動く。点 P(z) が △OAB の周および内
部にあるとき

$$z = kw \quad (0 \leqq k \leqq 1)$$

と表されるから

$$z^2 = k^2 w^2 \quad (0 \leqq k^2 \leqq 1)$$

より，点 Q(z^2) は線分 OQ′ 上を動く。
よって，図形 K は右図の網かけ部分で境
界を含む。

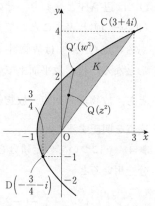

(4) (1)より，3 点 O，C，D は一直線上にあるので，点 Q(z^2) が線分 CD
上にあるとき，z^2 の実部を x，虚部を y として，線分 CD を x，y の方程
式で表すと，$x = \dfrac{3}{4} y \ (-1 \leqq y \leqq 4)$ であるから，これと③′ より，図形 K
の面積は

$$\int_{-1}^{4} \left\{ \frac{3}{4} y - \left(\frac{y^2}{4} - 1 \right) \right\} dy = -\frac{1}{4} \int_{-1}^{4} (y+1)(y-4) dy$$

$$= -\frac{1}{4} \cdot \left(-\frac{1}{6} \right) \{ 4 - (-1) \}^3$$

$$= \frac{125}{24} \quad \cdots\cdots (答)$$

━━━━━━━━◀解　説▶━━━━━━━━

≪複素数平面上の軌跡，面積≫

　複素数平面上の点 P(z) が三角形の周および内部にあるとき，点
Q(z^2) 全体のなす図形を図示し，面積を求める問題である。

▶(1)〔解答〕は教科書通り示した。$\alpha^2 = -4\beta^2$ でも 3 点が一直線上にある
ことはわかる。

▶(2)　$z=(1-s)\alpha+s\beta=\left(2-\dfrac{5}{2}s\right)+i$（$s$ は実数）としてもよいが，$z=t+i$
（t は実数）とする方が計算は楽である。t はすべての実数値をとるので，
Q の軌跡は放物線になるが，本問では方程式を求めるだけでよい。

▶(3)　点 P(z) が △OAB の周および内部（O を除く）にあるとき，直線
OP は辺 AB と交わり，その交点を P′(w) とすると，$z=kw$ ……(*)
（$0<k\leqq1$）と表すことができる。ただし，P=O のとき，(*) で $k=0$ で
ある。点 Q′(w^2) は放物線③の一部を動き，K は線分 OQ′ 全体のなす図
形となる。複素数平面上での図示では，原点 O，実軸を→x，虚軸を↑y
とし，放物線の頂点，放物線 $x=\dfrac{y^2}{4}-1$ と直線 $x=\dfrac{3}{4}y$，x 軸，y 軸との
交点を明記すること。

▶(4)　y についての定積分を用いて計算すべきである。x についての定積
分を用いると

$$\int_{-1}^{-\frac{3}{4}}\{2\sqrt{x+1}-(-2\sqrt{x+1})\}dx+\int_{-\frac{3}{4}}^{3}\left(2\sqrt{x+1}-\frac{4}{3}x\right)dx$$

となり，計算量が多くなる。

Ⅳ　◇発想◇　箱に入った玉の個数で場合分けを行い，n 個の箱と k
　　　個の玉をすべて区別して考えて場合の数を数え上げる。
(1)　箱に入った玉の個数が多い順に個数を並べると，(3, 0)，
(2, 1) の場合がある。
(2)　(1)と同様に考えると，(2, 0, …, 0)，(1, 1, 0, …, 0) の
場合がある。ただし，$n=2$ のときは (2, 0)，(1, 1) となるの
で注意する。
(3)　(2)と同様に考える。$n=3$ のときに注意。
(1)〜(3)のいずれにおいても，計算しにくい確率は最後にし，余事
象の確率を用いて求める方法もある。

解答　n 個の箱と k 個の玉をすべて区別して考える。
箱に入った玉の個数を多い順に a_1，a_2，…，a_n とする。このと
き，$a_1\geqq a_2\geqq\cdots\geqq a_n$ で，$l=a_1-a_n$ となる。

(1)　起こりうるすべての場合の数は $2^3 = 8$ 通りあり，$(a_1,\ a_2) = (3,\ 0)$，$(2,\ 1)$ のいずれかであるから，$l = 0,\ 2$ となることはない。

よって　　$P_0 = P_2 = 0$

$(a_1,\ a_2) = (3,\ 0)$ のとき，$l = 3$ で，2 箱から 3 個の玉を入れる 1 箱を選ぶ方法は $_2C_1 = 2$ 通りあるから

$$P_3 = \frac{2}{8} = \frac{1}{4}$$

したがって

$$P_1 = 1 - (P_0 + P_2 + P_3) = \frac{3}{4}$$

ゆえに

$$P_0 = 0,\ P_1 = \frac{3}{4},\ P_2 = 0,\ P_3 = \frac{1}{4}\quad \cdots\cdots (答)$$

参考　$(a_1,\ a_2) = (2,\ 1)$ のとき，$l = 1$ で，2 箱から 2 個の玉を入れる 1 箱を選ぶ方法は $_2C_1 = 2$ 通り，3 個の玉から 2 個の玉を選ぶ方法は $_3C_2 = 3$ 通りあるから

$$P_1 = \frac{2 \cdot 3}{8} = \frac{3}{4}$$

(2)　起こりうるすべての場合の数は n^2 通りある。

(i)　$n = 2$ のとき

$(a_1,\ a_2) = (2,\ 0)$，$(1,\ 1)$ のいずれかであるから，$l = 1$ となることはない。

よって　　$P_1 = 0$

$(a_1,\ a_2) = (2,\ 0)$ のとき，$l = 2$ で，2 箱から 2 個の玉を入れる 1 箱を選ぶ方法は $_2C_1 = 2$ 通りあるから

$$P_2 = \frac{2}{2^2} = \frac{1}{2}$$

したがって　　$P_0 = 1 - (P_1 + P_2) = \frac{1}{2}$

(ii)　$n \geqq 3$ のとき

$(a_1,\ a_2,\ a_3,\ \cdots,\ a_n) = (2,\ 0,\ 0,\ \cdots,\ 0)$，$(1,\ 1,\ 0,\ \cdots,\ 0)$ のいずれかであるから，$l = 0$ となることはない。

よって　　$P_0 = 0$

$(a_1,\ a_2,\ a_3,\ \cdots,\ a_n)=(2,\ 0,\ 0,\ \cdots,\ 0)$ のとき, $l=2$ で, n 箱から 2 個の玉を入れる 1 箱を選ぶ方法は ${}_nC_1=n$ 通りあるから

$$P_2=\frac{n}{n^2}=\frac{1}{n}$$

したがって　　$P_1=1-(P_0+P_2)=\dfrac{n-1}{n}$

(i), (ii)より

$n=2$ のとき　　$P_0=\dfrac{1}{2},\ P_1=0,\ P_2=\dfrac{1}{2}$

$n\geqq 3$ のとき　　$P_0=0,\ P_1=\dfrac{n-1}{n},\ P_2=\dfrac{1}{n}$　　$\Big\}$　……(答)

参考　$n=2$ で $(a_1,\ a_2)=(1,\ 1)$ のとき, $l=0$ で, 2 個の玉から 1 個を選ぶ方法は ${}_2C_1=2$ 通りあるから

$$P_0=\frac{2}{2^2}=\frac{1}{2}$$

$n\geqq 3$ で $(a_1,\ a_2,\ a_3,\ \cdots,\ a_n)=(1,\ 1,\ 0,\ \cdots,\ 0)$ のとき, $l=1$ で, 2 個の玉の入れ方は ${}_nP_2=n(n-1)$ 通りあるから

$$P_1=\frac{n(n-1)}{n^2}=\frac{n-1}{n}$$

(3)　起こりうるすべての場合の数は n^3 通りある。

(i)　$n=3$ のとき

$(a_1,\ a_2,\ a_3)=(3,\ 0,\ 0),\ (2,\ 1,\ 0),\ (1,\ 1,\ 1)$ のいずれかであるから, $l=1$ となることはない。

よって　　$P_1=0$

$(a_1,\ a_2,\ a_3)=(3,\ 0,\ 0)$ のとき, $l=3$ で, 3 箱から 3 個の玉を入れる 1 箱を選ぶ方法は ${}_3C_1=3$ 通りあるから

$$P_3=\frac{3}{3^3}=\frac{1}{9}$$

$(a_1,\ a_2,\ a_3)=(1,\ 1,\ 1)$ のとき, $l=0$ で, 3 個の玉の入れ方は $3!=6$ 通りあるから

$$P_0=\frac{6}{3^3}=\frac{2}{9}$$

したがって　　$P_2=1-(P_0+P_1+P_3)=\dfrac{2}{3}$

(ii)　$n \geqq 4$ のとき

$(a_1, a_2, a_3, a_4, \cdots, a_n) = (3, 0, 0, 0, \cdots, 0), (2, 1, 0, 0, \cdots, 0),$
$(1, 1, 1, 0, \cdots, 0)$ のいずれかであるから，$l=0$ となることはない。
よって　　$P_0 = 0$

$(a_1, a_2, a_3, a_4, \cdots, a_n) = (3, 0, 0, 0, \cdots, 0)$ のとき，$l=3$ で，n 箱
から 3 個の玉を入れる 1 箱を選ぶ方法は ${}_nC_1 = n$ 通りあるから

$$P_3 = \frac{n}{n^3} = \frac{1}{n^2}$$

$(a_1, a_2, a_3, a_4, \cdots, a_n) = (1, 1, 1, 0, \cdots, 0)$ のとき，$l=1$ で，3 個
の玉の入れ方は ${}_nP_3$ 通りあるから

$$P_1 = \frac{{}_nP_3}{n^3} = \frac{n(n-1)(n-2)}{n^3} = \frac{(n-1)(n-2)}{n^2}$$

$$P_2 = 1 - (P_0 + P_1 + P_3)$$
$$= 1 - \left\{ \frac{(n-1)(n-2)}{n^2} + \frac{1}{n^2} \right\} = \frac{3(n-1)}{n^2}$$

(i)，(ii)より

$n=3$ のとき

$$P_0 = \frac{2}{9}, \ P_1 = 0, \ P_2 = \frac{2}{3}, \ P_3 = \frac{1}{9}$$

$n \geqq 4$ のとき

$$P_0 = 0, \ P_1 = \frac{(n-1)(n-2)}{n^2}, \ P_2 = \frac{3(n-1)}{n^2}, \ P_3 = \frac{1}{n^2}$$

$\left.\right\}$ ……(答)

参考　$n=3$ で $(a_1, a_2, a_3) = (2, 1, 0)$ のとき，$l=2$ で，3 箱から玉を
2 個入れる箱と 1 個入れる箱を選ぶ方法は ${}_3P_2 = 6$ 通り，3 個の玉から 2
個を選ぶ方法は ${}_3C_2 = 3$ 通りあるから

$$P_2 = \frac{6 \cdot 3}{3^3} = \frac{2}{3}$$

$n \geqq 4$ で $(a_1, a_2, a_3, a_4, \cdots, a_n) = (2, 1, 0, 0, \cdots, 0)$ のとき，$l=2$
で，n 箱から玉を 2 個入れる箱と 1 個入れる箱を選ぶ方法は ${}_nP_2$ 通り，3
個の玉から 2 個を選ぶ方法は ${}_3C_2 = 3$ 通りあるから

$$P_2 = \frac{{}_nP_2 \cdot 3}{n^3} = \frac{n(n-1) \cdot 3}{n^3} = \frac{3(n-1)}{n^2}$$

■■■■■ ◀解　説▶ ■■■■■

≪n 個の箱に k 個の玉を入れる入れ方と確率≫

　n 個の箱の中に k 個の玉を入れたとき，各箱に入った玉の個数の最大値と最小値の差に注目した確率の問題である。同様に確からしさに注意すれば，箱も玉もすべて区別して考えるべきである。〔解答〕は余事象の確率を用いたが，検算の意味も含めて〔参考〕のようにすべての確率を求めてもそれほど手間はかからない。

▶(1)　2 個の箱の中に 3 個の玉を入れるのであるから，入れ方は 2^3 通りしかない。すべての場合を書き出しても大して手間はかからない。

▶(2)　$(a_1,\ a_2,\ \cdots,\ a_n)=(1,\ 1,\ \cdots,\ 0)$ という表記はよくない。$(a_1,\ a_2,\ a_3,\ \cdots,\ a_n)=(1,\ 1,\ 0,\ \cdots,\ 0)$ とすべきである。この表記によって $n \geqq 3$ のときを表していることがわかる。したがって，$n=2$ のときに注意しなければならないことにも気づく。$(a_1,\ a_2,\ \cdots,\ a_n)=(2,\ 0,\ \cdots,\ 0)$ のときは $n \geqq 2$ で $P_2=\dfrac{1}{n}$ である。

▶(3)　(2)と同様に考えると，一般に，$n,\ k$ が 2 以上の自然数で

$n=k$ のとき　　$P_0=\dfrac{k!}{k^k},\ P_1=0,\ P_k=\dfrac{k}{k^k}$

$n>k$ のとき　　$P_0=0,\ P_1=\dfrac{{}_n\mathrm{P}_k}{n^k},\ P_k=\dfrac{n}{n^k}$

となることがわかる。

V

　◆発想◆　(1)　ベクトルを用いて解く方法と，幾何的に解く方法が考えられる。$\overrightarrow{\mathrm{OD}}$ については，点 D が球面 S 上にあることから，線分 AD の中点を P として MP⊥OA を用いる方法や，MA＝MD を用いる方法が考えられる。また，$\overrightarrow{\mathrm{OG}}$ については，点 G が四角形 ABED の外接円の中心であることを用いる方法や，MG⊥(平面 OAB) を用いる方法が考えられる。

　(2)　辺 AB の中点を H とすると，△OAB，四角形 ODGE がともに直線 OH に関して対称であることに注意して，OG：OH と OD：OA の値を用いて求める。

解答 (1) 正四面体 OABC の 1 辺の長さを l $(l>0)$ とすると

$$|\vec{a}|=|\vec{b}|=|\vec{c}|=l, \quad \vec{a}\cdot\vec{b}=\vec{b}\cdot\vec{c}=\vec{c}\cdot\vec{a}=l^2\cos\frac{\pi}{3}=\frac{1}{2}l^2$$

点 M は正三角形 ABC の外心であるから，
△ABC の重心でもあり

$$\overrightarrow{OM}=\frac{\vec{a}+\vec{b}+\vec{c}}{3}$$

点 D は球面 S と辺 OA の交点のうち，点 A とは
異なるから

$$\overrightarrow{OD}=k\vec{a} \quad (0\le k<1)$$

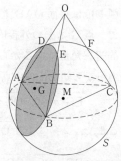

と表される。また，△MAD は MA＝MD の二等
辺三角形であるから，辺 AD の中点を P とすると，MP⊥AD すなわち
$\overrightarrow{MP}\perp\overrightarrow{OA}$ より

$$\overrightarrow{MP}\cdot\vec{a}=0 \quad \cdots\cdots①$$

ここで

$$\overrightarrow{OP}=\frac{\overrightarrow{OA}+\overrightarrow{OD}}{2}=\frac{\vec{a}+k\vec{a}}{2}$$

$$=\frac{k+1}{2}\vec{a} \quad \cdots\cdots②$$

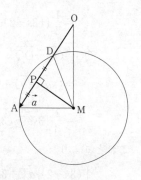

$$\overrightarrow{MP}=\overrightarrow{OP}-\overrightarrow{OM}=\frac{k+1}{2}\vec{a}-\frac{\vec{a}+\vec{b}+\vec{c}}{3}$$

$$=\frac{(3k+1)\vec{a}-2\vec{b}-2\vec{c}}{6}$$

であるから，①より

$$(3k+1)|\vec{a}|^2-2\vec{a}\cdot\vec{b}-2\vec{c}\cdot\vec{a}=0$$

$$(3k+1)l^2-l^2-l^2=0 \quad (3k-1)l^2=0$$

$l\ne0$ より　　$k=\dfrac{1}{3}$　　$\cdots\cdots③$

よって　　$\overrightarrow{OD}=\dfrac{1}{3}\vec{a}$　　$\cdots\cdots④$　　$\cdots\cdots$(答)

同様にして

$$\overrightarrow{\mathrm{OE}}=\frac{1}{3}\vec{b}, \quad \overrightarrow{\mathrm{OF}}=\frac{1}{3}\vec{c} \quad \cdots\cdots(答)$$

$\overrightarrow{\mathrm{OG}}=s\vec{a}+t\vec{b}$ （s，t は実数）とおく。

弧 DE は平面 OAB 上にあるから，弧 DE は四角形 ABED の外接円の弧で，点 G はその外接円の中心である。よって，△GAD は GA＝GD の二等辺三角形であるから PG⊥OA，△GBE は GB＝GE の二等辺三角形であるから辺 BE の中点を Q とすると QG⊥OB が成り立つ。したがって

$$\overrightarrow{\mathrm{PG}}\cdot\vec{a}=0, \quad \overrightarrow{\mathrm{QG}}\cdot\vec{b}=0 \quad \cdots\cdots⑤$$

ここで，②，③より $\overrightarrow{\mathrm{OP}}=\dfrac{2}{3}\vec{a}$，同様に $\overrightarrow{\mathrm{OQ}}=\dfrac{2}{3}\vec{b}$ であるから

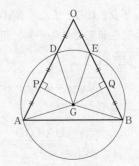

$$\begin{aligned}
\overrightarrow{\mathrm{PG}}&=\overrightarrow{\mathrm{OG}}-\overrightarrow{\mathrm{OP}}\\
&=(s\vec{a}+t\vec{b})-\frac{2}{3}\vec{a}\\
&=\frac{1}{3}\{(3s-2)\vec{a}+3t\vec{b}\}\\
\overrightarrow{\mathrm{QG}}&=\overrightarrow{\mathrm{OG}}-\overrightarrow{\mathrm{OQ}}\\
&=(s\vec{a}+t\vec{b})-\frac{2}{3}\vec{b}\\
&=\frac{1}{3}\{3s\vec{a}+(3t-2)\vec{b}\}
\end{aligned}$$

これと⑤より

$$\begin{cases}
(3s-2)|\vec{a}|^2+3t\vec{a}\cdot\vec{b}=0\\
3s\vec{a}\cdot\vec{b}+(3t-2)|\vec{b}|^2=0
\end{cases}$$

$$\begin{cases}
(3s-2)l^2+\dfrac{3}{2}tl^2=0\\
\dfrac{3}{2}sl^2+(3t-2)l^2=0
\end{cases}$$

$l\neq0$ より

$$\begin{cases}
6s+3t=4\\
3s+6t=4
\end{cases}$$

これを解いて $s=t=\dfrac{4}{9}$

ゆえに　　$\overrightarrow{OG} = \dfrac{4}{9}\vec{a} + \dfrac{4}{9}\vec{b}$　……⑥　……(答)

(2)　⑥より，$\overrightarrow{OG} = \dfrac{8}{9} \cdot \dfrac{\vec{a}+\vec{b}}{2}$ であるから，辺 AB の中点を H とすると

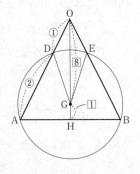

$$\overrightarrow{OG} = \dfrac{8}{9}\overrightarrow{OH}$$

よって　　　OG：OH＝8：9

また，④より　　　OD：OA＝1：3

△OAB，四角形 ODGE はともに直線 OH に

関して対称であるから

$$\dfrac{S_2}{S_1} = \dfrac{\triangle ODG}{\triangle OAH} = \dfrac{OD}{OA} \cdot \dfrac{OG}{OH}$$

$$= \dfrac{1}{3} \cdot \dfrac{8}{9} = \dfrac{8}{27}$$

したがって　　　$S_1 : S_2 = 27 : 8$　……(答)

別解　(1)　＜その1：幾何的な解法＞

　　正四面体 OABC の1辺の長さを l $(l > 0)$ と

する。点 M は正三角形 ABC の外心であるか

ら，△ABC の重心でもある。よって

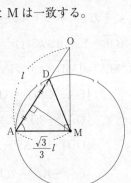

$$AM = \dfrac{\sqrt{3}}{2}l \cdot \dfrac{2}{3} = \dfrac{\sqrt{3}}{3}l$$

また，点 O から △ABC に垂線 OM′ を下ろすと

　　OA＝OB＝OC，∠OM′A＝∠OM′B＝∠OM′C＝90°，OM′ は共通

であるから，△OAM′≡△OBM′≡△OCM′ より　　　AM′＝BM′＝CM′

すなわち，M′ は △ABC の外心であるから，M′ と M は一致する。

よって，∠OMA＝90° より

$$\cos\angle OAM = \dfrac{AM}{OA} = \dfrac{\dfrac{\sqrt{3}}{3}l}{l} = \dfrac{\sqrt{3}}{3}$$

△MAD は MA＝MD の二等辺三角形であるから

　　　AD＝2AMcos∠OAM

$$= 2 \cdot \dfrac{\sqrt{3}}{3}l \cdot \dfrac{\sqrt{3}}{3} = \dfrac{2}{3}l$$

したがって

$$\mathrm{OD}=\mathrm{OA}-\mathrm{AD}=\frac{1}{3}l \quad より \quad \overrightarrow{\mathrm{OD}}=\frac{1}{3}\vec{a}$$

同様にして　$\overrightarrow{\mathrm{OE}}=\dfrac{1}{3}\vec{b},\ \overrightarrow{\mathrm{OF}}=\dfrac{1}{3}\vec{c}$

弧 DE は平面 OAB 上にあるから，弧 DE は四角形 ABED の外接円の弧で，点 G はその外接円の中心である。よって，線分 AD の中点を P とすると ∠OPG=90° で

$$\mathrm{OP}=\frac{\mathrm{OA}+\mathrm{OD}}{2}=\frac{l+\dfrac{1}{3}l}{2}=\frac{2}{3}l$$

さらに，∠POG=30° であるから

$$\mathrm{OG}=\frac{2}{\sqrt{3}}\mathrm{OP}=\frac{2}{\sqrt{3}}\cdot\frac{2}{3}l=\frac{4\sqrt{3}}{9}l$$

また，△OAB は正三角形であるから，辺 AB の中点を H とすると

$$\mathrm{OH}=\frac{\sqrt{3}}{2}l$$

したがって

$$\frac{\mathrm{OG}}{\mathrm{OH}}=\frac{\dfrac{4\sqrt{3}}{9}l}{\dfrac{\sqrt{3}}{2}l}=\frac{8}{9}$$

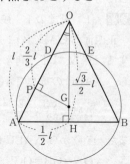

であるから

$$\overrightarrow{\mathrm{OG}}=\frac{8}{9}\overrightarrow{\mathrm{OH}}=\frac{8}{9}\cdot\frac{\vec{a}+\vec{b}}{2}=\frac{4}{9}\vec{a}+\frac{4}{9}\vec{b}$$

＜その 2：ベクトルの大きさが等しいことを用いた解法＞

($\overrightarrow{\mathrm{OD}}=k\vec{a}$　($0\le k<1$)　……(ア) までは〔解答〕と同じ)

$|\overrightarrow{\mathrm{MA}}|=|\overrightarrow{\mathrm{MD}}|$ より，$|\overrightarrow{\mathrm{MA}}|^2=|\overrightarrow{\mathrm{MD}}|^2$ であるから

$$|\overrightarrow{\mathrm{OA}}-\overrightarrow{\mathrm{OM}}|^2=|\overrightarrow{\mathrm{OD}}-\overrightarrow{\mathrm{OM}}|^2$$

$$|\overrightarrow{\mathrm{OA}}|^2-2\overrightarrow{\mathrm{OA}}\cdot\overrightarrow{\mathrm{OM}}+|\overrightarrow{\mathrm{OM}}|^2=|\overrightarrow{\mathrm{OD}}|^2-2\overrightarrow{\mathrm{OD}}\cdot\overrightarrow{\mathrm{OM}}+|\overrightarrow{\mathrm{OM}}|^2$$

$$|\overrightarrow{\mathrm{OD}}|^2-|\overrightarrow{\mathrm{OA}}|^2-2(\overrightarrow{\mathrm{OD}}-\overrightarrow{\mathrm{OA}})\cdot\overrightarrow{\mathrm{OM}}=0$$

$$|k\vec{a}|^2-|\vec{a}|^2-2(k\vec{a}-\vec{a})\cdot\left\{\frac{1}{3}(\vec{a}+\vec{b}+\vec{c})\right\}=0$$

$$k^2 l^2 - l^2 - \frac{2}{3}(k-1)(|\vec{a}|^2 + \vec{a}\cdot\vec{b} + \vec{c}\cdot\vec{a}) = 0$$

$$k^2 l^2 - l^2 - \frac{2}{3}(k-1)\left(l^2 + \frac{1}{2}l^2 + \frac{1}{2}l^2\right) = 0$$

$$(3k^2 - 4k + 1)l^2 = 0$$

$$(3k-1)(k-1)l^2 = 0$$

㋐と $l \neq 0$ より　　　$k = \dfrac{1}{3}$

よって　　　$\overrightarrow{OD} = \dfrac{1}{3}\vec{a}$

同様にして　　　$\overrightarrow{OE} = \dfrac{1}{3}\vec{b},\ \overrightarrow{OF} = \dfrac{1}{3}\vec{c}$

$\overrightarrow{OG} = s\vec{a} + t\vec{b}$ ($s,\ t$ は実数) とおく。
$|\overrightarrow{AG}|^2 = |\overrightarrow{BG}|^2 = |\overrightarrow{DG}|^2$ であるから

$$\begin{cases} |\overrightarrow{OG} - \overrightarrow{OA}|^2 = |\overrightarrow{OG} - \overrightarrow{OB}|^2 \\ |\overrightarrow{OG} - \overrightarrow{OA}|^2 = |\overrightarrow{OG} - \overrightarrow{OD}|^2 \end{cases}$$

整理して

$$\begin{cases} |\overrightarrow{OA}|^2 - |\overrightarrow{OB}|^2 - 2(\overrightarrow{OA} - \overrightarrow{OB})\cdot\overrightarrow{OG} = 0 \\ |\overrightarrow{OA}|^2 - |\overrightarrow{OD}|^2 - 2(\overrightarrow{OA} - \overrightarrow{OD})\cdot\overrightarrow{OG} = 0 \end{cases}$$

$$\begin{cases} |\vec{a}|^2 - |\vec{b}|^2 - 2(\vec{a} - \vec{b})\cdot(s\vec{a} + t\vec{b}) = 0 \\ |\vec{a}|^2 - \left|\dfrac{1}{3}\vec{a}\right|^2 - 2\left(\vec{a} - \dfrac{1}{3}\vec{a}\right)\cdot(s\vec{a} + t\vec{b}) = 0 \end{cases}$$

$$\begin{cases} l^2 - l^2 - 2\{s|\vec{a}|^2 + (t-s)\vec{a}\cdot\vec{b} - t|\vec{b}|^2\} = 0 \\ l^2 - \dfrac{1}{9}l^2 - \dfrac{4}{3}(s|\vec{a}|^2 + t\vec{a}\cdot\vec{b}) = 0 \end{cases}$$

$$\begin{cases} sl^2 + (t-s)\cdot\dfrac{1}{2}l^2 - tl^2 = 0 \\ 8l^2 - 12\left(sl^2 + t\cdot\dfrac{1}{2}l^2\right) = 0 \end{cases}$$

$l \neq 0$ であるから

$$\begin{cases} s - t = 0 \\ 6s + 3t = 4 \end{cases}$$

これを解いて，$s=t=\dfrac{4}{9}$ より

$$\overrightarrow{OG}=\dfrac{4}{9}\vec{a}+\dfrac{4}{9}\vec{b}$$

◀解　説▶

≪正四面体の辺と球面が交わる点の位置ベクトル≫

　正四面体 OABC に対し，△ABC の外接円と中心，半径が同じ球面 S を考え，S と OA，OB，OC の交点 D，E，F，および四角形 ABED の外接円の中心 G について位置ベクトルを求める問題である。

▶(1)　〔解答〕はベクトルを用い，MP⊥OA に着目して $\overrightarrow{OD}$ を求めた。$\overrightarrow{OG}$ については，PG⊥OA，QG⊥OB に着目した。弧 DE が四角形 ABED の外接円の弧であることに注意する。

〔別解 その1〕では，OA=OB=OC から OM⊥(平面 ABC) となることに着目した。AM は正弦定理を用いて求めてもよい。また，cos を用いて AD を求めたが，三角形の相似を利用して求めてもよい。

〔別解 その2〕では，MA=MD，AG=BG=DG に着目して $\overrightarrow{OD}$，$\overrightarrow{OG}$ を求めた。

なお，$\overrightarrow{OG}$ については，MG⊥(平面 OAB) に着目して，$\overrightarrow{MG}\perp\vec{a}$ かつ $\overrightarrow{MG}\perp\vec{b}$ から求めることもできる。

▶(2)　∠AOH=∠DOG=θ とすると

$$\triangle OAH=\dfrac{1}{2}OA\cdot OH\sin\theta,\quad \triangle ODG=\dfrac{1}{2}OD\cdot OG\sin\theta$$

であるから，△OAH：△ODG=OA・OH：OD・OG である。

❖講　評

　証明問題 2 問，図示問題 1 問で，確率，複素数平面からの出題は例年通りであるが，微分・積分に関する問題が少なめであった。

　Ⅰは三角関数と「数学Ⅲ」の微分の融合問題であるが，どれも基本的な問題である。

　Ⅱは整式の割り算からの出題。⑴は割り算をするだけの超基本問題。⑵で⑴の結果をうまく使えるかが試されている。⑵ができれば⑶も解けるであろう。

　Ⅲは複素数平面上の図形に関するものであるが，内容は図形と方程式の軌跡の問題である。小問の誘導が親切なので解きやすい。⑶できちんと説明することが重要である。

　Ⅳは玉の入れ方に関する確率の問題。場合分けはそれほど多くないので，丁寧に分類して数えればよい。⑵で $n=2$ の場合，⑶で $n=3$ の場合に注意できるかもポイントとなる。

　Ⅴは空間図形の問題。解法がいろいろ考えられるので迷うかもしれないが，いずれの解法でも困難な部分はない。記述量が多くなるので根気よく記述したい。

　2021 年度も標準的な問題が並んだ。小問の中には易しいものがいくつもあり，2020 年度よりやや易化した感があるので，評価の高い答案を作成したい。論理や図形感覚を試す問題も含まれているので，十分な対策を立てておこう。

物理

I 解答
(1)— f (2)— a (3)— d (4)— g (5)— d (6)— f
(7)— g (8)— d (9)— h (10)— c

◀解 説▶

≪断熱・定圧変化から成る熱サイクル≫

（注） 圧力を p，体積を V としたときの本問の 1 サイクルの p-V 図は下のようになる。

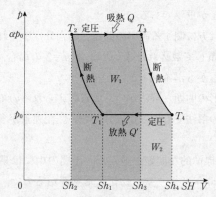

▶(1) 理想気体の物質量を n とすると，図 1，図 2 の状態での状態方程式は，それぞれ

$$p_0 \cdot Sh_1 = nRT_1$$
$$\alpha p_0 \cdot Sh_2 = nRT_2$$

よって

$$\frac{h_1}{\alpha h_2} = \frac{T_1}{T_2}$$

$$\therefore \quad \frac{T_2}{T_1} = \frac{\alpha h_2}{h_1}$$

▶(2) ピストンの質量を M とすると，図 2 の状態でピストンにはたらく力のつりあいより

$$\alpha p_0 \cdot S = p_0 \cdot S + Mg$$

$$\therefore \quad M = \frac{(\alpha - 1)p_0 S}{g}$$

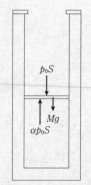

▶(3)　理想気体の内部エネルギーを U とすると，圧力が p，体積が V，温度が T のとき，定積モル比熱 C_v を用い，状態方程式 $pV=nRT$ に注意すると

$$U=nC_vT=\frac{C_v}{R}pV$$

よって，図1から図2への過程における内部エネルギーの変化 ΔU は

$$\Delta U=\frac{C_v}{R}\cdot\alpha p_0\cdot Sh_2-\frac{C_v}{R}p_0\cdot Sh_1$$

$$=\frac{C_vp_0S}{R}(\alpha h_2-h_1)$$

▶(4)　図2の状態から理想気体を温める過程は，ピストンにはたらく力のつりあいより定圧変化である。よって，定圧モル比熱を C_p，距離 h が h_3 になったときの温度を T_3 とすると，$C_p=C_v+R$ を考慮して

$$Q=nC_p(T_3-T_2)$$

状態方程式より

$$\alpha p_0\cdot Sh_2=nRT_2,\ \ \alpha p_0\cdot Sh_3=nRT_3$$

よって

$$Q=n(C_v+R)\cdot\frac{\alpha p_0S}{nR}(h_3-h_2)$$

$$=\frac{(C_v+R)\alpha p_0S}{R}(h_3-h_2)$$

$$\therefore\ \ h_3=h_2+\frac{RQ}{(C_v+R)\alpha p_0S}$$

▶(5)　圧力 αp_0 で体積が Sh_2 から Sh_3 に膨張するから，理想気体が外部にした仕事を W_1 とすると

$$W_1=\alpha p_0(Sh_3-Sh_2)=\alpha p_0S(h_3-h_2)$$

▶(6)　この横倒しの過程は断熱変化であるから，理想気体が外部にした仕事を W_2 とすると，W_2 は内部エネルギーの減少に等しい。よって

$$W_2=\frac{C_v}{R}(\alpha p_0\cdot Sh_3-p_0\cdot Sh_4)$$

$$=\frac{C_vp_0S}{R}(\alpha h_3-h_4)$$

▶(7)　この過程は定圧変化であるから，(4)と同様に考えると，理想気体か

ら奪われた熱量 Q' は，距離 h が h_4 になったときの温度を T_4 とすると

$$Q' = nC_p(T_4 - T_1)$$

$$= n(C_v + R) \cdot \frac{p_0 S}{nR}(h_4 - h_1)$$

$$= \frac{(C_v + R)p_0 S}{R}(h_4 - h_1)$$

▶(8)　このサイクルで理想気体は熱量 Q を吸収して Q' を放出するから，外部にした仕事は $Q - Q'$ である。よって，(4)，(7)の結果を用いると，熱効率 e は

$$e = \frac{Q - Q'}{Q} = 1 - \frac{Q'}{Q} = 1 - \frac{h_4 - h_1}{\alpha(h_3 - h_2)}$$

▶(9)　$pV^\gamma =$ 一定の関係より，2つの断熱変化でそれぞれ

$$p_0 \cdot h_1{}^\gamma = \alpha p_0 \cdot h_2{}^\gamma \quad \therefore \quad h_1 = \alpha^{\frac{1}{\gamma}} h_2$$

$$\alpha p_0 \cdot h_3{}^\gamma = p_0 \cdot h_4{}^\gamma \quad \therefore \quad h_4 = \alpha^{\frac{1}{\gamma}} h_3$$

よって，(8)の結果より

$$e = 1 - \frac{\alpha^{\frac{1}{\gamma}}}{\alpha} = 1 - \alpha^{\frac{1}{\gamma} - 1} = 1 - \alpha^{\frac{1 - \gamma}{\gamma}}$$

▶(10)　ピストンがストッパーに触れないためには，$h_4 < H$ であればよい。よって，(4)，(9)より

$$\alpha^{\frac{1}{\gamma}} \cdot \left\{ \alpha^{-\frac{1}{\gamma}} h_1 + \frac{RQ}{(C_v + R)\alpha p_0 S} \right\} < H$$

$$h_1 + \frac{RQ}{(C_v + R)\alpha^{1 - \frac{1}{\gamma}} \cdot p_0 S} < H$$

$$\therefore \quad Q < \alpha^{\frac{\gamma - 1}{\gamma}} \cdot \frac{C_v + R}{R} \cdot p_0 S(H - h_1)$$

II 解答　問1．$z_0 = -\dfrac{mg}{k}$　問2．$-kx$

問3．$z = 0$　問4．$\sqrt{2gh}$　問5．$L = \sqrt{\dfrac{2mgh}{k}}$

問6．$x = h - l - \dfrac{kl^2}{2mg}$　問7．$h = -\left(\dfrac{9\pi^2}{32}\right)^2 z_0$

問8．$-\dfrac{k}{2m}z-g$　　問9．$-\dfrac{k}{2}z$　　問10．$-3z_0$

━━━━━ ◀解　説▶ ━━━━━

≪鉛直方向のばねの単振動，２球の衝突≫

▶問1．$z_0<0$ に注意して，小球1にはたらく力のつりあいより

　　　$-kz_0=mg$

　∴　$z_0=-\dfrac{mg}{k}$

▶問2．$z\leqq0$ に注意して，合力を F とすると

　　　$F=-kz-mg$

　　　　$=-k(x+z_0)-mg$

　　　　$=-kx-kz_0-mg$

問1より，$-kz_0=mg$ であるから

　　　$F=-kx$

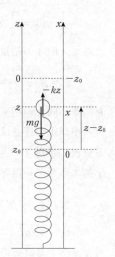

▶問3．位置 z（$\leqq0$）のとき，小球1がばねから受ける垂直抗力 N は，ばねの弾性力と等しいから

　　　$N=-kz$

ばねから離れるのは $N=0$ のときであるから

　　　$z=0$

すなわち，ばねの自然長の位置である。

▶問4．小球1が小球2に衝突する直前の速さを v_0 とすると，力学的エネルギー保存則より

　　　　$\dfrac{1}{2}mv_0{}^2=mgh$

　∴　$v_0=\sqrt{2gh}$

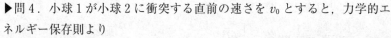

衝突直後の小球1，2の鉛直下向きの速度を v_1, v_2 とすると，運動量保存則より

　　　　$mv_0=mv_1+mv_2$　　∴　$v_1+v_2=v_0$

弾性衝突であるから，はねかえり係数が1より

　　　　$1=\dfrac{v_2-v_1}{v_0}$　　∴　$v_2-v_1=v_0$

2式より　　　$v_1=0$, $v_2=v_0$

したがって，衝突直後の小球 2 の速さは　　$|v_2|=v_0=\sqrt{2gh}$

（注）　質量が等しい 2 物体が一直線上で弾性衝突すると，速度が交換されることがわかる。

▶問 5．つりあいの位置 $z=z_0$ をばねの自然長と考えると，重力の影響は考えなくてよい。よって，つりあいの位置から L だけ縮んで最下点に達したとすると，力学的エネルギー保存則より

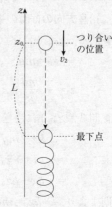

$$\frac{1}{2}mv_2{}^2=\frac{1}{2}kL^2$$

よって，問 4 の結果を用いると

$$L=\sqrt{\frac{m}{k}}\,v_2=\sqrt{\frac{2mgh}{k}}$$

▶問 6．問 4 の結果より，1 回目の衝突直後の小球 1 の速さは 0 である。再び衝突する直前の小球 1 の速さを v_1' とすると，力学的エネルギー保存則より

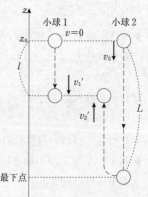

$$\frac{1}{2}mv_1'^2=mgl$$

$$\therefore\quad v_1'=\sqrt{2gl}$$

再び衝突する直前の小球 2 の鉛直上向きの速さを v_2' とすると，問 5 と同様にして

$$\frac{1}{2}mv_2{}^2=\frac{1}{2}mv_2'^2+\frac{1}{2}kl^2$$

$$\therefore\quad v_2'=\sqrt{v_2{}^2-\frac{k}{m}l^2}$$

$$=\sqrt{2gh-\frac{k}{m}l^2}$$

2 回目の衝突で，問 4 と同様に速度が交換されるから，小球 1 は鉛直上向きに速さ v_2' で上昇を始める。よって，この位置から最高点まで距離 h_1 上昇するとすると，力学的エネルギー保存則より

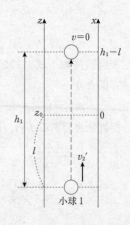

$$\frac{1}{2}mv_2'^2=mgh_1$$

$$\therefore\ h_1 = \frac{v_2'^2}{2g} = h - \frac{kl^2}{2mg}$$

よって

$$x = h_1 - l = h - l - \frac{kl^2}{2mg}$$

▶問 7．小球 2 は小球 1 と 1 回目の衝突をして $x=0$ から振幅 L，周期 $T = 2\pi\sqrt{\dfrac{m}{k}}$ の単振動を始める。この時刻を 0 とすると，時刻 t における位置 x は

$$x = -L\sin\frac{2\pi}{T}t$$

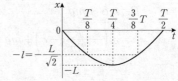

小球 2 は $x = -l = -\dfrac{1}{\sqrt{2}}L$ で小球 1 と再び衝突するから，このときの時刻を t_1 とすると

$$-\frac{1}{\sqrt{2}}L = -L\sin\frac{2\pi}{T}t_1$$

$$\sin\frac{2\pi}{T}t_1 = \frac{1}{\sqrt{2}}$$

$\dfrac{T}{4} < t_1 < \dfrac{T}{2}$ に注意すると

$$\frac{2\pi}{T}t_1 = \frac{3}{4}\pi$$

$$\therefore\ t_1 = \frac{3}{8}T = \frac{3\pi}{4}\sqrt{\frac{m}{k}}$$

問 5 の結果を用いると

$$l = \frac{1}{\sqrt{2}}L = \sqrt{\frac{mgh}{k}}$$

l は時間 t_1 の間に小球 1 が初速度 0 で落下する距離であるから

$$\sqrt{\frac{mgh}{k}} = \frac{1}{2}g{t_1}^2 = \frac{9\pi^2}{32}\cdot\frac{mg}{k}$$

$$\frac{mgh}{k} = \left(\frac{9\pi^2}{32}\right)^2\left(\frac{mg}{k}\right)^2$$

$$\therefore\ h = \left(\frac{9\pi^2}{32}\right)^2\frac{mg}{k} = -\left(\frac{9\pi^2}{32}\right)^2 z_0$$

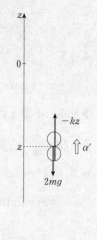

▶問8．2つの小球を1つと見て、座標 z のときの加速度を α' とすると、運動方程式より

$$2m\alpha' = -kz - 2mg$$

$$\therefore \quad \alpha' = -\frac{k}{2m}z - g$$

▶問9．小球2が小球1におよぼす力を R とすると、小球1の運動方程式より

$$m\alpha' = R - mg$$

$$\therefore \quad R = m\alpha' + mg$$

$$= m\left(-\frac{k}{2m}z - g\right) + mg$$

$$= -\frac{k}{2}z$$

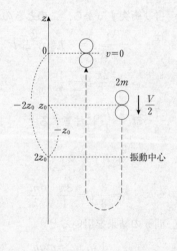

▶問10．問9の結果より、小球1が小球2と離れるのは $R=0$ となる位置、すなわち $z=0$ である。よって、h が最小値 h_0 のとき、小球1と小球2が一体となって単振動するときの上端の位置は $z=0$ である。小球1と小球2が一体となったときのつりあいの位置は $z=2z_0$ であるから、この位置を自然長とみなす。$z=z_0$ で一体となる直前の小球1の鉛直下向きの速度を V、直後の鉛直下向きの速度を V' とすると、力学的エネルギー保存則より

$$\frac{1}{2}mV^2 = mgh_0$$

$$\therefore \quad V = \sqrt{2gh_0}$$

運動量保存則より

$$mV = 2mV'$$

$$\therefore \quad V' = \frac{V}{2}$$

よって、力学的エネルギー保存則より

$$\frac{1}{2}\cdot 2m\cdot\left(\frac{V}{2}\right)^2+\frac{1}{2}k(-z_0)^2=\frac{1}{2}k(-2z_0)^2$$

$$\frac{3}{2}kz_0{}^2=\frac{m}{4}V^2=\frac{mgh_0}{2}$$

$$\therefore\ h_0=3\cdot\frac{k}{mg}z_0{}^2$$

$$z_0=-\frac{mg}{k}\ \text{より}$$

$$h_0=-\frac{3}{z_0}\cdot z_0{}^2=-3z_0$$

Ⅲ **解答** 問 1 ． $\dfrac{Q}{\varepsilon_0 ab}$ 　問 2 ． $\alpha=\dfrac{qQ}{\varepsilon_0 mab}$

問 3 ． $\sqrt{(v\cos i)^2+2\alpha d}$ 　問 4 ． $n=\dfrac{\sqrt{v^2+2\alpha d}}{v}$

問 5 ． C_1 の極板間の電位差： $\dfrac{V}{3}$ 　 C_2 の極板間の電位差： $\dfrac{V}{3}$

問 6 ． C_1 に蓄えられている電気量： $\dfrac{\varepsilon_0 ab}{3d}V$

　　　　 C_2 に蓄えられている電気量： $\dfrac{2\varepsilon_0 ab}{3d}V$

問 7 ． $x=(3-\sqrt{3})d$ 　問 8 ． $l=\dfrac{a}{\varepsilon_\mathrm{r}-1}$

問 9 ． $\dfrac{v_1}{v_2}=2$ 　問 10． $\dfrac{\varepsilon_0(\varepsilon_\mathrm{r}-1)bv_1V}{3d}$

━━━━━━━━━━ ◀解　説▶ ━━━━━━━━━━

≪電場中の荷電粒子の運動，コンデンサーのつなぎ換え≫

▶問 1 ．図 1 のコンデンサー C_1 の電気容量を C_0 とすると

$$C_0=\frac{\varepsilon_0 ab}{d}$$

電気量が Q のときの極板間電圧を V_0 とすると

$$V_0=\frac{Q}{C_0}=\frac{Qd}{\varepsilon_0 ab}$$

よって，極板間の電場の強さを E_0 とすると

$$E_0 = \frac{V_0}{d} = \frac{Q}{\varepsilon_0 ab}$$

別解　ガウスの法則より

$$E_0 \times ab = \frac{Q}{\varepsilon_0} \qquad \therefore \quad E_0 = \frac{Q}{\varepsilon_0 ab}$$

▶問 2．加速度の大きさを α として，運動方程式より

$$m\alpha = qE_0 = \frac{qQ}{\varepsilon_0 ab}$$

$$\therefore \quad \alpha = \frac{qQ}{\varepsilon_0 mab}$$

▶問 3．y 方向へは初速度 $v\cos i$，加速度 α の等加速度運動であるから，下の極板に到達するまでの時間を t とすると

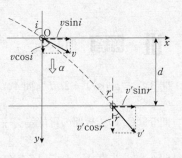

$$d = v\cos i \cdot t + \frac{1}{2}\alpha t^2$$

$$\alpha t^2 + 2v\cos i \cdot t - 2d = 0$$

$t > 0$ の解は

$$t = \frac{1}{\alpha}\left(-v\cos i + \sqrt{(v\cos i)^2 + 2\alpha d}\right)$$

▶問 4．下の極板に達したときの荷電粒子の速さを v' とすると，電場からされた仕事だけ運動エネルギーが増加するから，$qE_0 = m\alpha$ を用いると

$$\frac{1}{2}mv'^2 - \frac{1}{2}mv^2 = qE_0 \cdot d = m\alpha d$$

$$\therefore \quad v' = \sqrt{v^2 + 2\alpha d}$$

速度の x 成分は変化しないから

$$v\sin i = v'\sin r$$

よって

$$n = \frac{\sin i}{\sin r} = \frac{v'}{v} = \frac{\sqrt{v^2 + 2\alpha d}}{v}$$

▶問 5．コンデンサー C_1 の電気容量が C_0 のとき，コンデンサー C_2 の電気容量は極板間隔が $\dfrac{d}{2}$ であるから，$2C_0$ となる。

S_1 だけを閉じたときの C_1 の電気量を Q_0 とすると

$$Q_0 = C_0 V$$

S_1 を開いてから S_2 を閉じて十分に時間がたつと，C_1，C_2 の電位差は等しくなる。これを V' とすると，C_1，C_2 の電気量の和は Q_0 であるから

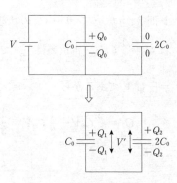

$$C_0 V' + 2C_0 \cdot V' = C_0 V$$

$$\therefore \quad V' = \frac{V}{3}$$

▶問 6．C_1，C_2 に蓄えられている電気量を Q_1，Q_2 とすると

$$Q_1 = C_0 \cdot \frac{V}{3} = \frac{\varepsilon_0 ab}{3d} V$$

$$Q_2 = 2C_0 \cdot \frac{V}{3} = \frac{2\varepsilon_0 ab}{3d} V$$

▶問 7．極板間における加速度の大きさを α' とすると，問 2 の結果を用いて

$$\alpha' = \frac{qQ_1}{\varepsilon_0 mab} = \frac{qV}{3md}$$

$v = 2\sqrt{\dfrac{qV}{3m}}$ より

$$v = 2\sqrt{\alpha' d} \qquad \therefore \quad \alpha' = \frac{v^2}{4d}$$

よって，問 3 の t の式で $i = \dfrac{\pi}{3}$，$\alpha = \alpha'$ とすると，下の極板に達するまでの時間 t' が求まり

$$t' = \frac{4d}{v^2}\left(-v\cos\frac{\pi}{3} + \sqrt{\left(v\cos\frac{\pi}{3}\right)^2 + \frac{v^2}{2}} \right)$$

$$= \frac{4d}{v}\left(-\frac{1}{2} + \sqrt{\frac{1}{4} + \frac{1}{2}} \right) = \frac{2(\sqrt{3}-1)d}{v}$$

x 方向へは $v\sin\dfrac{\pi}{3} = \dfrac{\sqrt{3}}{2}v$ の等速度運動であるから

$$x = \frac{\sqrt{3}}{2}v \cdot t' = (3 - \sqrt{3})d$$

▶問 8．コンデンサー C_1 の状態は問 7 のときと同じであるから，電気量は $Q_1=\dfrac{1}{3}C_0V$，電位差は $\dfrac{V}{3}$ である。C_1 と C_2 の電気量の和は $\dfrac{5\varepsilon_0abV}{3d}$ $=\dfrac{5}{3}C_0V$ であるから，コンデンサー C_2 の電気量 $Q_2{}'$ は

$$Q_2{}'=\frac{5}{3}C_0V-\frac{1}{3}C_0V=\frac{4}{3}C_0V$$

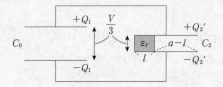

コンデンサー C_2 に誘電体を差し込んだときの電気容量 C_2 は，2 つのコンデンサーの並列接続と考えると

$$C_2=2C_0\cdot\varepsilon_{\mathrm r}\cdot\frac{l}{a}+2C_0\cdot\frac{a-l}{a}=\frac{2C_0}{a}\{(\varepsilon_{\mathrm r}-1)l+a\}$$

コンデンサー C_2 の電位差は C_1 と同じ $\dfrac{V}{3}$ であるから

$$\frac{2C_0}{a}\{(\varepsilon_{\mathrm r}-1)l+a\}\cdot\frac{V}{3}=\frac{4}{3}C_0V$$

$$(\varepsilon_{\mathrm r}-1)l+a=2a$$

$$\therefore\quad l=\frac{a}{\varepsilon_{\mathrm r}-1}$$

▶問 9・問 10．時刻 t におけるコンデンサー C_1，C_2 の電気容量を $C_1(t)$，$C_2(t)$ とすると，問 8 と同様に考えて

$$C_1(t)=C_0\cdot\varepsilon_{\mathrm r}\cdot\frac{v_1t}{a}+C_0\cdot\frac{a-v_1t}{a}$$

$$=\left\{1+\frac{(\varepsilon_{\mathrm r}-1)v_1t}{a}\right\}C_0$$

$$C_2(t)=2C_0\cdot\varepsilon_{\mathrm r}\cdot\frac{l-v_2t}{a}+2C_0\cdot\frac{a-(l-v_2t)}{a}$$

$$=2\left\{2-\frac{(\varepsilon_{\mathrm r}-1)v_2t}{a}\right\}C_0$$

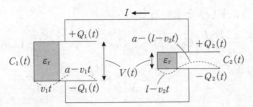

$V_1(t) = V_2(t) = V(t)$ とし，スイッチ S_2 側の導線を一定の電流 I がコンデンサー C_2 からコンデンサー C_1 に流れるとすると，時刻 t における電気量を考えて

$$C_1(t) \cdot V(t) = \frac{1}{3} C_0 V + It$$

$$C_2(t) \cdot V(t) = \frac{4}{3} C_0 V - It$$

$V(t) \neq 0$ であるから，両辺の比をとると

$$\frac{1 + (\varepsilon_r - 1)\dfrac{v_1 t}{a}}{4 - 2(\varepsilon_r - 1)\dfrac{v_2 t}{a}} = \frac{C_0 V + 3It}{4C_0 V - 3It}$$

$$\left\{ 1 + (\varepsilon_r - 1)\frac{v_1 t}{a} \right\}(4C_0 V - 3It) = \left\{ 4 - 2(\varepsilon_r - 1)\frac{v_2 t}{a} \right\}(C_0 V + 3It)$$

整理すると

$$\frac{3(\varepsilon_r - 1)(v_1 - 2v_2)I}{a} \cdot t - \frac{2(\varepsilon_r - 1)(2v_1 + v_2)C_0 V}{a} + 15I = 0$$

これが任意の t について成り立つためには，t の係数と定数項が共に 0 でなければならないから

$$v_1 - 2v_2 = 0$$

$$\therefore \quad \frac{v_1}{v_2} = 2$$

また，このとき

$$15I = \frac{2(\varepsilon_r - 1)\left(2v_1 + \dfrac{v_1}{2} \right)C_0 V}{a}$$

$$= \frac{5(\varepsilon_r - 1)v_1 C_0 V}{a} = \frac{5\varepsilon_0(\varepsilon_r - 1)bv_1 V}{d}$$

$$\therefore \quad I = \frac{\varepsilon_0(\varepsilon_r - 1)bv_1 V}{3d}$$

（注）　このとき，$V(t)$ を求めると

$$\left\{1+\frac{(\varepsilon_r-1)v_1 t}{a}\right\}C_0 V(t)=\frac{1}{3}C_0 V+\frac{(\varepsilon_r-1)v_1 V}{3a}C_0 t$$

$$=\frac{1}{3}\left\{1+\frac{(\varepsilon_r-1)v_1 t}{a}\right\}C_0 V$$

よって，$V(t)=\dfrac{V}{3}$ となり，極板間電圧は最初の値のまま変化しないことがわかる。

❖講　評

　2021 年度は 2020 年度と同様，大問 3 題，試験時間は理科 2 科目で 120 分の出題であった。出題形式も同様で，Ⅰはマークシート法による選択式，ⅡとⅢは記述式で，いずれも結果のみを答えればよい。

　Ⅰ．(1)・(2)は理想気体の状態方程式，圧力の基本である。(3)は内部エネルギーを定積モル比熱，圧力，体積で表す必要がある。ここまでは完答したい。(4)は定圧モル比熱を知っていれば容易である。(5)の気体がした仕事は基本である。(6)は断熱変化での仕事が内部エネルギーの変化から求まることを知っていないと解けない。(7)は(4)と同様に考えればよい。(8)の熱効率は(4)・(7)の熱量を用いることに気づけばよい。(9)は断熱変化のポアソンの法則を用いて(8)を変形すればよいが，類題を解いたことがあるかどうかで差がつくであろう。(10)は距離 h の最大値 h_4 が H より小さいという条件から求まるが，計算が面倒で時間がかかる。本問のような熱サイクルの問題は，圧力 p と体積 V の p-V 図を描いて考えるのがポイントである。

　Ⅱ．問 1〜問 3 は鉛直方向のばねの単振動の基本であるが，x がつりあいの位置 $z=z_0$ を原点とした座標であることを理解しておかないと，見通しが悪くなる。問 4 も弾性衝突の基本で，質量が等しいとき速度が入れ替わることを知っていれば時間が節約できる。問 5 は $z=z_0$，すなわち $x=0$ を振動中心とした単振動であることに気づけば容易に解けるが，$z=0$ を基準にしてしまうと重力の位置エネルギーを考慮しなければならず，時間がかかる。問 6 は弾性衝突，鉛直投げ上げなどの組み合わせで計算は面倒である。ここまでは完答したい。問 7 が難しい。小球

2 の単振動の式から，$l=\dfrac{1}{\sqrt{2}}L$ となるまでの時間を求め，その間の小球 1 の落下を考えなければならず，差がつくであろう。問 8・問 9 は 2 つの小球を 1 つと考えれば容易である。問 10 は振動中心が $z=2z_0$ に変わったことに気づかないと間違えるであろう。

Ⅲ．問 1 の極板間の電場はコンデンサーの電気容量から求めることができるが，ガウスの法則を用いたほうが簡単である。問 2・問 3 は電場中の等加速度運動で，ここで間違えるようではいけない。問 4 の荷電粒子の屈折率は目新しいが，速度の x 成分が変化しないことから求まる。ここで差がつくであろう。問 5・問 6 はコンデンサーの切り換えの基本である。問 7 は問 3 の結果を利用して時間を節約できるかどうかがポイントである。問 8 は一見難しそうであるが，コンデンサー C_1 の状態が変化していないことに気づけばコンデンサー C_2 の状態がわかるので，それから l を求めることができる。ここはクリアしたい。問 9・問 10 は難問である。コンデンサー C_1，C_2 の電気容量の時間変化，電位差の時間変化と電流から電気量の時間変化を表す式をまず求め，これが任意の時間について成り立つという条件から $\dfrac{v_1}{v_2}$ と電流の値を求めることになるが，計算量も多く，クリアするのは容易ではない。

全体として，2021 年度は目新しいテーマが多く，3 題とも計算に時間がかかる。2020 年度と同様，試験時間内に完答することは困難なので，各大問の前半を手早く確実に解き，その上で解けそうな設問にチャレンジするのが得策であろう。

化学

I **解答**　(1)A—(ウ)　B—(オ)　C—(ア)
　(2)A—(エ)　B—(エ)　C—(イ)

(3)A—(エ)　B—(ウ)　C—(エ)　(4)A—(オ)　B—(ウ)　C—(エ)

(5)A—(ウ)　B—(イ)　C—(エ)　(6)A—(イ)　B—(オ)　C—(ア)

(7)A—(イ)　B—(エ)　C—(ウ)　(8)A—(エ)　B—(オ)　C—(エ)

(9)A—(イ)　B—(エ)　C—(エ)　(10)A—(オ)　B—(ア)　C—(オ)

◀解　説▶

≪総　合≫

▶(1)A. 電子殻の種類に関係なく，s 軌道，p 軌道，d 軌道はそれぞれ 1 個，3 個，5 個の軌道をもつ。

B. K 殻，L 殻，M 殻にはそれぞれ 1 個，4 個，9 個の軌道があり，ひとつの軌道には電子が 2 個まで入ることができるため，最大電子数は 2，8，18 個となる。

C. 希ガス原子の最外殻は閉殻または電子数が 8 個で安定しており，他の原子と結合することがほとんどないので価電子の数は 0 個である。

▶(2)A. 4 組の共有結合が等分に存在する構造は，正四面体の中心に炭素原子，各頂点に水素原子を配置することで得られる。

B. オキソニウムイオン H_3O^+ は，3 組の共有電子対と 1 組の非共有電子対をもっている。これら 4 組の電子対を四面体構造状に配置すると，オキソニウムイオンは NH_3 と同じ三角錐形になる。

$$\left[\begin{array}{c} H : \overset{\cdot\cdot}{\underset{\cdot\cdot}{O}} : H \\ H \end{array} \right]^+$$

オキソニウムイオン

C. 過酸化水素 H_2O_2 の 2 つの O 原子は，いずれも 2 組の共有電子対と 2 組の非共有電子対の合計 4 組の電子対をもっている。これらの電子対を 2 つの O 原子それぞれについて四面体構造状に配置すると分子は折れ線形になる。

$$H \overset{\cdots}{\underset{\cdots}{\text{:}}} \overset{\cdots}{\underset{\cdots}{O}} \overset{\cdots}{\underset{\cdots}{\text{:}}} \overset{\cdots}{\underset{\cdots}{O}} \overset{\cdots}{\underset{\cdots}{\text{:}}} H \qquad H \diagdown O \diagup {}^{O} \diagdown H$$

過酸化水素

▶(3)A. $-10℃$ の氷（分子量 18.0）10.0 kg を $0℃$ の水にするのに必要な熱量は，氷の温度上昇と融解に必要な熱量の合計だから

$$2.10 \times 10^{-3} \times 10.0 \times 10^3 \times 10 + 6.00 \times \frac{10.0 \times 10^3}{18.0}$$

$$= 3543 ≒ 3.5 \times 10^3 [kJ]$$

B. $0℃$ の水 10.0 kg を $100℃$ の水蒸気にするのに必要な熱量は，水の温度上昇と蒸発に必要な熱量の合計だから，熱量に関わる単位の違い（J と kJ，/g と /mol）に注意して

$$4.18 \times 10^{-3} \times 10.0 \times 10^3 \times 100 + 40.7 \times \frac{10.0 \times 10^3}{18.0}$$

$$= 26791 ≒ 2.7 \times 10^4 [kJ]$$

C. 1 分間に 200 kJ の熱量を供給すると，要する時間は

$$\frac{3.5 \times 10^3 + 2.7 \times 10^4}{200} = 152 ≒ 150 \text{ 分}$$

▶(4)A. 強酸である希塩酸を 10 倍に希釈すると pH は 1 大きくなるから，求める体積は 5.0 mL の 10 倍の 50 mL である。

B. pH=10.0 の NaOH 水溶液は $[OH^-]=1.0 \times 10^{-4}$ mol/L である。したがって，pH=4.0 の塩酸は $[H^+]=1.0 \times 10^{-4}$ mol/L であるので，この塩酸 50 mL を中和するのに必要な NaOH 水溶液の体積は 50 mL である。

C. 酢酸と水酸化ナトリウムの中和反応は

$$CH_3COOH + NaOH \longrightarrow CH_3COONa + H_2O$$

したがって，酢酸が過剰であり，混合水溶液は酢酸と酢酸ナトリウムによる緩衝液となる。また，与えられた 2 つの水溶液の体積は等しいから，酢酸の濃度 0.60 mol/L のうち NaOH 水溶液の濃度 0.40 mol/L に相当する分は酢酸ナトリウムに変化し，残りの $0.60 - 0.40 = 0.20$ [mol/L] に相当する分が未反応の酢酸としてそれぞれ混合水溶液中に存在している。さらに，塩である酢酸ナトリウムはほぼ完全に電離し，弱酸の酢酸はほとんど電離しないから，混合水溶液において

$$[CH_3COO^-] : [CH_3COOH] = 0.40 : 0.20 = 2 : 1$$

したがって，求める pH は次のようになる。

$$K_a = \frac{[CH_3COO^-][H^+]}{[CH_3COOH]} = 2 \times [H^+] = 2.0 \times 10^{-5}$$

$$[H^+] = 1.0 \times 10^{-5} [mol/L] \qquad pH = 5.0$$

▶(5)A．$H_2 \longrightarrow 2H^+ + 2e^-$ より，発生する電子は 2 mol である。

B．発電出力 $P[W]$ は，$[C \cdot V] = [J]$，$[J/s] = [W]$ より

$$P = 2.0 \times 10^{-4} [mol/s] \times 2 \times 9.65 \times 10^4 [C/mol] \times 0.70 [V]$$

$$= 27.0 [C \cdot V/s] \fallingdotseq 27 [W]$$

C．1 mol の H_2 による発電エネルギーは

$$\frac{27.0 \times 10^{-3}}{2.0 \times 10^{-4}} = 1.35 \times 10^2 [kJ]$$

したがって，エネルギー変換効率は

$$\frac{1.35 \times 10^2}{286} \times 100 = 47.2 \fallingdotseq 47 [\%]$$

▶(6)A．次のように酸化反応が生じる。

$$4Na + O_2 \longrightarrow 2Na_2O$$

B．$2Na + 2H_2O \longrightarrow 2NaOH + H_2$ より，強塩基の NaOH が生じるので，その水溶液は酸であるフェノールと中和反応をする。

C．溶融塩電解の反応式は

陰極　$Na^+ + e^- \longrightarrow Na$

陽極　$2Cl^- \longrightarrow Cl_2 + 2e^-$

したがって，陽極で塩素が発生する。

▶(7)A．$3Cu + 8HNO_3 \longrightarrow 3Cu(NO_3)_2 + 2NO + 4H_2O$ より，NO が発生する。NO は無色で水に溶けにくいから水上置換で捕集する。また，次のように空気中で酸化されて NO_2 となる。

$$2NO + O_2 \longrightarrow 2NO_2$$

したがって，②が当てはまる。

B．$Cu + 4HNO_3 \longrightarrow Cu(NO_3)_2 + 2NO_2 + 2H_2O$ より，NO_2 が発生する。NO_2 は赤褐色で水に溶けやすく，空気より重いので下方置換で捕集する。また，空気中ではこれ以上酸化することはできない。したがって，①，③，④が当てはまる。

C．$Na_2SO_3 + H_2SO_4 \longrightarrow Na_2SO_4 + H_2O + SO_2$ より，SO_2 が発生する。

SO_2 は無色で水に溶けやすく，空気より重いので下方置換で捕集する。また，空気中で酸化することはできない（硫酸製造では触媒に V_2O_5 を用いて酸化する）。したがって，③，④が当てはまる。

▶(8)A．H_2 と Cl_2 の混合物に光を当てると HCl が生じる。これは，光のエネルギーによって $Cl_2 \longrightarrow 2Cl$ となることから始まる激しい反応である。その後 $H_2 + Cl \longrightarrow HCl + H$，$H + Cl_2 \longrightarrow HCl + Cl$ と連鎖的に反応が進行する。

B．濃硝酸に光を当てると次のように NO_2 が発生する。N 原子が光によって還元される反応である。

$$4HNO_3 \longrightarrow 4NO_2 + O_2 + 2H_2O$$

C．O_2 に紫外線を当てると $3O_2 \longrightarrow 2O_3$ の反応によりオゾンが発生する。混合気体中に含まれる O_3 の体積を x[L] とし，反応前後の各成分の体積を示すと

$$3O_2 \quad \longrightarrow \quad 2O_3$$

反応前　　1.00　　　　　0　　　[L]

反応後　$1.00 - \dfrac{3}{2}x$　　　x　　合計 $1.00 - \dfrac{1}{2}x$[L]

したがって　　$1.00 - \dfrac{1}{2}x = 0.96$　　$x = 0.08$[L]

▶(9)A．4 つのアミノ酸で鎖状のペプチドをつくると，アミド結合は 3 つ存在するので，求めるペプチドの分子量は，$H_2O = 18.0$ より

$$(89 + 75) \times 2 - 18.0 \times 3 = 274$$

B．アラニン（Ala）とグリシン（Gly）を $-NH_2$ が左端にあるように配列すると，次の 6 種類のペプチドが存在する。

　　　　Ala-Ala-Gly-Gly　　　Ala-Gly-Ala-Gly
　　　　Ala-Gly-Gly-Ala　　　Gly-Ala-Ala-Gly
　　　　Gly-Ala-Gly-Ala　　　Gly-Gly-Ala-Ala

C．ジペプチド　Ala-Ala　　Ala-Gly　　Gly-Ala
　　　　　　　　Gly-Gly（4 種類）

トリペプチド　Ala-Ala-Gly　　Ala-Gly-Ala　　Gly-Ala-Ala
　　　　　　　Gly-Gly-Ala　　Gly-Ala-Gly　　Ala-Gly-Gly
　　　　　　　（6 種類）

テトラペプチドは 6 種類だから，合計 16 種類。

▶⑽A．酢酸ビニルの付加重合でポリ酢酸ビニルが得られる。

$$n\mathrm{CH_2{=}CH{-}OCOCH_3} \longrightarrow \left[\begin{array}{c} \mathrm{CH_2{-}CH} \\ | \\ \mathrm{OCOCH_3} \end{array}\right]_n$$

B．ビニロンの合成ではポリビニルアルコールのアセタール化が行われる。

$$\mathrm{{-}{-}{-}CH_2{-}CH{-}CH_2{-}CH{-}CH_2{-}CH{-}{-}{-}}$$
$$\quad\quad\ \ \ |\quad\quad\quad\ \ |\quad\quad\quad\ \ |$$
$$\quad\quad\ \ \mathrm{OH}\quad\quad\ \ \mathrm{OH}\quad\quad\ \ \mathrm{OH}$$

　　　　　ポリビニルアルコール

$$\xrightarrow[\mathrm{-H_2O}]{\substack{\text{アセタール化}\\+\mathrm{HCHO}}} \mathrm{{-}{-}CH_2{-}CH{-}CH_2{-}CH{-}CH_2{-}CH{-}{-}{-}}$$
$$\quad\quad\quad\quad\quad\quad\ \ |\quad\quad\quad\quad\ \ |\quad\quad\quad\ \ |$$
$$\quad\quad\quad\quad\quad\quad\ \ \mathrm{O{-}CH_2{-}O}\quad\quad\ \ \mathrm{OH}$$

　　　　　　　　　　ビニロン

C．アセタール化は，$-\mathrm{OH}+\mathrm{HCHO}+\mathrm{HO}- \longrightarrow -\mathrm{O{-}CH_2{-}O}-+\mathrm{H_2O}$
より，1 回の反応で式量が 12.0 増加する。したがって，反応した HCHO（分子量 30.0）の物質量は

$$\frac{104.8-100.0}{12.0}=0.400\,[\mathrm{mol}]$$

よって，求めるホルムアルデヒド水溶液の質量を x [g] とすると

$$x\times\frac{30.0}{100}=0.400\times30.0 \quad\quad x=40.0\,[\mathrm{g}]$$

Ⅱ 解答

問 1．(ア)・(オ)

問 2．$Q_1=-206.1$ [kJ]　　　$Q_2=41.2$ [kJ]

問 3．$K_\mathrm{p}=\dfrac{x^2}{(1.00-x)^2}$

問 4．$T_1=977$ [K]　問 5．$T_2=523$ [K]　問 6．$E_\mathrm{a}<E_\mathrm{a}'$

問 7．(ウ)　問 8．(イ)　問 9．$\dfrac{k''t}{2.30}$

問 10．A．69.2　B．138

━━━━━　◀解　説▶　━━━━━

≪水性ガスの生成反応の平衡定数と反応速度定数≫

▶問 1．(ア)正文。水素の分子量は 2.0 であり，すべての気体のうちで最も小さい。したがって，常温での密度は最も小さい。

(イ)誤文。陰極での反応によって発生する。

$$2H_2O + 2e^- \longrightarrow H_2 + 2OH^-$$

㈢誤文。銅は希塩酸とは反応しない。

㈣誤文。アルカリ金属とは NaH のような水素化合物をつくる。

㈥正文。水素は宇宙で最も多い元素であり，2番目がヘリウムである。

▶問 2．反応熱＝（生成物の生成熱の和）－（反応物の生成熱の和）を用いると

$$Q_1 = 110.5 - (74.8 + 241.8) = -206.1 \, [kJ]$$

$$Q_2 = 393.5 - (110.5 + 241.8) = 41.2 \, [kJ]$$

▶問 3．平衡前後の各成分の物質量を示すと次のようになる。

$$CO \quad + \quad H_2O \ \rightleftarrows \ CO_2 + H_2$$

反応前	1.00	1.00	0	0	[mol]
平衡後	1.00−x	1.00−x	x	x	[mol]

したがって，容器の体積を $V[L]$ とすると，濃度平衡定数 K_c は

$$K_c = \frac{\left(\dfrac{x}{V}\right)^2}{\left(\dfrac{1.00-x}{V}\right)^2} = \frac{x^2}{(1.00-x)^2}$$

また，各成分のモル濃度 $c[mol/L]$ と分圧 $P[Pa]$ の関係は，気体の状態方程式より $P = cRT$（R：気体定数，T：気体の絶対温度）となる。平衡時の CO と CO_2 の分圧をそれぞれ P_{CO}, P_{CO_2} とすると，H_2O と H_2 の分圧はそれぞれ P_{CO}, P_{CO_2} に等しいから，圧平衡定数 K_p は

$$K_p = \frac{P_{CO_2} \cdot P_{H_2}}{P_{CO} \cdot P_{H_2O}} = \frac{(P_{CO_2})^2}{(P_{CO})^2}$$

$$= \frac{\left(\dfrac{x}{V} \times RT\right)^2}{\left(\dfrac{1.00-x}{V} \times RT\right)^2}$$

$$= \frac{x^2}{(1.00-x)^2} = K_c$$

平衡反応の両辺の係数の和が等しいとき，K_c と K_p の値は等しくなる。また，容器の体積は平衡定数に影響しない。

▶問 4．CO と H_2 の物質量の比が 1：1 であるとき，$x = 0.50 \, [mol]$ であるから，$K_p = 1$ となる。したがって

$$\log_{10}K_p = \frac{2.15 \times 10^3}{T_1} - 2.20 = 0$$

$$T_1 = 977.2 \fallingdotseq 977 \text{[K]}$$

▶問 5．CO と H_2 の物質量の比が 1：9 であるとき，$x = 0.90$〔mol〕であるから

$$K_p = \frac{(0.90)^2}{(0.10)^2} = 9.0^2$$

したがって

$$\begin{aligned}
\log_{10}K_p &= \log_{10}9.0^2 = 4\log_{10}3.0 \\
&= 4 \times 0.477 \\
&= \frac{2.15 \times 10^3}{T_2} - 2.20
\end{aligned}$$

$$T_2 = 523.3 \fallingdotseq 523 \text{[K]}$$

▶問 6．反応②の正反応は発熱反応であるから，活性化エネルギーは正反応の方が逆反応より小さい。

▶問 7．E_a，E_a' はともに正の値であるから，k と k' の常用対数のグラフは $\dfrac{1}{T}$ に対して負の傾きをもつ。また，$E_a < E_a'$ であるから，グラフの傾きの絶対値は k' の方が大きい。よって，(ウ)が当てはまる。

▶問 8．温度を高くすると，グラフの横軸の値は小さくなるので，k，k' ともに大きくなる。また，反応②の正反応は発熱反応であるから，ルシャトリエの原理より平衡は左へ移動するので水素の量は減少する。よって，(イ)が正しい。

参考　グラフの傾きの絶対値は k' の方が大きいから，温度を上げると逆反応の反応速度定数（すなわち反応速度）の増加の割合は正反応よりも大きくなる。したがって，新たな平衡は左（逆反応）へ移動したものとなる。

▶問 9．$2.30 \times \log_{10}[\text{CO}] = 2.30 \times \log_{10}[\text{CO}]_0 - k''t$ だから

$$2.30(\log_{10}[\text{CO}]_0 - \log_{10}[\text{CO}]) = 2.30 \times \log_{10}\frac{[\text{CO}]_0}{[\text{CO}]} = k''t$$

よって

$$\log_{10}\frac{[\text{CO}]_0}{[\text{CO}]} = \frac{k''t}{2.30}$$

▶問 10.　CO が 50% 反応すると，$\dfrac{[CO]_0}{[CO]}=2.0$ となるから

$$\log_{10}\dfrac{[CO]_0}{[CO]}=\log_{10}2.0=\dfrac{1.00\times10^{-2}t}{2.30}\qquad t=69.23\fallingdotseq69.2\,[s]$$

また，75% 反応したとき $[CO]$ は $[CO]_0$ の 0.25 倍残っていることになるので，$\dfrac{[CO]_0}{[CO]}=4.0$ だから

$$\log_{10}\dfrac{[CO]_0}{[CO]}=\log_{10}4.0=2\log_{10}2.0=\dfrac{1.00\times10^{-2}t}{2.30}$$

$$t=138.4\fallingdotseq138\,[s]$$

III　解答

(1)問 1．
$$\mathrm{H_3C-CH_2-\underset{\overset{|}{OH}}{\overset{\overset{CH_3}{|}}{C}}-CH_3}$$

問 2．ホルムアルデヒド　問 3．A, D, E　問 4．D, E, H

問 5．$\mathrm{H_3C-CH_2-CH_2-CH_2-CH_2-OH}$

$\mathrm{H_3C-\underset{\overset{|}{CH_3}}{CH}-CH_2-CH_2-OH}$

(2)問 6．$C_{18}H_{34}O_2$　問 7．(ア)・(イ)

問 8．$C_{18}H_{32}O_2$　問 9．600　問 10．884

◀解　説▶

≪アルコールの構造決定，油脂と脂肪酸の反応と分子式≫

◆(1)　分子式 $C_5H_{12}O$（分子量 88）は不飽和度が 0 であるので，化合物 A〜F は鎖式飽和の 1 価アルコールまたはエーテルであると考えられる。

（実験 1）　化合物 A〜F は濃硫酸と反応し分子量 70 の化合物が得られたので，この反応は脱水反応であり，化合物 A〜F はすべて 1 価のアルコールだとみなせる。

これらのアルコールを炭素骨格等で示すと次の①〜⑧の 8 種類になる。

$\mathrm{C-C-C-C-C-OH}$　　　$\mathrm{C-C-C-\overset{*}{C}-C}$
　　　　　　　　　　　　　　　　　　　　　$\underset{OH}{|}$

①　　　　　　　　　　②

$\mathrm{C-C-\underset{\overset{|}{OH}}{C}-C-C}$　　　$\mathrm{C-C-\overset{*}{\underset{\overset{|}{C}}{C}}-C-OH}$
　　　　　　　　　　　　　　　　　$\underset{C}{|}$

③　　　　　　　　　④

```
      C
      |
C-C-C-C        C-*C-C-C
    |             |  |
    OH            OH C
    ⑤             ⑥
```

```
HO-C-C-C-C        C-C-C-OH
       |          |
       C          C
    ⑦             ⑧
```

（*C 不斉炭素原子）

①～⑧を脱水すると，それぞれから得られるアルケンの構造は次のとおりである。

① C−C−C−C＝C

② C−C−C＝C−C（シス−トランス異性体あり），C−C−C−C＝C

③ C−C＝C−C−C（シス−トランス異性体あり）

④
```
C-C-C=C
    |
    C
```

⑤
```
C-C-C=C,   C-C=C-C
    |           |
    C           C
```

⑥
```
C=C-C-C,   C-C=C-C
    |           |
    C           C
```

⑦
```
C=C-C-C
     |
     C
```

⑧ 脱水反応不可

したがって

・化合物 A，F は①，④，⑦のいずれかである。

・化合物 B は③であり，C，D は⑤，⑥のいずれかである。

・化合物 E は②である。

（実験2）　①，④，⑦から得られるアルケンのオゾン分解による生成物は次のとおりである。

① C−C−C−CHO＋HCHO

④
```
C-C-C=O （ケトンH）＋HCHO （アルデヒドG）
    |
    C
```

⑦
```
HCHO+C-C-CHO
       |
       C
```

したがって，ケトンが得られるのは④から生じるアルケンのみであるから，化合物Aは④である。よって，化合物Fは①または⑦である。

（実験3）　化合物Cは第3級アルコールと考えられるので，⑤である。よって，化合物Dは⑥である。

▶問3．化合物A～Hの中で不斉炭素原子をもつのは，A，D，Eである。なお，オゾン分解生成物であるG，Hは不斉炭素原子をもたない。

▶問4．ヨードホルム反応を示すのは，構造 $CH_3-\underset{\underset{OH}{|}}{CH}-$ または $CH_3-\underset{\underset{O}{\|}}{C}-$

をもつ化合物であるので，化合物D，E，Hが当てはまる。

▶問5．化合物Fは①または⑦である。

◆(2)　▶問6．飽和脂肪酸Qの示性式を $C_nH_{2n+1}COOH$（分子量 $14.0n+46.0$）とすると，$NaHCO_3$（式量 84.0）との反応式は次のとおりである。

$$C_nH_{2n+1}COOH + NaHCO_3 \longrightarrow C_nH_{2n+1}COONa + H_2O + CO_2$$

したがって

$$\frac{14.2}{14.0n+46.0} = \frac{4.20}{84.0} \qquad n = 17$$

また，不飽和脂肪酸RとSはともに水素を付加すると飽和脂肪酸Qになることから，RとSの炭素数も 18 である。

さらに，式①より，Rの分子中には C=C が1個存在することがわかるので，Rの示性式は $C_{17}H_{33}COOH$ であり，分子式は $C_{18}H_{34}O_2$ となる。

▶問7．問6の結果，および式①により，化合物TとUの分子式の和はRの分子式に O 原子4個を加えたものになるから，それぞれの示性式は $C_8H_{17}COOH$，$C_7H_{14}(COOH)_2$ である。

㋐正文。カルボキシ基が2つあるUの親水性の方が強い。

㋑正文。カルボキシ基は分子間で水素結合を生じるので，その数が多いUの融点の方が高い。

㋒誤文。TとUは同じ炭素数を含むが，分子量が異なるので，同じ質量を燃焼すると生じる CO_2 の物質量は異なる。

㋓誤文。TとUが含む H 原子の数が異なるので，同じ物質量を燃焼したときに生じる水の物質量は異なる。

㋔誤文。$NaHCO_3$ はカルボキシ基と物質量比1：1で反応するから，同物

質量のＴとＵでは，ＵはＴの２倍の物質量の CO_2 を発生する。

▶問 8．題意より，不飽和脂肪酸Ｓの炭化水素基における不飽和度は２以上である。不飽和度を２とすると，Ｓの示性式は $C_{17}H_{31}COOH$（分子量 280.0）となり，付加する Br_2（分子量 159.8）の質量は

$$\frac{3.50}{280.0} \times 2 \times 159.8 = 3.995 [g] \quad (\fallingdotseq 7.50 - 3.50 = 4.00 [g])$$

したがって，Ｓの分子式は $C_{18}H_{32}O_2$ となる。

▶問 9．化合物Ｖでは，４個の Br 原子が付加している。一方，Br には２種類の同位体が存在するので，それらの付加の場合の数は

　　　　１種類の同位体のみが付加する　　　　　　１通り
　　　　２種類の同位体が２つずつ付加する　　　${}_4C_2 = 6$ 通り
　　　　２種類の同位体が３つと１つで付加する　　${}_4C_3 = 4$ 通り

したがって，存在比の最も大きい分子のモル質量は

$$C_{18}H_{32}O_2({}^{81}Br)_2({}^{79}Br)_2 = 599.6 \fallingdotseq 600 [g/mol]$$

（注）　${}^{79}Br$ と ${}^{81}Br$ の存在比がほとんど１：１とみなせるため，場合の数のみで考えている。厳密には確率を考慮に入れる必要がある。

▶問 10．油脂Ｐの示性式は

$$C_3H_5(OCOC_{17}H_{35})(OCOC_{17}H_{33})(OCOC_{17}H_{31})$$

よって，分子量は　　884.0 $\fallingdotseq$ 884

❖講　評

　試験時間は 2 科目で 120 分と変わりなく，大問数も 3 題と変化がなかった。問題のレベルは 2020 年度よりやや難化した。また，理論・無機・有機とバランスよく出題されていた。計算問題では，計算が容易なように数値に配慮がなされている場合が多い。新しい傾向としては，導入文や問題文で説明を付した目新しい法則，数式，反応式を与えて，その理解を前提とする出題がみられた。

　I．例年通り小問集合形式の総合問題であった。内容的に難しい問題は少ないが，時間的に厳しいので，計算問題を後に回して短時間で解答できる知識問題から始めるのがよいだろう。(1)は，電子殻における s，p，d 軌道に関する問題で，やや戸惑ったかもしれない。(3)は，考え方は難しくないが，熱量の単位をそろえることを怠ると正解にたどり着けない。(4)は，最初の 2 つの問いは易しいが，最後の問いでは緩衝液の pH の計算が求められており，そのことに気づかないと時間を大幅に使うことになった。(5)は，燃料電池の計算問題であるが，物理でよく扱う出力の計算が必要であり，戸惑ったかもしれない。(9)は，アミノ酸の種類が 2 種類であることを忘れずに，具体的かつ規則的にその配列を数え上げていけばよかった。(10)は，アセタール化によってポリビニルアルコールの式量がどのように変化するかをしっかり押さえたうえで，濃度を含む計算問題に取り組みたい。(2)・(6)・(7)・(8)・(9)あたりで確実に得点しておきたい。

　II．理論と無機に関する出題であったが，中心は理論における熱化学，反応速度と平衡で構成されていた。問 2 は反応熱と生成熱の関係が理解できていれば容易であった。問 3 の圧平衡定数はなじみの薄いものであるが，気体の状態方程式を用いて分圧をモル濃度に換算することができれば難しくはなかった。問 4・問 5 では，与えられた圧平衡定数と温度の関係式を用いる必要があったが，目新しい数式や対数の扱いに戸惑ったかもしれない。問 6 では，与えられた反応速度定数と活性化エネルギーの関係式にとらわれ過ぎると解答が困難になる。具体的には，問 2 の解答と活性化エネルギーとの関係に思い当たればよかったが，時間を要したかもしれない。問 7 は，問 6 が正解できないと解答不可能であり，

横軸が $\dfrac{1}{T}$ のグラフというものに慣れていないと誤った可能性がある。

問8は，問6・問7の解答が前提になっており，かなり難しかった。問9・問10は，与えられた数式を変形したり，その数式に与えられた条件を正しく当てはめたりすればよかったが，具体的な操作において戸惑った可能性がある。

　Ⅲ．(1)有機化合物の反応や構造決定，さらには異性体などを扱う標準的な問題で，問題集の例題で練習を積んだ受験生には有利であった。与えられた条件から考え得る構造を数え上げることが基本である。具体的には，実験1～3の結果から導くことができることがらを正確に解釈して化合物A～Fの構造を決定していかねばならない。実験3のオゾン分解によって生じる化合物を正しく決定できることもポイントである。また，化合物Fの構造が与えられた条件だけでは決まらなかったが，問5に至ってその理由が明らかになった。

　(2)油脂を形成する脂肪酸に関する問題が中心であった。脂肪酸Q，R，Sの関係を知るための基本になる事実は，不飽和脂肪酸に水素を付加するとすべて同じ飽和脂肪酸になるということであった。すなわち，これらの脂肪酸の炭素原子数は同じであるということが理解できないと，すべての設問に対して解答不可能となった。また，式①で生成する化合物の構造がイメージできることと，この反応を脂肪酸Rに当てはめたときの結果の解釈（脂肪酸Rは C=C を1つしかもたない）も重要で，与えられた文章では明記していないだけに，不確かなまま進んでしまう恐れがあった。問8の脂肪酸Sの分子式も，ある程度予測を立てて計算を進める必要があった。問9は，場合の数をしっかり数えることが大切であった。

生物

I **解答**
問1．細胞内共生説
問2．母親と娘の血縁度に比べて娘同士の血縁度が 1.5 倍高い

問3．（X 染色体と Y 染色体）母親由来の X 染色体の変異率を p とすると，父親由来の X 染色体と Y 染色体の変異率は $5p$ となる。次世代の X 染色体が母親由来である確率は $\dfrac{2}{3}$，父親由来である確率は $\dfrac{1}{3}$ であるので，X 染色体の変異率は $p \times \dfrac{2}{3} + 5p \times \dfrac{1}{3} = \dfrac{7p}{3}$ である。一方，次世代が受け継ぐ Y 染色体の変異率は $5p$ である。したがって，X 染色体に比べて Y 染色体の変異率は $5p \div \dfrac{7p}{3} = \dfrac{15}{7} \fallingdotseq 2.14$ 倍となる。

（Z 染色体と W 染色体）母親由来の W 染色体と Z 染色体の変異率を p とすると，父親由来の Z 染色体の変異率は $5p$ となる。次世代の Z 染色体が母親由来である確率は $\dfrac{1}{3}$，父親由来である確率は $\dfrac{2}{3}$ であるので，Z 染色体の変異率は $p \times \dfrac{1}{3} + 5p \times \dfrac{2}{3} = \dfrac{11p}{3}$ である。一方，次世代が受け継ぐ W 染色体の変異率は p である。したがって，Z 染色体に比べて W 染色体の変異率は $p \div \dfrac{11p}{3} = \dfrac{3}{11} \fallingdotseq 0.27$ 倍となる。

問4．理由1．Y 染色体上の遺伝子に生存に不利な突然変異が起こると，遺伝病などの表現型として必ずあらわれてしまうため。

理由2．X 染色体上の遺伝子に比べ，オスにしかない Y 染色体上の遺伝子の方が配偶子形成時に突然変異が起こりやすいため。

問5．T-b はボルバキアのゲノムに含まれる。卵細胞の中に共生したボルバキアのもつ T-b は次世代に伝わるが，精子にはボルバキアが共生していなかった，または精子の中にボルバキアは共生していたが，受精卵に移動しなかったか，受精後に卵細胞内で分解されたため，ボルバキアのも

つ T-b は次世代に伝わらなかったと考えられる。

問6．オス，メスともに，T-a をもつものともたないものが 1 : 1 となる。

問7．多細胞生物において他の生物の遺伝子が次世代に伝わるためには，生殖細胞に他の生物の遺伝子を取り込まなければならないが，多細胞生物では体細胞に対する生殖細胞の占める割合が低いため，水平伝播の頻度は低くなる。

━━━━ ◀解　説▶ ━━━━

≪共生説，血縁度，伴性遺伝，母性遺伝≫

▶問2．母親が 2 倍体，父親が 1 倍体である場合，母親と娘の間の血縁度は 0.5 であるが，娘同士の血縁度は 0.75 である。したがって，母親と娘の血縁度に比べて娘同士の血縁度は 1.5 倍高い。

▶問3．（X 染色体と Y 染色体）母親は 2 本の X 染色体，父親は 1 本の X 染色体をもつため，次世代が X 染色体を受け継ぐ場合，これが母親由来の X 染色体である確率は $\frac{2}{3}$，父親由来の X 染色体である確率は $\frac{1}{3}$ である。母親由来の X 染色体の変異率を p とすると，父親由来の X 染色体の変異率は $5p$ であるので，次世代が受け継いだ X 染色体の変異率は $p \times \frac{2}{3} + 5p \times \frac{1}{3} = \frac{7p}{3}$ である。一方，Y 染色体は父親しかもっておらず，父親由来の Y 染色体の変異率も $5p$ であるので，次世代が Y 染色体を受け継ぐ場合，受け継いだ Y 染色体の変異率は $5p$ である。したがって，X 染色体に比べて Y 染色体が q 倍の頻度であるとすると，$\frac{7p}{3} \times q = 5p$ より $q = \frac{15}{7} \fallingdotseq 2.14$ となる。

（Z 染色体と W 染色体）同様に考える。母親は 1 本の Z 染色体，父親は 2 本の Z 染色体をもつため，次世代が Z 染色体を受け継ぐ場合，これが母親由来の Z 染色体である確率は $\frac{1}{3}$，父親由来の Z 染色体である確率は $\frac{2}{3}$ である。母親由来の Z 染色体の変異率を p とすると，父親由来の Z 染色体の変異率は $5p$ であるので，次世代が受け継いだ Z 染色体の変異率は $p \times \frac{1}{3} + 5p \times \frac{2}{3} = \frac{11p}{3}$ である。一方，W 染色体は母親しかもっておらず，

母親由来の W 染色体の変異率も p であるので，次世代が W 染色体を受け継ぐ場合，受け継いだ W 染色体の変異率は p である。したがって，Z 染色体に比べて W 染色体が q 倍の頻度であるとすると，$\dfrac{11p}{3}\times q=p$ より $q=\dfrac{3}{11}\fallingdotseq0.27$ となる。

▶問 4．1つ目は，問題文中に「重要な遺伝子の機能が損なわれて遺伝病が生じる場合もある」とあることから，突然変異が起こった場合について考える。X 染色体上に遺伝子がある場合，メスでは X 染色体を 2 本もつため，仮に一方の遺伝子の機能が損なわれても，他方の遺伝子の機能が正常であれば遺伝病を生じることはなく，生存に不利にならない。しかし，Y 染色体上に遺伝子がある場合，Y 染色体はオスしかもたず，またオスは Y 染色体を 1 本しかもたないため，この遺伝子の機能が損なわれると必ず遺伝病を生じ，生存に不利になる。

　2つ目は，問題文中に「配偶子形成に至るまでの細胞の分裂回数が多いオスの方が，分裂回数の少ないメスよりも，世代ごとの遺伝子の変異のおこりやすさに大きく寄与している」とあることから，突然変異の起こりやすさについて考える。X 染色体はメスももつため，メスのもつ X 染色体上の突然変異は起こりにくく，生存に不利になりにくい。しかし，Y 染色体はオスしかもたないため，オスのもつ Y 染色体上の突然変異は起こりやすく，生存に不利になりやすい。

▶問 5．問題文中に「母性遺伝のひとつである」とあることから考える。T-b はボルバキアのゲノムに含まれる。ボルバキアは細胞に共生する細菌であることから，卵細胞の中に共生したボルバキアのもつ遺伝情報（T-b）は次世代に伝わる。一方，精細胞から精子ができる際に大部分の細胞質が失われることから，精子にはボルバキアが共生しておらず，ボルバキアの遺伝情報（T-b）が次世代に伝わらなかった，または精子の中にボルバキアが共生はしていたが，受精時に卵細胞内へ移動しなかったか，受精後に卵細胞内で遺伝情報（T-b）とともに分解されたため，次世代に伝わらなかったと考えられる。

▶問 6．T-a をもつオスと T-a をもたないメスを交配したとき，次世代ではメスのみが T-a をもつことから，遺伝子 T は X 染色体上に存在す

ると考えられる。交配に用いたオスを $X^{T-a}Y$, メスを XX とすると, 次世代において T-a をもつメスは $X^{T-a}X$, T-a をもたないオスは XY となる。この交配で得られたオスとメス同士を交配すると, 得られる世代は $X^{T-a}X : XX : X^{T-a}Y : XY = 1 : 1 : 1 : 1$ となることから, オス, メスともに, T-a をもつものともたないものが 1 : 1 となる。

▶問 7. 多細胞生物では, 体細胞に他の生物の遺伝子を取り込んでも, これは次世代に伝わらない。次世代に伝わるためには, 生殖細胞に他の生物の遺伝子を取り込まなければならないが, 体細胞に対して生殖細胞の占める割合は低いことから, その取り込みの頻度は低くなる。

Ⅱ 解答 問 1. あ. 自然免疫　い. 細胞性免疫　う. 食
え. 樹状　お. MHC (主要組織適合遺伝子複合体)
か. ヘルパー T 細胞　き. B 細胞　く. 形質 (抗体産生)
け. エピトープ (抗原決定基)

問 2. リンパ液をろ過して, リンパ液に含まれる異物を集め, 異物の体内への拡散を防ぐとともに, 免疫反応を活性化させる。

問 3.

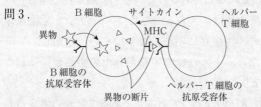

問 4. H 鎖の可変部を構成する V, D, J の領域を指定する遺伝子と, L 鎖の可変部を構成する V, J の領域を指定する遺伝子はそれぞれが多数の遺伝子断片から構成されており, B 細胞が成熟する過程で, H 鎖では V, D, J の領域を指定する遺伝子断片から, L 鎖では V, J の領域を指定する遺伝子断片からそれぞれ 1 つずつが選ばれて再構成されることで, 抗体の多様性が生じる。

問 5. 抗体が病原体の表面にあるタンパク質や毒素と結合し, 細胞の表面にある受容体に病原体の表面にあるタンパク質や毒素が結合するのを妨げることで, 病原性や毒性が発現するのを抑制すること。

問 6. マウス由来のアミノ酸配列が抗体内にあると, この部分を異物と認

識し，免疫により排除される可能性があるため。

問7－1．抗体Bのみを用い，抗体Bが結合する1種類のエピトープを
もつ抗原を検出するよりも，抗体Aと抗体Bの2つを用い，それぞれの
抗体が結合する2種類のエピトープの両方をもつ抗原を検出する方が，特
異性が高くなるから。

問7－2．抗体に色素を付加した場合，抗原と結合した抗体に付加した色
素による発色のみ検出されるが，抗体にその色素を生じる酵素を付加した
場合，酵素の触媒作用でより多くの色素を生じることができるから。

問7－3．

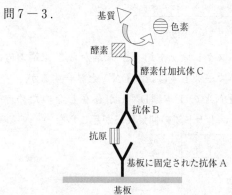

━━━━◀解　説▶━━━━

≪免疫，抗原抗体反応≫

▶問5．問題文中に「受容体に，病原体の表面にあるタンパク質や毒素が
結合してしまうことによって，病原性や毒性が発現する」とあることから
考える。抗体が病原体の表面にあるタンパク質や毒素と結合すると，細胞
の表面にある受容体に病原体の表面にあるタンパク質や毒素が結合できな
くなるため，病原性や毒性が発現しなくなる。

▶問6．ヒトにとって，マウス由来のアミノ酸配列は異物と認識される可
能性がある。

▶問7－1．抗原には複数のエピトープが存在し，複数の抗原の中にも共
通するエピトープが存在する場合がある。したがって，抗原に対する特異
性を高めるためには，異なる抗体を用いて，より多くの種類のエピトープ
を識別して検出するとよい。

▶問7－3．設問文中に「抗体Bの定常部を抗原として認識する抗体

（抗体 C）も用い」とあることから，抗体 B の定常部に酵素付加抗体 C が
結合するように作図すればよい。

Ⅲ　解答

問1．α

問2．プライマー1

問3．

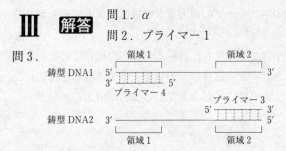

理由：DNA ポリメラーゼは，ヌクレオチド鎖を 5′ 末端から 3′ 末端の方
向へしか伸長できない。プライマー 3 と 4 は鋳型 DNA と結合するが，プ
ライマーの 3′ 末端側に鋳型 DNA の 1 本鎖DNA が存在しないため，
DNA ポリメラーゼによるヌクレオチド鎖の伸長反応が起こらない。

問4．

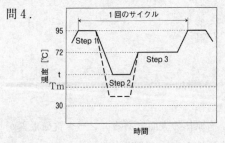

理由：プライマー 5 と 6 はプライマー 1 と 2 に比べて GC 含量が低いた
め，鋳型 DNA との結合が弱く Tm が低い。Step2 の設定温度を Tm よ
り低くすることで，プライマーが鋳型 DNA と結合できるようになったた
め，二本鎖 DNA が複製されるようになった。

問5．2回目の実験において，ddATP が合成途中のヌクレオチド鎖に取
り込まれると，そこで DNA の伸長は停止する。1回目と比べて2回目の
実験では，完全長の DNA を表す最も長い DNA のバンドとプライマーを
表す最も短い DNA のバンドの間に9本のバンドが出現していることから，
鋳型 DNA の配列 5 の部分以外にはチミンが 9 カ所存在することがわかる。

━━━◀解　説▶━━━

≪PCR，サンガー法≫

▶問２．DNA ポリメラーゼは，ヌクレオチド鎖を 5′ 末端から 3′ 末端の方向へと伸長させる。DNA の 2 本の鎖は 5′→3′ が逆向きに結合するので，鋳型 DNA1 と同じ分子を合成するためには，鋳型 DNA2 の 3′ 末端側に結合するプライマーを選択すればよい。なお，図 4 ⒤のプライマーはすべて 5′ 末端側が左に図示されていることに注意する。

▶問４．塩基間の水素結合は，A と T の間が 2 カ所，G と C の間が 3 カ所であるため，GC 含量が 2 本のヌクレオチド鎖の間の結合力に関わっている。プライマー 5 と 6 はプライマー 1 と 2 に比べて GC 含量が低いため，Tm が低いと考えられる。問題文中に「Tm より高い温度では，鋳型となる一本鎖 DNA とプライマーの二本鎖形成は全く起こらない」とあることから，二本鎖 DNA が複製されなかったときの Step2 の設定温度 t は Tm より高かったと考えられるので，二本鎖 DNA を複製させるには，設定温度を下げる必要がある。

▶問５．1 回目の実験で得られた図 8 の泳動パターンのうち，短い DNA のバンドはプライマー，長い DNA のバンドは鋳型 DNA の完全長を表している。2 回目の実験において，ddATP が合成途中のヌクレオチド鎖に取り込まれると，そこでヌクレオチド鎖の伸長が停止するため，完全長のDNA よりも短い長さの DNA のバンドが出現することになる。2 回目の実験で得られた図 8 の泳動パターンでは，1 回目の実験で得られた図 8 の泳動パターンと比べて，プライマーと完全長の DNA を表すバンドの間に 9 本のバンドが出現している。これは，鋳型 DNA に ddATP と結合する T が 9 カ所存在することを意味している。

❖講　評

　大問数は 2017 年度から 3 題が続いている。論述量は 2020 年度と比較してやや増加しており，論述しづらい問題もいくつかみられた。描図問題が複数出題され，遺伝に関連した計算問題も出題された。

　Ⅰ．伴性遺伝と母性遺伝を大きなテーマとした出題であった。問 3 の計算問題は，母親由来の遺伝子の変異率を p，父親由来の遺伝子の変異率を $5p$ とおいて考えることができれば，解答できたと考えられる。問 4 は設問文をしっかり読み，何を解答すべきか判断する必要がある。問 5 と問 6 は，母性遺伝についての知識があれば比較的容易に正解できたのではないだろうか。

　Ⅱ．免疫がテーマの出題であった。問 3 の描図は知識があれば容易に解答できるが，知識が不正確であっても，下線部をしっかり読めば解答できたと考えられる。問 5 は設問文をしっかり読めば，容易に解答できる問題である。問 7 － 1 は，抗原が複数のエピトープをもつことを知らなければ，解答しづらい問題であったと考えられる。

　Ⅲ．PCR 法とサンガー法がテーマの出題であった。問 2 と問 3 ではヌクレオチド鎖の方向性（5′→3′）に注意して解答すればよい。問 4 は，DNA の GC 含量と塩基間の結合の強さの関係についての知識がなければ，解答しづらい問題であった。問 5 のサンガー法に関する問題は，DNA の塩基配列の解読方法をふまえて考える必要がある。

　2021 年度は 2020 年度と比べ，やや難化した印象である。基本的な知識をもとに考察させ，その結果を論述させる問題形式が多いことから，知識はもちろんのこと，考察した内容を文章として表現する力も養っておく必要がある。過去の問題を解いて，論述の練習をしておくとともに，時間配分についても練習しておきたい。

2020
年度

解

答

編

解答編

英語

I **解答**　1 —c　2 —d　3 —b　4 —a　5 —b　6 —c
　　　　　　 7 —d　8 —c　9 —c　10 —c　11 —a　12 —d
13 —c　14 —b　15 —b

◆全　訳◆

Text I　≪航空輸送における眠気や疲労についての研究≫

　[1]　航空輸送は，移動距離単位でみたときに最も安全な輸送形態である。しかし，まれに事故が起こった場合には，その結果は惨憺（さんたん）たるものになることが多い。航空事故が単一の原因で起こることはめったになく，大多数の事故に絡んでいるのは人為的ミスである。

　[2]　道路輸送では，人為的ミスと疲労との関係がいくつかの研究で確立されている。眠気や疲労の主因は，1）概日リズムの位相，2）覚醒時間，3）事前の睡眠量である。さらに，注意を持続させる必要があるときには，課業時間も疲労を誘発する場合がある。個人差は，睡眠の長さや睡眠不足時のパフォーマンスを変えるだけでなく，眠気と疲労に関連した事故や運転パフォーマンスにおいても一役買う可能性が高い。概日タイプの個人差は，個人の近似位相を算定するために開発したいくつかの評価基準を用いて，最も体系的に研究されているものの一つである。

　[3]　航空においても，人為的ミスと不適切な決断は，眠気と疲労の影響を受ける。変則的な労働時間，不適当な時間帯での労働時間は，時間帯をしばしば超えることと同様に，航空における労働生活の特徴なのだが，これらはすべて覚醒状態を妨げる要因であり，事故の危険性を増大させる可能性がある。

　[4]　パイロットの疲労の問題は，航空そのものと同じくらい古い歴史をもつ問題である。しかし，サムとペレリ（1982 年）がパイロットの疲労レベルを主観的に測定するために疲労基準を開発し，時間帯を複数回超

えることがパイロットの疲労に及ぼす影響を調査し始めたのは，1980 年代に入ってからであった。それ以来，パイロットの疲労やパフォーマンスにおいて役割を果たす諸要因が示されてきた。その要因には，飛行時間だけでなく，コックピット内の高度に自動化された労働環境や夜間飛行なども含まれている。もっとも，飛行時間は，短距離乗務についても長距離乗務と同等に厳しいものであると報告されているのであるが。

　[5]　飛行機の乗組員の疲労を和らげる方法の一つは，飛行時間や勤務時間を制限することである。しかし，規制機関は現在，睡眠と疲労の生物数学的なモデル化によって，睡眠とパフォーマンスの科学を疲労の危機管理システムに直接組み入れる方法を議論している最中である。この数十年の間にそういったモデルがいくつか紹介されてきた。手短に言えば，それらのモデルは，2 過程モデル（2PM），覚醒状態に関わる 3 過程モデル（TPM，本論文の主題），飛行機の乗組員の疲労評価システム（SAFE），神経行動の相互反応モデル（INM），睡眠・活動・疲労・職務の影響モデル（SAFTE），インターダイン疲労検査（FAID），概日覚醒シミュレーター（CAS）などを含んでいる。

　[6]　それらのモデル（FAID を除く）でカギとなる過程は，異なる要因をもつものの，1）起きている時間帯で覚醒度が低下し，眠っている時間帯で回復することを説明する恒常性の過程，2）日々の覚醒度の変化を説明する概日性の過程，3）起きてから覚醒状態が回復するまでの遅れを説明する睡眠慣性の過程を含んでいる。加えて，覚醒度の低下を課業時間で推定するモデル（SAFE，FAID，CAS）もある。生成される疲労に関する出力情報として，SAFTE（パフォーマンス有効性を予測する）と FAID（危険閾値に基づく違反を予測する）を除けば，大部分のモデルは主観的覚醒度を予測している。

　[7]　マッシュニッグら（2011 年）の言葉によると，「どのモデルに関しても問うべき重要な問題は，あなたたちが関心をもっているものに近い仕事から得られた疲労のデータに対して実証されているかどうかである」。私たちが知る限り，数ある職業環境の中で幅広く実証されている唯一のモデルは TPM であるが，本研究は飛行機の乗組員に対してそれを実証する初の試みである。交替勤務についての多くの研究が示しているのは，集団レベルで正確に覚醒度が予測されている点である。SAFE と SAFTE は

航空での利用のために特別に開発されたものだが，それらのモデルはいまだに査読による実証がされていないのである。

Text II （この文は Text I から直接続いている）

　［8］　1990 年に始まって以来，TPM は 12 時間単位の超概日性の過程と睡眠中の恒常性の回復を修正する「ブレーキ」機能をモデル化した追加要素によって拡張されてきた。しかし，これらの修正によって追加される予測力は，実験上のデータに基づいて適切に実証されてこなかった。さらに，TPM は，主観的な注意深さのスコアとカロリンスカ眠気尺度を使った実験上のデータ間のいくつかの異なる線形伝達関数も使っている。この関数では，出力情報として，非常にさまざまな眠気のレベルが出るかもしれない。TPM はまた，そのようなデータが使用できない場合にデータに睡眠時間を挿入するために使用可能なスリープジェネレーターに基づくモデルによって拡張されてきた。このスリープジェネレーターは，ある特定の過密勤務の連続においては十分に睡眠を予測するものであることが示されているが，そうでない場合には実証されていない。

　［9］　本研究の主たる目的は，観察によって得られた睡眠および眠気のデータを利用して，実際の生活の状況における飛行機の乗組員の集団に対して TPM を実証することであった。本研究の 2 つ目の目的は，個人差の推定値や生態学上の危険の推定値に対する眠気の確率などを使って，そのモデルを拡張することであった。概日系は，頻繁にいくつかの時間帯をまたいで移動し時差ボケにさらされることになる乗組員たちにとっては，特に重要となるかもしれない個人差を生む大きな要因である。3 つ目の目的は，乗組員の予測を改善するために，概日タイプや異なる時間帯への順応に従って，概日リズムの位相を調節する可能性を探ることであった。

Text III　≪生物数学的疲労モデル≫

　生物数学的疲労モデルは，疲労に関連する要因の範囲を考慮して，これらを疲労の危険性を表す簡単な数字の点数に変えるために設計されている。これらの点数は（たとえば予定表の）比較を行ったり，予定表を疲労の上限と比較して評価したりするために用いることができる。しかし，モデルが提供する数値計算をあまりにも単純に解釈しないようにすることが不可欠である。

　特に，具体化された疲労の上限はどれも，それらが使われる作業環境の

中で確認されることが重要である。上限の確認ができない場合やこのような方法で点数を「切り捨てた」場合には，疲労危険管理システム（FRMS）の質を下げる実践という結果や，作業スタッフがシステムに最小限の信頼しかもてないという結果になるかもしれない。最悪の場合には，生物数学的モデルを信頼しすぎて実際には疲労管理を悪化させるような FRMS になる可能性がある（オーストラリア民間航空安全庁，2010）。

　生物数学的モデルが FRMS に含まれるときには，疲労を事前に認定して管理するための補足的な計画も検討しなければならない。飛行機の乗組員および作業決定権者は生物数学モデルの出力情報を適正に解釈するよう教育を受ける必要がある。そういったモデルの出力情報は，事実は主観的な疲労のような質的な程度を予測するにすぎないのに，正確で量的であるような幻想を与える可能性がある。教育，検査，そして追加的に客観的手段を利用することで，モデルの見込みや限界についてバランスのよい見方が組織の疲労危険管理文化と作業実践のなかで確実に維持されるはずである。生物数学的疲労モデルから得られた点数は，作業の安全性に対して「青信号」を与えてはくれないが，どちらかと言えば数ある危険管理の手段の一つとして利用するべきであり，たとえば乗組員の疲労のチェックや十分な休息と睡眠を確保するための実践などによって補完されるべきである（オーストラリア民間航空安全庁，2010）。最後に，FRMS 内でのモデルの利用は反復過程であり，そのモデルと FRMS 全体の両方を能率化するための疲労測定やタスクエラーや関連データの収集と使用が伴われるべきである。

━━━━━━◀解　説▶━━━━━━

◆「設問 1 ～ 9 はテキスト I に関するものである」

▶ 1 .「道路輸送と比較して，航空はどのように説明されているか」

a .「ドライバーよりもパイロットの方が疲労の影響を受けないので，はるかに安全である」

b .「道路輸送だけでなく航空においても，しばしば人為的ミスが事故の唯一の原因である」

c .「はるかに安全であるが，事故が起こったときには大体は大惨事となる」

d .「労働時間がパイロットのパフォーマンスを決定し，一方，睡眠の長

さが運転のパフォーマンスを決定する」

　第 1 段第 1 文（Air transportation is …）および第 2 文（In the rare …）参照。第 1 文では「航空輸送が最も安全な輸送形態である」と述べられており，c の前半部分はこれと合致する。また，第 2 文の「まれに事故が起こった場合には，その結果は惨憺たるものになることが多い」も，c の後半部分に合致している。よって正解は c である。a は「パイロットの方が疲労の影響を受けない」の部分が第 3 段第 1 文（Also in aviation, …）の「航空においても眠気と疲労の影響を受ける」と合致しないので不適。b は第 1 段最終文（Accidents in aviation …）の「航空事故が単一の原因で起こることはめったにない」の部分に合致せず不適。d は第 3 段第 1 文の「眠気と疲労の影響を受ける」の部分に合致せず不適。

▶ 2．「1980 年代以前の疲労に関する研究について，筆者はどのようなことをほのめかしているか」

a．「飛行時間が与える影響は，短距離飛行も長距離飛行も同様であることが証明された」

b．「コックピットの高度に自動化された労働環境が事故の一因であることが示された」

c．「時間帯を複数回超えることが影響力のある要因であると立証されていた」

d．「研究者たちは疲労に関する形式モデルを全く開発していなかった」

　第 4 段第 2 文（It was, however, …）参照。「パイロットの疲労レベルを主観的に測定するための基準が開発されたのは 1980 年代に入ってから」とある。つまり，それ以前は疲労測定のモデル開発がされていなかったということになり，d はこの趣旨に合致している。a〜c は第 4 段第 2 〜最終文の内容に合致しているように見えるが，It was … not until the 1980s …「…1980 年代になって初めて…」や Since then「それ（1980 年代）以来」の表現からわかるように，1980 年代以前の事柄ではないので，いずれも不適。

▶ 3．「第 5 段の their は何を指しているか」

a．「制限」　　　　　　　　　　　b．「規制機関」

c．「睡眠とパフォーマンスの科学」　d．「飛行機の乗組員」

　ここでは their に続く表現に注目する。fatigue risk management

systems「疲労の危機管理システム」と続いているので，their は疲労の危機管理を行う主語を指していると考えられる。よって，b の regulatory bodies が正解。一般に，代名詞の指示内容は直近から探していくことになる。この設問の場合，最も近い sleep and performance science は単数扱いとなるので their の指示内容として不適であり，当該文の主語である b が直近となる。

▶ 4．「2PM，TPM，SAFE，INM，SAFTE，CAS に共通していることは何か」

a．「それらは覚醒度の変化のサイクルを含んでいる」

b．「それらは主観的覚醒度を予測する」

c．「それらは睡眠時間の長さを予測する」

d．「それらは危険閾値を含んでいる」

　第 6 段の冒頭文で FAID 以外のモデルに共通する過程が述べられている。1 ）〜 3 ）は「覚醒度がどのように変化するか」ということなので a が正解。b の「主観的覚醒度の予測」については第 6 段最終文（As the generated …）参照。「SAFTE と FAID を除けば」とあるので，b は SAFTE に該当しないため不適切。睡眠時間の長さを予測するモデルはないので c も不適切。d の「危険閾値」は FAID モデルにのみ含まれているものなので不適切。

▶ 5．「下の 3 つの過程（第 6 段で説明されている）のうち，目が覚めてからの時間の量に左右されるものはどれか」

　1 ）恒常性の過程　　2 ）概日リズムの過程　　3 ）睡眠慣性の過程

a．「1，2，3」　　　　　　　　b．「1 と 3 のみ」

c．「2 と 3 のみ」　　　　　　　d．「1 のみ」

　第 6 段第 1 文（The key processes …）のそれぞれの過程の説明を参照する。1 ）は「起きている時間帯で覚醒度が低下し，眠っている時間帯で回復する」とあるので，目が覚めてからの時間に左右される。2 ）は朝になると目が覚め，夜になると眠くなるという概日リズムに関わるものなので，睡眠時間や覚醒時間の影響を受けない。3 ）は目が覚めてから覚醒するまでの遅れを説明しているので，覚醒後の時間の影響を受ける。よって b が正解となる。

▶ 6．本文の情報によると，以下のうち，飛行中に危険な程度まで集中力

を失っているパイロットのモデルとして最も明確なものはどれか」

a．「2PM（2 過程モデル）」

b．「TPM（3 過程モデル）」

c．「FAID（インターダイン疲労検査）」

d．「INM（神経行動の相互反応モデル）」

　第 6 段最終文（As the generated …）の説明によると，FAID は「危険閾値に基づく違反を予測する」とある。したがって，飛行中に危険な程度まで集中力を失ってしまうパイロットのモデルとして最も明確なものは c である。

▶7．「以下のうち，本文が明白に否定しているものはどれか」

a．「自動車やトラックやバスのドライバーは不規則な勤務時間の影響を受けない」

b．「眠気に関するいくつかの数学的モデルが航空産業で利用するために導入されてきた」

c．「筆者はできる限り現実の生活に近い状況で理論を検証することが重要だと信じている」

d．「概日サイクルが人によってどのように異なるかについての研究はあまりされていない」

　第 2 段最終文（Individual differences in …）の「概日タイプの個人差は，最も体系的に研究されているものの一つである」という趣旨は，d を明白に否定している。よって正解は d である。b は第 7 段最終文（Although SAFE and …）前半の内容に合致しているので不適。a・c はいずれも本文中での記述がなく，したがって明白に否定されているとは言えないので不適。

▶8．「以下のうち，筆者が自身の論文で TPM に焦点を当てている理由として最も可能性があるのはどれか」

a．「TPM が疲労における 3 つのカギとなる過程を含む唯一のモデルである」

b．「TPM がパイロットの覚醒度を主観的にではなく客観的な予測を出力している」

c．「TPM がさまざまに異なる労働状況で広く検証されてきた」

d．「TPM が概日リズムの位相，覚醒時間，事前の睡眠量に決定的に基

づいている」

第7段第1・2文（As Matschnigg et al. … it on aircrew.）で述べられているのは，関心をもつものに近い仕事の疲労のデータに対してモデルが実証されていることが重要であり，また，幅広く実証されてきたモデルは TPM であるという点である。つまり，特殊な状況下だけでなく，広く検証されていることが本文で TPM を論じている理由であると考えられる。よって正解は c である。

▶9．「本論文はどの点が独特か」

a．「もっぱら TPM にのみ焦点を当てている」

b．「TPM を疲労に関する他のモデルと比較している」

c．「飛行機の乗組員に対して TPM を初めて評価している」

d．「疲労に関するいくつかのモデルに対して査読による実証を試みようとしている」

第7段第2文（To our knowledge, …）参照。though 以下で「本研究は飛行機の乗組員に対してそれ（TPM）を実証する初の試みである」と述べられている。この点に合致しているのは c である。TPM 以外のモデルも紹介しているので a は不適。b については比較の記述がないので不適。d については，第7段最終文（Although SAFE and …）に「それらのモデル（SAFE と SAFTE）はいまだに査読による実証がされていない」とあるが，この論文がそれを行っているのではないので不適。

◆「設問 10～12 はテキストⅠとテキストⅡに関するものである」

▶10．「以下のうち，第8段について正しいものはどれか」

a．「TPM が第5段および第6段で列挙され説明された他のモデルよりもどのようにすぐれているかを述べている」

b．「第6段の過程に関連して TPM が実証されてきたさまざまな方法を批判している」

c．「TPM の研究を第7段でも述べられた方法で進歩させることが可能だと説明している」

d．「TPM が第4段で概説された疲労問題のいくつかに十分に答えられることを示している」

第8段では，これまで行われてきた TPM の拡張とそれに関する不十分な点が説明されている。具体的には，第2文（The added predictive …）

に「実験上のデータに基づいて適切に実証されてこなかった」，最終文
（This sleep generator …）に「（ある特定の集団を除き）そうでない場合
には実証されていない」とある。これらの不十分な点は，第 7 段第 2 文
（To our knowledge, …）の「飛行機の乗組員に対して TPM を実証する」
ことで改善されるものである。これは，第 9 段第 1 文（A main objective
…）に「観察によって得られた睡眠および眠気のデータを利用して，実際
の生活の状況における飛行機の乗組員の集団に対して TPM を実証する」
とあることからも確認できる。よって c が最も適切である。a は TPM を
他のモデルと比較していないので不適。b は「批判している」と否定的な
内容なので迷うかもしれないが，「第 6 段の過程に関連して」という部分
が不適。d はパイロットの疲労問題について言及がないため不適。

▶11.「第 9 段で説明されている筆者の 3 つの目的のうち，第 7 段で挙げ
られている主たる論点に最も直接的に関連のあるものはどれか」

a.「主たる目的」　　　　　　　b.「2 つ目の目的」

c.「3 つ目の目的」　　　　　　d.「本文からは決められない」

　第 7 段の主たる論点は「唯一実証されているモデルは TPM である」と
いう点である。一方，第 9 段で述べられている目的は，主たる目的が
「TPM の実証」，2 つ目の目的が「TPM の拡張」，3 つ目の目的が「概日
リズムの位相を調節する可能性を探ること」である。つまり，TPM その
ものの実証について述べているのは主たる目的の部分である。よって a が
正解である。

▶12.「テキスト I とテキスト II の段落は 3 つの部分にまとめることがで
きる。すなわち，Part A が第 1・2・3 段，Part B が第 4・5・6 段，
Part C が第 7・8・9 段である。以下のうち，これら 3 つの部分のそれ
ぞれの第一の役割を最もよく説明しているものはどれか」

a.「Part A は航空輸送において人為的ミスがどのように事故を引き起こ
すかを説明している。Part B は FAID モデルが他の疲労モデルとどう違
うかを説明している。Part C は TPM が他のモデルよりもどのようにす
ぐれているかを説明している」

b.「Part A は航空産業を詳細に説明している。Part B は特に航空輸送
に関連するいくつかのモデルを紹介している。Part C は TPM と SAFE・
SAFTE の両方との違いをわかりやすくしている」

ｃ．「Part A は眠気や疲労の一因となるすべての要因を列挙している。Part B は覚醒度のモデルを評価してどれが最もすぐれているかを示している。Part C は本研究を批判している主な引用を説明している」

ｄ．「Part A は輸送における疲労の問題を紹介している。Part B は疲労に関するいくつかの理論上のモデルを説明している。Part C は本研究が TPM に焦点を合わせる理由を説明している」

　効率的に正解に到達するためには，Part A, Part B, Part C すべての正誤を判定するのではなく，どれか1つに絞って考えるべきであろう。よって，Part A の正誤を判定すると，Part A は人為的ミスの原因としての疲労の説明であると考えられる。ａは「人為的ミスが事故を起こす過程」を述べているので不適。また，第2段では道路輸送が話題になっており，航空産業についての記述ではないので，ｂの「航空産業の説明」も不適。ｃの「すべての原因を列挙」は，「人為的ミス」に焦点を絞って説明しているテキストの趣旨に合致しないので不適。ｄの「輸送における疲労の問題」は漠然としてはいるがテキストの内容に反するものではない。さらに，Part B, Part C の説明についても齟齬はないので，ｄが正解となる。

◆「設問13〜15はテキストⅠ，テキストⅡ，テキストⅢに関するものである」

▶13.「3つのテキストすべてに共通しているのはどれか」

ａ．「特定の疲労モデルとその最も適切な要因と使用状況を説明している」

ｂ．「モデルだけでは疲労の危険性の抑制に十分ではないと強調している」

ｃ．「疲労モデルを現実の利用環境をターゲットとしてチェックすることの必要性を強調している」

ｄ．「それぞれの研究論文の具体的な調査目的を説明している」

　ａは，「特定の疲労モデル」の部分が，テキストⅠの第5段でさまざまなモデルを紹介していることに合致しないので不適。ｂの「疲労の危険性の抑制」は，テキストⅡでは特に触れられておらず不適。ｃの「現実の利用環境」は，テキストⅠでは第7段第1文（As Matschnigg et al. …）でその必要性が強調されており，テキストⅡ，ⅢでもそれぞれⅡの第9段第1文（A main objective …）とⅢの第2段第1文（Specifically, it is essential …）でその必要性が述べられている。ｄの「具体的な調査目的」は，テキストⅢでは特に触れられていないので不適。よってｃが正解とな

る。

▶14.「テキストⅢはオーストラリア政府が自国の航空産業に対して与え
た指針書からの引用である。この文書はテキストⅠまたはⅡの中で間接的
に参照されている。どの段落か」

ａ.「第2段」　　ｂ.「第5段」　　ｃ.「第6段」　　ｄ.「第9段」

　テキストⅢの趣旨は「生物数学的モデルの解釈についての注意」である。
つまり，biomathematical「生物数学的」という語が用いられているかど
うかが判断の決め手となる。テキストⅠおよびⅡにおいてこの語が登場す
るのは第5段である。よって正解はｂである。

▶15.「以下の調査質問のうち，本文によって最も直接影響を受けていな
いのはどれか」

ａ.「パイロットの疲労が原因の航空事故では，最近 FRMS の再調査を受
けた状況下の事故はどれくらいの比率か」

ｂ.「民間の航空安全に責任のある国立機関で，どの個人が最も模範的な
航空パイロットおよび乗組員になることができるか」

ｃ.「疲労の種類における個人差は拡張された TPM の中でどのように最
もよく表されるか」

ｄ.「FRMS で用いられるモデルの統一基準化されたチェックに対して，
何が適切な確認方法か」

　ａ・ｃ・ｄは FRMS や TPM など本文で述べられているキーワードを含
んでおり，これらについては本文から影響を受けている可能性があるが，
ｂの「模範的なパイロットになる方法」は人為的ミスや疲労，眠気とは直
接関係がなく，したがって本文から影響を受けているとは考えられない。
よってｂが正解である。

━━◆━◆━◆━◆━　●語句・構文●　━◆━◆━◆━◆━◆━◆━

テキストⅠ　（段落 [1]）devastating「破壊的な，圧倒的な」
（段落 [2]）induce「〜を誘発する」 *A* as well as *B*「*B* だけでなく *A*
も」 *A* は play，*B* は modify に対応する。approximate「近似の」
（段落 [5]）counteract（ing）「〜を和らげる（こと）」 incorporate「〜
を組み入れる」
（段落 [6]）parameter「要素，要因」 inertia「慣性」 resume「再開す
る」

（段落［7］）validate「～が正しいことを証明する，実証する」 to *one's* knowledge「～の知る限りでは」

II　解答　1—a　2—a　3—b　4—c　5—a

◆全　訳◆

≪解析学とは≫

　実解析は，数学の履修課程のその他の点では予測不能な発展における安定性の指針として存在する。微分積分学やコンピュータ学や統計学やデータ分析などのさまざまな教授法の発展の中で，ほぼすべての学士課程が少なくとも半期の実解析を必要とし続けている。私自身の学科は，学生がコアとなる2つの証明記述の授業を物理学やコンピュータ科学のような学科内の選択科目と取り替えられるような数理科学のコースを作ることで，かつてこの規範に挑んだことがある。しかし数年のうちに，私たちは解析の講座なしでは全体が機能しないという結論に至った。解析は，哲学の科目でもあり応用数学の科目でもある。それは実際には抽象的で公理的なものなのだが，経済学者や技師が用いる数学と関わっている。では，そのような多様な関心や期待をもつ学生たちに，どのようにして科目をうまく教えればよいのだろうか。解析をより広範囲の聞き手にとって必要な学問にしたいという私たちの要望は，多数の学生がその科目をかなり困難だがやりがいがあり，ややおびえさせるようなものであるとさえ思っているという事実と折り合いがつくようにしなければならない。このジレンマの残念な解決法の一つは，興味深さを減らすことによって講座を簡単にしてしまうことである。省略される教材は，必然的に，解析に独自の味わいを与えるものになる。よりよい解決法は，より高度なテーマを身近で努力しがいのあるものにする方法を見つけることである。

◀解　説▶

　「本文を読み，1～5の7個の語を正しい順に並べ替えなさい。その後，3番目と5番目の語を含む選択肢をa～dから選びなさい」

▶1．完成すべき英文は to require at least one semester of である。よって3番目は at，5番目は one となる。正解は a。

　動詞 continues に続く部分なので，continue to *do*「～することを続け

る」という表現が予想され，動詞の原形は require となる。require の目
的語は one semester となるが，「少なくとも」の意味となる at least は
one の前に置かれる。さらに，*A* semester of *B* で「*A*（数）期分の *B*
（講座）」という表現があるので，of は最後にくることになる。

▶ 2．完成すべき英文は with electives in departments like physics and
である。よって 3 番目は in，5 番目は like となる。正解は a。

　動詞 replace の存在に注目する。この動詞の代表的な用法は replace *A*
with *B*「*A* を *B* と取り替える」である。*A* にあたる部分が our two core
proof-writing classes であると考えられるので，この直後には with およ
び *B* にあたる表現が続く。*B* になると考えられるのは electives「選択科
目」となり，直後には前置詞 in と名詞 departments が続き，departments
を修飾する表現として like physics and（computer science）が続く。

▶ 3．完成すべき英文は hold together without a course in analysis で
ある。よって 3 番目は without，5 番目は course となる。正解は b。

　直前が did not となっているので，動詞の原形 hold が続くことがわか
るが，さらに hold together「まとまっている」の表現があることから，
「まとまっていなかった」となると考えられる。後続は，前置詞 without
と名詞で「～なしでは」という意味になると考えられ，冠詞の a の場所は
course の前で確定する。最後に，2 つの名詞 course と analysis の間には
前置詞 in が必要となる。この表現は，直後の文中の a course in
philosophy という部分からも類推可能である。

▶ 4．完成すべき英文は desire to make analysis required study for で
ある。よって 3 番目は make，5 番目は required となる。正解は c。

　後続に must be とあり，この部分が当該文の述語動詞だと考えられる。
よって，Our で始まる主語を完成させることになる。Our に続くのは
desire で「私たちの要望」とし，不定詞 to make が後置修飾をする形に
する。さらに，make O C「O を C にする」の表現が続き，O が analysis，
C が required study となる。そして，「より広範囲の聞き手にとって必要
な学問」という意味になるように最後に for を置くことになる。

▶ 5．完成すべき英文は advanced topics accessible and worth the
effort である。よって 3 番目は accessible，5 番目は worth となる。正解
は a。

現在時制の文であることから動詞の過去形は用いられていないと考えられる。また，have〔has〕がないことから，advanced は完了形を作るのではなく名詞の修飾のために用いられていると判断できる。さらに，直前の the more は advanced の比較級を作るためのものだと考えると，make O C の O は the more advanced topics となる。一方，worth は前置詞なので，後ろに名詞がくると考えられ，the effort がその候補である。よって，C は accessible and worth the effort となる。なお，worth the effort and accessible という語順も文法的には可能だが，その場合の正解の選択肢がないので a を選択する。

◆━◈━◆◈━◈◈━◈ ●語句・構文● ◆━◈━◆◈━◈◈━◈◈◆

real analysis「実解析」 pedagogical「教授法の」 calculus「微分積分学」 allow *A* to *do*「*A* に～させておく」 axiomatic「公理の」 reconcile「～を調停する，～の折り合いがつくようにする」

Ⅲ **解答** Section A. 1 ─ c 2 ─ d 3 ─ b 4 ─ a 5 ─ b
6 ─ d Section B. 7 ─ c 8 ─ c

◆全 訳◆

Section A. ≪ブラックホールを見つける方法≫

では，以下がブラックホールを見つけるための処方箋である。まず，連星系の1天体としての動きを示している恒星を見つけることから始めよう。恒星が2つとも見えるのであれば，どちらもブラックホールではあり得ないので，最も感度のよい望遠鏡を使っても対のうち一方の恒星だけしか見えないような連星系だけに注意を集中する。

しかし，見えないということだけでは十分ではない。光がかすかな方の恒星は，隣でペアの明るい恒星がまぶしく光っている場合や，その恒星自身が塵で隠されている場合には，見るのが難しいかもしれないからだ。たとえその恒星が本当に目に見えないとしても，その恒星が中性子星の可能性もある。したがって，私たちは，その見えない星が中性子星ではあり得ないだけの質量をもっていること，そしてそれが崩壊天体──極端に小さな星の残骸──であることの確証をもたなければならないのである。

私たちは，ペアのうち見えない方の恒星の質量を計測するために，ケプラーの法則と見える方の恒星についてわかっていることとを利用できる。

質量が 3 M$_{Sun}$（太陽質量）を上回る場合には，私たちはおそらくブラックホールが見えている（より正確に言えば，見えていない）——その天体が本当に崩壊天体であると確認できる限りにおいてであるが。

　物質が大きな重力をもつ高密度の物体に向かって引き寄せられると，その物質は加速されて高速度になる。ブラックホールの事象の境界近くでは，物質は光速に迫る速度で動いている。原子が事象の境界線に向かって無秩序に渦巻くとき，それらは互いにこすれ合う。内部の摩擦力は原子を一億ケルビン以上の温度に熱する可能性がある。そのような高温の物質は，X 線の明滅という形で放射能を放つ。それゆえ，私たちの処方箋の最終部分は，その連星系に関連する X 線の出所を探すこととなる。X 線は地球の大気を通過しないので，その出所は宇宙空間で X 線望遠鏡を使って見つけなければならない。

Section B. ≪クレイジングによるポリマー着色≫

［Ｃ］　透明でガラス質の典型的なポリマーが曲げられたり伸ばされたりすると，そのポリマーが砕けたり折れたりする直前に，その物質が部分的に白くなるという現象が起こる。この予測不能な現象はクレイジングと呼ばれ，一般的に避けるべきものだと考えられてきた。しかし，『ネイチャー』誌に掲載された論文において，イトウ氏をはじめとする研究者たちが，クレイジングは完全に制御でき，透明のポリマーに色をつけるために利用できるということを報告している。それゆえにクレイジングの制御は，さまざまなしなやかで透明なポリマーの材質に，インクを使わずに高解像度のカラー印刷をする方法の基礎として発展させることができるだろう。

［Ｆ］　透明なポリマーは慣例的に，ポリマーを顔料と混ぜたり顔料を含むインクをポリマーの表面に印刷したりすることで着色されてきた。しかし，透明ポリマーは材質内に極微構造を作り出すこと——構造着色として知られている効果——でも着色可能である。構造色はしばしば自然界，たとえば蝶の羽などに観察される。イトウ氏と共同研究者は，クレイジングを構造色の基本原理として利用している。

［Ｅ］　ポリマーのクレイジング模様は，加えられた圧力に対して垂直方向に現れ，順応度の高いポリマー細線維で埋められた浸透性のあるマイクロメーター規模の割れ目で構成される。無秩序なひびの中にある微細な割れ目や細線維は大きさがさまざまに異なり，広範囲の光の波長——通常ひび

が白く見える理由の説明となる——を反射している。イトウ氏と共同研究者は，クレイジングを制御することによって密度の高い穴のない層の代わりに多孔性の層が発生するのであれば，これによってさまざまな層から反射される光の干渉を強化し，したがって特定の色彩を作り出すことができることを示した。

［A］(4)筆者たちはポリマーの圧力領域を制御し（その内側で外力とつり合いの取れた力を分配する），それによってひびの発生も制御する現象を利用している。(1)〈定常波〉の光の模様がポリマーの感光フィルムに形成されるとき，ポリマー分子間の橋かけ結合が層の中に選択的に発生する。この層は橋かけ結合の起こっていない他の層によって仕切られる。これにより，張力の圧力が橋かけ結合のない層の中で強くなっていく。(2)筆者たちはそのように層になったフィルムを溶剤にさらした。この溶剤は，橋かけ結合のない層の中でひびを生じさせることにより圧力を放出する。(5)したがって，その結果として生じるフィルムは，高密度の層と多孔性の層とを交互にもち，物質の屈折率に周期的な変化をもたらすのである。(3)フィルム上に輝く光は一連のひびの入った層で反射され，構造着色を生じさせる干渉効果を生み出すことになる。

［D］　イトウ氏らは一連の実験を行って，さまざまなポリマーの透明フィルムでの周期的なひびの形成の物理学的メカニズムとそれに最適な状況を調査した。ひびの中の微細な穴は実質的に小さな亀裂であり，筆者たちは，その亀裂の形成がクレイジングの過程を抑制するよう制御されねばならないと結論づけた。その結果，彼らの方法はまさに大成功している。亀裂の形成の過程は，（ポリマーのフィルムのような）非結晶質の材質においては，結晶構造の材質におけるよりもはるかに複雑で扱いが難しい。非結晶質の材質の微細な構造はより不ぞろいであるからだ。

［B］　筆者たちは，自らの研究における色の作成はほんのいくつかだが，原則的には，交互の層の間隔を慎重に調節することによって，幅広い色が作り出せるはずであると報告している。その間隔は同様に，いくつかの要因を変えることによって制御可能である。層を作り出すのに利用する光の波長や，フィルムに光を当てるのに費やす時間の総量や，そのポリマーの種類と分子の重量や，フィルムの最初の厚みや，クレイジングを生じさせるのに用いられる溶剤の種類と温度や，フィルムを溶剤に浸す時間の長さ

などである。

━━━━━━━━◀解　説▶━━━━━━━━

◆**Section A.**「本文を読んで設問 1 〜 6 に対する最も適切な選択肢を a 〜 d から選びなさい」

▶1.「以下のうち，空所 A に入れるのに最も適切なものはどれか」

　当該文の前半で「恒星が 2 つとも見える」場合について述べられており，ここでは一方が見えて他方が見えない場合に言及している。直後に of the pair「対のうちの」と続いていることからもそれがわかる。よって「一方」という意味になる c の one を選択する。

▶2.「以下のうち，空所 B に入れるのに最も適切なものはどれか」

　この文の主節は「私たちは確証がなければならない」であり，それに続く that は evidence と同格の節を導く接続詞である。意味を考えると，この that が導いているのは a neutron star までであり，and 以下にも SV が続いていることから，B には再び同じ用法の that が必要とわかる。よって d が正解である。

▶3.「以下のうち，空所 C に入れるのに最も適切なものはどれか」

　問われているのは動詞 move がどのような時制・形で用いられるかである。これを考えるには，同じ文中で用いられている他の動詞を確認するとよい。ここでは関係代名詞 that に続く approach。助動詞がなく，またこの approach の主語にあたる先行詞が velocities という複数形の動詞であることから，これは現在形の動詞であると考えられる。よって，この文は現在時制であると判断でき，b が正解となる。

▶4.「以下のうち，空所 D に入れるのに最も適切なものはどれか」

　「互いにこすれ合う」の主語をどう表現すべきかを問う設問である。この動詞の主語は当該文前半の主語の the atoms であると考えられるので，単数の主語になっている b と c は不可。また，b の those が用いられるのは，比較の文中や関係詞を使った文中の同一名詞の反復を避ける場合などに限られるので，ここでは不適。よって正解は a となる。

▶5.「以下のうち，空所 E に入れるのに最も適切なものはどれか」

　当該箇所の意味は「内部の摩擦力は原子を一億ケルビン以上の温度に熱する」となる。つまり，到達や限界を表す前置詞が入ることになると考えられる。これに該当する前置詞は b の to である。up to も同様の意味

で用いられるが，up だけではその意味をもたないので c は不適。

▶6．「空所Ⅰ，Ⅱ，Ⅲ，Ⅳのうち，a または an を入れなければならないものはどれか」

　直後の名詞が不定冠詞を必要とするかどうかを検討することになる。Ⅰの evidence は「確証」という意味で不可算名詞なので必要ない。Ⅱの mass は可算名詞だが，「ペアのうち見えない方の恒星の質量」と特定されていることから a ではなく the が必要。Ⅲの直後は過去分詞＋名詞の形で，star は「恒星」という意味で可算名詞なので必要。Ⅳの直後は形容詞＋名詞の形で，object は「物体」という意味で可算名詞なので必要。よってⅢとⅣに a が必要となり，d が正解である。

◆**Section B**．「下の［A］〜［F］の6つの段落は，一節を構成しているが正しい順序になっていない。さらに，段落［A］の(1)〜(5)の5文も正しい順序になっていない。本文を読み，設問7・8に対する最適な選択肢を a 〜 d から選びなさい」

▶7．「以下のうち，段落［A］に対して最適な（最も筋の通る）文の順番を示しているのはどれか」

　それぞれの文に出てくる名詞につく冠詞に注目する。不定冠詞の a または an が用いられている場合，初出のケースが多く，同じ名詞に定冠詞 the がつくと a や an のある文よりも後にくると考えられる。

　まず，(4)の文の phenomenon「現象」や stress field「圧力領域」に a がついていることと，内容がクレイジング制御の導入になっていることから，この文が段落の最初にくると考えられる。次に，制御の手順であるが，(1)の（light-sensitive polymer）film に a がついており，(2)の（such layered）films や(5)の（resulting）films に the がついていることから，(1)は(2)や(5)の前にくる文であると考えられる。また，(2)の such「そのような」と(5)の resulting「結果として生じる」の意味の違いから，(1)→(2)→(5)の順になることがわかる。(3)は一連の制御によって構造着色ができ上がるという内容なので，この段落の結論部分であると考えられ最後にくることになる。よって正しい順番は(4)―(1)―(2)―(5)―(3)となり，c が正解となる。

　選択肢が与えられていない場合は以上のように考えていくことになるが，選択肢が4つしかないので，消去法で考えた方が早い。つまり，(3)に定冠

詞 the が存在することから，⑶を先頭とする b と d は不適としてよい。また，⑷に不定冠詞 a が存在することから，⑷がこの段落の最後にくるとは考えにくいので a も除外できる。

▶ 8．「以下のうち，本文に対して最適な（最も筋の通る）段落の順番を示しているのはどれか」

　まず crazing という語に注目すると，［B］，［C］，［D］，［E］，［F］の 5 つの段落に出てくるが，これがどのような現象なのかが説明されているのは［C］の第 2 文の This unpredictable phenomenon is called crazing「この予測不能な現象はクレイジングと呼ばれる」の部分なので，［C］は他の 4 つの段落よりも前にくると考えられる。よって c か d かの選択となる。次に，［C］の後に［F］と［B］のどちらがくるかを判断する。［F］の第 1 文（Transparent polymers have …）は透明なポリマーの従来の着色方法について述べていて，［C］の最終文（Controlled crazing could …）の「インクを使わずに高解像度のカラー印刷をする方法」とうまくつながるように思われる。一方，［B］の第 1 文（The authors report the …）の末尾には the alternating layers という語句が見つかるが，それが指せるものは［C］には登場しない（layers について述べているのは［A］や［E］なので，［B］は少なくともそのいずれかよりは後にくることがわかる）。よって c が正解。

◆━◆━◆━◆━　●語句・構文●　◆━◆━◆━◆━◆━◆━

Section A.（第 1 段）prescription「指示，処方箋」　binary star「連星（共通の重心のまわりを公転する 2 星）」
（第 2 段）neutron star「中性子星」　collapsed object「崩壊天体」
（第 4 段）event horizon「事象の地平線（ブラックホールの引力の限界）」penetrate「～を貫通する」
Section B.（段落［A］）⑷take advantage of ～「～を利用する」　⑴standing wave「定常波」　crosslink「橋かけ結合」　⑵solvent「溶剤」⑸periodic「周期的な」
（段落［B］）第 2 文コロン（：）以下の the wavelength …, the amount of …, the type …, the initial …, the type …, the period … はいずれも several factors の具体例である。
（段落［C］）transparent「透明な」　endow *A* with *B*「*A* に *B* をもたせ

る」

（段落［D］）第 1 文 の the physical mechanism of と the optimum conditions for はいずれも periodic craze formation につながる。amorphous「非結晶質の」 crystalline「結晶構造の」

（段落［E］）perpendicular to ～「～に対して垂直な」 interpenetrate「深く浸透する」 porous「穴の多い」

（段落［F］）pigment「顔料，絵の具」

IV 解答

Section A. 1 ー a　2 ー a　3 ー b　4 ー b　5 ー d
Section B. 6 ー b　7 ー a　8 ー c　9 ー d　10 ー d

◆全　訳◆

Section A. ≪前提，推論，結論──思考のプロセス≫

　我々は誰もが論理的に思考する。主張というのは，ある事柄を証明することを意図した一連の論理的思考である。主張の中心的な論点は「結論」と呼ばれる。結論を支持する一つ一つの根拠は「前提」と呼ばれる。複数の前提が組み合わされていく方法は「推論」と呼ばれる。簡略な主張(a)と(b)を考えてみよう。そこでは結論が 2 つの前提に基づいている。

　(a)すべてのネコは哺乳類である。シロナガスクジラは哺乳類である。よってシロナガスクジラはネコである。

　(b)すべての鳥は飛ぶ。ペンギンは鳥である。よってペンギンは飛ぶ。

　(a)においても(b)においても，結論は現実の世界では明らかに誤りである。(a)は「非論理的な」主張──論理的にみて「妥当ではない」──の例である。たとえ最初の前提が真であっても，推論の過程に誤りがあるからである。政治やビジネスの主張では，この種の不完全な理屈が出現し，正誤を見極めるのがより一層困難になる可能性がある。一方，(b)は「論理的な」主張──論理的にみて「妥当である」──の例である。推論自体は矛盾がなく，結論は最初の前提から判断して成立しているからである。もっとも，最初の前提が真ではないのであるが。論理学においては，前提は真である必要はないが，誤った前提は誤った結論につながる恐れがある。

　我々が不適切な決断をしてしまう一つの重要な理由は，我々の感情が無意識のうちに推論を妨げてしまうという点である。ときとして，我々は自分の個人的好みを満足させてくれるような特定の結論に到達するよう感情

を傾注するのである。

Section B. ≪不変コストと可変コストの関係式≫

我々がどの点で，競合している選択肢よりもある製品やサービスを選ぶべきかを決めるための量的手段がある。一つ例を見てみよう。

　例：1,000ドルで，我々はコピー機＃1を買うことができる。そのコピー機はコピー1枚当たりの稼働コストが3セントである。コピー機＃2はわずか800ドルで購入可能だが，コピー1枚当たりの稼働コストは4セントである。どのレベルの活動（コピーの枚数）で一方の選択肢が他方を上回るコストの利点を提供してくれるだろうか。この計算の公式は以下のようになる。

$$N = \frac{FC2 - FC1}{VC1 - VC2}$$

ここでは

Nは交差点，

FC1はコピー機＃1の不変コスト（1,000ドル），

FC2はコピー機＃2の不変コスト（800ドル），

VC1はコピー機＃1の可変コスト（0.03ドル），そして

VC2はコピー機＃2の可変コスト（0.04ドル）である。

不変コストは量の変化に影響を受けないコストである。可変コストは量の影響を受けるコストである。仮定の状況から得た変数を公式に代入すると，以下が得られる。

$$N = 20,000\text{枚}$$

交差点のNは無差別点としても知られているのだが，コピー機＃2の不変コスト（購入価格）（FC2）からコピー機＃1の不変コスト（購入価格）（FC1）を引いたものを，コピー機＃1の可変コスト（コピー1枚当たりのコスト）（VC1）からコピー機＃2の可変コスト（コピー1枚当たりのコスト）（VC2）を引いたもので割った答えと等しい。我々が理解できるのは，もし我々がきっかり2万枚コピーするとすれば，どちらの機械を選んでも何ら違いはないということである。実際には，交差点を下回る量のコピーに対しては，たいていの場合不変コストが低い方の機械が好まれることになる。

■■■■■◀解　説▶■■■■■

◆**Section A**.「設問 1 ～ 5 に対する最適な選択肢を a ～ d から選びなさい」

▶1.「以下の記述のうち，正しいものはどれか」

a.「論理的妥当性は推論に左右される」

b.「論理と妥当性とは同じものを意味する」

c.「推論と論理的妥当性は無関係である」

d.「論理と妥当性は感情に左右される」

　a と c をよく見ると，両者は反対の内容であることがわかる。つまり，どちらも正解ということがあり得ないのと同様に，どちらも不正解ということもあり得ない。よって，どちらかが正解ということになる。そこで第 2 段第 2 文（(a) is an example of …）を参照すると，前提が真であっても推論に誤りがあれば主張の論理性は失われる，ということなので論理的妥当性は推論に左右されると考えてよい。よって正解は a となる。

▶2.「以下のうち，下の主張の解釈として正しいものはどれか」

[電話が水没したらだめになる。ジョンは自分の電話を川に落としてしまった。よってジョンの電話はだめになる]

a.「論理的に妥当である」

b.「本文の(a)の論法に似た不完全な論法をもつ」

c.「論理的には妥当ではないが現実の世界では成り立つ」

d.「感情が干渉しているのでよい主張ではない」

　まず，与えられた主張に感情は何ら関わっていないので d は不適。また，b の趣旨を言い換えると，「論理的に妥当でなく現実にもあり得ない」となり，実際に電話を川に落とせばだめになるであろうから不適。最後に，この主張の前提，推論，結論ともに不備な点はなく，a が正解であることがわかる。

▶3.「あなたはある店のコンピュータの専門家で，客がコンピュータを持ってきて，以下のような主張とともにウイルス除去を求めてきたと仮定する。客に対する最も論理的な回答はどれか」

[コンピュータウイルス x は y の兆候を発生させる。私のコンピュータには y の兆候がある。私のコンピュータにはウイルス x が存在する。よって y の兆候をなくすには，私のコンピュータからウイルス x を取り除くこと

が必要である〕

a．「その通りです。ウイルス *x* が問題の原因です」

b．「ウイルス *x* を除去しても問題が解決するとは限りません」

c．「問題はウイルス *x* 以外の何かです」

d．「*y* の兆候がウイルス *x* をコンピュータに招いたのです」

　まず，d は客の主張の逆の順序になっているので不適。また，c は客の主張の前提に反するので不適。さらに，a の回答を返すには「ウイルス *x* 以外の原因では *y* の兆候は現れない」という前提が必要であり，それがない以上ウイルス *x* 以外が原因となって *y* の兆候が出ているとも考えられる。よって b の回答が最も論理的である。

▶4．「以下のうち，感情が推論の妨げとなっている例として最も適切なものはどれか」

a．「東京は日本の首都で，私の乗っている飛行機は東京に着陸する。だから私の飛行機は日本に着陸する」

b．「私の犬は忠実でかわいい。よって，犬は世界で最良のペットとなる」

c．「多くの人がソーダを飲む。よってソーダはあなたに適している」

d．「山が存在する。ゆえに人は山に登る」

　前提に感情的な要素が含まれている場合，論理的な推論は困難になってくる。b の「かわいい」は主観的な意見であり感情的な要素である。さらに，この前提から「最良のペット」という結論を導くことはできず，最終段最終文（Sometimes we have …）の「個人的好みを満足させてくれるような特定の結論」になっている。よって最も適切な選択肢は b である。

▶5．「論理に関する以下の記述のうち，正しいものはどれか」

a．「論理的な主張をして誤りの結論を支持することもできる」

b．「非論理的な主張が正しい結論を含んでいることもある」

c．「論理は主張をする方法と関係があるのであって，内容とは関係ない」

d．「上の記述はすべて正しい」

　第2段第4文（(b), on the other hand, …）参照。本文中の(b)の主張を見ると，現実には誤りの結論であるにもかかわらず，論理的主張と見なされている。a はこの部分にあてはまっている。また，なぜこの主張が論理的なのかというと，推論自体に矛盾がないから，つまり方法が正しいからである。c はこの部分にあてはまる。最後に，本文では直接述べられてい

ないが，仮に結論が正しいものでも，推論が誤っていれば非論理的な主張になってしまうので，bのような場合も起こり得る。よってa・b・cともに正しいので正解はdとなる。

◆**Section B**．「設問6〜10に対する最適な選択肢をa〜dから選びなさい」

▶6．「以下のうち，空所Aに入れるのに最も適切なものはどれか」
（原形の意味で）

a．「購入する」　　　　　　　　　b．「競合する」
c．「つり合う」　　　　　　　　　d．「資格を与える」

　choose A over B「BよりもAの方を選ぶ」の意味になるので，選ばれた選択肢（A）とそうでない選択肢（B）との関係を考えると，AとBは競合関係にあると判断できる。よってbが最も適切である。

▶7．「以下のうち，空所Bに入れるのに最も適切なものはどれか」
　直前の advantage は「有利な点，メリット」という意味で，直後に over〜 と続けば「〜よりも有利な点」となる。よってaの over が最も適切である。

▶8．「以下のうち，2つの空所Cに入れるのに最も適切なものはどれか」
　与えられた公式に $FC1 = 1,000$，$FC2 = 800$，$VC1 = 0.03$，$VC2 = 0.04$ を代入すると N＝20,000となる。よって正解はcである。これは，コピー数が20,000枚よりも少なければ＃2の方が，20,000枚よりも多ければ＃1の方がコストが低くなることを示している。

▶9．「以下のうち，空所Dに入れるのに最も適切なものはどれか」

a．「〜に足される」　　　　　　　b．「〜から引かれる」
c．「〜を掛けられる」　　　　　　d．「〜で割られる」

　当該箇所は公式を説明している部分である。$FC2 - FC1$ が分子，$VC1 - VC2$ が分母なので，分数計算は分子÷分母すなわち割り算となる。よってdが正解である。

▶10．「以下のうち，空所Eに入れるのに最も適切なものはどれか」

a．「〜の目的にかなうだろう」
b．「我々は〜を正確に知ることになるだろう」
c．「我々は〜に関心をもつことになるだろう」
d．「〜に何ら違いはない」

　設問 8 の〔解説〕にある通り，コピーの枚数が 20,000 枚を上回るか下回る場合にはどちらかの機械にコスト面のメリットが生じるが，当該文のようにきっかり 20,000 枚の場合には両者に差が出ることはない。よって d が最も適切である。

◆━━━━━ ●語句・構文● ━━━━━◆

Section A.（第 1 段）conclusion「結論」 premise「前提, 仮定」 reasoning「推論, 論証」

（第 2 段）flawed「間違いのある, 不完全な」

Section B. hypothetical「仮定の」

V 解答

1 ― c　2 ― d　3 ― d　4 ― d　5 ― d　6 ― a
7 ― a　8 ― d　9 ― b　10 ― b　11 ― b　12 ― a
13 ― d　14 ― c　15 ― a

◀━━ 解　説 ━━▶

　「設問 1 ～ 15 には，2 つの定義がそれぞれ 1 つの例文とともに与えられている。両方の定義に合致し，両方の文の空所に合う語を考えなさい。その単語のそれぞれの文字を下の表にしたがって 1 ～ 4 の数字に変換しなさい。1 は a ～ g，2 は h ～ m，3 は n ～ s，4 は t ～ z の文字を表している。その後，合致する数字の配列を選択肢 a ～ d から選びなさい。たとえば，思いついた語が wise ならば，最初の文字である w は与えられているので，残りの文字は i が 2，s が 3，e が 1 に変わる。ゆえに，正しい答えは w231 になる」

▶ 1．定義と例文の意味は以下のとおり。

(i)「あるものに存在する有益で有用な効果：この新しい規則はすべての関係者にとって利益になるだろう」

(ii)「保険会社から得るお金：その保険プランは，あなたが死亡した場合，家族に十分な給付金を現金で提供してくれる」

　b で始まり 2 つの定義に合致する語は benefit「(i)利益, (ii)（保険などの）給付金」である。よって b131124 となり，c が正解。

▶ 2．定義と例文の意味は以下のとおり。

(i)「あるものを主要な部分，あるいは唯一の部分としてもつこと：真の教育は，ただ事実を教わるということにあらず」

(ii)「述べられたもので形成されていること：私たちの食事は主として野菜からなる」

　c で始まり 2 つの定義に合致する語は consist「(i)（〜に）本質がある，(ii)（〜で）成り立つ」である。よって c333234 となり，d が正解。

▶ 3．定義と例文の意味は以下のとおり。

(i)「あるものを非常に多くの人々に与えること：その組織は地震の被災者たちに食料を配給するだろう」

(ii)「商品を販売できるように店舗に届けること：私たちの製品を中国に広めるのは誰だろうか」

　d で始まり 2 つの定義に合致する語は distribute「(i)〜を配る，(ii)〜を分布させる」である。よって d234321441 となり，d が正解。

▶ 4．定義と例文の意味は以下のとおり。

(i)「あることの原因となるいくつかの物事のうちの一つ：工場の閉鎖が町の衰退の唯一にして最大の要因であった」

(ii)「別の数字をきっかり割れる数字：1，2，3，4，6，12 は 12 の因数である」

　f で始まり 2 つの定義に合致する語は factor「(i)要因，(ii)因数」である。よって f11433 となり，d が正解。

▶ 5．定義と例文の意味は以下のとおり。

(i)「ある人物を識別して，誰であるかを言えること：メアリーは自分を襲った人間が誰であるかわかった」

(ii)「あるものを発見すること：科学者たちは食習慣とがんとの関連を認めることができた」

　i で始まり 2 つの定義に合致する語は identify「(i)〜（人）が誰であるかわかる，(ii)〜（物事）の存在をつきとめる」である。よって i1134214 となり，d が正解。

▶ 6．定義と例文の意味は以下のとおり。

(i)「特定の考えや性質を象徴する人あるいは物：ハトは平和の象徴である」

(ii)「あるものを表す文字や記号：C は炭素を表す化学記号である」

　s で始まり 2 つの定義に合致する語は symbol「(i)象徴，(ii)記号」である。よって s42132 となり，a が正解。

▶7．定義と例文の意味は以下のとおり。

(i)「あるものを生み出すこと：政府の新企画は若者向けの新しい職をたくさん生み出すだろう」

(ii)「ある種類のエネルギーを生み出すこと：あれらの風力タービンは私たちの社会に十分な電気を起こしてくれる」

　g で始まり 2 つの定義に合致する語は generate「(i)～を生み出す，(ii)～を起こす」である。よって g1313141 となり，a が正解。

▶8．定義と例文の意味は以下のとおり。

(i)「どれも異なってはいるが，大ざっぱには同じ種類に属しているたくさんの人や物：この薬は広範囲の菌に対して効果がある」

(ii)「総計や総量が変化する限界：これらのおもちゃは就学前の年齢層の子供に適している」

　r で始まり 2 つの定義に合致する語は range「(i)範囲，領域，(ii)層，幅」である。よって r1311 となり，d が正解。

▶9．定義と例文の意味は以下のとおり。

(i)「あることを成し遂げるために計画された一連の行動：私たちはヘイトクライムに対処するために効果的な方策を考案する必要がある」

(ii)「巧みな計画：その企業は自身の販売戦略についての疑問を解決しなければならない」

　s で始まり 2 つの定義に合致する語は strategy「(i)方策，(ii)戦略」である。よって s4314114 となり，b が正解。

▶10．定義と例文の意味は以下のとおり。

(i)「あることに関する考え方：私たちはあらゆる国内問題を国際的な観点から見なければならない」

(ii)「状況を判断したり比較したりするときの賢明な方法：一つの特殊な事例にこだわらず，物事を大局的にとらえることが重要である」

　p で始まり 2 つの定義に合致する語は perspective「(i)観点，(ii)大局観」である。よって p1333114241 となり，b が正解。

▶11．定義と例文の意味は以下のとおり。

(i)「特殊な作業をする機械や道具：これがごみから金属を分離するための我々の最新の装置である」

(ii)「特定の結果を出すあることを行う方法：メールで広告を送付するのは

マーケティング方策として非常にうまいやり方である」

　d で始まり 2 つの定義に合致する語は device「(i)装置，(ii)方策，工夫」である。よって d14211 となり，b が正解。

▶12.　定義と例文の意味は以下のとおり。

(i)「あるものを以前の状態に戻すこと：政府は経済を完璧な状態に復活させることをずっと約束している」

(ii)「ある人が以前にもっていた前向きの感情を思い出させること：これらの手段は教育システムに対する社会の信頼を取り戻すであろう」

　r で始まり 2 つの定義に合致する語は restore「(i)〜を回復させる，(ii)〜を取り戻す」である。よって r134331 となり，a が正解。

▶13.　定義と例文の意味は以下のとおり。

(i)「学位のための必要条件の一部として書く，ある特定の主題についての長い記述：ジョンは最近の AI 技術の進歩に関する卒業論文を書いた」

(ii)「あることを公式に議論するときの意見：私たちの主な主張は，給料の急上昇は教育の向上によるものだということだ」

　t で始まり 2 つの定義に合致する語は thesis「(i)論文，(ii)主張，意見」である。よって t21323 となり，d が正解。

▶14.　定義と例文の意味は以下のとおり。

(i)「自分のために物事をするよう求めるが見返りをほとんど与えないなど，人を不公正に扱うこと：雇用主は従業員を搾取してはならない」

(ii)「できるだけたくさんのものを得るためにある状況を利用すること：私たちはメディアの報道のためにあらゆる機会を活用する必要がある」

　e で始まり 2 つの定義に合致する語は exploit「(i)〜を搾取する，(ii)〜を活用する」である。よって e432324 となり，c が正解。

▶15.　定義と例文の意味は以下のとおり。

(i)「断固としてあることをやり続けること：それがあなたのせいだということをなぜ否定し続けるのか」

(ii)「存在し続けること：もし症状が 3 日を超えて続くようなら医師に連絡してください」

　p で始まり 2 つの定義に合致する語は persist「(i)辛抱強く続ける，(ii)持続する」である。よって p133234 となり，a が正解。

❖講　評

　2020 年度も長文読解問題 1 題，中文読解問題 3 題，文法・語彙問題 1 題の計 5 題の出題で，この傾向はここ数年変わっていない。

　Ⅰの長文読解問題は，「航空輸送における眠気や疲労についての研究」を題材にした英文。例年に比べ，テーマが難解で語彙も難しい。内容を理解するのに苦労すると思われるので，実際に解答するときには消去法など時間を節約できるやり方を選択すべきである。

　Ⅱの読解問題は語句整序による英文完成問題。7 語を並べ替えて，3 番目と 5 番目の語の組み合わせを答えるという形式は例年通りである。和訳が与えられていないため難度は高い。どんな文型・構文になるかをイメージできるかどうかがカギになる。

　Ⅲの読解問題はブラックホールの観測とポリマー着色の 2 種類の英文による構成。Section A の空所補充は文法の知識が問われている。難度は標準的である。Section B は文・段落の整序問題で，2020 年度は例年に比べて難度が高かった。

　Ⅳの読解問題の英文は，Section A が論理を，Section B が計算を扱っている。純粋に英語の問題というよりは，常識問題が英語で出題されているというイメージである。難度はさほど高くない。

　Ⅴの語彙問題は与えられたヒントをもとに単語を推測し，指示に従って数字の配列に変換する問題。綴りも含めた語彙力が要求される。

　量・難度とも最高レベルであると言ってよいだろう。試験時間 90 分ですべての問題をくまなく検討するのは難しいかもしれない。得意な問題から取り組むべきであろう。

数学

I　◇発想◇　(1)　正三角形をなすことを示すには

(ⅰ)　3 辺の長さが等しい

(ⅱ)　2 辺の長さが等しく，その間の角の大きさが $\dfrac{\pi}{3}$

(ⅲ)　3 角の大きさが等しい

のいずれかを示す方法が考えられる。本問では(ⅰ)が示しやすい。

(2)　単位円に内接する正三角形の性質から $\dfrac{\beta}{\alpha}=\dfrac{\gamma}{\beta}=\dfrac{\alpha}{\gamma}$ を導く。

(3)　$\dfrac{\beta}{\alpha}=\dfrac{\gamma}{\beta}=\omega$ とおき，$\beta=\alpha\omega$，$\gamma=\alpha\omega^2$ を利用する。

解答　　　　$|\alpha|=|\beta|=|\gamma|=1$　……①，　$\alpha+\beta+\gamma=0$　……②

α，β，γ を表す点をそれぞれ A，B，C とする。

(1)　②より，$\alpha+\beta=-\gamma$ であるから　　$|\alpha+\beta|^2=|-\gamma|^2$

ここで

$$|\alpha+\beta|^2=(\alpha+\beta)(\overline{\alpha+\beta})$$
$$=(\alpha+\beta)(\bar{\alpha}+\bar{\beta})$$
$$=|\alpha|^2+\alpha\bar{\beta}+\bar{\alpha}\beta+|\beta|^2$$
$$=2+\alpha\bar{\beta}+\bar{\alpha}\beta \quad (\because \quad ①)$$
$$|-\gamma|^2=|\gamma|^2=1 \quad (\because \quad ①)$$

より

$$2+\alpha\bar{\beta}+\bar{\alpha}\beta=1 \quad \text{すなわち} \quad \alpha\bar{\beta}+\bar{\alpha}\beta=-1 \quad ……③$$

したがって

$$|\beta-\alpha|^2=(\beta-\alpha)(\overline{\beta-\alpha})$$
$$=(\beta-\alpha)(\bar{\beta}-\bar{\alpha})$$
$$=|\beta|^2-(\alpha\bar{\beta}+\bar{\alpha}\beta)+|\alpha|^2$$
$$=3 \quad (\because \quad ①, ③)$$

$|\beta-\alpha|\geqq 0$ であるから

$\quad |\beta-\alpha|=\sqrt{3}$　すなわち　$AB=\sqrt{3}$

同様にして，①，②より

$\quad |\gamma-\beta|=\sqrt{3}$，$|\alpha-\gamma|=\sqrt{3}$　すなわち　$BC=CA=\sqrt{3}$

も成り立つ。

よって，$AB=BC=CA=\sqrt{3}$ であるから，α, β, γ を表す複素平面上の点は正三角形をなす。　　　　　　　　　　　　　　　　（証明終）

(2)　①より，3 点 A，B，C は単位円周上にあるが，A，B，C がこの順に反時計回りに並ぶとしても一般性を失わない。

このとき，原点 O は正三角形 ABC の外心であるから

$$\angle AOB=\angle BOC=\angle COA=\frac{2}{3}\pi$$

よって　$\arg\dfrac{\beta}{\alpha}=\arg\dfrac{\gamma}{\beta}=\arg\dfrac{\alpha}{\gamma}=\dfrac{2}{3}\pi+2n\pi$　（n は整数）

また，①より

$$\left|\frac{\beta}{\alpha}\right|=\left|\frac{\gamma}{\beta}\right|=\left|\frac{\alpha}{\gamma}\right|=1$$

したがって，$\omega=\cos\dfrac{2}{3}\pi+i\sin\dfrac{2}{3}\pi$ とすると

$$\frac{\beta}{\alpha}=\frac{\gamma}{\beta}=\frac{\alpha}{\gamma}=\omega\quad\cdots\cdots④$$

よって

$$\frac{\alpha\beta}{\gamma^2}+\frac{\beta\gamma}{\alpha^2}+\frac{\gamma\alpha}{\beta^2}=\frac{\alpha}{\gamma}\cdot\frac{\beta}{\gamma}+\frac{\beta}{\alpha}\cdot\frac{\gamma}{\alpha}+\frac{\gamma}{\beta}\cdot\frac{\alpha}{\beta}$$

$$=\omega\cdot\frac{1}{\omega}+\omega\cdot\frac{1}{\omega}+\omega\cdot\frac{1}{\omega}\quad(\because\quad④)$$

$$=3\quad\cdots\cdots（答）$$

(3)　$\omega^3=\left(\cos\dfrac{2}{3}\pi+i\sin\dfrac{2}{3}\pi\right)^3=\cos 2\pi+i\sin 2\pi=1\quad\cdots\cdots⑤$

$$1+\omega+\omega^2=1+\left(\cos\frac{2}{3}\pi+i\sin\frac{2}{3}\pi\right)+\left(\cos\frac{2}{3}\pi+i\sin\frac{2}{3}\pi\right)^2$$

$$=1+\left(\cos\frac{2}{3}\pi+i\sin\frac{2}{3}\pi\right)+\left(\cos\frac{4}{3}\pi+i\sin\frac{4}{3}\pi\right)$$

$$=0\quad\cdots\cdots⑥$$

n を 3 で割り切れない自然数とするとき，$n=3k+r$（k は 0 以上の整数，$r=1$，2）と表される。

④より，$\beta=\alpha\omega$，$\gamma=\beta\omega=\alpha\omega^2$ であるから

$$\begin{aligned}
\alpha^n+\beta^n+\gamma^n &= \alpha^n+(\alpha\omega)^n+(\alpha\omega^2)^n \\
&= \alpha^n(1+\omega^n+\omega^{2n}) \\
&= \alpha^n\{1+\omega^{3k+r}+\omega^{2(3k+r)}\} \\
&= \alpha^n\{1+(\omega^3)^k\cdot\omega^r+(\omega^3)^{2k}\cdot\omega^{2r}\} \\
&= \alpha^n(1+\omega^r+\omega^{2r}) \quad (\because \text{⑤})
\end{aligned}$$

$r=1$ のとき

$$1+\omega^r+\omega^{2r}=1+\omega+\omega^2=0 \quad (\because \text{⑥})$$

$r=2$ のとき

$$1+\omega^r+\omega^{2r}=1+\omega^2+\omega^3\cdot\omega=1+\omega^2+\omega=0 \quad (\because \text{⑤, ⑥})$$

よって

$$\alpha^n+\beta^n+\gamma^n=0 \quad \cdots\cdots(\text{答})$$

[別解]　(1)　＜その 1：三角形の外心と重心が一致することを用いる証明＞

$\alpha=\beta$ とすると，②より　　$\gamma=-2\alpha$　……（＊）

①より，$|\gamma|=1$，$|-2\alpha|=2|\alpha|=2$ となるから，（＊）は成り立たない。

したがって，$\alpha\neq\beta$ で，同様にして，①，②より $\beta\neq\gamma$，$\gamma\neq\alpha$ となるから，3 点 A，B，C はすべて異なる。

①より，OA＝OB＝OC であるから，原点 O は △ABC の外心である。

また，②より，$\dfrac{\alpha+\beta+\gamma}{3}=0$ であるから，原点 O は △ABC の重心でもある。

直線 AO と辺 BC の交点を M とすると，原点 O が △ABC の重心であるから

BM＝CM

また，原点 O は △ABC の外心であるから

OM⊥BC　すなわち　AM⊥BC

よって，直線 AM は辺 BC の垂直二等分線であるから

AB＝AC

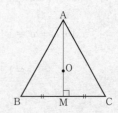

同様にして，BA＝BC も成り立つから

　　　　AB＝BC＝CA

ゆえに，$\alpha,\ \beta,\ \gamma$ を表す複素平面上の点は正三角形をなす。

＜その2：三角形の3角の大きさが等しいことを示す証明＞

（③までは〔解答〕と同じ）

$\alpha\bar{\alpha}=\beta\bar{\beta}=1$ より $\bar{\alpha}=\dfrac{1}{\alpha}$, $\bar{\beta}=\dfrac{1}{\beta}$ であるから，③に代入して

$$\frac{\alpha}{\beta}+\frac{\beta}{\alpha}=-1$$

両辺に $\dfrac{\beta}{\alpha}$ を掛けて整理すると

$$\left(\frac{\beta}{\alpha}\right)^2+\frac{\beta}{\alpha}+1=0$$

したがって

$$\frac{\beta}{\alpha}=\frac{-1\pm\sqrt{3}\,i}{2}=\cos\left(\pm\frac{2}{3}\pi\right)+i\sin\left(\pm\frac{2}{3}\pi\right)\quad\text{（複号同順）}$$

より　　$\angle\text{AOB}=\dfrac{2}{3}\pi$

同様にして，$\angle\text{BOC}=\angle\text{COA}=\dfrac{2}{3}\pi$ も成り立つ。

よって，3点 A，B，C はすべて異なり，①より，原点 O は △ABC の外心であるから，円周角の定理によって

$$\angle\text{ACB}=\angle\text{BAC}=\angle\text{CBA}=\frac{\pi}{3}$$

ゆえに，$\alpha,\ \beta,\ \gamma$ を表す複素平面上の点は正三角形をなす。

━━━━━◀解　説▶━━━━━

≪単位円に内接する正三角形の頂点を表す複素数≫

　複素平面上の正三角形の頂点を表す複素数に関する式の値を求める問題である。

▶(1)　証明する方法は何通りか考えられる。三角形の3辺の長さが等しいことを示すという方針では，$\text{AB}=|\beta-\alpha|=\sqrt{3}$ を導くことが目標となる。

〔別解〕＜その1＞のように，外心と重心が一致する三角形は正三角形であることを用いる方法では，3点 A，B，C がすべて異なることを示して

おかなければならない。また，念のため，外心と重心が一致する三角形が正三角形であることも示しておいた。本問の証明ではどこまで要求されているかが不明であるが，5，6 行の証明なので記述できるようにしておこう。〔別解〕＜その 2 ＞では，三角形の 3 角の大きさが等しい $\left(\text{または，} 2\text{角の大きさが} \dfrac{\pi}{3} \text{である}\right)$ ことを示した。$\dfrac{\beta}{\alpha}$ を極形式で表すことが目標となる。

▶(2)　3 点 A，B，C が単位円周上に反時計回りに並ぶとした。A，B，C が時計回りに並ぶときは，$\dfrac{\beta}{\alpha} = \dfrac{\gamma}{\beta} = \dfrac{\alpha}{\gamma} = \overline{\omega}$ となるが，問題なく計算できる。

▶(3)　1 の 3 乗根のうち，虚数であるものの一つ ω を用いると楽である。$\omega^3 = 1$，$1 + \omega + \omega^2 = 0$ を使えばよい。

Ⅱ　◇発想◇　(1)・(2)　公式を利用する。

(3)　点 Q が点 P において放物線 C に接する半径 d の円の中心であることから，点 Q は(2)の法線上にあり，かつ PQ＝d を満たすことになる。これより，「PQ＝(点 P と接線の距離)」を用いる解法，「$\overrightarrow{PQ} /\!/$ (接線の法線ベクトル)」を用いる解法が考えられる。$Y \geqq \dfrac{1}{2}t^2$ も忘れないようにしよう。

(4)　t の関数 Y の増減を調べる。d の値による場合分けが必要なことに注意する。

解答　(1)　$y = \dfrac{1}{2}x^2$ より $y' = x$ であるから，求める接線の方程式は

$$y - \frac{1}{2}t^2 = t(x - t)$$

すなわち　　$y = tx - \dfrac{1}{2}t^2$　……①　……(答)

(2)　求める法線の方程式は

$t = 0$ のとき　　$x = 0$

$t \neq 0$ のとき，傾きは $-\dfrac{1}{t}$ であるから

$$y - \frac{1}{2}t^2 = -\frac{1}{t}(x - t)$$

すなわち　　$2x + 2ty - 2t - t^3 = 0$

これは $t = 0$ のときも満たすから，求める法線の方程式は

$$2x + 2ty - 2t - t^3 = 0 \quad \cdots \cdots ② \quad \cdots \cdots (答)$$

(3)　点 $Q(X, Y)$ は点 P において放物線 C に接する半径 d の円の中心であるから，点 Q と接線①：$tx - y - \dfrac{1}{2}t^2 = 0$ の距離は半径に等しく，かつ，

点 Q は法線②：$x = -ty + t + \dfrac{1}{2}t^3$ 上にある。

したがって

$$\begin{cases} \dfrac{\left| tX - Y - \dfrac{1}{2}t^2 \right|}{\sqrt{t^2 + (-1)^2}} = d & \cdots \cdots ③ \\ X = -tY + t + \dfrac{1}{2}t^3 & \cdots \cdots ④ \end{cases}$$

④を③に代入して整理すると

$$\left| -(t^2 + 1)\left(Y - \frac{1}{2}t^2 \right) \right| = d\sqrt{t^2 + 1}$$

$Y \geq \dfrac{1}{2}t^2$ より　　$Y - \dfrac{1}{2}t^2 \geq 0$

また，$d > 0$ より

$$(t^2 + 1)\left(Y - \frac{1}{2}t^2 \right) = d\sqrt{t^2 + 1}$$

よって

$$Y = \frac{1}{2}t^2 + \frac{d}{\sqrt{t^2 + 1}} \quad \cdots \cdots (答)$$

(4)　(3)より

$$Y = \frac{1}{2}t^2 + \frac{d}{\sqrt{t^2 + 1}}$$

$$\frac{dY}{dt} = t - \frac{dt}{(t^2 + 1)^{\frac{3}{2}}} = \frac{t\{(t^2 + 1)^{\frac{3}{2}} - d\}}{(t^2 + 1)^{\frac{3}{2}}}$$

(i) $0<d\leqq1$ のとき

$(t^2+1)^{\frac{3}{2}}-d\geqq0$ であるから，Y の増減表は右の
ようになる。

よって，Y は $t=0$ で極小値 d をとる。

t	$\cdots$	0	$\cdots$
$\dfrac{dY}{dt}$	$-$	0	$+$
Y	$\searrow$	極小 d	$\nearrow$

(ii) $1<d$ のとき

$(t^2+1)^{\frac{3}{2}}-d=0$ とすると，$d>1$ より

$$t=\pm\sqrt{d^{\frac{2}{3}}-1}$$

したがって，$\alpha=\sqrt{d^{\frac{2}{3}}-1}$ (>0) とすると，Y の増減表は次のようにな
る。

t	$\cdots$	$-\alpha$	$\cdots$	0	$\cdots$	α	$\cdots$
$\dfrac{dY}{dt}$	$-$	0	$+$	0	$-$	0	$+$
Y	$\searrow$	極小	$\nearrow$	極大	$\searrow$	極小	$\nearrow$

$t=\pm\alpha$ のとき

$$Y=\frac{1}{2}\alpha^2+\frac{d}{\sqrt{\alpha^2+1}}=\frac{1}{2}(d^{\frac{2}{3}}-1)+\frac{d}{d^{\frac{1}{3}}}\quad(\because\quad\alpha^2=d^{\frac{2}{3}}-1)$$

$$=\frac{1}{2}(3d^{\frac{2}{3}}-1)$$

よって，Y は $t=\pm\alpha$ で極小値 $\dfrac{1}{2}(3d^{\frac{2}{3}}-1)$ をとる。

(i)，(ii)より，Y の極小値は

$$\left.\begin{array}{ll}0<d\leqq1 \text{ のとき} & d\\[2mm]1<d \text{ のとき} & \dfrac{1}{2}(3d^{\frac{2}{3}}-1)\end{array}\right\}\quad\cdots\cdots\text{(答)}$$

別解 (3) 点 Q は点 P において放物線 C に接する半径 d の円の中心であ
るから，$\overrightarrow{\mathrm{PQ}}$ は接線①：$tx-y-\dfrac{1}{2}t^2=0$ の法線ベクトル $\vec{n}=(t,\ -1)$ と
平行で，かつ，$|\overrightarrow{\mathrm{PQ}}|=d$ である。

したがって，$\overrightarrow{\mathrm{PQ}}=k\vec{n}$ （k は実数）と表され，

$|\overrightarrow{\mathrm{PQ}}|^2=d^2$ より　　$k^2|\vec{n}|^2=d^2$　　$k^2(t^2+1)=d^2$

$d>0$ より　　　$k=\pm\dfrac{d}{\sqrt{t^2+1}}$

よって

$$\overrightarrow{\mathrm{PQ}}=\pm\frac{d}{\sqrt{t^2+1}}(t,\ -1)=\left(\pm\frac{dt}{\sqrt{t^2+1}},\ \mp\frac{d}{\sqrt{t^2+1}}\right)\quad\text{(複号同順)}$$

$\mathrm{P}\left(t,\ \dfrac{1}{2}t^2\right)$, $\mathrm{Q}(X,\ Y)$ より，$\overrightarrow{\mathrm{PQ}}=\left(X-t,\ Y-\dfrac{1}{2}t^2\right)$ であるから

$$Y-\frac{1}{2}t^2=\mp\frac{d}{\sqrt{t^2+1}}\quad\text{すなわち}\quad Y=\frac{1}{2}t^2\mp\frac{d}{\sqrt{t^2+1}}$$

$Y\geqq\dfrac{1}{2}t^2$ より　　　$Y=\dfrac{1}{2}t^2+\dfrac{d}{\sqrt{t^2+1}}$

━━━━━━　◀解　説▶　━━━━━━

≪放物線に接する円の中心，無理関数の極小値≫

　放物線に接する円について，半径を一定にしたときの中心の y 座標の極小値を求める問題である。

▶(1)・(2)　曲線 $y=f(x)$ 上の点 $(t,\ f(t))$ における接線の方程式は

$$y-f(t)=f'(t)(x-t)$$

法線の方程式は，$f'(t)\neq0$ のとき

$$y-f(t)=-\frac{1}{f'(t)}(x-t)$$

である。

▶(3)　$\mathrm{PQ}=d$, 点 Q が法線②上にある，$Y\geqq\dfrac{1}{2}t^2$ の 3 つの条件を満たすような Y を t を用いて表す。③は $\mathrm{PQ}^2=(X-t)^2+\left(Y-\dfrac{1}{2}t^2\right)^2=d^2$ としてもよい。〔別解〕では，$\overrightarrow{\mathrm{PQ}}=k\vec{n}=k(t,\ -1)$ とした際に，y 成分を考えて $Y-\dfrac{1}{2}t^2=-k$ と $Y\geqq\dfrac{1}{2}t^2$ より $k\leqq0$ としておいてもよい。

▶(4)　$\dfrac{dY}{dt}=0$ としたときに，$0<d\leqq1$ のときは $t=0$, $1<d$ のときは $t=0,\ \pm\alpha$ になることに注意する。極小であることを示すには，$\dfrac{dY}{dt}$ の符号が負から正に変わることを明記しなければならない。Y の増減表を

書くのがよい。

Ⅲ　◆発想◆　⑴　容器 V は y 軸のまわりの回転体であるから，t 秒間に V に注がれた水量は，曲線 $C : x = g(y)$ と水位 $h(t)$ を用いた定積分で表すことができる。これが vt と一致することから，$h'(t) = (一定)$ のとき，$g(y) = (定数)$ であることを示す。

⑵　⑴で用いた等式において，$g(y) = e^y$ として計算する。

解答　⑴　t 秒間に容器に注がれた水量を考えると

$$\pi \int_{h(0)}^{h(t)} \{g(y)\}^2 dy = vt \quad \cdots\cdots①$$

が成り立つ。

両辺を t で微分すると

$$\pi \{g(h(t))\}^2 h'(t) = v$$

水位が一定の速さで上昇するとき，$h'(t)$ が定数になるから，c を正の定数として $h'(t) = c$ とおくと

$$\pi \{g(h(t))\}^2 c = v \text{ より} \quad \{g(h(t))\}^2 = \frac{v}{\pi c}$$

$\dfrac{v}{\pi c}$ は定数であるから，$\{g(h(t))\}^2$ は定数である。

よって，$g(h(t))$ も定数であり，$y = h(t)$ は $h(t) \geqq 0$ で定義されるから，$g(y)$ $(y \geqq 0)$ は定数関数である。　　　　　（証明終）

⑵　①で，$g(y) = e^y$，$h(0) = 0$ とおいて

$$\pi \int_0^{h(t)} (e^y)^2 dy = vt$$

したがって

$$vt = \pi \left[\frac{1}{2} e^{2y} \right]_0^{h(t)} = \frac{\pi}{2} \{e^{2h(t)} - 1\}$$

すなわち

$$e^{2h(t)} = \frac{2v}{\pi} t + 1$$

よって

$$h(t) = \frac{1}{2}\log\left(\frac{2v}{\pi}t + 1\right) \quad \cdots\cdots(\text{答})$$

◀ 解　説 ▶

≪回転体の体積と速さ≫

　y 軸のまわりの回転体の容器に一定の速さで水を注いだときの水位に関する問題である。

▶(1)　注がれた水量を 2 通りの方法で表す。①の左辺は回転体の体積を求める公式を用いたものである。①の両辺を t で微分する際には注意が必要である。$\dfrac{d}{dt}\displaystyle\int_a^t f(x)dx = f(t)$ （a は定数）を応用して

$$\frac{d}{dt}\int_a^{h(t)} f(x)dx = f(h(t)) \cdot h'(t)$$

となることを用いる。これは，$f(x)$ の不定積分の一つを $F(x)$ とすると

$$\int_a^{h(t)} f(x)dx = \Big[F(x) \Big]_a^{h(t)} = F(h(t)) - F(a)$$

これを t で微分することによって導かれる。また，$g(y)$ は $y \geqq 0$ で定義された正の関数であるから，$y = h(t)$ も $h(t) \geqq 0$ で定義されることを確認する。

▶(2)　①を用いるのがよい。$h(0) = 0$ とするのが自然であろう。

IV　◆発想◆　(1)　$p_1^{(2)}$ は 2 人のうち番号 1 の人が赤玉を引く確率である。番号 1 の人が 1 巡目，2 巡目，3 巡目，…に赤玉を引く確率の和，すなわち無限級数の和を求める。

(2)　(1)を参考にして，$p_k^{(n)}$ を β, k, n を用いて表す。

(3)　まず，q_k を β と k で表す。次に，無限級数 E の第 l 項までの部分和 $E_l = \displaystyle\sum_{k=1}^{l} kq_k$ を求め，$E = \lim_{l\to\infty} E_l$ を計算する。最後は，$a \geqq b$ （$\geqq 1$）より，$0 < \beta \leqq \dfrac{1}{2} \leqq \alpha < 1$ となることを用いて，E を最大にするような a, b を求める。

解答　(1)　玉を 1 個取り出したとき，赤玉である確率が α, 白玉である確率が β で，$\alpha + \beta = 1$, $0 < \alpha < 1$, $0 < \beta < 1$ である。

2 人のうち,番号 1 の人が l 巡目 $(l=1,\ 2,\ 3,\ \cdots)$ に赤玉を引くのは,番号 1,2 の 2 人合わせて $2(l-1)$ 回続けて白玉を引き,$(2l-1)$ 回目に番号 1 の人が赤玉を引くときであるから,確率は $\beta^{2(l-1)}\alpha$ である。

よって

$$p_1{}^{(2)}=\sum_{l=1}^{\infty}\beta^{2(l-1)}\alpha \quad \cdots\cdots ①$$

で,これは初項 α,公比 β^2 の無限等比級数である。

$0<\beta<1$ より,$0<\beta^2<1$ であるから①は収束し

$$p_1{}^{(2)}=\frac{\alpha}{1-\beta^2}=\frac{1-\beta}{(1+\beta)(1-\beta)}=\frac{1}{1+\beta} \quad \cdots\cdots(答)$$

(2) n 人のうち,番号 k の人が l 巡目 $(l=1,\ 2,\ 3,\ \cdots)$ に赤玉を引くのは,n 人合わせて $\{n(l-1)+k-1\}$ 回続けて白玉を引き,$\{n(l-1)+k\}$ 回目に番号 k の人が赤玉を引くときであるから,確率は $\beta^{n(l-1)+k-1}\alpha$ である。

したがって

$$p_k{}^{(n)}=\sum_{l=1}^{\infty}\beta^{n(l-1)+k-1}\alpha \quad \cdots\cdots ②$$

この無限等比級数の公比は β^n で,$0<\beta^n<1$ より②は収束し

$$p_k{}^{(n)}=\frac{\alpha\beta^{k-1}}{1-\beta^n}$$

よって

$$\frac{p_{k+1}{}^{(n)}}{p_k{}^{(n)}}=\frac{\dfrac{\alpha\beta^k}{1-\beta^n}}{\dfrac{\alpha\beta^{k-1}}{1-\beta^n}}=\beta \quad \cdots\cdots(答)$$

(3) $0<\beta<1$ であるから

$$q_k=\lim_{n\to\infty}p_k{}^{(n)}=\lim_{n\to\infty}\frac{\alpha\beta^{k-1}}{1-\beta^n}=\alpha\beta^{k-1}$$

無限級数 $E=\sum_{k=1}^{\infty}kq_k$ の第 l 項までの部分和を E_l とすると

$$E_l=\sum_{k=1}^{l}kq_k=\alpha\sum_{k=1}^{l}k\beta^{k-1}$$

$$=\alpha(1+2\beta+3\beta^2+\ \cdots\ +l\beta^{l-1}) \quad \cdots\cdots ③$$

$$\beta E_l=\alpha\{\beta+2\beta^2+\ \cdots\ +(l-1)\beta^{l-1}+l\beta^l\} \quad \cdots\cdots ④$$

③－④より

$$(1-\beta)E_l = \alpha(1+\beta+\beta^2+\cdots+\beta^{l-1}-l\beta^l)$$
$$= \alpha\left(\frac{1-\beta^l}{1-\beta}-l\beta^l\right)\quad(\because\quad\beta\neq1)$$

$1-\beta=\alpha$ であるから

$$E_l = \frac{1-\beta^l}{\alpha}-l\beta^l$$

$0<\beta<1$ であるから

$$E=\lim_{l\to\infty}E_l=\frac{1}{\alpha}\quad(\because\quad\lim_{l\to\infty}l\beta^l=0)$$

$a\geqq b$ のとき，$\alpha\geqq\beta=1-\alpha$ より $\alpha\geqq\dfrac{1}{2}$ であるから，E は $\alpha=\dfrac{1}{2}$ で最大値

2 をとる。

このとき，$\beta=\dfrac{1}{2}$ で，$a+b=2020$ であるから，$a=b=1010$ である。

よって，E の値を最大にするような a，b は

$$a=b=1010 \quad\cdots\cdots(答)$$

◀解　説▶

≪独立試行の確率と無限等比級数の和≫

　箱から玉を取り出す復元抽出の独立試行を題材にした確率と無限級数の融合問題である。

▶(1)　本問の問題設定を把握するための問題である。

▶(2)　番号 k の人は，k 回目，$(k+n)$ 回目，$(k+2n)$ 回目，…に玉を取り出すことになる。$p_k{}^{(n)}$ は，初項 $\beta^{k-1}\alpha$，公比 β^n の無限等比級数になる。

▶(3)　E の部分和を用いることが重要である。$\displaystyle\sum_{k=1}^{l}k\beta^{k-1}$ は教科書の例題などにある方法で計算する。最後は，$\alpha=\dfrac{a}{2020}$，$\beta=\dfrac{b}{2020}$，$a\geqq b\;(\geqq1)$，$\alpha+\beta=1$ から，$E=\dfrac{1}{\alpha}$ の最大を考える。

V　◆発想◆　(1)　$y=e^{|x-1|}$ のグラフは，$y=e^{|x|}$ のグラフを x 軸方向に 1 だけ平行移動したものである。$x\geqq1$ のとき $y=e^{x-1}$，

$x<1$ のとき $y=e^{-x+1}$ として，$y=e^x$，$y=e^{-x}$ のグラフの平行移動を考えてもよい。$x=e^{|y-1|}$ のグラフは，$y=e^{|x-1|}$ のグラフを直線 $y=x$ に関して対称移動したものである。

(2)　$-e^{|x-1|}\leqq y\leqq e^{|x-1|}$ かつ $-e^{|x+1|}\leqq y\leqq e^{|x+1|}$ の表す領域と，この領域を直線 $y=x$ に関して対称移動した領域との共通部分である。

解答　(1)　$y=e^{|x-1|}$ のグラフは，$y=e^{|x|}$ のグラフを x 軸方向に 1 だけ平行移動したもので

$$y=e^{|x|}=\begin{cases} e^x & (x\geqq 0) \\ e^{-x} & (x<0) \end{cases}$$

である。

また，$x=e^{|y-1|}$ のグラフは，$y=e^{|x-1|}$ のグラフを直線 $y=x$ に関して対称移動したものである。ただし

$y=e^{x-1}$ より　　$y'=e^{x-1}$

であるから，$y=e^{x-1}$ 上の点 $(1,1)$ における接線の方程式は

$y-1=x-1$　すなわち　$y=x$

したがって，$y=e^{x-1}$ のグラフは

点 $(1,1)$ で直線 $y=x$ に接し，$x=e^{y-1}$

のグラフも点 $(1,1)$ で直線 $y=x$ に接する。

以上より，$y=e^{|x-1|}$，$x=e^{|y-1|}$ のグラフは

右図のようになる。

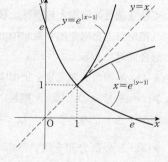

(2)　$|y|\leqq e^{|x-1|}$，$|y|\leqq e^{|x+1|}$，$|x|\leqq e^{|y-1|}$，

$|x|\leqq e^{|y+1|}$ より

$$\begin{cases} -e^{|x-1|}\leqq y\leqq e^{|x-1|} \\ -e^{|x+1|}\leqq y\leqq e^{|x+1|} \\ -e^{|y-1|}\leqq x\leqq e^{|y-1|} \\ -e^{|y+1|}\leqq x\leqq e^{|y+1|} \end{cases}$$

$y=e^{|x+1|}$ のグラフは，$y=e^{|x|}$ のグラフを x 軸方向に -1 だけ平行移動したものである。また，$x=e^{|y+1|}$ のグラフは，$y=e^{|x+1|}$ のグラフを直線 $y=x$ に関して対称移動したものである。

よって，領域 D は下図の網かけ部分で境界線を含む。

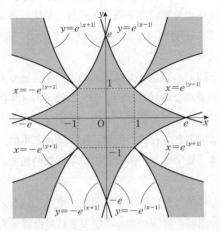

(3)・(4) （※）

※(3)，(4)に関しては，問の記述に不十分な部分があったため，解答の有無・内容にかかわらず，受験生全員に得点を与えることとすると大学から発表があった。

━━━━ ◀解 説▶ ━━━━

≪絶対値を含む指数関数のグラフと領域≫

　指数に絶対値を含む指数関数のグラフ8本を境界線とする領域を図示する問題である。

▶(1)　$y=e^x$，$y=e^{-x}$ のグラフは基本的なものであるから，これらを平行移動したグラフとして考えるとよい。また，$x=e^{|y-1|}$ は，$y=e^{|x-1|}$ の x と y を入れ替えたものであるから，これらのグラフは直線 $y=x$ に関して対称である。グラフを描く際には，$y=e^{x-1}$，$x=e^{y-1}$ のグラフが，直線 $y=x$ に接することを理解しておくこと。

▶(2)　4個の不等式の x を $-x$ に置き換えても，4式の表す領域は変わらないから，領域 D は y 軸に関して対称である。同様にして，領域 D は x 軸に関しても対称である。このことを念頭において図示するとよい。D の第1象限の部分を正確に描き，対称性を用いて D の全体を図示してもよい。

❖講　評

　早稲田大学の頻出分野である微分・積分，極限，確率，複素数平面からの出題である。証明問題 2 問，図示問題 2 問で，証明問題は 2019 年度の 5 問より減少した。

　Ⅰは複素数と図形の問題。(1)は証明の方法が何通りか考えられるので，方針に迷ったのではないだろうか。(2)・(3)は 1 の 3 乗根をうまく使いたい。記述方法にも注意が必要で，差のつく問題である。

　Ⅱの(1)〜(3)は図形と方程式の問題。(1)・(2)は基本的，(3)は標準的な内容である。(4)は「数学Ⅲ」の微分法の標準的な問題で，場合分けに注意すればよい。

　Ⅲは回転体の体積と速さに関する問題。慣れていないと難しく感じたかもしれない。問題の意図がよく理解できれば計算量も少なく，短時間で解決できるものである。

　Ⅳは確率と数列の極限との融合問題。問題設定をよく理解することが大切である。小問の誘導に従って計算を進めていけば解決できる標準的なものである。

　Ⅴの(1)・(2)は指数関数のグラフを描く問題。平行移動，対称性を用いて描くとよい。

　2020 年度は標準的な問題が並んだ。Ⅰ・Ⅲは少し解きにくいかもしれないが，難しいものではない。2019 年度に比べればやや易化した感があるが，全問記述式であるので，それほど易しいわけではない。答案の書き方をよく練習しておこう。

物理

I 解答

問 1．(1)— d　(2)— b　(3)— h

問 2．(4)— e　(5)— b　(6)— d

問 3．(7)— h　(8)— h

問 4．(9)— h　(10)— f　(11)— c または e　(12)— c または e　(13)— g

(14)— a

※問 4 (11)・(12)については，選択肢に正解として扱うことができるものが複数あり，その いずれか，または両方を選択した場合も得点を与えると大学から発表があった。

◀解　説▶

≪ヤングの干渉実験，プリズムによる屈折≫

▶問 1．(1)　線分 S_1P と線分 S_2P が平行 とみなせるとき，右図①より

$$l_2 - l_1 \fallingdotseq d\sin\theta_Q$$

(2)　θ_Q が十分小さいとき，近似式より

$$\sin\theta_Q \fallingdotseq \tan\theta_Q = \frac{x}{L}$$

よって　　$l_2 - l_1 \fallingdotseq \dfrac{dx}{L}$

(3)　経路差が波長の整数倍であれば明点に なるから，(2)の結果より

$$\frac{dx}{L} = m\lambda$$

$$\therefore \quad x = m\frac{L\lambda}{d} \quad (m=0, \pm1, \pm2, \cdots)$$

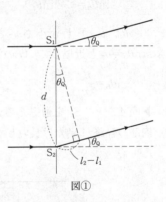

図①

▶問 2．(4)　S_1 と S_2 に入射する 2 つの光の経路 差は右図②より $d\sin\theta_b$ となる。1 波長 λ で位相 差は 2π 生じるから，このとき生じる位相差は

$$2\pi \times \frac{d\sin\theta_b}{\lambda} = \frac{2\pi d\sin\theta_b}{\lambda}$$

(5)　原点 O にあった明点は S_1，S_2 からの 2 つの

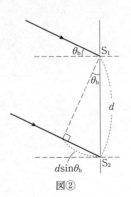

図②

光の位相差が 0 であるから，(2)，(4)の結果より

$$\frac{2\pi d\sin\theta_{\mathrm{b}}}{\lambda}+\frac{2\pi dx}{\lambda L}=0$$

∴ $x=-L\sin\theta_{\mathrm{b}}$

(6) (2)，(4)より，m 次回折光により明点が生じる位置 x_m は

$$\frac{dx_m}{L}+d\sin\theta_{\mathrm{b}}=m\lambda \qquad \therefore \quad x_m=m\frac{L\lambda}{d}-L\sin\theta_{\mathrm{b}}$$

よって，明点の間隔 Δx は

$$\Delta x=x_{m+1}-x_m=\frac{L\lambda}{d}$$

▶問 3．(7) 　右図③より屈折の法則を用いて

　　$n\times\sin\theta_{\mathrm{n}}=1\times\sin\theta_{\mathrm{a}}$

∴ $\sin\theta_{\mathrm{n}}=\dfrac{1}{n}\sin\theta_{\mathrm{a}}$

(8) θ_{n}, θ_{a} が十分小さいとき，$\sin\theta_{\mathrm{n}}\fallingdotseq\theta_{\mathrm{n}}$,
$\sin\theta_{\mathrm{a}}\fallingdotseq\theta_{\mathrm{a}}$ と近似して，(7)の結果より

　　$\theta_{\mathrm{n}}=\dfrac{\theta_{\mathrm{a}}}{n}$

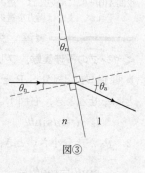

図③

▶問 4．(9) S_2 を通過する光の方がプリズム
内部の経路が x' だけ長いとすると，下図④より

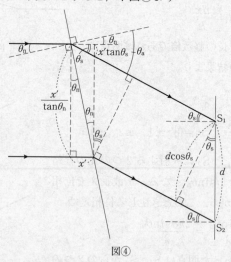

図④

$$\frac{x'}{\tan\theta_\mathrm{n}}=x'\tan\theta_\mathrm{s}+d \qquad \left(\frac{1}{\tan\theta_\mathrm{n}}-\tan\theta_\mathrm{s}\right)x'=d$$

$$\therefore\quad x'=\frac{d\tan\theta_\mathrm{n}}{1-\tan\theta_\mathrm{n}\tan\theta_\mathrm{s}}$$

⑽　前図④より，⑻の結果を用いると

$$\theta_\mathrm{s}=\theta_\mathrm{a}-\theta_\mathrm{n}=(n-1)\theta_\mathrm{n}$$

⑾　⑼の結果で $\tan\theta_\mathrm{n}\fallingdotseq\theta_\mathrm{n}$，$\tan\theta_\mathrm{s}\fallingdotseq\theta_\mathrm{s}$ として，⑽の結果を用いると

$$x'\fallingdotseq\frac{d\theta_\mathrm{n}}{1-\theta_\mathrm{n}\cdot\theta_\mathrm{s}}=\frac{d\theta_\mathrm{n}}{1-(n-1)\theta_\mathrm{n}{}^2}$$

$\theta_\mathrm{n}{}^2$ の項は小さいので無視すると　　$x'\fallingdotseq d\theta_\mathrm{n}$

または，⑽の θ_s を用いて　　$x'\fallingdotseq\dfrac{d\theta_\mathrm{s}}{n-1}$

⑿　前図④より，スリット板までの空気中の経路の S_1 までと S_2 までの差は

$$d\cos\theta_\mathrm{s}\cdot\tan(\theta_\mathrm{n}+\theta_\mathrm{s})-d\sin\theta_\mathrm{s}\fallingdotseq d\cdot1\cdot(\theta_\mathrm{n}+\theta_\mathrm{s})-d\cdot\theta_\mathrm{s}$$
$$=d\theta_\mathrm{n}$$

または，⑽の θ_s を用いて　　$d\theta_\mathrm{n}=\dfrac{d\theta_\mathrm{s}}{n-1}$

⒀　⑾，⑿の結果を用いて，プリズム内での波長が $\dfrac{\lambda}{n}$ であることに注意すると，位相差は

$$2\pi\left(\frac{d\theta_\mathrm{n}}{\dfrac{\lambda}{n}}-\frac{d\theta_\mathrm{n}}{\lambda}\right)=\frac{2\pi(n-1)d\theta_\mathrm{n}}{\lambda}$$

別解　スリット板に達するまでの 2 つの光は，S_1 から S_2 に入射する光に下ろした波面までは位相差が生じず，$d\sin\theta_\mathrm{s}$ の間で生じるから

$$2\pi\cdot\frac{d\sin\theta_\mathrm{s}}{\lambda}\fallingdotseq\frac{2\pi d\theta_\mathrm{s}}{\lambda}=\frac{2\pi(n-1)d\theta_\mathrm{n}}{\lambda}$$

⒁　⑵，⒀の結果より，⑸と同様にして

$$\frac{2\pi(n-1)d\theta_\mathrm{n}}{\lambda}+\frac{2\pi dx}{\lambda L}=0 \qquad \therefore\quad x=-(n-1)L\theta_\mathrm{n}$$

II　**解答**　問 1．$\dfrac{1+e}{1-e}$ 倍　問 2．$\left(\dfrac{1+e}{1-e}\right)^3$ 倍

問3．観測者 A から見た小球にはたらく遠心力の大きさ：mg

観測者 B から見た小球の速さ：$\sqrt{\dfrac{gr}{2}}$

問4．$\dfrac{r}{r-x}$ 倍　　問5．$\left(\dfrac{r}{r-x}\right)^3$ 倍

問6．$\left(1+\dfrac{3x}{r}\right)mg$

問7．小球の運動方程式：$2m\alpha=T-\left(1+\dfrac{3x}{r}\right)mg$

蜂と一体となったおもりの運動方程式：$(m+\Delta m)\alpha=(m+\Delta m)g-T$

問8．$\alpha=-\dfrac{3mg}{(3m+\Delta m)r}\left(x-\dfrac{\Delta m}{3m}r\right)$

問9．

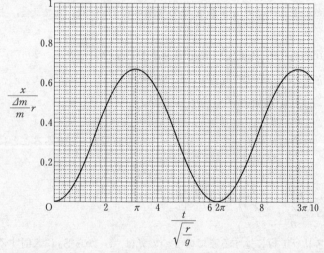

━━━━━◀解　説▶━━━━━

≪ケプラーの第二法則，等速円運動，単振動≫

▶問1．惑星の近日点での速さを v_1，遠日点での速さを v_2 とすると，ケプラーの第二法則より

$$\frac{1}{2}(a-ea)v_1=\frac{1}{2}(a+ea)v_2 \quad \therefore \quad \frac{v_1}{v_2}=\frac{1+e}{1-e}$$

▶問2．近日点，遠日点で惑星にはたらく遠心力の大きさをそれぞれ F_1，F_2 とすると，惑星の質量を m' として

$$F_1 = m' \frac{v_1^2}{(1-e)a} \quad , \quad F_2 = m' \frac{v_2^2}{(1+e)a}$$

問 1 の結果を用いて

$$\frac{F_1}{F_2} = \frac{1+e}{1-e} \cdot \frac{v_1^2}{v_2^2} = \left(\frac{1+e}{1-e}\right)^3$$

▶問 3．おもりは静止しているので，
糸の張力の大きさを S とすると

$$S = mg$$

観測者 A から見ると小球は静止し
ているので，遠心力の大きさを f と
すると

$$f = S$$

よって　　$f = mg$

観測者 B から見ると小球は S を向心力として等速円運動するので，速さ
を v とすると

$$2m \cdot \frac{v^2}{r} = S \quad \therefore \quad v = \sqrt{\frac{gr}{2}}$$

▶問 4．変位が x のときの，糸に垂直な方向の小球の速さを v_x とすると，
面積速度一定の法則より

$$\frac{1}{2}(r-x)v_x = \frac{1}{2}rv \quad \therefore \quad \frac{v_x}{v} = \frac{r}{r-x}$$

▶問 5．蜂がとまる前の遠心力の大きさは $f = 2m\dfrac{v^2}{r}$ であるから，変位
が x のときの遠心力の大きさを f_x とすると

$$f_x = 2m\frac{v_x^2}{r-x}$$

問 4 の結果を用いると

$$\frac{f_x}{f} = \frac{r}{r-x} \cdot \frac{v_x^2}{v^2} = \left(\frac{r}{r-x}\right)^3$$

▶問 6．$(1+z)^n \fallingdotseq 1 + nz$ の近似式と問 3，問 5 の結果より

$$f_x = \left(\frac{r}{r-x}\right)^3 \cdot 2m\frac{v^2}{r} = \left(1 - \frac{x}{r}\right)^{-3} \cdot \frac{2m}{r} \cdot \frac{gr}{2}$$

$$\fallingdotseq\left(1+\frac{3x}{r}\right)mg$$

▶問 7. 小球，おもりにはたらく力
は右図のようになる。これから運動
方程式を作ればよい。

▶問 8. 問 7 の 2 式の両辺を加えて
T を消去すると

$$(3m+\Delta m)\alpha$$

$$=\left(\Delta m-\frac{3mx}{r}\right)g$$

$$\therefore\quad \alpha=-\frac{3mg}{(3m+\Delta m)r}\left(x-\frac{\Delta m}{3m}r\right)$$

▶問 9. $\dfrac{\Delta m}{m}$ が 1 に比べて十分小さいとき，問 8 の結果より

$$\alpha\fallingdotseq-\frac{g}{r}\left(x-\frac{\Delta m}{3m}r\right)$$

この式は，角振動数 $\omega=\sqrt{\dfrac{g}{r}}$，周期 $T=\dfrac{2\pi}{\omega}=2\pi\sqrt{\dfrac{r}{g}}$，振動中心

$x_0=\dfrac{\Delta m}{3m}r$ の単振動を表す。

$t=0$ で $x=0$，速さ 0 であるから，振幅を A とすると，$A=x_0-0=\dfrac{\Delta m}{3m}r$
である。
よって

$$x=x_0-A\cos\omega t=\frac{\Delta m}{3m}r-\frac{\Delta m}{3m}r\cdot\cos\omega t$$

この関数のグラフを描くことになる。

Ⅲ　**解答**　問 1. $\dfrac{E-vBL}{2\lambda x}$　問 2. $\dfrac{(E-vBL)BL}{2\lambda x}-F$

問 3. $\dfrac{EBL}{2\lambda F}$　問 4. $\dfrac{EF}{BL}$　問 5. $\dfrac{1}{3}$ 倍

問 6. $\dfrac{EBL}{\lambda}$　問 7. $\dfrac{F}{BL}$　問 8. $\dfrac{EB}{3\lambda F}-\dfrac{2}{3}$ 倍

問 9．0　　問 10．$\dfrac{EB}{2\lambda}$　　問 11．$\dfrac{1}{4}$ 倍

■━━━━━━◀解　説▶━━━━━━━━━━━━━━━━

≪磁場を横切る金属棒に生じる起電力，直流回路≫

▶問 1．金属棒には，大きさ $V=vBL$
の誘導起電力が直流電源の起電力と逆向
きに生じている。金属棒とレールからな
る閉回路に流れる電流を I とすると，回
路の抵抗は $2\lambda x$ であるから，キルヒホ
ッフの第二法則より

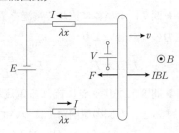

$$E-V=2\lambda x\cdot I$$

$$\therefore\quad I=\frac{E-V}{2\lambda x}=\frac{E-vBL}{2\lambda x}$$

▶問 2．金属棒は磁場から図 1 の右向きに大きさ IBL の力を受けるから，
金属棒にはたらく合力は

$$IBL-F=\frac{(E-vBL)BL}{2\lambda x}-F$$

▶問 3．レール上で金属棒が静止した位置の，レールの左端からの距離を
x_1 とする。問 2 の結果で，$x=x_1$，$v=0$ のとき合力が 0 より

$$\frac{EBL}{2\lambda x_1}-F=0\quad\therefore\quad x_1=\frac{EBL}{2\lambda F}$$

▶問 4．この静止状態でレールに流れる電流を I_1 とすると，問 1 の結果
で，$v=0$，$x=x_1$ とすると

$$I_1=\frac{E}{2\lambda x_1}$$

単位時間あたりにレールで消費されるエネルギー（消費電力）を P_1 とし
て，問 3 の結果を用いると

$$P_1=2\lambda x_1\cdot I_1{}^?=\frac{E^2}{2\lambda x_1}-\frac{EF}{BL}$$

▶問 5．F を $3F$ に瞬時に変えて一定に保つとき，$x=x_2$ の位置で金属棒
が静止したとする。問 3 の結果で，F を $3F$，x_1 を x_2 として

$$x_2=\frac{EBL}{2\lambda\cdot 3F}\qquad\therefore\quad\frac{x_2}{x_1}=\frac{1}{3}$$

▶問 6．金属棒は左向きへ $x_1 - x_2$ だけ動いたから，外力 $3F$ がした仕事を W とすると，問 3 の結果と問 5 より

$$W = 3F \cdot (x_1 - x_2) = 3F \cdot \left(\frac{EBL}{2\lambda F} - \frac{EBL}{6\lambda F} \right) = \frac{EBL}{\lambda}$$

▶問 7．金属棒に流れる電流を I_2 とすると，金属棒は静止しているから，力のつり合いより

$$I_2 BL = F \qquad \therefore \quad I_2 = \frac{F}{BL}$$

▶問 8．ブリッジに流れる電流を I_2' とすると，右図の閉回路 1 について

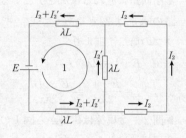

$$E = 2\lambda L (I_2 + I_2') + \lambda L I_2'$$

$$\therefore \quad I_2' = \frac{E}{3\lambda L} - \frac{2}{3} I_2$$

よって，問 7 の I_2 を用いると

$$\frac{I_2'}{I_2} = \frac{E}{3\lambda L} \cdot \frac{BL}{F} - \frac{2}{3} = \frac{EB}{3\lambda F} - \frac{2}{3}$$

▶問 9．金属棒の抵抗は 0 であるから，金属棒の位置がブリッジよりも左側になる場合，電流はすべて金属棒に流れ，ブリッジには流れない。よって，0 である。

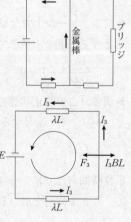

▶問 10．金属棒の位置がちょうどブリッジの位置のとき，金属棒に流れる電流を I_3 とすると，右図の閉回路について

$$E = 2\lambda L \cdot I_3$$

$$\therefore \quad I_3 = \frac{E}{2\lambda L}$$

外力の大きさを F_3 とすると，金属棒にはたらく力のつり合いより

$$F_3 = I_3 BL = \frac{EB}{2\lambda}$$

▶問 11．金属棒に流れる電流を I_4，ブリッジに流れる電流を I_4' とすると，下図の閉回路 1 について

$$E = 2\lambda L (I_4 + I_4') + \lambda L I_4'$$

閉回路 2 について

$$0 = 2\lambda L I_4 - \lambda L I_4' \quad \therefore \quad I_4' = 2I_4$$

閉回路 1 の式から I_4' を消去すると

$$E = 2\lambda L I_4 + 6\lambda L I_4 = 8\lambda L I_4$$

$$\therefore \quad I_4 = \frac{E}{8\lambda L}$$

外力の大きさを F_4 とすると，金属棒にはたらく力のつり合いより

$$F_4 = I_4 B L = \frac{EB}{8\lambda}$$

問 10 の結果を用いると　　　　$\dfrac{F_4}{F_3} = \dfrac{1}{4}$

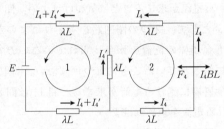

❖講　評

　2020 年度は 2019 年度と同様，大問 3 題，試験時間は理科 2 科目で 120 分の出題であった。出題形式も同様で，Ⅰはマークシート法による選択式，ⅡとⅢは記述式で，いずれも結果のみを答えればよい。

　Ⅰ．問 1 はヤングの干渉実験，問 2 はその応用で，類題も多い。問 3 はプリズムによる光の屈折で基本的な内容である。ここまでは完答したい。問 4 については，(9)の経路差は正確に作図しないと間違える。ここで差がつくであろう。(10)は単独で解答できる。(11)は(9)を近似すればよい。(12)も(9)と同様，作図による計算が難しい。(13)は(11)・(12)から求まるが，屈折波の波面を考えると容易に求まる。(14)は(13)の結果を用いて(5)と同様に考えればよいが，ここまでたどり着くのは大変である。

　Ⅱ．問 1・問 2 はケプラーの第二法則，遠心力の基本である。問 3 は観測者 A が非慣性系，観測者 B が慣性系なので少し戸惑うが，難しくはない。問 4・問 5 は問 1・問 2 と同様である。問 6 の近似式は頻出で

ある。問7は問題文に従って考えればよいが，差がつくかもしれない。問8・問9は難しい。単振動になることを示し，そのグラフを描かねばならないが，時間がかかる。

Ⅲ. 問1は磁場を横切る金属棒に生じる起電力という頻出のテーマである。金属棒に電気抵抗がなく，レールに長さに比例した電気抵抗があるという設定が目新しい。問2は力の向きに注意すればよい。問3は金属棒が静止している条件を考えればよい。問4は金属棒に生じる起電力が0であることに注意すると，単なる直流回路の問題となる。問5は x が F によって決まることに気づけば容易である。問6はレールが外力の向きに動いたことに注意すること。問7は位置 x がわからなくても，力のつり合いから電流が求まることに気づけばよい。問8は難しい。金属棒の位置を x として，2つの閉回路を考えればよいが，差がつくであろう。問9も金属棒の位置 x が与えられていないので戸惑うが，金属棒で回路が短絡されていることに気づけばよい。問10も問9と同様に考えると，金属棒に流れる電流が求まる。問11は問8と同様に考えて金属棒に流れる電流を求めればよい。

全体として，2020年度は頻出のテーマが多かったものの，3題とも後半がかなり難しい。2019年度と同様，試験時間内に解くことは困難である。各大問の前半を確実に解き，その上で解けそうな設問にチャレンジするのが得策であろう。

化学

I 解答

(1)A —(ウ)　B —(イ)　C —(イ)
(2)A —(オ)　B —(オ)　C —(エ)
(3)A —(イ)　B —(ア)　C —(エ)　(4)A —(オ)　B —(ウ)　C —(イ)
(5)A —(イ)　B —(ウ)　C —(ア)　(6)A —(オ)　B —(ウ)　C —(イ)
(7)A —(オ)　B —(ウ)　C —(イ)　(8)A —(オ)　B —(エ)　C —(エ)
(9)A —(ウ)　B —(イ)　C —(エ)　(10)A —(ア)　B —(ウ)　C —(エ)

◀解　説▶

≪総　合≫

▶(1)　A．β線とは，原子核の中性子が陽子に変化する際に放出する高速の電子のことであるので，原子の原子番号は 1 つ大きい $_{56}$Ba になる。したがって，質量数は変化せず，新たに生成する原子は ^{134}Ba である。

B．β線は紙を透過するが，厚さ 1 cm のアルミニウムやプラスチックの板は透過しない。

C．もとの 25% まで減少するとは，$\left(\dfrac{1}{2}\right)^2$ 倍になるということである。

したがって，半減期の 2 倍の時間を要するので，半減期を T 日とすると

$T \times 2 = 1500$　∴　$T = 750$ 日

▶(2)　A・B．同じ電子配置のイオンでは，陽子の数（原子番号）が多いほど最外殻電子を強く引き付けるので，イオン半径が小さくなる。したがって，Al^{3+} のイオン半径が最も小さい。

C．与えられた原子やイオンの原子番号および質量数は次のとおり。

$^{11}_{5}$B, $^{14}_{6}$C, $^{14}_{7}$N, $^{16}_{8}$O, $^{19}_{9}$F$^-$, $^{23}_{11}$Na$^+$, $^{32}_{16}$S, $^{35}_{17}$Cl$^-$

したがって，中性子と電子の数が等しいのは，$^{14}_{7}$N, $^{16}_{8}$O, $^{19}_{9}$F$^-$, $^{32}_{16}$S, $^{35}_{17}$Cl$^-$ の 5 個である。

▶(3)　A．弱酸である酢酸とその塩の水溶液は緩衝作用を示す。

B．与えられた条件より

$$K_a = \frac{[\text{CH}_3\text{COO}^-][\text{H}^+]}{[\text{CH}_3\text{COOH}]} = \frac{C_b \times [\text{H}^+]}{C_a}$$

よって　　　$[H^+] = \dfrac{K_a C_a}{C_b}$

C. $\dfrac{C_a}{C_b} = \dfrac{1}{10}$ のとき $[H^+] = \dfrac{K_a}{10}$, $\dfrac{C_a}{C_b} = 10$ のとき $[H^+] = 10K_a$ となる

から，$[H^+]$ は 100 倍異なるので，pH は 2 程度変化することになる。

▶(4)　A. 希塩酸で沈殿するのは白色の AgCl である。

B. 酸性状態のろ液に硫化水素を通じると，黒色の CuS が沈殿する。

C. アンモニア水による赤褐色の沈殿は，$Fe(OH)_3$ である。還元剤の H_2S によって，$Fe^{3+} \rightarrow Fe^{2+}$ のように変化していたろ液中の鉄のイオンは，煮沸により H_2S が除去されたのち，酸化剤の濃硝酸によって酸化されて，Fe^{3+} に戻っている。なお，NH_3 水を加えると $Zn(OH)_2$ の白色沈殿も生じるが，NH_3 水が過剰であると錯イオンの $[Zn(NH_3)_4]^{2+}$ となって溶解する。

▶(5)　A・B. 乾燥剤に用いられるのは，吸湿性のある $CaCl_2$ と CaO である。溶解反応が発熱反応であり，溶解度が大きい $CaCl_2$ は路面の凍結防止剤に用いられ，溶解反応が大きな発熱反応である CaO は弁当などの加熱剤として利用される。

C. $CaCO_3$ は石灰岩の主成分であり，セメントの原料などに利用される。

▶(6)　A. 横軸を体積，縦軸を圧力で考える。理想気体では，体積と圧力は反比例の関係で変化する。一方，実在気体では，圧縮によって圧力が蒸気圧に達すると，圧力は一定のまま凝縮が始まり体積のみが減少する。そして，全量が液体になったのち，さらに圧縮すると圧力は急激に大きくなる。したがって，(オ)が適している。

B. 横軸を温度，縦軸を体積で考える。理想気体では，体積は絶対温度に比例する。一方，実在気体では，温度低下によって圧力がその温度での蒸気圧に等しくなると凝縮が始まり，圧力は蒸気圧のままで体積は急激に減少し全量が液体となる。したがって，(ウ)が適している。

C. 横軸を温度，縦軸を圧力で考える。理想気体では，圧力は絶対温度に比例する。一方，実在気体では，温度低下によって圧力が蒸気圧に達すると凝縮が始まり，圧力はその後，蒸気圧曲線に沿って変化する。したがって，(イ)が適している。

▶(7)　A. 鏡像異性体を考慮して，分子式 $C_5H_{12}O$ で表される化合物の炭

素原子骨格等を示すと，次の 18 種類が存在する（C* は不斉炭素原子）。

C-C-C-C-C-OH　　　C-C-C-C*-C　　　C-C-C-C-C
　　　　　　　　　　　　　　｜　　　　　　　　　｜
　　　　　　　　　　　　　　OH　　　　　　　　 OH

(a)　　　　　　　　　　　(b)　　　　　　　　　(c)

　　　　　　　　　　　　　　　　 C
　　　　　　　　　　　　　　　　 ｜
C-C-C*-C-OH　　　C-C-C-C　　　C-C*-C-C
　　｜　　　　　　　　　　｜　　　　　｜　｜
　　C　　　　　　　　　　 OH　　　　 OH C

(d)　　　　　　　　(e)　　　　　　　(f)

　　　　　　　　　　　　 C
　　　　　　　　　　　　 ｜
C-C-C-C　　　C-C-C-OH　　　C-C-C-C-O-C
｜　　 ｜　　　　｜
OH　　C　　　　 C

(g)　　　　　　(h)　　　　　　　　(i)

C-C-C-O-C-C　　　C-C-C*-O-C　　　C-C-O-C-C
　　　　　　　　　　　｜　　　　　　　　　｜
　　　　　　　　　　　C　　　　　　　　　 C

(j)　　　　　　　　(k)　　　　　　　(l)

　　　　　　　　　 C
　　　　　　　　　 ｜
C-O-C-C-C　　　C-C-O-C
　　　｜
　　　C

(m)　　　　　　(n)

これらのうち，ナトリウムに対して水素を発生しないのはエーテルであるから，鏡像異性体を含めて(i)〜(n)の 7 種類である。

B．硫酸酸性の二クロム酸カリウム水溶液で酸化するとケトンになるのは，第二級アルコールであるから，鏡像異性体をもつ(b)・(f)と(c)の 5 種類である。

C．ヨードホルム反応を示すのは，CH₃-CH- 構造をもつアルコールで
　　　　　　　　　　　　　　　　　　　　｜
　　　　　　　　　　　　　　　　　　　　OH

あるから，鏡像異性体をもつ(b)・(f)の 4 種類である。

▶(8)　A．銀鏡反応を示すのは，還元性の基であるホルミル（アルデヒド）基をもつギ酸 H-C-OH である。
　　　　　　　　　　　　　　　　　　　　　‖
　　　　　　　　　　　　　　　　　　　　　O

B．キサントプロテイン反応を示すのは，ベンゼン環を有するアミノ酸であるから，チロシンである。

$$\begin{array}{l} H_2N-CH-COOH \\ \quad\quad\; | \\ \quad\quad CH_2 - \bigcirc - OH \end{array}$$

チロシン

C. 有機化合物において，反応によって臭素の色が消えないのは，炭素原子間の不飽和結合をもたないポリエチレン $\{CH_2-CH_2\}_n$ である。また，ナトリウムは次のように反応して臭化物イオン Br^- を生じるので，色が消える。

$$2Na+Br_2 \longrightarrow 2NaBr$$

▶(9)　A. 生ゴムを乾留すると，単量体のイソプレンに分解される。

B. イソプレンの構造は，$CH_2=C(CH_3)-CH=CH_2$ である。このメチル基 $-CH_3$ を $-H$ に置き換えたものが 1,3-ブタジエンであり，合成ゴムの原料となる。

C. 1,3-ブタジエンとアクリロニトリルとの共重合の反応式は次のとおりである。

$$mCH_2=CH-CH=CH_2+nCH_2=CHCN$$
$$\longrightarrow \{CH_2-CH=CH-CH_2\}_m\{CH_2-CHCN\}_n$$

ブタジエン単位 m の平均が 100 個であるから，平均分子量は，$CH_2-CH=CH-CH_2=54.0$, $CH_2-CHCN=53.0$ より

$$54.0\times100+53.0\times n=53.0n+5400$$

窒素 N の含有率が $\dfrac{5.0}{50}\times100=10$ [％] であることから，平均のアクリロニトリル単位 n は

$$\dfrac{14.0n}{53.0n+5400}\times100=10 \quad \therefore \quad n=62.0 \fallingdotseq 62\, 個$$

▶(10)　A. 卵白中の主たるタンパク質はアルブミンと呼ばれる。

B. アルブミンは加熱によって変性する。

C. 牛乳に含まれる主たるタンパク質であるカゼインが加熱により変性して白い膜を形成する。

II **解答**　⑴問 1．(ア)・(イ)・(エ)
　　　　　　　　問 2．沸騰石を新しくする。(10 字以内)

問 3 ．ベンゼン：6.8×10^4 Pa　　トルエン：2.7×10^4 Pa

(2)問 4 ．硫化水素との反応：$+4 \rightarrow 0$　　ヨウ素と水との反応：$+4 \rightarrow +6$

問 5 ．スクロースに作用させたとき：$C_{12}H_{22}O_{11} \longrightarrow 12C + 11H_2O$

銅に作用させたとき：$Cu + 2H_2SO_4 \longrightarrow CuSO_4 + 2H_2O + SO_2$

問 6 ．(ア)　問 7 ．7.4 g　問 8 ．1.2 g　増加する

(3)問 9 ．$N_2(気) + 3H_2(気) = 2NH_3(気) + 78$ kJ

問 10．(エ)・(キ)・(ケ)　問 11．　①

━━━━　◀解　説▶　━━━━

≪ベンゼンの蒸留，硫黄の化合物，アンモニアと硝酸の合成≫

◆(1)　▶問 1 ．(ア)温度計の球部は枝つきフラスコの枝分かれの部分に設置し，流出する蒸気の温度を測定する。

(イ)溶液の量は，安全のために丸底フラスコの容量の半分以下とする。

(エ)揮発性の物質を蒸留する際には，引火の危険性を考えて，直火ではなく油浴などを用いる。

▶問 2 ．沸騰石に含まれる空気が加熱により気泡となって生じ，突沸を防いでいる。一度使った沸騰石には空気が含まれておらず突沸を防ぐ効果がないので，新しいものに取り換える必要がある。また，冷却器内部を洗浄する，または新しいものに取り換えるなども適宜必要である。

▶問 3 ．ラウールの法則に基づくと，混合溶液の各成分の蒸気圧は，純物質のときの蒸気圧に混合溶液のモル分率をかけた値に等しい。

　　　ベンゼン：$1.36 \times 10^5 \times 0.50 = 6.8 \times 10^4$〔Pa〕

　　　トルエン：$0.54 \times 10^5 \times 0.50 = 2.7 \times 10^4$〔Pa〕

◆(2)　▶問 4 ．SO_2 における S の酸化数は $+4$ である。H_2S との反応式は次のとおりである。SO_2 は酸化剤としてはたらく。

$$\underset{+4}{S}O_2 + 2H_2S \longrightarrow 2H_2O + \underset{0}{3S}$$

SO_2 は I_2 と H_2O に対して次のように反応する。SO_2 は還元剤としてはたらく。

$$\underset{+4}{S}O_2 + I_2 + 2H_2O \longrightarrow H_2\underset{+6}{S}O_4 + 2HI$$

▶問 5 ．濃硫酸は，スクロースに対して脱水作用を示す。また，熱濃硫酸は，銅に対して酸化剤として作用する。

▶問 6．濃硫酸の溶解熱は極めて大きい。そのため，少量の水に濃硫酸を注ぐと，その溶解熱によって水が急激に沸騰し，濃硫酸が周囲に飛び散ることとなり大変危険である。したがって，多量の水を冷却しながら，そこへ少しずつ濃硫酸を加えて，よく撹拌することが大切である。

▶問 7．与えられた濃硫酸中の H_2SO_4 の質量および物質量は，$H_2SO_4＝98.1$ だから

$$1.00 \times 1.84 \times \frac{95.6}{100} = 1.75 [g]$$

$$1.00 \times 1.84 \times \frac{95.6}{100} \times \frac{1}{98.1} = 1.79 \times 10^{-2} [mol]$$

したがって，調製すべき希硫酸の体積は

$$\frac{1.79 \times 10^{-2}}{2.00} \times 1000 = 8.95 [mL]$$

よって，この希硫酸が含む純水の質量は

$$8.95 \times 1.03 - 1.75 = 7.46 [g]$$

ゆえに，求める必要な純水の質量は

$$7.46 - (1.00 \times 1.84 - 1.75) = 7.37 \fallingdotseq 7.4 [g]$$

▶問 8．鉛蓄電池における正極の放電時の反応は

$$PbO_2 + 4H^+ + SO_4^{2-} + 2e^- \longrightarrow PbSO_4 + 2H_2O$$

$PbSO_4$ と PbO_2 の式量の差は 64.1 であるから，放電によって正極の質量は増加し，その値は

$$\frac{1.00 \times 3600}{9.65 \times 10^4} \times \frac{1}{2} \times 64.1 = 1.19 \fallingdotseq 1.2 [g]$$

◆(3)　▶問 9．$N_2(気) + 3H_2(気) = 2NH_3(気) + Q[kJ]$ とすると
反応熱
　＝（生成物の結合エネルギーの和）－（反応物の結合エネルギーの和）
であるから

$$Q = (386 \times 3 \times 2) - (942 + 432 \times 3) = 78 [kJ]$$

▶問 10．㈡正文。平衡定数は温度のみの関数であり，圧力や触媒は影響しない。また，アンモニアの生成反応は発熱反応であるから，温度を上げると平衡は左へ移動するので，平衡定数は小さくなる。

㈭正文。発熱反応，吸熱反応を問わず，高温ほど反応速度は大きくなる。

これは，高温ほど活性化エネルギーより大きいエネルギーをもつ分子の割合が大きくなるからである。

㋘正文。発熱反応，吸熱反応を問わず，触媒を用いると反応速度は大きくなる。これは，触媒によって活性化エネルギーがより小さい反応経路に沿って反応が進行するからである。

▶問 11.　①～③における反応式，および窒素 N の酸化数の変化は次のとおりである。

①　　$4\underset{-3}{N}H_3 + 5O_2 \longrightarrow 4\underset{+2}{N}O + 6H_2O$　$(-3 \rightarrow +2)$

②　　$2\underset{+2}{N}O + O_2 \longrightarrow 2\underset{+4}{N}O_2$　$(+2 \rightarrow +4)$

③　　$3\underset{+4}{N}O_2 + H_2O \longrightarrow 2H\underset{+5}{N}O_3 + \underset{+2}{N}O$　$(+4 \rightarrow +5$ または $+2)$

Ⅲ　解答　(1)問 1．ジエチルエーテル

問 2．

問 3．

問 4．テレフタル酸

問 5．

問 6．

(2)問 7．グルコース　問 8．㋞　問 9．㋩　問 10．㋦　問 11．㋑・㋦

問 12．㋐・㋑・㋦　問 13．㋕

━━◀解　説▶━━

≪芳香族化合物の分離と反応，糖類の性質≫

◆(1)　▶問 1．代表的な有機溶媒は，ジエチルエーテルや四塩化炭素である。ジエチルエーテルは水より密度が小さく，四塩化炭素は大きい。したがって，有機層 I が上層にあることから，ジエチルエーテルが適切であると考えられる。

▶問 2．化合物 A と無水酢酸との反応生成物である化合物 C の化学式は，

〈benzene ring〉-(C_2H_4NO) であるから，化合物 C はアセトアニリド

〈benzene ring〉-N-C-CH$_3$ と考えられる。したがって，化合物 A はアニリンである。
　　　　　　|　‖
　　　　　　H　O

$$\text{〈benzene ring〉-NH}_2 + \text{(CH}_3\text{CO)}_2\text{O} \longrightarrow \text{〈benzene ring〉-N-C-CH}_3 + \text{CH}_3\text{COOH}$$

A．アニリン　　　　　　　　　　　C．アセトアニリド

▶問 3．冷却下でのアニリンと亜硝酸ナトリウム $NaNO_2$ との反応式は次のとおりであり，塩化ベンゼンジアゾニウム（化合物 D）が生じる。

$$\text{〈benzene ring〉-NH}_2 + \text{NaNO}_2 + 2\text{HCl} \longrightarrow \text{〈benzene ring〉-N}^+\equiv\text{NCl}^- + \text{NaCl} + 2\text{H}_2\text{O}$$

D．塩化ベンゼン
　　ジアゾニウム

化合物 D とナトリウムフェノキシドが反応すると，橙赤色の染料である
p-ヒドロキシアゾベンゼン（化合物 E）が得られる。このような反応をカップリング反応という。

$$\text{〈benzene ring〉-N}^+\equiv\text{NCl}^- + \text{〈benzene ring〉-ONa} \longrightarrow \text{〈benzene ring〉-N=N-〈benzene ring〉-OH} + \text{NaCl}$$

E．*p*-ヒドロキシ
　　アゾベンゼン

反応式は次のように書いてもよい。また，化合物 E は，*p*-フェニルアゾフェノールともいう。

$$\text{〈benzene ring〉-N}^+\equiv\text{NCl}^- + \text{〈benzene ring〉-OH} + \text{NaOH}$$

$$\longrightarrow \text{〈benzene ring〉-N=N-〈benzene ring〉-OH} + \text{NaCl} + \text{H}_2\text{O}$$

▶問 4．エチレングリコールとの縮合重合によって得られる飲料の容器は，ポリエチレンテレフタラート（PET）だと考えられるから，化合物 F はテレフタル酸である。

▶問 5．化合物 B の組成式を $C_xH_yO_z$ とすると，$CO_2=44.0$，$H_2O=18.0$ だから

$$x:y:z=\frac{396.0}{44.0}:\frac{90.0}{18.0}\times 2:\frac{166.0-\left(396.0\times\dfrac{12.0}{44.0}+90.0\times\dfrac{2.00}{18.0}\right)}{16.0}$$

$$=9:10:3$$

したがって，組成式は $C_9H_{10}O_3$（式量 166.0）であり，分子量が 200 以下であることから分子式も $C_9H_{10}O_3$ である。さらに，炭酸ナトリウムと反応したのでカルボキシ基をもつことが推定され，化合物 B の構造は，〈ベンゼン環〉-$(COOH)(C_2H_4OH)$ だとみなせる。加えて，問 4 の〔解答〕から，化合物 B はパラ二置換体であることや不斉炭素原子をもつという条件から，その構造式は

$$CH_3-C^*H-\langle\text{ベンゼン環}\rangle-C-OH \quad （C^* は不斉炭素原子）$$
$$\quad\quad\quad | \quad\quad\quad\quad\quad\quad\quad\quad |$$
$$\quad\quad\quad OH \quad\quad\quad\quad\quad\quad\quad O$$

よって，求める反応式は次のとおりである。

$$2CH_3-CH-\langle\text{ベンゼン環}\rangle-C-OH+Na_2CO_3$$
$$\quad\quad\quad | \quad\quad\quad\quad\quad\quad\quad\quad |$$
$$\quad\quad\quad OH \quad\quad\quad\quad\quad\quad O$$
$$\quad\quad\quad\quad\quad\quad\quad B$$

$$\longrightarrow 2CH_3-CH-\langle\text{ベンゼン環}\rangle-C-ONa+H_2O+CO_2$$
$$\quad\quad\quad\quad\quad\quad | \quad\quad\quad\quad\quad\quad\quad |$$
$$\quad\quad\quad\quad\quad\quad OH \quad\quad\quad\quad\quad\quad O$$

なお，化合物 B を過マンガン酸カリウム水溶液で酸化すると，テレフタル酸が得られる。

$$CH_3-CH-\langle\text{ベンゼン環}\rangle-COOH \xrightarrow{酸化} HOOC-\langle\text{ベンゼン環}\rangle-COOH$$
$$\quad\quad\quad |$$
$$\quad\quad\quad OH$$

▶問 6．濃硫酸を触媒とした化合物 B のメチルエステルの加熱反応は，ヒドロキシ基に対する分子内脱水反応である。

$$CH_3-\underset{\underset{OH}{|}}{CH}-\bigcirc-COOCH_3 \longrightarrow CH_2=CH-\underset{G}{\bigcirc}-COOCH_3 + H_2O$$

したがって，化合物 G と臭素との反応は次のとおりである。

$$CH_2=CH-\bigcirc-COOCH_3 + Br_2 \longrightarrow \underset{\underset{Br}{|}}{CH_2}-\underset{\underset{Br}{|}}{CH}-\underset{H}{\bigcirc}-COOCH_3$$

◆(2) ▶問7．(ア)・(イ)・(ウ)・(オ)は，グルコースの縮合重合体（多糖類）であり，(エ)はグルコースとフルクトース各1分子による二糖類，(カ)はグルコース2分子による二糖類である。

▶問8．(エ)は，グルコースとフルクトースを成分とする。

▶問9．ヒトは(オ)に対する消化酵素をもたない。

▶問10．(ウ)は動物デンプンといわれ，ヒトの体内でエネルギー源として合成・貯蔵される。

▶問11．(イ)と(ウ)は，ともに枝分かれしたグルコースの縮合重合体である。(ア)と(オ)は枝分かれがない直鎖状の構造をしている。

▶問12．らせん構造をもつ重合体である(ア)・(イ)・(ウ)はヨウ素デンプン反応を示す。(オ)は直線形の重合体であるためヨウ素デンプン反応を示さない。

▶問13．分子量が最も小さく，還元性を示す(カ)が当てはまる。なお，(エ)も同じ分子量であるが，還元性をもたない。

❖講 評

　試験時間は理科2科目で120分と変わりなく，大問数も3題と変化がなかった。問題のレベルも2019年度と変化がなかった。また，理論・無機・有機とバランスよく出題されていた。計算問題では，計算が容易なように数値に配慮がなされている場合が多かった。新しい傾向としては，化学と人間生活，実験技能の習得などを意識した出題が見られた。

　Ⅰ．例年通り小問集合形式の総合問題であった。内容的に難しい問題は少ないが，時間的に厳しいので，計算問題を後に回して短時間で解答できる選択問題から始めるのがよいだろう。(1)は，なじみの薄い問題で，β線が何であるかの理解がポイントである。(6)は，縦軸，横軸が何を表しているかを，問題文から読み取ることが必要。(7)は，すべての異性体

を筋道立てて数え上げねばならないため，集中力が必要である。(9)は，合成高分子として，合成ゴムまで確実に学習しているかどうかが問われた。(2)・(4)・(5)・(8)・(10)あたりで確実に得点しておきたい。

　Ⅱ．(1)ベンゼンとトルエンの混合溶液を蒸留する操作に関する問題であった。設定が目新しいので，従来の海水等の蒸留との共通点や相違点を，その原理および物質の性質からしっかり弁別できることが求められる。問2は，問1の〔解答〕に間違いがなければ，そのことがヒントとなっている。問3では，ラウールの法則の理解が必要。

　(2)硫黄の化合物を酸化還元反応の観点で扱い，問5〜問7では，濃硫酸の性質がより身近な反応・操作の面から問われた。

　(3)アンモニアと硝酸の工業的製法をベースにした問題であった。内容的には，問9では結合エネルギーと反応熱，問10では平衡の移動と反応速度，問11では酸化数の変化という理論分野の基本が問われた。

　　問4〜問6・問8〜問11あたりは確実な得点源であるが，問1・問2で戸惑って時間をかけてしまうと，焦ってしまったかもしれない。

　Ⅲ．(1)未知芳香族アミドの加水分解と生成物の分離操作および反応に関する問題であった。問1は，有機層が水層より上にあることをもとに有機溶媒を考える必要があった。このような実験操作を経験したかどうかで差がついたかもしれない。問5は，元素分析から得られた組成式と与えられた分子量の関係から分子式を決めることが第1段階であり，その次にヒドロキシ基や不斉炭素原子の存在，さらには化合物Fとの構造上の関係から化合物Bの構造を決定することが第2段階である。総合的な思考と判断力が求められた。問6は，エタノールの分子内脱水反応によりエチレンが生成することをもとに考えればよい。

　(2)糖類の性質・反応を，日常生活とも関連づけて問う問題であった。問9・問10については，教科書にも記述があるものの，意外に戸惑う問題だったかもしれない。

　(1)では，問1〜問4あたりは個別の得点源であるが，それ以外は全体の反応が理解できていないと苦しかったかもしれない。また，(2)は全問正解が期待できるところであるから，時間配分に注意したい。

生物

I **解答** 問1．あ．体細胞分裂 い．無性 う．有性
え．配偶子 お．常

問2．記号：エ

根拠：複製された各相同染色体は2本の染色分体からなり，減数第一分裂では相同染色体どうしは対合し，二価染色体を形成しているから。

問3．記号：イ

根拠：減数第一分裂では，二価染色体を構成していた各相同染色体は2本の染色分体が接着したまま分配され，また動原体近くの遺伝子座間では乗換えを起こす確率が低いから。

問4．記号：ウ

理由：動原体と*A*遺伝子座間で乗換えが生じ，接着する2本の染色分体のうち一方の染色分体の*A*遺伝子座が相同染色体のものと入れ替わったから。

問5．右図。

説明：減数第一分裂では相同染色体のうちどちらか一方を受け継ぐことになるため核相が半減するが，第二分裂では体細胞分裂と同様の過程で分裂するため核相は変化しない。

問6．減数第一分裂前期に相同染色体を対合させる作用をもつと考えられる。対合が正常に行われなければ，相同染色体は2つの娘細胞にランダムに分配されるため，同じ細胞に入るか異なる細胞に入るかは，ほぼ同じ頻度になる。

◀解 説▶

≪細胞分裂と染色体≫

▶問2．DNA複製後，1本の染色体は2本の染色分体が動原体部分で接着した形をとり，この2本は同一の遺伝子構成をもつ。

▶問3・問4．乗換えが起こらないとき，動原体で接着した2本の染色分体は同じ蛍光タンパク質を有する。*A*遺伝子座は動原体の近くにあるた

め，乗換えが起こらない可能性が高い。しかし乗換えが起こることもあり，その場合には異なる蛍光タンパク質（GFP，RFP）を有する染色分体が1つの細胞に分配されることになる。

▶問5．図3のエと同じ図を描けばよいだろう。核相が半減するのは第一分裂のみである。

▶問6．〔解答〕のほかに，動原体と紡錘糸との正常な結合を制御するなど，複数の解答が考えられる。

Ⅱ　解答

問1．あ．脱分化　い．カルス　う．サイトカイニン　え．促進

問2．頂芽で作られ，側芽付近まで下降したオーキシンが，付近でのサイトカイニン生成を抑制することで，サイトカイニンによる側芽成長を抑制する。

問3．・GFP などのマーカー遺伝子を組み込んで，細胞の選別ができるようにする。
・T-DNA がもつオーキシンやサイトカイニンに関する遺伝子の働きを失わせる。

問4．ヒストンタンパク質がメチル化されると，クロマチン繊維が凝集するため，RNA ポリメラーゼが DNA に結合できなくなるから。

問5．分化全能性は，細胞がその種の個体を構成するすべての細胞に分化できる能力のことであり，多能性は，一部の細胞には分化できないものの，さまざまな細胞に分化できる能力のことである。

問6．植物細胞の遺伝子 W は動物細胞の山中因子と同様の働きをもち，これらが細胞内で働くと，ヒストンのメチル化などの遺伝子発現を抑制していた修飾が取り消され，細胞が未分化な状態になる。

━━━━━━　◀解　説▶　━━━━━━

≪組織の再生と脱分化≫

▶問1．あ．初期化でもよい。

え．リード文から，遺伝子 W はカルスの形成を促進し，タンパク質 P は遺伝子 W を含む多くの遺伝子の発現を抑制することがわかる。よって，タンパク質 P を欠く変異体では，タンパク質 P による遺伝子 W の発現抑制が起こらないため，カルス形成が促進されると判断できる。

▶問2. オーキシンとサイトカイニンが拮抗（対抗）的に働く現象として，頂芽優勢が知られている。

▶問3. オーキシンやサイトカイニンが発現すると，細胞が脱分化してカルスが現れる可能性がある。

▶問4. 塩基配列以外の要因で起こる遺伝現象をエピジェネティクスといい，ヒストンのメチル化やアセチル化，DNA のメチル化などの現象が知られている。

▶問5. iPS 細胞は「人工多能性幹細胞」であり，全能性をもつわけではない。

▶問6. 山中因子は，iPS 細胞を作成するときに細胞に導入される4つ（もしくは3つ）の遺伝子であり，この操作により細胞を脱分化させることができる。遺伝子 W はこれら山中因子と同様の働きをしているものとして考える。

III 解答

問1. 説明：十分に大きい容器では，生活空間の不足による密度効果が起こりにくいから。

図：

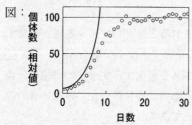

問2. 原生動物 Y：C

理由：原生動物 X に比べて増殖率が低い種が混合飼育時に競争的排除により死滅したと考えられるから。

あ—X　い—Y

問3. 食い分けによるニッチの分割が行われて，種間競争が回避された。

問 4.

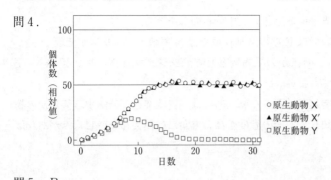

問 5. B

問 6. 同じ型のカドヘリンを発現する細胞どうしが接着するから。

問 7. 個体群の事例：アユ

個体間作用：縄張りを作り，侵入した他個体を排除する。

問 8. 樹状突起が分泌する物質を認識して，その濃度が低い方向に伸長させるしくみ。

━━━━━━━━ ◀解　説▶ ━━━━━━━━

≪ニッチと種間競争，個体群や細胞の配置≫

▶問 1. 個体群の成長曲線が平衡状態（＝環境収容力）になる要因には，生活空間の不足，餌の不足，老廃物の蓄積などがあり，これら要素が緩和されると環境収容力は上昇する。

▶問 2. 図 1 D は原生動物 X と Y の混合飼育時のグラフであるが，一方の種が死滅している。これは競争的排除によるもので，2 種の増殖速度が異なることが考えられる。図 1 A と図 1 B のグラフはほぼ同じ増殖率を示しており，増殖率が異なる（低い）図 1 C が原生動物 Y であると考えられる。

▶問 3. ニッチの分割の例には棲み分けや食い分けなどがあるが，リード文で棲み分けが否定されており，種間競争の要因が餌の奪い合いであることが明示されているので，食い分けであることがわかる。

▶問 4. 原生動物 X と X′ はほぼ同種であると考えて，種内競争が行われると仮定すると，原生動物 X と X′ の個体数は，その比は 1：1 から変化せずに，その和が図 1 D の（あ）と同じグラフを描くと考えられる。このとき原生動物 Y は図 1 D の（い）とほぼ同じグラフになると考えられる。

▶問 5. A はランダム分布，B は集中分布，C は一様分布である。互い

に引き合って集合するとき，集中分布の形をとる。

▶問 6．表皮域では E 型の，神経域では N 型のカドヘリンが発現する。

▶問 7．〔解答〕のほかの生物例として，シジュウカラ，トンボ，ペンギンなどを挙げてもよい。

▶問 8．樹状突起が重ならないためには，樹状突起が分泌する何らかの物質の濃度を検知して，その濃度が高い方向には伸長しないしくみがあればよい。

❖講　評

　大問数は 2017 年度から 3 題と安定している。論述量は 2019 年度に比べるとかなり減少しており，ここ数年では解答しやすい問題であったと思われる。設問数も減少している。描図問題は例年通り出題されたが，計算問題は出題されなかった。

　Ⅰ．細胞分裂と染色体。問 5 の図を描かせる問題は，減数分裂をしっかり理解していれば容易だっただろう。問 6 はいくつかの解答が考えられ，論理がしっかりしていれば〔解答〕以外でも正解となったと思われる。

　Ⅱ．組織の再生と脱分化。植物ホルモンと遺伝子の問題は最近の流行といえるだろう。エピジェネティクスに関する設問がいくつかみられ（問 1 のえ・問 4），このあたりをしっかり理解していた受験生が有利だったかもしれない。問 3 は大腸菌のベクターとも共通する部分と，アグロバクテリウム固有の問題が合わさっていた。

　Ⅲ．ニッチと種間競争，個体群や細胞の配置。問 2 のグラフを選ぶ問題は，何を根拠にするのか戸惑った受験生も多かったのではないか。問 1・問 4 のグラフは点をプロットしてもいいし，線で表現しても許容されるだろう。

　2020 年度は 2019 年度よりも易化した印象であるが，思考力を問う問題もあり，論述が多いことも変わらない。このあたりの対策は必要である。

早稲田大学

基幹理工学部・創造理工学部・先進理工学部

別冊問題編

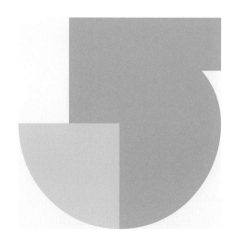

2025

矢印の方向に引くと
本体から取り外せます

教学社

目　次

問題編

一 般 選 抜

問 題 編

▶試験科目・配点

学部・学科等		教科	科　　　　　目	配点
基幹理工	学系 I ・学系 III	外国語	コミュニケーション英語 I ・ II ・ III，英語表現 I ・ II	120 点
		数学	数学 I ・ II ・ III・A・B	120 点
		理科	「物理基礎，物理，化学基礎，化学」または「物理基礎，物理，生物基礎，生物」または「化学基礎，化学，生物基礎，生物」	120 点
	学系 II	外国語	コミュニケーション英語 I ・ II ・ III，英語表現 I ・ II	120 点
		数学	数学 I ・ II ・ III・A・B	120 点
		理科	「物理基礎，物理」「化学基礎，化学」	120 点
創造理工		外国語	コミュニケーション英語 I ・ II ・ III，英語表現 I ・ II	120 点
		数学	数学 I ・ II ・ III・A・B	120 点
		理科	「物理基礎，物理」「化学基礎，化学」	120 点
先進理工	物理，応用物理，化学・生命化	外国語	コミュニケーション英語 I ・ II ・ III，英語表現 I ・ II	120 点
		数学	数学 I ・ II ・ III・A・B	120 点
		理科	「物理基礎，物理」「化学基礎，化学」	120 点
	応用化	外国語	コミュニケーション英語 I ・ II ・ III，英語表現 I ・ II	120 点
		数学	数学 I ・ II ・ III・A・B	120 点
		理科	「物理基礎，物理，化学基礎，化学」または「化学基礎，化学，生物基礎，生物」	120 点
	生命医科，電気・情報生命工	外国語	コミュニケーション英語 I ・ II ・ III，英語表現 I ・ II	120 点
		数学	数学 I ・ II ・ III・A・B	120 点
		理科	「物理基礎，物理，化学基礎，化学」または「物理基礎，物理，生物基礎，生物」または「化学基礎，化学，生物基礎，生物」	120 点

▶備　考

- 3学部同一試験問題で実施。3学部間の併願はできない。
- 「数学B」は「確率分布と統計的な推測」を除く。
- 基幹理工学部は学系単位で募集する。2年次に各学系から進級できる学科は次の通り。

　学系Ⅰ：数学科，応用数理学科

　学系Ⅱ：応用数理学科，機械科学・航空宇宙学科，電子物理システム学
　　　　　　科，情報理工学科，情報通信学科

　学系Ⅲ：情報理工学科，情報通信学科，表現工学科

- 創造理工学部建築学科志願者に対しては上記筆記試験に加え，「空間表現（鉛筆デッサンなど）」（配点40点）の試験が行われる。
- 先進理工学部の理科において，物理学科および応用物理学科では物理：化学の配点を2：1（80点：40点）の比で重み付けをする（物理重視）。また，化学・生命化学科では化学：物理の配点を2：1（80点：40点）の比で，応用化学科では化学：物理または生物の配点を2：1（80点：40点）の比で重み付けをする（化学重視）。

■「得意科目選考」について

　基幹理工学部（学系Ⅲ）および創造理工学部では，特定の科目で卓越した能力を持つ受験生に対し，将来にわたり得意な能力や個性を伸ばす機会を与えるため，通常の総合点による合否判定とは別に「得意科目選考」を実施している。

　これは，学系・学科が指定する科目（下表参照）で特に優れた能力を示したと判定された受験生を，合計点が合格最低点に達していなくても合格とする選考方法である。

〈得意科目選考対象科目〉

学　　部	学　系・学　科	対　象　科　目
基幹理工学部	学　　　系　　　Ⅲ	英語，数学，物理，化学，生物
創造理工学部	建　築　学　科	英語，数学，空間表現
	総　合　機　械　工　学　科	数学，物理，化学
	経営システム工学科	英語，数学，物理，化学
	社　会　環　境　工　学　科	英語，数学，物理，化学
	環　境　資　源　工　学　科	数学，物理，化学

英　語

(90分)

I Read Text I, Text II, and Text III and choose the best option from a-d for questions 1-15.

Text I

[A] In 2019 there were 3,800 publicly disclosed data breaches, a significant increase over time. As security officers work to reduce the likelihood of breaches, there is an ongoing concern over the lack of user compliance with information security policies. Informational security policies depend on user compliance to protect <u>computing resources</u>. When users are lax with security measures and fail to follow security related directives, data breaches are more likely to occur. It is possible that users have capitulated and have decided that data breaches are inevitable and therefore their actions will not be effective in preventing data breaches in their organization.

[B] In business, feelings of <u>capitulation</u> have been described as resulting from a perceived lack of control and autonomy. In psychology, capitulation is considered an end state occurring when individuals realize they cannot change their undesirable reality and do not have control of a detrimental situation. The inverse of this definition can be applied to organizational security, when users feel that they have control over technologies and that they possess greater autonomy, they are much more likely to constructively take part in individual security management and not give up. When users feel they lack control and autonomy and that security controls are centralized, they are inclined to ignore technologies aimed at securing the organization.

[C] Organizational security has historically been controlled by policy making, placing the burden of security compliance on the end user; however, this has led some security researchers to suggest that the "user is not the enemy" (Adams and Sasse, 1999). Authoritarian responses to security produce conflict between the organization's security interests and end users security behaviors. The manner in which users deal with these conflicts may include feelings of giving up, disengagement or capitulation. Often capitulation is viewed as a response to difficulty and equated to feelings of helplessness causing a person to fail to engage. Capitulation is defined here as the feeling of giving up or not acting because the behavior would not be productive or successful.

　[D]　Some research has supported the idea of negative security effects on employees and others report negative reactions based on punishment for information security policy violations which then lead to a reduction in the individual's intent to comply. D'Arcy et al. (2014) considered that when organizations make employees responsible for computer security, they introduce stress into the work environment. These stressors may produce moral disengagement resulting in a lack of concern. D'Arcy et al. (2014) showed how organizational security expectations can fail due to moral disengagement. Of interest, employees experiencing security overload, complexity and uncertainty may turn to moral disengagement. These diminished security behaviors may be due to the time, effort and frustration employees feel causing employee security requirements to fail. Moral disengagement may lead to an appraisal of commitment to the information security policy. Capitulation may be the result, affecting information security policy non-compliance in organizations. Whether users reduce their efforts, stop trying, take on new pursuits, look for other meaningful behaviors or disengage from complying with information security policies, the end result is a reduction in security.

　[E]　Distrust is defined as the feeling that someone or something cannot be relied upon. An individual experiencing distrust feels they cannot accept another's statements or actions at face value. They are suspicious and feel that people are out to deceive them. Distrust has been characterized as having negative expectations, and distrust has been linked to fear, wariness and suspicion. Interestingly, distrust can be associated with a person, place or thing and it can be valuable in preventing exploitation.

［F］　Trust and distrust are not the same, although they are often interchanged. As an illustration, trust is created with positive feelings, while distrust is associated with negative feelings, however; it is not the case that high trust levels will lead to lower distrust levels. Distrust can be a positive force because it can lead individuals to be more aware of threat actors.

［G］　Scrutiny of trust and distrust appears across many disciplines and research settings. Research on recommender agents established the difference between trust building and distrust building agents for information technology. The study results indicated that, within the context of technology applications, actions that build trust levels may not lower distrust levels. In fact, a disposition to distrust is the result of a lifetime of learned experiences. Factors that contribute to distrust are the reputation of the work organization and the individuals' perception of negative aspects of the work environment.

［H］　One interesting study suggested that individuals prone to distrust may avoid established security behaviors because they believe these actions can be anticipated by those seeking to deceive them. In consideration of human nature, it should be noted that, while individuals are predisposed to be trustful or distrustful, this is not an "either or" designation. Specifically, the same individual may be trustful or distrustful depending on the scenario and various factors surrounding the context of that scenario. How these feelings affect whether users comply with information systems security policies and the impact of capitulation is important.

　　［Adapted from: McLeod, A., & Dolezel, D. (2022). Information security policy non-compliance: Can capitulation theory explain user behaviors? *Computers & Security, 112*, 102526.]

Questions 1-9 refer to Text I.

1. Why is organizational security associated with autonomy?

 a. Individual security management within organizations is more likely to occur when people experience greater autonomy.

 b. Organizational security environments are strengthened by greater capitulation and autonomy.

 c. Individual security management within organizations is more likely to occur when organizations impose authoritarian security responses.

 d. Increases in capitulation and autonomy lead to centralized security controls.

2. Which of the following may result in a lack of concern for organizational security?

 a. organizations failing to punish employees for security violations

 b. employers introducing stressors which may lead to moral disengagement

 c. decreasing the likelihood for an appraisal of commitment to the organizations' security policies

 d. decentralizing security controls within an organization

3. Why can distrustful people benefit an organization?

 a. They are more fearful.

 b. They experience more negative feelings.

 c. They feel that others cannot be relied upon.

 d. They are more aware of threat actors.

4. What does the word <u>capitulation</u> mean in the text?

 a. autonomy   b. end state

 c. giving up   d. having control

5. Which of the following would the authors likely recommend for improving security?

a．End users treating the organization as the enemy.

b．Encouraging end user disengagement from security procedures.

c．Organizations providing more autonomy to end users.

d．Responding to capitulation using authoritarian means.

6．Which of the following may be included in computing resources as mentioned in paragraph [A]?

a．end users   　　　　　b．data breaches

c．user compliance   　　d．cell phone PC applications

7．What type of feelings are associated with trust or distrust?

a．Negative feelings are associated with distrust.

b．Positive feelings are associated with distrust.

c．Negative feelings are associated with trust.

d．Feelings are not associated with trust or distrust.

8．Which of the following best describes the relationship between trust and distrust?

a．Trust and distrust are often the same concept.

b．Trust and distrust are associated with fear.

c．Increasing trust levels does not necessarily lead to decreased levels of distrust.

d．Positive feelings often lead to decreased levels of trust and distrust.

9．Paragraphs A-H of the text can be grouped into three parts: (ⅰ)-A, (ⅱ)-BCD, and (ⅲ)-EFGH. Which of the following best describes the roles of these three parts?

a．(ⅰ) reviews the main topic of the text, (ⅱ) outlines the main topic in terms of capitulation, and (ⅲ) defines the main topic in terms of trust-distrust.

b．(ⅰ) explains some background research, (ⅱ) describes one method of establishing organizational security, and (ⅲ) describes a competing method.

c．(ⅰ) defines some key terms for the entire text, (ⅱ) explains how one of these terms relates to organizational security, and (ⅲ) describes an alternative but controversial term.

d．(i) contextualizes the entire text, (ii) explains one fundamental concept related to establishing organizational security, and (iii) describes a related concept.

Text II

Information systems (IS) security administrators are responsible for keeping their information assets and systems safe from insider crimes' potential risks. Organizations have adopted two major strategies to prevent employees from committing insider attacks: (1) stimulating employees' conscience and (2) adopting techniques to reduce the opportunity of committing crimes. IS security administrators have curbed their employees' motivation for committing insider crimes.

IS security administrators need to eliminate the environmental opportunities that can be considered a crack for insiders' malicious attempts. According to the rational choice theory, malicious insiders are willing to commit malfeasances only when the expected rewards of malicious behaviors outweigh the anticipated risks or costs. Thus, IS security administrators need to focus on increasing costs and decreasing the anticipated benefits of malicious behaviors. This security policy is less likely to induce malicious insiders to put their plan into action (i.e., electronic monitoring and surveillance, access control, installing physical barriers), not solely relying on dealing with the internal motivations of insiders.

However, this approach at the organizational level is inherently coupled with the possibility of infringing on each employee's space. As there will be more restrictions imposed on each individual's actions, it may undermine the trust-based bilateral relationship between employees and employers. Moreover, employees having no choice other than consenting to the organizational policy might be problematic because of a massive bargaining power gap between employees and employers in this bilateral relationship.

Despite the seemingly nonexistent problems in procedures, employees have been forced to contract out their privacy rights even with their full awareness of the policy's potential to infringe on their personal spaces. Such a tremendous bargaining power gap may lead employees to have negative reactions, such as computer abuse. These reactions are potential adverse effects on organizational efforts that aim to minimize the opportunity of committing a crime from the perspective of malicious insiders.

[Adapted from: Jeong, M., & Zo, H. (2021). Preventing insider threats to enhance organizational security: The role of opportunity-reducing techniques. *Telematics and Informatics*, *63*, 101670.]

Questions 10-12 refer to Text I and Text II.

10. Electronic monitoring and surveillance of end users by organizations mentioned in Text II is an example of which concept from Text I?

　a. organizational capitulation

　b. punishments for information security violations

　c. authoritarian responses to security

　d. benefits used to increase security compliance

11. Violating an employee's space most likely leads to which of the following outcomes from Text I?

　a. moral engagement

　b. capitulation

　c. authoritarian responses

　d. security compliance

12. Rational choice theory predicts which of the following outcomes?

　a. Employees are less likely to commit malfeasances against organizations when the potential rewards and costs are approximately equal.

　b. IS security administrators will focus on increasing benefits and decreasing costs for malicious insiders to prevent malfeasances.

  c . IS security administrators will focus on increasing environmental
     opportunities and costs for malicious insiders to prevent
     malfeasances.

  d . Employees are more likely to commit malfeasances against
     organizations when the potential rewards outweigh the costs.

Text III

 Prior research has mainly focused on trust and largely ignored
distrust, partly because of the assumption that trust building and
distrust building are two ends of one continuum; thus, an IT
(information technology) design that increases trust building in the IT
will decrease distrust building at the same time. However, this
assumption may not be true if trust-building and distrust-building
processes in the context of IT usage are actually two separate and
different processes. For example, a customer can use a web-based
product recommendation agent (RA) to get personalized advice on
which products to buy, based on his or her personal needs. Online
customers have to trust an RA before complying with its advice. In
our protocol analysis study, an RA explained a product feature
(computer screen) in detail using technical language. We observed
that some users trusted this RA because its explanation was detailed
and professional. But this RA's explanation feature does not necessarily
automatically reduce distrust at the same time. Other users may not
fully understand the technical explanation provided and their confusion
about the RA's explanation may lead them to distrust the RA's
competence and integrity. In another example, a finance website takes
a while to download its contents. The downloading time may lead one
customer to distrust the technical competence of the website because
she does not know why she needs to wait so long. The same
downloading time may lead to trust in the website if another customer
believes the wait is due to many graphs and figures with valuable up-
to-the-minute stock market information. Therefore, it is important to

understand, through the collection of empirical evidence, the actual processes of trust building and distrust building, i.e., how users interpret an IT's features to form their trusting / distrusting beliefs.

[Adapted from: Komiak, S. Y. X., & Benbasat, I. (2008). A two-process view of trust and distrust building in recommendation agents: A process-tracing study. *Journal of the Association for Information Systems, 9*(12), 727-747.]

Questions 13-15 refer to Text I, Text II, and Text III.

13. Which conclusion can be drawn from the information provided in Text I and Text III?

   a. The same individual or different individuals may be trusting or distrusting depending on the context in which a decision is made.

   b. Different individuals but not the same individual may be trusting or distrusting depending on the context in which a decision is made.

   c. Recommender agents build trust among individuals with varied backgrounds regardless of the context in which a decision is made.

   d. Recommender agents lessen distrust for individuals with varied backgrounds in all contexts in which a decision is made.

14. Users who lack understanding and autonomy when interacting with technology may experience which of the following?

   a. abuse　　　　　　　　b. suspicion

   c. awareness　　　　　　d. trust

15. Which of the following best describes the relationships between Texts I, II, and III?

   a. Text I introduces two principles of organizational security and Texts II and III describe them in more detail.

   b. Texts I and II explain some principles in organizational security while Text III exemplifies one of the principles.

   c. Texts I, II, and III each define different principles of organizational security and Text III addresses a specific case.

   d. Text I explains the principles of organizational security, Text II explains an alternative view, and Text III links the views.

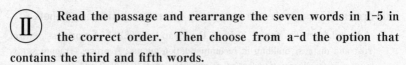

II **Read the passage and rearrange the seven words in 1-5 in the correct order. Then choose from a-d the option that contains the third and fifth words.**

From the point of view of strict logic, a rigorous course on analysis* should precede a course on calculus*. Strict logic is, however, overruled by both history and practicality. Historically, calculus, with its origins in the 17th century, came first, and made rapid progress on the basis of informal intuition. Not until well through the 19th $_1$(claim / that / it / possible / was / to / century) the theory was constructed on sound logical foundations. As for practicality, every university teacher knows that students are not ready for even a semi-rigorous course on analysis until they have acquired the intuitions and $_2$(come / that / sheer / skills / from / technical / the) a traditional calculus course. Analysis, I have always thought, is the *pons asinorum* (the bridge of asses, that is, a critical test of ability that separates the clever from the foolish) of modern mathematics. This shows, I suppose, $_3$(we / in / much / have / progress / how / made) two thousand years, for it is a great deal more sophisticated than the Theorem of Pythagoras, which once received that title. All who have taught the subject know how patient one has to be, for the ideas take root gradually, even in students of good ability. This is not too surprising, $_4$(than / two / it / since / took / more / centuries) for calculus to evolve into what we now call analysis, and even a gifted student, guided by an expert teacher, cannot be expected to grasp all of the issues immediately. I have not set out to do anything very original, since in a field as well-established as analysis, originality too easily becomes eccentricity. Although it is important to demonstrate the limitations of a visual, intuitive approach by means of some "strange" examples of functions, too much emphasis on "pathology" gives altogether the $_5$(is / of / about / what / impression / analysis / wrong). I hope I have avoided that error.

[Adapted from: Howie, J. M. (2001). *Real Analysis*. Springer.]

* analysis = the branch of mathematics concerned with the theory of functions, the use of limits, and the operations of calculus
* calculus = the branch of mathematics that deals with derivatives $\frac{d}{dx}f(x)$ and integrals $\int f(x)\,dx$ of functions

1． a． 3rd: was   b． 3rd: to
   5th: to   5th: it
  c． 3rd: it   d． 3rd: to
   5th: to   5th: was

2． a． 3rd: that   b． 3rd: technical
   5th: technical   5th: that
  c． 3rd: come   d． 3rd: sheer
   5th: sheer   5th: come

3． a． 3rd: progress   b． 3rd: have
   5th: have   5th: progress
  c． 3rd: we   d． 3rd: progress
   5th: progress   5th: we

4． a． 3rd: than   b． 3rd: more
   5th: took   5th: since
  c． 3rd: took   d． 3rd: since
   5th: than   5th: more

5． a． 3rd: what   b． 3rd: of
   5th: about   5th: analysis
  c． 3rd: about   d． 3rd: analysis
   5th: what   5th: of

 Answer the questions in Sections A and B.

Section A: Read the text and choose the best option from a-d for questions 1-6.

Suppose you've started an online furniture store that specializes in various types of sofas.　Some are（　A　）to customers because of their comfort and others because of（　i　）price.　Is there anything you can think to do that would incline visitors to your website to focus on the feature of comfort and, consequently, to prefer to make a sofa purchase that prioritized it（　B　）cost?

You've no need to labor long for an answer, because two marketing professors, Naomi Mandel and Eric Johnson, have provided（　C　）in a set of studies using just such an online furniture site.　When Mandel began the research project in the late 1990s, the impact of virtual stores such as Amazon and eBay was only beginning to（　D　）. But how to optimize（　ii　）success within this form of exchange had not been addressed systematically.

In an article largely overlooked since it was published in 2002, they described how they were able to draw website visitors' attention（　E　）the goal of comfort merely by placing fluffy clouds on the background wallpaper of the site's landing page.　（　iii　）maneuver led those visitors to assign elevated levels of importance to comfort when asked what they were looking for in（　iv　）sofa.

［Adapted from: Cialdini, R.（2016）. *Pre-suasion: A Revolutionary Way to Influence and Persuade*. Random House Books.］

1．Which of the blanks ⅰ, ⅱ, ⅲ, and ⅳ must be filled with the article "A / a" or "An / an"?

　　a．ⅰ　　　　　　　　　　　　b．ⅱ

　　c．ⅲ　　　　　　　　　　　　d．ⅳ

2．Which of the following best fits in blank A?

　　a．attracted　　　　　　　　b．to attract

　　c．attractive　　　　　　　　d．attraction

3．Which of the following best fits in blank B?

　　a．to　　　　　　　　　　　　b．over

　　c．for　　　　　　　　　　　　d．against

4．Which of the following best fits in blank C?

a．one　　　　　　　　　　b．for

c．them　　　　　　　　　　d．with

5．Which of the following best fits in blank D?

a．be seen　　　　　　　　b．see

c．listen　　　　　　　　　d．be listened to

6．Which of the following best fits in blank E?

a．on　　　　　　　　　　b．at

c．as　　　　　　　　　　d．to

Section B: The five paragraphs [A]-[E] below make up a passage but are not properly ordered. Moreover, the five sentences (1)-(5) in paragraph [A] are not properly ordered, either. Read the passage and choose the best option from a-d for questions 7 and 8.

[A]

(1)　For example, in an intervention using young non-gamer adults, we found that 2 weeks of playing Super Mario 3D World improved hippocampal-based memory performance relative to both active and no-contact control groups, with the amount of exploration in the game correlating with the amount of improvement.

(2)　In this study, 2-weeks of spatial exploration of the virtual world and building complex structures with resources gathered in the world resulted in a robust improvement in memory ability.

(3)　Prior research in our lab and others has demonstrated positive effects of large, immersive 3D video game playing on hippocampal-based memory ability.

(4)　In yet another study, we used Minecraft to more directly manipulate the amount and type of enrichment.

(5)　We found a similar effect in older adults (60-80 years) with 4 weeks of playing improving memory ability such that it matched performance of participants 15-20 years younger.

[B]　One clear aspect of many modern video games is that they provide a novel, rich world to explore. Decades of neuroscience

2
0
2
4
年
度

一
般
選
抜

英
語

research dating back to pioneering efforts by Donald Hebb (Hebb, 1947) have shown that simply placing laboratory animals in enriched environments improves cognitive performance within a wide range of underlying neurobiological mechanisms.

[C]　Thus, there is substantial neurobiological evidence to support the idea that environmental enrichment, even from video games, might have a positive effect on the hippocampus and the memory abilities it supports.

[D]　Video games and Esports do not always enjoy a positive view in our society, despite the popularity of video games and the rising impact of Esports.　Yet, at their core, modern video games often provide incredibly rich cognitive experiences, opportunities for problem solving, for competition, for teamwork, and for social interaction.　As a result, gaming and Esports have the potential to provide considerable positive effects to the brain.

[E]　This "environmental enrichment" can not only ameliorate age-related effects on memory and structures in the brain like the hippocampus, known to support memory, but it has been shown to reduce the presence of both the amyloid-beta plaques and the neurofibrillary tangles in mouse models of Alzheimer's Disease, rescue deficits in hippocampal neurogenesis and synaptic plasticity, improve hippocampal-based memory, and up-regulate neurotrophic factors important to environmental enrichment and hippocampal neurogenesis.

[Adapted from: Stark, C. E. L., Clemenson, G. D., Aluru, U., Hatamian, N., & Stark, S. M. Playing Minecraft Improves Hippocampal-Associated Memory for Details in Middle Aged Adults. *Frontiers in Sports and Active Living, 3,* 685286.]

7. Which of the following shows the best (most coherent) sentence order for paragraph [A]?

　　a. 3-1-5-4-2　　　　　　　　b. 2-1-4-5-3
　　c. 4-1-2-5-3　　　　　　　　d. 5-2-3-1-4

8. Which of the following shows the best (most coherent) paragraph order for the passage?

a. B-D-E-A-C　　　　　　　　b. D-A-B-E-C

c. B-A-E-D-C　　　　　　　　d. D-B-E-C-A

 Read the texts in Sections A and B and answer the questions.

Section A: Choose the best option from a–d for questions 1–5.

Ignatius Loyola, a nobleman, soldier, and later a priest, at the beginning of his only book, Spiritual Exercises, proposed a ground rule, termed the *presupponendum*. It reads:

"Every good Christian ought to be more eager to put a good interpretation on a neighbour's statement than to condemn it. Further, if one cannot interpret it favourably, one should ask how the other means it. If that meaning is wrong, one should correct the person with charity; and if this is not enough, one should search out every appropriate means through which, by understanding the statement in a good way, it may be saved."

Obviously, Ignatius wrote it for Christians, and only in a specific context. However, we will try to show that this may serve as an inspiration for creating a procedure which preserves all the insights leading to the principle of charity while allowing us to learn from encounters with different epistemic perspectives and substantially improving one's own worldview.

Within Ignatius' rule we may distinguish four steps, which in fact amount to a procedure of "presupposing," which will be very useful for modelling a dialectical principle of charity, as shown on the right.

1. RETRIEVE
If one cannot interpret it favourably, then:
2. ASK
If that meaning is wrong, then:
3. CORRECT
If this is not enough, then
4. FIND OTHER WAY

[Adapted from: Pruś, J., & Sikora, P. (2023). The Dialectical Principle of

Charity: A Procedure for a Critical Discussion. *Argumentation.*]

1. Which of the following would be most consistent with the RETRIEVE step when arguing with someone?

　　a. Reject the statements that you favor and accept the ones you don't.

　　b. Question them until you get enough information to understand their position.

　　c. Point out how their statement is wrong with a focus on logical error.

　　d. Consider how to understand what they have said in a good way.

For the discussion below and questions 2-5, P, Q, and R are propositions (statements in an argument), and the prime mark (′) indicates a modified version of a proposition.

　　① Jaime: P is true.

　　② Sydney: (thinks: P is false) Do you really mean _____ is true?

　　③ Jaime: Yes, I mean _____ is true.

　　④ Sydney: But isn't it the case that not-P is true? Do you mean P′ is _____ ?

　　⑤ Jaime: Yes, you're right. _____ is true.

　　⑥ Sydney: (thinks: Do I believe P′ is true? It contradicts Q. Is Q false?)

2. If the discussion follows Ignatius' presupponendum, which of the following best fits in the four blanks, respectively?

　　a. Q, Q, false, Q　　　　　　　　b. P, P, true, P′

　　c. P′, P′, true, Q　　　　　　　　d. P′, Q, false, P

3. Which line(s) in the discussion correspond to the CORRECT step?

　　a. line ②　　　　　　　　　　　b. lines ②-④

　　c. line ④　　　　　　　　　　　d. lines ⑤-⑥

Consider the following definitions of two types of arguments.

Straw man argument — An argument that is formulated by a debater as a very weak form of their opponent's argument, often done by misrepresenting their opponent's argument so that it can be easily knocked down.

Steel man argument — A reformulation of an opponent's argument into the strongest argument possible based on what the opponent has said; often used to make the argument more intellectually challenging.

4. Which of the following is true?

  a. The CORRECT step is basically an attempt to formulate a straw man argument.

  b. The presupponendum could not be applied to a steel man argument.

  c. The presupponendum could not be applied to a straw man argument.

  d. The CORRECT step is basically an attempt to formulate a steel man argument.

5. Which of the following replacements in the above discussion would constitute an example of making a straw man argument?

  a. line ② : (thinks: P depends partly on R and R is widely known to be false) So, you're saying R is true?

  b. line ③ : Well, actually, I think P′ is true because R is false.

  c. line ④ : (thinks: P and P′ are both true) But isn't it the case that P is false? Do you mean P′ is false, too?

  d. line ⑥ : (thinks: Do I believe P″ is true? It is almost identical to P. Is P actually true?)

Section B: Choose the best option from a–d for questions 6–10.

When we want to solve a problem, we hold all the information relating to the problem in working memory. Unfortunately, working memory is highly limited. We can hold only three or four new items in working memory at any one time. This places a huge limit on our ability to solve problems. You can see this by increasing the length of a range of multiplication problems. If you are asked to solve the problem (　A　) mentally, then it is possible for you to succeed, because doing so does not require you to hold (　B　) new information in your working memory at once. But there is still a chance you will make errors, because you do have to use your working memory to remember a few things. You can solve this problem several ways; the following is probably the most common:

① 　7×6＝42.

② 　Put 2 down, carry 4.

③ 　7×4＝28.

④ 　Add 4 to 28＝32.

⑤ 　Remember you had put 2 down.

⑥ 　Thus, the final answer is (　C　).

Whatever method you use to calculate this, you have to hold one piece of information in your working memory while you work out the next piece. Then you have to recall the first piece of information because you need to do something that involves using <u>it</u> and <u>the second piece</u> together. It is typical when solving problems like this to forget the result of the first calculation by the time you have got to the end of the last calculation. Multiplying a three-digit number by a one-digit number would test working memory even further.

And if you are asked to solve the problem (　D　) mentally, you almost certainly will not succeed. It is not that you do not know how to solve the problem; it is that solving it involves you holding far too many new pieces of information in your working memory at once.

[Adapted from: Christodoulou, D. (2014). *Seven Myths about Education.* Routledge.]

6. Which of the following best fits in blank A?

　　a．47×6　　　　　　　　　　b．7×40

　　c．6×7　　　　　　　　　　d．46×7

7. Which of the following best fits in blank B?

a．enough　　　　　　　　b．too much

c．a little　　　　　　　　d．any

8．Which of the following best fits in blank C?

a．30　　　　　　　　　　b．34

c．232　　　　　　　　　　d．322

9．In the given example solution, which is a plausible pair of values for it and the second piece, respectively, at some point in working out the problem?

a．28, 42　　　　　　　　b．6, 7

c．4, 28　　　　　　　　　d．2, 28

10．Which of the following best fits in blank D?

a．410,000×2　　　　　　b．$\pi \times 1{,}000$

c．23,759×42　　　　　　d．3×1,111,111

Ⓥ For questions 1–15, two definitions are given with one sample sentence each. Think of a word that matches both definitions and also fits in the blanks in both sentences. Convert each letter of the word into a number 1 to 4 according to the table below: number 1 represents letters *a–g*, 2 represents *h–m*, 3 represents *n–s*, and 4 represents *t–z*. Then choose the matching sequence of numbers from options a–d. For example, if the word you think of is *wise*, for which the first letter *w* is given, the remaining letters would be changed into *2* for *i*, *3* for *s*, and *1* for *e*. Hence, the correct answer would be *w231*.

Number	Letters
1	a, b, c, d, e, f, g
2	h, i, j, k, l, m
3	n, o, p, q, r, s
4	t, u, v, w, x, y, z

1．(i) to fasten or hold something in place: The truck driver (*r*　　)*ed* the load on the truck with a chain.

(ii) to control a strong urge or emotion: The tour guide couldn't
(*r*   ) her anger at the tourist's rude behavior.

   a. *r*1343123   b. *r*134131

   c. *r*124123   d. *r*1131341

2. (i) to oppose something: The expert's testimony at trial (*c*   )*ed*
the testimony given earlier by the main eyewitness.

(ii) in formal logic, a proposition that cannot possibly be true: The
proposition A is B and A is not B is a logical (*c*   )*ion.*

   a. *c*234223214   b. *c*334311214

   c. *c*32331114   d. *c*23124

3. (i) a surface connecting two levels of different heights: The
construction worker had to maneuver the load carefully along a
narrow (*i*   ) to reach the upper floors.

(ii) to have a tendency to do or be something: If motivated, the
professor was (*i*   )*d* to keep lecturing well past the end of
the class hour.

   a. *i*4421321   b. *i*232311341

   c. *i*312231   d. *i*11341

4. (i) money that is specially provided for a project: The researchers
were extremely pleased that their multi-million dollar (*g*   )
proposal had been accepted.

(ii) to allow something: The neighborhood zoning committee
(*g*   )*ed* permission for the construction of a new children's
nursery and playground.

   a. *g*313   b. *g*213

   c. *g*3134   d. *g*3112

5. (i) rough: The rock had a very (*h*   ) surface.

(ii) severe or rigorous: The winter conditions at the top of the
mountain were very (*h*   ).

   a. *h*1332   b. *h*32234

   c. *h*12144   d. *h*34

6. (i) an organization or agency usually dedicated to education or

research: When the error was discovered, the (i)
immediately issued a correction and a public apology.

(ii) to establish a formal policy: At the start of the next fiscal
year, the company will (i) a new policy to counter
harassment within the workplace.

 a. i23213134   b. i33424441

 c. i334142134   d. i34331421

7. (i) a result or effect: The government's actions were predicted to
have dire (c)s on the financial health of the country.

(ii) great importance: As it turned out, the decision was of little
(c) to the everyday lives of the citizens.

 a. c3331341311   b. c32124233

 c. c1231   d. c1314

8. (i) to increase in number: As the club captain, her responsibilities
will (m).

(ii) to reproduce (of living things): Bacteria (m) in warm,
moist conditions.

 a. m4242324   b. m333413

 c. m13   d. m11314

9. (i) making something fit: The new industry regulations required
many (a)s by several producers, leading to temporary
price increases.

(ii) a place to spend a night: There are many online businesses
that can provide suitable (a)s for budget-minded travelers.

 a. a12442134   b. a241331441

 c. a113223114233   d. a14241423

10. (i) to change the nature, purpose, or function of something: The
old laboratory building was (c)ed to office and classroom
space to support the university's expansion.

(ii) a person who has changed their religious or political affiliation:
The holy site attracted a large number of (c)s who came
to strengthen their faith.

a．c2231   b．c232242

c．c241   d．c334134

11. (i) a numerical code that identifies a location: After receiving the
     (c)s over the radio, the navigator determined their
     location and found they were way off course.

   (ii) to oversee or manage some project or effort: Because of the
     huge commitment involved, nobody wanted to (c) the
     organization's annual fundraising drive.

   a．c24141233   b．c3331314

   c．c333123141   d．c1212141

12. (i) to suggest something as a logical result: The experimental
     findings (i)d that a long-accepted theory was in doubt
     and needed re-examination.

   (ii) to bring into an incriminating connection: The executive was
     (i)d in the scheme to avoid paying taxes by offshoring
     company income.

   a．i23221   b．i23221141

   c．i3211411   d．i33311341

13. (i) of or related to the end of life: We were devastated to learn
     that our pet had late stage (t) cancer and would probably
     not live more than a few more weeks.

   (ii) a station or port that represents the end of a transportation
     line: Due to the stormy weather, the ferry reached the (t)
     over two hours late.

   a．t44212232   b．t3221123

   c．t34332321   d．t1322312

14. (i) the background or situation in which an event occurs: The
     (s) for the opening scene of the film is a university
     graduation ceremony in the mid-20th century.

   (ii) the parameters under which a machine or mechanism operates:
     After you open your browser, you'll need to change certain
     (s)s in order to make it run more securely.

a．*s*144231　　　　　　　　b．*s*1332431

c．*s*3313224　　　　　　　　d．*s*3134332

15. (i) soundness of a person's moral character: While many in the public cast strong suspicions on them, the board of trustees showed (*i*　　) in their honest dealings with the matter.

(ii) the quality or state of being whole or complete: The waves buffeted the ship during the heavy storm, but its structural (*i*　　) held and it completed its journey safely.

a．*i*43421343　　　　　　　b．*i*34113244

c．*i*33332313　　　　　　　d．*i*21333213

数　学

(120 分)

[I]　円 $C : x^2 + (y-1)^2 = 1$ に接する直線で，x 切片，y 切片がともに正であるものを ℓ とする。C と ℓ と x 軸により囲まれた部分の面積を S，C と ℓ と y 軸により囲まれた部分の面積を T とする。$S+T$ が最小となるとき，$S-T$ の値を求めよ。

[II]　n を自然数とし，数 $1, 2, 4$ を重複を許して n 個並べてできる n 桁の自然数全体を考える。そのうちで 3 の倍数となるものの個数を a_n，3 で割ると 1 余るものの個数を b_n，3 で割ると 2 余るものの個数を c_n とする。

(1)　a_{n+1} を b_n, c_n を用いて表せ。同様に，b_{n+1} を a_n, c_n を用いて，c_{n+1} を a_n, b_n を用いて表せ。

(2)　a_{n+2} を n と c_n を用いて表せ。

(3)　a_{n+6} を n と a_n を用いて表せ。

(4)　a_{6m+1} $(m = 0, 1, 2, \ldots)$ を m を用いて表せ。

[Ⅲ]　点 O, A, B, C を頂点とする四面体 OABC を考える。辺 OA, OB, OC の中点をそれぞれ P, Q, R とし，辺 BC, CA, AB の中点をそれぞれ S, T, U とする。

(1)　辺 PS, QT, RU が 1 点で交わることを示せ。

(2)　$OA^2 + BC^2 = OB^2 + CA^2 = OC^2 + AB^2$ のとき，点 P, Q, R, S, T, U が同一球面上にあることを示せ。

(3)　(2)において，辺 PS が辺 OA, BC と直交するとし，辺 OA, BC の長さをそれぞれ a, k とする。点 P, Q, R, S, T, U を頂点とする八面体の体積 V を a と k を用いて表せ。

(4)　(3)において，$k = 1$ のとき八面体の体積 V の最大値を求めよ。

> ※(4) については，設問の記述に不備があったため，適切な解答に至らないおそれがあることから，解答に至る過程等を十分に精査し，採点する措置が取られたことが大学から公表されている。

[Ⅳ]　2 つのチーム W, K が n 回試合を行う。ただし，$n \geq 2$ とする。各試合での W, K それぞれの勝つ確率は $\dfrac{1}{2}$ とし，引き分けはないものとする。W が連敗しない確率を p_n とする。ただし，連敗とは 2 回以上続けて負けることを言う。

(1)　p_3 を求めよ。

(2)　p_{n+2} を p_{n+1} と p_n を用いて表せ。

(3)　以下の 2 式を満たす α, β を求めよ。ただし，$\alpha < \beta$ とする。

$$p_{n+2} - \beta p_{n+1} = \alpha(p_{n+1} - \beta p_n)$$
$$p_{n+2} - \alpha p_{n+1} = \beta(p_{n+1} - \alpha p_n)$$

(4)　p_n を求めよ。

[Ⅴ]　xy 平面上において，以下の媒介変数表示をもつ曲線を C とする。

$$\begin{cases} x = \sin t + \dfrac{1}{2}\sin 2t \\ y = -\cos t - \dfrac{1}{2}\cos 2t - \dfrac{1}{2} \end{cases}$$

ただし，$0 \leqq t \leqq \pi$ とする。

(1)　y の最大値，最小値を求めよ。

(2)　$\dfrac{dy}{dt} < 0$ となる t の範囲を求め，C の概形を xy 平面上に描け。

(3)　C を y 軸のまわりに1回転してできる立体の体積 V を求めよ。

物　理

（2科目　120分）

〔I〕　以下の空欄にあてはまるものを各解答群から選び，マーク解答用紙の該当欄にマークせよ。

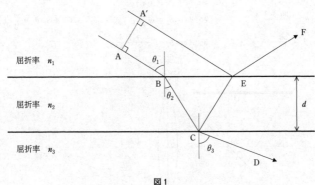

図1

図1のように，屈折率 n_2 で一様な厚さ d の薄膜が，それぞれ屈折率 n_1，n_3 の媒質に挟まれている。真空中における波長 λ の光が，屈折率 n_1 の媒質の遠方から，入射角 θ_1 で薄膜の上面に入射している。ただし，入射光は平面波であり，その波面は線分 AA′ と平行である。

まず，薄膜の上面で屈折し，さらに薄膜の底面で屈折する光（経路 ABCD）を考える。点 A を通った光は点 B において屈折角 θ_2 で屈折し，さらに点 C において屈折角 θ_3 で屈折しているとする。このとき，$\sin\theta_2 = $ (1) ，$\sin\theta_3 = $ (2) である。

(1)の解答群

　　a ． $n_1\sin\theta_1$　　　　　　b ． $n_2\sin\theta_1$　　　　　　c ． $\dfrac{1}{n_1}\sin\theta_1$　　　　　d ． $\dfrac{1}{n_2}\sin\theta_1$

　　e ． $\dfrac{n_1}{n_2}\sin\theta_1$　　　　　f ． $\dfrac{n_2}{n_1}\sin\theta_1$　　　　　g ． $n_1 n_2\sin\theta_1$　　　　h ． $\dfrac{1}{n_1 n_2}\sin\theta_1$

(2)の解答群

　　a ． $n_2\sin\theta_1$　　　　　　b ． $n_3\sin\theta_1$　　　　　　c ． $\dfrac{n_1}{n_2}\sin\theta_1$　　　　d ． $\dfrac{n_2}{n_1}\sin\theta_1$

　　e ． $\dfrac{n_1}{n_3}\sin\theta_1$　　　　　f ． $\dfrac{n_3}{n_1}\sin\theta_1$　　　　　g ． $\dfrac{n_2}{n_3}\sin\theta_1$　　　　h ． $\dfrac{n_3}{n_2}\sin\theta_1$

次に，薄膜の上面で屈折し，さらに薄膜の底面で全反射する光を考える。$n_1 = 2$，$n_2 = \sqrt{2}$，$n_3 = 1$ のとき，入射角 θ_1 の範囲は (3) で与えられる。

(3)の解答群

a ． $0° \leqq \theta_1 < 30°$

b ． $0° \leqq \theta_1 < 45°$

c ． $30° \leqq \theta_1 < 45°$

d ． $30° \leqq \theta_1 < 60°$

e ． $30° \leqq \theta_1 < 90°$

f ． $45° \leqq \theta_1 < 60°$

g ． $45° \leqq \theta_1 < 90°$

h ． $0° \leqq \theta_1 < 90°$

さらに，薄膜の底面で反射した光（経路 ABCEF）と薄膜の上面で反射した光（経路 A′EF）の干渉について考える。$n_1 < n_2 < n_3$ のとき，これらの光が弱め合いの干渉を起こす条件は　(4)　で与えられる。ただし，m は負でない整数である。

(4)の解答群

a ． $d \sin \theta_2 = m \dfrac{\lambda}{n_2}$

b ． $d \sin \theta_2 = \dfrac{m}{2} \dfrac{\lambda}{n_2}$

c ． $d \sin \theta_2 = \dfrac{2m + 1}{2} \dfrac{\lambda}{n_2}$

d ． $d \sin \theta_2 = \dfrac{2m + 1}{4} \dfrac{\lambda}{n_2}$

e ． $d \cos \theta_2 = m \dfrac{\lambda}{n_2}$

f ． $d \cos \theta_2 = \dfrac{m}{2} \dfrac{\lambda}{n_2}$

g ． $d \cos \theta_2 = \dfrac{2m + 1}{2} \dfrac{\lambda}{n_2}$

h ． $d \cos \theta_2 = \dfrac{2m + 1}{4} \dfrac{\lambda}{n_2}$

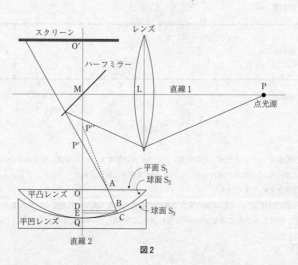

図2

図2のように，直線1を光軸とする焦点距離 f（$f > 0$）のレンズが空気中にある。直線1上の，レンズの中心 L からレンズの焦点より遠い位置にある点 P に，波長 λ の点光源を置く。点光源からさまざまな方向に出る光線のうち，光軸と小さな角をなす1本の光線を考える。この光線はレンズによって屈折し，直線1上の点 M に置かれたハーフミラー（光の一部を透過させ，一部を反射する鏡）で反射している。ハーフミラーに対して直線1と対称な直線を直線2とする。ハーフミラーの下には，直線2を光軸として平凸レンズと平凹レンズが重ねられている。平凸レンズの上の面は平面 S_1 であり，直線2と点 O で交わる。平凸レンズの下の面は半径 R の球面 S_2，平凹レンズの上の面は半径 $R + \Delta R$ の球面 S_3 であり，S_2 と S_3 は直線2上の点 Q で接している。ただし，空気の屈折率を1とし，レンズはいずれも屈折率 n（$n > 1$）のガラスでできているとする。また，ΔR は正で，R に比べて十分小さいとする。

ハーフミラーで反射した光線は，MO 間の点 P′ で直線2と交わる。$\overline{\text{LM}} = l_1$，$\overline{\text{MO}} = l_2$，$\overline{\text{P′O}} = h$ とおくと，$\overline{\text{PL}} = $　(5)　である。

(5)の解答群

a ． $l_1 + l_2 + h - f$

b ． $l_1 + l_2 - h - f$

c ． $\dfrac{1}{\dfrac{1}{f} + \dfrac{1}{l_1 + l_2 + h}}$

d ． $\dfrac{1}{\dfrac{1}{f} - \dfrac{1}{l_1 + l_2 + h}}$

$$\mathbf{e}.\ \cfrac{1}{\cfrac{1}{f}+\cfrac{1}{l_1+l_2-h}} \qquad \mathbf{f}.\ \cfrac{1}{\cfrac{1}{f}-\cfrac{1}{l_1+l_2-h}} \qquad \mathbf{g}.\ \cfrac{1}{\cfrac{1}{l_1+l_2+h}-\cfrac{1}{f}} \qquad \mathbf{h}.\ \cfrac{1}{\cfrac{1}{l_1+l_2-h}-\cfrac{1}{f}}$$

上述の光線は平凸レンズの S_1 上の点 A で屈折し，点 B で S_2 に垂直に入射している。点 B から直線 2 に下ろした垂線の足を D とする。ここで，点 A における光線の入射角，屈折角はいずれも小さく，これらの角を φ としたとき，$\sin\varphi \approx \tan\varphi \approx \varphi$ と近似できるものとする。

直線 AB と直線 2 との交点を P'' とすると，$\overline{\mathrm{OP''}} = \boxed{(6)}$ である。また，$\overline{\mathrm{OA}} = r$，$\overline{\mathrm{BD}} = r'$ とおくと，$r' = \boxed{(7)}$ である。

(6)の解答群

$\mathbf{a}.\ nh \qquad\qquad \mathbf{b}.\ (n+1)h \qquad\qquad \mathbf{c}.\ (n-1)h \qquad\qquad \mathbf{d}.\ \sqrt{nh}$

$\mathbf{e}.\ n^2h \qquad\qquad \mathbf{f}.\ \dfrac{h}{n-1} \qquad\qquad \mathbf{g}.\ \dfrac{(n+1)h}{n} \qquad\qquad \mathbf{h}.\ \dfrac{nh}{n-1}$

(7)の解答群

$\mathbf{a}.\ nr \qquad\qquad \mathbf{b}.\ \dfrac{r}{n} \qquad\qquad \mathbf{c}.\ \dfrac{nRr}{h} \qquad\qquad \mathbf{d}.\ \dfrac{nhr}{R}$

$\mathbf{e}.\ \dfrac{nhR}{r} \qquad\qquad \mathbf{f}.\ \dfrac{Rr}{nh} \qquad\qquad \mathbf{g}.\ \dfrac{hr}{nR} \qquad\qquad \mathbf{h}.\ \dfrac{hR}{nr}$

一般に，絶対値が 1 より十分小さい実数 x に対して，近似式

$$(1+x)^a \approx 1 + ax \qquad (*)$$

が成り立つ（a は任意の実数）。

$\overline{\mathrm{DQ}} = d_1$ とおく。$\triangle\mathrm{P''DB}$ に関して三平方の定理を考え，d_1 は R に比べて十分小さいとして近似式（*）を用いると，$d_1 = \boxed{(8)}$ である。

(8)の解答群

$\mathbf{a}.\ \dfrac{r'^2}{R} \qquad\qquad \mathbf{b}.\ \dfrac{r'^2}{2R} \qquad\qquad \mathbf{c}.\ \dfrac{2r'^2}{R} \qquad\qquad \mathbf{d}.\ \dfrac{4r'^2}{R}$

$\mathbf{e}.\ \dfrac{R^2}{r'} \qquad\qquad \mathbf{f}.\ \dfrac{R^2}{2r'} \qquad\qquad \mathbf{g}.\ \dfrac{2R^2}{r'} \qquad\qquad \mathbf{h}.\ \dfrac{4R^2}{r'}$

点 B において球面 S_2 を透過した光線は，球面 S_3 上の点 C において反射している。点 C から直線 2 に下ろした垂線の足を E とする。ここで，光線と直線 2 のなす角は十分小さく，$\overline{\mathrm{CE}} \approx \overline{\mathrm{BD}}$ と近似できるものとする。

$\overline{\mathrm{EQ}} = d_2$ とおく。球面 S_3 の中心を P''' とおいて $\triangle\mathrm{P'''EC}$ に関して三平方の定理を考え，d_2 は $R + \Delta R$ に比べて十分小さいとして近似式（*）を用いると，$d_2 = \boxed{(9)}$ である。

(9)の解答群

$\mathbf{a}.\ \dfrac{r'^2}{R+\Delta R} \qquad\qquad \mathbf{b}.\ \dfrac{r'^2}{2(R+\Delta R)} \qquad\qquad \mathbf{c}.\ \dfrac{2r'^2}{R+\Delta R} \qquad\qquad \mathbf{d}.\ \dfrac{4r'^2}{R+\Delta R}$

$\mathbf{e}.\ \dfrac{(R+\Delta R)^2}{r'} \qquad\qquad \mathbf{f}.\ \dfrac{(R+\Delta R)^2}{2r'} \qquad\qquad \mathbf{g}.\ \dfrac{2(R+\Delta R)^2}{r'} \qquad\qquad \mathbf{h}.\ \dfrac{4(R+\Delta R)^2}{r'}$

ここで，ΔR は R に比べて十分小さいことから，近似式（*）を用いて d_2 をさらに近似すると，$\overline{\mathrm{DE}} = d_1 - d_2 = \boxed{(10)}$ となる。

(10)の解答群

$\mathbf{a}.\ \dfrac{nr}{h}\Delta R \qquad\qquad \mathbf{b}.\ \dfrac{r}{nh}\Delta R \qquad\qquad \mathbf{c}.\ \left(\dfrac{nr}{h}\right)^2\Delta R \qquad\qquad \mathbf{d}.\ \left(\dfrac{r}{nh}\right)^2\Delta R$

$\mathbf{e}.\ \left(\dfrac{nr}{h}\right)^2\dfrac{\Delta R}{2} \qquad\qquad \mathbf{f}.\ \left(\dfrac{r}{nh}\right)^2\dfrac{\Delta R}{2} \qquad\qquad \mathbf{g}.\ \sqrt{\dfrac{nr}{h}}\,\Delta R \qquad\qquad \mathbf{h}.\ \sqrt{\dfrac{r}{nh}}\,\Delta R$

上記の光線は点 B で球面 S_2 に垂直に反射しているが，点 C においても球面 S_3 に垂直に反射しているとみなし，点 B で反射した光（経路 ABA）と点 C で反射した光（経路 ABCBA）の干渉について考える。$\overline{\mathrm{BC}} \approx \overline{\mathrm{DE}}$ と近似できるものとすると，これらの光が弱め合いの干渉を起こす条件は，$r = \boxed{(11)}$ で与えられる。ただし，m は負でない整数である。

(11)の解答群

a. $nh\sqrt{\dfrac{m\lambda}{\Delta R}}$　　　　b. $nh\sqrt{\dfrac{(2m+1)\lambda}{2\Delta R}}$　　c. $nh\left(\dfrac{m\lambda}{\Delta R}\right)^2$　　d. $nh\left\{\dfrac{(2m+1)\lambda}{2\Delta R}\right\}^2$

e. $\dfrac{h}{n}\sqrt{\dfrac{m\lambda}{\Delta R}}$　　　　f. $\dfrac{h}{n}\sqrt{\dfrac{(2m+1)\lambda}{2\Delta R}}$　　g. $\dfrac{h}{n}\left(\dfrac{m\lambda}{\Delta R}\right)^2$　　h. $\dfrac{h}{n}\left\{\dfrac{(2m+1)\lambda}{2\Delta R}\right\}^2$

点 M から直線 2 に沿って高さ l_3 の位置に，直線 2 に垂直にスクリーンを置く。上述の光線は，ハーフミラーを透過してスクリーンに到達する。点光源から様々な方向に出た光線を考えると，スクリーン上には同心円状の干渉縞が観察されることがわかる。ここで，中心 O′ から m 番目の暗い輪の半径は　(12)　である。ただし，中心を含む領域が暗い場合は，これを 0 番目と数える。

(12)の解答群

a. $n(l_1+l_2-h)\sqrt{\dfrac{m\lambda}{\Delta R}}$　　　b. $n(l_1+l_2-h)\sqrt{\dfrac{(2m+1)\lambda}{2\Delta R}}$　　c. $n(l_1+l_2-h)\left(\dfrac{m\lambda}{\Delta R}\right)^2$

d. $n(l_1+l_2-h)\left\{\dfrac{(2m+1)\lambda}{2\Delta R}\right\}^2$　e. $n(l_2+l_3-h)\sqrt{\dfrac{m\lambda}{\Delta R}}$　　f. $n(l_2+l_3-h)\sqrt{\dfrac{(2m+1)\lambda}{2\Delta R}}$

g. $n(l_2+l_3-h)\left(\dfrac{m\lambda}{\Delta R}\right)^2$　　h. $n(l_2+l_3-h)\left\{\dfrac{(2m+1)\lambda}{2\Delta R}\right\}^2$

〔II〕　以下の問の答を解答用紙の該当欄に記入せよ。

惑星 X（質量 M，半径 R）に宇宙船を送って探査することを考えよう。簡単のため，宇宙船は十分に小さいとし，質点とみなす。また，惑星 X は一様な球とみなし，その大気や自転の影響は考えない。万有引力定数を G とする。

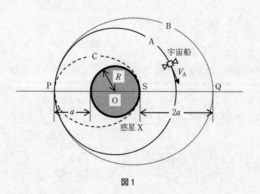

図 1

まず，図 1 に示すように，惑星 X の表面から一定の高度 a を保つ円軌道 A の上を，宇宙船が一定の速さ V_A で等速円運動をしている場合を考える。

問1　宇宙船の速さ V_A を求めよ。

問2　宇宙船の運動エネルギーを K_A，位置エネルギーを U_A，力学的エネルギーを E_A とするとき，U_A と E_A はそれぞれ K_A の何倍か，符号を含めて求めよ。ただし，惑星 X から無限遠方を位置エネルギー U_A の基準とする。

問3　ケプラーの第 3 法則により，円軌道 A の半径 $R+a$ の 3 乗と，その軌道上の等速円運動の周期 T_A の 2 乗は比例する。つまり，$T_A{}^2=k(R+a)^3$ が成り立つ。このときの比例係数 k を求めよ。

ここで，宇宙船の軌道が**図1**に示す点P(高度a)と点Q(高度$2a$)を通る楕円軌道Bの場合を考える。ただし，点P，点Qおよび惑星Xの中心Oは楕円軌道Bの長軸上にある。

問4　ケプラーの第2法則により，宇宙船の位置と惑星Xの中心Oを結ぶ線分が単位時間に通過する面積は一定である。点Pにおける宇宙船の速さV_Pは，円軌道Aのときの宇宙船の速さV_Aの何倍か求めよ。

問5　楕円軌道Bのときの宇宙船の力学的エネルギーE_Bと，円軌道Aのときの宇宙船の力学的エネルギーE_Aとの差を，$\Delta E = E_B - E_A$とする。ΔEは円軌道Aのときの宇宙船の運動エネルギーK_Aの何倍か，符号を含めて求めよ。

次に，**図1**の点PでOPに垂直な方向に探査機を宇宙船から放した。その探査機は，**図1**に示すように，点Pと点Sを端点とし点Oを通る線分を長軸とする楕円軌道Cを通った。ただし，点Sは惑星Xの表面にあり，探査機は質点とみなす。

問6　**問3**のケプラーの第3法則は，同じ比例係数kのままで，楕円軌道Cにも成り立つ。探査機が点Pで放出されてから初めて点Sに至るまでの時間Tを求めよ。

さて，惑星Xの表面上における，**図2**の装置を用いたばね振り子の実験を考えよう。真空容器内に自然長x_0の軽いばねが鉛直につり下げられ，その先端にはおもりが取り付けられている。この装置には，ばねの長さを自然長に固定する止め具が装備されており，それを静かに外すとおもりは単振動を始めた。おもりやばねが容器の壁面や下面と接触することはないとする。以降，惑星Xの質量と半径は，地球と比べてそれぞれα倍，β倍であるとする。

問7　惑星X表面付近での重力加速度は，地球表面付近での重力加速度の何倍か求めよ。

問8　おもりの速さが最大となるときのばねの長さを$x_0 + \Delta x$とする。惑星X上でのΔxは，同じ装置を用いて地球上で実験したときと比べて何倍か求めよ。

問9　惑星X上におけるこの単振動の周期は，地球上で実験したときと比べて何倍か求めよ。

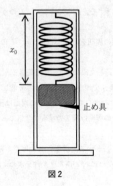

図2

〔Ⅲ〕 以下の問の答を解答用紙の該当欄に記入せよ。

図1のように，面積 S の平坦な極板 A，B を間隔 d で並べた平行板コンデンサー，電圧 V の直流電源，電気抵抗 R の抵抗器，スイッチからなる回路を考える。抵抗器以外の部分の電気抵抗は無視できるものとする。回路は空気中にあり，真空の誘電率を ε_0，空気の比誘電率を 1 とする。平行板コンデンサーの極板間の電場は極板に垂直であり，極板の端の効果は無視できるものとする。

問1 **図1**でスイッチを閉じて十分に時間が経過したときの極板 A に蓄えられている電気量を，d，S，V，ε_0 のうち必要なものを用いて表せ。

問2 **問1**のスイッチを閉じた状況で，**図2**のように，面積 S で厚さ $d/3$ の帯電していない金属板 C を極板 A と B の中央に挿入した。金属板 C は極板からはみ出しておらず，その両面は極板と平行である。挿入して十分に時間が経過したときの極板 A に蓄えられている電気量を，d，S，V，ε_0 のうち必要なものを用いて表せ。

問3 **問2**の状況で金属板 C に電気量 Q を与えた。十分に時間が経過したときの極板 A に蓄えられている電気量を，d，S，V，ε_0，Q のうち必要なものを用いて表せ。

問4 **問3**の状況でスイッチを開き，**図3**のように直流電源を逆向きに接続した。再びスイッチを閉じた直後に抵抗器に流れる電流の大きさを，d，S，V，ε_0，R のうち必要なものを用いて表せ。

問5 **問4**のスイッチを閉じた状況で金属板 C を取り除き，面積 S で厚さ $d/3$ の帯電していない平板型の誘電体 D を極板 A と B の中央に挿入した。誘電体 D は極板からはみ出しておらず，その両面は極板と平行である。誘電体 D の比誘電率を $\varepsilon_r(\varepsilon_r > 1)$ として，挿入して十分に時間が経過したときの極板 A に蓄えられている電気量を，d，S，V，ε_0，ε_r のうち必要なものを用いて表せ。

図1でスイッチを閉じて十分に時間が経過した後にスイッチを開き，電源と抵抗器を取り外して**図4**のように自己インダクタンス L のコイルを接続した。再びスイッチを閉じたところ，極板 A に蓄えられた電気量が振動した。

問6 **図4**の矢印の向きをコイルに流れる電流 I の正の向きとして，スイッチを閉じた直後の I の時間変化率の正負を答えよ。また，時間変化率の大きさを，d，S，V，ε_0，L のうち必要なものを用いて表せ。

問7 極板 A に蓄えられた電気量の振動の周期を，d，S，V，ε_0，L のうち必要なものを用いて表せ。

図1でスイッチを閉じて十分に時間が経過した後にスイッチを開き，電源と抵抗器を取り外して**図5**のように自己インダクタンス L のコイルを接続し，面積 S で厚さ $t(t < d)$ の帯電していない平板型の誘電体 E を極板 A と B の中央に挿入した。誘電体 E は極板からはみ出しておらず，その両面は極板と平行である。再びスイッチを閉じると極板 A に蓄えられた電気量が振動し，その周期は**問7**の場合の 2 倍であった。

問8 誘電体 E の比誘電率を $\varepsilon_r(\varepsilon_r > 1)$ とする。誘電体 E の厚さ t を，d，S，V，ε_0，ε_r，L のうち必要なものを用いて表せ。また，$t < d$ となるために ε_r が満たす条件を求めよ。

問9　コンデンサーの極板間の電位差がゼロになった瞬間に，コイルに流れている電流の大きさを，d, S, V, ε_0, L のうち必要なものを用いて表せ。

図2の状況で金属板 C に電気量 Q を与えて十分に時間が経過した。回路のスイッチを開き，電源を取り外して**図6**のように自己インダクタンス L のコイルを接続した。再びスイッチを閉じたところ，抵抗器に流れる電流が振動しながら減衰した。十分に時間が経過して電流が流れなくなったとみなせるまでに失われた回路の電気エネルギーは，全て抵抗器で生じるジュール熱になるものとする。

問10　このジュール熱の総量を，d, S, V, ε_0, Q, L のうち必要なものを用いて表せ。

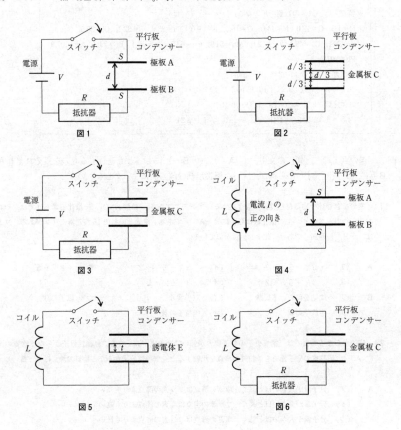

図1　図2　図3　図4　図5　図6

化　学

（2科目　120分）

> 必要ならば，以下の数値を用いなさい。
>
> H＝1.0,　C＝12.0,　N＝14.0,　O＝16.0,　F＝19.0,　Na＝23.0,　S＝32.1,　Cl＝35.5,
> K＝39.1,　Ca＝40.1,　Cr＝52.0,　Mn＝54.9,　Cu＝63.5,　Zn＝65.4,　Br＝79.9,　Ag＝107.9,
> Pb＝207.2
> アボガドロ定数：6.02×10^{23} /mol
> ファラデー定数：9.65×10^4 C/mol
> 気体定数：8.31×10^3 Pa・L/(K・mol)
> $\sqrt{1.8} = 1.34$,　$\sqrt{2} = 1.41$,　$\sqrt{3} = 1.73$,　$\sqrt{5} = 2.24$

〔I〕　つぎの（1）～（10）の文中，（　**A**　），（　**B**　）にもっとも適合するものを，それぞれ**A**群，
　　　B群の（ア）～（オ）から選び，マーク解答用紙の該当欄にマークしなさい。

（1）　窒素を含む化合物は自然界に多数存在する。アンモニア NH_3，硝酸 HNO_3，一酸化窒素 NO では，それぞれ
　　　の化合物中の N についての酸化数は順番に（　**A**　）である。窒素と同じ第15族元素にリンがある。N と P で
　　　は（　**B**　）が同じであり，化学的性質が似ている。

　　A：　（ア）　＋3，＋5，－2　　　　　（イ）　＋3，－5，＋2　　　　　（ウ）　＋3，－5，－2
　　　　　　（エ）　－3，＋5，＋2　　　　　（オ）　－3，0，－2

　　B：　（ア）　周期表における周期　　　（イ）　原子番号　　　　　　　（ウ）　陽子の数
　　　　　　（エ）　中性子の数　　　　　　　（オ）　価電子の数

（2）　分子からなる物質では，構成分子の分子間力が強いほど沸点が高くなる。無極性分子からなる物質の沸点は
　　　（　**A**　）。同程度の分子量をもつ物質の沸点を比較すると，無極性分子からなる物質の沸点は（　**B**　）。

　　A：　（ア）　分子量が大きいほど高く，塩素の沸点はフッ素の沸点よりも高い
　　　　　　（イ）　分子量が大きいほど高く，フッ素の沸点は塩素の沸点よりも高い
　　　　　　（ウ）　分子量が大きいほど低く，塩素の沸点はフッ素の沸点よりも低い
　　　　　　（エ）　分子量が大きいほど低く，フッ素の沸点は塩素の沸点よりも低い
　　　　　　（オ）　分子量によって変わらず，フッ素の沸点と塩素の沸点はほぼ等しい

　　B：　（ア）　極性分子からなる物質の沸点より高く，メタンの沸点はアンモニアの沸点よりも高い
　　　　　　（イ）　極性分子からなる物質の沸点より高く，アンモニアの沸点はメタンの沸点よりも高い
　　　　　　（ウ）　極性分子からなる物質の沸点より低く，メタンの沸点はアンモニアの沸点よりも低い
　　　　　　（エ）　極性分子からなる物質の沸点より低く，アンモニアの沸点はメタンの沸点よりも低い
　　　　　　（オ）　極性分子からなる物質の沸点と変わらず，メタンの沸点とアンモニアの沸点はほぼ等しい

（3）　耐圧容器XとYがコックで連結されていて，容器Xの容積は6.0 Lである。容器Xの内圧が 4.0×10^5 Paになるように水素を入れ，容器Yを真空にしてコックを開けると，容器内の圧力が 3.0×10^5 Paになった。したがって，容器Yの容積は（　A　）Lである。つぎに容器Yに水素吸蔵合金粉末Zを入れて，水素吸収量を測定した。容器Xの内圧が 4.0×10^5 Paになるように水素を入れ，容器Yを真空にしてコックを開け，しばらく放置すると容器内の圧力は 2.0×10^5 Paになった。この粉末Zが吸収した水素は（　B　）molである。水素は理想気体としてふるまうものと仮定し，温度は25℃で一定とし，コックや水素吸蔵合金粉末Zの体積は無視できるものとする。

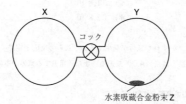

水素吸蔵合金粉末Z

A：　（ア）2.0　　　（イ）4.5　　　（ウ）6.0　　　（エ）8.0　　　（オ）10

B：　（ア）0.16　　（イ）0.32　　（ウ）0.65　　（エ）0.81　　（オ）0.97

（4）　四酸化二窒素 N_2O_4（気）は無色，二酸化窒素 NO_2（気）は褐色である。内部が見える体積一定の容器に N_2O_4（気）だけを1.0 mol入れ，温度を一定にしたまましばらく放置すると，最初に入れた N_2O_4 の20 %が解離し，下記の反応式にしたがって平衡状態に達した。このとき，全圧は 1.0×10^5 Paとなった。

$$N_2O_4（気） \rightleftarrows 2NO_2（気）\cdots ①$$

この温度における圧平衡定数は（　A　）Paと計算できる。つぎに，この平衡状態にあった温度からゆっくりと高温にすると，褐色が濃くなった。このような変化から考えると，①の反応で（　B　）。

A：　（ア）1.3×10^5　　　　　（イ）1.7×10^4　　　　　（ウ）5.0×10^3

　　　（エ）2.0　　　　　　　　（オ）5.0×10^{-2}

B：　（ア）温度を高くすると平衡は左に移動し，右向きの反応は吸熱反応である

　　　（イ）温度を高くすると平衡は左に移動し，右向きの反応は発熱反応である

　　　（ウ）温度を高くすると平衡は右に移動し，右向きの反応は吸熱反応である

　　　（エ）温度を高くすると平衡は右に移動し，右向きの反応は発熱反応である

　　　（オ）温度を高くしても平衡は移動しない

（5）　銅と濃硫酸の混合物を加熱することにより生成した化合物を水に溶かし，その水溶液から結晶を析出させると，化合物Wが得られる。化合物W 10 gを150℃以上で加熱すると，水和水（結晶水）を含まない化合物X（　A　）gが得られる。一方，銅を空気中で加熱すると化合物Yとなる。化合物Yをさらに1000℃以上で加熱すると化合物Zとなる。ここで，化合物XおよびY，Zの色はそれぞれ（　B　）である。

A：　（ア）6.4　　　（イ）6.9　　　（ウ）7.5　　（エ）8.2　　　（オ）9.0

B：　（ア）白，黒，緑　　　　　（イ）緑，赤，黒　　　　　（ウ）白，赤，黒

　　　（エ）黒，緑，赤　　　　　（オ）白，黒，赤

（6）AgCl の溶解度積 $K_{sp}(AgCl)$ は $1.8 \times 10^{-10}(mol/L)^2$ であるから，AgCl の飽和水溶液中の Ag^+ の濃度は（ **A** ）mol/L である。AgCl の飽和水溶液に K_2CrO_4 の水溶液を加えて CrO_4^{2-} の濃度を（ **B** ）mol/L 以上にしたところ，Ag_2CrO_4 の沈澱が生成した。ただし，Ag_2CrO_4 の溶解度積 $K_{sp}(Ag_2CrO_4)$ は 4.0×10^{-12} $(mol/L)^3$ であり，K_2CrO_4 の水溶液を加えたときの体積変化は無視してよい。

A: （ア）1.8×10^{-10} （イ）1.3×10^{-5} （ウ）4.2×10^{-5}
 （エ）1.3×10^{-4} （オ）4.2×10^{-4}

B: （ア）9.5×10^{-8} （イ）3.1×10^{-7} （ウ）2.3×10^{-3}
 （エ）2.3×10^{-2} （オ）2.3×10^{-1}

（7）つぎの①〜⑤の反応では，いずれも気体が発生する。これらの反応が完結するとき，発生する気体（水を除く）の物質量が最も小さい反応は（ **A** ）である。また，発生する気体が単体である反応は（ **B** ）個ある。

① 1 mol の CaF_2 と過剰の濃硫酸を加熱する反応
② 1 mol の Zn と過剰の NaOH 水溶液の反応
③ 1 mol の NH_4NO_2 の熱分解反応
④ 1 mol の Cu と過剰の希硝酸の反応
⑤ 1 mol の $KClO_3$ を少量の MnO_2 と加熱する反応

A: （ア）① （イ）② （ウ）③ （エ）④ （オ）⑤
B: （ア）1 （イ）2 （ウ）3 （エ）4 （オ）5

（8）エタノールとフェノールはいずれもヒドロキシ基をもち，両者には共通する性質もあるが，異なる性質もある。以下に示す①〜⑦の記述の中で，エタノールにあてはまる記述は（ **A** ）個あり，フェノールにあてはまる記述は（ **B** ）個ある。

① 0℃，1.013×10^5 Pa において液体として存在する。
② 水と任意の割合で混じりあう。
③ 酸化によりカルボン酸を生成する。
④ ナトリウムと反応して水素を発生する。
⑤ 水酸化ナトリウム水溶液を加えると反応し，塩を生成する。
⑥ 塩化鉄（Ⅲ）水溶液に入れると紫色に呈色する。
⑦ 過剰量の臭素水と反応して白色沈澱を生成する。

A: （ア）2 （イ）3 （ウ）4 （エ）5 （オ）6
B: （ア）2 （イ）3 （ウ）4 （エ）5 （オ）6

（9）スクロースはショ糖とも呼ばれ，サトウキビやテンサイに含まれている。スクロースはインベルターゼで加水分解されて（ **A** ）となり，それらはいずれも（ **B** ）。

A: （ア）ガラクトースとグルコース （イ）ガラクトースとフルクトース
 （ウ）ガラクトースとマルトース （エ）グルコースとフルクトース
 （オ）グルコースとマルトース

B：　（ア）　水に溶けない

　　　（イ）　銀鏡反応を示さない

　　　（ウ）　グリコシド結合をもつ

　　　（エ）　α 型のみである

　　　（オ）　酵母菌に含まれる酵素によりエタノールと二酸化炭素になる

(10)　アミノ酸 X 3.00 g が脱水縮合することによってポリマー Y 2.70 g が生成した。このアミノ酸 X は（　**A**　）である。また，以下に示す①〜⑤の記述の中で，アミノ酸 X が示す性質を表しているものは（　**B**　）である。

① 塩化鉄（Ⅲ）水溶液を加えると呈色する。

② フェーリング液を加えて加熱すると赤色沈殿を生成する。

③ 酢酸鉛（Ⅱ）を加えると黒色沈殿を生成する。

④ 薄い水酸化ナトリウム水溶液と薄い硫酸銅（Ⅱ）水溶液を少量加えると赤紫色に呈色する。

⑤ 薄いニンヒドリン水溶液を加えて加熱すると紫色に呈色する。

A：　（ア）　グリシン（分子量 75）　　　　　　（イ）　アラニン（分子量 89）

　　　（ウ）　システイン（分子量 121）　　　　（エ）　グルタミン酸（分子量 147）

　　　（オ）　チロシン（分子量 181）

B：　（ア）　①と⑤　　（イ）　②と③　　（ウ）　②と⑤　　（エ）　③と④　　（オ）　④と⑤

〔Ⅱ〕　つぎの文章を読んで，**問3**，**問4**，**問10**の答をマーク解答用紙の該当欄にマークし，その他の答を記述解答用紙の該当欄に記入しなさい。

(1)　**図1**のように，素焼き板で仕切った実験容器の左側に電極として銅板を浸した 1.0 mol/L の硫酸銅（Ⅱ）水溶液を，右側に電極として亜鉛板を浸した 1.0 mol/L の硫酸亜鉛（Ⅱ）水溶液を入れた。直流電圧計のマイナス端子を銅板につけ，プラス端子を亜鉛板につけて電位差（電圧）を測定したところ，－1.10 V であった。直流電圧計のマイナス端子とプラス端子を逆に接続すると電圧は 1.10 V であった。**表1**のように，容器の左側と右側に電極として金属を浸した水溶液を入れて，直流電圧計のマイナス端子を左側電極に，プラス端子を右側電極につけて電圧を測定した。

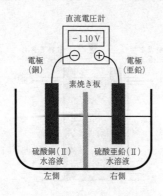

図1　実験装置（実験例）の模式図

表1　実験装置の構成

実験	実験容器の左側		実験容器の右側		電圧（V）
	電極	溶液（濃度 1.0 mol/L）	電極	溶液（濃度 1.0 mol/L）	
例	銅	硫酸銅（Ⅱ）水溶液	亜鉛	硫酸亜鉛（Ⅱ）水溶液	− 1.10
（1）	マンガン	硫酸マンガン（Ⅱ）水溶液	銅	硫酸銅（Ⅱ）水溶液	1.52
（2）	銀	硝酸銀水溶液	銅	硫酸銅（Ⅱ）水溶液	− 0.46
（3）	銅	硫酸銅（Ⅱ）水溶液	鉛	硝酸鉛（Ⅱ）水溶液	− 0.47
（4）	マンガン	硫酸マンガン（Ⅱ）水溶液	鉛	硝酸鉛（Ⅱ）水溶液	1.05
（5）	鉛	硝酸鉛（Ⅱ）水溶液	銀	硝酸銀水溶液	**問5**

問1　実験（1）〜（4）で正極の金属を元素記号で答えなさい。

問2　実験（2）の負極と正極で起こっている変化を，それぞれ電子 e^- を用いたイオン反応式で示しなさい。

問3　銅，鉛，マンガンについて，還元剤としての強さを不等号で表す。つぎの（**ア**）〜（**カ**）から正しいもの
を選び，マーク解答用紙の該当欄にマークしなさい。

（**ア**）　銅>鉛>マンガン　　　　（**イ**）　銅>マンガン>鉛　　　　（**ウ**）　鉛>マンガン>銅

（**エ**）　鉛>銅>マンガン　　　　（**オ**）　マンガン>銅>鉛　　　　（**カ**）　マンガン>鉛>銅

問4　亜鉛，銀，銅，マンガンのうち塩酸と反応して水素を発生するものをつぎの（**ア**）〜（**エ**）からすべて選
び，マーク解答用紙の該当欄にマークしなさい。

（**ア**）　亜鉛　　　　（**イ**）　銀　　　　（**ウ**）　銅　　　　（**エ**）　マンガン

問5　実験（5）の電圧（V）を小数点以下2桁で答えなさい。

（2）　固体高分子膜の両側に触媒を含む電極をつけた装置を図2に示す。この装置を 77℃ に保って，1.0×10^5 Pa
で，左側から水素 H_2 を毎分 0.50 L の速さで供給し，右側から酸素 O_2 を毎分 0.50 L の速さで供給すると，右側
から水が発生して外部回路に電流が流れた。負極と正極の間の電圧は 0.73 V であった。反応する間，電圧は変
化しないこととする。また，反応は完全に進行し，発生した電子はすべて電流として流れることとする。

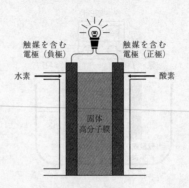

図2　実験装置の模式図

問6　この装置を 1.0 分間使用するとき，反応に使われた水素の物質量（mol）を有効数字 2 桁で答えなさい。

問7　この装置を 1.0 分間使用するときに流れる電気量（C）を有効数字 2 桁で答えなさい。

問8　この装置を 1.0 分間使用するときに得られる電気エネルギー（J）を有効数字 2 桁で答えなさい。ただし，電気エネルギー（J）＝電気量（C）×電圧（V）である。

問9　水素の燃焼熱に対する水素 1.0 mol から得られる電気エネルギーの割合（％）を変換効率とよぶ。この装置の変換効率を有効数字 2 桁で答えなさい。ただし，水素の燃焼熱は 286 kJ/mol である。

問10　固体高分子膜の役割に関する記述として適切な文章をつぎの（**ア**）～（**オ**）から選び，マーク解答用紙の該当欄にマークしなさい。

（**ア**）　電子のみを通す。

（**イ**）　水素イオンのみを通す。

（**ウ**）　水酸化物イオンのみを通す。

（**エ**）　電子と水素イオンを通す。

（**オ**）　電子と水酸化物イオンを通す。

問11　温度 77℃で実験装置の左側から水素の代わりにメタノールと水を，右側から酸素を供給すると，左側から二酸化炭素が，右側から水が発生した。負極と正極で起こる変化を，それぞれ電子 e^- を用いたイオン反応式で書きなさい。

〔解答欄〕　負極：$CH_3OH +$　　　　　　　⟶

　　　　　　正極：$O_2 +$　　　　　　　⟶

〔Ⅲ〕　つぎの文章を読んで，**問 4** の答をマーク解答用紙の該当欄にマークし，その他の答を記述解答用紙の該当欄に記入しなさい。

（1）　有機化合物の中で，炭素と水素のみからできている化合物を炭化水素という。さらに炭化水素は，炭素原子間の結合が全て単結合である飽和炭化水素と，二重結合や三重結合を含む不飽和炭化水素に分類される。また，炭素原子が鎖状に結合した鎖式炭化水素と，環状に結合した環式炭化水素に分類することができる。

　　　　そして，二重結合の有無や位置に関する情報を得るために，過マンガン酸カリウムにより二重結合を反応させる方法がある。例えば，下記のアルケンを過マンガン酸カリウムと反応させると，ケトンとカルボン酸が得られる。

$$\underset{R^2}{\overset{R^1}{\diagdown}}C=C\underset{H}{\overset{R^3}{\diagup}} \quad \xrightarrow{\text{KMnO}_4} \quad \underset{R^2}{\overset{R^1}{\diagdown}}C=O \quad + \quad O=C\underset{\text{OH}}{\overset{R^3}{\diagup}}$$

R^1, R^2, R^3 は
アルキル基

　　　　5 員環あるいは 6 員環の環式炭化水素で分子量が 120 以下の化合物 **A〜C** の構造を調べるために，**実験 1－1〜1－4** を行った。

実験 1－1：化合物 **A〜C** それぞれ 12.3 mg を完全燃焼させたところ，いずれからも，二酸化炭素 39.6 mg と水 13.5 mg が生じた。

実験 1－2：化合物 **A〜C** に対して，過マンガン酸カリウムを反応させたところ，**A** からは **D**，**B** からは **E**，**C** からは **F** がそれぞれ得られた。さらに，**D** と **E** にはメチル基があり，化合物 **E** は不斉炭素原子をもつことがわかった。

実験 1－3：化合物 **D** に，ヨウ素と水酸化ナトリウム水溶液を加えて加熱すると，黄色沈殿の生成が確認できた。

実験 1－4：化合物 **F** とヘキサメチレンジアミンを加熱しながら水を除去すると，縮合重合が進行し，アミド結合を有する鎖状の高分子化合物 **G** が得られた。

問 1　化合物 **A〜C** に共通する分子式を書きなさい。

問 2　化合物 **A** の構造を「水素 H の価標を省略して簡略化した構造式」*で書きなさい。

　　　　　　*「水素 H の価標を省略して簡略化した構造式」でプロパンを書いた場合
　　　　　　　　　　　　$CH_3-CH_2-CH_3$

問 3　化合物 **E** の構造を「水素 H の価標を省略して簡略化した構造式」*で書きなさい。

問 4　縮合を含む過程により合成する高分子化合物をつぎの（**ア**）〜（**オ**）からすべて選び，マーク解答用紙の該当欄にマークしなさい。

（**ア**）　デンプン　　　　　　　　　　（**イ**）　フェノール樹脂　　　　　　　（**ウ**）　ポリエチレン
（**エ**）　ポリエチレンテレフタラート　（**オ**）　ポリ酢酸ビニル

問 5　分子量 4.52×10^4 の高分子化合物 **G** の 1 分子中では，ヘキサメチレンジアミンが何分子結合しているか有効数字 3 桁で答えなさい。また，アミド結合の数を有効数字 3 桁で答えなさい。

（2）　水素，炭素，酸素からなる化合物Ｓは２つのエステル結合をもっている。化合物Ｓに関して**実験2－1～2－6**を行った。

実験2－1：化合物Ｓを水酸化ナトリウム水溶液で完全に加水分解した後，塩酸を加えて酸性としたところ，複数のヒドロキシ基をもつアルコールＴに加えて，カルボン酸Ｕとカルボン酸Ｖが得られた。カルボン酸ＵとＶはどちらも枝分かれ構造をもたない鎖式炭化水素鎖をもっていた。

実験2－2：アルコールＴ 2.30 g を酸触媒存在下にて無水酢酸と反応させて，すべてのヒドロキシ基をアセチル化したところ，分子量 218 の化合物Ｗ 5.45 g が得られた。

実験2－3：カルボン酸Ｕ 5.68 g に脱水剤を加えて加熱したところ，完全に反応が進行し，酸無水物Ｘ 5.50 g が得られた。

実験2－4：カルボン酸Ｖを触媒存在下で十分な量の水素と反応させたところ，カルボン酸Ｕが得られた。

実験2－5：カルボン酸Ｖ 1.39 g を十分な量の臭素水と完全に反応させたところ，臭素が付加した化合物Ｙ 3.79 g が得られた。

実験2－6：化合物Ｓを触媒存在下で十分な量の水素と反応させたところ，不斉炭素原子をもたないエステルＺが得られた。

問6　アルコールＴの分子式を書きなさい。

問7　**実験2－2**の反応の化学反応式を書きなさい。ただし，アルコールＴの一つの炭素に結合するヒドロキシ基の数は一つ以下である。また，化学反応式中の有機化合物は示性式で書きなさい。

〔解答欄〕

　　　　　　　酸触媒
　　　　　　⟶

問8　カルボン酸Ｕの示性式を書きなさい。

問9　カルボン酸Ｖの分子式を書きなさい。

問10　エステルＺの示性式を書きなさい。

生　物

（2科目　120分）

〔Ⅰ〕　以下の問題文を読み，答えを解答欄に記入しなさい。

　　生物部に属する**進**と**珠基**と**創太**の3人は，文化祭の出し物の1つとして，動物の神経細胞を培養してみたいと考え，顧問の**リコ先生**と計画を練っている。

　　進：先生，できれば脳の神経細胞を増やしてみたいです。皮膚の細胞を培養したときはうまく増えたけど，神経細胞って増えるのでしょうか。

　リコ先生：体を作っている細胞には，増えやすい細胞とそうでない細胞があります。神経細胞は，どちらかといえば増えにくい細胞と言われています。

　　珠基：実験室にイモリがいます。イモリは再生力が強い（1）から使えませんか。

　リコ先生：そうですね。イモリの脳を取り出して，細胞を分散させて培養するのがよいでしょう。そうすれば，脳の中の，一部の増殖性の高い未分化の神経細胞を増やせるかもしれませんね。神経細胞を増やせたら，緑色蛍光タンパク質（GFP）を付けたタンパク質を作らせて，細胞を光らせてみましょう（2）。

　　創太：せっかく実験するなら，イモリではなくてヒトの脳細胞を使った方が面白そうだけど。

　リコ先生：ヒトの脳の細胞を生きた人間から取り出すのは，倫理的にも実験的にも難しいですね。

　　進：カエルの未受精卵の核を破壊して，皮膚細胞の核を注入すればオタマジャクシから成体まで育てることができますよね（3）。だから，イモリの脳から未分化の神経細胞を増やして，その核のDNAを壊してから，ヒトの皮膚細胞から取り出した核を入れて増やしてみたいです。そうすればイモリの神経細胞の再生力をもったヒトの神経細胞ができるかもしれない。

　リコ先生：そのような細胞を作れたとしても，できた細胞がイモリの再生力を持ち続けるとは考えにくいですね（4）。ヒトの神経細胞を作るのであれば，ヒトのiPS細胞を神経細胞に分化させる（5）ほうが，より現実的でしょう。

　　珠基：ヒトの神経細胞を作るだけでなくて，小さなヒトの脳を作ってみたいです。そこから一部を眼に分化させたりできませんか。

　　創太：その実験は面白そう。でも，眼や脳ができたって，どうやって確かめればいいんだろう（6）。作った脳でロボットを操縦させたり，パズルを解かせたりできたらすごいと思う。

　リコ先生：iPS細胞から脳のオルガノイドを作る実験は興味深くて，色々な意味でとても役立つ研究になると思います。同時に倫理的な問題（7）も指摘されているので，そうしたことにも配慮しながら研究していくことが大切ですね。

問1　下線部（1）に関して，イモリの水晶体を除去した際の水晶体の再生の仕組みについて説明しなさい。

問2　下線部（2）に関して，生命科学において，GFPはどのように使用されるか，以下の用語を用いて説明しなさい。
　　用語：ベクター，青色光，遺伝子の発現，細胞内局在

問3　下線部（3）に関して，このようにして作製した動物を何と呼ぶか。また，このようにして作製された動物は，核を供与した動物と同一のゲノム DNA 配列をもつにも関わらず，核を供与した動物とは異なる性質を示すことがある。これはどのような遺伝情報の違いによって引き起こされるか。ただし，核を提供した動物と未受精卵を供与した動物に関して，ミトコンドリア DNA の配列には違いはないものとする。

問4　下線部（4）に関して，その理由を説明しなさい。

問5　下線部（5）に関して，iPS 細胞は胚性幹細胞（ES 細胞）と比べ，ヒトの初期胚を使わずに済むという利点だけでなく，治療における医学的な側面からも優れている。どのような点で優れているか説明しなさい。

問6　下線部（6）に関して，このようにして作製した人工的な臓器や組織をオルガノイドとよぶ。オルガノイドの眼や脳は，単に培養した神経細胞と比べ，生体に類似した神経回路が形成されている。これらのオルガノイドで形成された神経回路が，眼と脳の中で果たす本来の役割と同様の機能を備えているかどうかを調べるには，どのような実験を行えばよいか説明しなさい。

問7　下線部（7）に関して，どのような倫理的問題を生じる可能性があるか説明しなさい。

〔Ⅱ〕　以下の問題文を読み，答えを解答欄に記入しなさい。

　　DNA が複製される際は，ゲノム DNA 上の特定の領域が複製起点（複製開始点）としてはたらき，その部分の DNA の２本鎖が解離して，部分的に１本ずつのヌクレオチド鎖になる。次に，それぞれのヌクレオチド鎖を鋳型として，それに（　あ　）的な塩基をもつヌクレオチドが結合していく。ここで，（　い　）と呼ばれる酵素がこのヌクレオチドどうしを連結し，新たなヌクレオチド鎖が形成される。

　　このように DNA 複製において重要となる複製起点の働きを確認したいと考え，まず，原核生物である大腸菌のプラスミド配列に興味を持ち，**実験1**をおこなった。

実験1

　　図1に示すように，大腸菌に由来する環状のプラスミドを人工的に改変したもの（プラスミドＰと名付けた）を準備した。このプラスミドＰは，大腸菌 DNA の複製起点として働く DNA 配列と，薬剤Ａへの耐性遺伝子（Ａ耐性遺伝子）をあわせ持つ。ここで薬剤Ａは，原核細胞および真核細胞に共通してそれらの生存率を著しく低下させる化合物とする。細胞がＡ耐性遺伝子を含むプラスミドを持ち続けた場合は，薬剤Ａに耐性を示し，コロニーを形成する。プラスミドＰを大腸菌の細胞内に導入する操作をおこなった後に，薬剤Ａを含む寒天プレート（大腸菌の培養用）にこれらの細胞を塗り広げ，一晩培養したところ，多数の大腸菌コロニーが生育することが分かった。

　　次に，大腸菌のような原核生物と，酵母のような真核生物において，DNA 複製が共通の複製起点を用いておこなわれるのかを調べるために，**実験2**・**実験3**をおこなった。

実験2

　　図2に示すように，酵母細胞の中にもプラスミドＰを導入することが可能である。その導入操作を適切におこなったのち，薬剤Ａを含む寒天プレート（酵母の培養用）にこれを広げた。しかし，酵母細胞のコロニーは出現しなかった。

実験3

　　図3に示すように，酵母のゲノムDNAを制限酵素で切断した。生じた各DNA断片を，プラスミドP（ベクター）の特定の部分に挿入することで，プラスミドの集団を作った。その後，**実験2**と同様に，これらのプラスミド集団を酵母細胞に導入する操作をおこなった。ベクターに挿入された断片の種類は各プラスミドで異なり，このような細胞集団は「ライブラリー」と呼ばれる。この細胞集団を，薬剤Aを含む寒天プレート（酵母用）に広げたところ，大部分の細胞は生育できなかったが，一部のプラスミドを導入した酵母細胞のみがコロニーとして出現した。

問1　文中の空欄（　**あ**　）と（　**い**　）にあてはまる適切な語句を解答欄に記入しなさい。

問2　**実験1**に用いたプラスミドPから<u>A耐性遺伝子の配列部分だけを除去した</u>環状プラスミドP1を作製した。これをプラスミドPの代わりに用いて**実験1**と同様に大腸菌への導入実験をおこなった。薬剤Aを含む寒天プレート（大腸菌用）の上ではどのような様子が見られるか。また，その理由も説明しなさい。

問3　**実験1**に用いたプラスミドPから<u>複製起点を含む配列部分だけを除去した</u>環状プラスミドP2を作製した。これをプラスミドPの代わりに用いて**実験1**と同様に大腸菌への導入実験をおこなった。薬剤Aを含む寒天プレート（大腸菌用）の上ではどのような様子が見られるか。また，その理由も説明しなさい。

問4　**実験2**でプラスミドPをもつコロニーが生育できなかった原因として考えられることを，以下の文章のように考察した。空欄（　**う**　）～（　**お**　）にあてはまる適切な語句を解答欄に記入しなさい。

　　考察：プラスミドPを導入した細胞（大腸菌または酵母）がコロニーをつくるためには，プラスミドPが持つ2種類の配列（**図1**）の働きが重要であると考えた。薬剤Aへの耐性遺伝子は酵母細胞でも大腸菌の場合と同様に発現して機能することが知られているので，これらの細胞がプラスミドを持つ限り，そのコロニーが現れるはずである。実際にはコロニーが現れなかったため，酵母細胞内ではプラスミドPが持つ（　**う**　）が機能しなかったものと考えられる。すなわち，プラスミドPは酵母細胞内では（　**え**　）されないので，（　**お**　）の作用により細胞が生育できずにコロニーが出現しなかったと考えられる。

問5　**実験2**においてはコロニーが出現しなかったが，**実験3**のように作製した多種類のプラスミドを用いた場合，一部のプラスミドをもつ細胞のみがコロニーを形成した。すなわち，ゲノムDNA配列の中で，ある特定の機能を有する配列がプラスミドに組み込まれた場合のみ，それを持つ酵母細胞が安定的に生育可能になったといえる。そのようなDNA配列は，酵母の染色体においてどのような働きをする配列だと考えられるか。**問2**～**問4**の内容も含めて総合的に考察し，その配列がもつ働きを説明しなさい。

問6　**実験3**で出現したコロニーの酵母細胞からプラスミドを取り出す操作をおこなった。次に，このプラスミドが持つ「大腸菌DNAの複製起点を含む配列」（**図1**）を除去した環状プラスミドQを作製した。このプラスミドQを，プラスミドPの代わりに用いて**実験2**と同様に酵母細胞内への導入実験をおこなったところ，薬剤Aを含む寒天プレート上に多数のコロニーを形成した。これに対して，プラスミドQを大腸菌に導入する実験をおこなったところ，薬剤Aを含むプレート上に大腸菌のコロニーは出現しなかった。これらの実験結果から，大腸菌と酵母におけるDNAの複製起点について何が明らかになったのか，説明しなさい。

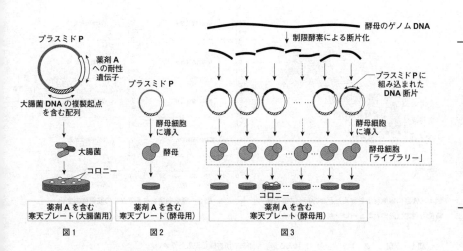

図1　　　　　図2　　　　　　図3

〔Ⅲ〕　以下の問題文を読み，答えを解答欄に記入しなさい。

　　筋紡錘は骨格筋の筋周膜内に存在し，筋の伸長速度や伸長程度を受容する受容器である。この受容器から中枢に向かう（　あ　）という細胞は，筋が引き伸ばされたときに，その伸びた長さと伸びる速さを興奮として中枢に伝える。脳での判断を介さずに瞬間的に筋肉を動かす反応では，中枢神経系である（　い　）内で情報が処理される。それには，（　あ　）が1つのシナプスだけを介して（　う　）という細胞に興奮を伝える場合と，（　あ　）が（　え　）という細胞を介して（　う　）に興奮を伝える場合がある。刺激を受容して筋肉を動かすまでの興奮を伝える神経の経路を（　お　）という。

　　静止状態のニューロンの軸索の電位は，内側が外側に対して（　か　）になっている。ところが，この状態の軸索の一部に電気刺激を与えると，その部分の内側が瞬間的に（　き　）の膜電位となり，隣接する部分との間に局所的に電流が発生する興奮（1）を生じ，その興奮状態は軸索の（　く　）方向に伝わる。そして，興奮が終わりつつある部分では不応期の状態となっている（2）。興奮は常に静止状態の部分がある方向に（　け　）伝導する。もし，一つの軸索内で，中枢から神経終末に向かう興奮と神経終末から中枢に向かう興奮とが衝突すれば，興奮は（　こ　）する。

　　（　う　）の神経終末は，筋線維と神経筋接合部を形成している。興奮がこの接合部まで伝わると，一連の過程によって筋細胞の膜電位が上昇して（3）興奮が伝わる。筋細胞のT管を介して筋小胞体に興奮が伝わると，筋小胞体内に蓄えられているカルシウムイオンが細胞質に放出され，アクチンとミオシンが相互作用できるようになり筋線維の収縮が起こる（4）。骨格筋は筋線維が束状に集まったものであり，これが興奮して収縮する様子は，皮膚の表面に設置した電極を介して筋電位の変化（筋電図）として観察することができる。

　　脚部のヒラメ筋と呼ばれる筋肉（図1）上の皮膚に電極を設置して筋電位の変化を観測できるようにして，膝裏に刺激電極を設置して強さを変えながらごく短い電気刺激を与えた。膝裏にはヒラメ筋の筋紡錘から（　い　）に向かう（　あ　）と，（　い　）からヒラメ筋に向かう（　う　）が通っている。（　あ　）は（　う　）よりも興奮する刺激の値は低いことが知られている。また，（　あ　）は（　う　）よりも興奮が伝わる速度が高いことが知られている。

　　電気刺激の相対強度を変えながら取得したヒラメ筋の筋電図では，10ミリ秒経過した時点で観測されるパルスAと30ミリ秒経過した時点で観測されるパルスBの2種類の波が観察された（図2）。

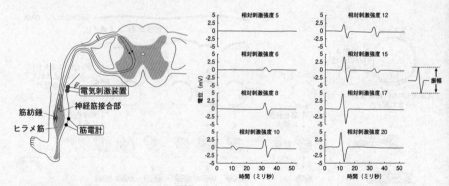

図1　膝裏に電気刺激を与えたときのヒラメ筋の筋
電位の測定（筋肉とニューロン束も示している）

図2　電気刺激を与えてからの筋電位の変化

問1　空欄（　あ　）～（　お　）に入る適切な語句を解答欄に記入しなさい。

問2　空欄（　か　）～（　こ　）に入る適切な語句を解答欄から選んで丸で囲みなさい。

〔解答欄〕　か：正・負　　　　き：正・負　　　　く：シナプス・中枢・両

　　　　け：向かって・逆らって　　　　こ：増大・消失・振動

問3　下線部（1）の興奮は，電気刺激が弱いときには起こらないが，刺激の強さが（　さ　）以上になると起こる。
また，（　さ　）を超える強度の電気刺激を与えても，興奮の大きさは変わらない。以上の性質を（　し　）と呼
ぶ。空欄（　さ　）と（　し　）に入る適切な語句を解答欄に記入しなさい。

問4　下線部（2）の不応期の状態を，チャネルという単語を入れて説明しなさい。

問5　下線部（3）について，筋細胞において上昇する膜電位を何と呼ぶか，名称を答えなさい。また，一連の過程に
ついて，下線部（4）の文章にならって神経伝達物質やイオンの動きから説明しなさい。

問6　図2から相対刺激強度と振幅の関係を表すグラフを作成しなさい。パルスAを黒丸，パルスBを白丸で記しな
さい。

〔解答欄〕

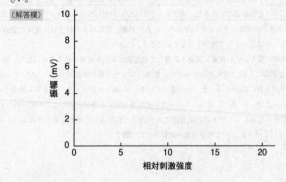

問7　パルスAとパルスBは各々どのような経路を経た興奮なのか，パルスAの経路を破線，パルスBの経路を実線で示しなさい。

〔解答欄〕

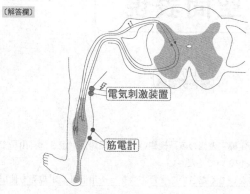

電気刺激装置

筋電計

問8　パルスAはパルスBよりも高い相対刺激強度で発生した。その理由を説明しなさい。

問9　パルスAの振幅は，相対刺激強度の上昇とともに増大して一定値を示した。その理由を説明しなさい。

問10　相対刺激強度の上昇にともなって，問6で描いたようにパルスBの振幅が変化する理由について，中枢，衝突，不応期の単語を使って説明しなさい。

空間表現

（120分
解答例省略）

〔注意事項〕

- 解答はすべて解答用紙の所定欄（表側のみ，縦使い）に，黒鉛筆（濃さは自由）で描き，所定欄外には何も記入しないでください。
- シャープペンシルは使用しないでください。また，スケッチ用器具，定規等も使用しないでください。

問　本来は同時に存在することのない2種類以上の対象を含めた、ひとつの空間を描いてください。

　フランスの詩人ロートレアモン（1846−1870）は、「ミシンとコウモリ傘との解剖台の上での偶然の出会いのように美しい」*という有名な言葉を残しており、後のシュルレアリズム芸術運動の手法のひとつとして、大きな影響を与えました。その手法とはつまり、日常とは異なる状態を作り出すことで、見る人の感覚や感情を揺さぶることを意図していたと言われています。

　描く対象は自由に選択して結構ですし、物でも生き物でも構いません。また、配置や構成、空間環境なども、すべて好きに設定して構いません。既成概念に捉われない、自由な発想による空間とその表現を期待します。

　文字による説明はせず、表現として光のコントラストを最大限に活かして、陰影を施し、立体的に描いてください。

　解答はすべて解答用紙の所定欄（表側のみ、縦使い）に描き、自由にレイアウトして構いません。ただし、所定欄外には何も記入しないでください。

〔解答用紙の所定欄〕縦約29cm×横約27cm

*Comte de Lautréamont "Les Chants de Maldoror" より

2023 年度

問題編

■一般選抜

問題編

▶試験科目・配点

学部・学科等		教 科	科　　目	配　点
基幹理工	学系Ⅰ・学系Ⅲ	外国語	コミュニケーション英語Ⅰ・Ⅱ・Ⅲ，英語表現Ⅰ・Ⅱ	120 点
		数 学	数学Ⅰ・Ⅱ・Ⅲ・A・B	120 点
		理 科	「物理基礎，物理，化学基礎，化学」または「物理基礎，物理，生物基礎，生物」または「化学基礎，化学，生物基礎，生物」	120 点
	学系Ⅱ	外国語	コミュニケーション英語Ⅰ・Ⅱ・Ⅲ，英語表現Ⅰ・Ⅱ	120 点
		数 学	数学Ⅰ・Ⅱ・Ⅲ・A・B	120 点
		理 科	「物理基礎，物理」「化学基礎，化学」	120 点
創 造 理 工		外国語	コミュニケーション英語Ⅰ・Ⅱ・Ⅲ，英語表現Ⅰ・Ⅱ	120 点
		数 学	数学Ⅰ・Ⅱ・Ⅲ・A・B	120 点
		理 科	「物理基礎，物理」「化学基礎，化学」	120 点
先進理工	物理，応用物理，化学・生命化	外国語	コミュニケーション英語Ⅰ・Ⅱ・Ⅲ，英語表現Ⅰ・Ⅱ	120 点
		数 学	数学Ⅰ・Ⅱ・Ⅲ・A・B	120 点
		理 科	「物理基礎，物理」「化学基礎，化学」	120 点
	応 用 化	外国語	コミュニケーション英語Ⅰ・Ⅱ・Ⅲ，英語表現Ⅰ・Ⅱ	120 点
		数 学	数学Ⅰ・Ⅱ・Ⅲ・A・B	120 点
		理 科	「物理基礎，物理，化学基礎，化学」または「化学基礎，化学，生物基礎，生物」	120 点
	生命医科，電気・情報生命工	外国語	コミュニケーション英語Ⅰ・Ⅱ・Ⅲ，英語表現Ⅰ・Ⅱ	120 点
		数 学	数学Ⅰ・Ⅱ・Ⅲ・A・B	120 点
		理 科	「物理基礎，物理，化学基礎，化学」または「物理基礎，物理，生物基礎，生物」または「化学基礎，化学，生物基礎，生物」	120 点

▶備　考

- 3学部同一試験問題で実施。3学部間の併願はできない。
- 「数学B」は「確率分布と統計的な推測」を除く。
- 基幹理工学部は学系単位で募集する。2年次に各学系から進級できる学科は次の通り。

　学系Ⅰ：数学科，応用数理学科

　学系Ⅱ：応用数理学科，機械科学・航空宇宙学科，電子物理システム学科，情報理工学科，情報通信学科

　学系Ⅲ：情報理工学科，情報通信学科，表現工学科

- 創造理工学部建築学科志願者に対しては上記筆記試験に加え，「空間表現（鉛筆デッサンなど）」（配点40点）の試験が行われる。
- 先進理工学部の理科において，物理学科および応用物理学科では物理：化学の配点を2：1（80点：40点）の比で重み付けをする（物理重視）。また，化学・生命化学科では化学：物理の配点を2：1（80点：40点）の比で，応用化学科では化学：物理または生物の配点を2：1（80点：40点）の比で重み付けをする（化学重視）。

■「得意科目選考」について

　基幹理工学部（学系Ⅲ）および創造理工学部では，特定の科目で卓越した能力を持つ受験生に対し，将来にわたり得意な能力や個性を伸ばす機会を与えるため，通常の総合点による合否判定とは別に「得意科目選考」を実施している。

　これは，学系・学科が指定する科目（下表参照）で特に優れた能力を示したと判定された受験生を，合計点が合格最低点に達していなくても合格とする選考方法である。

＜得意科目選考対象科目＞

学　部	学系・学科	対　象　科　目
基幹理工学部	学　系　　Ⅲ	英語，数学，物理，化学，生物
創造理工学部	建　築　学　科	英語，数学，空間表現
	総合機械工学科	数学，物理，化学
	経営システム工学科	英語，数学，物理，化学
	社会環境工学科	英語，数学，物理，化学
	環境資源工学科	数学，物理，化学

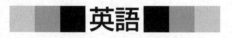

■■■英語■■■

(90 分)

I Read Text I, Text II, and Text III and choose the best option from a-d for questions 1-15.

Text I

[1] Climate change is upon us and we are running out of time to act to prevent its effects. Regardless of this, many people still refuse to even believe it is a problem. In order to understand perceptions about climate change, a study was conducted to investigate the underlying reasons for the refusal. Our study collected data on the climate-change risk perceptions of a large representative sample of US adults. Measures were selected to permit assessment of two competing accounts of public opinion on climate change. One can be called the science comprehension thesis (SCT), which predicts that members of the public do not know what scientists know, or think the way scientists think. Therefore, they predictably fail to take climate change as seriously as scientists believe they should.

[2] The alternative explanation can be referred to as the cultural cognition thesis (CCT). CCT posits that individuals tend to form perceptions of societal risks that cohere with values characteristic of groups with which they identify. Whereas SCT emphasizes a conflict between scientists and the public, CCT stresses one between different segments of the public, whose members are motivated to fit their interpretations of scientific evidence to their competing cultural philosophies.

[3] Explanations for the public's perceptions of climate change risk can be tested by observational study insofar as such hypotheses imply correlations between concern over climate change and specified

individual characteristics. We instructed participants to rate the seriousness of climate change risk on a scale of 0 (no risk) to 10 (extreme risk).

[4] SCT asserts, first, that ordinary members of the public underestimate the seriousness of climate change because of the difficulty of the scientific evidence. If this is correct, concern over climate change should be positively correlated with science literacy — that is, concern should increase as people become more science literate.

[5] Second, SCT attributes low concern with climate change to limits on the ability of ordinary members of the public to engage in technical reasoning. Recent research in psychology proposes two discrete forms of information processing: system 1, which involves rapid visceral judgments that are used in various decision-making heuristics *; and system 2, which requires conscious reflection and calculation. Most members of the public, according to this research, typically employ system 1 reasoning without resorting to more effortful system 2 processing.

[6] If this position is correct, concern with climate change would be positively correlated with numeracy. Numeracy refers to the capacity of individuals to comprehend and make use of quantitative information. More numerate people are more disposed to use accuracy-enhancing system 2 forms of reasoning and are less vulnerable to system 1 cognitive errors.

[7] These predictions were unsupported. As respondents' science-literacy scores increased, concern with climate change decreased. There was also a negative correlation between numeracy and climate change risk. The differences were small, but nevertheless inconsistent with SCT, which predicts effects with the opposite signs.

[8] CCT also generates a testable prediction. CCT predicts that people who subscribe to a hierarchical, individualistic world-view — one that ties authority to conspicuous social rankings and <u>eschews</u>
(1)
collective interference with the decisions of individuals possessing such

authority — tend to be skeptical of environmental risks. Such people intuitively perceive that widespread acceptance of such risks would license restrictions on commerce and industry, forms of behavior that hierarchical individualists value. In contrast, people who hold an egalitarian, communitarian world-view — one favoring less ordered forms of social organization and greater collective attention to individual needs — tend to be morally suspicious of commerce and industry, to which they attribute social inequity. They therefore find it useful to believe those forms of behavior are dangerous and worthy of restriction. On this view, one would expect egalitarian communitarians to be more concerned than hierarchical individualists with climate change risks.

[9] Our data supported the CCT prediction. Hierarchical individualists rated climate change risks significantly lower than did egalitarian communitarians. Even controlling for scientific literacy and numeracy, both Hierarchy and Individualism predicted less concern over climate change.

[10] However, the above finding does not by itself demonstrate that SCT is less supportable than CCT because cultural cognition — the conforming of beliefs to the ones that predominate within one's group — can be considered as simply one of the unreliable system 1 heuristics * used to compensate for the inability to assess scientific information in a dispassionate, analytical manner.

[11] This claim generates another testable prediction. If cultural cognition is merely a heuristic * substitute for scientific knowledge and system 2 reasoning, reliance on it should be lowest among those individuals whose scientific knowledge and system 2 reasoning capacity are highest. SCT thus implies that as science literacy and numeracy increase, the skepticism over climate change associated with a hierarchical individualistic world-view should lessen and the gap between hierarchical individualists and egalitarian communitarians should diminish.

[12] However, this SCT prediction, too, was unsupported. Among egalitarian communitarians, science literacy and numeracy showed a small positive correlation with concern about climate change risks. In contrast, among hierarchical individualists, science literacy/numeracy is negatively correlated with concern. Hence, polarization actually becomes larger, not smaller, as science literacy and numeracy increase.

[Adapted from Kahan, D. M. *et al.* (2012). The polarizing impact of science literacy and numeracy on perceived climate change risks. *Nature Climate Change*, 2, 732-735.]

* heuristic = a quick but potentially inaccurate decision-making process

Questions 1-9 refer to Text I.

1. According to CCT, which of the following could explain our beliefs about climate change?

   a. We tend to believe the same things as the group we belong to.

   b. We do not trust information which comes from authority.

   c. We make conclusions from evidence we gain from science literature.

   d. Education about climate change is limited for some groups.

2. According to SCT, what kind of people are predicted to think that climate change is a serious problem?

   a. people who believe science is challenging

   b. people who see the differences between cultures

   c. people who make decisions using their intuition

   d. people who make effort in their decision making

3. In SCT, which of the following numeracy abilities is most likely to correlate with concern for climate change?

   a. the ability to interpret statistics and graphs

   b. the ability to calculate air temperature using altitude

   c. the ability to measure the amount of rainfall

   d. the ability to help children with their math homework

4. What does the word eschews mean in this context?

    a．ignores   b．evaluates

    c．rejects   d．connects

5．According to the conclusions by the author, what kind of people think climate change is a serious problem?

    a．people who cannot assess scientific information

    b．people who make rapid intuitive judgements

    c．people who are hierarchical in nature

    d．people who are egalitarian in nature

6．In paragraph [10] why is the finding insufficient to demonstrate that SCT is less supportable than CCT?

    a．People who make judgements based on cultural group membership have more scientific knowledge.

    b．People who are in positions of authority are also the ones who make decisions about the science curriculums.

    c．People who make decisions intuitively are more likely to accept the beliefs of the group they belong to.

    d．People concerned with climate change risks are more likely to be suspicious of commerce and industry.

7．Which of the theories does the data from this study support?

    a．both SCT and CCT   b．neither SCT nor CCT

    c．CCT only   d．SCT only

8．Based on the results, which is the best way to increase the acceptance of the seriousness of climate change risk?

    a．Teach people the importance of collective attention to individual needs.

    b．Have more personal experience of problems caused by climate change.

    c．Elect politicians who promise to regulate companies causing environmental damage.

    d．Develop educational materials demonstrating the effects of climate change.

9．Which of the following paragraph arrangements best shows how

Text I is organized?

a. ［1］［2］—［3］［4］—［5］［6］［7］—［8］［9］—［10］［11］［12］
b. ［1］［2］［3］［4］—［5］［6］［7］［8］—［9］［10］［11］［12］
c. ［1］［2］［3］—［4］［5］［6］［7］—［8］［9］—［10］［11］［12］
d. ［1］［2］［3］［4］［5］—［6］［7］—［8］［9］［10］—［11］［12］

Text II

Although "identity-protective" cognition is certainly a real process, the extent to which true attitude polarization occurs in response to "mixed evidence" is vastly overestimated. For example, consider the prediction that highlighting scientific consensus will only further public disagreement over important science issues. A substantial number of studies in the context of climate change have actually shown that communicating the scientific consensus on human-caused climate change does the opposite; it neutralizes polarizing worldviews for most people.

Conservatives and liberals may prioritize their values differently based on their group membership, but this does not mean that they always view one another's values in a negative light. Furthermore, categorizing every member of society along a "hierarchical-individualist" or "egalitarian-communitarian" dimension seems unnecessarily restrictive. This is especially true considering the fact that other research has shown that on certain science issues, such as biotechnology and climate change, many different "publics" exist. For example, in the context of climate change, at least six different audiences have been identified, each with their own set of beliefs, values, attitudes, and behaviors. Note that these audiences are not seen as culturally distinct, but instead, they are generally regarded as different "interpretive communities" within the same culture.

It is entirely reasonable that groups on either extreme of the spectrum are motivated to reject scientific information that challenges their deeply held values and beliefs. But what about the big middle?

Attitude polarization can certainly be "created" by contrasting the beliefs of the two extremes, but this is unlikely to be an accurate characterization of the public at large.　Indeed, recent research has suggested that science polarization may be due to other factors, such as selective exposure to partisan media.

[Adapted from van der Linder, S. (2016). A conceptual critique of the Cultural Cognition Thesis. *Science Communication*, 38, 128-138.]

Questions 10-12 refer to Texts I and II.

10.　Based on Text II, which of the following would be the best way to reduce polarization between different "publics"?

　ａ．highlight differences between scientists

　ｂ．encourage people to use various media sources

　ｃ．distinguish the number of "publics"

　ｄ．educate extremists about cultural values

11.　What is the relationship between Text I and Text II?

　ａ．Text II agrees with the ideas presented in Text I, and offers further supporting evidence.

　ｂ．Text II criticizes Text I, and completely rejects the points made in Text I.

　ｃ．Text II acknowledges the points made in Text I, but suggests other factors are also important.

　ｄ．Text II explains the arguments made in Text I, and supports polarizing worldviews.

12.　For which of the following points do the authors of Text I and the authors of Text II present contradictory information?

　ａ．whether increasing scientific literacy/knowledge of scientific consensus increases polarization

　ｂ．the difference between the views of hierarchical-individualists and egalitarian-communitarians

　ｃ．the relationship between the type of reasoning system used and the conclusions drawn

　ｄ．the connection between the number of publics/communities and
　　　the beliefs held by the extremes

Text III

　Political divisions on climate issues extend far beyond beliefs about
whether climate change is occurring and whether humans are playing
a role, according to a new, in-depth survey by Pew Research Center.
When it comes to party divides, the biggest gaps on climate policy and
climate science are between those at the ends of the political spectrum.
Across the board, from possible causes to who should be the one to
sort this all out, liberal Democrats and conservative Republicans see
climate-related matters through vastly different lenses.　Liberal
Democrats, more than any other party/ideology group, perceive
widespread consensus among climate scientists about the causes of
warming.　Only 16% of conservative Republicans say almost all
scientists agree on this, compared with 55% of liberal Democrats.

　One thing that doesn't strongly influence opinion on climate issues,
perhaps surprisingly, is one's level of general scientific literacy.
According to the survey, the effects of having higher, medium or lower
scores on a nine-item index of science knowledge tend to be modest
and are only sometimes related to people's views about climate change
and climate scientists, especially in comparison with party, ideology and
concern about the issue.　But, the role of science knowledge in people's
beliefs about climate matters is varied and where a relationship occurs,
it is complex.

　　[Adapted from Funk, C. and Kennedy, B. (2016).　The politics of climate.　Pew
　　Research Center.　https://www.pewresearch.org/science/2016/10/04/the-politics-
　　of-climate/]

13. How can the gap between conservative Republicans and liberal
　　Democrats mentioned in Text III be bridged according to the author
　　of Text II?

　　a ．by showing the existence of different "publics"

　　b ．by highlighting scientific consensus

　　c ．by increasing literacy in all communities

　　d ．by explaining the views of each group

14．Which author's position is consistent with the first sentence of the second paragraph of Text III?

　　a ．only the author of Text I

　　b ．only the author of Text II

　　c ．the authors of both Text I and Text II

　　d ．neither the authors of Text I nor Text II

15．Based on the information in Text I and Text II, what kind of people are liberal Democrats?

　　a ．system 1 judgers

　　b ．system 2 judgers

　　c ．hierarchical individualists

　　d ．egalitarian communitarians

II **Read the passage and rearrange the seven words in 1-5 in the correct order. Then choose from a-d the option that contains the third and fifth words.**

The occurrence of the simplest genuine arithmetical activities known from recent nonliterate cultures date back to the Late Neolithic and the Early Bronze Age. These activities (aiming / and / at / control / identification / of / the) quantities are based on structured and standardized systems of symbols representing objects. Their emergence as counting and (a / been / consequence / have / may / tallying / techniques) of sedentariness. Symbols are the most simple tools for the construction of one-to-one correspondences in counting and tallying that can be transmitted from generation to generation. The organization of agricultural cultivation, animal domestication, and household administration apparently (conditions / led / made / social / symbolic / that / to) techniques useful and their systematic transmission and development possible. Such techniques are 'proto-arithmetical' insofar as the symbols represent objects and not 'numbers', and consequently are not used for symbolic transformations which correspond to such arithmetical operations as addition and multiplication.

Early explorers and ₄(cultures / encountering / indigenous / techniques / these / travelers / using) often interpreted their activities from a modern numerical perspective and believed the limitations of proto-arithmetic results from deficient mental abilities of such peoples. It was only in the first half of the twentieth century that anthropologists and psychologists challenged these beliefs and ₅(began / connected / constructions / mental / specific / study / to) with proto-arithmetical activities seriously.

[Adapted from Damerow, P. (2001). Number systems, evolution of. In *International Encyclopedia of the Social and Behavioral Sciences*. Vol. 16, Pergamon Press, pp. 10753-10756.]

1 . a . 3rd: at
　　　5th: control
　 c . 3rd: the
　　　5th: and

　　 b . 3rd: identification
　　　5th: at
　　 d . 3rd: identification
　　　5th: aiming

2 . a . 3rd: techniques
　　　5th: consequence
　 c . 3rd: have
　　　5th: a

　　 b . 3rd: may
　　　5th: been
　　 d . 3rd: techniques
　　　5th: tallying

3 . a . 3rd: led
　　　5th: conditions
　 c . 3rd: social
　　　5th: that

　　 b . 3rd: made
　　　5th: symbolic
　　 d . 3rd: to
　　　5th: conditions

4 . a . 3rd: indigenous
　　　5th: using
　 c . 3rd: encountering
　　　5th: cultures

　　 b . 3rd: these
　　　5th: techniques
　　 d . 3rd: travelers
　　　5th: these

5．a．3rd: study　　　　　　　　b．3rd: specific
　　　5th: mental　　　　　　　　　5th: study

　　c．3rd: to　　　　　　　　　d．3rd: constructions
　　　5th: connected　　　　　　　5th: specific

III　Answer the questions in Sections A and B.

Section A: Read the text and choose the best option from a-d for questions 1-6.

Every model or map is an abstraction and will be more useful for some purposes than for others. （　i　）road map shows us how to drive from A to B, but will not be very useful if we are piloting a plane, in which case we will want （　ii　）map highlighting airfields, radio beacons, flight paths, and topography. With no map, （　A　）, we will be lost. The more detailed a map is the more fully it will reflect （　iii　）reality. （　iv　）extremely detailed map, （　A　）, will not be useful for many purposes. If we wish to get from one big city to another on a major expressway, we do not need and may find confusing a map which includes much information unrelated to automotive transportation and in which the major highways are lost in a complex mass of secondary roads. A map, on the other hand, which
(1)
had only one expressway on it would eliminate much reality and limit our ability to find （　B　）routes if the expressway were blocked by a major accident. In short, （　C　）need a map that both portrays （ D　）and simplifies （　D　）in a way that best serves our purposes.

[Adapted from Huntington, S. P. (1996). *The Clash of Civilizations,* FreePress, pp. 30-31.]

1．Which of the blanks i, ii, iii, and iv can be filled with the article "A/ a" or "An/an"?

　　a．i and iv only　　　　　　b．ii and iii only

　　c．i, ii, and iv only　　　　d．ii, iii, and iv only

2．Which of the following best fits in the two blanks labeled A?

　a．therefore　　　　　　　　b．however

　c．in other words　　　　　d．as expected

3．Which of the following has the same meaning as the word secondary(1) as used in the text?

　a．temporary　　　　　　　b．second place

　c．public　　　　　　　　　d．minor

4．Which of the following best fits in the blank labeled B?

　a．unrelated　　　　　　　　b．transportation

　c．major　　　　　　　　　　d．alternative

5．Which of the following best fits in the blank labeled C?

　a．people　　　　　　　　　b．we

　c．they　　　　　　　　　　d．accidents

6．Which of the following best fits in the two blanks labeled D?

　a．abstraction　　　　　　　b．models

　c．transportation　　　　　　d．reality

Section B: The five paragraphs [A]-[E] below make up a passage but are not properly ordered. Moreover, the six sentences (1)-(6) in paragraph [A] are not properly ordered, either. Read the entire passage and choose the best option from a-d for questions 7 and 8.

[A]

(1) The study of these materials in ancient chronologies provides information about hominin subsistence strategies, while additionally offering palaeobiological and palaeoecological data that can shed light on the behaviors of ancient humans and the environments in which they lived.

(2) Bone materials constitute an important part of archaeological heritage, especially in prehistoric contexts.

(3) These modifications may include cut marks and percussion marks, created in prey carcass processing, which are clear indicators of human activity.

⑷　All of this microscopic evidence plays an important role in the study of archaeological sites.

⑸　Other marks include tooth marks made by a wide variety of carnivores, or even modifications from postdepositional damage such as trampling or certain types of biochemical alterations.

⑹　One method to study archaeological bones is through taphonomic analyses focusing on microscopic bone surface modifications.

［B］　During the manual cleaning process, the surface of the material can be accidentally damaged.　Accidents in the cleaning process can destroy or modify valuable information for studies, such as bone surface modifications.　Previous studies have evaluated the types of modifications that cleaning treatments can cause on archaeological or palaeontological bones, and a few studies have examined the abrasive processes in different fossil preparation techniques.　Wiest et al. described modifications made by automatic tools and the possible equifinality that may exist between these alterations and marks typically produced by carnivores.　Fernández-Jalvo and Marin-Monfort noted the possible erosive effects of some solvents combined with tools on cortical bone surface.　Similarly, Marin-Monfort et al. attempted to characterise the modifications produced by excavation and cleaning tools on archaeological bone surfaces, which generate new types of taphonomic traces.

［C］　In order to study the surface of bones and bone surface modifications, the materials under study must first be cleaned.　In the case of archaeological bone material, cleaning consists of eliminating deposits or crusts of diagenetic origin.　In most cases, the composition of the bones is also modified by diagenetic processes, which also influences their state of preservation and mechanical characteristics.　Each of these variables affect the cleaning, study and subsequent analysis of these remains.

［D］　One of the most common methods used for this purpose is mechanical cleaning, which consists of removing materials by applying physical force with a tool. Mechanical cleaning breaks the bonds that fuse the materials to the object so they can be removed. The tools used are primarily handheld instruments such as brushes, swabs, scalpels, punches and a variety of dental instruments. The cleaning process involves three primary cleaning methods according to the type of force to be applied: impact, cutting or friction.

[E]　Nevertheless, assessing the modifications caused by cleaning has two major drawbacks. Firstly, applying the tools directly on material surfaces does not simulate a true analogy with typical cleaning processes. Secondly, if the initial state of the material is unknown, objectively identifying a modification caused by cleaning is a difficult task.

[Adapted from Valtierra, N. *et al.* (2022). Microscopic modifications produced by mechanical cleaning interventions on archaeological bone. *Journal of Cultural Heritage*, 55, 107-116.]

7. Which of the following shows the best (most coherent) sentence order for paragraph [A]?

　a. 6 - 3 - 5 - 2 - 1 - 4　　　　　b. 2 - 1 - 6 - 3 - 5 - 4

　c. 2 - 6 - 3 - 5 - 1 - 4　　　　　d. 6 - 2 - 1 - 5 - 3 - 4

8. Which of the following shows the best (most coherent) paragraph order for the passage?

　a. A - C - D - B - E　　　　　b. C - A - B - D - E

　c. B - E - D - C - A　　　　　d. C - A - E - B - D

IV　Answer the questions in Sections A and B.

Section A: Read the text and choose the best option from a-d for questions 1-5.

"Survivor bias" is a logical fallacy that occurs when a conclusion is drawn based on only the properties of the subset of a population that meets a particular condition, or "survives", without considering whether the other members of the population (i.e., those who do not "survive") share those properties or not.

1 . Which of the following is necessary and sufficient for survivor bias to lead someone to a false conclusion?

　　a . Survival must be caused by properties only apparent in survivors.

　　b . Survival must be caused by properties only apparent in non-survivors.

　　c . Survivors and non-survivors must differ with respect to a property relevant to the conclusion.

　　d . Survivors and non-survivors must be identical with respect to all properties relevant to the conclusion.

Question 2–5 refer to the following additional text.

　Let's take stock: the gender gap in leadership is real; its relationship to the gender gap in promotions is real; a connection exists between the promotion gap and the extent of stereotypical attitudes. These dynamics have been demonstrated in various contexts and countries. The stereotypes about "leadership fit"—or lack thereof—are <u>hardly</u> (1) <u>based on evidence.</u> There simply are not enough women in positions of leadership to draw reliable inferences. Interestingly enough, when employees who prefer male leaders in theory are exposed to female leaders, they do not give them lower ratings, a large 2011 survey finds. The bias against female upper-level managers is in our heads—or to quote from one of my favorite textbooks on organizational economics by two Stanford economists, Paul Milgrom and John Roberts: "even if the beliefs are completely groundless, no disconfirming evidence ever is generated, because women never get a chance to prove the beliefs are wrong."

　　[Adapted from Bohnet, I. (2016). *What works: Gender equality by design.* The Belknap Press of Harvard University Press, pp. 29-30.]

2 . According to the passage, which of the following is/are true?

Ⅰ. Workers who have experience with female leaders rate them similarly to male leaders.

Ⅱ. The gender gap in leadership is caused by a bias against women.

Ⅲ. We do not have sufficient experience to make appropriate judgements about female leaders.

a. I only　　　　　　　　　　b. II only

c. I and II only　　　　　　　d. I, II, and III

3. Which is most likely to be the "missing evidence" suggested by the phrase hardly based on evidence?

(1)

a. men in leadership positions

b. men in non-leadership positions

c. women in leadership positions

d. women in non-leadership positions

4. Why do the stereotypes associated with leadership fit represent an example of survivor bias?

a. They fail to take into account men who are good managers.

b. They fail to take into account men who are bad managers.

c. They fail to take into account men who think women are good managers.

d. They fail to take into account men who are exposed to female leaders.

5. Which of the following examples best illustrates survivor bias?

a. Asking successful athletes about what steps they took to become successful.

b. Concluding a medicine works because all of the patients it was tested on recovered.

c. Eating only the delicious looking grapes, and throwing out the rotten looking ones.

d. Deciding that healthier members of a group are more likely to survive.

Section B: Read the text and the figure and choose the best option from a-d for questions 6-10.

Assume a waterway has two sources of pollution (each emitting 100 tons per year but with different abatement costs) that cause environmental damage. For each source i, the total current emitted pollution (EP_i) is equal to the pollution removed or abated (A_i) and the pollution remaining (P_i). The social objective is to minimize the sum of damage costs from pollution plus the cost of abating that damage by reducing pollution. The social objective can be determined by using the function which sums of the cost of damage from pollution plus the cost of abating that damage subject to the constraint on total emitted pollution:

$$W(P,A) = \Sigma a_i A_i^2 + d(\Sigma P_i)^2$$

where $W(P,A)$ is a pollutant-dependent social cost function, $a_i A_i^2$ is the total abatement cost at source i for removing A_i units of pollution, and $d(\Sigma P_i)^2$ is the monetary value of environmental damage caused by the remaining pollution from each source i. The quadratic form for abatement cost at each source is chosen for simplicity. It also reflects the general view that <u>as one moves from primary to secondary to</u> ₍₁₎ <u>tertiary methods to remove more of a pollutant, the cost per unit of pollutant removed increases at an increasing rate</u>. Similarly, the modeling of damages as a quadratic function is chosen for simplicity, but it conveys the general view that the amount of damage caused by a pollutant increases at an increasing rate with the amount of pollution.

This concept is illustrated in **Figure 1**, where $a_1 = \$1$, $a_2 = \$1.5$, and $d = \$2$. The optimum level of pollution abatement occurs where the sum of total abatement plus damage costs is a minimum (**Figure 1**). The optimal solution calls for the abatement of 154 tons.

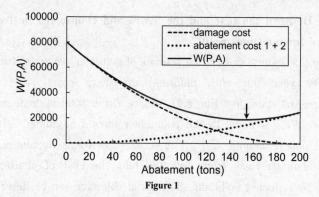

Figure 1

[Adapted from Bosch, D. J., Ogg, C., Osei, E., & Stoecker, A. L. (2006). Economic models for TMDL assessment and implementation. *Transactions of the ASABE*, 49, 1051-1065.]

6. According to the text, which of the following should be minimized to achieve the social objective?

  a. the social cost

  b. the cost of removing pollution

  c. the methods of abatement used

  d. pollution emissions

7. How is the view that as one moves from primary to secondary to tertiary methods to remove more of a pollutant, the cost per unit of pollutant removed increases at an increasing rate reflected in the equation?

  a. The environmental damage is quadratic.

  b. The abatement costs are summed.

  c. The amount of pollution removed is squared.

  d. The pollution dependent function is minimized.

8. What is the best title for **Figure 1**?

  a. The cost of environmental damages in a waterway

  b. The social costs of pollution in a waterway

  c. Reducing the costs of pollution abatement

  d. The environmental cost of polluting a waterway

9．What does the point on the solid line in **Figure 1** indicated by the arrow represent?

　a．the cost of optimal pollution abatement

　b．minimal pollution abatement cost

　c．the inability to determine pollution costs

　d．the minimum damage cost

10．What does the $W(P,A)$ solid line in **Figure 1** represent?

　a．the sum of the costs to society caused by removing all pollution from the waterway

　b．the sum of the costs of removing some of the pollution and leaving the rest

　c．the sum of the costs of modeling the damages to the environment

　d．the sum of the costs required to keep the environment protected

V　**Section A: For questions 1-10, two definitions are given with one sample sentence each.　Think of a word that matches both definitions and also fits in the blanks in both sentences. Convert each letter of the word into a number 1 to 4 according to the table below: number 1 represents letters *a-g*, 2 represents *h-m*, 3 represents *n-s*, and 4 represents *t-z*.　Then choose the matching sequence of numbers from options a-d.　For example, if the word you think is *wise*, for which the letter *w* is given, the remaining letters would be changed into 2 for *i*, 3 for *s*, and 1 for *e*. Hence, the correct answer would be *w*231.**

Number	Letters
1	a, b, c, d, e, f, g
2	h, i, j, k, l, m
3	n, o, p, q, r, s
4	t, u, v, w, x, y, z

1. (i) an adaptation of music for different instruments than it was originally written for: The *a*_____ of the heavy metal song for string quartet was interesting.

(ii) an agreement between two people or groups: The young couple's living *a*_____ disturbed their traditional parents.

a. *a*331342134　　　　　　　　b. *a*3313112134

c. *a*13112134　　　　　　　　d. *a*112142134

2. (i) to be supported strongly with evidence: The theory was not *g*_____ in reality.

(ii) to make an electrical connection with the earth: The laboratory equipment needs to be *g*_____.

a. *g*2334　　　　　　　　　　b. *g*42111

c. *g*13421　　　　　　　　　　d. *g*3343111

3. (i) a continuous decrease in number, value, or quality: The transition from adolescence to adulthood is accompanied by a *d*_____ in physical activity.

(ii) to politely refuse to accept to do something: When 22 years old, Hertz originally *d*_____*d* the invitation from Helmholtz to prove that radio waves existed.

a. *d*43231　　　　　　　　　　b. *d*31123

c. *d*112231　　　　　　　　　　d. *d*313421

4. (i) a thing that is used to transport people or goods: Many studies investigated the effects of starting and stopping on fuel consumption and *v*_____ exhaust emissions.

(ii) a way of achieving something: Sports can be seen as a *v*_____ for acquiring life skills.

a. *v*24121　　　　　　　　　　b. *v*122121

c. *v*2124121　　　　　　　　　d. *v*1422121

5. (i) the direction in which an object faces: Stacking interactions between planes will increase as they adopt a parallel *o*_____.

(ii) a person's basic beliefs or reactions towards a particular subject: People with common lifestyle *o*_____*s* may form strong social networks.

 a．*o*2244233   b．*o*3213414233

 c．*o*31132414233   d．*o*1413414233

6．(i) having a very sharp edge or point: The edge of the knife was
 *k*_____.

 (ii) full of excitement or desire: The students were *k*_____ to
 start the experiments.

 a．*k*113   b．*k*23124

 c．*k*334231   d．*k*413442

7．(i) selective or choosy: Sam was very *p*_____ about what foods
 he would eat.

 (ii) an object considered separately from the rest: That *p*_____
 painting was painted in 1785.

 a．*p*2124   b．*p*3311332312

 c．*p*134214213   d．*p*432413

8．(i) exposed by having the skin removed; inflamed and painful:
 Her hands were *r*_____ from hard work.

 (ii) uncooked, unprocessed, or unrefined: Some people refuse to
 eat *r*_____ fish.

 a．*r*14   b．*r*131

 c．*r*34413   d．*r*334

9．(i) to prove that something is true or useful: The model has been
 *v*_____*ated* with experimental evidence.

 (ii) not obsolete or expired yet: This ticket is still *v*_____ until
 the end of the year.

 a．*v*1221   b．*v*132111

 c．*v*13432111   d．*v*134111

10．(i) of or inside a particular country: Solar panels are expected to
 alleviate the *d*_____ power demand and decrease the
 dependency on nuclear plants.

 (ii) connected to home or family: Wetlands serve as a source of
 water for *d*_____ and commercial purposes.

a. *d*31413

b. *d*224423

c. *d*3213421

d. *d*2344311311

Section B: For questions 11-15, two sentences are given. Choose the word from options a-d that best fills the blanks of both sentences.

11. (i) The empirical nature of research means that it is conducted following _____ scientific methods and procedures.

    (ii) Our approach to raising standards for all children will remain absolutely _____.

    a. colonial

    b. rigorous

    c. instructional

    d. ambiguous

12. (i) The cornea is a transparent _____ that covers the front of the eye.

    (ii) Loud noise can damage the _____ in the ear.

    a. arch

    b. foliage

    c. membrane

    d. sensor

13. (i) A global solution is to make a simple text editor, not Excel, the _____ program with which to open these files.

    (ii) As they had not made their loan repayments for the past three months, the bank considered them to be in _____.

    a. residual

    b. default

    c. libel

    d. latent

14. (i) In 1885 European leaders met to divide Africa and drew up _____ borders that exist to this day.

    (ii) An enactment protects tenants against _____ treatment at the hands of landlords with respect to raising of rents.

    a. vibrant

    b. composite

    c. sentimental

    d. arbitrary

15. (i) We live in a materialistic age where there seems to be a growing _____ with money.

    (ii) Allow your children to use the computer occasionally, but do not let it become a(n) _____.

a．disposition　　　　　b．parameter

c．rebellion　　　　　　d．obsession

数学

(120 分)

[I]　n を自然数として，整式 $(3x+2)^n$ を x^2+x+1 で割った余りを $a_n x + b_n$ とおく。以下の問に答えよ。

(1)　a_{n+1} と b_{n+1} を，それぞれ a_n と b_n を用いて表せ。

(2)　全ての n に対して，a_n と b_n は 7 で割り切れないことを示せ。

(3)　a_n と b_n を a_{n+1} と b_{n+1} で表し，全ての n に対して，2 つの整数 a_n と b_n は互いに素であることを示せ。

[II]　赤玉と黒玉が入っている袋の中から無作為に玉を 1 つ取り出し，取り出した玉を袋に戻した上で，取り出した玉と同じ色の玉をもう 1 つ袋に入れる操作を繰り返す。以下の問に答えよ。

(1)　初めに袋の中に赤玉が 1 個，黒玉が 1 個入っているとする。n 回の操作を行ったとき，赤玉をちょうど k 回取り出す確率を $P_n(k)$ $(k = 0, 1, \cdots, n)$ とする。$P_1(k)$ と $P_2(k)$ を求め，さらに $P_n(k)$ を求めよ。

(2)　初めに袋の中に赤玉が r 個，黒玉が b 個 $(r \geqq 1, \ b \geqq 1)$ 入っているとする。n 回の操作を行ったとき，k 回目に赤玉が，それ以外ではすべて黒玉が取り出される確率を $Q_n(k)$ $(k = 1, 2, \cdots, n)$ とする。$Q_n(k)$ は k によらないことを示せ。

[Ⅲ]　実数 x に対して関数 $f(x)$ を $f(x) = e^{x-2}$ で定め，正の実数 x に対して関数 $g(x)$ を $g(x) = \log x + 2$ で定める。また $y = f(x)$, $y = g(x)$ のグラフをそれぞれ C_1, C_2 とする。以下の問に答えよ。

(1)　$f(x)$ と $g(x)$ がそれぞれ互いの逆関数であることを示せ。

(2)　直線 $y = x$ と C_1 が 2 点で交わることを示せ。ただし，必要なら $2 < e < 3$ を証明しないで用いてよい。

(3)　直線 $y = x$ と C_1 との 2 つの交点の x 座標を α, β とする。ただし $\alpha < \beta$ とする。直線 $y = x$ と C_1, C_2 をすべて同じ xy 平面上に図示せよ。

(4)　C_1 と C_2 で囲まれる図形の面積を (3) の α と β の多項式で表せ。

[Ⅳ]　複素数平面上に 2 点 A(1), B$(\sqrt{3}\,i)$ がある。ただし，i は虚数単位である。複素数 z に対し $w = \dfrac{3}{z}$ で表される点 w を考える。以下の問に答えよ。

(1)　$z = 1$, $\dfrac{1 + \sqrt{3}\,i}{2}$, $\sqrt{3}\,i$ のときの w をそれぞれ計算せよ。

(2)　実数 t に対し $z = (1-t) + t\sqrt{3}\,i$ とする。$\alpha = \dfrac{3 - \sqrt{3}\,i}{2}$ について，αz の実部を求め，さらに $(w - \alpha)\overline{(w - \alpha)}$ を求めよ。

(3)　w と原点を結んでできる線分 L を考える。z が線分 AB 上を動くとき，線分 L が通過する範囲を図示し，その面積を求めよ。

[**V**]　xyz 空間において，3 点 A$(2, 1, 2)$, B$(0, 3, 0)$, C$(0, -3, 0)$ を頂点とする三角形 ABC を考える。以下の問に答えよ。

(1)　∠BAC を求めよ。

(2)　$0 \leqq h \leqq 2$ に対し，線分 AB, AC と平面 $x = h$ との交点をそれぞれ P, Q とする。点 P, Q の座標を求めよ。

(3)　$0 \leqq h \leqq 2$ に対し，点 $(h, 0, 0)$ と線分 PQ の距離を h で表せ。ただし，点と線分の距離とは，点と線分上の点の距離の最小値である。

(4)　三角形 ABC を x 軸のまわりに 1 回転させ，そのときに三角形が通過する点全体からなる立体の体積を求めよ。

■物理■

（2科目　120分）

〔Ｉ〕　以下の空欄にあてはまるものを各解答群から選び，マーク解答用紙の該当欄にマークせよ。

単位長さあたりの質量が ρ の，太さを無視できる線状の媒質（以下では「弦」と呼ぶ）を考える。**図1**に示すように，弦は両端において x 方向に加えられた大きさ T の外力によって張られているとする。この弦を伝わって x 軸の正の向きに一定の速さ u で進む単独の波（以下ではこれをパルス波と呼ぶ）を考える。パルス波は波形を保って進むとする。弦の各点は x 軸に垂直な y 方向にのみ運動でき，重力と空気抵抗は無視できるとする。**図2**には時刻 t_0 とその後の時刻 $t_0 + \Delta t$ での波の先端部分の拡大図が示されている。時刻 t_0 および時刻 $t_0 + \Delta t$ での波の先端位置はそれぞれ点Ａと点Ｂにあるとし，AB 間の距離はパルス波の x 方向の幅に比べて十分に小さいとする。波の先端部分は x 軸とのなす角が θ の直線で近似できるとする。また，θ は正で，十分に小さく，$\tan\theta \approx \theta$ および $\sin\theta \approx \theta$ の近似が成り立つとする。ここで，時刻 t_0 において AB 間にあった弦の微小部分（「部分 L」と呼ぶ）の運動に注目する。部分 L の質量は　(1)　である。時刻 t_0 から時刻 $t_0 + \Delta t$ の間，部分 L には**図2**に示すように両端の2点において弦に沿った方向に大きさ T の張力がそれぞれはたらき，これらの合力の y 方向の成分は　(2)　である。したがって，部分 L は，この間，y 方向に (2) × Δt の力積を受ける。一方，部分 L の各点は時刻 $t_0 + \Delta t$ の直後に y 方向に　(3)　の速度をもつので，Δt の間に部分 L の全体の運動量は y 方向に (1) × (3) だけ増えたことになる。ここで，部分 L の運動量変化はその間に部分 L が受けた力積に等しいため，波の速さ u は　(4)　となることが分かる。

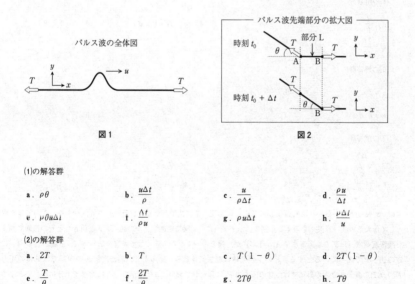

パルス波の全体図

図1

パルス波先端部分の拡大図

図2

(1)の解答群

a. $\rho\theta$ 　　　　**b**. $\dfrac{u\Delta t}{\rho}$ 　　　　**c**. $\dfrac{u}{\rho\Delta t}$ 　　　　**d**. $\dfrac{\rho u}{\Delta t}$

e. $\rho\theta u\Delta t$ 　　**f**. $\dfrac{\Delta t}{\rho u}$ 　　　　**g**. $\rho u\Delta t$ 　　　　**h**. $\dfrac{\rho \Delta t}{u}$

(2)の解答群

a. $2T$ 　　　　　**b**. T 　　　　　　**c**. $T(1-\theta)$ 　　　**d**. $2T(1-\theta)$

e. $\dfrac{T}{\theta}$ 　　　　　**f**. $\dfrac{2T}{\theta}$ 　　　　　**g**. $2T\theta$ 　　　　**h**. $T\theta$

(3)の解答群

a．$u\theta$　　　　　　　b．$2u\theta$　　　　　　c．$u(1-\theta)$　　　　　d．$2u(1-\theta)$

e．$\dfrac{u\theta}{2}$　　　　　　f．u　　　　　　g．$\dfrac{u(1-\theta)}{2}$　　　　h．$2u$

(4)の解答群

a．$\sqrt{\dfrac{2T\theta}{\rho}}$　　　　b．$\sqrt{\dfrac{T\theta}{\rho}}$　　　　c．$\sqrt{\dfrac{2T}{\rho}}$　　　　d．$\sqrt{\dfrac{T}{\rho}}$

e．$\sqrt{\dfrac{T\Delta t}{\rho}}$　　　　f．$\sqrt{\dfrac{\rho}{2T}}$　　　　g．$\sqrt{\dfrac{\rho}{T}}$　　　　h．$\sqrt{\dfrac{T}{\rho\Delta t}}$

ここで，**図1**で示したパルス波を，波と同じ速さ u で x 軸の正の向きに進む観測者 X が見たとしよう。観測者 X からはパルス波は静止して見え，弦がパルス波の波形に沿って動いているように見えるであろう。**図3**にはある時刻でのパルス波の頂点付近の拡大図が示されている。頂点領域は半径 r の円弧とみなすことができるとする。パルス波の頂点を通って y 軸と平行な線について対称な位置にある2点を C および D とし，円弧 CD の中心角を θ とする。θ は正で，十分に小さいとし，$\sin\theta \fallingdotseq \theta$ の近似が成り立つとする。ある時刻に CD 間にある弦の微小部分（部分 M とよぶ）の運動を観測者 X が観測すると，観測者 X には部分 M が速さ u で反時計回りに半径 r の等速円運動をしているように見える。部分 M には両端の C と D それぞれの点において円の接線方向に大きさ T の張力がはたらき，これらの合力によって部分 M には y 方向に大きさ　(5)　の力が加わり，この力が観測者 X から見たときの部分 M の等速円運動の向心力となる。部分 M の質量は　(6)　であり，等速円運動における円の中心方向の運動方程式が部分 M に適用できるとすると，部分 M の速さ u は　(7)　となる。

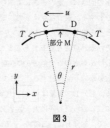

図3

(5)の解答群

a．$\dfrac{T}{\theta}$　　　　　　b．$2T\theta$　　　　　　c．$2T(1-\theta)$　　　　d．$T(1-\theta)$

e．$\dfrac{2T}{\theta}$　　　　　f．$T\theta$　　　　　g．T　　　　　　h．$2T$

(6)の解答群

a．ρr　　　　　　b．$\dfrac{r\theta}{\rho}$　　　　　c．$\dfrac{\rho u}{\theta}$　　　　　d．$\dfrac{\rho\theta}{u}$

e．$\rho r\theta$　　　　　f．$\dfrac{r}{\rho}$　　　　　g．$\dfrac{u}{\rho\theta}$　　　　h．$\dfrac{\theta}{\rho u}$

(7)の解答群

a．$\sqrt{\dfrac{rT}{\rho}}$　　　　b．$\sqrt{\dfrac{T\theta}{\rho}}$　　　　c．$\sqrt{\dfrac{T}{\rho}}$　　　　d．$\sqrt{\dfrac{\rho}{T}}$

e．$\sqrt{\dfrac{2T}{\rho}}$　　　　f．$\sqrt{\dfrac{2T\theta}{\rho}}$　　　　g．$\sqrt{\dfrac{2rT}{\rho}}$　　　　h．$\sqrt{\dfrac{\rho}{2T}}$

次に，x 軸に平行に置かれた断面積 S の管の中に密度（単位体積あたりの質量）ρ_0 の気体があり，この気体を媒質として伝わる縦波（音波）を考える。**図4**に示すように，x 軸に垂直な2つの面（面 a と面 b）と管の側面で囲まれた高密度領域（以下では高密度帯 A と呼ぶ）が，幅を保ってパルス波として媒質を伝わって，x 軸の正の向きに一定の速さ v で進んでいるとする。管の中の気体は理想気体とみなせるとし，高密度帯 A の内部では気体の圧力は $P_0 + \Delta P$，高密度帯 A の外部では気体の圧力は P_0 に保たれており，ΔP は正で，P_0 に比べて十分に小さいとする。高密度帯 A の外部では気体の密度は ρ_0，温度は T_0 に保たれているものとする。

ここで，**図 5** に示すように，高密度帯 A の進行方向の前方にある x 軸に垂直な 2 つの面（面 c と面 d）と管の側面で囲まれた微小幅をもつ領域内にある気体の塊（気体塊 B と呼ぶ）を考える。気体塊 B の体積 V_0 は高密度帯 A の体積に比べて十分に小さいとする。また，高密度帯 A が気体塊 B を通過する時間は十分に短く，高密度帯 A が気体塊 B を通過する間，気体塊 B の内部と外部との間での気体分子の出入りは無視でき，さらに，気体塊 B の内部では気体分子は一様に分布しているとする。ここで，波と同じ速さ v で x 軸の正の向きに進む観測者 Y から見ると，高密度帯 A は静止し，気体塊 B が速度 $-v$ で高密度帯 A に接近し（**図 5** 参照），その後，高密度帯 A に進入するように見えるであろう。面 c と面 d が高密度帯 A の面 b にそれぞれ時刻 t_0 および時刻 $t_0 + \Delta t$ に到着するとし，この間の観測者 Y から見た気体塊 B の運動を考察してみよう。面 d が高密度帯 A に進入するまで面 d の x 方向の速度は $-v$ であるとすると，Δt は　(8)　である。時刻 t_0 から時刻 $t_0 + \Delta t$ までの間，気体塊 B は面 c において外部から圧力 $P_0 + \Delta P$ を受け，面 d において外部から圧力 P_0 を受ける。したがって，この間，気体塊 B は x 方向に　(9)　の合力を受け，この力によって気体塊 B の x 方向の重心の速度は時間 Δt の間に $-v$ から $-v + \Delta v$ に一定の割合で変化する。よって，時刻 t_0 から時刻 $t_0 + \Delta t$ までの間に面 c は　(10)　$\times \Delta t$ の距離だけ x 軸の負の向きに移動し，気体塊 B の体積は V_0 から $V_0 + \Delta V$ に変化する。ΔV は　(11)　$\times V_0$ となる。一方，時刻 t_0 から時刻 $t_0 + \Delta t$ までの間に気体塊 B が受けた (9) $\times \Delta t$ の力積は気体塊 B の運動量変化 $\rho_0 V_0 \Delta v$ に等しい。以上から v は　(12)　と表され，気体中を伝わる音の速さ（音速）の表式が得られる。

上記の状況（高密度帯 A の外部では気体の密度は ρ_0，温度は T_0 に保たれている）において高密度帯 A の通過により気体塊 B の体積が変化するときの圧力と体積の間の関係式，および体積変化 ΔV の大きさが V_0 に比べて十分に小さいという条件を (12) に適用すると $v^2 = \alpha P_0 / \rho_0$（$\alpha$ は定数）と表される。気体塊 B は理想気体と見なせるとし，気体のモル質量を M，気体定数を R とすると v^2 は　(13)　と表される。ここで，気体中を伝わる縦波（音波）の速さを $3.4 \times 10^2 \, \text{m/s}$，気体のモル質量を $2.9 \times 10^{-2} \, \text{kg/mol}$，温度を $2.9 \times 10^2 \, \text{K}$，気体定数を $8.3 \, \text{J/(K·mol)}$ として α を求めると，求めた値に最も近い数値は　(14)　である。

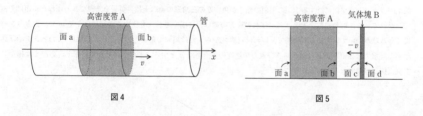

図 4　　　　　　　　　　　　　　　　　　図 5

(8)の解答群

a．$V_0 S v$　　　　　　b．$\dfrac{V_0}{S v}$　　　　　　c．$\dfrac{V_0 S}{v}$　　　　　　d．$\dfrac{S v}{V_0}$

e．$\dfrac{1}{V_0 S v}$　　　　　f．$\dfrac{v}{V_0 S}$　　　　　g．$\dfrac{S^2}{V_0 v}$　　　　　h．$\dfrac{S^2 v}{V_0}$

(9)の解答群

a．$-\dfrac{\Delta P}{S}$　　　　b．$(P_0 - \Delta P) S$　　　c．$(P_0 + \Delta P) S$　　　d．$-\Delta P S$

e．$\dfrac{\Delta P}{S}$　　　　f．$\dfrac{P_0 - \Delta P}{S}$　　　g．$\dfrac{P_0 + \Delta P}{S}$　　　h．$\Delta P S$

(10)の解答群

a．$v - \dfrac{\Delta v}{2}$　　　　b．$v + \dfrac{\Delta v}{2}$　　　　c．$v - \Delta v$　　　　d．$v + \Delta v$

e. $v - 2\Delta v$　　　　　**f.** $v + 2\Delta v$　　　　　**g.** $2v - \Delta v$　　　　　**h.** $2v + \Delta v$

⑾の解答群

a. $-\dfrac{\Delta v}{2v}$　　　　**b.** $\dfrac{\Delta v}{2v}$　　　　**c.** $-\dfrac{v}{\Delta v}$　　　　**d.** $\dfrac{\Delta v}{v}$

e. $-\dfrac{2\Delta v}{v}$　　　　**f.** $\dfrac{2\Delta v}{v}$　　　　**g.** $-\dfrac{\Delta v}{v}$　　　　**h.** $\dfrac{v}{\Delta v}$

⑿の解答群

a. $\sqrt{-\dfrac{V_0\Delta P}{\rho_0\Delta V}}$　　**b.** $\sqrt{-\dfrac{V_0\Delta V}{\rho_0\Delta P}}$　　**c.** $\sqrt{-\dfrac{\Delta V}{\Delta P}}$　　**d.** $\sqrt{-\dfrac{\Delta P}{\Delta V}}$

e. $\sqrt{\dfrac{V_0\Delta P}{\rho_0\Delta V}}$　　**f.** $\sqrt{\dfrac{V_0\Delta V}{\rho_0\Delta P}}$　　**g.** $\sqrt{\dfrac{\Delta V}{\Delta P}}$　　**h.** $\sqrt{\dfrac{\Delta P}{\Delta V}}$

⒀の解答群

a. $\dfrac{RT_0}{\alpha M}$　　　　**b.** $\dfrac{\alpha RT_0}{MV_0}$　　　　**c.** $\dfrac{\alpha MRT_0}{V_0}$　　　　**d.** $\dfrac{\alpha RT_0}{M}$

e. $\dfrac{M}{\alpha RT_0}$　　　　**f.** $\dfrac{MV_0}{\alpha RT_0}$　　　　**g.** $\dfrac{V_0}{\alpha MRT_0}$　　　　**h.** αMRT_0

⒁の解答群

a. $\dfrac{1}{2}$　　**b.** $\dfrac{3}{5}$　　**c.** $\dfrac{2}{3}$　　**d.** $\dfrac{5}{7}$　　**e.** 1

f. $\dfrac{7}{5}$　　**g.** $\dfrac{3}{2}$　　**h.** $\dfrac{5}{3}$　　**i.** $\dfrac{5}{2}$　　**j.** $\dfrac{7}{2}$

〔Ⅱ〕　以下の問の答を解答用紙の該当欄に記入せよ。

図1のように，水平面に対する上辺の斜面の傾きが角度 θ の三角形の台の上に，質量を無視できるばねが斜面にそっておかれている。ばね定数を k とする。ばねの片方の端は台に固定され，もう片方の端には質量 m の，大きさを無視できる球がついている。この状態で，ばねは自然長から b だけ縮んで静止しており（$b > 0$），このときを始状態とする。重力は鉛直下向きにはたらき，重力加速度の大きさを g とする。また台は動かず，球と台の間の摩擦や，空気抵抗は無視できるとする。$0 < \theta < \dfrac{\pi}{2}$ とする。

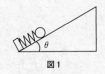

図1

問1　b を，m, g, θ, k の中から適切な記号を用いて表せ。

次に，始状態からばねを a だけ押し縮めて（$a > 0$）球を静止させ，瞬間的に手を離したところ，球は斜面にそって振動を開始した。

問2　球が始状態の位置をはじめて通過するときの速さ V_b を，m, g, k, a の中から適切な記号を用いて表せ。

問3　始状態での球の位置を 0 とし，そこからの斜面にそった球の変位を x とする。また，変位が x のときの球の

速度を V_x とする。変位 x および速度 V_x は，斜面上向きを正とする。V_x の自乗 V_x^2 を，m，x，k，a を用いて表せ。また，$\dfrac{k}{m} = 1\mathrm{s}^{-2}$，$a = 2\mathrm{m}$ とした場合の，V_x^2 と x との関係をグラフに記入せよ。

〔グラフの解答欄〕

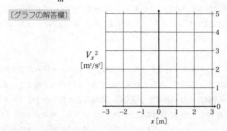

問 4　球にはたらく重力の斜面方向の成分を A とする。また，球にはたらくばねの力を B とする。これらの大きさの比を $f = \dfrac{|B|}{|A|}$ とする。$b = 4\mathrm{m}$，$a = 2\mathrm{m}$ としたときの，f と x の関係をグラフに記入せよ。

〔解答欄〕

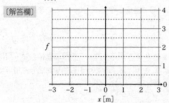

以下の設問で用いられる記号は，新たに定義されるとする。

次に，**図 2** のように，$y = ax^2$ で表される放物線を，y 軸周りに一周させてできるなめらかな曲面を考える（a は正の定数）。この曲面の内側から離れずに運動する質点を考える。重力は y 軸の負の向きにはたらくとし，重力加速度の大きさを g とする。曲面と質点の間の摩擦や，空気抵抗は無視できるとする。また，この曲面上で，ある瞬間に質点が y 軸までの最短距離 r のところに位置しているとき，この質点から y 軸までを最短距離 r で結んでできる線と，y 軸との両方に垂直な方向の質点の速度成分（水平方向の速度成分）の大きさを V とすると，rV は一定に保たれる。なお放物線の性質として，放物線上の点 $x = x_1$（$x_1 > 0$ の場合）で接線と x 軸とがなす角を ϕ とすると（$0 < \phi < \dfrac{\pi}{2}$），$\tan\phi = 2ax_1$ で表されることに留意せよ。

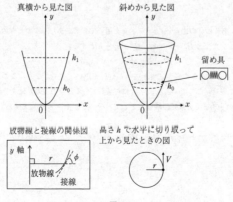

真横から見た図　　　斜めから見た図

放物線と接線の関係図　　高さ h で水平に切り取って上から見たときの図

図 2

問5 自然長より d だけ縮ませた（$d > 0$），ばね定数が k のばねの両端に，大きさを無視できる質量 m の球をそれぞれ配置し，遠隔操作ではずすことの出来る「留め具」で固定する。ばねと留め具の質量および大きさは無視でき，ばねと球と留め具とをあわせた物体は質点とみなすこととする。この物体が高さ $y = h_0$ を保ったままで（$h_0 > 0$），曲面の内側を離れずに速さ V_0 で運動しているとする。このとき，V_0 を h_0，g，m の中から適切な記号を用いて表せ。

問6 上記の運動を行っている最中に瞬間的に留め具をはずしたところ，ばねは高さ $y = h_0$ を保ったまま瞬間的に伸びて，2 つの球がそれぞればねから分離した。ここで，曲面上の $y = h_0$ の高さの点から y 軸までの最短距離を r_0 としたとき，r_0 は十分に大きく，ばねが伸びて球が分離する運動は，分離直前の物体の速度ベクトルの方向にそって直線的に起こるものとする。分離後も，2 つの球は曲面から離れないとする。分離直後の 2 つの球の速度を V_a，V_b としたとき，V_a，V_b を V_0，k，m，d を用いて表せ。ただし，分離直前の物体の運動の向きを正とし，$V_a > V_b$ とする。

以下では，2 つの球のうちの，分離直後に速度 V_a をもつほうの球の運動を考える。なお，この後の運動で，もう片方の球とは衝突しないとする。

問7 分離後，球は曲面の内側から離れずに上昇し，最高点 $y = h_1$ まで到達した。この最高点において球は水平方向の速度成分のみを持っており，その大きさを V_1 とする。h_1 を V_a，g，m の中から適切な記号を用いて表せ。また，V_1 を h_0，g，m の中から適切な記号を用いて表せ。

球が曲面上を運動中に，高さ $y = h$ で y 軸までの最短距離 r に位置し，水平方向に大きさ V の速度成分をもっているときを考える。$h_0 < h < h_1$ とする。この位置で曲面に接する接線 L（このときの球の位置および y 軸とを含む平面 S と，曲面とが交わってできる放物線の接線）と水平面とがなす角を φ とする（$0 < \varphi < \frac{\pi}{2}$）。ここで仮に球が，$y$ 軸に垂直な水平面内で y を中心に，この半径 r，速さ V で等速円運動をしているとしたら，球にはたらいているように見える遠心力の大きさを F_r とする。この F_r に $\cos\varphi$ をかけたものを B とする。ここで，球にはたらく重力の，接線 L 方向の成分の大きさを A とし，これらの比を $f = \dfrac{B}{A}$ とする。また，接線 L 方向の球の速度成分を V_z とする。なお，球の運動に伴い，平面 S が y 軸の周りを回転するため，平面 S とともに回転している観測者 P には，球に見かけの力がはたらいているように見える。曲面上で球が高さ $y = h$ で y 軸までの最短距離 r に位置しているとき，観測者 P からすると，B は，接線 L にそって上向きに球にはたらく，みかけの力の大きさとみなすことができる。

問8 球が高さ $y = h$ にあるときの比 f を，h_0，h_1，h を用いて表せ。また，このときの V_z の自乗 V_z^2 を，g，H_1，H_2，h を用いて表せ。ただし $H_1 = h - h_0$，$H_2 = h_1 - h$ とする。

問9 A と B とが等しくなるときの高さ $y = h_2$ を，h_0，h_1 を用いて表せ。また，このときの V_z の自乗 V_z^2 を，R，g および a を用いて表せ。ここで，高さ $y = h_1$ に位置しているときの球の y 軸までの最短距離を r_1 とし，高さ $y = h_0$ のときの球の y 軸までの最短距離を r_0 として，その差を $R = r_1 - r_0$ とする。

問10 $h_0 = 1\mathrm{m}$，$V_a = 2V_0$ としたとき，f と h との関係，および $\dfrac{V_z^2}{2g}$ と h との関係をグラフに記入せよ。

[解答欄]

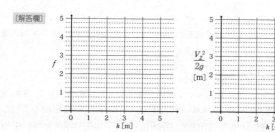

問11　いったん高さ $y = h_1$ まで上昇した球は，地上に静止した別な観測者 Q から見て，その後，どのような運動を行うと考えられるか。運動の様子を簡潔に解答欄に記入せよ。

〔Ⅲ〕　以下の問の答を解答用紙の該当欄に記入せよ。

時間変化する電流の近くに閉回路を置くと，誘導起電力により閉回路に電流が流れる。この現象について，2 つの例を考えよう。空気の透磁率を μ_0 とする。

例1．2つのコイル
円筒状に巻かれた長さ d のコイル 1 とコイル 2 が，**図 1** のように重心と軸を一致させて置かれている。コイル 1 の巻数は N_1，断面積は S_1 で，コイル 2 の巻数は N_2，断面積は S_2 である（$S_1 < S_2$）。コイルの長さ d はコイルの半径に比べて十分長い。コイル 1 には抵抗値 R_1 の電気抵抗と可変電源が，コイル 2 には電気抵抗値 R_2 の豆電球が，それぞれつながっている。コイルと導線の電気抵抗は R_1 と R_2 に比べて十分小さいので無視できる。またコイルを除く回路部分のインダクタンスも無視できるとする。

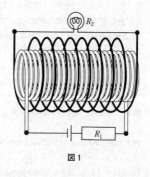

図 1

最初，どちらのコイルにも電流は流れていなかった。ある時刻（$t = 0$ とする）で時間に対して一定割合で変化する電圧を加え始め，しばらく経つと，コイル 1 を流れる電流は比例係数 α で時間に比例して変化するようになり，コイル 2 を流れる電流は一定となった。以下では，このようになった後の，時刻 t における磁束，電流，電圧，エネルギーを考える。ただし，コイル内部の磁界は一様と見なせる。

問1　時刻 t のとき，コイル 1 を流れる電流によって生じる，コイル 1 およびコイル 2 を貫く磁束はそれぞれどれだけか。

問2　時刻 t のとき，コイル 2 を流れる電流を求めよ。電流の符号は，**図 1** で左から見て時計回りに流れるときを正とする。

問3　時刻 t のとき，コイル 1 につながっている電源の電圧は $V(t) = \boxed{(1)}\, t + \boxed{(2)}$ と表される。(1) と (2) に入る式をそれぞれ解答欄に記入せよ。(1) も (2) も t を含まず，いずれもゼロでない。

問4　2つのコイルに蓄えられている（磁界の）エネルギーは，任意の時刻 $t = T_0$ から $t = 2T_0$ までの間にどれだけ増加するか。（$t = T_0$ から $t = 2T_0$ までの間に電源のする仕事は，コイル2の有無によらないことに留意せよ。）

例2．磁界中を回転する金属円筒とその近くにあるコイル

図2のように，内半径 A，厚さ a，高さ c の円筒（$a \ll A$，$c \ll A$）が軸を水平にして置かれている。円筒は電気抵抗率 ρ の金属でできており，絶縁体の棒を介して回転軸に取り付けられている。円筒の一部をはさむように，幅 b（$b \ll A$）の2つの直方体磁石が N 極と S 極を向かい合わせて固定され，そのすぐ上には豆電球をつないだコイルが，その軸を円筒軸と平行にして置かれている。両側のコイルは豆電球に電流が流れたときに同じ向きの磁界を生じるように配置されている。豆電球の電気抵抗は R で，コイルや導線の電気抵抗は R に比べて十分小さく無視できる。

円筒を回転させて，豆電球を点灯させることを考えよう。問題を解くにあたり，次のように近似する。

● 磁石の向かい合う N 極と S 極の距離は十分小さいので，磁石にはさまれた狭い空間の磁束密度は一様と見なすことができ，その大きさは B である。一方，磁石にはさまれた空間の外では，磁束密度をゼロと見なす。

● 磁石の幅 b および円筒の厚さ a は円筒半径 A より十分小さいので，円筒の磁石にはさまれた領域は，3辺の長さがそれぞれ a，b，c の直方体と見なすことができる。以下では，この磁石にはさまれた直方体領域のことを，「小領域」と呼ぶ。

● 円筒が角速度 ω で回転するとき，$a \ll A$ であることから，円筒のどの部分の速さも $A\omega$ と近似できる。

図2の円筒を，左から見て時計回りに一定の角速度 ω_0 で回転させた。このとき「小領域」内の自由電子は磁場中を動くことになり，小領域と円筒中心を結んだ方向（動径方向と呼ぶ）に沿って起電力が生じる。これにより，小領域には動径方向に沿った電流が流れ，この電流は円筒の小領域外の部分を回って戻ってくる（渦電流）。円筒全体から「小領域」を除いた残りの部分の電気抵抗は，「小領域」の電気抵抗より十分小さいので，無視してよい。またホール効果も十分小さく無視できるとして，以下に答えよ。

問5　「小領域」に生じる起電力を求めよ。起電力の符号は，円筒中心に近い方が高電位になる場合を正とする。

問6　「小領域」を流れる電流の大きさ I_0 を求めよ。

問7　磁石があるときに円筒を1回転させるのに必要な仕事は，磁石がないときに比べてどれだけ増加するか。

「小領域」で上記のように電流が流れると，この電流による磁束が円筒およびコイルを貫く。電流が時間変化する場合は磁束も時間変化し，円筒とコイルの両方に電磁誘導による起電力が生じる。これらの起電力の大きさは「小領域」を流れる電流の変化の割合に比例し，比例係数はそれぞれ，円筒の自己インダクタンス L，両者の相互インダクタンス M で与えられる。以下では，**問6**で求めた電流の大きさを I_0，小領域に動径方向の起電力が加わった際の円筒の電気抵抗を r，と表す。

円筒の回転の角速度 ω を**図3**のように変化させ，「小領域」を流れる電流を調べた。その結果，角速度の時間変化が不連続に変わる直後の短い時間を除き，$0 < t < 2T$ の時間帯［Ｉ］と $4T < t < 5T$ の時間帯［Ⅱ］において，「小領域」を流れる電流はいずれも時間 t の一次関数となり，時間帯［Ｉ］では $\boxed{(3)}\ t + \boxed{(4)}$，時間帯［Ⅱ］では $\boxed{(5)}\ t + \boxed{(6)}$ という式で表された。（$2T < t < 4T$ の時間帯は，**問5**から**問7**の状況に対応する。）

問8　(3)から(6)に入る式を，I_0，T，r，R，L，M の中から必要な記号を使って表せ。電流の符号は，電流が円筒中心に向かうときを正とする。(3)から(6)に入る式はいずれもゼロではない。

問9　時間帯［Ⅰ］と［Ⅱ］のそれぞれにおいてコイルに流れる電流を，I_0, T, r, R, L, M の中から必要な記号を使って表せ。電流の符号は，**図2**でコイルを左からみて電流が時計回りに流れるときを正とする。

問10　豆電球で単位時間あたりに消費されるエネルギーと豆電球の明るさが比例する場合，時間帯［Ⅱ］での豆電球の明るさは，時間帯［Ⅰ］での明るさの何倍か。

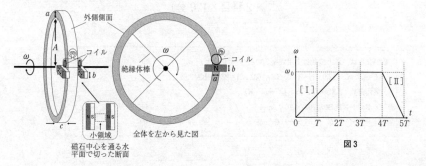

図 2

図 3

化学

（2 科目　120 分）

> 必要ならば，以下の数値を用いなさい。
> H＝1.0，C＝12.0，N＝14.0，O＝16.0，Si＝28.1，K＝39.1
> 気体定数：8.31 × 10³ Pa・L/(mol・K)
> アボガドロ定数：6.02 × 10²³ /mol
> ファラデー定数：9.65 × 10⁴ C/mol

〔Ⅰ〕 つぎの（1）～（10）の文中，（　A　），（　B　），（　C　）にもっとも適合するものを，それ
ぞれA群，B群，C群の（ア）～（オ）から選び，マーク解答用紙の該当欄にマークしなさい。

（1）　第3周期元素のナトリウム，マグネシウム，アルミニウム，ケイ素，リン，硫黄では，原子番号が大きくなる
ほど（　A　）。これらの元素のうち，単体の固体中に共有結合が含まれるものは（　B　）個ある。これらの
元素の酸化物 Na₂O，MgO，Al₂O₃，SiO₂，P₄O₁₀，SO₃ のうち，酸と反応するものは（　C　）個ある。

A：　（ア）　イオン化エネルギーが小さくなる　　　　（イ）　電子親和力が小さくなる
　　　（ウ）　原子半径が小さくなる　　　　　　　　　（エ）　単体の融点が低くなる
　　　（オ）　電気陰性度が小さくなる
B：　（ア）　2　　　　　（イ）　3　　　　　（ウ）　4　　　　　（エ）　5　　　　　（オ）　6
C：　（ア）　2　　　　　（イ）　3　　　　　（ウ）　4　　　　　（エ）　5　　　　　（オ）　6

（2）　原子核に含まれる（　A　）を原子番号という。一般に原子番号が大きくなると原子量も大きくなるが，アル
ゴンとカリウムでは，原子量の順が逆転している。これは，アルゴンとカリウムの（　B　）のうち，⁴⁰Ar と
³⁹K の存在比がもっとも多いためである。⁴⁰Ar はおもに ⁴⁰K の（　C　）に変化して生成される。

A：　（ア）　陽子の数　　　　　　　　（イ）　中性子の数　　　　　　　　　　（ウ）　陽子と中性子の合計数
　　　（エ）　陽子の質量　　　　　　　（オ）　中性子の質量
B：　（ア）　純物質　（イ）　同素体　（ウ）　化合物　（エ）　単体　（オ）　同位体
C：　（ア）　陽子1個が中性子1個　　　（イ）　中性子1個が電子1個　　　（ウ）　電子1個が陽子1個
　　　（エ）　中性子1個が陽子1個　　　（オ）　陽子1個が電子1個

（3）ケイ素の結晶はダイヤモンドと同じ結晶構造をしており，右図に示す単位格子中に
　　　は（　**A**　）個のケイ素原子が含まれている。単位格子の一辺の長さが 5.40×10^{-8} cm
　　　であるとき，ケイ素の結晶の密度は（　**B**　）g/cm³ となる。結晶中では最近接
　　　のケイ素原子は互いに接していると仮定すると，ケイ素原子の半径は
　　　（　**C**　）$\times 10^{-8}$ cm となる。

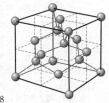

A：　（ア）5　　　　　（イ）8　　　　　（ウ）9　　　　　（エ）12　　　　　（オ）18
B：　（ア）1.36　　　（イ）1.48　　　（ウ）2.37　　　（エ）2.67　　　（オ）3.56
C：　（ア）1.17　　　（イ）1.91　　　（ウ）2.34　　　（エ）2.70　　　（オ）3.82

（4）ジエチルエーテルの沸点は 34℃ であり，0℃ における蒸気圧は 2.5×10^4 Pa である。ジエチルエーテル
　　0.40 mol と窒素 0.60 mol の混合気体を体積可変の容器に入れ，40℃，1.0×10^5 Pa に保ったとき，ジエチルエー
　　テルの分圧は（　**A**　）Pa である。つぎに圧力を変えずに 0℃ まで冷却すると，混合気体に含まれるジエチル
　　エーテルの物質量は（　**B**　）mol となり，混合気体の体積は（　**C**　）L となる。ただし，混合気体は理想気
　　体とみなす。

A：　（ア）1.5×10^4　　　　　　（イ）2.0×10^4　　　　　　（ウ）2.5×10^4
　　　（エ）4.0×10^4　　　　　　（オ）6.0×10^4
B：　（ア）0.10　　　（イ）0.15　　　（ウ）0.20　　　（エ）0.25　　　（オ）0.40
C：　（ア）1.8×10^{-2}　　　　　（イ）2.3×10^{-2}　　　　　（ウ）2.3
　　　（エ）18　　　　　　　　　　　（オ）26

（5）強酸と強塩基の希薄溶液どうしでは，酸と塩基の種類に関係なく（　**A**　）熱の値は一定で 56.5 kJ/mol であ
　　る。水の電離は（　**A**　）反応の逆である。電離平衡

$$H_2O \rightleftharpoons H^+ + OH^-$$

の状態において，水の電離はごくわずかなので，水の濃度 $[H_2O]$ は一定と考えて，水のイオン積 K_W を次式の
ように表す。

$$K_W = [H^+][OH^-]$$

　　25℃ において K_W の値は 1.0×10^{-14}(mol/L)² であり，中性の水では，

$$[H^+] = [OH^-] = 1.0 \times 10^{-7} \, \text{mol/L}$$

となる。これより水素イオン指数は，

$$pH = -\log_{10}[H^+] = 7$$

となる。20℃ と 50℃ における中性の水の水素イオン指数は，それぞれ（　**B**　）となる。これは，（　**C**　）
ためである。

A：　（ア）蒸発　　　（イ）中和　　　（ウ）燃焼　　　（エ）融解　　　（オ）溶解
B：　（ア）pH = 7 （20℃），pH = 7 （50℃）　　　　（イ）pH < 7 （20℃），pH < 7 （50℃）
　　　（ウ）pH > 7 （20℃），pH > 7 （50℃）　　　　（エ）pH < 7 （20℃），pH > 7 （50℃）
　　　（オ）pH > 7 （20℃），pH < 7 （50℃）

C： (ア)　水の電離は温度の影響を受けない

　　　(イ)　水の電離は吸熱反応なので，平衡は高温ほど右に移動する

　　　(ウ)　水の電離は吸熱反応なので，平衡は高温ほど左に移動する

　　　(エ)　水の電離は発熱反応なので，平衡は高温ほど右に移動する

　　　(オ)　水の電離は発熱反応なので，平衡は高温ほど左に移動する

(6)　塩素原子1個を含むオキソ酸は（　A　）種類ある。そのうち，酸としてもっとも強いオキソ酸は，1分子あたり酸素原子を（　B　）個含む。塩素を水に溶かすと生じるオキソ酸において，塩素の酸化数は（　C　）である。

A： (ア)　1　　　　(イ)　2　　　　(ウ)　3　　　　(エ)　4　　　　(オ)　5

B： (ア)　1　　　　(イ)　2　　　　(ウ)　3　　　　(エ)　4　　　　(オ)　5

C： (ア)　−1　　　(イ)　+1　　　(ウ)　+3　　　(エ)　+5　　　(オ)　+7

(7)　分子量が（　A　）である油脂 427 g に水酸化カリウム水溶液を加えて加熱し完全にけん化すると，パルミチン酸（$C_{16}H_{32}O_2$）とリノール酸（$C_{18}H_{32}O_2$）のカリウム塩と（　B　）が生じた。このとき必要な水酸化カリウムは 1.50 mol であった。この油脂 427 g に水素を反応させ，飽和脂肪酸のみからなる油脂を得た。反応した水素の物質量は（　C　）mol である。

A： (ア)　166　　　(イ)　332　　　(ウ)　664　　　(エ)　854　　　(オ)　996

B： (ア)　アセトン　　　　　　(イ)　2-プロパノール　　　　(ウ)　ジメチルエーテル

　　　(エ)　硝酸　　　　　　　　(オ)　グリセリン

C： (ア)　0.500　　(イ)　1.00　　(ウ)　2.00　　(エ)　4.00　　(オ)　5.00

(8)　以下の4個の化合物のうち，赤褐色の臭素水が脱色されるのは（　A　）個ある。酸性の過マンガン酸カリウム水溶液を加えて熱すると，アセトンが生じるのは（　B　）個ある。アンモニア性硝酸銀水溶液を加えて熱すると反応するのは（　C　）個ある。

$(CH_3)_2C=CHCH_3$	$(CH_3)_2C=CH_2$	$CH_3CH_2C≡CCH_3$	CH_3CH_2CHO

A： (ア)　0　　　　(イ)　1　　　　(ウ)　2　　　　(エ)　3　　　　(オ)　4

B： (ア)　0　　　　(イ)　1　　　　(ウ)　2　　　　(エ)　3　　　　(オ)　4

C： (ア)　0　　　　(イ)　1　　　　(ウ)　2　　　　(エ)　3　　　　(オ)　4

(9)　粘土を水に分散したり，（　A　）と，疎水コロイドが得られる。疎水コロイドに少量の電解質を加えると沈殿が生じる現象を（　B　）という。粘土のコロイド粒子は，電気泳動で陽極側に移動する。このことから（　B　）により粘土を含む泥水の濁りをもっとも少ない物質量で除くことができる電解質は，塩化ナトリウム，臭化カリウム，塩化マグネシウム，硫酸ナトリウム，硫酸アルミニウムのうち（　C　）である。

A： (ア)　石けんを水に溶かす

　　　(イ)　卵白を水に溶かす

　　　(ウ)　デンプンをお湯に溶かす

　　　(エ)　塩化鉄(Ⅲ)水溶液を沸騰水中に滴下する

　　　（オ）　硝酸銀水溶液に過剰量のアンモニア水溶液を加える

B：（ア）　凝析　　　　　　　（イ）　透析　　　　　　　（ウ）　塩析

　　（エ）　電気泳動　　　　　（オ）　チンダル現象

C：（ア）　塩化ナトリウム　　（イ）　臭化カリウム　　　（ウ）　塩化マグネシウム

　　（エ）　硫酸ナトリウム　　（オ）　硫酸アルミニウム

（10）　α-アミノ酸の名称（略号）を以下に示す。

> グリシン（Gly），アラニン（Ala），フェニルアラニン（Phe），セリン（Ser），システイン（Cys），
> チロシン（Tyr），トリプトファン（Trp），アスパラギン酸（Asp），グルタミン酸（Glu），リシン（Lys），
> メチオニン（Met）

　3 個のアミノ酸からなる直鎖状のペプチドと，4 個のアミノ酸からなる直鎖状のペプチドの端と端がつながった環状構造のペプチドを以下に示す。

> Cys - Gly - Met　　　Tyr - Lys - Ala　　　Phe - Ser - Gly　　　Glu - Lys - Asp　　　Cys - Asp - Glu
>
> Lys - Gly　　　　　Phe - Asp
> 　|　　|　　　　　　|　　|
> Ala - Trp　　　　　Glu - Ser

　これらのペプチドの中で，水酸化ナトリウムを加えて加熱した後，酢酸鉛（Ⅱ）水溶液を加えると黒色沈殿が生じるものは（　A　）個ある。濃硝酸を加えて加熱すると黄色になり，冷却後にアンモニア水を加えると橙黄色に呈色するものは（　B　）個ある。ニンヒドリン試薬を加えて加熱すると赤紫色に呈色するものは（　C　）個ある。

A：（ア）　1　　　（イ）　2　　　（ウ）　3　　　（エ）　4　　　（オ）　5

B：（ア）　1　　　（イ）　2　　　（ウ）　3　　　（エ）　4　　　（オ）　5

C：（ア）　3　　　（イ）　4　　　（ウ）　5　　　（エ）　6　　　（オ）　7

〔Ⅱ〕 つぎの文章を読んで，**問1**，**問2**，**問8**，**問9**の答をマーク解答用紙の該当欄にマークし，その他の答を記述解答用紙の該当欄に記入しなさい。

先生：今回は，水素について考えてみます。まず，水素について知っていることを述べなさい。

W君：水素は宇宙にもっとも多く存在する元素で，地球上でも (問1) さまざまな物質中に化合物として含まれています。ただ，単体としてはほとんど存在していません。

先生：それでは水素の単体はどのように得られるのでしょうか。

W君：(問2) 実験室での製法に加えて，工業的にはニッケルを触媒として (問3) 石油や天然ガスから製造されています。また，(問4) イオン交換膜を用いた食塩水の電気分解による水酸化ナトリウムの工業的製法でも，水素が副生物として得られています。

先生：エネルギー源として水素が注目されていますが，なぜでしょうか。

W君：水素は燃焼させても温室効果ガスのほとんどを占める二酸化炭素を出さないためだと思います。

先生：その通りです。実際，(問5) 都市ガスへの混合や (問6) 製鉄業における水素の利用も検討されています。ただ，化石燃料から水素を製造したのでは，結果的には二酸化炭素の排出は避けられません。そのため，太陽光発電や風力発電などの再生可能エネルギーから得た電気エネルギーを使って水の電気分解により水素を得ることが望ましいわけです。

W君：(問7) 家庭用の燃料電池システムは，ガス管から送られてくるメタンなどから水素を製造して，それで電気エネルギーを作るそうですね。また，(問8) 燃料電池自動車では水素を高圧タンクに充填しているとも聞きました。

先生：水素は常温常圧で気体なので，(問9) 水素を高密度に貯蔵し，安全に輸送する技術が欠かせません。クリーンな水素エネルギーの利用拡大には，さらなる科学技術の進歩が必要です。

問1 試料に水素が含まれることを確認する方法として，もっとも適切なものをつぎの（ア）〜（カ）から一つ選び，マーク解答用紙の該当欄にマークしなさい。

（ア）試料を加熱した銅線に付着させ，ガスバーナーの外炎に入れて青緑色の炎色反応を観察する。

（イ）試料に水酸化ナトリウムを加えて加熱し，発生した気体に水で湿らせたリトマス紙を接触させて赤から青への色の変化を観察する。

（ウ）試料を完全燃焼させ，発生した気体を石灰水に通じて白く濁ることを観察する。

（エ）試料を水に溶かし，硝酸銀水溶液を滴下して白色沈殿の生成を観察する。

（オ）試料に水酸化ナトリウムを加えて加熱し，酢酸鉛（Ⅱ）水溶液を加えて黒色沈殿の生成を観察する。

（カ）試料を完全燃焼させ，発生した気体に塩化コバルト紙を接触させて青から赤への色の変化を観察する。

問2 実験室で水素を発生させ捕集する方法として適切なものをつぎの（ア）〜（カ）からすべて選び，マーク解答用紙の該当欄にマークしなさい。

（ア）酸化マンガン（Ⅳ）に過酸化水素水を加え，発生した気体を水上置換で捕集する。

（イ）亜鉛に希硫酸を加え，発生した気体を水上置換で捕集する。

（ウ）塩化アンモニウムと水酸化カルシウムの混合物を加熱し，発生した気体を上方置換で捕集する。

（エ）酸化マンガン（Ⅳ）に濃塩酸を加え，発生した気体を下方置換で捕集する。

（オ）銅に希硝酸を加え，発生した気体を水上置換で捕集する。

（カ）カルシウムに水を加え，発生した気体を水上置換で捕集する。

問3　工業的には，水素はメタンを含む炭化水素と水蒸気の反応により製造される。この反応は，一般的な炭化水素の分子式を C_mH_n としたとき，以下のような化学反応式で表される。空欄①〜③に入る係数を m, n の記号を用いて答えなさい。また，④，⑤に入る化学式を答えなさい。

$$C_mH_n + (\quad ① \quad)H_2O \longrightarrow (\quad ② \quad)H_2 + (\quad ③ \quad)CO$$

$$\boxed{④} + CO \longrightarrow \boxed{⑤} + H_2$$

問4　食塩水の電気分解について，陽極と陰極で起こる反応を表す半反応式をそれぞれ答えなさい。

問5　現在，使用されている都市ガスの主成分はメタンである。メタンに水素を添加した混合ガス 1 mol を完全燃焼させると，800 kJ の熱量が得られた。メタンと水素の燃焼熱をそれぞれ 890 kJ/mol と 286 kJ/mol とするとき，混合ガス 1 mol 中の水素の物質量を有効数字 2 桁で答えなさい。また，この割合で水素を添加することで，同一の熱量を得る場合に発生する二酸化炭素は，添加前に比べて何％削減されるか，有効数字 2 桁で答えなさい。

問6　鉄鉱石の主成分は酸化鉄(Ⅲ)である。酸化鉄(Ⅲ)を一酸化炭素または水素を用いて鉄へ還元する反応について，それぞれ化学反応式で答えなさい。

問7　水素─酸素燃料電池を 80 A の一定電流で 5 分間放電した。消費された水素の物質量を有効数字 2 桁で答えなさい。

問8　ある燃料電池自動車は，水素 1 kg あたり 120 km 走行できる。100 L の水素タンクで 700 km を走行できるようにするには，20℃で大気圧の何倍の圧力の水素を充填する必要があるか，もっとも適切なものをつぎの（**ア**）〜（**カ**）から一つ選び，マーク解答用紙の該当欄にマークしなさい。

（**ア**）約 14 倍　　　　　　（**イ**）約 35 倍　　　　　　（**ウ**）約 70 倍

（**エ**）約 140 倍　　　　　　（**オ**）約 350 倍　　　　　　（**カ**）約 700 倍

問9　水素の貯蔵・輸送には，つぎの 3 つの方法がある。

（**a**）　水素を冷却して液体水素にし，体積を 1/800 にする方法
（**b**）　水素をトルエンと反応させて，常温常圧で液体のメチルシクロヘキサン（分子量 98，密度 770 kg/m³）にする方法
（**c**）　水素を窒素と反応させてアンモニアにし，低温常圧で液体アンモニア（密度 690 kg/m³）にする方法

　　これらの方法のうち，単位体積あたりに貯蔵できる水素の質量を大きい順に並べるとどうなるか，もっとも適切なものをつぎの（**ア**）〜（**カ**）から一つ選び，マーク解答用紙の該当欄にマークしなさい。

（**ア**）（a）>（b）>（c）　　（**イ**）（a）>（c）>（b）　　（**ウ**）（b）>（a）>（c）

（**エ**）（b）>（c）>（a）　　（**オ**）（c）>（a）>（b）　　（**カ**）（c）>（b）>（a）

〔Ⅲ〕 つぎの文章を読んで，**問3**の答をマーク解答用紙の該当欄にマークし，その他の答を記述解答用紙の該当欄に記入しなさい。**問7**，**問8**，**問9**は記入例にならって構造式を示しなさい。

（記入例）

　解熱鎮痛剤として用いられる市販薬には，有効成分として (問1, 2) 有機化合物**A**と無機化合物**B**が含まれている。化合物**A**は，炭酸水素ナトリウム水溶液を加えると気体が発生する。また，化合物**A**に水酸化ナトリウム水溶液を加えて加熱した後，塩酸を加えて酸性にすると無色の結晶が得られる。この結晶に塩化鉄(Ⅲ)水溶液を加えると，赤紫色を呈する。(問3) 化合物**B**は金属の水酸化物であり，(問4) 塩酸や過剰な水酸化ナトリウム水溶液には溶けるが，アンモニア水には溶けない。

　(問5) 化合物**A**の含有率を滴定によって求めるために，以下の実験を行った。0.50 mol/L の水酸化ナトリウム水溶液 10.0 mL の入ったビーカーを2個準備し，片方にはすり潰した市販薬1錠（0.40 g）を加えて穏やかに加熱した。その後，それぞれのビーカーに 0.50 mol/L の塩酸を滴下し，指示薬のフェノールフタレインの色が無色となったとき滴定を終了した。このとき，化合物**B**の白色沈殿が生じていた。市販薬を含んだビーカーでは塩酸の滴定量は 3.20 mL，市販薬が含まれないビーカーでの滴定量は 9.00 mL であった。

　一方，(問6) 分子式 $C_8H_{10}O$ をもつ (問7) ベンゼンの一置換体である化合物**C**に，化合物**A**と少量の硫酸を加えて加熱すると脱水縮合し，(問8) 化合物**D**が生じた。化合物**C**をニクロム酸カリウムの硫酸酸性溶液で酸化すると，(問9) 化合物**E**が生じた。なお，化合物**E**は銀鏡反応を示さなかった。

問1　1 mol の化合物**A**を完全燃焼させるのに必要な酸素は 9 mol であり，9 mol の二酸化炭素と 4 mol の水が生じる。化合物**A**の分子式を答えなさい。

問2　**A**の化合物名を答えなさい。

問3　**B**の化合物名をつぎの（ア）～（オ）の中から一つ選び，マーク解答用紙の該当欄にマークしなさい。

　　（ア）　水酸化アルミニウム　　　　（イ）　水酸化亜鉛　　　　　　（ウ）　水酸化銅(Ⅱ)

　　（エ）　水酸化鉄(Ⅱ)　　　　　　　（オ）　水酸化鉄(Ⅲ)

問4　下線部の化学反応式をそれぞれ答えなさい。

問5　市販薬に含まれる化合物**A**の含有率（質量パーセント濃度）を有効数字2桁で答えなさい。ただし，化合物**B**が滴定に及ぼす影響は無視できるものとする。

　　〔大学からの補足〕

　　　　「化合物**A**の含有率（質量パーセント濃度）を…」

　　　　　　　　　　　　　　↓

　　　　$\dfrac{\text{化合物 A の質量 [g]}}{\text{市販薬の質量 [g]}} \times 100$ [％] の意味である。

問6　分子式 $C_8H_{10}O$ をもつベンゼンの二置換体には構造異性体が何種類あるか，答えなさい。

問7　分子式 $C_8H_{10}O$ をもつベンゼンの一置換体のすべての構造異性体を構造式で示しなさい。

問8　化合物 D を構造式で示しなさい。

問9　化合物 E を構造式で示しなさい。

生物

（2科目　120分）

〔Ⅰ〕 以下の問題文を読み，問いに答えなさい。

生体には電気信号を情報として利用する細胞集団があり，代表的なものに神経と心臓がある。神経や心臓の電気信号は，それぞれ脳波や心電図として記録することができる。はじめに神経細胞に関して，続いて心臓・血管系に関して出題する。

神経に関する以下の文章を読み，**問1～4**に答えなさい。

細胞の外側を基準として測定した細胞の内外の電位差を「膜電位」という。一般的な細胞外液中に置いた神経細胞**A**内に微小電極を挿入して，膜電位を計測した（**図1**）。次に神経細胞**B**に電極を刺し，膜電位を計測した。神経細胞**B**にシナプスを形成する**C，D，E**の3つの神経細胞は，青色光刺激に応答して陽イオンを流入させるイオンチャネルを発現しているため，青色光を照射すると活動電位を発する（**図2**）。

問1　神経細胞**A**が他の細胞から信号を受け取っていない時の膜電位（静止電位）を決定するイオンを答えなさい。

問2　神経細胞**A**の静止電位が$-70\,\mathrm{mV}$であるとき，**問1**で解答したイオンは細胞の内側と外側ではどちらの濃度が高いか答えなさい。

問3　神経細胞**C～E**に様々なパターンで青色光を照射したときに，神経細胞**B**で計測される膜電位変化を**表1**にまとめた。**C，D，E**の3つの神経細胞に同時に青色光を照射した時に神経細胞**B**で記録される膜電位変化を，**図3**の（**ア**）～（**エ**）から選びなさい。なぜそのような膜電位が計測されるのか，理由を答えなさい。

問4　一般的な細胞外液からCa^{2+}を取り除いて神経細胞**C**のみに青色光を照射したとき，神経細胞**B**で記録される膜電位を**図3**の（**ア**）～（**エ**）から選びなさい。なぜそのような膜電位が計測されるのか，理由を答えなさい。

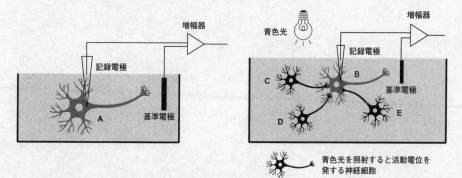

図1　　　　　　　　　　　　　　　　　　　　　　　図2

青色光を照射すると活動電位を
発する神経細胞

青色光を照射する神経細胞	神経細胞 B の膜電位変化
C のみ	図 3（ア）
D のみ	
C と E	図 3（イ）
D と E	
E のみ	図 3（ウ）

表 1　青色光を照射する神経細胞と神経細胞 B における膜電位変化の関係

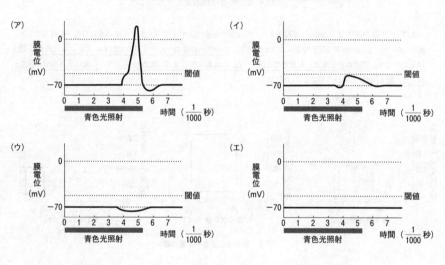

図 3

次に心臓・血管系に関する以下の文章を読み，問 5～17に答えなさい。

血液は心臓の（　あ　）から大動脈弁を通り動脈を介して全身に送られ，毛細血管に入る。その後血液は毛細血管から静脈を流れて心臓の（　い　）に戻る。心臓へ戻った血液は，心臓の（　い　）から房室弁を通り（　う　）に運ばれる。（　う　）から肺動脈弁を通り，肺動脈を介して肺に運ばれて，肺静脈を通って心臓の（　え　）に戻ってくる。（　え　）に戻ってきた血液は，房室弁を通って（　あ　）に運ばれて，再び全身に送られる。

心臓は自律的に収縮運動を行うことができる。これは，（　い　）にある（　お　）の働きによるものであり，（　お　）からえられる電位変化を図4に示す。心臓は自律神経支配により，心拍数が増大したり減少したりする。図4の矢印の所で交感神経や副交感神経を興奮させたときの（　お　）の電位変化を調べた（問7）。

問5　（　あ　）～（　お　）に入る適切な語句を答えなさい。

問6　肺動脈，肺静脈，大動脈，大静脈について，血管内の血液が動脈血である血管と静脈血である血管を，それぞれすべて答えなさい。

問7　図4（**A**）はそれぞれの神経を興奮させる前の（　お　）の電位変化とする。交感神経と副交感神経のそれぞれを興奮させたとき，（**B**），（**C**）のいずれの電位変化になるかを答え，その理由も書きなさい。

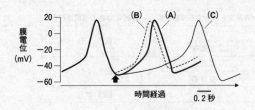

図4 （ お ）の電位変化

次に，左心室内の圧力（mmHg）を縦軸とし，左心室の容量（mL）を横軸にして心臓の拍動の様子を描写すると，**図5（A）** の「圧力－容量曲線」を描くことができる。この図の曲線の一周が１回の拍動を示している（**問9**）。**図5（A）** に対して，交感神経が興奮した状態では**図5（B）** の破線の形になる（**問12**）。一方で，心臓にある特定の疾患があると，**図5（C）** の破線の形になる（**問13**）。

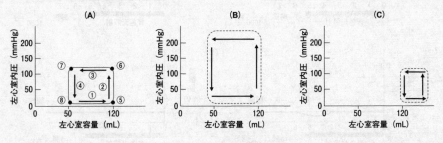

図5 左心室の圧力－容量曲線

問8 **図5（A）** の条件で，0.75秒で一周するとして，１分間に何 mL の血液を送り出すことができるか。また，全身の血液量が 6.16 L とすると，全身に血液が回るのに必要な時間を算出しなさい。計算式も書きなさい。

問9 **図5（A）** の左心室の動き①から④のそれぞれの状態を表す言葉を，下記（ア）～（エ）の記号から選びなさい。

（ア）等容量性収縮期 　（イ）等容量性弛緩期 　（ウ）心室拍出期 　（エ）心室充満期

問10 **図5（A）** の⑤から⑧は弁の動きを示すものである。それぞれの弁の状態を，下記（オ）～（ク）の記号から選びなさい。

（オ）動脈弁が閉じる 　（カ）動脈弁が開く 　（キ）房室弁が閉じる 　（ク）房室弁が開く

問11 大動脈弁や房室弁の役割について説明しなさい。

問12 **図5（B）** の曲線について，以下の３つの設問に答えなさい。①交感神経を興奮させたときの電位変化である**問7**を参考にして，**図5（B）** の曲線を一周する速度は速くなるか遅くなるかを，理由も含めて答えなさい。②交感神経を興奮させたときの**図5（B）** の曲線から，心臓の血液の１回の排出量が**図5（A）** の曲線と比較してどのように変化するかを答えなさい。③同様に単位時間当たりの排出量の変化について答えなさい。

問13　心臓にある特定の疾患があるときの**図5 (C)** の曲線から，心臓の血液の排出量が**図5 (A)** の曲線と比較してどのように変化するかを答えなさい。また，この疾患の心臓の筋肉は正常な心臓と比べてどのような運動機能の違いがあるのかについて答えなさい。

次に血液で運搬される酸素や二酸化炭素のことについて調べた。細胞の呼吸に必要な酸素は，ヘモグロビンというタンパク質と結合し，肺から各組織へ運ばれている。酸素が結合したヘモグロビン（酸素ヘモグロビン）の割合は，おもに酸素濃度（酸素分圧）によって変化し，この関係を示した曲線を酸素解離曲線とよぶ（**図6**）。この酸素解離曲線は，生体の状態や組織によって変化し，実際に**図6A**～**図6C**のような曲線を示す場合が知られている。

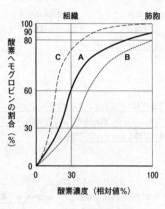

図6　酸素解離曲線

問14　肺胞の酸素濃度を 100 ％とし，末梢の組織の酸素濃度を 30 ％とした。**図6A**の曲線上において肺胞から末梢の組織に血液が移動することで酸素を解離する「酸素ヘモグロビンの割合（％）」と，**図6B**の曲線上において肺胞から末梢の組織に血液が移動することで酸素を解離する「酸素ヘモグロビンの割合（％）」を算出しなさい。

問15　走ったときは，**図6A**に比較して**図6B**のような曲線をとりやすいことが知られている。その理由を答えなさい。

問16　胎盤では母親の血液から，胎児の血液に酸素が運搬される必要がある。**図6A**を母親の血液の酸素解離曲線とすると，胎児血液では**図6C**のような曲線が得られる。胎児がもつヘモグロビンの特徴について述べなさい。

問17　組織における酸素解離曲線を調べることは，生体のガス交換の異常を発見するうえでも重要である。呼吸不全により二酸化炭素を体外に十分に排泄できないとき，**図6A**は，**図6B**あるいは**図6C**のいずれの方向に移動するかを，その理由も含めて答えなさい。

〔Ⅱ〕 以下の問題文を読み，問いに答えなさい。

　　ミトコンドリアは外膜と内膜の二重の膜構造でできており，内膜に囲まれた領域は（　あ　）と呼ばれる。細胞に取りこまれたグルコースは解糖系でピルビン酸となり，ピルビン酸はミトコンドリアに取り込まれ（　い　）となり，続いてクエン酸回路・電子伝達系に入り ATP が産生される。ミトコンドリアの由来としては，単細胞生物に好気性細菌が取り込まれたものであるとする（　う　）説が有力である。

　　ミトコンドリアはミトコンドリア DNA（mtDNA）と呼ばれる独自の DNA を有しており，これは（　あ　）に局在している。mtDNA は，核内の染色体 DNA（以下核 DNA と呼ぶ）とは異なる構造的特徴を有する（問2）。ヒト mtDNA には 37 個の遺伝子の存在が知られている。その内訳は，タンパク質を作る情報となる 13 個の遺伝子と，tRNA と rRNA の遺伝子がそれぞれ 22 個と 2 個である。これら mtDNA 遺伝子はミトコンドリアの機能に重要な役割を果たすが，核 DNA にもミトコンドリアを構成するタンパク質を作る情報となる遺伝子があり，これらのタンパク質は細胞質内で合成されたのちに，ミトコンドリアへ運ばれる（問5）。
　　実験1と実験2をおこなった。

実験1

　　細胞の全ての DNA を抽出した溶液を作製し，これを 2 つの試料溶液に分けた。試料溶液1では mtDNA の一部の DNA 断片を PCR で増幅し電気泳動をおこなった。試料溶液2では核 DNA 内のミトコンドリアを構成するタンパク質の遺伝子の断片を PCR で増幅し電気泳動をおこなった（問6）。

実験2

　　mtDNA の特定の箇所に大きな欠損があるためにおきる疾患がある。健常者とこの疾患の患者由来の細胞を用いた実験をおこなった。まず，それぞれの細胞から DNA を抽出した。mtDNA の欠損部分を解析できるように，欠損する可能性のある部分を含んだ 300 bp（塩基対）の PCR 産物が得られるようにプライマーを作製し，PCR 反応をおこなった。mtDNA 内の欠損しているサイズは 100 bp とする。その後，実験1と同様に電気泳動をおこない，増幅された DNA 断片を確認した（図2）（問7）。

問1　（　あ　）～（　う　）に入る適切な語句を答えなさい。

問2　下線部の「異なる構造的特徴」をあげなさい。

問3　mtDNA に変異があった場合，機能不全がおこりやすい臓器または組織の名称を 1 つあげ，その理由を説明しなさい。

問4　ミトコンドリアに存在するタンパク質の異常が親から子に伝わる場合，どのように遺伝するか答えなさい。

問5　下線部の現象について，ミトコンドリアに運ばれるしくみを説明しなさい。

問6　下線部について，mtDNA 断片と核 DNA 断片のそれぞれについて 300 bp の PCR 産物が得られるようにプライマーを作製した。試料溶液1と試料溶液2に含まれる DNA の量は同じであり，PCR で増幅して電気泳動したところ，図1に示す結果を得た。バンドの太さは DNA の量に比例する。PCR の増幅効率は同程度とする。この結果となる理由を説明しなさい。

問7　下線部について，100 bp の欠損は患者の **mtDNA** の半数が有しているものとする。**図2** の健常者の場合を参考に，解答欄の図に **PCR** で増幅される患者の **mtDNA** 断片を書き入れなさい。また，その理由を説明しなさい。

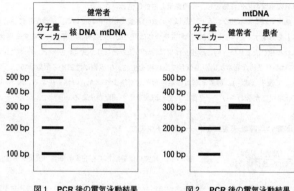

図1　PCR 後の電気泳動結果　　　　　図2　PCR 後の電気泳動結果
　　　　　　　　　　　　　　　　　　健常者の結果のみを示している。

[図の解答欄]

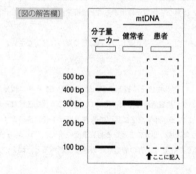

〔Ⅲ〕 以下の問題文を読み，問いに答えなさい。

　酵素は特定の物質にはたらきかけて触媒として機能するタンパク質である。酵素がはたらきかける特定の物質を基質という。基質は酵素の特定の部位に結合し，この部位を活性部位という。

　酵素がはたらく機構を表す基本的な式として，以下の**式①**と**式②**が知られている。活性部位に結合した基質は酵素と「酵素-基質複合体」を形成するが，一部の酵素-基質複合体は可逆的に元の酵素と基質に解離する場合もある（**式①**）。酵素と基質の組み合わせが決まれば，両者の相互作用は特定の強さとなり，**式②**に示す K_m の値で表される。一方で，酵素-基質複合体では不可逆的な化学反応が進行して生成物を生じ，生成物は酵素から解離する。この化学反応の速度定数をここでは k_{cat} で表す（**式①**）。酵素と基質の組み合わせが決まれば k_{cat} の値も決まる。酵素-基質複合体の形成と生成物が生じる化学反応が合わさって，全体としての酵素反応の速度が決まる。

式①： 酵素＋基質 $\overset{}{\rightleftharpoons}$ 酵素-基質複合体 $\overset{k_{cat}}{\longrightarrow}$ 酵素＋生成物

式②： $K_m = \dfrac{[酵素][基質]}{[酵素-基質複合体]}$　　※ 例：[基質] は遊離して存在する基質の濃度を表す。

　活性部位への基質の結合が妨げられると酵素反応が阻害される。例えば，基質と似た構造の物質が活性部位に結合すると，基質の結合が妨げられる（**問3**）。この物質を阻害物質という。

　式①にあてはまらない特殊な酵素も存在する。例えば，酵素が基質に触媒として作用し化学反応を進行させるために，基質とは異なる物質の結合を必要とする場合もある。基質とは異なる物質が作用することで酵素反応の速度が変化する例も知られている。

　酵素に関する以下の**実験1**，**実験2**，**実験3**，**実験4**をおこなった。それぞれの実験に続く問いに答えなさい。

実験1

　酵素 **A**，酵素 **B**，酵素 **C** は問題文の**式①**と**式②**を満たし，同じ物質を基質とする。酵素濃度の値を **P** に固定して基質濃度を変化させたときの酵素反応の速度を調べたところ，基質濃度の増大に伴って大きくなり反応速度は一定の値になった（**図1**）。この一定の速度を最大速度とよび，このとき酵素濃度に比べて基質濃度は十分に高いとする。また，それぞれの酵素の K_m の値は，酵素反応の速度が最大速度の2分の1となる基質濃度の値で表される。続いて，基質濃度を**図1**に示す **S** に固定してそれぞれの酵素濃度を変化させた時の酵素反応の速度を調べると，**図2**のようになった。

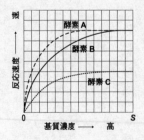

図1

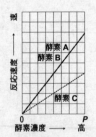

※酵素 A と酵素 B のグラフは
　重なっている。

図2

問 1　図 1 において，酵素濃度に比べて基質濃度が十分に高くなると，反応速度は一定の値である最大速度に達する理由を説明しなさい。また，酵素 **A**，酵素 **B**，酵素 **C** のすべてを比較したとき，基質との相互作用の大小を理由と共に説明しなさい。さらに，酵素 **B** と酵素 **C** の k_{cat} の表示をそれぞれ $k_{cat\text{-}B}$ と $k_{cat\text{-}C}$ とするとき，$k_{cat\text{-}B}$ を表す式を $k_{cat\text{-}C}$ を用いて書きなさい。

問 2　酵素 **A** の濃度を図 2 の **P** の半分にし，それ以外の条件は**実験 1** と同じにして基質濃度を変化させる実験をおこなったとき，酵素反応の速度の変化のグラフを解答欄の図に実線で書きなさい。

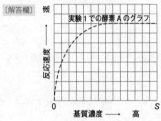

〔解答欄〕

問 3　問題文の下線の機構の阻害の名称を答えなさい。また，酵素 **A** に対してこの機構ではたらく阻害物質を加えて，他の条件は**実験 1** と同じにして基質濃度を変化させる実験をおこなったとき，酵素反応の速度の変化のグラフを解答欄の図に実線で書きなさい。ただし，基質濃度が **S** においては，基質は酵素と阻害物質のいずれに対しても濃度が十分に高く，阻害効果がみられないとする。

〔グラフの解答欄〕

実験 2

　　酵素 **D** と基質 **X** について，酵素濃度を一定にして基質濃度を変化させたときの反応速度を調べる実験をおこなった。まず，酵素 **D** を単独で用いて実験をおこなったところ，図 3 の「酵素 **D**」として実線で示すグラフが得られた。続いて，酵素 **D** に基質とは異なる物質 **Y** も加えて同様の実験をおこなったところ，図 3 の「酵素 **D** ＋物質 **Y**」として点線で示すグラフが得られた。触媒反応と生成物は，酵素 **D** 単独の場合と同じであった。基質濃度が **S** においては，基質は酵素に対しても濃度が十分に高かった。また，**実験 1** と同様に，酵素反応の速度が最大速度の 2 分の 1 となる基質濃度の高低を比較すれば，酵素と基質の相互作用の相対的な大小は示される。

実験 3

　　酵素 **D**，基質 **X**，物質 **Y** の分子量は，それぞれ 300000，280，510 であった。酵素 **D** と基質 **X** を混合した溶液 **D/X** と，さらに物質 **Y** を加えた溶液 **D/X/Y** の二種類の混合溶液について，溶液中に存在する複合体の分子量と相対量を調べたところ，表 1 の結果が得られた。ここで，二種類の混合溶液中のいずれについても加えた酵素 **D** と基質 **X** の濃度は同じである。さらに，酵素の触媒反応は進行していない状況を仮定する。

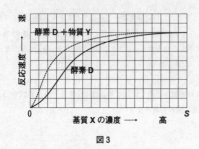

図3

試料溶液	液内に含まれる各物質の分子量 （かっこ内は相対量を表す）
D/X	300280（中）
D/X/Y	300280（少），300790（多）

※相対量は「多，中，少」の三段階で表してある。

表1

問4　基質から生成物を生じる酵素 D の化学反応の速度（式①の k_{cat} に相当）について，物質 Y を加えるとどうなるかを，理由と共に答えなさい。

問5　図3と表1の結果から，物質 Y を加えることで酵素 D と基質 X の相互作用がどのように変化したと考えられるかを，理由と共に答えなさい。

問6　物質 Y は，どのような機構で酵素 D と基質 X の相互作用を変化させたと考えられるかを答えなさい。

実験4

　以下の図4に示す実験をおこなった。まず，活性を示す酵素 E を含む液（液①）を用意した。この液①を液量に対して容量が大きな透析膜の袋に入れて密封した後に，液①の量よりも大量の水系緩衝液を満たした水槽に浸し，十分な時間をかけて透析をおこなった。この透析操作の結果，透析膜の袋の中の液（液②）と水槽の中の液（液③）を得た。また，あらたに液①を用意してフラスコに入れ，今度は十分な時間をかけて煮沸をし，冷却した後にフラスコ内に残った液（液④）を得た。

　物質の分子量を調べられる装置で液①，液②，液③，液④のそれぞれの溶液に含まれる物質を分析したところ，表2に示す結果を得た。

　さらに，液②，液③，液④のそれぞれを単独で用いたり混合したりして，それら液体試料に基質を加えて酵素反応が起こるかを調べる実験をおこなったところ，表3に示す結果を得た。これら酵素反応を調べる実験において，pHや温度ならびに反応時間や物質の濃度は適切に設定した。

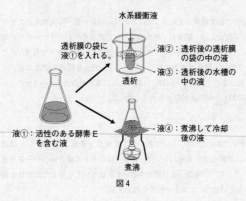

図4

試料	液内に含まれる各物質の分子量
液①	700, 150000, 150700
液②	150000
液③	700
液④	700, 150000

表2

	単独	混合した液		
		液②	液③	液④
液②	×		○	○
液③	×			×
液④	×			

○：酵素活性あり，×：酵素活性なし

表3

問7　透析により**液②**と**液③**が得られるのは，透析膜のどのような特性によるのかを説明しなさい。また，透析後の透析膜の袋の中の液量は，当初に加えた**液①**の量と比較してどうなっているかを，理由と共に答えなさい。

問8　**液④**単独では酵素活性が得られなかった理由を説明しなさい。

問9　分子量 700 の物質のはたらきと特性について，**実験4**からわかることを答えなさい。

■■■ ■ 空間表現 ■ ■■

$$\binom{120\ 分}{解答例省略}$$

〔注意事項〕

- 解答はすべて解答用紙の所定欄（表側のみ，縦使い）に，黒鉛筆（濃さ
  は自由）で描き，所定欄外には何も記入しないでください。

- シャープペンシルは使用しないでください。また，スケッチ用器具，定
  規等も使用しないでください。

問　自分が人間以外の別な生物になったことを想像し、その生物の住処やその環境を描い
てください。

　どのような生物であるかや、どんな住処であるかは自由です。身近な生物かもしれま
せんし、微生物や未だ発見されていない生物かもしれません。その際、選択した生物の
目線（もしくは視点）で描き、見えている風景の中には、必ずひとつ以上の同じ生物の
姿を含めてください。その上で、そこに人間の姿も含めるかどうかは、自由とします。
既成概念に捉われない、自由な発想と構図による魅力的な生物の住処を期待します。

　文字による説明はせず、表現として光のコントラストを最大限に活かして、陰影を施
し、立体的に描いてください。

　解答はすべて解答用紙の所定欄（表側のみ、縦使い）に描き、自由にレイアウトして
構いません。ただし、所定欄外には何も記入しないでください。

〔解答用紙の所定欄〕縦約 29 cm ×横約 27 cm

2022 年度

問題編

■一般選抜

問題編

▶試験科目・配点

学部・学科等		教　科	科　　　　　目	配　点
基幹理工	学 系 Ⅰ・学 系 Ⅲ	外国語	コミュニケーション英語Ⅰ・Ⅱ・Ⅲ，英語表現Ⅰ・Ⅱ	120 点
		数　学	数学Ⅰ・Ⅱ・Ⅲ・A・B	120 点
		理　科	「物理基礎，物理，化学基礎，化学」または「物理基礎，物理，生物基礎，生物」または「化学基礎，化学，生物基礎，生物」	120 点
	学 系 Ⅱ	外国語	コミュニケーション英語Ⅰ・Ⅱ・Ⅲ，英語表現Ⅰ・Ⅱ	120 点
		数　学	数学Ⅰ・Ⅱ・Ⅲ・A・B	120 点
		理　科	「物理基礎，物理」「化学基礎，化学」	120 点
創 造 理 工		外国語	コミュニケーション英語Ⅰ・Ⅱ・Ⅲ，英語表現Ⅰ・Ⅱ	120 点
		数　学	数学Ⅰ・Ⅱ・Ⅲ・A・B	120 点
		理　科	「物理基礎，物理」「化学基礎，化学」	120 点
先 進 理 工	物 理，応 用 物 理，化学・生命化	外国語	コミュニケーション英語Ⅰ・Ⅱ・Ⅲ，英語表現Ⅰ・Ⅱ	120 点
		数　学	数学Ⅰ・Ⅱ・Ⅲ・A・B	120 点
		理　科	「物理基礎，物理」「化学基礎，化学」	120 点
	応 用 化	外国語	コミュニケーション英語Ⅰ・Ⅱ・Ⅲ，英語表現Ⅰ・Ⅱ	120 点
		数　学	数学Ⅰ・Ⅱ・Ⅲ・A・B	120 点
		理　科	「物理基礎，物理，化学基礎，化学」または「化学基礎，化学，生物基礎，生物」	120 点
	生 命 医 科，電 気・情 報生 命 工	外国語	コミュニケーション英語Ⅰ・Ⅱ・Ⅲ，英語表現Ⅰ・Ⅱ	120 点
		数　学	数学Ⅰ・Ⅱ・Ⅲ・A・B	120 点
		理　科	「物理基礎，物理，化学基礎，化学」または「物理基礎，物理，生物基礎，生物」または「化学基礎，化学，生物基礎，生物」	120 点

▶備　考

- 3 学部同一試験問題で実施。
- 「数学B」は「確率分布と統計的な推測」を除く。
- 基幹理工学部は学系単位で募集する。2 年次に各学系から進級できる学科は次の通り。

　学系Ⅰ：数学科，応用数理学科

　学系Ⅱ：応用数理学科，機械科学・航空宇宙学科，電子物理システム学科，情報理工学科，情報通信学科

　学系Ⅲ：情報理工学科，情報通信学科，表現工学科

- 創造理工学部建築学科志願者に対しては上記筆記試験に加え，「空間表現（鉛筆デッサンなど）―省略」（配点 40 点）の試験が行われる。
- 先進理工学部の理科において，物理学科および応用物理学科では物理：化学の配点を 2：1（80 点：40 点）の比で重み付けをする（物理重視）。また，化学・生命化学科では化学：物理の配点を 2：1（80 点：40 点）の比で，応用化学科では化学：物理または生物の配点を 2：1（80 点：40 点）の比で重み付けをする（化学重視）。

■「得意科目選考」について

　基幹理工学部（学系Ⅲ）および創造理工学部では，特定の科目で卓越した能力を持つ受験生に対し，将来にわたり得意な能力や個性を伸ばす機会を与えるため，通常の総合点による合否判定とは別に「得意科目選考」を実施している。

　これは，学系・学科別指定科目（下表参照）で特に優れた能力を示したと当該学系・学科が判定した受験生を，総合点が合格点に達していなくても合格とする選考方法である。

＜得意科目選考対象科目＞

学　部	学 系・学 科	対　象　科　目
基幹理工学部	学　　系　　Ⅲ	英語，数学，物理，化学，生物
創造理工学部	建　築　学　科	英語，数学，空間表現
	総 合 機 械 工 学 科	数学，物理，化学
	経営システム工学科	英語，数学，物理，化学
	社 会 環 境 工 学 科	英語，数学，物理，化学
	環 境 資 源 工 学 科	数学，物理，化学

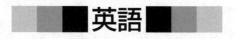

(90 分)

I Read Text I, Text II, and Text III and choose the best option from a-d for questions 1-15.

Text I

[1] The asymmetric networks_(a) that make up much of the structure of a globalized world were not constructed as tools of statecraft. They typically reflect the incentives of businesses to create monopolies or semi-monopolies, increasing returns to scale in certain markets, rich-get-richer mechanisms of network attachment, and the efficiencies available to more centralized communications networks. By building centralized networks, market actors inadvertently provide states, which are concerned with political as well as economic considerations, with the necessary levers to extend their influence across borders. Thus, structures that were generated by market actors in pursuit of efficiency and market power can be put to quite different purposes by states.

[2] Here, we differentiate our account of power from two related but distinct sources of power that may result from economic interdependence. The first is market power. Although often underspecified, research on market power emphasizes the aggregate economic potential (measured in a variety of different ways ranging from the domestic consumer-base to total gross domestic product or GDP) of a country. States with large economic markets can leverage* market access for strategic ends_(b). National economic capabilities, then, produce power resources. The second source of power, which dates back to the pioneering work of Keohane and Nye and has been most thoroughly examined in the case of trade, involves bilateral*

dependence. States that rely on a particular good from another state and lack a substitute supplier may be sensitive to shocks or manipulation.

[3] Market size and bilateral economic interactions are important, but they are far from exhaustive of the structural transformations wreaked by globalization. Global economic networks have distinct consequences that go far beyond states' unilateral decisions either to allow or deny market access, or to impose bilateral pressure. They allow some states to weaponize interdependence on the level of the network itself. Specifically, they enable two forms of weaponization. The first weaponizes the ability to obtain critical knowledge from information flows, which we label the "panopticon effect." Jeremy Bentham's conception of the Panopticon was precisely an architectural arrangement in which one or a few central actors could readily observe the activities of others. States that have physical access to or jurisdiction* over hub nodes can use this influence to obtain information passing through the hubs. Because hubs are crucial intermediaries in decentralized communications structures, it becomes difficult — or even effectively impossible — for other actors to avoid these hubs while communicating.

[4] As technology has developed, the ability of states to obtain information about the activities of their adversaries* (or third parties on whom their adversaries depend) has correspondingly become more sophisticated. The reliance of financial institutions on readily searchable archives of records converts bank branches and internet terminals into valuable sources of information. New technologies such as cell phones become active sensors. Under the panopticon effect, states' direct surveillance* abilities may be radically exceeded by their capacity to tap into the information-gathering and information-generating activities of networks of private actors.

[5] Such information offers privileged states a key window into the activity of adversaries, partly compensating for the weak

information environment that is otherwise characteristic of global politics. States with access to the panopticon effect have an informational advantage in understanding adversaries' intentions and tactics. This information offers those states with access to the hub a strategic advantage in their effort to counter the specific moves of their targets, conduct negotiations, or create political frames.

［6］ The second channel works through what we label the "chokepoint effect," and involves privileged states' capacity to limit or penalize use of hubs by third parties (e.g., other states or private actors). Because hubs offer extraordinary efficiency benefits, and because it is extremely difficult to get around them, states that can control hubs have considerable coercive power, and states or other
(d)
actors that are denied access to hubs can suffer substantial consequences.

［7］ States may use a range of tools to achieve chokepoint effects, including those described in the existing literature on how statecraft, credibility, the ability to involve allies, and other such factors shape the relative success or failure of extraterritorial coercive policies (e.g.,
(d)
Kaczmarek and Newman, 2011). In some cases, states have sole jurisdiction over the key hub or hubs, which offers them the legal authority to regulate issues of market use. In others, the hubs may be scattered across two or more jurisdictions, obliging states to work together to exploit the benefits of coercion. Our account emphasizes the crucial importance of the economic network structures within which all of these coercive efforts take place. Where there are one
(d)
or a few hubs, it becomes far easier for actors in control of these nodes to block or restrict access to the entire network.

[Adapted from Farrell, H, & Newman, A, I, (2019) (title withheld) *International Security*, *44*(1).]

* leverage = use power to influence an outcome
* lateral = relating to a side
* jurisdiction = the official power to make legal decisions and judgements
* adversary = one's opponent

*surveillance = close observation

Questions 1-9 refer to Text I.

1. Which of the following is true of asymmetric networks (which
   (a)
appears in paragraph [1])?

　a. Asymmetric networks rely on economic interdependence.

　b. Asymmetric networks create a power imbalance.

　c. Asymmetric networks use hubs.

　d. all of a, b, and c

2. Which of the following is closest in meaning to the word ends as
   (b)
used in paragraph [2]?

　a. limits　　　　　　　　　　b. final parts

　c. completion　　　　　　　 d. aims

3. What is the source of power which can be used by privileged
   (c)
states in paragraph [5]?

　a. market size

　b. bilateral economic relations

　c. centralized information flows

　d. global monopolies

4. Which of the following situations is coercive according to its
   (d)
usage in paragraphs [6] and [7]?

　a. States that control access to hubs negotiate access to these
　　hubs through a third party.

　b. States use force and threats to achieve their policy objectives
　　through the control of hubs.

　c. Third parties use incentives to gain access to hubs.

　d. Third parties use extraterritorial jurisdiction to avoid the use
　　of hubs by privileged states.

5. Which of the following is true of the panopticon effect and the
chokepoint effect?

　a. The panopticon effect restricts access to hubs, whereas the
　　chokepoint effect requires access to hubs.

b ．The panopticon effect results in the development of more hubs, but the chokepoint effect does not.

c ．The restriction of access to hubs in the chokepoint effect limits the use of the panopticon effect.

d ．The development of new hubs would prevent the ability of all actors to use both effects.

6 ．Which of the following is a real world example of the <u>panopticon effect</u>?

a ．Internet Service Providers are required to provide email data to government agencies.

b ．A hacking group leaked a large amount of information held by the government.

c ．A journalist received information about an illegal surveillance operation from an undisclosed source.

d ．An intelligence agency used photocopiers to get information from the embassies of foreign governments.

7 ．Which of the following is a real world example of the <u>chokepoint effect</u>?

a ．an accident in a major canal stopping international shipping for a week

b ．the presence of a foreign country's warships off the coast of Africa to police piracy

c ．the threat by a country to stop ships carrying oil through a narrow sea passage

d ．the requirement by a country stating that phone chargers use USB connectors

8 ．Which of the following paragraph arrangements best shows how Text I is organized?

a ．［ 1 ］―［ 2 ］―［ 3 ］［ 4 ］―［ 5 ］［ 6 ］［ 7 ］

b ．［ 1 ］［ 2 ］―［ 3 ］［ 4 ］［ 5 ］―［ 6 ］［ 7 ］

c ．［ 1 ］―［ 2 ］［ 3 ］―［ 4 ］［ 5 ］―［ 6 ］［ 7 ］

d ．［ 1 ］［ 2 ］［ 3 ］―［ 4 ］［ 5 ］［ 6 ］―［ 7 ］

9. What would be an appropriate title for Text I?

  a. Weaponized Interdependence

  b. Technology for International Security

  c. Centralized Communication Networks

  d. Failures of Extraterritorial Coercion

Text II

<u>International sanctions</u>, as a foreign policy tool, are an expression of
(e)
the interests of states as sovereign* actors in world politics. They
are also an expression of states seeking to exert power over others
beyond their borders. As much as international sanctions are an
expression of <u>sovereignty</u>, they may also amount to a challenge to
(f)
the notion of sovereignty, commonly understood as the external and
internal independence of a state with respect to its liberty of action
(Jennings and Watts, 1992), negotiating the concept's boundaries and
exposing, eventually, its limits.

United States (US) sanctions subject their targets to US power,
but also project US power beyond its borders, by imposing its
jurisdiction extraterritorially onto foreign territories not directly
involved in the conflict. US sanctions regulations then employ an
extensive definition of "persons subject to the jurisdiction of the
United States": effectively, US persons always need to comply with
US sanctions regulations, no matter whether they are in the US or
not (Clark, 1999).

Crucially, these so-called 'primary sanctions' applying to US persons
also leverage the central position of the US in the global financial
system (Farrell and Newman, 2019). US banks need to ensure that
United States Dollar (USD) payments going through them are in line
with US sanctions regulations, even if they originate and end outside
of the US and payer and beneficiary are non-US persons. As the US
dollar is the predominant currency in global trade and capital market
transactions, this provides a means to the US to project regulatory

power beyond its borders. Generally, every USD transaction passes through the US financial system.

[Adapted from Jaeger, M. D. (2021). Circumventing Sovereignty: Extraterritorial Sanctions Leveraging the Technologies of the Financial System. *Swiss Political Science Review, 27*(1).]

*sovereign = acting independently without outside interference

Questions 10-12 refer to Texts I and II.

10. Which of the following best describes how international sanctions [(e)] are related to sovereignty? [(f)]

　a. Sanctions have little effect on the sovereignty of other nations.

　b. Sanctions are always an exercise of US power over other nations.

　c. Sanctions are a mechanism created by international banks to ensure that US sovereignty is upheld.

　d. Sanctions both exert sovereignty of nations and trespass on the sovereignty of other nations.

11. According to US regulations, which of the following must US persons do?

　a. Ignore the sovereignty of other nations when in the US.

　b. Ignore the sovereignty of other nations when in those nations.

　c. Obey US sanctions even when abroad.

　d. Extend US power abroad to other nations when in those nations.

Question 12 refers to the following additional text.

Predominance of the USD in global capital market transactions ensures that persons utilizing USD payments comply with US sanctions. This is an example of (　　　　).

12. Which of the following best fills the blank in the above statement?

　a. primary sanctions　　　　b. the chokepoint effect

　c. liberty of action　　　　d. the panopticon effect

Text III

Historically, Europe's alignment* to US geopolitical power secured a space of relative autonomy for European institutions and member states. It gave European elites the ability to sidestep difficult questions on defense and foreign policy integration (Cottey, 2019), made it possible for member states to minimize military expenditure and to reallocate those resources elsewhere (Aggestam and Hyde-Price, 2019), and allowed Europe to imagine itself as a normative global actor defined by its orientation towards free trade, cooperation, and the promotion of democracy (Manners, 2002).

Patterns of geopolitical turbulence in the new global disorder are disrupting this form of alignment in a number of ways. First, the US has partially disengaged from Europe and is orienting its attention towards other regions in the world. This process, which started at the end of the Cold War, accelerated substantially after 2008, as the Obama and Trump (US presidents) administrations sought to respond to the perceived weakening of US power with a greater focus on its emerging challenger, China (Babic, 2020). This was coupled, under Trump, with an <u>aversion* to multilateral cooperation</u>, leading to
(g)
serious disagreements with the European Union (EU) over the Paris climate agreement and the Iran nuclear deal (Aggestam and Hyde-Price, 2019). US disengagement from Europe was also manifested in tensions over the future of NATO, with recurring disputes over burden-sharing as well as doubts over the US's continued commitment to collective defense (Schwarzer, 2017). The gulf between the US and the EU on trade, foreign policy, and international cooperation fueled the recognition amongst EU policy-makers that a greater emphasis on self-reliance and strategic autonomy is necessary (Aggestam and Hyde-Price, 2019; European Commission, 2016).

[Adapted from Lavery, S. & Schmid, D. (2021). European Integration and the New Global Disorder. *Journal of Common Market Studies 2021.*]

*alignment＝a position of agreement

*aversion＝a strong dislike or reluctance

Questions 13-15 refer to Texts I, II, and III.

13. Based on the US policy decisions in Text III, which of the following would EU policy-makers recommend?

　a. Re-implement the Paris climate agreement.

　b. Rely more on the US for foreign policy decisions.

　c. Cancel the Iran nuclear deal.

　d. Increase military spending.

Question 14 refers to the following additional text.

If the EU decided against using the USD for financial transactions, choosing instead to use the Euro (EU currency), the US would lose the ability to use (　　　) to coerce the EU to abide by US sanctions.

14. Which of the following best fills the blank in the above statement?

　a. the chokepoint effect　　　b. third parties

　c. foreign territories　　　d. international sanctions

15. How might a US president's <u>aversion to multilateral cooperation</u>_(g) influence the ability of the US to use the panopticon effect?

　a. States might reduce their use of the US Dollar, which might mean that the US would no longer be able to enforce sanctions on aggressor states.

　b. States might reduce their use of the US Dollar, which might mean that information from transactions through US banks would no longer be available.

　c. The reduction in the levels of cooperation between the US and other states might reduce the amount of trade between those states.

　d. The reduction in the levels of cooperation between the US and other states might reduce the ability of the US to negotiate sanctions against aggressor states.

II **Read the passage and rearrange the seven words in 1-5 in the correct order. Then choose from a-d the option that contains the third and fifth words.**

The focus of this edition has changed slightly from previous editions. Certainly the primary objectives of a course in Statistical Methods and Data Analysis include developing the student's appreciation and understanding of the role of statistics in their field and an ability to apply appropriate statistical methods to summarize and analyze data for (the / of / more / some / routine / settings / experimental). While fulfilling these objectives, we also want to focus the student (where / on / the / these / fit / methods / into) context of making sense of data. To this end we have approached the fourth edition by considering the four steps in making sense of data: gathering data, summarizing data, analyzing data, and communicating the results of data analyses. The text (include / parts / is / divided / chapters / into / which) on the four steps of making sense of data as well as separate chapters which contain the necessary background or connective material. With this organization and emphasis, we want the student to understand that the summarization and analysis of data are steps in the larger problem of making sense of data. Thus, this edition aims at (more / editions / practical / being / than / previous / ever) by relating the methods and data analysis techniques of the text to the context (they / to / are / which / in / used / solve) real life, practical problems.

[Adapted from Ott, L. (1993). *An Introduction to Statistical Methods and Data Analysis,* 4th edition. Duxbury Press.]

1. a. 3rd: the 　　　　　　　b. 3rd: more
　　5th: routine 　　　　　　5th: the
　c. 3rd: routine 　　　　　　d. 3rd: more
　　5th: of 　　　　　　　　5th: experimental

2．a．3rd: the
　　　　5th: fit

　　b．3rd: these
　　　　5th: fit

　　c．3rd: fit
　　　　5th: the

　　d．3rd: methods
　　　　5th: fit

3．a．3rd: chapters
　　　　5th: parts

　　b．3rd: is
　　　　5th: into

　　c．3rd: which
　　　　5th: divided

　　d．3rd: into
　　　　5th: which

4．a．3rd: than
　　　　5th: practical

　　b．3rd: previous
　　　　5th: more

　　c．3rd: than
　　　　5th: ever

　　d．3rd: more
　　　　5th: than

5．a．3rd: to
　　　　5th: which

　　b．3rd: they
　　　　5th: used

　　c．3rd: used
　　　　5th: solve

　　d．3rd: are
　　　　5th: to

III　Answer the questions in Sections A and B.

Section A: Read the text and choose the best option from a-d for questions 1-6.

　Over the last 50 years, history of science has evolved from a subject studied seriously by only a few scholars （　A　） widely used in science teaching, to an established academic discipline somewhat isolated from the scientific community. Professional historians of science, seeing themselves as historians rather than scientists, criticized scientists for promulgating "Whiggism", and some of them(B) overemphasized the social context at （　i　） expense of the technical content of science.

　（　C　）, having attained （　ii　） degree of maturity and acceptance within the humanities and social sciences, history of science has started to rebuild the bridges to science. Historians of science welcome scientists with an interest in history and offer a variety of materials for explaining science to students and the public. (　D　) for their part have (　ⅲ　) better understanding of the value of sound historical research, and have given substantial support to historical sections and centers in their own societies, (　E　) reading scholarly books and journals on topics in (　ⅳ　) history of science. This is especially true of physics, (　A　) other sciences have also moved in this direction. The public relations (　E　) the educational benefits of history are now recognized.

[Adapted from Brush, S. G. (1989). History of science and science education. *Interchange, 20*(2).]

1. Which of the following best fits in the two blanks labeled A?
   a. but 　　　　　　　　　　b. thus
   c. indeed 　　　　　　　　 d. even

2. Which of the following does the word them in the text refer to?
   　　　　　　　　　　　　　　　(B)
   a. Whiggists 　　　　　　　 b. scientists
   c. scientific communities 　 d. professional historians

3. Which of the following best fits in blank C?
   a. Next 　　　　　　　　　b. Now
   c. That is to say 　　　　　d. Thus

4. Which of the following best fits in blank D?
   a. Historians 　　　　　　 b. Students
   c. Scientists 　　　　　　　d. Journalists

5. Which of the following best fits in the two blanks labeled E?
   a. such as 　　　　　　　　b. as part of
   c. as well as 　　　　　　　d. as though

6. Which of the blanks i, ii, iii, and iv can be filled with the article 'a' or 'an'?
   a. i and ii only 　　　　　 b. i and iii only
   c. ii and iii only 　　　　　d. ii and iv only

Section B: The five paragraphs [A]-[E] below make up a

passage but are not properly ordered. Moreover, the five sentences (1)-(5) in paragraph [A] are not properly ordered, either. Read the entire passage and choose the best option from a-d for questions 7 and 8.

AF = Australian Rules football　　AFL = Australian Football League

[A]

(1) Examples within the notational analysis literature include Stewart et al. (2007) who created a player ranking model by identifying the most important performance indicators, and including those with the strongest relationship to team winning margin. Heasman et al. (2008) created a player impact rating which assigned numerical values to each performance indicator relative to its perceived worth.

(2) AF is a dynamic invasion team sport played on a large oval field between two opposing teams consisting of 22 players each (18 on the field and four interchange).

(3) Despite this, various objective player performance measures have been created based on player performance in the elite competition of AF, the AFL.

(4) Due to the dynamic nature of the sport and the complex interactions which occur in AF, individual performance is difficult to analyze, both subjectively and objectively.

(5) These values were then weighted relative to environmental situations of the match, and adjusted relative to a player's time on ground.

[B]　A common criticism of player performance evaluation in AF is their bias towards players whose specific role involves being more frequently involved in the play, enabling their actions to have a more tangible effect on performance evaluation. These biases have been noted within the notational team sport literature in relation to both subjective and objective player performance analyses. For AF, this specifically relates to midfield players whose role is more centered on following the play to obtain / maintain possession of the ball and improving their team's field position. Previous objective player performance measures have combatted this by suggesting that player performance comparisons should be only made within players who play the same player roles.

[C] Player evaluation plays a fundamental role in the decision-making processes of professional sporting organizations, including player monitoring, team selection, player contracting and scouting. There has been various literature outlining the benefits of considering objective evaluations of performance to support organizational decision-making processes. Though these studies proclaim the benefits of objective evaluations (i. e., reliability and consistency), they each emphasize the importance of utilizing both objective and subjective evaluations of performance in a complementary manner.

[D] Subjective analyses of performance are also commonplace within the AFL. Examples include the AFL Coaches Association award and the AFL's award for the fairest and best player. Further, various clubs use subjective coach ratings as a way of determining club based awards, and various media sources publish subjective ratings for public interest.

[E] Various objective player performance measures also exist for commercial purposes. Examples include the 'AFL Player Rankings' and the 'AFL Player Ratings', which are both produced by a statistics provider. The former takes a similar approach to that of Stewart et al. (2007), however extends this model to include over 50 variables. The latter takes an alternate approach to most player performance rating systems, and is based on the principle of field equity. In this system, each action is quantified relative to how much the action increases or decreases their team's expected value of scoring next. A player's overall performance is then measured by the overall change in equity that is created by that player's actions during the game.

[Adapted from McIntosh, S., Kovalchik, S., & Robertson, S. (2019). Comparing subjective and objective evaluations of player performance in Australian Rules football. *PLoS ONE 14*(8): e0220901.]

7. Which of the following shows the best (most coherent) sentence order for paragraph [A]?

　a. 1 - 3 - 2 - 5 - 4　　　　　b. 2 - 4 - 3 - 1 - 5

　c. 2 - 5 - 1 - 4 - 3　　　　　d. 4 - 3 - 5 - 1 - 2

8. Which of the following shows the best (most coherent) paragraph order for the passage?

　a. A - C - B - E - D　　　　　b. B - D - A - E - C

　c. C - A - E - D - B　　　　　d. C - E - A - B - D

Ⅳ　Answer the questions in Sections A and B.

Section A: Read the text and choose the best option from a-d for questions 1-5.

Fallacies are mistakes in reasoning which lead to a false conclusion. There are many types of fallacies, and here we introduce two types of correlational fallacies that assign causality between two phenomena. They are the *correlation-proves-causation* fallacy and the *post hoc* fallacy.

In an April fool's joke, the magazine *Economist* (April 1, 2016) published a graph showing a correlation between a country's ice cream consumption and academic performance. They concluded that increased ice cream consumption improved academic performance. This is an example of a *correlation-proves-causation* fallacy. Even though the two phenomena look correlated, one phenomenon does not cause the other. In this case, the correlation is likely explained by the country's gross domestic product (GDP). The economic wealth of the country may have caused both increased ice cream consumption and improved academic performance.

The *post hoc* fallacy, on the other hand, is a mistake in reasoning which assumes that an earlier phenomenon has caused a later phenomenon, even though they are not causally related. Advertising often relies on this fallacy to sell products. An example is an advertisement that shows a person drinking a soft drink, and then performing sports at a high level of expertise, clearly implying that (　A　).

1. Which of the following best fills blank A to show that these advertisers committed the *post hoc* fallacy?

　a. only people who drink soft drinks excel at sports

　b. people who excel at sports drink soft drinks

　c. drinking soft drinks leads to excellence in sports

　d. everybody should drink soft drinks

2. What is the difference between the two types of fallacies introduced in the text?

　a. In the *post hoc* fallacy, the phenomena are necessarily sequential, but not in the other fallacy.

　b. In the *correlation-proves-causation* fallacy, the phenomena are sequential, but not in the other fallacy.

　c. The *post hoc* fallacy assumes that the phenomena cause each other, whereas the other fallacy does not.

　d. The *correlation-proves-causation* fallacy assumes that one phenomenon causes another one, whereas the other fallacy does not.

Question 3 refers to the following additional text.

There has been an observed increase in children diagnosed with autism spectrum disorder (ASD) in the past 20 years. At the same time, there has been an increase in the vaccination of children for measles. These facts have led some parents to refuse to vaccinate their children.

3. Which of the correlational fallacies do these parents commit?

　a. the *post hoc* fallacy

ｂ. the *correlation-proves-causation* fallacy

ｃ. both of the correlational fallacies

ｄ. neither of the correlational fallacies

Questions 4 and 5 refer to the following additional text.

In 1959 research by Gardener and Lambert found a correlation between motivation and second language achievement. They concluded that the intensity of motivation to learn another language predicted success in learning the language. However, according to Wolter's Advancing Achievement Goal theory, this relationship may be circular. That is, higher levels of achievement cause higher motivation which in turn causes better achievement. Furthermore, Bandura's Social Cognitive Model predicts that self-efficacy, which is related to both motivation and achievement, may be another factor explaining the correlation observed by Gardener and Lambert.

４. Which of the following researchers may have committed the *correlation-proves-causation* fallacy?

ａ. Gardener and Lambert　　　ｂ. Wolter

ｃ. Bandura　　　　　　　　　ｄ. Gardener, Lambert, and Bandura

５. According to the texts, what should we be careful about when interpreting a correlation?

ａ. Correlations show a possible relationship between two phenomena.

ｂ. There could be a relationship even though there is no correlation.

ｃ. The observed correlation might be caused by the existence of a third factor.

ｄ. The size of the correlation only indicates the strength of a relationship.

Section B: Read the text and choose the best option from a-d for questions 6-10.

The architect Takaharu Tezuka asserted that a good kindergarten needs to be designed based on the purpose of use. Kindergartens should have enough openness to make children feel relaxed and less constrained. This design would enable kindergarteners to be their natural selves, moving around freely, and creating noise all of the time.

This is in contrast to traditional kindergartens, which restrict children in classrooms enclosed between walls for most of their activities. This design results in a much more controlled and quiet environment while the children sit at their desks to do their learning. Children in these kindergartens do have periods of activity where they are allowed to move around freely and be themselves, but the only place they can do so is in the playground located outside the building during predesignated break times.

To realize his ideal, Tezuka designed the "Fuji Kindergarten," an award-winning kindergarten in Tokyo, which has four "teaching spaces" as classrooms without walls, enclosed only by sliding doors leading outside. The concept of the building, as shown in Figure 1, was an annular shape around a playground which occurred to the architect when he recalled that his children liked to run around in a circle.

One of the criticisms that has been aimed at Tezuka and his design is that the freedom of movement can have negative consequences, as shown in Figure 2 for example. However, Tezuka says that parents often protect children too much and that kindergarten designs need to be a little risky so that children are helped to "learn how to live in this world."

[Adapted from https://www.upworthy.com/a-new-kind-of-kindergarten-design-encourages-kids-to-be-their-silly-selves; Lin, C. (2017). The STG pattern — application of the "Semantic-Topological-Geometric" information conversion pattern to knowledge-based modeling in architectural conceptual design. *Computer-Aided Design & Applications*. *Vol. 14*(3).]

6. Which of the following best characterizes the traditional

kindergarten described in the text?

a ．more rules, more control, more sitting

b ．more rules, less control, more sitting

c ．less rules, more control, more sitting

d ．less rules, less control, less sitting

7 ．Which of the following best represents <u>Figure 1</u> explained in the text?

  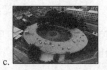 

a.　　　　　　　b.　　　　　　　c.　　　　　　　d.

Question 8 refers to the graph below, showing relative noise levels during different activities.

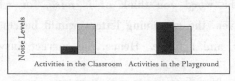

8 ．Which of the following do the dark bars in the graph above best represent?

a ．a traditional kindergarten

b ．the new kindergarten

c ．inside the buildings of both kindergartens

d ．outside the buildings of both kindergartens

9 ．Which of the following best represents <u>Figure 2</u>, which shows the number of injuries in kindergartens?

a.　　　　　　　b.　　　　　　　c.　　　　　　　d.

(A = new kindergartens;　B = traditional kindergartens)

10. Which of the following best represents the educational philosophy at the new kindergarten?

a ．Children need to be kept safe.

b ．Children need to learn naturally.

c．Children need standardized education.

d．Children need to be organized.

V Answer the questions in Sections A, B, and C.

Section A: For questions 1-7, two definitions of a word are given, along with one sample sentence for each. Think of a word that matches both definitions and also fits in the blanks of both sentences. Convert each letter of the word into a number 1 to 4 according to the table below: number 1 represents letters *a-g*, 2 represents *h-m*, 3 represents *n-s*, and 4 represents *t-z*. Then choose the matching sequence of numbers from options a-d. For example, if the word you think of is *wise*, for which the first letter *w* is given, the remaining letters would be converted into 2 for *i*, 3 for *s*, and 1 for *e*. Hence, the correct answer would be *w*231.

Number	Letters
1	a, b, c, d, e, f, g
2	h, i, j, k, l, m
3	n, o, p, q, r, s
4	t, u, v, w, x, y, z

1．(ⅰ) firmly or solidly established: The pharmaceutical company needed to show (*s*   ) evidence that a newly developed drug does not have serious side effects.

   (ⅱ) of considerable importance, size, or worth: If you wish, add cooked shrimp to the salad or, for a more (*s*   ) meal, include slices of cold chicken and rye bread.

   a．*s*434123111   b．*s*43112121

   c．*s*412114   d．*s*4134134212

2．(i)　based on reasons rather than emotions: Humans are (*r*
　　　　) animals.

　(ii)　able to make sensible judgments: Consumers need to be fully
　　　　informed so they can make a (*r*　　　) decision.

　　a．*r*233131　　　　　　　　b．*r*2124
　　c．*r*1423312　　　　　　　d．*r*2214124

3．(i)　to become involved in a difficult situation in order to change
　　　　what happens: The police don't like to (*i*　　　) in disputes
　　　　between husbands and wives.

　(ii)　to exist between two events or places: A desert (*i*　　　)s
　　　　between the two cities.

　　a．*i*243431131　　　　　　b．*i*34134131
　　c．*i*34131131　　　　　　d．*i*2341241

4．(i)　a calculation of the value of something made using the
　　　　information that you have: We just need a rough (*e*　　　) of
　　　　the number of students who will take this course.

　(ii)　to try to judge the value of something without calculating it
　　　　exactly: Scientists (*e*　　　) that smoking reduces life
　　　　expectancy by about 12 years on average.

　　a．*e*4124141　　　　　　　b．*e*1212341
　　c．*e*23124141　　　　　　d．*e*3422141

5．(i)　the opinions and feelings that you usually have about
　　　　something, especially when this is shown in your behavior: As
　　　　soon as they found out I was a professor, their whole (*a*
　　　　) changed.

　(ii)　confident, sometimes aggressive behavior that shows you do
　　　　not care about other people's opinions and that you want to do
　　　　things in an individual way: You'd better get rid of that (*a*
　　　　) and shape up.

　　a．*a*1241223　　　　　　　b．*a*4424411
　　c．*a*14233　　　　　　　　d．*a*423412

6．(i)　to make something visible or bright by shining a light on it:

The street was (*i*　　)*d* by the full moon.

(ii)　to help clarify or explain something: My physics textbook (*i*

　)*d* how carbon is formed in stars.

a．*i*224223141　　　　　　　b．*i*24322111

c．*i*334413221　　　　　　　d．*i*2322443

7．(i)　a formal document submitted to be considered for a position, such as for a job: An (*a*　　) was submitted to the university.

(ii)　the action of putting something into operation: Usually (*a*

　) of the law pertains to all persons residing in a country.

a．*a*432134　　　　　　　　b．*a*3322114233

c．*a*311223　　　　　　　　d．*a*21222113

Section B: For questions 8-10, a definition of an idiomatic expression is given, along with two sample sentences. Think of an idiomatic expression that matches the definition and also fits in the blanks of both sentences. Convert each letter of the expression into a number according to the table in Section A, and choose the matching sequences of numbers from options a-d. For example, if the idiomatic expression you think of is *hit the books*, for which the first letter *h* is given, the remaining letters would be converted to *h*24 for *hit*, 421 for *the*, and 13323 for *books*. Hence, the correct answer would be (*h*24) (421) (13323).

8．very uncertain, not decided, or not concluded:

(i)　Our plans for the summer are still up (*i*　　) (　　) (

　).

(ii)　The entire proposal has just been left (*i*　　) (　　) (

　).

a．(*i*3) (421) (123)　　　　　b．(*i*3) (122) (1144)

c．(*i*3) (421) (4143)　　　　　d．(*i*343) (421) (33111)

9．to pretend that something is true:

(i)　Let's (*m*　　) (　　) we have a million dollars.

(ii) I often (*m*　　　　) (　　　　　) that my late father is advising me
and it always helps.

　a．(*m*2124) (1131233)　　　　　b．(*m*4121) (4134134)

　c．(*m*2312) (11423)　　　　　　d．(*m*121) (1122141)

10. only just in time:

（i）He arrived at the birthday party in the (*n*　　　　) (　　　　) (
　　).

（ii）The patient was administered the lifesaving medicine just in
the (*n*　　　) (　　　) (　　　).

　a．(*n*312) (12) (2343)　　　　　b．(*n*34) (21) (232)

　c．(*n*212) (31) (4221)　　　　　d．(*n*223) (321) (23212)

**Section C: For questions 11-15, two sample sentences are given.
Choose the best word from options a-d that fills the blanks of
both sentences.**

11.（i）It is often the case that (　　　) people are blind to their
own faults.

　（ii）That athlete is so (　　　) that he thinks he'll never lose.

　a．arrogant　　　　　　　b．charismatic

　c．courageous　　　　　　d．humble

12.（i）It is reported that (　　　) sea turtles have not developed
this ability and must sleep afloat at the water's surface.

　（ii）Many (　　　) court advocates harshly criticized how the
police handled young criminals.

　a．vital　　　　　　　　b．adult

　c．mortal　　　　　　　　d．juvenile

13.（i）Because the denim jacket is so (　　　) and so sturdy, you
can always find one in a second-hand shop.

　（ii）Companies that provide shopping online are now (　　　).

　a．dubious　　　　　　　b．ubiquitous

　c．pathetic　　　　　　　d．therapeutic

14.（i）The senate is also the highest court of justice in the case of political offences or the （　　　） of ministers.

(ii) Judges are appointed for life and can be removed only by judicial sentence and （　　　）.

  a. realization　　　　　　　　b. absorption

  c. impeachment　　　　　　　　d. legitimacy

15. (i) It is a sign of （　　　） vision loss when you cannot see objects unless they are right in front of you.

(ii) Recently people prefer to buy houses in the （　　　） areas of large cities.

  a. peripheral　　　　　　　　b. perceptual

  c. tentative　　　　　　　　d. endoscopic

■数学■

(120 分)

I $f(x)=3e^x-6,\ g(x)=e^{2x}-4e^x$ とおく。xy 平面上の曲線 $y=f(x)$ を C，曲線 $y=g(x)$ を D とする。以下の問に答えよ。

(1) C と D の概形を一つの xy 平面上に描け。

(2) C と D によって囲まれた部分の面積 S を求めよ。

(3) C と D によって囲まれた部分を，x 軸の周りに 1 回転させてできる立体の体積 V を求めよ。

II $p,\ q$ を相異なる素数とする。次の 3 条件をみたす x の 2 次式 $f(x)$ を考える。

・係数はすべて整数で x^2 の係数は 1 である。

・$f(1)=pq$ である。

・方程式 $f(x)=0$ は整数解をもつ。

以下の問に答えよ。

(1) $f(x)$ をすべて求めよ。

(2) (1)で求めたものを $f_1(x),\ f_2(x),\ \cdots,\ f_m(x)$ とする。$2m$ 次方程式 $f_1(x)\times f_2(x)\times\cdots\times f_m(x)=0$ の相異なる解の総和は $p,\ q$ によらないことを示せ。

III r を実数とする。次の条件によって定められる数列 $\{a_n\}$，$\{b_n\}$，$\{c_n\}$ を考える。

$$a_1=r,\quad a_{n+1}=\frac{[a_n]}{4}+\frac{a_n}{4}+\frac{5}{6}\quad(n=1,\ 2,\ 3,\ \cdots)$$

$$b_1=r,\quad b_{n+1}=\frac{b_n}{2}+\frac{7}{12}\quad(n=1,\ 2,\ 3,\ \cdots)$$

$$c_1=r,\quad c_{n+1}=\frac{c_n}{2}+\frac{5}{6}\quad(n=1,\ 2,\ 3,\ \cdots)$$

ただし, $[x]$ は x を超えない最大の整数とする。以下の問に答えよ。

(1) $\lim\limits_{n\to\infty}b_n$ と $\lim\limits_{n\to\infty}c_n$ を求めよ。

(2) $b_n \leqq a_n \leqq c_n$ $(n=1,\ 2,\ 3,\ \cdots)$ を示せ。

(3) $\lim\limits_{n\to\infty}a_n$ を求めよ。

IV 一辺の長さが $\sqrt{3}+1$ である正八面体の頂点を下図のように P_1, $P_2,\ P_3,\ P_4,\ P_5,\ P_6$ とする。各 $i=1,\ 2,\ \cdots,\ 6$ に対して, P_i 以外の 5 点を頂点とする四角錐（すい）のすべての面に内接する球（内部を含む）を B_i とする。B_1 の体積を X とし, B_1 と B_2 の共通部分の体積を Y とし, $B_1,\ B_2,\ B_3$ の共通部分の体積を Z とする。さらに $B_1,\ B_2,\ \cdots,$ B_n を合わせて得られる立体の体積を V_n $(n=2,\ 3,\ \cdots,\ 6)$ とする。以下の問に答えよ。ただし(1)は答のみを解答用紙の該当欄に書け。

(1) $V_n=aX+bY+cZ$ となる整数 $a,\ b,\ c$ を $n=2,\ 3,\ 6$ の場合について求めよ。

(2) X の値を求めよ。

(3) V_2 の値を求めよ。

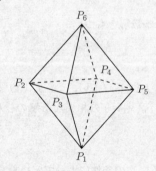

V $a>0$ を定数とし, $f(x)=x^a\log x$ とする。以下の問に答えよ。

(1) $\lim\limits_{x\to+0}f(x)$ を求めよ。必要ならば $\lim\limits_{s\to\infty}se^{-s}=0$ が成り立つことは証明なしに用いてよい。

(2) 曲線 $y=f(x)$ の変曲点が x 軸上に存在するときの a の値を求めよ。さらにそのとき $y=f(x)$ のグラフの概形を描け。

⑶　$t>0$ に対して，曲線 $y=f(x)$ 上の点 $(t,\ f(t))$ における接線を l とする。l が y 軸の負の部分と交わるための $(a,\ t)$ の条件を求め，その条件の表す領域を at 平面上に図示せよ。

物理

（2科目　120分）

Ⅰ 以下の空欄にあてはまるものを各解答群から選び，マーク解答用紙の該当欄にマークせよ。

図1のように，z 軸の正の向きに一様であるが時間とともに変化する磁場をかける。この中に，長さ L で絶縁体の細い糸の一方の端を磁場中のある点Oに固定し，もう一方の端に質量 M，正の電荷 $+q$ を持つ粒子をつなぐ。時刻 $t<0$ のある時刻に，糸が磁場と垂直に張った状態で，粒子を磁場と糸に垂直な方向に初速 v で打ち出した。粒子は磁場と垂直な平面上を，z 軸の正の方から見て時計まわりに半径 L で円運動した。粒子の円に沿った運動については，粒子の運動の向きを正の向きとする。円周率を π とし，粒子にはたらく重力は無視してよい。

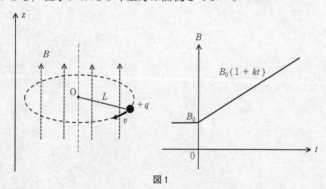

図1

問1　時刻 $t<0$ では一様磁場の磁束密度は一定値 B_0 であった。このとき，糸がたるまずに等速円運動することのできる粒子の速さの最小値を v_0，角速度を ω_0 とすると，v_0 は ⎡(1)⎤ と表される。たとえば，$B_0=1.0\mathrm{T}$ として，回転している粒子が陽子と同じ質量 $M=1.7\times10^{-27}\mathrm{kg}$ と電荷 $q=1.6\times10^{-19}\mathrm{C}$ を持つ場合，角速度 ω_0 は ⎡(2)⎤ rad/s となる。ただし，粒子の速さは光速よりも十分に小さいものとする。時刻 $t<0$ で粒子に初速 $v=3v_0$ を与え，$t>0$ では磁束密度を $B=B_0(1+kt)$（k は正

の定数）でゆっくり変化させると，半径 L の円周軌道に沿って誘導起電力が発生する。この誘導起電力による，粒子の軌道に沿った方向の電場 E の大きさは ③ となる。この電場により，時刻 t のときの粒子の円運動の速さ v も $v=3v_0+at$（a は加速度）のように変化する。粒子が受ける，軌道に沿った方向の力を F とすると $F=Ma$ がなりたつので，$a=$ ④ と表される。

(1)の解答群

a ． $\dfrac{qLB_0}{2M}$　　　　　　b ． $\dfrac{qLB_0}{M}$　　　　　　c ． $\dfrac{qB_0}{M}$

d ． $\sqrt{\dfrac{qLB_0}{M}}$　　　　　e ． $\sqrt{qB_0}$　　　　　　f ． $\dfrac{M}{qLB_0}$

g ． $\dfrac{M}{2qB_0}$　　　　　　h ． $\sqrt{\dfrac{qLB_0}{2M}}$

(2)の解答群

a ． 9.4×10^6　　　　　b ． 1.5×10^7　　　　　c ． 1.1×10^{-8}

d ． 1.5×10^8　　　　　e ． 9.4×10^7　　　　　f ． 5.9×10^6

g ． 1.1×10^{-7}　　　　h ． 5.9×10^8

(3)の解答群

a ． $\dfrac{1}{2}LkB_0$　　　　　b ． πL^2kB_0　　　　　c ． $\dfrac{1}{2}L(1+kt)B_0$

d ． LkB_0　　　　　　e ． $\pi L^2(1+kt)B_0$　　　f ． Lk^2B_0

g ． $2Lk^2B_0$　　　　　h ． $2\pi LkB_0$

(4)の解答群

a ． $\dfrac{q}{M}$　　　　　　　b ． $\dfrac{q}{M}v_0$　　　　　　c ． $\dfrac{k}{2L}$

d ． $\dfrac{k}{2L}v_0$　　　　　e ． $\dfrac{k}{2}$　　　　　　f ． $\dfrac{k}{2}v_0$

g ． k　　　　　　　　h ． πkLv_0

問 2　問 1 のように初速 $3v_0$ で粒子を打ち出した場合，磁束密度が変化する $t>0$ では粒子の速さが変化するため，糸の張力 T も $T=$ ⑤ と時間変化する。その結果，時刻 $t=$ ⑥ で，初めて糸がたるむことになる。

(5)の解答群

a. qB_0v_0kt　　　　　　　　　　**b**. $qB_0v_0\left(6+\dfrac{5}{2}kt+\dfrac{1}{4}k^2t^2\right)$

c. $qB_0v_0\left(\dfrac{1}{2}kt-\dfrac{1}{4}k^2t^2\right)$　　　**d**. $qB_0v_0\left(6-\dfrac{1}{2}kt-\dfrac{1}{4}k^2t^2\right)$

e. $qB_0v_0\left(3-\dfrac{1}{2}kt\right)$　　　　　**f**. $qB_0v_0\left(3+\dfrac{1}{2}kt\right)$

g. $qB_0v_0\left(1-\dfrac{1}{2}kt\right)$　　　　　**h**. $qB_0v_0\left(12+\dfrac{13}{2}kt+\dfrac{3}{4}k^2t^2\right)$

(6)の解答群

a. $\dfrac{6}{k}$　　　　　**b**. $\dfrac{2}{3k}$　　　　　**c**. $\dfrac{3}{4k}$

d. $-\dfrac{6}{k}$　　　　**e**. $\dfrac{1}{k}$　　　　　**f**. $\dfrac{2}{k}$

g. $\dfrac{3}{k}$　　　　　**h**. $\dfrac{4}{k}$

　図2のように，z 軸の正の向きに，磁束密度の大きさが B_0 で，一様かつ時間的に変化しない（定常な）磁場をかける。この磁場中に，z 軸と垂直に半径 L の円形導線と，長さ L の導体棒を置く。導体棒の一方の端は常に円形導線の中心 O にあり，もう一方の端は円形導線に接して滑らかに回転することができる。導体棒の点 O の側と円形導線の点 P を抵抗 R でつなぎ，点 O の側を接地した。導体棒を，点 O を通り磁場と平行な回転軸のまわりに一定の角速度 ω で回転させ続けると，抵抗 R には電流が流れた。導体棒の回転は，z 軸正の方から見て反時計まわりとする。なお，ここでは角速度 ω が十分小さいため遠心力は無視できる。

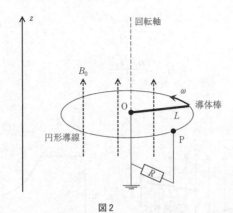

図 2

問 3　導体棒中で，中心 O から距離 r の位置にある電子を考えよう。電子のもつ電荷を $-e$, 質量を m とする。電子には磁場によるローレンツ力がはたらく。このとき，棒の両端の間で生じる起電力の大きさ V を，1C の電荷を中心 O から導体棒のもう一方の端まで運ぶ仕事から求めることができ，$V=\boxed{(7)}$ となる。たとえば，磁束密度 $B_0=1.0\mathrm{T}$, $m=9.1\times10^{-31}\mathrm{kg}$, 角速度 $\omega=1.0\times10^{2}\mathrm{rad/s}$, $L=0.10\mathrm{m}$ とすると，P 点における電位は接地した部分を基準として $\boxed{(8)}$ V となる。導体棒を角速度 ω で 1 回転させるのに必要なエネルギーは，その時間に抵抗 R で発生するジュール熱と等しく，$\boxed{(9)}$ と表される。

(7)の解答群

a．$L^2\omega B_0$　　　　　b．$\dfrac{1}{4}L^2\omega B_0$　　　　　c．$\dfrac{1}{2}L^2\omega B_0$

d．$L\omega B_0$　　　　　e．$\dfrac{1}{2}L\omega B_0$　　　　　f．$\dfrac{1}{4}L\omega B_0$

g．$2L\omega B_0$　　　　　h．$2L^2\omega B_0$

(8)の解答群

a．0.25　　　　　b．-0.25　　　　　c．1.0

d．-1.0　　　　　e．2.0　　　　　f．-2.0

g．0.5　　　　　h．-0.5

(9)の解答群

a．$\dfrac{\omega B_0}{R}$　　　　　b．$\dfrac{\omega B_0}{4R}$　　　　　c．$\dfrac{B_0^2 L^4}{R}$

d. $\dfrac{B_0{}^2 L^4}{4R}$　　　**e.** $\dfrac{\pi\omega B_0{}^2 L^4}{2R}$　　　**f.** $\dfrac{\pi\omega B_0{}^2 L^2}{2R}$

g. $\dfrac{\pi B_0{}^2 L^4}{2R}$　　　**h.** $\dfrac{\omega B_0{}^2 L^4}{R}$

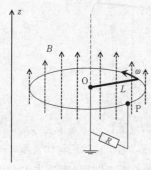 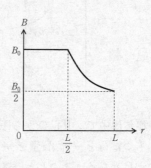

図3

問4　図2と同じ円形導線と導体棒を用意し，導体棒を一定の角速度 ω で回転させ続ける。ここで，図3のように，z 軸の正の向きにかけられた磁場の磁束密度の大きさが，定常であるが中心 O からの距離 r に対して

$$\begin{cases} B = B_0 & \left(0 \leqq r < \dfrac{L}{2}\right) \\[2mm] = B_0\dfrac{L}{2r} & \left(\dfrac{L}{2} \leqq r \leqq L\right) \end{cases}$$

と変化する場合を考える。問3と同様に，導体棒の両端間に生じる起電力の大きさ V は，1C の電荷を中心 O から導体棒のもう一方の端まで運ぶ仕事から求めることができ，$V=$ [(10)] となる。これは，回路を貫く磁束の変化によるものと考えることもできる。つまり，微小な時間 $\varDelta t$ に導体棒が横切る領域内の磁束の大きさは，$\varDelta\varPhi=$ [(11)] となる。このうち，中心 O から導体棒の中心 $\left(r=\dfrac{L}{2}\right)$ までで生じる磁束の変化の大きさ $\varDelta\varPhi_1$ は [(12)] で表される。導体棒の中心 $\left(r=\dfrac{L}{2}\right)$ から導体棒の端 $(r=L)$ で生じる磁束の変化の大きさ $\varDelta\varPhi_2$ は両者の差分であり，[(13)] と表される。これは，図3において，導体棒の中心 $\left(r=\dfrac{L}{2}\right)$

から端（$r=L$）までが，Δt に横切る領域内の磁束の大きさに相当する。

⑽の解答群

a. $L^2\omega B_0$　　　　　　　**b**. $\dfrac{3}{4}L^2\omega B_0$　　　　　　**c**. $\dfrac{3}{8}L^2\omega B_0$

d. $L\omega B_0$　　　　　　　**e**. $\dfrac{1}{2}L\omega B_0$　　　　　　**f**. $\dfrac{3}{8}L\omega B_0$

g. $\dfrac{3}{4}L\omega B_0$　　　　　**h**. $2L^2\omega B_0$

⑾, ⑿, ⒀の解答群

a. $\dfrac{1}{4}L^2\omega B_0\Delta t$　　　　**b**. $\dfrac{1}{2}L\omega^2 B_0\Delta t$　　　　**c**. $\dfrac{3}{8}L^2\omega B_0\Delta t$

d. $\dfrac{3}{4}L^2\omega B_0\Delta t$　　　　**e**. $\dfrac{1}{8}L^2\omega B_0\Delta t$　　　　**f**. $\dfrac{5}{8}L^2\omega B_0\Delta t$

g. $\dfrac{1}{2}L^2\omega B_0\Delta t$　　　　**h**. $L^2\omega B_0\Delta t$　　　　　**i**. $L\omega^2 B_0\Delta t$

j. $\dfrac{1}{4}L\omega^2 B_0\Delta t$　　　　**k**. $\dfrac{1}{8}L\omega^2 B_0\Delta t$　　　　**l**. $\dfrac{3}{8}L\omega^2 B_0\Delta t$

m. $\dfrac{3}{4}L\omega^2 B_0\Delta t$　　　　**n**. $\dfrac{5}{8}L\omega^2 B_0\Delta t$

II 　以下の問の答を解答用紙の該当欄に記入せよ。

　図のように，水平で滑らかな十分広い床の上に台が静止している。台の左端の点 A と右端の点 B の間の距離は l である。点 B には半径 r の半円型のレールが接続されており，点 B でのレールの接線方向は水平方向である。円の中心 O は点 B から鉛直上向きに高さ r の位置にある。点 O から水平右向きに r 離れたレールの最右端の点を C，点 O から鉛直上向きに r 離れたレールの最上端の点を D とする。台は床の上を，摩擦を受けることなく水平方向に運動するものとする。このレールを含めた台の質量を $5m$ とし，レール部分の質量は無視できるとする。台の上面の左端の点 A に質量 m で大きさの無視できる物体を置き，右向きを正の向きとして床に対する初速度 v_0（>0）を物体に与えたところ，物体と台は運動を始めた。物体が長さ l の台の水平部分を運動するとき，物体と台の間には一定の大きさの動摩擦力がはたらく。物体が半円型のレール上を運動すると

きは，物体とレールの間の摩擦力は無視できるものとする。物体および台
には空気抵抗力ははたらかず，重力加速度の大きさを g とする。以下の
設問で，物体または台の水平方向の加速度，速度，変位について問われて
いるときには，他の指示がない限り，床を基準としたそれらの量を右向き
を正として答えよ。答えに数値が含まれる場合には，2.4 のような小数で
はなく，$\dfrac{12}{5}$ のような約分した分数で答えよ。なお，台は一様な密度を持
ち，台の鉛直方向の厚みは l と比べて十分小さい。また，物体がレール上
を運動中に，台が床から浮かび上がることはなかった。

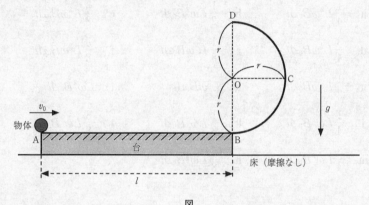

図

　物体は点 A から動き出した後，台の上面を運動して点 B に達した。物
体が点 B を通過した瞬間の，物体の床に対する速度は $\dfrac{v_0}{2}$ であった。

問1　物体が台の上面を点 A から点 B まで運動する際の物体の床に対す
　　る加速度を a としたとき，台の加速度を a を用いて表せ。さらに，台
　　の加速度の向きを答えよ。

問2　物体が台上の点 B を通過する瞬間の台の速度を，v_0 を用いて表せ。

問3　物体が台の水平面上を運動するときに，物体と台の間にはたらく摩
　　擦力の動摩擦係数を，v_0, l, g を用いて答えよ。

問4　物体が点 A から点 B まで移動する間の台の変位を，l を用いて表せ。

問5　物体が点 B を通過した直後に物体が台から受ける垂直抗力の大き
　　さを，m, g, v_0, r を用いて表せ。この瞬間の物体の床に対する速度
　　は $\dfrac{v_0}{2}$ であり，物体は台に対して相対的に円運動を開始しているとする。

その後，物体は台に取り付けられた摩擦のないレール面に沿って運動し，点Cを鉛直上向きの速度成分を持ちながら通過した。

問6　物体が点Cを通過する瞬間の台の速度を，v_0 を用いて答えよ。

問7　物体が点Cを通過する瞬間に物体がレール面から受ける垂直抗力の大きさを，m, g, v_0, r を用いて表せ。

物体はその後，レール面から離れることなく点Dまで運動し，点Dに達した瞬間にレール面から受ける垂直抗力の大きさが0となった。

問8　物体が点Dから離れる瞬間の，台に対する物体の相対速度（右向きを正とする）を，g と r を用いて表せ。

問9　v_0 を，g と r を用いて表せ。

問10　物体は点Dから離れた後は放物運動を行い，しばらくして台上の点Aから水平右向きに距離 $\dfrac{9}{10}l$ 離れた点に落下した。このことから，最初に物体が台の水平面上を点Aから点Bまで移動していたときに物体と台の間にはたらく摩擦力の動摩擦係数を，数値のみで表せ。

Ⅲ　　以下の問の答を解答用紙の該当欄に記入せよ。

図1のような断熱材でできたシリンダー容器に 1 mol の理想気体が入っており，壁（断熱壁）でふさがれている。この気体分子1個の質量を m とする。壁の断面積を S とし，壁の位置（シリンダー容器の内側の長さ）は L で固定されている。アボガドロ定数を N，気体定数を R とする。以下の問に答えよ。

問1　単原子分子からなる理想気体を考える。まず，気体分子1個の運動に着目しよう。分子どうしの衝突は考えず，分子とシリンダー容器および壁との衝突は弾性衝突であるものとする。図1のように壁に垂直な方向に x 軸の正の向きを設定し，着目している分子が壁に弾性衝突する直前，分子の速度の x 成分が u_x（>0）であったとする。この気体分子が壁に1回弾性衝突することによる運動量変化の大きさを m, u_x のみを用いて表せ。さらに，この気体分子が繰り返し壁に弾性衝突することで単位時間にこの気体分子が壁に与える力積の大きさを m, u_x, L の

みを用いて表せ。

　シリンダー容器内の各気体分子の速度にはばらつきがあり，速度の向き
は特定の方向にかたよることなく等方的であると考えよう。この場合，各
分子の $u_x{}^2$ を全ての分子についての平均値 $\overline{u_x{}^2}$ に置き換えることができる。
y 成分，z 成分も同様に平均値 $\overline{u_y{}^2}$，$\overline{u_z{}^2}$ に置き換えることができ，以下で
は，$v^2 = \overline{u_x{}^2} + \overline{u_y{}^2} + \overline{u_z{}^2}$ で与えられる v を気体分子の平均の速さと呼ぶこ
とにする。

問2　理想気体の圧力は気体分子が壁に与える力積の平均に比例すると考
　　えられる。単原子分子理想気体の圧力を L，m，v，S，N のみを用い
　　て表せ。また，理想気体の温度を m，v，R，N のみを用いて表せ。

問3　理想気体の内部エネルギーは気体分子の力学的エネルギーの平均に
　　比例すると考えられる。単原子分子理想気体の内部エネルギーを m，v，
　　N のみを用いて表せ。また，定積モル比熱を R のみを用いて表せ。

問4　理想気体分子が多原子分子の場合，分子の重心の並進運動に加えて，
　　分子の回転運動によるエネルギーが存在するために，単原子分子の場合
　　とは異なる力学的エネルギーを持つ。いま，1個あたりの気体分子が持
　　つ回転運動の平均エネルギーが温度に比例するとして，その比例係数が
　　$\dfrac{R}{N}$ であったとしよう。この気体分子の定積モル比熱を R のみを用い
　　て表せ。なお，重心の並進運動の平均エネルギーは単原子分子の場合と
　　同様とする。

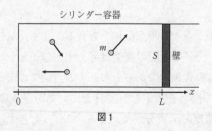

図1

問5　図2のように断熱材でできた長さ L のシリンダー容器を2つ用意
　　した。左側の容器には質量 m で平均の速さ v の単原子分子理想気体が，
　　右側の容器には質量 m で平均の速さ V の問4で考えた多原子分子理想

気体が，それぞれ1molずつ入っているとする。いま，この2つのシリンダー容器を仕切りで隔てて連結した。仕切りの断面積はSとする。この仕切りは固定されており，気体分子は通らないが，仕切りを通して左右の理想気体の間で熱によるエネルギーのやりとりが可能であるとする。充分時間がたつと，2つの容器内の温度が等しくなった。内部エネルギーの変化に着目して，この等しくなったときの温度をm, v, V, N, Rのみを用いて表せ。なお，仕切りの熱容量は無視できるものとする。

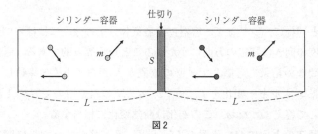

図2

次に，図3のように問1で考えた壁が固定されておらず可動な場合を考える。シリンダー容器には質量mで平均の速さvの単原子分子理想気体が1mol入っているとする。また，シリンダー容器内の温度を熱により制御できる熱交換器が追加されている。以下では，yとcが実数で，$|y| \ll 1$の時に成り立つ近似式$(1+y)^c \fallingdotseq 1+cy$を用いて答えよ。

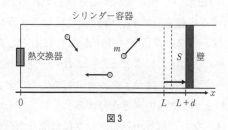

図3

問6　熱交換器による温度制御は行わず，壁の位置をLから$L+d$へ一定の速度w（>0）で移動させた。ただし，$d \ll L$とする。まず，問1と同様，気体分子1個の運動に着目しよう。分子どうしの衝突は考えず，分子とシリンダー容器および壁との衝突は弾性衝突であるとする。着目している分子が壁に弾性衝突する直前，分子の速度のx成分がu_x（>0）であったとする。いま$u_x \gg w$であるとして，この気体分子が壁

に 1 回弾性衝突することによる運動エネルギーの変化を m, u_x, w の
みを用いて w の 1 次式で近似して答えよ。さらに，壁の位置が L から
$L+d$ へ移動したときの気体分子 1 個あたりの運動エネルギー変化を m,
u_x, d, L のみを用いて d の 1 次式で近似して答えよ。なお，壁が移動
している間に気体分子は壁に繰り返し弾性衝突するものとし，その衝
突回数を計算する際には，$d \ll L$ であるため，壁の位置は L と近似して
よいものとする。

　　問 2 と同様に，シリンダー容器内の各気体分子の速度にはばらつきがあ
り，速度の向きは特定の方向にかたよることなく等方的であると考えよう。

問 7　問 6 の結果を考慮して，壁の位置が L から $L+d$ へ移動したとき
　　の内部エネルギー変化を L, m, v, d, N のみを用いて d の 1 次式で
　　近似して答えよ。なお，この変化は断熱変化に相当する。

問 8　問 7 のように壁の位置を L から $L+d$ へ移動させた後に壁を固定
　　して，熱交換器を通して熱を気体に加えて定積変化で気体の温度を問 6
　　で壁を移動させる前の温度にもどした。この定積変化において熱交換器
　　を通して気体に加えられた熱量を L, m, v, d, N のみを用いて d の
　　1 次式で近似して答えよ。

問 9　問 8 における定積変化前後の圧力差と問 6 の断熱変化前の圧力との
　　比を，L, d のみを用いて d の 1 次式で近似して答えよ。

問 10　問 8 における定積変化の後，等温変化になるように熱交換器によ
　　る温度制御を行い，壁の位置を $L+d$ から L にもどしたところ，問 6
　　で壁を移動させる前の圧力にもどった。これら一連の状態変化（断熱変
　　化→定積変化→等温変化）はサイクルとして捉えることができる。この
　　サイクルの概形をサイクルの向きが分かるように矢印をつけて解答用紙
　　のグラフに描け。なお，解答用紙のグラフには問 6 で断熱変化を行う前
　　の状態が黒点（●）で示されているので，この黒点から始めてサイクル
　　を描け。さらに，問 9 の結果を考慮して，このサイクルで気体がされた
　　仕事を L, m, v, d, N のみを用いて d の 2 次式で表せ。

〔解答欄〕

グラフ：

気体がされた仕事：

化学

（2科目　120分）

必要ならば，以下の数値を用いなさい。

H=1.0,　C=12.0,　N=14.0,　O=16.0,　Na=23.0,　S=32.1,
Cl=35.5,　V=50.9,　Cu=63.5,　I=126.9

アボガドロ定数：6.02×10^{23}/mol

ファラデー定数：9.65×10^{4} C/mol

気体定数：8.31×10^{3} Pa·L/(mol·K)

水銀の密度：13.6 g/cm³，大気圧：1 atm=1.013×10^{5} Pa=760 mmHg

I つぎの(1)～(10)の文中，（　A　），（　B　），（　C　）にもっとも適合するものを，それぞれA群，B群，C群の(ア)～(オ)から選び，マーク解答用紙の該当欄にマークしなさい。

(1)　メタノールは一酸化炭素と水素から適当な触媒を用いて①の反応により合成できる。この反応の熱化学方程式は②式のようになる。

$$CO + 2H_2 \rightleftharpoons CH_3OH \qquad ①$$
$$CO(気) + 2H_2(気) = CH_3OH(気) + 100\,kJ \qquad ②$$

　体積 20 L の密閉容器に一酸化炭素 0.80 mol と水素 1.60 mol と触媒を入れ，平衡に達するまで 250℃ に保ったところ，メタノールが 0.10 mol 生成していた。この反応の平衡定数は（　A　）(mol/L)$^{-2}$ であり，（　B　），平衡は右の方向に移動する。メタノールの C–H 結合の結合エネルギーを 413 kJ/mol，C–O 結合の結合エネルギーを 352 kJ/mol，O–H 結合の結合エネルギーを 463 kJ/mol，水素の H–H 結合の結合エネルギーを 436 kJ/mol とし，②式の熱化学方程式を用いると，一酸化炭素の C と O の間の結合エネルギーは（　C　）kJ/mol である。

A：㋐　0.073　　㋑　0.10　　㋒　2.0　　㋓　26　　㋔　29

B：㋐　容器の体積は大きくなるほど，温度は高くなるほど

　　㋑　容器の体積は大きくなるほど，温度は低くなるほど

　　㋒　容器の体積は小さくなるほど，温度は高くなるほど

　　㋓　容器の体積は小さくなるほど，温度は低くなるほど

　　㋔　触媒の量を増やすほど

C：㋐　378　　㋑　1082　　㋒　1282　　㋓　1518　　㋔　2826

(2)　ハロゲン化水素のうちで最も沸点の低いハロゲン化水素を酸化して得られるハロゲン単体は常温常圧で（　A　）である。また，あるハロゲン化水素の水溶液は（　B　）であり，ガラスと反応する。一方，ハロゲン化銀のうち水によく溶解するものは（　C　）である。

A：㋐　淡黄色の気体　　㋑　黄緑色の気体　　㋒　無色の気体

　　㋓　赤褐色の液体　　㋔　黒紫色の固体

B：㋐　弱　酸　　　　　㋑　強　酸　　　　　㋒　弱塩基

　　㋓　弱い酸化剤　　　㋔　強い酸化剤

C：㋐　$AgBr$　　　　　㋑　$AgCl$　　　　　㋒　AgF

　　㋓　$AgBr$ と AgI　　㋔　AgF と AgI

(3)　金属の製錬はいくつかの方法に分類できる。鉄は溶鉱炉（高炉）で鉄鉱石を高温で還元させて製錬されるが，この際，主に作用する還元剤は（　A　）である。一方，Al_2O_3 を氷晶石とともに高温で融解させて電解精錬すると，（　B　），Al の単体が得られる。不純物を含む硫化銅に酸素を吹き込みながら高温にすると銅が遊離し，粗銅が得られる。粗銅には不純物として他の金属元素が多く含まれるが，引き続き電解精錬を行うと純度の高い銅が得られる。このとき（　C　）は陽極泥となって除かれる。

A：㋐　H_2(気)　　　　㋑　C(気)　　　　㋒　C(液)

　　㋓　CO(気)　　　　㋔　SiO_2(液)

B：㋐　アルミニウムイオンに電子が与えられ

　　㋑　アルミニウムイオンと CO が反応し

　　㋒　アルミニウムイオンと氷晶石が反応し

　　㈒　酸化物イオンに電子が与えられ

　　㈓　酸化物イオンが窒素と反応し

　C：㈠　アルミニウム　　㈡　ニッケル　　　　　㈢　銅

　　㈒　鉄や銀　　　　　　㈓　金や銀

⑷　水 100 g にエチレングリコール（$C_2H_4(OH)_2$）0.352 g を溶かした水
　溶液の凝固点は，$-0.105℃$ である。したがって，水溶液の凝固点を
　$-0.230℃$ にするには，1 kg の水に約（　A　）g のエチレングリコー
　ルを加えればよい。

　　エチレングリコールを脱水して得られる化合物 X を元素分析したと
　ころ，各元素の質量の割合は，炭素 48.0%，水素 9.3%，残りは酸素で
　あった。したがって，X の組成式は（　B　）である。また，5.00 g の
　X を水 124 g に溶かした水溶液の凝固点は，$-0.500℃$ であった。した
　がって，X の分子量は約（　C　）である。

　A：㈠　0.74　　　㈡　0.77　　　㈢　7.4　　　㈒　7.7　　　㈓　8.4

　B：㈠　C_2H_4O　　　　　㈡　$C_3H_6O_2$　　　　　㈢　$C_3H_7O_2$

　　㈒　$C_6H_{12}O_4$　　　　㈓　$C_6H_{14}O_4$

　C：㈠　44　　　㈡　75　　　㈢　88　　　㈒　150　　　㈓　186

⑸　水に溶ける非電解質の高分子化合物 I と II
　がある。高分子化合物 I を 1.00 g 秤量し，
　水に溶解して体積 1.00 L の溶液①とした。
　右図の a を溶液①とし，b を水として，1 気
　圧下で温度 300 K における浸透圧を測定す
　る実験を行ったところ，$h=2.50$ cm であっ
　た。このとき，溶液①の浸透圧は（　A　）
　Pa である。また，この高分子化合物の分子

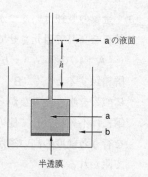

量は（　B　）である。この高分子化合物 I を 0.50 g，分子量が
$1.0×10^5$ の高分子化合物 II を 0.50 g 秤量し，水に溶解して体積 1.00 L
の溶液②とした。上図の a を溶液②とし，b を水としたとき，温度
300 K において h は（　C　）cm である。ただし，溶液①と②の密度
はともに 1.00 g/cm^3 であり，濃度変化は無視できるものとする。

A：㋐　2.45×10 　　㋑　2.45×10^2 　　㋒　2.45×10^3

　　㋓　2.45×10^4 　　㋔　2.45×10^5

B：㋐　1.0×10^2 　　㋑　1.0×10^3 　　㋒　1.0×10^4

　　㋓　1.0×10^5 　　㋔　1.0×10^6

C：㋐　0.35 　　㋑　0.70 　　㋒　1.4 　　㋓　2.1 　　㋔　2.8

(6)　下図は水の蒸気圧曲線である。ある夏の日，打ち水をした地表付近で，水蒸気で飽和した空気を透明なポリ袋に入れ密封した。この袋の中は39℃，1.02×10^5 Pa で 27.3 L であった。この袋には（　A　）mol の気体が入っており，そのうち水蒸気は（　B　）mol である。

　　この袋を上空 5000 m まで上昇させたところ，袋は膨らんだが容積にはまだ余裕があった。十分に時間をおくと袋の中の温度と圧力は外と同じ値になり，内側についた液滴を除くと袋の中は透明であった。この高度では，外気は 0.0℃，5.30×10^4 Pa であった。このとき，袋の中の気体の物質量は（　C　）mol である。ただし，気体の液体への溶解量は微量であるため，ここでは考慮しなくてよい。また，ポリ袋を物質は透過しないものとする。

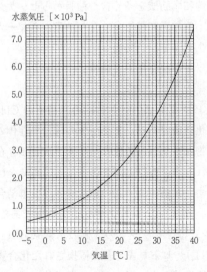

A：㋐　0.859 　　㋑　0.959 　　㋒　1.07 　　㋓　1.38 　　㋔　8.59

　　B：(ア)　0.074　　　(イ)　0.083　　　(ウ)　1.00　　　(エ)　1.07　　　(オ)　1.08

　　C：(ア)　0.06　　　(イ)　0.90　　　(ウ)　1.01　　　(エ)　1.07　　　(オ)　1.32

(7)　ナイロン 66 の原料はヘキサメチレンジアミンと（　A　）である。
　　ヘキサメチレンジアミンはアクリロニトリルを原料とし，慣用名でアジ
　　ポニトリルと呼ばれる 1,4-ジシアノブタンを経て合成される。アクリ
　　ロニトリルを酸性水溶液中で電解によって還元すると，電極から電子が，
　　また，溶液から水素イオンがそれぞれ供給されて反応し，アジポニトリ
　　ルが合成される。この際，（　B　）では溶媒として用いられている
　　H_2O が酸化され，O_2 が生成する。アジポニトリルは触媒を用いて水素
　　が付加されヘキサメチレンジアミンとなるが，触媒を用いた水素付加反
　　応は（　C　）を製造する際にも用いられている。

　　A：(ア)　アジピン酸　　　(イ)　ε-カプロラクタム　　　(ウ)　シュウ酸
　　　　(エ)　テレフタル酸　　(オ)　フマル酸

　　B：(ア)　正　極　　　　　(イ)　負　極　　　　　(ウ)　正極と負極
　　　　(エ)　陽　極　　　　　(オ)　陰　極

　　C：(ア)　原料にアルケンを用いてアルキン
　　　　(イ)　原料に飽和脂肪酸を多く含む油脂からセッケン
　　　　(ウ)　原料に不飽和脂肪酸を多く含む油脂からマーガリン
　　　　(エ)　原料に生ゴムを用いてエボナイト
　　　　(オ)　オストワルト法を用いて硝酸

(8)　下図に示したピラジンは，ベンゼンの二箇所の CH を窒素原子で置
　　き換えた芳香族化合物である。ピラジンの構造異性体のうち，6 員環を
　　持つ芳香族化合物はピラジンの他に（　A　）種類存在する。これらの
　　化合物ではいずれもベンゼンと同じように，二重結合は特定の原子間に
　　固定されておらず，6 個の原子間の結合はすべて単結合と二重結合の中
　　間の状態にある。抗インフルエンザウイルス薬であるファビピラビル
　　（別名：アビガン）は，ピラジンの 3 個の水素原子が，フッ素原子，ア
　　ミド基（$-CONH_2$），ヒドロキシ基で置換された化合物である。ファビ
　　ピラビルと同じ置換基をもつピラジンの置換体には，ファビピラビルの
　　他に（　B　）種類の異性体が存在する。また，ファビピラビルと同じ

くウイルスの増殖を抑制する抗ウイルス薬として承認され，医薬品として利用されているものに（　C　）がある。

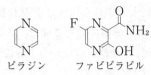

ピラジン　　　　ファビピラビル

A：㋐　1　　　㋑　2　　　㋒　3　　　㋓　4　　　㋔　5

B：㋐　3　　　㋑　5　　　㋒　7　　　㋓　9　　　㋔　11

C：㋐　アセチルサリチル酸　　　　㋑　アセトアミノフェン

　　㋒　ストレプトマイシン　　　　㋓　ペニシリン

　　㋔　レムデシビル

(9)　次の化合物群のうち，アンモニア性硝酸銀水溶液によって酸化されるものは（　A　），インベルターゼにより加水分解をうけて転化糖になるものは（　B　），α-グリコシド結合をもつものは（　C　）である。

化合物群：

① 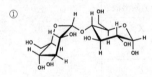　　② 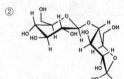　　③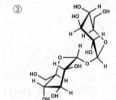

④ 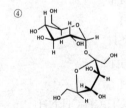　　⑤

A：㋐　①と②と⑤　　　㋑　①と④と⑤　　　㋒　②と③と④

　　㋓　②と⑤　　　　　㋔　③と④と⑤

B：㋐　①　　　㋑　③　　　㋒　③　　　㋓　④　　　㋑　⑤

C：㋐　①と②と③　　　㋑　①と③と④　　　㋒　②と③と⑤

　　㋓　②と④と⑤　　　㋔　③と④と⑤

⑽　しょう油に含まれるペプチド混合物を加水分解して得られる 5 種類の
　　L-アミノ酸①〜⑤の混合物の水溶液を強酸性にして，アミノ酸をすべ
　　て正に荷電した状態にし，これを陽イオン交換樹脂を充塡したカラム
　　（ガラス管）に通すことで樹脂に吸着させた。このカラムに，緩衝液を
　　下記の 1 〜 3 の順に pH を順次上げながら十分に流し溶出させることで，
　　アミノ酸溶液 X，Y，Z に分離した。

　　　溶液 X に含まれるアミノ酸を原料として縮合反応を行うとアミド結
　　合を一つ有するジペプチドが 2 種類得られた。また，溶液 Z に含まれ
　　るアミノ酸を原料として縮合反応を行うと，同様にジペプチドが 2 種類
　　得られた。溶液 Y に含まれるアミノ酸を原料とした縮合反応で得られ
　　るジペプチドは（　A　）種類である。ただし，環状構造のジペプチド
　　は，ここでは考慮しなくて良い。

　　　一方，納豆のネバネバの主成分として抽出されるポリグルタミン酸を
　　NaOH 水溶液で加水分解したのち酢酸で中和して得られるアミノ酸は
　　（　B　）であり，分離したアミノ酸溶液（　C　）に含まれる。

溶出順	緩衝液の pH	アミノ酸溶液
1	4	X
2	7	Y
3	11	Z

①　　　COOH
　H₂N−C−H
　　　　CH₃

②　　　COOH
　H₂N−C−H
　　　　CH₂SH

③　　　COOH
　H₂N−C−H
　　　　CH₂CH₂COOH

④　　　COOH
　H₂N−C−H
　　　　CH₂CH₂CH₂CH₂NH₂

⑤　　　COOH
　H₂N−C−H
　　　　CH₂⟨benzene ring⟩

A：(ア) 4　　　(イ) 6　　　(ウ) 9　　　(エ) 18　　　(オ) 24
B：(ア) ①　　　(イ) ②　　　(ウ) ③　　　(エ) ④　　　(オ) ⑤
C：(ア) X　　　　　　　(イ) Y　　　　　　　(ウ) Z

　㈢　X と Z　　　　　　㈣　Y と Z

Ⅱ　つぎの文章を読んで，問 1，問 8，問 11 の答をマーク解答用紙の該当欄にマークし，その他の答を記述解答用紙の該当欄に記入しなさい。

⑴　0.100 mol/L の　_(問1)硫酸銅（Ⅱ）水溶液 10.0 mL にアンモニア水を加えたところ，_(問2)青白色の沈殿が生成した。アンモニア水を加えつづけたところ，_(問3)沈殿は完全に溶解して深青色の水溶液が得られた。この水溶液に希硫酸を少量加えると，_(問4)沈殿が生成したが，加えつづけると　沈殿が完全に溶解した。この水溶液に純水を加えて体積を 80 mL _(問5)とし，_(問6)2 g のヨウ化カリウムを加えたところ，白色沈殿（CuI）が生成しヨウ素が遊離した。_(問7)デンプン水溶液を指示薬として，遊離したヨウ素を x mol/L のチオ硫酸ナトリウム水溶液で滴定したところ，終点までに 10.2 mL を要した。

問 1　硫酸銅（Ⅱ）水溶液の性質について正しいものを次の㈠～㈤から一つ選び，マーク解答用紙の該当欄にマークしなさい。

　㈠　硫酸銅（Ⅱ）は水酸化銅（Ⅱ）と硫酸から生成した塩基性塩であるため，硫酸銅（Ⅱ）水溶液は塩基性である。

　㈡　硫酸銅（Ⅱ）は水酸化銅（Ⅱ）と硫酸から生成した酸性塩であるため，硫酸銅（Ⅱ）水溶液は酸性である。

　㈢　硫酸銅（Ⅱ）は水酸化銅（Ⅱ）と硫酸から生成した正塩であるため，硫酸銅（Ⅱ）水溶液は中性である。

　㈣　硫酸銅（Ⅱ）は水酸化銅（Ⅱ）と硫酸から生成した正塩であるが，硫酸銅（Ⅱ）水溶液は塩基性である。

　㈤　硫酸銅（Ⅱ）は水酸化銅（Ⅱ）と硫酸から生成した正塩であるが，硫酸銅（Ⅱ）水溶液は酸性である。

問 2　このときの水溶液の体積が 12.2 mL であり，$[OH^-]$ が $1.0×10^{-9}$ mol/L であるとき，何％の Cu^{2+} が沈殿したか，有効数字 2 桁で答えなさい。ただし，$Cu(OH)_2$ の溶解度積の値は，$K_{sp}=2.2×10^{-20}$ $(mol/L)^3$

である。

問3　深青色の水溶液の体積が 20.0 mL であり，アンモニアの濃度が 0.10 mol/L であるとき，この水溶液中の Cu^{2+} の濃度を有効数字 2 桁で答えなさい。ただし，この水溶液中には Cu(Ⅱ)イオンとして Cu^{2+} と $[Cu(NH_3)_4]^{2+}$ のみが含まれているものとし，$Cu^{2+}+4NH_3 \rightleftarrows [Cu(NH_3)_4]^{2+}$ の平衡定数を，$K=3.9\times10^{12}(mol/L)^{-4}$ とする。

問4　この沈殿を化学式で示しなさい。

問5　沈殿がちょうど溶解したときの水溶液の体積が 45.6 mL であるとき，$[H^+]$ を有効数字 2 桁で答えなさい。ただし，水のイオン積は $K_w=1.0\times10^{-14}(mol/L)^2$ である。

問6　この反応は，次の式で表される。

$$\boxed{(a)}Cu^{2+}+\boxed{(b)}I^- \longrightarrow \boxed{(c)}CuI+I_2$$

(a), (b), (c)にあてはまる係数を答えなさい。

問7　この反応は，$I_2+2Na_2S_2O_3 \longrightarrow 2NaI+Na_2S_4O_6$ で表される。x の値を有効数字 3 桁で答えなさい。

(2)　　バナジウムは，周期表の（　a　）族に属する（　b　）である。
〔問8〕
バナジウムを含む陽イオンからなる塩には，VCl_3 や $V(CH_3COO)_4$ などのほかに，　$VOSO_4$（硫酸バナジル）や，$(VO_2)_2SO_4$ などのオキ
〔問9〕
シ陽イオンの塩があり，バナジウムは様々な酸化数を示す。

　バナジウムを含むイオンの酸化還元反応を利用した二次電池に，レドックスフロー電池がある。レドックスフロー電池では，正極の電解液タンクから $(VO_2)_2SO_4$ が，負極の電解液タンクから VSO_4 が，それぞれ正極と負極に供給されて電力が取り出される（図1）。　電池の反応式
〔問10〕
は次のように表される。

正極：$(VO_2)_2SO_4+H_2SO_4+2H^++2e^- \underset{充電}{\overset{放電}{\rightleftarrows}} 2VOSO_4+2H_2O$

負極：$2VSO_4+H_2SO_4 \underset{充電}{\overset{放電}{\rightleftarrows}} (\quad c\quad)+2H^++2e^-$

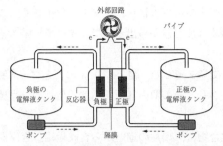

図1　レドックスフロー電池の構造。点線の矢印はパイプの中を電解液が流れる方向を表す。

　電池の中では，<u>正極液と負極液は混合しないように隔膜によって</u>
_(問11)
隔てられている。2.00×10^{-2} mol の $(VO_2)_2SO_4$ を硫酸に溶解し，全体
の体積を 1.00 L として，正極タンクに入れた。また，4.00×10^{-2} mol
の VSO_4 を硫酸に溶解し，全体の体積を 1.00 L として，負極タンクに
入れた。<u>　この電池を外部回路につなぎ，正極タンクと負極タンクの</u>
_(問12)
<u>溶液を，送液ポンプによりそれぞれ内径（内側の直径）0.200 cm の円</u>
<u>筒形のパイプの中を 3.00×10^{-1} cm/s の速さで流して反応器に供給し，</u>
<u>放電させた。</u>

問8　（　a　）と（　b　）に入る語句として最も適切なものをそれぞ
　　れ次の(ア)～(オ)から一つ選び，マーク解答用紙の該当欄にマークしなさい。

　　（a）　(ア)　1　　　(イ)　2　　　(ウ)　4　　　(エ)　5　　　(オ)　17

　　（b）　(ア)　遷移元素　　　　　　　(イ)　ハロゲン元素

　　　　　(ウ)　典型元素　　　　　　　(エ)　アルカリ金属

　　　　　(オ)　アルカリ土類金属

問9　$(VO_2)_2SO_4$ に含まれるバナジウムの酸化数を答えなさい。

問10　（　c　）に入る化合物を化学式で答えなさい。

問11　次の(ア)～(オ)のイオンのうち，隔膜を透過しないことが求められる
　　ものを全て選び，マーク解答用紙の該当欄にマークしなさい。

　　(ア)　H^+　　　　　　　　(イ)　V^{2+}　　　　　　　(ウ)　VO_2^+

　　(エ)　OH^-　　　　　　　(オ)　SO_4^{2-}

問12　この電池を完全に放電させたとき，得られた電気量（単位：C）を
　　有効数字 3 桁で求めなさい。また，放電を始めた直後に流れた電流（単
　　位：mA）を有効数字 3 桁で求めなさい。ただし，反応器の中の溶液の

体積はタンクの中の溶液の体積に比べて十分小さく，また，反応器に供給された活物質は反応器から出るまでにすべて反応するものとする。

III つぎの文章を読んで，問3と問11の答をマーク解答用紙の該当欄にマークし，その他の答を記述解答用紙の該当欄に記入しなさい。

　合成高分子化合物は，用途の違いから合成繊維，合成樹脂（プラスチック），合成ゴムなどに分類され，一般に構成単位となる単量体を重合することによって得られる。得られた高分子をさらに化学的に処理，反応させることで溶解性を変えたり，機能をもたせたりすることもできる。

　ある <u>高分子化合物 A</u> を生成する単量体 B の組成式は元素分析より C_2H_3O で表され，B は金属の溶接や切断にも利用される気体 C に触媒を用いて <u>化合物 X</u> を付加反応させることで得られた。高分子化合物 A を水酸化ナトリウム水溶液で十分に（　a　）した後，細孔から硫酸ナトリウム水溶液中に押し出すと（　b　）が起こり，繊維状に固まった。この繊維状物質をろ過し，得られたろ液を塩酸により中和すると，化合物 D が得られた。また B に対して水酸化ナトリウム水溶液を十分に反応させると，<u>化合物 E</u> が得られた。

　フェノールと <u>気体の化合物 F</u> の水溶液に酸を触媒として加え（　c　）すると分子量 1000 程度の（　d　）を生成し，さらに硬化剤を加えて加熱することで <u>熱硬化性樹脂 G</u> が得られた。

　ヨーグルトなど乳製品にも含まれる化合物 H を脱水縮合すると環状構造の <u>化合物 I</u> が得られ，I をスズ触媒とともに加熱して重合すると生分解性の高分子化合物が得られた。

　フェーリング液に化合物 E，F，H をそれぞれ加えて加熱すると，E も F も赤色沈殿が生じたが，H は赤色沈殿を生じなかった。また，化合物 E，F，H に対し，塩基性条件下でヨウ素を反応させると，E と H は特異臭を持つ <u>黄色沈殿 J</u> を生じたが，F は沈殿を生じなかった。黄色沈殿 J を含む反応液に <u>水と有機溶媒を加え，分液ろうとを用いて室温（20℃）で抽出したところ，いずれも図2のように二層に分かれ下層が黄色となった。</u>また化合物 E を酸化すると化合物 D と同じ臭いがした。

　なお，気体 C は工業的には，<u>アルカンを熱分解させて</u>，また，実験

室ではカーバイドとも呼ばれる_(問8, 9)炭化カルシウム CaC_2 に水を作用させてつくられる。気体 C は反応性が高い物質であり，高温の鉄と接触させると，臭素水とは反応しない_(問10)化合物 K が得られた。

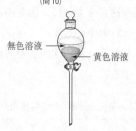

無色溶液
黄色溶液

図2　分液ろうとを用いた抽出。

問1　（　a　），（　c　）に該当するもっとも適切な反応の名称を，また（　b　），（　d　）に該当するもっとも適切な語句を，それぞれ答えなさい。

問2　化合物 E, J を示性式で示しなさい。

問3　気体の化合物 F の特徴として該当するものを以下の㋐〜㋔の中からすべて選び，マーク解答用紙の該当欄にマークしなさい。

　㋐　メタノールを白金や銅触媒を用いて空気中で酸化すると得られる。

　㋑　メラミン樹脂の原料の1つである。

　㋒　酢酸ナトリウムに水酸化ナトリウムを加えて加熱すると得られる。

　㋓　加熱した濃硫酸（160〜170℃）にエタノールを加えると得られる。

　㋔　二クロム酸カリウムの硫酸酸性溶液を用いてエタノールを酸化すると得られる。

問4　高分子化合物 G に含まれるフェノールの構造式のみ解答欄に示してあるので，必要な元素記号と化学結合を書き加えて G の構造を表しなさい。

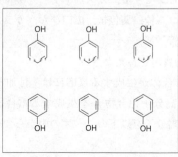

問5　化合物Iの構造式を示しなさい。ただし，立体異性体を区別して考える必要はない。

問6　下表には，この抽出操作に使うことのできる有機溶媒が複数含まれている。表に示す物質の性質をもとに，図2のように抽出することができる有機溶媒を(ア)〜(コ)の中からすべて選び，解答欄の該当する記号を〇印で囲みなさい。ただし，黄色沈殿Jが溶解しても溶液の性質は溶媒と変わらないものとする。

物質	融点(℃)	沸点(℃)	密度(g/cm³)	蒸発熱(kJ/mol)	溶解度(g/水 100 g)
ア	−95	56	0.79	29.1	∞
イ	−115	78	0.79	38.9	∞
ウ	−64	61	1.49	0.2	0.800
エ	−116	34	0.71	26.0	1.300
オ	−95	40	1.33	0.3	2.000
カ	17	118	1.05	23.0	∞
キ	−84	77	0.90	32.3	8.700
ク	−95	111	0.87	38.0	0.045
ケ	81	218	1.18	46.4	0.002
コ	−95	69	0.66	33.1	0.001

ただし，密度，溶解度は室温での値，蒸発熱は沸点での値。

問7　アルカンとしてメタンを用いた場合，気体Cを生成する化学反応式を答えなさい。

問8　下線部の化学反応式を答えなさい。

問9　下線部の反応で生成した気体Cを試験管に捕集したい。どのように気体Cを発生させ捕集すれば良いか，使用する試薬と器具の名称とともに図に示しなさい。ただし，試薬は炭化カルシウムと水のみとし，器具は以下の中から必要なものだけを用いなさい。

　　試験管，水槽，ピンセット，ガスバーナー，アルミニウム箔，
　　駒込ピペット，ゴム栓，薬包紙，広口びん，ガラスのふた，
　　ガラス管，ゴム管，ビュレット

問10　化合物Kの物質名を答えなさい。

問11　単量体から重合体が生成する反応には，付加重合や縮合重合などがある。下線部の高分子化合物Aを生成する重合反応と同じ種類の重合反応で得られる高分子を以下の㋐〜㋔の中からすべて選び，マーク解

答用紙の該当欄にマークしなさい。

　㋐　ナイロン 6

　㋑　ナイロン 66

　㋒　ポリアクリロニトリル

　㋓　ポリエチレンテレフタレート

　㋔　ポリスチレン

問 12　化合物 X と同じ化合物は A～K のどれか，記号で答えなさい。

問 13　高分子化合物 A の平均分子量は 37,000 であった。高分子化合物 A の平均の重合度はいくらか，有効数字 2 桁で答えなさい。

生物

（2科目　120 分）

I　以下の問題文を読み，問いに答えなさい。

　細胞内におけるタンパク質合成は，（　あ　）上で，mRNA のコドン
と，アミノ酸を結合している（　い　）の一部がワトソン・クリック型の
塩基対を形成することによって進行する。コドンとアミノ酸の対応関係を
示す表を，遺伝暗号表と呼ぶ（表1）。タンパク質合成を開始するコドン
をアルファベット3文字で記すと，通常は（　う　）である。

　また，タンパク質やペプチドの合成は，（　あ　）や翻訳に必要なタン
パク質などを含んだ試験管内でも行うことができる。ここで，ウラシルを
持つヌクレオチド（ウリジン）のみが重合した RNA（UU…U）をポリ
（U）と呼ぶ。これを mRNA として与えると，ほとんどがフェニルアラ
ニンからなるペプチドが合成された。同様に，シトシンを持つヌクレオチ
ド（シチジン）のみが重合したポリ（C）からはプロリン，アデニンを持
つヌクレオチド（アデノシン）のみが重合したポリ（A）からはリシンか
らなるペプチドが合成された。さらに，グアニンを持つヌクレオチド（グ
アノシン）とアデノシンが交互に並ぶポリ（GA）を mRNA として与え
ると，（　え　）および（　お　）からなるペプチドが合成された。また，
ウリジンとグアノシンが交互に並ぶポリ（UG）を mRNA として与える
と，システインおよびバリンからなるペプチドが合成された。さらに，ウリ
ジン・ウリジン・シチジンが繰り返すポリ（UUC）を mRNA として与え
ると，フェニルアラニン，セリン，ロイシンからなるペプチドが合成された。

　遺伝暗号はほとんどの生物で共通であるため，ある生物内で，別の種の
生物の遺伝子の塩基配列からタンパク質を生産させることも可能である
（問3）。実際，ヒトのタンパク質を大腸菌に合成させ，医薬品とすること
も可能である。また，ウイルスのゲノムを構成する遺伝子群のうちの一つ
の遺伝子の mRNA をヒトに投与し，ワクチンとすることもできる。

　新型コロナウイルスに関して，種々の変異型ウイルスへの対応が課題となっている。それぞれの変異型ウイルスでは，<u>遺伝子のヌクレオチド配列の変異によって（問 4 ）</u>，ヒト細胞への吸着に重要な役割を持つスパイクタンパク質にアミノ酸置換が生じている。例えば，<u>N501Y 置換（501 番目のアミノ酸残基がアスパラギンからチロシンに置換），E484K 置換（484 番目の残基がグルタミン酸からリシンに置換），L452R 置換（452 番目の残基がロイシンからアルギニンに置換）と呼ばれる置換が，当初発見されたウイルス株に生じていた（問 5 ）</u>。

問 1　（　あ　）～（　お　）に入る適切な語句を答えなさい。

問 2　表 1 の遺伝暗号表中のアミノ酸（　か　）～（　こ　）を答えなさい。

問 3　マイコプラズマでは，標準的な遺伝暗号と異なり，UGA コドンがトリプトファンを指定している。マイコプラズマの遺伝子を酵母内で発現させても多くの遺伝子は機能を持たない。それはなぜか，遺伝暗号の差異に注目して答えなさい。しかし，マイコプラズマの一部のタンパク質の遺伝子は酵母内で発現させると機能を持つ。その理由についても答えなさい。

問 4　遺伝子の中でアミノ酸配列を指定する塩基配列の変異のうち，挿入と置換はそれぞれ遺伝子の機能にどのような影響を与えるか答えなさい。

問 5　これらの置換に共通する性質を，遺伝暗号表を参照して答えなさい。

		2 番目の塩基							
		U		C		A		G	
1番目の塩基	U	UUU UUC	（ か ）	UCU UCC	（ く ）	UAU UAC	チロシン	UGU UGC	システイン	U C
		UUA UUG	ロイシン	UCA UCG		UAA UAG	Stop Stop	UGA UGG	Stop トリプトファン	A G
	C	CUU CUC CUA CUG	ロイシン	CCU CCC CCA CCG	（ け ）	CAU CAC	ヒスチジン	CGU CGC	アルギニン	U C
						CAA CAG	グルタミン	CGA CGG		A G
	A	AUU AUC	イソロイシン	ACU ACC	トレオニン	AAU AAC	アスパラギン	AGU AGC	セリン	U C
		AUA		ACA		AAA	（ こ ）	AGA	アルギニン	A
		AUG	メチオニン	ACG		AAG		AGG		G
	G	GUU GUC	（ き ）	GCU GCC	アラニン	GAU GAC	アスパラギン酸	GGU GGC	グリシン	U C
		GUA GUG		GCA GCG		GAA GAG	グルタミン酸	GGA GGG		A G

表 1　遺伝暗号表

II　　　以下の問題文を読み，問いに答えなさい。

　真核細胞の核内では，ヒストンと呼ばれるタンパク質が 8 個集合して円盤状の 8 量体構造を作る。これはヒストン 8 量体とよばれ，その周りに DNA が巻き付くことで直径約 10 nm の（　あ　）を形成している（図 1）。（　あ　）が連結すると折りたたまれ，（　い　）と呼ばれる構造を形成する。遺伝子の転写を促進するための塩基配列である（　う　）と呼ばれる領域が，密に折りたたまれた（　い　）構造の中に存在する場合，そこには転写の開始を補助するタンパク質である（　え　）や RNA ポリメラーゼ（RNA 合成酵素）が結合できないため，その遺伝子は転写されない。これに対して，ヒストンの DNA への結合が弱まり染色体の構造がゆるむと，これらの因子が結合しやすくなり，転写が促進される。したがって，ヒストンの DNA への結合状態は，遺伝子発現の度合いを調節するひとつの要因となる。ヒストンにはいくつかの種類があり，ある真核生物の細胞では，ヒストン A と名づけられたヒストンを含む 8 量体が染色体のほぼ全域に結合している。その結合の実態を調べるために，細胞から抽出した染色体を用いて，以下の**実験 1** をおこなった。

実験 1

　　野生型の細胞から抽出した染色体を含む溶液に，ある DNA 切断酵素（ここではヌクレアーゼと呼ぶ）を添加した。このヌクレアーゼは図 2 に模式的に示したように，ヒストンが結合していない部分（リンカー部分）の DNA にのみ接近でき，その部位を切断する。ただし，このヌクレアーゼは制限酵素とは異なり，塩基配列を選ばずに DNA を切断する。ごく微量のヌクレアーゼを添加した時を 0 分として，その後 2，4，8 分と時間をかけて反応を徐々に進行させた。各時点で DNA を反応溶液から精製し，ゲル電気泳動にかけて DNA を検出したところ，多数のバンドが規則的に並ぶような泳動結果を得た（図 3）。マーカー DNA を利用して，それぞれのバンドが示す DNA の長さ（塩基対の数）を推定したところ，そこには一定の規則性があることが分かった（問 2）。

　染色体を分配するための紡錘体（紡錘糸）が結合する染色体の領域はセントロメアと呼ばれる。セントロメア領域では，ヒストン A を含む 8 量

体のみならず，ヒストン A のかわりにヒストン B を含む 8 量体もまた多く結合することが知られていた。そこで次の**実験 2** をおこなった。

実験 2

　　実験 1 と同様に，野生型の細胞から染色体を抽出してヌクレアーゼを添加した。精製した DNA を電気泳動した後，セントロメア領域の DNA だけが選択的に見えるように処理した。すると，図 4（左）に示すように，セントロメア領域の DNA は，切断された後にバンドが規則的に並ぶことはなく，ゲルの上下方向にわたり幅広く散在する泳動結果（スメアという）を得た（問 4，問 5）。次に，ヒストン B のタンパク質の量を著しく低下させたヒストン B 変異細胞を作製した。このヒストン B 変異細胞から抽出した染色体を同様に処理して，泳動後にセントロメア領域の DNA だけを見る実験をおこなったところ，図 4（右）に示すように，セントロメア領域の DNA のバンドが規則的に並ぶ様子が見られた（問 6）。

問 1　（　あ　）～（　え　）に入る適切な語句を答えなさい。

問 2　(i)　下線部について，図 3 では DNA の各断片の長さに関して具体的にどのような規則性が見られたか説明しなさい。また，そのような規則性が生じた理由を考察しなさい。

　　(ii)　図 2 および図 3 から判断して，ヒストン A を含む 8 量体の 1 個分に巻き付いている DNA の長さはどのくらいだと推定されるか。ただし，ヒストンに巻き付く部分の DNA に対してリンカー部分の DNA は短いため，泳動図のバンドにおいてはリンカー部分の DNA の長さを無視できるものとする。下記ア～エの中からもっとも適切なものを選び，その記号を解答欄に記入しなさい。

　　　ア　約 100 塩基対　　　　　　イ　約 150 塩基対
　　　ウ　約 200 塩基対　　　　　　エ　約 300 塩基対

問 3　図 3 において微量のヌクレアーゼを添加した後，反応時間が経過するにつれて，短い DNA に相当するバンドが濃く太くなる様子が見られた。そのような変化が生じた理由を説明しなさい。

問 4　下線部の泳動結果は，切断された DNA が特定の長さに定まらなかったことを示している。この結果から，セントロメア領域の DNA にヒ

ストン B やヒストン A を含む 8 量体が巻き付く様子は，図 2 のように
セントロメア領域以外の DNA にヒストン A を含む 8 量体のみが巻き
付く様子と比べて異なるといえる。両者において，ヒストンの DNA へ
の結合状態がどのように異なるのかを具体的に説明しなさい。図 3 と図
4 （左）の泳動結果を比べて，ヌクレアーゼが基質（DNA）に接近し
やすいか否かを考慮にいれて解答すること。

問 5　これまでの実験結果をもとに推測すると，野生型の細胞において，
セントロメア領域の DNA から生じる転写の度合いは，その他の DNA
領域からの転写の度合いと比べてどのような状態にあると考察できるか。
根拠も含めて具体的に説明しなさい。

問 6　下線部について，図 4 （左）が示す野生型のセントロメアを切断し
た結果と，図 4 （右）が示すヒストン B 変異細胞のセントロメアを切
断した結果の違いに注目する。ヒストン B 変異細胞のセントロメア領
域では，DNA はヒストンとともにどのような構造を作っていると考え
られるか。この変異細胞ではヒストン B の量が著しく低下しているこ
とを考慮に入れたうえで，具体的に説明しなさい。

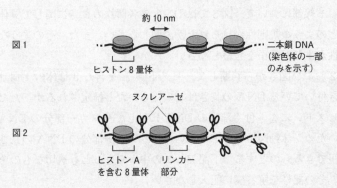

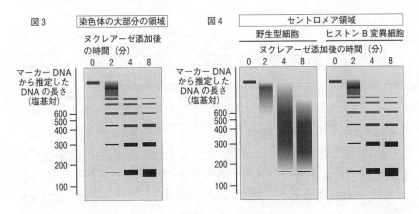

Ⅲ　　以下の問題文を読み，問いに答えなさい。

　尿は生体で起こった変化を簡便に調べるのに良い試料であり，尿中の成分の変化は指標として疾病の診断などにも使われている。腎臓の構造は（　あ　）と呼ばれる単位で成り立っており，ヒトの場合は片側の腎臓に（　あ　）が約100万個ある。（　あ　）には，尿をろ過する腎小体があり，腎小体は（　い　）と（　う　）に分割できる。ろ過された尿は原尿と呼ばれ，尿細管で再吸収され，（　え　）管で尿となり，ぼうこうに送られる。腎臓の働きを調べるために，健康な人の血液中にイヌリンを投与し，血しょう，原尿，尿における各成分とイヌリンの濃度を測定すると，表1のようになった（問2）。イヌリンは多糖類の一種で動物の体内に存在せず，投与されたイヌリンは血液から原尿中に完全にろ過され，まったく再吸収されず，すべて尿に排出される物質である。

　普通は尿中にグルコース（ブドウ糖）は見いだせないが，尿中にグルコースが出てくることから呼ばれる病気に糖尿病がある。この疾病はすい臓からのインスリンの分泌不足やインスリンの働きが十分でないときに起こる。

　朝は食事をする前から血糖値（血液中のグルコース濃度）が少し上昇してくる（問3）。デンプンを含む朝食を摂ると，デンプンが分解され，血糖値が上昇し，この高血糖に反応してすい臓からインスリンが分泌され，血糖値は食事前の状態に戻る（問4）。

成分	血しょう	原尿	尿
タンパク質	7.2	0	0
グルコース	0.1	0.1	0
尿素	0.03	0.03	2
ナトリウムイオン	0.3	0.3	0.34
クレアチニン	0.001	0.001	0.075
イヌリン	0.01	0.01	1.2

表1　濃度の単位はすべて質量パーセント濃度（％）である

　次に，腎臓の働きをより詳しく解析するために，ヒトの疾患に類似させたマウス（モデルマウスと呼ぶ）を3種類用意した。インスリンの働きを止めた糖尿病モデルマウス，腎臓のろ過機能を低下させた腎臓病モデルマウス，高食塩食を与えた高血圧モデルマウスである。これらのモデルマウスの血しょうと尿における各成分の濃度を測定した。表2のモデルマウス1，2，3は，これらのモデルマウスのいずれかの結果を示す（問5）。

　次に，糖尿病モデルマウスや高血圧モデルマウスの症状は，尿細管の再吸収に作用するそれぞれに適した薬を使用すると緩和できることがわかった（問6）。

成分	モデルマウス1		モデルマウス2		モデルマウス3	
	血しょう	尿	血しょう	尿	血しょう	尿
タンパク質	50	0	50	0	50	0
グルコース	3	1	1	0	1	0
尿素	0.3	20	0.3	20	0.6	10
ナトリウムイオン	3	3.5	6	6	3	3.5
クレアチニン	0.01	0.75	0.01	0.75	0.02	0.4

表2　濃度の単位はすべて（mg/ml）である

問1　（　あ　）〜（　え　）に入る適切な語句を答えなさい。

問2　表1に関連した以下の質問に答えなさい。

(1)　イヌリンの血しょうに対する尿の濃縮率を求めなさい。

(2)　1日当たり 1.5 L の尿が排出されたとき，原尿量はいくらか答えな
　　　さい。このとき水の再吸収率は何パーセントであるか答えなさい（小
　　　数点第2位を四捨五入）。

(3)　タンパク質とグルコースについて，ろ過・再吸収の過程の相違を表
　　　1から説明しなさい。

(4)　尿素，ナトリウムイオン，クレアチニンの濃縮率を比べると，明ら
　　　かに異なる。その意味について答えなさい。

(5)　腎臓のろ過機能を調べるためにイヌリンを静脈内に投与する方法を
　　　述べたが，一方で，今回のようにクレアチニンの濃度変化を調べる方
　　　法も医療現場では有用であると言われている。クレアチニンをイヌリ
　　　ンの代わりに，ろ過機能の指標としたときの長所と短所について説明
　　　しなさい。

(6)　尿素はタンパク質を大量に摂取したとき，また極度の飢餓状態のと
　　　きに血しょう中や尿中で増大する場合がある。その理由を答えなさい。

問3　この反応に関連する副腎由来のホルモン2つの名称を答え，それぞ
　　れについて血糖値を上昇させる仕組みを記述しなさい。

問4　血糖値が元に戻るのは，細胞にグルコースが取り込まれ，エネルギ
　　ーとして消費されたり，長時間貯蔵されるエネルギー源に変換されたり
　　した結果である。長時間貯蔵されるエネルギー源としての物質を2つあ
　　げ，エネルギー源としての特徴についてそれぞれ記述しなさい。

問5　表2のモデルマウス1，2，3はそれぞれ糖尿病，腎臓病，高血圧
　　のいずれのモデルマウスに該当するかを答え，またその理由も記述しな
　　さい。

問6　これらの薬はヒトの疾病治療にも使われている。これらの薬が表1
　　のいずれの成分の再吸収に関与するかを考え，どのような仕組みで治療
　　に役立っているかを答えなさい。

(1)　糖尿病の治療薬

(2)　高血圧の治療薬

問題編

■ 一般選抜

問題編

▶試験科目・配点

学部・学科等		教科	科　　　目	配点
基幹理工	学系Ⅰ・学系Ⅲ	外国語	コミュニケーション英語Ⅰ・Ⅱ・Ⅲ，英語表現Ⅰ・Ⅱ	120点
		数学	数学Ⅰ・Ⅱ・Ⅲ・A・B	120点
		理科	「物理基礎，物理，化学基礎，化学」または「物理基礎，物理，生物基礎，生物」または「化学基礎，化学，生物基礎，生物」	120点
	学系Ⅱ	外国語	コミュニケーション英語Ⅰ・Ⅱ・Ⅲ，英語表現Ⅰ・Ⅱ	120点
		数学	数学Ⅰ・Ⅱ・Ⅲ・A・B	120点
		理科	「物理基礎，物理」「化学基礎，化学」	120点
創　造　理　工		外国語	コミュニケーション英語Ⅰ・Ⅱ・Ⅲ，英語表現Ⅰ・Ⅱ	120点
		数学	数学Ⅰ・Ⅱ・Ⅲ・A・B	120点
		理科	「物理基礎，物理」「化学基礎，化学」	120点
先進理工	物理，応用物理，化学・生命化	外国語	コミュニケーション英語Ⅰ・Ⅱ・Ⅲ，英語表現Ⅰ・Ⅱ	120点
		数学	数学Ⅰ・Ⅱ・Ⅲ・A・B	120点
		理科	「物理基礎，物理」「化学基礎，化学」	120点
	応　用　化	外国語	コミュニケーション英語Ⅰ・Ⅱ・Ⅲ，英語表現Ⅰ・Ⅱ	120点
		数学	数学Ⅰ・Ⅱ・Ⅲ・A・B	120点
		理科	「物理基礎，物理，化学基礎，化学」または「化学基礎，化学，生物基礎，生物」	120点
	生命医科，電気・情報生命工	外国語	コミュニケーション英語Ⅰ・Ⅱ・Ⅲ，英語表現Ⅰ・Ⅱ	120点
		数学	数学Ⅰ・Ⅱ・Ⅲ・A・B	120点
		理科	「物理基礎，物理，化学基礎，化学」または「物理基礎，物理，生物基礎，生物」または「化学基礎，化学，生物基礎，生物」	120点

▶備　考
- 3 学部同一試験問題で実施。
- 「数学 B」は「確率分布と統計的な推測」を除く。
- 基幹理工学部は学系単位で募集する。各学系から進級できる学科は次の通り。

　学系Ⅰ：数学科，応用数理学科

　学系Ⅱ：応用数理学科，機械科学・航空宇宙学科，電子物理システム学科，情報理工学科，情報通信学科

　学系Ⅲ：情報理工学科，情報通信学科，表現工学科

- 創造理工学部建築学科志願者に対しては上記筆記試験に加え，「空間表現（鉛筆デッサンなど）―省略」（配点 40 点）の試験が行われる。
- 先進理工学部の理科において，物理学科および応用物理学科では物理：化学の配点を 2 : 1（80 点：40 点）の比で重み付けをする（物理重視）。また，化学・生命化学科では化学：物理の配点を 2 : 1（80 点：40 点）の比で，応用化学科では化学：物理または生物の配点を 2 : 1（80 点：40 点）の比で重み付けをする（化学重視）。

■「得意科目選考」について

　基幹理工学部（学系Ⅲ）および創造理工学部では，特定の科目で卓越した能力を持つ受験者に対し，能力や個性を伸ばす機会を与えるため，通常の合計点による合否判定とは別に「得意科目選考」を実施している。

　これは，学系・学科別対象科目（下表参照）で特に優れた能力を示したと当該学系・学科が判定した受験者を，合計点で合格最低点に達していなくても「合格」とする場合がある選考方式である（受験者全員が得意科目選考の対象となる。申請の必要はない）。

＜得意科目選考対象科目＞

学　部	学 系・学 科	対　象　科　目
基幹理工学部	学　　　系　　　Ⅲ	英語，数学，物理，化学，生物
創造理工学部	建　築　学　科	英語，数学，空間表現
	総 合 機 械 工 学 科	数学，物理，化学
	経営システム工学科	英語，数学，物理，化学
	社 会 環 境 工 学 科	英語，数学，物理，化学
	環 境 資 源 工 学 科	数学，物理，化学

■英語■

(90 分)

I Read Text I, Text II, and Text III and choose the best option from a-d for questions 1-15.

Text I

[1] A variety of theoretical frameworks have incorporated "holistic" or "global" processing mechanisms as a core component of expertise in medical image perception, including the holistic model (Kundel et al., 2007), the global-focal search model (Nodine and Kundel, 1987), and the two-stage detection model (Swensson, 1980). Moreover, several other conceptualizations of holistic processing were initially developed in other domains and later applied to the field of medical image perception, including the view that visual scenes are processed using two distinct pathways (Torralba et al., 2006; Wolfe et al., 2011; Drew et al., 2013), and chunking/template theory from the domain of chess (Chase and Simon, 1973a, b; Gobet and Simon, 1996, 2000; Wood, 1999). As discussed below, these different theoretical perspectives offer distinct — but partially overlapping — conceptualizations of holistic processing during medical image perception.

[2] According to the global-focal search model (Nodine and Kundel, 1987; see also, Nodine and Mello-Thoms, 2000, 2010), medical experts rapidly extract a global impression of an image, and this impression consists of a comparison between the contents of the image, and the expert's prior knowledge about the visual appearance of normal and abnormal medical images (i.e., the expert's schemas). This global impression enables experts to identify <u>perturbations</u>, which are deviations from the expert's schemas that indicate possible

abnormalities. Using this global impression, medical experts can then direct their eyes toward the locations of possible abnormalities, so that these locations can be further examined using the fovea (i.e., the small region of the human eye that permits the extraction of detailed visual information). Although these global and focal processing stages are conceptualized as operating serially (such that the global impression of the image precedes focal processing), Nodine and Mello-Thoms (2000, p. 869) note that the global and focal processing stages can be <u>recursive</u>, such that after the completion of focal processing of a possible abnormality "attention shifts back to the medical image for a new global impression flagging another perturbed region, focal analysis searches it, a new object may be recognized and <u>recursive</u> testing for abnormalities continues until the observer is satisfied that enough evidence has accumulated to make a diagnostic decision."

［3］ Similar to the global-focal search model, the two-stage detection model (Swensson, 1980) emphasizes the important role of holistic processing in medical image perception. According to the two-stage detection model, experts acquire perceptual mechanisms through extensive training, which serve as an initial filter that automatically identifies features that require further examination. These perceptual mechanisms are capable of filtering out normal anatomical structures, in order to rapidly direct the expert's attention toward regions of the image that contain potential abnormalities. Thus, both the two-stage detection model and the global-focal search model assume that experts can process large regions of an image using their parafoveal and peripheral vision (i.e., regions of the visual field that are outside of the fovea), which enables them to rapidly identify potentially relevant regions of the images that can subsequently be examined further using foveal vision. As well, similar to the global-focal search model, the two-stage detection model adopts two serial stages of processing (although unlike the global-focal search model, these stages were not assumed to be <u>recursive</u>).

More specifically, according to the two-stage detection model, the perceptual mechanisms comprising the initial filter (which is assumed to operate pre-attentively) provide input for a subsequent stage of processing. During this subsequent stage, attention is focused on potentially relevant specific features, and "Each selected feature receives an explicit evaluation by a cognitive process which determines whether (and at what level of confidence) that feature will be reported as a target" (Swensson, 1980, p. 11). Swensson (1980) used signal detection theory to implement these two stages (i.e., the initial "preattentive filter" and the subsequent "cognitive evaluation") within a formal model in order to simulate the ROC curves* obtained from empirical studies of the diagnostic performance of radiologists.

[4]　Congruent with the two-stage detection model and the global-focal search model, Kundel et al. (2007) contended that the development of expertise in medical image perception reflects a shift from a comparatively slow "search-to-find" mode to a more rapid holistic mode. The holistic mode involves a rapid global assessment of the image, which enables the expert to identify perturbations that could be potential abnormalities. The expert then subsequently initiates the "search to find" mode, which involves shifting their gaze to potentially relevant locations, as well as scanning the image to locate additional abnormalities that were not salient enough to be noticed during the initial global assessment. Kundel et al. (2007) also points out that global processing can operate in parallel with the search-to-find mode, so global information can continue to "flag" new abnormalities even after scanning is already in progress. Kundel et al. (2007) contends that the ability to engage in global processing during medical image perception requires extensive training and experience to develop. Thus, in contrast to experts, novices have not acquired the ability to engage in the rapid holistic mode, and are therefore primarily limited to discovering abnormalities using the

slower search-to-find mode.

> [Adapted from Sheridan, H., & Reingold, E. M. (2017). The Holistic Processing
> Account of Visual Expertise in Medical Image Perception: A Review.
> *Frontiers in Psychology*, *8*, Article 1620.]

*ROC (Receiver operating characteristic) curve = a graph plotting true positives
vs. false positives in order to evaluate the performance of a classifier
system.

Questions 1-9 refer to Text I.

1. According to the global-focal search model, the two-stage
detection model, and the chunking/template theory, which of the
following is the main cause of the difference between experts' and
novices' perception of medical images?

   a. better eyesight

   b. processing of overlapping conceptualizations

   c. two distinct pathways

   d. processing of the overall impression of the image

2. Which of the following were originally developed to explain
expertise in medical image perception?

   1) the holistic model

   2) the global-focal search model

   3) the two-stage detection model

   4) the chunking/template theory

   a. 1 and 2 only   b. 2 and 4 only

   c. 1, 2, and 3 only   d. 1, 2, 3, and 4

3. What is the most likely motivation for the authors of Text I to
mention chunking/template theory?

   a. It can be used to explain expertise in medical image
   perception.

   b. The research on chess is older than the research on medical
   imaging.

   c. They want to claim that chess players might be good at
   medical image perception.

d．They want to show how expertise in medical image perception is different from other kinds of expertise.

4．Which of the following is true according to the global-focal search model?

a．The expert's schema is a plan for how to evaluate an image.

b．Experts can notice abnormalities that appear in their parafoveal or peripheral vision.

c．Experts are not aware of what they see in the first step of the process of evaluating an image.

d．Experts can make their diagnostic decision based solely on their overall impression of the image.

5．Which of the following is closest in meaning to the word perturbations as used in paragraphs ［2］ and ［4］?

a．movements   b．differences

c．schemas   d．regions

6．In paragraphs ［2］ and ［3］, what is the word recursive used to mean?

a．The first process does not serve as input to the second process.

b．The first process serves as input to the second process.

c．Attention switches back and forth between the two stages of processing.

d．A perturbed region is flagged again for further consideration.

7．Which of the following is true of the two stages in the two-stage detection model?

a．The two stages differ in terms of attentional focus.

b．Information is processed simultaneously by both stages.

c．The first stage takes place consciously and the second stage subconsciously.

d．A stage of explicit evaluation is followed by a holistic stage.

8．Which of the following has been empirically tested by comparing the performance of a model with human performance?

a. The holistic model

b. The global-focal model

c. The chunking/template theory

d. The two-stage detection model

9. Which of the following best describes the basic structure of Text I?

a. It is a chronological summary of scientific discovery within a field of research.

b. It compares expert with novice image perception, and describes the differences.

c. It briefly introduces several ways of explaining a phenomenon and then provides details.

d. It introduces several theories, and then compares the advantages and disadvantages of each.

Text II

One important element for understanding WM* limits is chunking. This mechanism is important not only in understanding standard cognitive performance, but also in explaining the differences between novices and experts. The chunking mechanism was initially described by de Groot (1946/1978) and Miller (1956), and then theorized by Chase and Simon (1973a). A current definition is given by Gobet et al. (2001, p. 236): a chunk refers to "... a collection of elements having strong associations with one another, but weak associations with elements within other chunks." To explain chunks, Miller (1956) and subsequently Cowan (2001) used the same example. When the letters "fbiibm" are presented, if one knows the acronyms "FBI" and "IBM," then it is possible to simplify the information by forming two chunks ("FBI" and "IBM") in WM. Because these familiar patterns exist in LTM* — FBI is the Federal Bureau of Investigation and IBM is a well-known computer company — the letters "f," "b," "i," "i," "b" and "m" can be encoded as two elements in WM instead of six.

Chunking theory provides an explanation for the superiority of experts over novices. For example, in the field of chess, chunking has been used to explain how chess experts are able to recall more chess pieces on a board than novices (Chase & Simon, 1973b; de Groot, 1946 / 1978). Thanks to their greater knowledge of chess positions — in terms of chunks in LTM — the experts are able to encode the presented chess positions in fewer chunks in WM, thereby gaining storage space in WM. For example, a chess master can encode 15 pieces presented on a board as one chunk (Gobet & Clarkson, 2004). This process is statistically less likely for novice players since they have less knowledge of chess positions and therefore possess fewer chunks in LTM.

Chase and Simon (1973a) confirmed de Groot's (1946/1978) results, but also found that when the chess pieces to be recalled were placed in random locations, the superiority of experts over novices disappeared. They argued that experts could not use their LTM chunks to encode the random positions, since these positions did not contain any of the chunks the experts had in LTM. Thus, the positions were mostly as new to them as to the novices. The experts' advantage was significant only when they could actually use their knowledge. With their MAPP (Memory Aided Pattern Perceiver) computer simulation, Simon and Gilmartin (1973) estimated that the number of chunks in LTM to reach a master level ranged from 10,000 to 100,000.

[Adapted from Guida, A., Gobet, F., Tardieu, H., & Nicolas, S. (2012). How chunks, long-term working memory and templates offer a cognitive explanation for neuroimaging data on expertise acquisition: A two-stage framework. *Brain and Cognition, 79*(3).]

*WM (working memory) = limited capacity system used to temporarily represent information during cognitive processing.

*LTM (long-term memory) = high capacity system used for long-term storage of knowledge.

Questions 10-12 refer to Texts I and II.

10. According to chunking theory, which of the following is true about experts?

  a. Experts can store up to 100,000 chunks in working memory.

  b. Experts and novices have the same number of chunks in long-term memory.

  c. Experts do not use their long-term memory when recalling chunks, but novices do.

  d. Experts use chunks to represent more information than novices within the same working memory limits.

11. If the difference between experts and novices were to be explained by chunking theory, which of the following would likely be true about experts or novices in medical image perception?

  a. Experts would be more likely to remember the name of a disease if it were similar to the name of a company.

  b. Experts would be more likely to have seen particular configurations of features in medical images.

  c. Novices would be better at global search, and experts would be better at focal search.

  d. Novices would be able to process images using only long-term memory.

12. How would the authors of Text I most likely view the relationship between the theories discussed in Text I and the theory discussed in Text II?

  a. The theory in Text II can explain other kinds of expertise, but not expertise in medical image perception.

  b. The theories represent similar ways of thinking about the same basic process.

  c. The theories contradict each other.

  d. Each newer theory offers improvements over the older ones.

Text III

Three main parallels can be drawn between the global processing advantage shown by medical experts, and the larger visual span shown by chess experts. First, in both cases the perceptual encoding advantage appears to be domain specific. Radiologists do not perform better than novices when tested with control visual search tasks that involved searching for the character WALDO* and searching for the word NINA (Nodine and Krupinski, 1998; Nodine and Kundel, 1997), and a comparative visual search task that more closely mimics radiology tasks showed a similar pattern of results between radiologists and laymen (Moise et al., 2005). Second, chess expertise is analogous to expertise in medical diagnosis because both forms of expertise involve extensive, domain specific knowledge of visual configurations (Wood, 1999). This knowledge allows experts to 'chunk' together domain specific information such that they can recognize patterns instead of only seeing individual features (Gunderman et al., 2001). Furthermore, it is likely that it is necessary to build up this vocabulary of domain related visual knowledge in order to facilitate the global mode of processing. Third, for both chess players and medical experts, it is possible that not all of this knowledge is accessible to conscious awareness (Heiberg Engel, 2008; Norman et al., 1992).

[Adapted from Reingold, E. M., & Sheridan, H. (2011). Eye movements and visual expertise in chess and medicine. In S. P. Liversedge, I. Gilchrist, & S. Everling (Eds.), *The Oxford Handbook of Eye Movements*. Oxford: Oxford University Press.]

*Waldo = the character in the famous children's book "Where's Waldo?" (also known as "Where's Wally?"), where the goal is to locate the image of Waldo/Wally in a complex picture.

Questions 13‑15 refer to Texts I, II, and III.

13. According to the texts, which of the following is NOT true?

　a. Chess experts who can quickly memorize chess piece layouts should be better at finding "Waldo."

b. Expertise in chess and medical image perception both involve recognizing patterns in visual information.

c. Experts may not be able to explain how they do the tasks they are experts at.

d. All of the theories of expertise described in the texts include an element of experience.

14. Which of the following is implied by the texts?

a. Novices' global processing is similar to that of experts.

b. Search-to-find processing is faster than holistic processing.

c. The chunking theory can explain expertise in chess, but not in medical image perception.

d. The primary changes one undergoes in becoming an expert are in holistic, not focal-level processing.

15. Which of the following best describes the relationship between Texts I, II, and III?

a. Text I discusses a topic, Text II discusses an unrelated topic, and Text III contrasts the two topics.

b. Text I provides an introduction to several theories, Text II introduces a contradictory theory, and Text III summarizes how these theories interact.

c. Text I introduces several theories to explain a phenomenon, Text II discusses how one theory applies to another domain, and Text III compares how the phenomenon occurs in the different domains.

d. Text I summarizes a phenomenon, Text II summarizes another phenomenon, and Text III compares the two phenomena.

II **Read the passage and rearrange the seven words in 1-5 in the correct order. Then choose from a-d the option that contains the third and fifth words.**

Primeval forests are far from human habitation; thus, it is difficult to provide electric power to forest wireless sensors because the grid is unavailable, and it is expensive to build power lines. Furthermore, ₁(at / batteries / be / changed / intervals / must / regular), which is labor intensive, and tall trees inhibit ₂(floor / forest / from / irradiation / reaching / solar / the), rendering solar energy unusable. Recently, researchers have increasingly focused on local materials, and soil is a large warehouse for energy that contains ample heat. A new method based on the Seebeck effect uses the temperature difference between forest soil and air to generate electricity.

Thermoelectricity has great advantages, and an increasing amount ₃(environments / in / into / of / research / special / thermoelectricity) has been conducted. Nuwayhid et al. developed a domestic woodstove thermoelectric generator for families in rural Lebanon. They attached thermoelectric modules ₄(and / domestic / generated / power / to / with / woodstoves) the heat released by wood burning. A single thermoelectric generator (TEG) can produce as much as 4.2 W of electric power ₅(available / for / other / remains / stove / the / while) purposes, such as cooking and heating.

[Adapted from Huang Y., Xu D., Kan J., & Li W. (2019). Study on field experiments of forest soil thermoelectric power generation devices. *PLoS ONE* 14(8): e0221019.]

1. a. 3rd: batteries　　　　　　b. 3rd: be
　　　5th: must　　　　　　　　　5th: at
　 c. 3rd: at　　　　　　　　　　d. 3rd: at
　　　5th: must　　　　　　　　　5th: changed

2. a. 3rd: irradiation　　　　　b. 3rd: from
　　　5th: the　　　　　　　　　　5th: forest
　 c. 3rd: forest　　　　　　　　d. 3rd: from
　　　5th: solar　　　　　　　　　5th: the

3. a. 3rd: special　　　　　　　b. 3rd: environments
　　　5th: in　　　　　　　　　　　5th: special

c．3rd: into 　　　　　　　　d．3rd: of
　 5th: in 　　　　　　　　　　 5th: into

4．a．3rd: woodstoves 　　　　b．3rd: with
　　 5th: generated 　　　　　　 5th: domestic

　　c．3rd: domestic 　　　　　d．3rd: to
　　 5th: with 　　　　　　　　 5th: with

5．a．3rd: stove 　　　　　　　b．3rd: remains
　　 5th: for 　　　　　　　　　 5th: the

　　c．3rd: stove 　　　　　　　d．3rd: other
　　 5th: available 　　　　　　 5th: for

III　Answer the questions in Sections A and B.

Section A: Read the text and choose the best option from a-d for questions 1-6.

Music can evoke （ I ） wide variety of strong emotions, including joy, sadness, fear, and peacefulness or tranquility, and people cite emotional impact and regulation as two of the main reasons why they listen to music. Music can produce feelings of intense pleasure or euphoria in （ II ） listener, sometimes experienced as 'thrills' or 'chills down the spine'. Musical pleasure is closely related （ A ） the intensity （ B ） emotional arousal. （ C ） opposite emotional valences (e.g., 'happy' or 'sad') can be experienced as pleasurable and listeners often report that the most moving music evokes two or more emotions at once. Music does not have the clear survival benefit associated with food or sex, nor does it display the addictive properties associated with drugs of （ III ） abuse. （ D ）, the average person spends a considerable amount of time listening to music, regarding it as one of life's most enjoyable activities. Many believe that music has special, mystical properties and that its effects are not readily reducible to a neuronal or neurochemical state. Advances in cognitive neuroscience have challenged this view, (　E　) evidence that music affects the same neurochemical systems of reward as other reinforcing stimuli.

> [Adapted from Chanda, M. L., & Levitin, D. J. (2013). The neurochemistry of music. *Trends in Cognitive Sciences, 17*(4).]

1. Which of the blanks I-III must be filled with an article ('a', 'an', or 'the')?

　a. I only　　　　　　　　　b. I and II only

　c. I and III only　　　　　　d. II and III only

2. Which of the following best fits in the blank labeled A?

　a. about　　　　　　　　　b. by

　c. of　　　　　　　　　　d. to

3. Which of the following best fits in the blank labeled B?

　a. of　　　　　　　　　　b. with

　c. about　　　　　　　　　d. for

4. Which of the following best fits in the blank labeled C?

　a. When　　　　　　　　　b. Even

　c. Hence　　　　　　　　　d. Although

5. Which of the following best fits in the blank labeled D?

　a. Consequently　　　　　　b. Frequently

　c. Nonetheless　　　　　　　d. Similarly

6. Which of the following best fits in the blank labeled E?

　a. with　　　　　　　　　b. of

　c. against　　　　　　　　d. under

Section B: The five paragraphs [A]-[E] below make up a passage but are not properly ordered. Moreover, the five sentences (1)-(5) in paragraph [A] are not properly ordered, either. Read the entire passage and choose the best option from a -d for questions 7 and 8.

[A]

(1) What is the likelihood that the Leader's statement was indeed

a true one?

(2)　The monitoring of their political and commercial activity over a long period has shown us that on the average their citizens tell the truth 1/4 of the time and lie 3/4 of the time.

(3)　This is followed by the leader of the opposition party getting up and saying that the Leader's statement was a true one.

(4)　Despite this worrying appraisal, we decide to go ahead with a visit and are welcomed by the leader of their majority party who makes a grand statement about his charitable intentions.

(5)　Imagine that our quest to explore the Universe has made contact with a civilization on the strange world of Janus.

[B]　One encounters this distinction in the bureaucracies of different countries. In Britain, bureaucracy is based upon the premise that people are assumed to be honest, but I have noticed that in some other countries the opposite is the default assumption and rules and regulations are created under a presumption of dishonesty. When you make an insurance claim, you will discover which option your company takes in its dealings with its customers.

[C]　Well, the first of these — the probability that they were both telling the truth is just $1/4 \times 1/4 = 1/16$. The probability that the opponent spoke the truth is the sum of two probabilities: the first is the probability that the Leader told the truth and his opponent did too, which is $1/4 \times 1/4 = 1/16$, and the probability that the Leader lied and his opponent lied too, which is $3/4 \times 3/4 = 9/16$. So the probability that the Leader's statement was really true was just $1/16 \div 10/16$, that is 1/10.

[D]　One of the human intuitions that has been honed by countless generations of social interaction is trust. It is founded upon an ability to assess how likely it is that someone is telling the truth. One of the sharp distinctions between different environments is whether we assume people are honest until we have reason to think otherwise, or whether we assume them to be dishonest until we have reason to think otherwise.

［E］ We need to know the probability that the Leader's statement was true given that the opposition head said it was. This is equal to the probability that the Leader's statement was true and the opposition head's claim was true divided by the probability that the opposition head's statement was true.

［Adapted from Barrow, J. D. (2008). The planet of the deceivers. In *One hundred essential things you didn't know you didn't know: Math explains your world*. W. W. Norton & Company Ltd.］

7. Which of the following shows the best (most coherent) sentence order for paragraph ［A］?

　a ． 1 - 5 - 3 - 4 - 2　　　　　　b ． 2 - 4 - 3 - 5 - 1
　c ． 4 - 1 - 3 - 2 - 5　　　　　　d ． 5 - 2 - 4 - 3 - 1

8. Which of the following shows the best (most coherent) paragraph order for the passage?

　a ． A - C - D - E - B　　　　　　b ． A - E - C - B - D
　c ． D - B - A - E - C　　　　　　d ． D - A - C - E - B

IV **Read the texts in Sections A and B, and answer the questions.**

Section A: Choose the best option from a–d for questions 1–5.

1. Which of the following has the same logical structure as the argument below?

〈Argument〉There is no well-established evidence for extra-sensory perception.

Therefore, extra-sensory perception does not exist.

　a ． All children dislike carrots. Therefore, my six-year old nephew dislikes carrots.

　b ． John has never seen Mary drink coffee. Therefore, he concludes that she doesn't drink coffee.

　c ． Cabbage has been shown to not be beneficial to our health.

Therefore, spinach is not good for us, either.

d . Doctors recommend against powdered medicine Z. Therefore, powdered medicines are worse than liquid medicines.

2 . Which of the following, if true, would most clearly contradict the conclusion in the statement below?

〈Statement〉 It was observed centuries ago that people in good health have body lice and people in poor health do not. Thus, it was concluded that body lice make people healthy.

a . A person with illness often has a higher body temperature that keeps body lice away.

b . Being healthy with a normal temperature provides conditions for body lice to live comfortably.

c . Placing body lice on ill people does not cause them to recover.

d . A group of healthy people with no body lice is observed.

Questions 3-5 refer to the following situation.

A final examination of Mathematics is scheduled for Friday. Four students (Amy, Fuji, Dan, and Roger) have formed a study group to study together at least once during the Monday to Thursday before the test.

Amy can study only on Monday night, Tuesday night, and Wednesday night, as well as Thursday afternoon and night.

Fuji can study only on Monday night, Wednesday night, and Thursday night, as well as Tuesday afternoon and night.

Dan can study only on Wednesday night, Thursday night, and Tuesday afternoon, as well as Monday afternoon and night.

Roger can study only in the afternoon and nights of Tuesday, Wednesday, and Thursday, as well as Monday afternoon.

3 . Which of the following could be the days if the whole group wants to study together twice for the test?

　a．Monday and Tuesday　　　　b．Monday and Wednesday

　c．Tuesday and Thursday　　　　d．Wednesday and Thursday

4．If the test were moved to Thursday morning, which of the following would be the case?

　Ⅰ．the complete group would not be able to study together for the test.

　Ⅱ．Amy could never join the group in the afternoon to study for the test.

　Ⅲ．Fuji and Dan could study for the test together by themselves three times.

　a．Ⅰ, Ⅱ, and Ⅲ　　　　　　　b．Ⅰ and Ⅲ only

　c．Ⅱ only　　　　　　　　　　　d．Ⅱ and Ⅲ only

5．Suppose that the test is moved to Thursday morning and that another student (Leo) wants to join the group to study for the test but is available only in the afternoons. Which of the following would be the case?

　a．Leo could never study with Amy.

　b．Leo could study only with Roger.

　c．Leo could study only with Fuji and Dan.

　d．Leo could study with all of them but not in the complete group.

Section B: Choose the best option from a-d for questions 6-10.

Consider a city council election in a district that is historically 60% Democratic voters and 40% Republican voters. In this election there are three candidates for one council position: Don and Key, both Democrats, and Elle, a Republican. Voters show their preference by ranking all of the candidates. The resulting preference schedule for the votes looks as follows:

	342	214	298
1st choice	Elle	Don	(A)
2nd choice	Don	Key	(B)
3rd choice	Key	Elle	(C)

We can see a total of $342 + 214 + 298 = 854$ voters participated in this election. Computing percentage of first place votes:

Don: $214/854 = 25.1\%$

Key: $298/854 = 34.9\%$

Elle: $342/854 = 40.0\%$

So in this election, the Democratic voters (D) their vote over the two Democratic candidates, allowing the Republican candidate Elle to win under the plurality method with 40% of the vote. Analyzing this election closer, we see that it violates the <u>Condorcet Criterion</u>. Analyzing the one-to-one comparisons:

Elle vs Don: 342 prefer Elle; 512 prefer Don: Thus, Don is preferred

Elle vs Key: 342 prefer (E); 512 prefer (F): Thus, (G) is preferred

Don vs Key: 556 prefer Don; 298 prefer Key: Thus, Don is preferred

So even though Don had the (H) number of first-place votes in the election, he is the Condorcet winner, being (I) in every one-to-one comparison with the other candidates.

[Adapted from: Lippman, D. (2013). *Math in Society, Edition 2.4*, Transition Math Project and Open Course Library Project.]

6. Which of the following names fit in blanks A, B, and C, respectively?

a. Key, Elle, Don　　　　　　b. Don, Elle, Key

c. Key, Don, Elle　　　　　　d. cannot be determined

7. Which of the following words best fits in blank D?

a．halve　　　　　　　　　　　b．split

c．total　　　　　　　　　　　d．give

8．Which of the following names fit in blanks E, F, and G, respectively?

a．Key, Elle, Don　　　　　　　b．Elle, Key, Elle

c．Elle, Key, Don　　　　　　　d．Elle, Key, Key

9．Which of the following words best fit in blanks H and I, respectively?

a．greatest, preferred　　　　　b．smallest, preferred

c．greatest, dispreferred　　　　d．smallest, dispreferred

10．Which of the following definitions of the <u>Condorcet Criterion</u> is most consistent with the text?

a．The winner is the candidate that would beat each other candidate in paired match-ups.

b．The election is determined by whoever wins more Republican or Democratic votes.

c．The winner is the candidate that wins the most 1st choice votes.

d．The election must be a one-to-one comparison in order to be a fair election.

V　Answer the questions.

For questions 1-15, two definitions are given with one sample sentence each. Think of a word that matches both definitions and also fits in the blanks in both sentences. Convert each letter of the word into a number 1 to 4 according to the table below: number 1 represents letters *a-g*, 2 represents *h-m*, 3 represents *n-s*, and 4 represents *t-z*. Then choose the matching sequence of numbers from options a-d. For example, if the word you think of is *wise*, for which the first letter *w* is given, the remaining letters would be changed into 2 for *i*, 3 for *s*, and 1 for *e*. Hence, the

correct answer would be *w*231.

Number	Letters
1	a, b, c, d, e, f, g
2	h, i, j, k, l, m
3	n, o, p, q, r, s
4	t, u, v, w, x, y, z

1. (i) the purpose that something has, or the job that someone or something does: In your new job, you will perform a variety of (*f*   )s.

   (ii) to be used as: Schools and libraries are (*f*   )ing as temporary hospitals to cope with casualties.

   a. *f*4314233   b. *f*23413123

   c. *f*133412   d. *f*332

2. (i) a grammatical indicator expressing time for verbs: In English, the simple present (*t*   ) can be used to express an ongoing action or a habitual action.

   (ii) in a state of physical or nervous anxiety: When the telephone rang, everyone in the room became (*t*   ), wondering if it might be news about the election results.

   a. *t*213243   b. *t*22131

   c. *t*1122433   d. *t*1331

3. (i) to make someone wealthy: In order to (*e*   ) themselves, young people should be ready to invest in businesses with the most potential.

   (ii) to further improve the quality of something: The mist which covers the valley (*e*   )es the magical quality of the picture.

   a. *e*321311   b. *e*33212

   c. *e*31343111   d. *e*223134

4. (i) sudden and unexpected: The traditional movie is still impressive, even if contemporary viewers may be confused by

the (*a*   ) shifts between styles, time periods, and storylines.

(ii) brief to the point of rudeness: She left the party (*a*   )*ly* without saying a word; her behavior was unprofessional.

　a . *a*312134　　　　　　　　b . *a*31134123
　c . *a*13434　　　　　　　　d . *a*1132231141

5 . (i) coming into existence: The (*e*   ) of home computing technology and its worldwide spread led to numerous societal changes.

(ii) becoming visible after being concealed: The sun's (*e*   ) from dark clouds illuminated the whole landscape.

　a . *e*2143123　　　　　　　b . *e*21311311
　c . *e*233413　　　　　　　　d . *e*2344

6 . (i) a special right or advantage granted to a particular person or group of people: All members have the (*p*   ) of purchasing any packaged tours at a 10% discount.

(ii) something regarded as a rare opportunity and bringing particular pleasure: The student has the (*p*   ) of receiving this special scholarship.

　a . *p*1313321311　　　　　　b . *p*3412112
　c . *p*32422111　　　　　　　d . *p*13113411

7 . (i) final judgment of guilty in a criminal case: The (*c*   ) of the murderer was overturned on appeal.

(ii) a moral sense of right and wrong, viewed as acting as a guide to one's behavior: The whole legal system would collapse if even just a few lawyers begin to let their own moral (*c*   )*s* influence their work.

　a . *c*334214233　　　　　　b . *c*11131
　c . *c*33312343　　　　　　　d . *c*133114

8 . (i) a medium of financial exchange: At any airport, you can find several (*c*   ) exchange shops with rates that vary daily, sometimes even hourly.

(ii) the quality of being generally accepted or in use: A strong social media presence has an immediate (*c*   ) in politics and activism and many professionals seek it eagerly.

  a．*c*4331314   b．*c*332231324

  c．*c*2133323   d．*c*1312331

9．(i) a document explaining how to use something: In the early days of modern consumer electronics, owner's (*m*   )s were written more for engineers than everyday consumers.

  (ii) of work done or performed with the hands: The construction site was in such a remote area that heavy machinery could not be used and much (*m*   ) labor was needed.

  a．*m*42132322   b．*m*232124321

  c．*m*4312321   d．*m*13412

10．(i) relating to an integer that is divisible by only 1 and itself: The largest known (*p*   ) number was discovered by Patrick Laroche and has over 24 million digits.

  (ii) the time of maturity when power and vigor are greatest: College students are often said to be in the (*p*   ) of their lives.

  a．*p*221   b．*p*3221

  c．*p*3243331   d．*p*222112

11．(i) the act of getting rid of something: A disagreement arose on the question of the (*d*   ) of waste and wreckage left in the hurricane's path.

  (ii) the power to use something or someone: The agency promised to use all the resources they have at their (*d*   ) to prevent the spread of the fires.

  a．*d*434333121   b．*d*22232

  c．*d*2333312   d．*d*1112131

12．(i) a property or characteristic of something or someone: One of Mary's best (*a*   )s is her ability to imagine all of the likely consequences of a decision.

(ii) to give credit for something: These words have long been
(*a*　　)*d* to Winston Churchill, though it is doubtful that he
ever said them.

　a．*a*44321441　　　　　　　　b．*a*3343231

　c．*a*21331　　　　　　　　　　d．*a*34333131

13. (i) a long narrow path cut naturally or artificially: The pilot
steered the boat up the narrow (*c*　　).

(ii) to direct the flow of something: The media representative
(*c*　　)*s* statements from the candidate to the press in a
timely manner.

　a．*c*213312　　　　　　　　　b．*c*333231342

　c．*c*12113　　　　　　　　　　d．*c*4342322121

14. (i) to prohibit, forbid, or prevent from doing: One reason for the
new regulations was to (*i*　　) the sale of illegal substances
to underage residents.

(ii) shy or hesitant: One stereotype of science and engineering
students is that they are socially (*i*　　)*ed*, but nothing could
be further from the truth!

　a．*i*3334121112　　　　　　　b．*i*23212

　c．*i*322124　　　　　　　　　　d．*i*1231123241

15. (i) to introduce: The crisis (*p*　　)*d* a major dilemma for the
many policy-makers: How to take decisive action without
seeming overly authoritative.

(ii) speaking or behaving in an artificial way to make an
impression: When the facts were uncovered, the executive
struck a (*p*　　) of innocence and pretended that he was
actually the victim.

　a．*p*3344311　　　　　　　　b．*p*23321

　c．*p*1144　　　　　　　　　　d．*p*331

■ 数学 ■

（120 分）

I xy 平面上の曲線 $y=x^3$ を C とする。C 上の 2 点 A$(-1,\ -1)$，B$(1,\ 1)$ をとる。さらに，C 上で原点 O と B の間に動点 P$(t,\ t^3)$ $(0<t<1)$ をとる。このとき，以下の問に答えよ。

(1) 直線 AP と x 軸のなす角を α とし，直線 PB と x 軸のなす角を β とするとき，$\tan\alpha,\ \tan\beta$ を t を用いて表せ。ただし，$0<\alpha<\dfrac{\pi}{2},\ 0<\beta<\dfrac{\pi}{2}$ とする。

(2) $\tan\angle$APB を t を用いて表せ。

(3) $\angle$APB を最小にする t の値を求めよ。

II 整式 $f(x)=x^4-x^2+1$ について，以下の問に答えよ。

(1) x^6 を $f(x)$ で割ったときの余りを求めよ。

(2) x^{2021} を $f(x)$ で割ったときの余りを求めよ。

(3) 自然数 n が 3 の倍数であるとき，$(x^2-1)^n-1$ が $f(x)$ で割り切れることを示せ。

III 複素数 $\alpha=2+i$，$\beta=-\dfrac{1}{2}+i$ に対応する複素数平面上の点を A(α)，B(β) とする。このとき，以下の問に答えよ。

(1) 複素数平面上の点 C(α^2)，D(β^2) と原点 O の 3 点は一直線上にあることを示せ。

(2) 点 P(z) が直線 AB 上を動くとき，z^2 の実部を x，虚部を y として，点 Q(z^2) の軌跡を $x,\ y$ の方程式で表せ。

(3) 点 P(z) が三角形 OAB の周および内部にあるとき，点 Q(z^2) 全体

のなす図形を K とする。K を複素数平面上に図示せよ。

⑷　⑶の図形 K の面積を求めよ。

IV　$n,\ k$ を 2 以上の自然数とする。n 個の箱の中に k 個の玉を無作為に入れ，各箱に入った玉の個数を数える。その最大値と最小値の差が l となる確率を $P_l\ (0 \le l \le k)$ とする。このとき，以下の問に答えよ。

⑴　$n=2,\ k=3$ のとき，$P_0,\ P_1,\ P_2,\ P_3$ を求めよ。

⑵　$n \ge 2,\ k=2$ のとき，$P_0,\ P_1,\ P_2$ を求めよ。

⑶　$n \ge 3,\ k=3$ のとき，$P_0,\ P_1,\ P_2,\ P_3$ を求めよ。

V　正四面体 OABC に対し，三角形 ABC の外心を M とし，M を中心として点 A，B，C を通る球面を S とする。また，S と辺 OA，OB，OC との交点のうち，A，B，C とは異なるものをそれぞれ D，E，F とする。さらに，S と三角形 OAB の共通部分として得られる弧 DE を考え，その弧を含む円周の中心を G とする。$\vec{a}=\overrightarrow{\text{OA}},\ \vec{b}=\overrightarrow{\text{OB}},\ \vec{c}=\overrightarrow{\text{OC}}$ として，以下の問に答えよ。

⑴　$\overrightarrow{\text{OD}},\ \overrightarrow{\text{OE}},\ \overrightarrow{\text{OF}},\ \overrightarrow{\text{OG}}$ を $\vec{a},\ \vec{b},\ \vec{c}$ を用いて表せ。

⑵　三角形 OAB の面積を S_1，四角形 ODGE の面積を S_2 とするとき，$S_1 : S_2$ をできるだけ簡単な整数比により表せ。

物理

（2 科目　120 分）

I 以下の空欄にあてはまるものを各解答群から選び，マーク解答用紙の該当欄にマークせよ。

　図1のように，理想気体が滑らかに動くピストンによってシリンダー内に封入されており，シリンダーは大気中に水平に置かれている。シリンダーの内部には温度調節器が設置され，理想気体を加熱したり冷却したりできる。シリンダーの開口部にはストッパーが取り付けられている。ピストンより外側の圧力は常に大気圧 p_0 である。シリンダーおよびピストンは断熱素材で作られており，ピストンの厚さおよび温度調節器の大きさは無視できるものとする。シリンダーの内側の長さを H，ピストンの面積を S，気体定数を R，この理想気体の定積モル比熱を C_v，重力加速度の大きさを g とする。

　図1の状態において，シリンダーの閉じた端側からピストン面までの距離 h は h_1（$<H$），理想気体の絶対温度は T_1 であった。この状態からシリンダーをゆっくりと鉛直に立てた（図2）。このとき理想気体の圧力は αp_0，絶対温度は T_2 となり，距離 h は h_2 となった。理想気体の状態方程式を用いると，絶対温度 T_1 と T_2 の比 $\dfrac{T_2}{T_1}$ は $\boxed{(1)}$ である。また，ピストンの質量は $\boxed{(2)}$ と表される。この過程において，理想気体の内部エネルギーは $\boxed{(3)}$ だけ増加した。

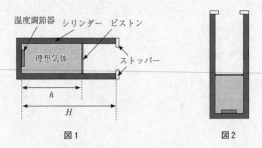

図1　　　　　　　　　　　　　図2

(1)の解答群

a．1　　　　　　　　**b**．2　　　　　　　　**c**．α

d．$\alpha-1$　　　　　**e**．$\dfrac{h_2}{h_1}$　　　　　**f**．$\dfrac{\alpha h_2}{h_1}$

g．$\dfrac{\alpha h_1}{h_2}$　　　　　**h**．$\dfrac{(\alpha-1)h_2}{h_1}$

(2)の解答群

a．$\dfrac{(\alpha-1)p_0S}{g}$　　**b**．$\dfrac{(\alpha+1)p_0S}{g}$　　**c**．p_0S

d．$(\alpha+1)p_0S$　　**e**．$p_0S(h_1-h_2)$　　**f**．αp_0S

g．$\dfrac{\alpha p_0S}{g}$　　　　**h**．$\dfrac{p_0S}{g}$

(3)の解答群

a．0　　　　　　　　　　　　**b**．$p_0S(h_2-h_1)$

c．$\dfrac{p_0S}{R}(h_2-h_1)$　　　　　**d**．$\dfrac{C_vp_0S}{R}(\alpha h_2-h_1)$

e．α　　　　　　　　　　　　**f**．$p_0S(h_1-h_2)$

g．$\dfrac{C_vp_0S}{R}(h_2-h_1)$　　　　**h**．$\dfrac{C_vp_0S}{R}(h_1-\alpha h_2)$

　続けて，図 2 の状態から温度調節器を用いて理想気体をゆっくりと温めた。このとき理想気体に与えた熱量を Q とする。この加熱によって距離 h は ⎡ (4) ⎤ （$<H$）となった。このときの距離 h を h_3 とする。この加熱の過程において，理想気体が外部にした仕事は ⎡ (5) ⎤ である。ここからさらに，シリンダーをゆっくりと水平に戻したところ，距離 h は h_4（$<H$）となった。この横倒しの過程において，理想気体が外部にした仕事は ⎡ (6) ⎤ である。

(4)の解答群

a．$\dfrac{\alpha p_0S}{RQ}$　　　　　　　　　**b**．$h_2+\dfrac{RQ}{C_v\alpha p_0S}$

c．$h_2+\dfrac{RQ}{(C_v+R)p_0S}$　　　**d**．$h_2+\dfrac{R}{C_vp_0S}$

e．$\dfrac{RQ}{\alpha p_0S}$　　　　　　　　　**f**．$h_2+\dfrac{RQ}{C_vp_0S}$

g．$h_2 + \dfrac{RQ}{(C_v+R)\alpha p_0 S}$　　　　　　h．h_2

(5)の解答群

a．0　　　　　　　　　b．$\dfrac{C_v p_0 S}{R}(h_3 - h_2)$　　c．$p_0 S(h_3 - h_2)$

d．$\alpha p_0 S(h_3 - h_2)$　　e．$\alpha p_0 S$　　　　　　f．$\dfrac{C_v p_0 S}{R}(\alpha h_3 - h_2)$

g．$\alpha p_0 S h_3$　　　　　h．$p_0 S h_2$

(6)の解答群

a．0　　　　　　　　　　　　　　b．$\dfrac{(C_v+R)p_0 S}{R}(\alpha h_3 - h_4)$

c．$\dfrac{C_v p_0 S}{R}(h_4 - \alpha h_3)$　　　　　d．$\alpha p_0 S(h_4 - h_3)$

e．$\alpha p_0 S$　　　　　　　　　　f．$\dfrac{C_v p_0 S}{R}(\alpha h_3 - h_4)$

g．$p_0 S(\alpha h_3 - h_4)$　　　　　　h．$\alpha p_0 S(h_3 - h_4)$

　最後に，温度調節器を用いて理想気体をゆっくりと冷やし，距離 h を h_1 に戻した。このとき，理想気体から奪われた熱量は　(7)　である。このシリンダーの直立，加熱，横倒し，冷却の一連のサイクルにおいて，ピストンがストッパーに触れることはなかった。このサイクルにおける熱効率 e は　(8)　である。ただし熱効率 e は，このサイクルにおいて加熱のときに理想気体に与えた熱量 Q に対する，理想気体がこのサイクルで外部にした仕事の割合である。

(7)の解答群

a．$p_0 S(h_4 - h_1)$　　　　　　b．$(C_v+R)p_0 S(h_4 - h_1)$

c．$\dfrac{C_v p_0 S}{R}(h_4 - h_1)$　　　　　d．$\dfrac{R p_0 S}{(C_v+R)}(h_4 - h_1)$

e．$\dfrac{p_0 S}{R}h_1$　　　　　　　f．$C_v p_0 S(h_4 - h_1)$

g．$\dfrac{(C_v+R)p_0 S}{R}(h_4 - h_1)$　　　h．Q

(8)の解答群

a. $1-\alpha$ **b**. $1+\dfrac{h_4}{h_3}$ **c**. $1-\dfrac{h_4-h_1}{h_3-h_2}$

d. $1-\dfrac{h_4-h_1}{\alpha(h_3-h_2)}$ **e**. 1 **f**. $1-\dfrac{h_2}{h_1}$

g. $1+\dfrac{h_3-h_2}{h_4-h_1}$ **h**. $\dfrac{\alpha(h_3-h_2)}{h_4-h_1}$

   このサイクルにおける断熱過程では，理想気体の圧力 p と体積 V の間に，$pV^{\gamma}=$ 一定 の関係（ポアソンの法則）が成り立つ。ただし γ は定数である。このことから，このサイクルにおける熱効率 e は，α と γ を用いて ⑨ と書き直すことができる。また，このサイクルではピストンがストッパーに触れなかったことから，与えた熱量 Q は ⑩ より小さいことがわかる。

(9)の解答群

a. $\alpha\gamma$ **b**. $\dfrac{\gamma+1}{\alpha}$ **c**. $\alpha^{\frac{1}{\gamma}}$

d. $\dfrac{\gamma}{\alpha}$ **e**. $1-\alpha^{\frac{1}{\gamma+1}}$ **f**. $1+\alpha^{\frac{\gamma+1}{\gamma}}$

g. $1-\alpha^{\frac{1}{\gamma}}$ **h**. $1-\alpha^{\frac{1-\gamma}{\gamma}}$

(10)の解答群

a. $\alpha p_0 SH$ **b**. $\alpha^{\frac{1}{\gamma}} p_0 SH$

c. $\alpha^{\frac{\gamma-1}{\gamma}}\cdot\dfrac{C_v+R}{R}\cdot p_0 S(H-h_1)$ **d**. $\alpha^{1-\gamma}\cdot\dfrac{C_v}{R}\cdot p_0 S(H-h_1)$

e. $p_0 S(H-h_1)$ **f**. $\dfrac{p_0 Sh_1}{\alpha}$

g. $\alpha^{-\frac{1}{\gamma}}\cdot\dfrac{C_v+R}{R}\cdot p_0 S(H-h_1)$ **h**. $\dfrac{C_v+R}{R}\cdot p_0 S(H-h_1)$

II   以下の問の答を解答用紙の該当欄に記入せよ。

   図 1 のように，ばね定数 k のばねの下端を地面に固定し，鉛直に立て，円筒に入れる。自然長におけるばねの上端の位置を原点として，鉛直上向

きに z 軸をとる。加速度や力の向きも鉛直上向きを正とする。以下の問では，鉛直方向にのみ動くことができるばねと小球の運動を考える。ただし，ばねの質量および小球の大きさは無視し，摩擦および空気抵抗は考えないものとする。また，重力加速度の大きさを g とする。

問1　質量 m の小球1をのせたばねが静止するつりあいの位置の座標を $z=z_0$ とする。z_0 を m，k，g を用いて表せ。

　図2のように，この小球1がばねの上方から落下してくる場合を考えよう。

問2　問1の z_0 を用いて z とは別の変数 x を $x=z-z_0$ と定義する。落下してきた小球1はばねを収縮させる。小球1の座標が z（$\leqq 0$）のときの，小球1に加わるすべての力の合力を，z ではなく x を用いて表せ。

問3　落下してきた小球1は，ばねを収縮させながら下降した。その後小球1は上昇に転じ，ある時点でばねから離れた。この瞬間の小球1の z 座標を求めよ。

　次に，ばねの上端に質量 m の小球2を固定し，つりあいの位置に静止させ，そこに質量 m の小球1をつりあいの位置より h だけ高いところから初速度0で落下させ，小球2に衝突させる（図3）。このとき次の2つの場合を考えよう。ただし，衝突による2つの小球の速度の変化に，ばねは影響を与えないものとする。

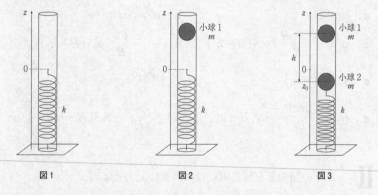

図1　　　　　　　　　　図2　　　　　　　　　　図3

（ⅰ）まず弾性衝突の場合を考えよう。

問4　小球1が小球2に衝突した直後の小球2の速さを求めよ。

問5　衝突の後，小球2は最初下降し，その後上昇に転じた。ばねが最も短くなったとき，つりあいの位置からばねが縮んだ長さ L を h，m，k，g を用いて表せ。ただし，この間に小球1が再び小球2に衝突することはなかった。

　問5において小球2が上昇に転じた後，小球2はつりあいの位置に戻る前に小球1と再び衝突した。そのときばねは，つりあいの位置から l だけ縮んでいた。

問6　その後，小球1は上昇した後下降に転じた。小球1が最高点に達したときの x（$=z-z_0$）を h，l，m，k，g を用いて表せ。ただし，この間に2つの小球が衝突することはなかった。

問7　$l=\dfrac{1}{\sqrt{2}}L$ であったとすると，h はいくらか。z_0 のみを用いて答えよ。

(ⅱ)　次に完全非弾性衝突のときを考えよう。この場合，2つの小球は最初の衝突後離れることなく同じ速度でばねを縮めながら下降し，その後上昇に転じる。

問8　2つの小球の加速度を，小球の座標 z と m，k，g を用いて表せ。

問9　問8において，小球2が小球1におよぼす力を求めよ。

問10　ばねが再び縮み始める前のある時点で小球1が小球2から離れるためには，h がある値より大きくなければならない。この値を z_0 のみを用いて表せ。

Ⅲ　　以下の問の答を解答用紙の該当欄に記入せよ。

　図1のような幅 a，奥行き b の長方形の極板2枚からなる，極板間隔が d の平行板コンデンサー C_1 がある。コンデンサー C_1 は真空中に置いてあり，上の極板と下の極板にはそれぞれ小さな穴があいている。また，上の極板と下の極板にはそれぞれ電気量 Q（>0）と $-Q$ の電荷が蓄えられている。上の極板の穴を原点として，図2のように極板と平行に x 軸を，極板と垂直に y 軸をとる。上の極板の穴から2つの極板にはさまれた空

間に質量 m, 電気量 $q\,(>0)$ の荷電粒子を, 入射角 i, 速さ v で xy 平面と平行に入射させたところ, この荷電粒子は下の極板の穴から出射角 r でコンデンサーの外に飛び出した。ただし, 入射角 i と出射角 r は図 2 に示すように極板の法線となす角とする。以下の問では真空の誘電率を ε_0 とする。また, 極板間に生じる電場は一様で, 端や穴の影響は無視できるものとする。さらに, 荷電粒子の大きさや穴の大きさ, 極板の厚さ, 重力の効果も無視できるものとする。

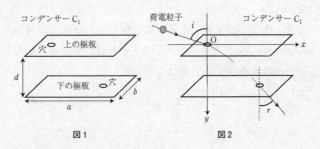

図1　　　　　　　　　　　　　　　　図2

問1　極板間の電場の強さはいくらか。

問2　極板間における荷電粒子の加速度の大きさはいくらか。m, ε_0, a, b, q, Q を用いて答えよ。以下では, この加速度の大きさを α とおく。

問3　荷電粒子が上の極板の穴に入射してから下の極板の穴に到達するまでの時間は, $\dfrac{1}{\alpha}\left(-v\cos i+\boxed{}\right)$ と表される。$\boxed{}$ にあてはまる式を α, d, i, v を用いて答えよ。

問4　2つの極板間で荷電粒子は電場の影響を受けながら運動するため, その軌道は曲げられ, 出射角 r は入射角 i と異なる。この現象を「屈折」と捉え, 屈折率 n を $n=\dfrac{\sin i}{\sin r}$ と定義する。n を α, d, v を用いて表せ。

次に, コンデンサー C_1 と同じ幅と奥行きをもち, 極板間隔が $\dfrac{d}{2}$ の平行板コンデンサー C_2 を用意した。コンデンサー C_1 とコンデンサー C_2, 起電力 V の電池, スイッチ S_1, スイッチ S_2, 抵抗 R_1, 抵抗 R_2 からなる図 3 のような回路を考える。回路は真空中に置いてあり, 最初 2 つのスイ

ッチはともに開いていて，2 つのコンデンサーには電荷が蓄えられていな
かった。この状態から，まずスイッチ S_1 だけを閉じて十分に待ち，続い
てスイッチ S_1 を開いてから，スイッチ S_2 を閉じて十分に待った。

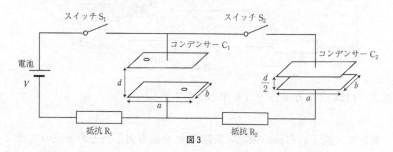

図 3

問 5　コンデンサー C_1 とコンデンサー C_2 の極板間の電位差はそれぞれ
　　　いくらか答えよ。

問 6　コンデンサー C_1 とコンデンサー C_2 に蓄えられている電気量はそ
　　　れぞれいくらか答えよ。

問 7　この状態で，コンデンサー C_1 の上の極板の穴から，図 2 のように

　　　質量 m，電気量 q (>0) の荷電粒子を，入射角 i を $\dfrac{\pi}{3}$，初速 v を

　　　$2\sqrt{\dfrac{qV}{3m}}$ にして入射させたところ，ちょうど下の極板の穴を通過して，

　　　コンデンサー C_1 の外に飛び出した。このとき，下の極板の穴の x 座標
　　　はいくらか。d のみを用いて答えよ。

　　　続いて，スイッチ S_2 を開いてからスイッチ S_1 を閉じて十分に待ち，
その後，スイッチ S_1 を開いてからスイッチ S_2 を閉じて十分に待った。

このとき，2 つのコンデンサーに蓄えられた電気量の和は $\dfrac{5\varepsilon_0 abV}{3d}$ にな

っている。ここで，コンデンサー C_2 と同じ形をした比誘電率 ε_r の誘電体
を，図 4 のようにコンデンサー C_2 の左端から長さ l の位置までゆっくり
差し込んだ。十分に時間が経過した後，コンデンサー C_1 の上の極板の穴
から，質量 m，電気量 q (>0) の荷電粒子を問 7 のときと同じ入射角と
初速で入射させたところ，やはり下の極板の穴を通過して，コンデンサー
C_1 の外に飛び出した。

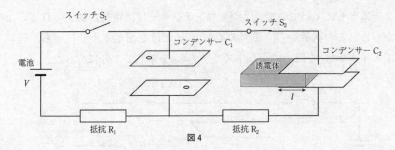

図 4

問8　l はいくらか。ε_r と a を用いて答えよ。

　続いて，図 4 の右側の抵抗（抵抗 R_2）を取り外し，その抵抗の両端に付いていた導線を直接つないだ。その後，コンデンサー C_1 と同じ形をした比誘電率 ε_r の誘電体を，図 5 のようにコンデンサー C_1 の左端からゆっくり一定の速さ v_1 で挿入し，同時にコンデンサー C_2 に挿入していた誘電体をゆっくり一定の速さ v_2 で引き出した。コンデンサー C_1 に誘電体を挿入し始めてから t だけ時間がたつと，図 5 に示した長さ $x_1(t)$ と $x_2(t)$ はそれぞれ $v_1 t$ と $l - v_2 t$ になる。この過程において，コンデンサー C_1 とコンデンサー C_2 をつなぐ導線には，時間によらない一定の電流が流れた。ただし，コンデンサー C_1 とコンデンサー C_2 の極板間の電位差 $V_1(t)$ と $V_2(t)$ の間には，常に $V_1(t) = V_2(t)$ の関係が成り立つものとする。また，電流が流れることによって生じる磁場は無視できるものとする。

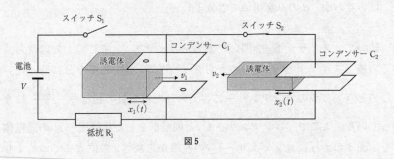

図 5

問9　速さの比 $\dfrac{v_1}{v_2}$ はいくらか。数値で答えよ。

問10　電流の大きさはいくらか。b, d, V, ε_0, ε_r, v_1 を用いて答えよ。

■化学■

（2科目　120分）

必要ならば，以下の数値を用いなさい。

H=1.0, C=12.0, N=14.0, O=16.0, Na=23.0, S=32.1,

Cl=35.5, K=39.1, Cr=52.0, Cu=63.5, Br=79.9, ^{79}Br=78.9,

^{81}Br=80.9, I=126.9, Pt=195.1

気体定数：8.31×10^3 Pa·L/(K·mol)

アボガドロ定数：6.02×10^{23}/mol

ファラデー定数：9.65×10^4 C/mol

$\log_{10}2 = 0.301$, $\log_{10}3 = 0.477$, $\log_{10}5 = 0.699$

I 　次の(1)～(10)の文中，（　A　），（　B　），（　C　）にもっとも
適合するものを，それぞれA群，B群，C群の(ア)～(オ)から選び，
マーク解答用紙の該当欄にマークしなさい。

(1)　原子中の電子は，電子殻と呼ばれるいくつかの層に分かれて原子核の
周りに存在している。電子殻は原子核に近い内側から順に，K 殻，L
殻，M 殻がある。電子殻の内部構造には s 軌道，p 軌道，d 軌道があり，
K 殻には s 軌道が 1 個ある。L 殻には s 軌道が 1 個と p 軌道が（　A
　）個あり，M 殻には s 軌道が 1 個と p 軌道が（　A　）個と，d 軌
道が 5 個ある。ひとつの軌道には電子が 2 個まで入ることができるため，
K 殻，L 殻，M 殻に入ることのできる最大電子数は，それぞれ（　B
　）個となる。原子の最も外側にある最外殻電子は，他の原子と結合す
るときに使われるため価電子と呼ばれるが，希ガス原子の場合は価電子
の数は（　C　）個である。

A：(ア)　1　　　　(イ)　2　　　　(ウ)　3　　　　(エ)　4　　　　(オ)　5

B：(ア)　2，2，6　　　　(イ)　2，4，6　　　　(ウ)　2，6，10

　　　(エ)　2，8，8　　　　(オ)　2，8，18

C：(ア)　0　　　(イ)　2　　　(ウ)　4　　　(エ)　6　　　(オ)　8

(2)　分子の形は，原子価殻電子対反発モデルにより推定することができる。
　　このモデルによれば，分子は共有電子対や非共有電子対の間の反発が最
　　小となるような構造をとる。例えば，メタンでは，C 原子と H 原子は
　　電子対を共有して共有結合を形成しており，4 対の共有電子対の反発が
　　最小となるのは，（　A　）の構造である。また，オキソニウムイオン
　　は（　B　）の構造を，過酸化水素は（　C　）の構造をとると予測さ
　　れる。

A：(ア)　正三角形　　　(イ)　正方形　　　(ウ)　四角錐形

　　(エ)　正四面体形　　(オ)　正八面体形

B：(ア)　直線形　　　　(イ)　折れ線形　　(ウ)　正三角形

　　(エ)　三角錐形　　　(オ)　正四面体形

C：(ア)　直線形　　　　(イ)　折れ線形　　(ウ)　正三角形

　　(エ)　三角錐形　　　(オ)　正四面体形

(3)　冷凍庫で冷やした $-10℃$ の氷 10.0 kg を水へと完全に融解させるの
　　に必要な熱量は（　A　）kJ である。得られた水を加熱して，すべて
　　100℃ の水蒸気とするために必要な熱量は（　B　）kJ である。1 分
　　間に 200 kJ の熱を加え続け，この $-10℃$ の氷 10.0 kg をすべて 100℃
　　の水蒸気とするためにかかる時間は，およそ（　C　）分である。ただ
　　し，氷の比熱を 2.10 J/(K・g)，水の比熱を 4.18 J/(K・g)，水の融解熱
　　を 6.00 kJ/mol，蒸発熱を 40.7 kJ/mol とし，加えた熱が氷あるいは水
　　以外の加熱に使われることはないものとする。

A：(ア)　$2.1×10^2$　　　(イ)　$2.4×10^3$　　　(ウ)　$3.3×10^3$

　　(エ)　$3.5×10^3$　　　(オ)　$5.4×10^4$

B：(ア)　$4.2×10^3$　　　(イ)　$2.3×10^4$　　　(ウ)　$2.7×10^4$

　　(エ)　$4.4×10^4$　　　(オ)　$6.5×10^4$

C：(ア)　20　　　(イ)　130　　　(ウ)　140　　　(エ)　150　　　(オ)　170

(4)　pH が 3.0 の塩酸 5.0 mL に純水を加えて（　A　）mL とすると pH は 4.0 となる。この pH が 4.0 の水溶液に pH が 10.0 の水酸化ナトリウム水溶液（　B　）mL を加えると pH は 7.0 になる。0.60 mol/L の酢酸水溶液 50 mL に，0.40 mol/L の水酸化ナトリウム水溶液 50 mL を加えると pH は（　C　）となる。ただし酢酸の電離定数を $K_a = 2.0 \times 10^{-5}$ mol/L とする。

A：㋐　10　　　㋑　20　　　㋒　30　　　㋓　40　　　㋔　50

B：㋐　30　　　㋑　40　　　㋒　50　　　㋓　60　　　㋔　70

C：㋐　4.4　　　㋑　4.5　　　㋒　4.7　　　㋓　5.0　　　㋔　5.2

(5)　固体高分子型燃料電池では，負極に水素を，正極に空気（酸素）を供給する。負極では H_2 から H^+ が生成し，正極側に移動し，正極では十分な O_2 が供給されて H_2O が生成する。1 mol の H_2 が反応すると，（　A　）mol の電子が発生する。毎秒 2.0×10^{-4} mol の H_2 を反応させると電圧が 0.70 V となる電池の発電出力は（　B　）W である。ただし，電気エネルギー〔J〕＝電圧〔V〕×電気量〔C〕である。燃料電池のエネルギー変換効率は，水素 1 mol を使用したときに得られる電池の電気エネルギーを，水素の燃焼熱 286 kJ/mol に対する割合で表したものである。したがって，この電池のエネルギー変換効率は（　C　）% である。

A：㋐　0.5　　　㋑　1　　　㋒　2　　　㋓　4　　　㋔　8

B：㋐　14　　　㋑　27　　　㋒　54　　　㋓　110　　　㋔　220

C：㋐　12　　　㋑　24　　　㋒　35　　　㋓　47　　　㋔　94

(6)　ナトリウムは反応性に富み，空気中ですみやかに（　A　）されて金属光沢を失う。ナトリウムと水を反応させて得られる水溶液は（　B　）と反応する。また，ナトリウムは，工業的には塩化ナトリウムの溶融塩電解により生産されるが，このとき副生成物として（　C　）が発生する。

A：㋐　還　元　　　　　㋑　酸　化　　　　　㋒　中　和

　　㋓　潮　解　　　　　㋔　風　解

　　B：(ア)　アニリン　　　　　(イ)　クメン　　　　　　(ウ)　ナフタレン

　　　　(エ)　ニトロベンゼン　(オ)　フェノール

　　C：(ア)　陽極で塩素　　　　(イ)　陽極で水素　　　　(ウ)　陰極で塩素

　　　　(エ)　陰極で水素　　　　(オ)　陰極で酸素

(7)　下記の記述①〜④のうち，銅に希硝酸を加えると発生する気体に関し
　　ては，（　A　）個が該当する。銅に濃硝酸を加えると発生する気体に
　　関しては，（　B　）個が該当する。さらに，亜硫酸ナトリウムに希硫
　　酸を加えると発生する気体については，（　C　）個が該当する。

　　①　有色の気体である。

　　②　空気中ですみやかに酸化される気体である。

　　③　水に溶けやすい気体である。

　　④　下方置換により捕集する気体である。

　　A：(ア)　0　　　(イ)　1　　　(ウ)　2　　　(エ)　3　　　(オ)　4

　　B：(ア)　0　　　(イ)　1　　　(ウ)　2　　　(エ)　3　　　(オ)　4

　　C：(ア)　0　　　(イ)　1　　　(ウ)　2　　　(エ)　3　　　(オ)　4

(8)　水素と塩素の混合物に光を当てると，（　A　）が起こる。また，濃
　　硝酸に光を当てると主に（　B　）を発生する。一方，酸素に紫外線を
　　当てると，強い酸化作用を示す気体 X が発生する。標準状態で 1.00 L
　　の酸素に紫外線を当てると，0.96 L の混合気体が得られた。この混合
　　気体中には，気体 X が（　C　）L 含まれる。

　　A：(ア)　水素が水素原子となることから始まるおだやかな反応

　　　　(イ)　水素が水素原子となることから始まる激しい反応

　　　　(ウ)　塩素が塩素原子となることから始まるおだやかな反応

　　　　(エ)　塩素が塩素原子となることから始まる激しい反応

　　　　(オ)　水素と塩素が同時に原子になることから始まるおだやかな反応

　　B：(ア)　水　素　　　　　(イ)　アンモニア　　　　(ウ)　窒　素

　　　　(エ)　一酸化窒素　　　(オ)　二酸化窒素

　　C：(ア)　0.02　　(イ)　0.04　　(ウ)　0.06　　(エ)　0.08　　(オ)　0.12

(9)　アミノ酸どうしが脱水縮合し，アミド結合を形成した化合物をペプチ

ドという。アラニンとグリシン 1 分子ずつから合成されるジペプチドは，
$H_2N-CH(CH_3)-CO-NH-CH_2-COOH$　と　$H_2N-CH_2-CO-NH-$
$CH(CH_3)-COOH$ の二通りの構造が考えられる。アラニン 2 分子とグ
リシン 2 分子のすべてをアミド結合でつないで鎖状のペプチドを合成す
ると，それらの分子量は（　A　）となり，とりうる構造は（　B　）
通りである。また，アラニン 2 分子とグリシン 2 分子から任意の個数で
アミノ酸を選ぶと，鎖状のペプチドが（　C　）通り合成可能である。

$$H_2N-\overset{\overset{\displaystyle H}{|}}{\underset{\underset{\displaystyle CH_3}{|}}{C}}-\overset{\overset{\displaystyle O}{\|}}{C}-OH \qquad H_2N-\overset{\overset{\displaystyle H}{|}}{\underset{\underset{\displaystyle H}{|}}{C}}-\overset{\overset{\displaystyle O}{\|}}{C}-OH$$

アラニン（分子量 89）　　　グリシン（分子量 75）

A：㋐　260　　㋑　274　　㋒　292　　㋓　310　　㋔　328

B：㋐　3　　㋑　4　　㋒　5　　㋓　6　　㋔　7

C：㋐　9　　㋑　10　　㋒　12　　㋓　16　　㋔　24

⑽　酢酸ビニルを（　A　）させることにより，ポリ酢酸ビニルができる。
この高分子化合物は分子内にエステル結合があるので，水酸化ナトリウ
ム水溶液で加水分解を行うとポリビニルアルコールが得られる。次に，
ホルムアルデヒドと反応させてポリビニルアルコール中の一部を（　B
　）化すると，日本で開発された合成繊維であるビニロンが得られる。
ポリビニルアルコール 100.0 g に質量パーセント濃度が 30.0％のホルム
アルデヒド水溶液（　C　）g を加え，ホルムアルデヒドが完全に反応
すれば，ビニロン 104.8 g が得られる。

A：㋐　開環重合　　　㋑　共重合　　　　㋒　縮合重合

　　㋓　付加縮合　　　㋔　付加重合

B：㋐　アセタール　　㋑　アセチル　　　㋒　エステル

　　㋓　スルホン　　　㋔　ニトロ

C：㋐　4.0　　㋑　12.0　　㋒　16.0　　㋓　32.0　　㋔　40.0

II　　次の文章を読んで，問 1 〜問 10 の答えを記述解答用紙の該当欄
　　　に記入しなさい。

　　水素は，工業的にアンモニアなどの合成の原料として利用され，ま
（問 1）

た，環境への影響が少ない次世代エネルギーとして注目されている。水素は，工業的には天然ガスの主成分であるメタンと水蒸気の反応で製造することができる。触媒存在下でメタンを水蒸気と高温で反応させると，一酸化炭素と水素が発生する。

$$CH_4(気) + H_2O(気) = CO(気) + 3H_2(気) + Q_1[kJ] \qquad ①$$

ここで，(問2) Q_1 は反応熱で，表1に示す生成熱から計算することができる。

表1 生成熱

物質	生成熱 [kJ/mol]
CH_4(気)	74.8
H_2O(気)	241.8
H_2(気)	0.0
CO(気)	110.5
CO_2(気)	393.5

次に，熱化学方程式①で表される反応で得られた一酸化炭素を，水蒸気と反応させると，さらに水素が生成する。

$$CO(気) + H_2O(気) = CO_2(気) + H_2(気) + Q_2[kJ] \qquad ②$$

ここで，(問2) Q_2 は反応熱である。

この反応の圧平衡定数 K_p は，次式のように，絶対温度 $T[K]$ に依存する。

$$\log_{10} K_p = \frac{2.15 \times 10^3}{T} - 2.20$$

(問3, 4) 容積が一定で密閉された容器の中に，一酸化炭素 1.00 mol と水蒸気 1.00 mol を入れて温度を一定にすると反応物と生成物の混合気体となり，水素の生成量は時間とともに増加して平衡状態になる。 水素を多く得るためには，この平衡状態を右に移動させる必要がある。(問5)

反応②の速度定数の温度変化について考える。反応②の正反応の速度定数 k と逆反応の速度定数 k' は，それぞれ活性化エネルギー E_a と E_a' を用いて次式で表される。

$$\log_{10} k = -\frac{E_a}{2.30RT} + C \qquad \log_{10} k' = -\frac{E_a'}{2.30RT} + C'$$

ここで，R は気体定数，C と C' は定数である。

　　正反応の活性化エネルギー E_a と逆反応の活性化エネルギー $E_a{}'$ の大
小関係をもとに，　_(問6)　k および k' の常用対数をとり，これと $1/T$ の関係を
図示した。　_(問7)　この図から，T と k および k' との関係がわかる。
　　　　　　_(問8)

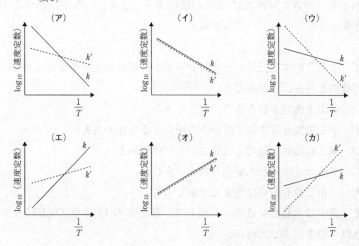

図1　速度定数と $1/T$ の関係

　　反応②を水蒸気が過剰な条件で行うと，水素を最大量得ることができる。
そこで，容積が一定で密閉された容器の中に，一酸化炭素と一酸化炭素に
対して過剰な水蒸気を入れて，一定温度で反応を行うとする。反応は水蒸
気が凝縮しない条件で行う。一酸化炭素の濃度 $[CO]$ がある時間 Δt の間
に $\Delta[CO]$ だけ変化したとき，反応速度 r は以下のように表される。

$$r = -\frac{\Delta[CO]}{\Delta t}$$

この式の極限をとり，かつ r が $[CO]$ に比例するとき，k'' を反応速度定
数とすると r は式③で表される。

$$r = -\frac{d[CO]}{dt} = k''[CO] \qquad ③$$

反応開始時点 $(t=0)$ での一酸化炭素濃度を $[CO]_0$ として，上の式を解
くと，

$$2.30 \times \log_{10}[CO] = 2.30 \times \log_{10}[CO]_0 - k''t$$

が得られる。

　　これを整理すると，以下の式となる。

$$\log_{10}\frac{[CO]_0}{[CO]} = \boxed{\text{ i }}$$

　この式によれば，k'' が $1.00 \times 10^{-2}\,\text{s}^{-1}$ であるとき，一酸化炭素は反応開始から（　**A**　）秒後に 50% が反応する。また，75% が反応するのは反応開始から（　**B**　）秒後である。

問1　水素に関する記述として，(ア)～(オ)から適切な文章をすべて選び，解答欄の記号を○で囲みなさい。

(ア)　常温で密度が最も小さい気体である。

(イ)　水を電気分解すると陽極から発生する気体である。

(ウ)　銅と希塩酸を混ぜると発生する気体である。

(エ)　アルカリ金属と水素化合物を作らない。

(オ)　宇宙で最も多く存在する元素である。

問2　表1に示した生成熱を利用して，反応熱 Q_1[kJ] と Q_2[kJ] を小数点以下第1位まで求めなさい。

問3　一酸化炭素 $1.00\,\text{mol}$ のうち $x\,\text{mol}$ が反応して平衡に達した。このときの圧平衡定数 K_p を x で表しなさい。

問4　平衡状態で一酸化炭素と水素の物質量の比が $1:1$ となるときの温度 T_1[K] を有効数字3桁で求めなさい。

問5　平衡状態で一酸化炭素と水素の物質量の比が $1:9$ となるときの温度 T_2[K] を有効数字3桁で求めなさい。

問6　E_a と E_a' の大小関係に関して，解答欄の選択肢のうち正しいものを○で囲みなさい。

〔解答欄〕　　$E_a > E_a'$　　　　　$E_a = E_a'$　　　　　$E_a < E_a'$

問7　$\log_{10}k$ および $\log_{10}k'$ の $1/T$ に対する変化を表した図はどれか，最も適合する図を，図1の(ア)～(カ)から選び，解答欄の記号を○で囲みなさい。

問8　温度を高くした場合の影響について，(ア)～(カ)から適切な文章を一つ選び，解答欄の記号を○で囲みなさい。

(ア)　k と k' は大きくなり，水素の量が増加する。

(イ)　k と k' は大きくなり，水素の量が減少する。

(ウ)　k と k' は大きくなり，水素の量は変わらない。

　㈎　k と k' は小さくなり，水素の量が増加する。

　㈥　k と k' は小さくなり，水素の量が減少する。

　㈦　k と k' は小さくなり，水素の量は変わらない。

問 9　空欄　｜　i　｜　に適切な式を答えなさい。

問 10　空欄（　A　）および（　B　）に当てはまる数値を有効数字 3
桁で求めなさい。

Ⅲ

次の文章を読んで，問 1〜問 10 の答えを記述解答用紙の該当欄
に記入しなさい。

⑴　構造の異なる有機化合物 A〜F の分子式は，いずれも $C_5H_{12}O$ である。
これらの構造を調べるために実験 1〜3 を行った。

　実験 1：化合物 A〜F に濃硫酸を加えて加熱したところ，いずれからも
　　　　　分子量が 70 の生成物が得られた。その生成物を調べたところ，
　　　　　化合物 A，F からは 1 種類のみが得られた。化合物 B，C，D
　　　　　からはそれぞれ 2 種類が得られ，化合物 B から得られた 2 種
　　　　　類はシス-トランス異性体であった。また，化合物 E からは 3
　　　　　種類が得られ，それらのうち 2 つはシス-トランス異性体であ
　　　　　った。

　実験 2：実験 1 で化合物 A から得られた分子量 70 の生成物をオゾン分
　　　　　解[*1]したところ，アルデヒド G とケトン H が得られた。

　実験 3：化合物 A〜F に対して，硫酸酸性の二クロム酸カリウム水溶液
　　　　　を十分な量加えたところ，化合物 C のみが反応しなかった。

　　　　　[*1] オゾン分解

　　　　　R^1，R^2，R^3，R^4 はアルキル基や水素など

問 1　化合物 C の構造を「水素 H の価標を省略して簡略化した構造
式」[*2]で書きなさい。

　　[*2]「水素 H の価標を省略して簡略化した構造式」でプロパンを書いた場合

　　　　　$H_3C-CH_2-CH_3$

問2 実験2で得られたアルデヒドGの物質名を答えなさい。

問3 化合物A〜Hの中で，不斉炭素原子を有する化合物をすべて選び，解答欄の該当する記号を○で囲みなさい。

問4 化合物A〜Hの中で，ヨウ素と水酸化ナトリウム水溶液を加えて加熱すると黄色沈殿が生成する化合物をすべて選び，解答欄の該当する記号を○で囲みなさい。

問5 化合物Fとして考えられるすべての構造を「水素Hの価標を省略して簡略化した構造式」[*2]で書きなさい。

(2) 油脂Pを加水分解したところ，グリセリンと飽和脂肪酸Q，不飽和脂肪酸R，不飽和脂肪酸Sが得られた。飽和脂肪酸Q 14.2gを炭酸水素ナトリウムと完全に反応させたところ，必要な炭酸水素ナトリウムは4.20gであった。また，不飽和脂肪酸Rと不飽和脂肪酸Sは水素を付加させることにより，いずれも飽和脂肪酸Qを与えた。一方，不飽和脂肪酸Rは以下の①の反応により，炭素数が同じである化合物Tと化合物Uを同じ物質量与えた。ここで，化合物Tはカルボキシ基を1つもち，化合物Uはカルボキシ基を2つ持っていた。一方，不飽和脂肪酸S 3.50gに臭素を完全に反応させたところ，化合物Vが7.50g得られた。

$$\underset{H \quad H}{R^1 \diagdown R^2} \xrightarrow[\text{KMnO}_4]{\text{H}_2\text{SO}_4} \underset{O}{R^1}{-}\text{OH} + \text{HO}{-}\underset{O}{R^2} \qquad ①$$

問6 不飽和脂肪酸Rの分子式を答えなさい。

問7 化合物Tと化合物Uを比較した際に正しいものを㋐〜㋗からすべて選び，解答欄の該当する記号を○で囲みなさい。

㋐ 化合物Tよりも化合物Uの方が親水性が強い。

㋑ 化合物Tの融点は，化合物Uの融点より低い。

㋒ 同じ質量の化合物Tと化合物Uをそれぞれ燃焼した際には，同じ体積のCO_2が得られる。

㋓ 同じ物質量の化合物Tと化合物Uをそれぞれ燃焼した際には，同じ質量のH_2Oが得られる。

㋔ 同じ物質量の化合物Tと化合物Uをそれぞれ炭酸水素ナトリウ

ムと完全に反応させた際には，同じ体積の CO_2 が発生する。

問8　不飽和脂肪酸 S の分子式を答えなさい。

問9　臭素原子は ${}^{79}Br$ と ${}^{81}Br$ が $1.00 : 0.97$ の比で存在している。したがって，化合物 V には異なるモル質量をもつ分子が存在する。このうち，もっとも存在比の大きい分子のモル質量を，小数点第 1 位を四捨五入して整数で答えなさい。

問10　油脂 P の分子量を答えなさい。

■■■生物■■■

（2 科目　120 分）

I　以下の問題文を読み，問いに答えなさい。

　動物細胞の中で，遺伝情報の大半を保持している細胞小器官は核であり，核は核膜によって細胞質と区別されている。2 倍体であるヒトの体細胞の核には，22 種類の常染色体ならびに X 染色体および Y 染色体の 2 種類の性染色体がある。核に加え，ミトコンドリアも遺伝情報を保持している（問 1）。

　ヒトのように X 染色体および Y 染色体の性染色体をもつ性決定の仕組みを XY 型性決定システムと呼ぶ（図 1 A）。XY 型性決定システムでは，性染色体が XX の組み合わせだとメスとなり XY の場合はオスとなる。一方，ニワトリの性決定システムは ZW 型性決定システムと呼ばれ，性染色体として Z 染色体と W 染色体があり，ZZ の組み合わせだとオスとなり ZW の場合にはメスとなる（図 1 B）。これらの他に，ハチやアリの

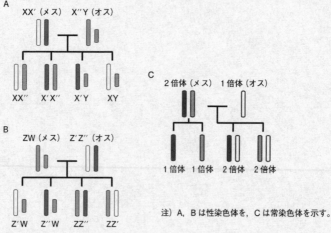

注）A，B は性染色体を，C は常染色体を示す。

図 1

ように，常染色体のゲノムが 2 倍体か 1 倍体（半数体）であるかによって性決定がなされる XO 型性決定システムなどもある（図 1 C，問 2）。このように性決定の仕組みは種によって多様である。

　遺伝子の塩基配列は世代を経るごとに突然変異によって変化する。突然変異の内容によっては，新しい形質を獲得する場合もあるが，重要な遺伝子の機能が損なわれて遺伝病が生じる場合もある。子孫に伝えられる遺伝子の変異のおこりやすさは，世代あたりの遺伝子の複製回数が多くなるほど高くなることが知られている。したがって，配偶子形成に至るまでの細胞の分裂回数が多いオスの方が，分裂回数の少ないメスよりも，世代ごとの遺伝子の変異のおこりやすさに大きく寄与していると考えられる（問 3，問 4）。

　XY 型性決定システムをとるアズキゾウムシは，細胞内共生細菌としてボルバキアを保有していることが知られている。日本に生息するアズキゾウムシを採取して，ある遺伝子 T の DNA 配列を調べたところ，多くの個体で T の亜型 T-a と T-b が同時に見つかった。DNA 配列解析以外の実験結果とあわせると，T-a は宿主の染色体に含まれるものだったが，T-b はアズキゾウムシの細胞内に共生するボルバキアのゲノムに含まれるものであることが判明した。T-b が検出されない（以下，「T-b をもたない」という）アズキゾウムシのオスと T-b をもつメスを交配すると，次の世代はオス・メスすべての個体が T-b をもっていたが，T-b をもつオスと T-b をもたないメスを交配すると，次の世代はオス・メスすべての個体が T-b をもたなかった。これは細胞内共生細菌をもつ宿主生物に見られる遺伝形式であり，母性遺伝のひとつである（問 5）。一方，T-a をもつオスと T-a をもたないメスを交配すると，次の世代のすべてのオスは T-a をもたず，すべてのメスは T-a をもっていた（問 6）。

　T-a 遺伝子の例は，細胞内共生細菌のゲノムの一部が宿主細胞のゲノムに取り込まれた例を示している。この様に，ある生物種のゲノムに異なる種の DNA が取り込まれて子孫に伝えられてゆくことは，遺伝子の水平伝播と呼ばれ，特に原核生物への他の生物の遺伝子の取り込みは頻繁にみられるが，多細胞生物ではあまりみられない（問 7）。

問 1　下線部に関する進化上の仮説の名称を答えなさい。

問2　母親が 2 倍体で父親が 1 倍体の場合，母親と娘の血縁度と娘同士の血縁度はどちらが何倍高いか。「～に比べて～が何倍高い」という形で答えなさい。

問3　世代を経る際に，母親から受け継ぐ遺伝子より父親から受け継ぐ遺伝子の方が，中立な突然変異が 5 倍高い割合で起こると仮定すると，中立な変異の割合（塩基あたりの変異率）は，X 染色体に比べて Y 染色体は一世代につき何倍の頻度であると推定されるか。また，Z 染色体に比べて W 染色体はどうか。理由と合わせて説明しなさい。

問4　ヒトの Y 染色体上の遺伝子数は X 染色体よりも極端に少ない。このことから，Y 染色体上に遺伝子を多く持つことは種を維持する上で不利であると考えられる。不利となる理由を，問題文全体を参考にしながら 2 つ推定しなさい。

問5　下線部について，この実験結果が得られた理由を，問題文全体を参考にしながら考えて答えなさい。

問6　この交配で得られたオスとメス同士をさらに交配した場合，得られる世代について「T-a をもつ・もたない」の状況はどうなるか。オスとメスそれぞれについて答えなさい。ただし，T-a をもつ・もたないの違いは，発生および生存には影響しないとする。

問7　なぜ多細胞生物が他の生物の遺伝子を取り込む水平伝播の頻度は低いのか，考えて理由を答えなさい。

Ⅱ　以下の問題文を読み，問いに答えなさい。

　免疫には，（　あ　）と獲得免疫がある。また，獲得免疫はさらに，体液性免疫と（　い　）に分けられる。以下は，体液性免疫についての記述である。

　ウイルスや自己のものではないタンパク質などの異物は，体内に侵入すると，（　う　）作用によって（　え　）細胞に取り込まれる。異物を取り込んだ（　え　）細胞は，リンパ管に入ってリンパ節に移動する（問2）。（　え　）細胞の中で異物のタンパク質は分解されて断片となり，膜タンパク質である（　お　）によって（　え　）細胞の表面に抗原として提示される。

　この（　お　）と，（　か　）と呼ばれるリンパ球の表面にある抗原受
容体が結合すると，（　か　）が活性化されて増殖する。活性化された
（　か　）は，別のリンパ球の一種である（　き　）を活性化して，異物
を認識する抗体を産生させる。様々な異物に対する抗体を産生させるため
に多様な（　き　）が存在しているが，どの様にして特定の異物を認識す
る抗体が大量に産生されるのであろうか。

　（　き　）は，その表面にある（　き　）抗原受容体に異物が結合する
と，（　う　）作用によって異物を取り込み分解する。異物の断片の一部
は抗原として（　お　）によって表面に提示される。ここで提示される抗
原を，活性化された（　か　）が認識してサイトカインを分泌し，その
（　き　）を活性化する（問３）。増殖した（　き　）は（　く　）細胞と
なり，（　き　）抗原受容体の抗原認識部位と同じ構造を持つ抗体を産生
する。

　１つの（　く　）細胞は一種類の抗体しか作らず，その抗体は抗原の特
定の部位である（　け　）を認識して結合する。異物の分解物であるタン
パク質の断片は複数あり，各々のタンパク質の断片にも複数の（　け　）
があるので，ある異物に結合する抗体は複数の種類が存在する。抗体の多
様性を抗体の分子構造からみてみよう。抗体は，分子量の比較的大きい
Ｈ鎖と呼ばれるペプチド鎖２つと，Ｌ鎖と呼ばれるペプチド鎖２つが組
み合わされた構造をとっている。Ｈ鎖とＬ鎖の先端部は抗原を認識し，
抗原によってアミノ酸の配列が異なり可変部と呼ばれる。それ以外の部分
は多くの抗体に共通であり，定常部と呼ばれる。Ｈ鎖の可変部はＶ，Ｄ，
Ｊという遺伝子の断片で，Ｌ鎖の可変部はＶ，Ｊという遺伝子の断片で指
定されている（問４）。

　細胞表面には様々な受容体があり，その受容体に，病原体の表面にある
タンパク質や毒素が結合してしまうことによって，病原性や毒性が発現す
ることが知られている。抗体にはその病原性や毒性を中和する機能があり
（問５），これを利用した抗体医薬品が開発されている。抗体医薬品の開発
は，当初マウスのモノクローナル抗体を用いて行われていたが，ヒトタン
パク質由来のアミノ酸配列の割合を高めて，キメラ抗体，ヒト化抗体，完
全ヒト抗体へと発展してきた（問６）。また，抗体の別の応用法として，
抗体に蛍光色素や酵素などを結合することによって，組織標本の特定のタ

ンパク質の色分けや血液中の特定のタンパク質の定量（問7）をする技術が開発され，頻繁に用いられている。

問1　（　あ　）～（　け　）に入る適切な語句を記入しなさい。

問2　リンパ節の役割について説明しなさい。

問3　下線部が説明している内容を図示しなさい。図には「（か）」，「（き）」，「（お）」，「（か）の抗原受容体」，「（き）の抗原受容体」，「サイトカイン」，「異物」，「異物の断片」を用いなさい。ただし（か），（き），（お）は記号そのままではなく，適切な語句を記すこと。

問4　下線部の情報をふまえて，抗体の多様性が生じる仕組みを説明しなさい。

問5　抗体による中和とはどういうことか，具体的に説明しなさい。

問6　マウス由来のアミノ酸配列をヒト由来の配列に置き換えた方が良い理由を説明しなさい。

問7　下線部の定量法として，一般的にはサンドイッチ酵素結合免疫吸着法（サンドイッチ ELISA 法）と呼ばれる方法が用いられる。この方法では，基板に固定された抗体 A が抗原を捕捉し，続いて別の抗体 B でサンドイッチする。さらにこの方法には，直接検出法と間接検出法の二つがある。直接検出法では，図1に示すように，この抗体 B に予め酵素を直接付加しておき，その酵素が無色の基質を発色させることにより定量する。また，間接検出法では，抗体 B の定常部を抗原として認識する抗体（抗体 C）も用い，抗体 C に予め付加してある酵素による発色量を定量する。

問7-1　抗体 A と抗体 B で抗原をサンドイッチする方法では，抗体 A を用いずに抗原を直接基板に固定する方法よりも抗原に対する特異性が高くなる。その理由を説明しなさい。特異性とは，抗原をそれ以外のタンパク質と間違えずに検出する能力のことである。

問7-2　直接検出法では，ある色素を付加してある抗体 B を用いてその色素を定量するよりも，その色素を生じる酵素を付加してある抗体 B を用いて定量する方が感度は高くなる。その理由を説明しなさい。

問7-3　図1にならい，間接検出法を，「基板に固定された抗体 A」，「抗体 B」，「酵素付加抗体 C」，「抗原」，「基質」，「色素」を用いて図示

しなさい。

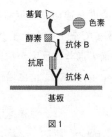

図1

Ⅲ　以下の問題文を読み，問いに答えなさい。

長鎖 DNA を複製してその量を飛躍的に増幅させる実験手法にポリメラーゼ連鎖反応（PCR）がある。PCR では，複製対象となる長鎖 DNA に加えてプライマーと呼ばれる短鎖 DNA，また dATP，dTTP，dGTP，dCTP（これらを dNTP と総称し，N はいずれかの核酸塩基を示す。図1，問1），さらに，耐熱性をもつ DNA ポリメラーゼを含む反応溶液を作製し，これら反応溶液の温度を周期的に変化させる。

複製対象となる長鎖 DNA が二本鎖の場合，図2と図3に示すように，加熱により二本鎖 DNA を解離させて，一本鎖となったそれぞれの DNA を鋳型とする（Step 1）。これら一本鎖 DNA に対して，相補的な核酸塩基配列をもつプライマーが反応液中に加えてあれば，適切な温度へと下げることでプライマーはそれぞれの一本鎖 DNA に結合する（Step 2）。プライマーの 3′ 末端側の先に鋳型 DNA の一本鎖が存在すれば，DNA ポリメラーゼによりプライマーの 3′ 末端から順に鋳型 DNA と相補的な核酸塩基をもつ dNTP を結合させる伸長反応が始まる（Step 2）。さらに適切な温度に上げることで，伸長反応が効率的に進行して，標的配列が複製される（Step 3）。

二本鎖 DNA の形成においては，相補的な核酸塩基対の間の水素結合による相互作用，および温度が大きな影響を及ぼす。相互作用が強ければ高温でも二本鎖が形成され，相互作用が弱ければ二本鎖形成のためには，より低温にする必要がある。

プライマーの核酸塩基配列と鎖長，Step 1 から Step 3 の温度と反応

時間，さらに反応溶液に含まれる鋳型 DNA，プライマー，dNTP，
DNA ポリメラーゼなどの濃度を適切に設定することで，DNA が合成さ
れる。Step 1 から Step 3 までを 1 回のサイクルとしてこのサイクルを
繰り返すと，図 3 に示す機構の通りに反応が進行すれば，1 サイクルあた
り複製対象となる長鎖 DNA 量はほぼ二倍に増幅される。

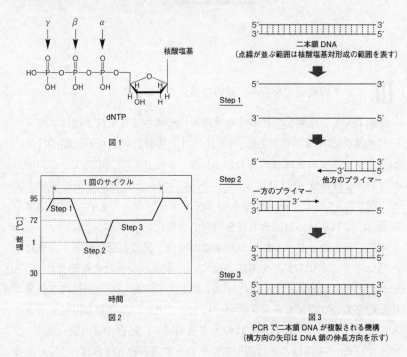

図 1

図 2

図 3
PCR で二本鎖 DNA が複製される機構
（横方向の矢印は DNA 鎖の伸長方向を示す）

以下を設定して，［実験 1］から［実験 5］を行った。
- 実験開始時の各プライマーの濃度は同一にした。
- Step 1 と Step 3 の温度はそれぞれ 95℃ と 72℃ にした。
- 温度を変化させるサイクルの回数は同一にした。

ただし，結果の解釈においては，以下の全ての条件を常に満たすとする。
- dATP，dTTP，dGTP，dCTP，各プライマーおよび DNA ポリメラ
  ーゼは，十分な量を加えて不足しないとする。
- 相補的な二本の DNA が結合しているか解離しているかの目安となる温
  度を融解温度（Tm）と呼ぶ。

　ここでは，Tm より高い温度では，鋳型となる一本鎖 DNA とプライマーの二本鎖形成は全く起こらないとする。

• DNA ポリメラーゼが DNA 鎖を伸長させる温度範囲は 30℃ から 80℃ の間とする。

[実験 1]

　鋳型 DNA 1 と鋳型 DNA 2 からなる二本鎖 DNA に対して，プライマー 1 とプライマー 2 の組を用いて，Step 2 の温度を t℃ として PCR を行った（図 2，図 4）。その結果，二本鎖 DNA が複製され，温度変化のサイクルを繰り返すごとに DNA 量がほぼ二倍に増幅された。

[実験 2]

　図 4 のプライマー 1 からプライマー 4 のうち，1 種類のみをプライマーとして用いて，他は実験 1 と同じ条件で温度変化のサイクルを繰り返したところ，鋳型 DNA 1 と同じ分子のみが合成された（問 2）。

[実験 3]

　プライマーを図 4 のプライマー 3 とプライマー 4 の組に変更して，他は実験 1 と同じ条件で PCR を行ったところ，二本鎖 DNA は全く複製されなかった（問 3）。

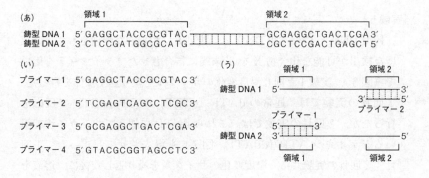

図 4

問 1　dNTP には 3 つのリン原子が含まれている。図 1 の α, β, γ のうち，いずれのリン原子が伸長反応により DNA 鎖に組み込まれるかを答えなさい。

問2　実験2について，プライマー1からプライマー4のうち，どのプライマーを用いたのかを答えなさい。

問3　実験3について，プライマー3とプライマー4が鋳型DNAに結合する模式図を，図4（う）と同じ図式で描きなさい。また，二本鎖DNAが複製されなかった理由を説明しなさい。

[実験4]

　鋳型DNA 3と鋳型DNA 4からなる二本鎖DNAに対して，プライマー5とプライマー6の組を用いて，Step 2の温度をt℃としてPCRを行った（図2，図5）。その結果，二本鎖DNAは全く複製されなかった。設定温度を変更したところ，二本鎖DNAが複製された（問4）。

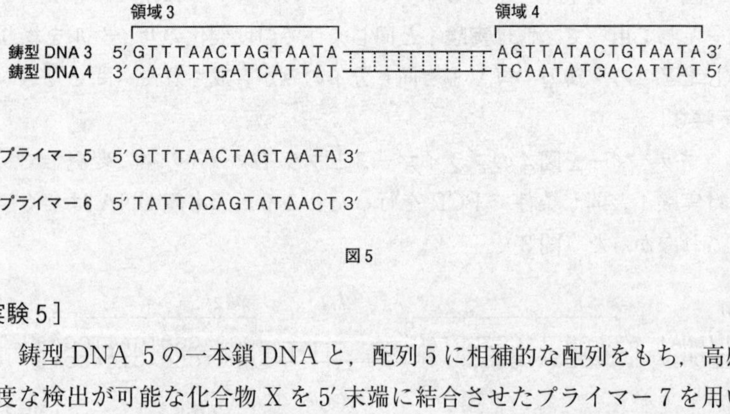

```
                 領域3                              領域4
鋳型DNA 3  5′ GTTTAACTAGTAATA ┬┬┬┬┬┬┬┬┬┬┬┬ AGTTATACTGTAATA 3′
鋳型DNA 4  3′ CAAATTGATCATTAT ┴┴┴┴┴┴┴┴┴┴┴┴ TCAATATGACATTAT 5′


プライマー5  5′ GTTTAACTAGTAATA 3′

プライマー6  5′ TATTACAGTATAACT 3′
```

図5

[実験5]

　鋳型DNA 5の一本鎖DNAと，配列5に相補的な配列をもち，高感度な検出が可能な化合物Xを5′末端に結合させたプライマー7を用いて（図6），実験1と同じ温度変化のサイクルを繰り返す操作を行った。1回目の実験では，通常のdATP，dTTP，dGTP，dCTPで反応を行ったが，2回目の実験では，これらdNTPに加えてサンガー法で用いるジデオキシATP（ddATP，図7）も混入させてしまった。1回目，2回目の実験共に，温度変化のサイクルを繰り返した後に，溶液を適切に処理して全てのDNAを一本鎖DNAに解離させたままにした。一塩基ごとの鎖長の違いで一本鎖DNAが分離されるゲル電気泳動法を用いて，化合物Xを持つ一本鎖DNAを分析したところ，図8の泳動パターンが得られた（問5）。

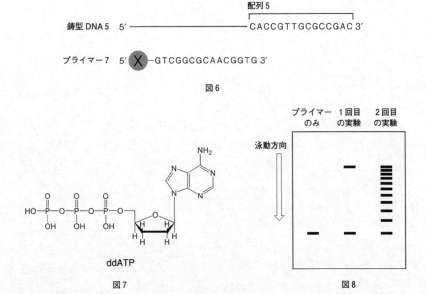

図6

図7

図8

問4　実験4において，設定温度をどのように変化させたのか，解答欄の図に点線で書き込みなさい。また，二本鎖 DNA が複製されるようになった理由を答えなさい。

〔解答欄の図〕

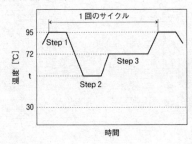

問5　実験5により，鋳型 DNA 5 の配列5以外の部分の塩基配列について分かることを，理由と共に答えなさい。

2020
年度

問題編

■一般入試

問題編

▶試験科目・配点

学部・学科等		教科	科　　　目	配点
基幹理工	学系 I ・学系 III	外国語	コミュニケーション英語 I ・ II ・ III，英語表現 I ・ II	120 点
		数 学	数学 I ・ II ・ III ・ A ・ B	120 点
		理 科	「物理基礎，物理，化学基礎，化学」または「物理基礎，物理，生物基礎，生物」または「化学基礎，化学，生物基礎，生物」	120 点
	学 系 II	外国語	コミュニケーション英語 I ・ II ・ III，英語表現 I ・ II	120 点
		数 学	数学 I ・ II ・ III ・ A ・ B	120 点
		理 科	「物理基礎，物理」「化学基礎，化学」	120 点
創 造 理 工		外国語	コミュニケーション英語 I ・ II ・ III，英語表現 I ・ II	120 点
		数 学	数学 I ・ II ・ III ・ A ・ B	120 点
		理 科	「物理基礎，物理」「化学基礎，化学」	120 点
先 進 理 工	物　理，応用物理，化学・生命化	外国語	コミュニケーション英語 I ・ II ・ III，英語表現 I ・ II	120 点
		数 学	数学 I ・ II ・ III ・ A ・ B	120 点
		理 科	「物理基礎，物理」「化学基礎，化学」	120 点
	応 用 化	外国語	コミュニケーション英語 I ・ II ・ III，英語表現 I ・ II	120 点
		数 学	数学 I ・ II ・ III ・ A ・ B	120 点
		理 科	「物理基礎，物理，化学基礎，化学」または「化学基礎，化学，生物基礎，生物」	120 点
	生命医科，電気・情報生命工	外国語	コミュニケーション英語 I ・ II ・ III，英語表現 I ，II	120 点
		数 学	数学 I ・ II ・ III ・ A ・ B	120 点
		理 科	「物理基礎，物理，化学基礎，化学」または「物理基礎，物理，生物基礎，生物」または「化学基礎，化学，生物基礎，生物」	120 点

▶備　考

- 3学部同一試験問題で実施。
- 「数学B」は「確率分布と統計的な推測」を除く。
- 基幹理工学部は学系単位で募集する。各学系から進級できる学科は次の通り。

　学系Ⅰ：数学科，応用数理学科

　学系Ⅱ：応用数理学科，機械科学・航空宇宙学科，電子物理システム学科，情報理工学科，情報通信学科

　学系Ⅲ：情報理工学科，情報通信学科，表現工学科

- 創造理工学部建築学科志願者に対しては上記筆記試験に加え，「空間表現（鉛筆デッサンなど）―省略」（配点 40 点）の試験が行われる。
- 先進理工学部の理科において，物理学科および応用物理学科では，物理：化学の配点を 2：1 （80 点：40 点）の比で重み付けをする（物理重視）。また，化学・生命化学科および応用化学科では，化学：物理（生物）の配点を 2：1 （80 点：40 点）の比で重み付けをする（化学重視）。

■「得意科目選考」について

　基幹理工学部（学系Ⅲ）および創造理工学部では，特定の科目で卓越した能力を持つ受験者に対し，能力や個性を伸ばす機会を与えるため，通常の合計点による合否判定とは別に「得意科目選考」を実施している。

　これは，学系・学科別対象科目（下表参照）で特に優れた能力を示したと当該学系・学科が判定した受験者を，合計点で合格最低点に達していなくても「合格」とする場合がある選考方式である（受験者全員が得意科目選考の対象となる。申請の必要はない）。

＜得意科目選考対象科目＞

学　部	学系・学科	対　象　科　目
基幹理工学部	学　　系　　Ⅲ	英語，数学，物理，化学，生物
創造理工学部	建　築　学　科	英語，数学，空間表現
	総 合 機 械 工 学 科	数学，物理，化学
	経営システム工学科	英語，数学，物理，化学
	社 会 環 境 工 学 科	英語，数学，物理，化学
	環 境 資 源 工 学 科	数学，物理，化学

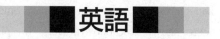

（90 分）

I Read Text I, Text II, and Text III and choose the best option from a-d for questions 1-15.

Text I

［1］ Air transportation is the safest form of transportation per kilometer travelled. In the rare case of an accident, however, the results are often devastating. Accidents in aviation rarely have a single cause, and human errors are involved in the majority of them.

［2］ In road transport, the link between human error and fatigue has been established in several studies. The main causes of sleepiness and fatigue are 1) circadian* phase, 2) time awake, and 3) amount of prior sleep. In addition, time on task may induce fatigue when involving sustained attention. Individual differences are likely to play a role in sleepiness and fatigue related accidents, driving performance, as well as modify sleep length and performance during sleep deprivation. Individual differences in the circadian type are among the most systematically studied with several rating scales developed to assess an approximate phase in individuals.

［3］ Also in aviation, human errors and improper decision-making are influenced by sleepiness and fatigue. Irregular working hours, working hours at inconvenient times of day, as well as frequent time zone crossings, characterize work life in aviation and all have a negative impact on alertness and may increase the risk of accidents.

［4］ The problem of fatigue in pilots is almost as old as aviation itself. It was, however, not until the 1980s that Samn and Perelli (1982) developed a fatigue scale in order to subjectively measure fatigue levels in pilots, starting the investigation of the effect of multiple time zone crossings on pilot fatigue. Since then, several factors have been shown to play a role in pilot fatigue and performance, including the highly automated work environment of the cockpit, flying at night as well as flight duration, although it has been reported to be equally severe in short haul, as in long haul operations.

[5] One way of counteracting fatigue in aircrew is through flight and duty time limitations. However, regulatory bodies are currently discussing how to incorporate sleep and performance science directly into their fatigue risk management systems by means of bio-mathematical sleepiness and fatigue modeling. Several such models have introduced over the past decades. Briefly, those include the two process model (2PM), the three process model of alertness (TPM, the subject of the present paper), the system for aircrew fatigue evaluation (SAFE), the interactive neurobehavioral model (INM), the sleep, activity, fatigue, and task effectiveness model (SAFTE), the fatigue audit inter dyne (FAID), and the circadian alertness simulator (CAS).

[6] The key processes in those models (except FAID) include, although with different parameters: 1) a homeostatic* process that describes the decline of alertness with time awake and its recovery with time asleep 2) a circadian process that describes the diurnal* variation in alertness 3) a sleep inertia process that describes the delay after wake up before alertness resumes. In addition, some models estimate the decline of alertness with time on task (SAFE, FAID, and CAS). As the generated fatigue output, most models predict subjective alertness, except SAFTE (predicting performance effectiveness) and FAID (predicting violations based on risk threshold levels).

[7] As Matschnigg et al. (2011) state: "An important question to ask about any model is whether it has been validated against fatigue

data from operations similar to those that you are interested in." To our knowledge, the only model that has been extensively validated in many occupational settings is the TPM, though the present study is the first attempt to validate it on aircrew. Many shift work studies have shown accurate alertness predictions at the group level. Although SAFE and SAFTE are specifically developed for use in aviation, those models still lack peer-reviewed validation.

[Adapted from Ingre, M., Van Leeuwen, W., Klemets, T., Ullvetter, C., Hough, S., Kecklund, G., Karlsson, D., & Torbjörn, Å. (2014) Validating and Extending the Three Process Model of Alertness in Airline Operations. *PLoS ONE* 9(10): e108679.]

*circadian — showing a natural, internal process that regulates the sleep-wake cycle
*homeostatic — relating to the ability to adjust one's internal environment to maintain a state of dynamic constancy
*diurnal — daily

Questions 1-9 refer to Text I.

1. How is aviation described, as compared to road transport?

　a. It is much safer because pilots are less influenced by fatigue than drivers.

　b. Human errors are frequently the sole cause of accidents in aviation as well as road transport.

　c. It is much safer, but accidents are typically disastrous when they occur.

　d. Working time determines pilot performance, while sleep length determines driving performance.

2. What do the authors imply about research on fatigue before the 1980s?

　a. Flight duration was proven to be equally influential in short and long-haul flights.

　b. The highly automated work environment of the cockpit was shown to contribute to accidents.

　c. Multiple time zone crossings had been demonstrated as being an influential factor.

d. Researchers had not developed any formal models of fatigue.

3. In paragraph [5], what does their refer to?

a. limitations b. regulatory bodies

c. sleep and performance science d. aircrew

4. What do 2PM, TPM, SAFE, INM, SAFTE, and CAS have in common?

a. They include a cycle of alertness variation.

b. They predict subjective alertness.

c. They predict sleep duration.

d. They include risk threshold levels.

5. Which of the three processes below (described in paragraph [6]) depend(s) on the amount of time since waking up?

1) the homeostatic process

2) the circadian process

3) the sleep inertia process

a. 1, 2, and 3 b. 1 and 3 only

c. 2 and 3 only d. 1 only

6. Based on the information in the text, which of the following most clearly models pilots losing their concentration to a dangerous degree over the course of a flight?

a. 2PM b. TPM

c. FAID d. INM

7. Which of the following is explicitly contradicted by the text?

a. Car, truck, and bus drivers are not affected by irregular work hours.

b. Several mathematical models of sleepiness have been introduced for use in the aviation industry.

c. The authors believe it is important to test theories in situations as close to real life as possible.

d. There has not been much study of how people differ from each other in their circadian cycles.

8. Which of the following is the most likely reason that the authors have focused on TPM in their paper?

 a. TPM is the only model that encompasses three key processes in fatigue.

 b. TPM outputs an objective but not a subjective prediction of alertness in pilots.

 c. TPM has been widely tested in a variety of different work situations.

 d. TPM is crucially based on circadian phase, time awake, and amount of prior sleep.

9. How is the present paper unique?

 a. It is focused exclusively on TPM.

 b. It compares TPM with other models of fatigue.

 c. It is the first to evaluate TPM with aircraft crews.

 d. It attempts to provide peer-reviewed validation for several models of fatigue.

Text II (This text is a direct continuation from Text I.)

[8] Since its inception in 1990, the TPM has been extended with an extra component modeling a 12 h ultradian process and a "brake" function that modifies homeostatic recovery during sleep. The added predictive power of these modifications have, however, not been properly validated on empirical data. In addition, the TPM has also used several different linear transfer functions between the internal alertness score and empirical data using the Karolinska Sleepiness Scale that may give very different levels of sleepiness as the output. The TPM has also been extended with a model based sleep generator that can be used to insert sleep periods into the data when such data is not available. This sleep generator has been shown to predict sleep reasonably well in one specific compressed shift sequence but has otherwise not been validated.

[9] A main objective of the present study was to validate the

TPM on a group of aircrew in real life situations, using observed sleep and sleepiness data. Our second objective with the present study was to extend the model with estimates of individual differences and probability of sleepiness for ecological estimates of risk. The circadian system is a large source of individual differences that may be of particular importance for aircrews that often travel across several time zones and become exposed to jetlag. Our third objective was to explore the feasibility of adjustment of the circadian phase according to circadian type and acclimatization to a different time zone for improved predictions of aircrews.

[Adapted from Ingre, M., Van Leeuwen, W., Klemets, T., Ullvetter, C., Hough, S., Kecklund, G., Karlsson, D., & Torbjörn, Å. (2014) Validating and Extending the Three Process Model of Alertness in Airline Operations. *PLoS ONE* 9(10): e108679.]

Questions 10-12 refer to Text I and Text II.

10. Which of the following is TRUE of paragraph [8]?

   a. It describes how TPM is superior to the other models listed and described in paragraphs [5]-[6].

   b. It criticizes the various ways that TPM has been validated relative to the processes in paragraph [6].

   c. It explains that research on TPM can be improved in a way also mentioned in paragraph [7].

   d. It shows how TPM satisfies some of the fatigue problems outlined in paragraph [4].

11. Which of the authors' three objectives described in paragraph [9] is most directly associated with the main issue raised in paragraph [7]?

   a. their main objective

   b. their second objective

   c. their third objective

   d. cannot be determined from the texts

12. The paragraphs in Text I and Text II can be grouped into three parts: Part A = [1][2][3], Part B = [4][5][6], and Part C = [7][8][9]. Which of the following best describes the primary roles of each of these three parts?

  a. Part A explains how human error causes accidents in air transportation; Part B explains how the FAID model differs from other fatigue models; and Part C explains how TPM is superior to other models.

  b. Part A describes the transportation industry in detail; Part B introduces some models related specifically to air transportation; and Part C differentiates between TPM and both SAFE and SAFTE models.

  c. Part A enumerates all of the factors that contribute to sleepiness and fatigue; Part B evaluates models of alertness to show which is best; and Part C explains a key quotation that criticizes the present study.

  d. Part A introduces the problem of fatigue in transportation; Part B describes several theoretical models of fatigue; and Part C describes why the present research will focus on TPM.

Text III

Biomathematical fatigue models are designed to take into account a range of factors relating to fatigue and to convert these into simple numerical scores representing fatigue risk. These scores can be used for performing comparisons (of schedules, for instance) or for evaluating a schedule against an upper fatigue limit. However, it is vital to avoid overly simplistic interpretations of the numerical estimates provided by the models.

Specifically, it is essential for any specified upper limit for fatigue scores to be validated in the operational environment in which they are to be used. The failure to validate limits or 'cut-off' scores in this manner could result in practices that undermine the quality of the fatigue risk management system (FRMS) and result in operational staff having minimal confidence in the system. In the worst case overreliance on biomathematical models could result in an FRMS that actually degrades fatigue management (Civil Aviation Safety Authority, 2010).

When a biomathematical model is included in an FRMS, complementary strategies to pro-actively identify and manage fatigue must also be considered. Flight crews and operational decision makers need to be educated to interpret the biomathematical model's output appropriately. The outputs of such models can give the illusion of being precise and quantitative despite the fact that they simply predict a qualitative measure such as subjective fatigue. Education, audits and the use of additional objective measures should ensure that a balanced view of the opportunities and limitations of models is maintained within an organisation's fatigue risk management culture and operational practices. Scores derived from biomathematical fatigue models cannot provide a "green light" for operational safety, but should rather be used as one of a number of risk management controls and complemented, for example, by crew fatigue monitoring and practices for ensuring adequate rest and sleep (Civil Aviation Safety Authority, 2010). Finally the use of a model within an FRMS should be an iterative process, with fatigue measurements, task errors and incident data collected and used to refine both the model and the overall FRMS.

[Adapted from Branford, K., Lowe, A., Hayward, B., Cabon, P. & Folkard S. (2014) *Biomathematical Fatigue Models: Guidance Document.* Australian Government Civil Aviation Safety Authority.]

Questions 13-15 refer to Text I, Text II, and Text III.

13. What do all three texts have in common?

a. They describe specific models of fatigue and their most relevant factors and use contexts.

　b．They emphasize that the models alone are not sufficient for controlling the risk of fatigue.

　c．They emphasize the necessity to test fatigue models in realistic target environments of use.

　d．They describe the specific investigative goals of their respective research papers.

14. Text III is taken from a guidance document provided by the Australian government to its aviation industry. This document is indirectly referenced in Text I or Text II. In which paragraph？

　a．paragraph［2］　　　　　b．paragraph［5］

　c．paragraph［6］　　　　　d．paragraph［9］

15. Which of the following investigative questions is LEAST directly motivated by the texts？

　a．In aviation accidents that are attributable to pilot fatigue, what proportion of cases were in contexts that had recently undergone an FRMS review？

　b．Which individuals in a national agency that is responsible for civil aviation safety can best become model aviation pilots and crew？

　c．How can individual differences in fatigue patterns best be represented in an extended TPM？

　d．What would be a suitable validation method for uniform standardized testing of any of the models used in an FRMS？

II　**Read the passage and rearrange the seven words in 1-5 in the correct order. Then choose from a-d the option that contains the third and fifth words.**

Real analysis stands as a beacon of stability in the otherwise unpredictable evolution of the mathematics curriculum. Amid the various pedagogical revolutions in calculus, computing, statistics, and data analysis, nearly every undergraduate program continues (at / to / of / one / least / require / semester) real analysis. My own department once challenged this norm by creating a mathematical sciences track that allowed students to replace our two core proof-writing classes ₂(and / in / like / with / departments / electives / physics) computer science. Within a few years, however, we concluded that the pieces did not ₃(together / in / a / without / analysis / hold / course). Analysis is, at once, a course in philosophy and applied mathematics. It is abstract and axiomatic in nature, but is engaged with the mathematics used by economists and engineers. How then do we teach a successful course to students with such diverse interests and expectations? Our ₄(for / to / required / analysis / desire / make / study) wider audiences must be reconciled with the fact that many students find the subject quite challenging and even a bit intimidating. One unfortunate resolution of this dilemma is to make the course easier by making it less interesting. The omitted material is inevitably what gives analysis its true flavor. A better solution is to find a way to make the more ₅(and / effort / worth / topics / accessible / advanced / the).

[Adapted from Abbott, S. (2015) *Understanding Analysis*. Second edition. Springer.]

1. a. 3rd: at
   5th: one
   b. 3rd: one
   5th: at
   c. 3rd: to
   5th: of
   d. 3rd: of
   5th: to
2. a. 3rd: in
   5th: like
   b. 3rd: like
   5th: in
   c. 3rd: with
   5th: and
   d. 3rd: and
   5th: with
3. a. 3rd: course
   5th: without
   b. 3rd: without
   5th: course
   c. 3rd: together
   5th: in
   d. 3rd: in
   5th: together

4 ． a ． 3rd: analysis 　　　　　　　b ． 3rd: required
　　　　5th: study 　　　　　　　　　　 5th: make

　　 c ． 3rd: make 　　　　　　　　　d ． 3rd: study
　　　　5th: required 　　　　　　　　 5th: analysis

5 ． a ． 3rd: accessible 　　　　　　　b ． 3rd: accessible
　　　　5th: worth 　　　　　　　　　　 5th: advanced

　　 c ． 3rd: topics 　　　　　　　　d ． 3rd: and
　　　　5th: and 　　　　　　　　　　　 5th: topics

III　Answer the questions in Sections A and B.

Section A: Read the text and choose the best option from a‒d for questions 1‒6.

So, here is a prescription for finding a black hole: start by looking for a star whose motion shows it to be a member of a binary star system. If both stars are visible, neither can be a black hole, so focus your attention on just those systems where only （　A　） star of the pair is visible, even with our most sensitive telescopes.

Being invisible is not enough, however, because a relatively faint star might be hard to see next to the glare of a brilliant companion or if it is hidden from view by dust. And even if the star really is invisible, it could be a neutron star. Therefore, we must also have （ I 　） evidence that the unseen star has a mass too high to be a neutron star and （　B　） it is a collapsed object — an extremely small stellar remnant.

We can use Kepler's law and our knowledge of the visible star to measure （　II　） mass of the invisible member of the pair. If the mass is greater than about 3 M_{Sun}, then we are likely seeing (or, more precisely, not seeing) a black hole — as long as we can make sure the object really is （　III　） collapsed star.

If matter falls toward （　IV　） compact object of high gravity, the material is accelerated to high speed. Near the event horizon of a black hole, matter （　C　） at velocities that approach the speed of light. As the atoms whirl chaotically toward the event horizon, （　D　） against each other; internal friction can heat them （　E　） temperatures of 100 million K or more. Such hot matter emits radiation in the form of flickering X-rays. The last part of our prescription, then, is to look for a source of X-rays associated with the binary system. Since X-rays do not penetrate Earth's atmosphere, such sources must be found using X-ray telescopes in space.

[Adapted from OpenStax Astronomy, *Astronomy*. OpenStax CNX. 17 April 2018
http://cnx.org/contents/2e737be8-ea65-48c3-aa0a-9f35b4c6a966@14.3]

1．Which of the following best fits in blank A ?
　a．each　　　　　　　　　　b．either
　c．one　　　　　　　　　　　d．the

2．Which of the following best fits in blank B ?
　a．which　　　　　　　　　　b．since
　c．where　　　　　　　　　　d．that

3．Which of the following best fits in blank C ?
　a．was moving　　　　　　　b．is moving
　c．had moved　　　　　　　　d．had been moving

4．Which of the following best fits in blank D ?
　a．they rub　　　　　　　　b．one rubs
　c．it rubs　　　　　　　　　d．those rub

5．Which of the following best fits in blank E ?
　a．from　　　　　　　　　　b．to
　c．up　　　　　　　　　　　d．at

6．Which of the blanks I, II, III, and IV must be filled with *a* or *an* ?
　a．I and II　　　　　　　　b．I and IV
　c．II and III　　　　　　　d．III and IV

Section B: The six paragraphs [A]-[F] below make up a passage but are not properly ordered. Moreover, the five sentences (1)-(5) in paragraph [A] are not properly ordered, either. Read the passage and choose the best option from a-d for questions 7 and 8.

[A]

(1) When a 'standing wave' light pattern is formed in a light-sensitive polymer film, crosslinks between the polymer molecules form selectively in layers, which are separated by other layers in which no crosslinking has occurred; this causes tensile stress to build across the non-crosslinked layers.

(2) The authors exposed such layered films to a solvent, which releases the stress by causing crazes to form in the non-crosslinked layers.

(3) Light shining on the films is reflected at successive craze layers, leading to interference effects that cause structural coloration.

(4) The authors take advantage of a phenomenon that controls a polymer's stress field (the distribution of forces within it that balances external forces), and so controls craze generation.

(5) The resulting films therefore contained alternating dense and porous layers, generating periodic variations in the refractive index of the material.

[B] The authors report the production of only a few colours in their work, but a wide range should, in principle, be generated by carefully adjusting the spacing of the alternating layers. The spacing can, in turn, be controlled by altering several factors: the wavelength of light used to produce the layers and the amount of time used to irradiate the films; the type and molecular weight of the polymer; the initial thickness of the film; the type and temperature of the solvent used to produce crazing; and the period of time for which the film is immersed in the solvent.

[C] When a typical transparent, glassy polymer is bent or stretched, partial whitening of the material often occurs just before it cracks or fractures. This unpredictable phenomenon is called crazing, and has generally been seen as something to be avoided. But in a paper in *Nature*, Ito *et al.* report that crazing can be fully controlled, and can be used to endow transparent polymers with colour. Controlled crazing could therefore be developed as the basis of an inkless, high-resolution method for printing colour on various flexible and transparent polymer materials.

[D] Ito *et al.* carried out a series of experiments to investigate the physical mechanism of, and the optimum conditions for, periodic craze formation in various transparent polymer films. The microvoids in crazes are, effectively, tiny cracks, and the authors conclude that the formation of the cracks must be controlled to control the crazing process. Their method is therefore a real triumph: crack-formation processes are much more complex and difficult to manage in amorphous materials (such as polymer films) than in crystalline ones, because the microscopic structures of amorphous materials are more random.

[E] Crazing patterns in polymers form in a direction perpendicular to the applied stress, and consist of interpenetrating, micrometre-scale voids bridged by highly oriented polymer microfibrils. The microvoids and microfibrils in uncontrolled crazes vary widely in size, and reflect a broad range of wavelengths of light — which explains why crazes usually look white. Ito and colleagues have demonstrated that, if crazing is controlled to generate porous layers that alternate with compact, non-porous layers, this can reinforce interference of the light reflected from the different layers, thereby producing specific colours.

[F] Transparent polymers have conventionally been colorized by mixing them with pigments, or by printing pigment-containing ink on polymer surfaces. However, transparent polymers can also be

colorized by producing microscopic structures within the materials —
an effect known as structural coloration. Structural colours are
frequently observed in nature, for example in butterfly wings. Ito and
co-workers use crazing as the basis for structural colour.

[Adapted from Ko, S. H. (2019). Crazy colour printing without ink. *Nature*,
570(7761), 312-313.]

7. Which of the following shows the best (most coherent) sentence
   order for paragraph [A]?

   a. 1 - 2 - 3 - 5 - 4　　　　　　b. 3 - 1 - 2 - 4 - 5
   c. 4 - 1 - 2 - 5 - 3　　　　　　d. 3 - 2 - 5 - 4 - 1

8. Which of the following shows the best (most coherent)
   paragraph order for the passage?

   a. F - C - D - B - E - A　　　　b. F - A - C - E - D - B
   c. C - F - E - A - D - B　　　　d. C - B - D - F - E - A

IV　Read the texts in Sections A and B, and answer the questions.

Section A: Choose the best option from a-d for questions 1-5.

We all reason. An argument is a line of reasoning designed to
prove a point. The central point of an argument is called the
conclusion. Each piece of evidence to support the conclusion is called
a *premise*. The way in which the premises are combined is called
reasoning. Consider simple arguments (a) and (b), in which the
conclusion is based on two premises:

(a) All cats are mammals; the blue whale is a mammal; therefore,
    the blue whale is a cat.

(b) All birds fly; penguins are birds; therefore, penguins fly.

In both (a) and (b), the conclusion is plainly wrong in the real
world. (a) is an example of an *illogical* argument — it is logically
invalid — since there is a mistake in the reasoning even if the initial
premises are true. In some political or business arguments, this kind

of flawed logic appears, and it can be much more difficult to be sure of right and wrong. (b), on the other hand, is an example of a *logical* argument — it is logically *valid* — since the reasoning itself is sound and the conclusion follows from the initial premises even if they are not true. In logic, a premise does not have to be true, but a false premise can lead to a false conclusion.

One key reason why we make bad decisions is that we unconsciously allow emotions to interfere with our reasoning. Sometimes we have an emotional investment in reaching a particular conclusion that satisfies our personal preferences.

[Adapted from Phillips, C. (2011) *Logical Thinking.* London: Connections Book Publishing Limited.]

1. Which of the following statements is true?

  a. Logical validity depends on reasoning.

  b. Logic and validity mean the same thing.

  c. Reasoning and logical validity are unrelated.

  d. Logic and validity depend on emotions.

2. Which of the following is the correct interpretation of the argument given below?

[If a phone is dropped into water, it is ruined; John dropped his phone into a river; therefore John's phone is ruined.]

  a. It is logically valid.

  b. It has a flawed logic similar to that of (a) in the text.

  c. It is logically invalid but makes sense in the real world.

  d. It is not a good argument because it has an emotional interference.

3. Suppose you are a computer specialist in a shop and a customer brings in a computer, requesting virus removal, with the argument given below. What is the most logical response to your customer?

[Computer virus x causes symptom y; my computer has symptom y; my computer has virus x; therefore getting rid of virus x from my computer is necessary to remove symptom *y*.]

 a．You are right. Virus *x* is the cause of the problem.

 b．Getting rid of virus *x* won't necessarily solve the problem.

 c．The problem is something other than virus *x*.

 d．Symptom *y* attracted virus *x* into your computer.

4．Which of the following is the best example of emotions interfering with reasoning?

 a．Tokyo is the capital of Japan, and my flight lands in Tokyo; so my flight lands in Japan.

 b．My dog is faithful and lovable. Therefore, dogs make the best pets in the world.

 c．A lot of people drink soda; therefore soda is good for you.

 d．Mountains exist; therefore people climb them.

5．Which of the following statements about logic is true?

 a．A logical argument can be made to support a false conclusion.

 b．An illogical argument may have a conclusion that is true.

 c．Logic is concerned with how an argument is made, not its content.

 d．All of the above are true.

Section B: Choose the best option from a-d for questions 6-10.

There is a quantitative tool that allows us to determine at what point we should choose one product or service over a （　A　） option. Let's look at an example.

 Example: For $1,000, we can buy copying machine #1, which costs 3 cents per copy to operate. We can buy copying machine #2 for only $800, but it costs 4 cents per copy to operate. At what level of activity (number of copies made) does one option offer a cost advantage （　B　） the other? The formula for this calculation is:

$$N = \frac{FC2 - FC1}{VC1 - VC2}$$

where

N = crossover point,

FC1 = fixed cost of machine #1 ($1,000),

FC2 = fixed cost of machine #2 ($800),

VC1 = variable cost of machine #1 ($0.03), and

VC2 = variable cost of machine #2 ($0.04).

Fixed costs are those not sensitive to variations in volume. Variable costs are those sensitive to volume. Putting the variables from our hypothetical situation into the formula, we get:

$$N = (\quad C \quad) \text{ units}$$

N, the crossover point, also known as the point of indifference, is equal to the fixed cost (or purchase price) of machine #2 (FC2) minus the fixed cost (or purchase price) of machine #1 (FC1) (D) the variable cost (cost per copy) of machine #1 (VC1) minus the variable cost (cost per copy) of machine #2 (VC2). We can see that, if we were to make exactly (C) copies, (E) which machine we would choose. In practice, the machine with a lower fixed cost would generally be preferred for quantities below the crossover point.

[Adapted from Sobel, M. (1994) *The 12-Hour MBA Program*, Prentice Hall.]

6. Which of the following best fits in the blank labeled A?

　a. buying　　　　　　　　　b. competing

　c. matching　　　　　　　　d. qualifying

7. Which of the following best fits in the blank labeled B?

　a. over　　　　　　　　　　b. across

　c. through　　　　　　　　d. with

8. Which of the following best fits in the two blanks labeled C?

　a. 200　　　　　　　　　　b. 2,000

　c. 20,000　　　　　　　　d. 200,000

9. Which of the following best fits in the blank labeled D?

　a. added to　　　　　　　　b. subtracted from

　c. multiplied by　　　　　　d. divided by

10. Which of the following best fits in the blank labeled E ?

a . it would serve the purpose of

b . we would know exactly

c . we would be concerned about

d . it would make no difference

V　Answer the questions.

For questions 1-15, two definitions are given with one sample sentence each. Think of a word that matches both definitions and also fits in the blanks in both sentences. Convert each letter of the word into a number 1 to 4 according to the table below: number 1 represents letters a-g, 2 represents h-m, 3 represents n-s, and 4 represents t-z. Then choose the matching sequence of numbers from options a-d. For example, if the word you think of is *wise*, for which the first letter *w* is given, the remaining letters would be changed into *2* for *i*, *3* for *s*, and *1* for *e*. Hence, the correct answer would be *w231*.

Number	Letters
1	a, b, c, d, e, f, g
2	h, i, j, k, l, m
3	n, o, p, q, r, s
4	t, u, v, w, x, y, z

1. (i) a helpful and useful effect that something has: This new regulation will be of (*b*　　) to everyone concerned.

(ii) the money you get from an insurance company: The insurance plan will provide substantial cash (*b*　　)s to your family in case of your death.

a . *b132414*　　　　　　　b . *b231232231*

c . *b131124*　　　　　　　d . *b44132141*

2．(i)　to have something as the main part or the only part: True
education does not (*c*　　　) in simply being taught facts.

(ii)　to be formed from the things mentioned: Our diet
(*c*　　　)s largely of vegetables.

a．*c*412443　　　　　　　　b．*c*3214

c．*c*13411242　　　　　　　d．*c*333234

3．(i)　to give something to a large number of people: The
organization will (*d*　　　) food to the earthquake victims.

(ii)　to send goods to stores so that they can be sold: Who will
(*d*　　　) our products in China?

a．*d*12332322　　　　　　　b．*d*21344

c．*d*423111　　　　　　　　d．*d*234321441

4．(i)　one of several things that cause something: The closure of
the factory was the single most important (*f*　　　) in the
town's decline.

(ii)　a number that divides into another number exactly: 1, 2, 3, 4,
6, and 12 are the (*f*　　　)s of 12.

a．*f*3332134　　　　　　　b．*f*1321

c．*f*41332　　　　　　　　d．*f*11433

5．(i)　to recognize somebody and be able to say who they are:
Mary was able to (*i*　　　) her attacker.

(ii)　to discover something: The scientists were able to (*i*　　　)
a link between diet and cancer.

a．*i*13222　　　　　　　　b．*i*2444421

c．*i*322　　　　　　　　　d．*i*1134214

6．(i)　a person or a thing that represents a particular idea or
quality: The dove is a (*s*　　　) of peace.

(ii)　a letter or a mark that represents something: C is the
chemical (*s*　　　) for carbon.

a．*s*42132　　　　　　　　b．*s*33411

c．*s*213421　　　　　　　　d．*s*1413141

7．(i)　to produce something: The new government program will

$(g$　　$)$ a lot of new jobs for young people.

(ii)　to produce a form of energy: Those wind turbines $(g$　　$)$ enough electricity for our community.

　　a．g1313141　　　　　　　　b．g322214

　　c．g434211341　　　　　　　d．g23214112

8. (i)　a number of people or things that are all different but are all of the same general type: This drug is effective against a wide $(r$　　$)$ of bacteria.

(ii)　the limits within which amounts or quantities vary: These toys are suitable for children in the pre-school age $(r$　　$)$.

　　a．r12332　　　　　　　　　b．r41231

　　c．r42123　　　　　　　　　d．r1311

9. (i)　a planned series of actions for achieving something: We need to devise an effective $(s$　　$)$ to deal with hate crimes.

(ii)　a skillful plan: The company must resolve questions about its sales $(s$　　$)$.

　　a．s31243212　　　　　　　b．s4314114

　　c．s4121332　　　　　　　　d．s32312321

10. (i)　a way of thinking about something: We have to look at every domestic issue from an international $(p$　　$)$.

(ii)　a sensible way of judging and comparing situations: It's important to keep things in $(p$　　$)$ and not dwell on one particular incident.

　　a．p244311344　　　　　　　b．p1333114241

　　c．p3433224321　　　　　　　d．p432213321

11. (i)　a machine or a tool that does a special job: This is our latest $(d$　　$)$ for separating metal from garbage.

(ii)　a method of doing something that produces a particular result: Sending advertisements by email is very successful as a marketing $(d$　　$)$.

　　a．d1342113　　　　　　　　b．d14211

　　c．d321224　　　　　　　　　d．d3422311

12. (i) to make something return to its former condition: The government has been promising to (*r*　　) the economy to full strength.

(ii) to bring back a positive feeling that a person felt before: These measures will (*r*　　) public confidence in the educational system.

　a. *r*134331　　　　　　　　b. *r*4233112

　c. *r*3234231　　　　　　　　d. *r*21344

13. (i) a long piece of writing about a particular subject that you write as part of the requirements for an academic degree: John wrote his graduation (*t*　　) on the recent advances of AI technology.

(ii) an idea about something that you discuss in a formal way: Our main (*t*　　) is that the rapid rise in earnings is due to improvements in education.

　a. *t*211432　　　　　　　　b. *t*432123

　c. *t*41332　　　　　　　　　d. *t*21323

14. (i) to treat someone unfairly by asking them to do things for you but giving them very little in return: Employers must not (*e*　　) employees.

(ii) to use a situation in order to gain as much from it as possible: We need to (*e*　　) every opportunity for media coverage.

　a. *e*3312411　　　　　　　　b. *e*132133

　c. *e*432324　　　　　　　　　d. *e*2442212

15. (i) to continue to do something in a determined way: Why do you (*p*　　) in denying that it was your fault?

(ii) to continue to exist: Call your doctor if the symptoms (*p*　　) for more than three days.

　a. *p*133234　　　　　　　　b. *p*4312133

　c. *p*21224　　　　　　　　　d. *p*3444221

数学

(120 分)

I　複素数 $\alpha,\ \beta,\ \gamma$ が $|\alpha|=|\beta|=|\gamma|=1$ かつ $\alpha+\beta+\gamma=0$ を満たすとき，以下の問に答えよ。

(1)　$\alpha,\ \beta,\ \gamma$ を表す複素平面上の点が正三角形をなすことを示せ。

(2)　$\dfrac{\alpha\beta}{\gamma^2}+\dfrac{\beta\gamma}{\alpha^2}+\dfrac{\gamma\alpha}{\beta^2}$ の値を求めよ。

(3)　n を 3 で割り切れない自然数とするとき $\alpha^n+\beta^n+\gamma^n$ の値を求めよ。

II　放物線 $y=\dfrac{1}{2}x^2$ を C とする。C 上を動く点を $\mathrm{P}\left(t,\ \dfrac{1}{2}t^2\right)$ とし，d を正の定数とする。点 P において C に接する半径 d の円で，中心 Q の座標 $(X,\ Y)$ が $Y\geqq\dfrac{1}{2}t^2$ を満たすものを考える。このとき，以下の問に答えよ。

(1)　放物線 C の P における接線の方程式を求めよ。

(2)　放物線 C の P における法線の方程式を求めよ。

(3)　中心 Q の y 座標 Y を t を用いて表せ。

(4)　Y の極小値を求めよ。

III　曲線 $x=g(y)$ の $y\geqq 0$ の部分と x 軸上の線分 $0\leqq x\leqq g(0)$ のなす曲線を C とし，C を y 軸のまわりに 1 回転してできる容器を V とする。ただし，$g(y)$ は $y\geqq 0$ で定義された正の関数とする。V に毎秒一定量 v の水を注ぐとする。t 秒後の V 内の水位を $y=h(t)$ とするとき，以下の問に答えよ。

(1)　水位が一定の速さで上昇するとき，$g(y)$ は定数関数であることを示せ。

(2)　$g(y)=e^y$ のとき，$h(t)$ を求めよ。

IV 箱の中に a 個の赤玉と b 個の白玉を合わせて 2020 個入れる。ただし，$a \geqq 1$，$b \geqq 1$ とする。n 人を一列に並べ，前から順に 1, 2, …，n と番号をつける。番号 1 の人から順に玉を 1 個取り出し，色を確認したら箱の中へ戻し最後尾に並び直す。これを赤玉が出るまで繰り返す。

番号 k の人が赤玉を引く確率を $p_k{}^{(n)}$，また，$\alpha = \dfrac{a}{a+b}$，$\beta = \dfrac{b}{a+b}$ とするとき，以下の問に答えよ。

(1) $p_1{}^{(2)}$ を β を用いて表せ。

(2) 各 $k = 1, 2, \cdots, n-1$ に対して，$\dfrac{p_{k+1}{}^{(n)}}{p_k{}^{(n)}}$ を求めよ。

(3) 各 $k = 1, 2, \cdots, n$ に対して $q_k = \lim_{n \to \infty} p_k{}^{(n)}$ とし，

$$E = \sum_{k=1}^{\infty} k q_k$$

と定める。$a \geqq b$ のとき，E の値を最大にするような a, b を求めよ。必要ならば，$|r| < 1$ なる実数 r に対して $\lim_{n \to \infty} n r^n = 0$ となることを用いてよい。

V 以下の問に答えよ。

(1) 関数 $y = e^{|x-1|}$ のグラフと関数 $x = e^{|y-1|}$ のグラフを一つの座標平面上に描け。

(2) 連立不等式 $|y| \leqq e^{|x-1|}$，$|y| \leqq e^{|x+1|}$，$|x| \leqq e^{|y-1|}$，$|x| \leqq e^{|y+1|}$ の表す領域を D とする。このとき，D を図示せよ。

(3) 領域 D の面積を求めよ。

(4) 領域 D を x 軸のまわりに 1 回転してできる回転体の体積を求めよ。

※　(3)，(4)に関しては，問の記述に不十分な部分があったため，解答の有無・内容にかかわらず，受験生全員に得点を与えることとすると大学から発表があった。

■■ 物理 ■■

（2 科目　120 分）

I 以下の空欄にあてはまるものを各解答群から選び，マーク解答用
紙の該当欄にマークせよ。

　図1のように，2 本の細いスリットが間隔 d で配置されたスリット板
を屈折率1の空気中におく。この 2 本のスリットに波長 λ のレーザー光
をスリット板に対して垂直に入射する。レーザー光は平面波とみなせるも
のとする。このとき，スリット板に平行に配置したスクリーン上には明点
がほぼ等間隔に並ぶ。スリット板とスクリーンの距離 L は，d に比べて
十分に大きいものとする。2 本のスリットから等距離にある明点の中心を
原点 O として，並んだ明点に沿って X 軸をとる。原点 O の位置の明点が
0 次回折光，X 座標が正の側に現れる最初の明点が 1 次回折光，負の側
に現れる最初の明点が -1 次回折光であり，2 次以降も同様である。図2
のように，X 軸を含みスクリーンに垂直な平面上で 2 本のスリットの位
置をそれぞれ点 S_1，点 S_2 とし，S_1 と S_2 の中点を点 Q とする。以下の設
問において，$|\theta| \ll 1$ のとき $\sin\theta \fallingdotseq \tan\theta \fallingdotseq \theta$ および $\cos\theta \fallingdotseq 1$ と近似できる
ことを用いてよい。

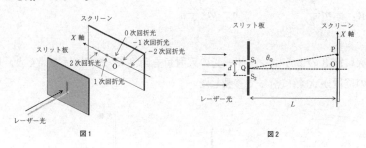

図1　　　　　　　　　　　　　図2

問1　X 軸上の点 P の座標を x とし（$x > 0$），線分 QO と線分 QP との
　　なす角を θ_Q，S_1 と P との距離を l_1，S_2 と P との距離を l_2 とする。d
　　が L に比べて十分に小さいため，線分 QP と線分 S_1P，線分 S_2P は平

行とみなせて，経路差 l_2-l_1 は ☐(1)☐ となる。さらに x が L に比べて十分に小さい場合には θ_Q が十分に小さくなるため，この経路差は ☐(2)☐ と近似できる。m を整数として m 次回折光による明点が現れる X 座標は ☐(3)☐ である。

(1)の解答群

a. $\dfrac{dL\cos\theta_Q}{x}$ 　　　　**b.** $x\cos\theta_Q$ 　　　　**c.** $L\sin\theta_Q$

d. $d\sin\theta_Q$ 　　　　　　　**e.** $x\sin\theta_Q$ 　　　　**f.** $d\cos\theta_Q$

g. $\dfrac{dL\sin\theta_Q}{x}$ 　　　　**h.** $L\cos\theta_Q$

(2)の解答群

a. $\dfrac{d^2}{x}$ 　　　　　　　**b.** $\dfrac{dx}{L}$ 　　　　　**c.** $\dfrac{x^2}{d}$

d. $\dfrac{xL}{d}$ 　　　　　　　**e.** $\dfrac{x^2}{L}$ 　　　　　**f.** d

g. $\dfrac{dL}{x}$ 　　　　　　　**h.** $\dfrac{d^2}{L}$

(3)の解答群

a. $-(m-1)\dfrac{Ld}{2\lambda}$ 　　**b.** $\dfrac{L\lambda}{md}$ 　　　　**c.** $-m\dfrac{L\lambda}{d}$

d. $(m-1)\dfrac{Ld}{2\lambda}$ 　　**e.** $m\dfrac{Ld}{2\lambda}$ 　　　**f.** $-\dfrac{L\lambda}{md}$

g. $-m\dfrac{Ld}{2\lambda}$ 　　　**h.** $m\dfrac{L\lambda}{d}$

　次に図3のようにレーザー光の入射角を角度 θ_b まで傾けていくと，明点の位置が X 軸に沿って移動した。

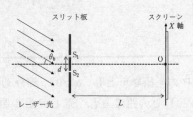

図3

問2　入射光の S_1 における位相と S_2 における位相の間には □(4)□ の
　　差が生じ，原点 O にあった明点（0 次回折光）は X 座標 □(5)□ に移
　　動した。このとき，となりあう明点の間隔は □(6)□ である。

(4)の解答群

a ．$\dfrac{\pi d\sin\theta_b}{\lambda}$ 　　　　b ．$\dfrac{\pi d\cos\theta_b}{2\lambda}$ 　　　　c ．$\dfrac{\pi d\cos\theta_b}{\lambda}$

d ．$\dfrac{d\cos\theta_b}{\lambda}$ 　　　　e ．$\dfrac{2\pi d\sin\theta_b}{\lambda}$ 　　　　f ．$\dfrac{2\pi d\cos\theta_b}{\lambda}$

g ．$\dfrac{\pi d\sin\theta_b}{2\lambda}$ 　　　　h ．$\dfrac{d\sin\theta_b}{\lambda}$

(5)の解答群

a ．$d\sin\theta_b$ 　　　　b ．$-L\sin\theta_b$ 　　　　c ．$-d\sin\theta_b$

d ．$-d\cos\theta_b$ 　　　　e ．$-L\cos\theta_b$ 　　　　f ．$d\cos\theta_b$

g ．$L\cos\theta_b$ 　　　　h ．$L\sin\theta_b$

(6)の解答群

a ．$\dfrac{Ld}{2\lambda}\theta_b$ 　　　　b ．$\dfrac{L\lambda}{d}\theta_b$ 　　　　c ．$\dfrac{Ld}{2\lambda}$

d ．$\dfrac{L\lambda}{d}$ 　　　　e ．$\dfrac{d\lambda}{L}$ 　　　　f ．$\dfrac{d\lambda}{L}\theta_b$

g ．$\dfrac{Ld}{\lambda}\theta_b$ 　　　　h ．$\dfrac{Ld}{\lambda}$

　屈折率 1 の空気中に 1 より大きな屈折率 n をもつ頂角 θ_n のプリズムを
おく。図 4 に示すように，このプリズムの片面に垂直に波長 λ のレーザ
ー光を入射した。以下の問では，空気とプリズムの境界面で反射する光は
考えないものとする。

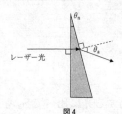

図4

問3　図4のようにプリズムから出射した光の進行方向と出射側の面の法線とのなす角を θ_a とすると，θ_n と θ_a の関係は $\sin\theta_n =$ [(7)] である。ここで θ_n, θ_a が十分に小さいとすると $\theta_n =$ [(8)] となる。

(7)の解答群

a．$(n-1)\cos\theta_a$ 　　**b**．$n\sin\theta_a$ 　　**c**．$\dfrac{1}{n}\cos\theta_a$

d．$\dfrac{1}{n-1}\sin\theta_a$ 　　**e**．$n\cos\theta_a$ 　　**f**．$\dfrac{1}{n-1}\cos\theta_a$

g．$(n-1)\sin\theta_a$ 　　**h**．$\dfrac{1}{n}\sin\theta_a$

(8)の解答群

a．$n-1$ 　　**b**．$\dfrac{1}{n-1}$ 　　**c**．$\dfrac{\theta_a}{n-1}$

d．n 　　**e**．$\dfrac{1}{n}$ 　　**f**．$n\theta_a$

g．$(n-1)\theta_a$ 　　**h**．$\dfrac{\theta_a}{n}$

　このプリズムを図2のレーザー光源とスリット板の間に挿入した場合を考えよう。図5のように，プリズムの入射側の面がスリット板に平行になるように配置し，レーザー光を入射側の面に対して垂直に入射する。プリズムで屈折したレーザー光は入射角 θ_s でスリット板に入射し，2本のスリットを通過するものとする。

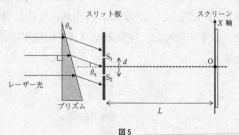

図5

問4　このとき S_1 を通過する光に比べて S_2 を通過する光の方がプリズム内部の経路は [(9)] だけ長くなる。ここで θ_n, θ_s が十分に小さいとすると，θ_n と θ_s の関係は $\theta_s =$ [(10)] と近似でき，また，プリズム内

部の経路差は　(11)　と近似できる。同様の近似によって，スリット板までの空気中の経路は S_1 を通過する光に比べて S_2 を通過する光の方が　(12)　だけ短くなる。このようにして生じた経路差からスリット板に入射する光の S_1 における位相と S_2 における位相の間には　(13)　の差が生じる。このとき，図 2 の場合において原点 O にあった明点（ 0 次回折光）は X 座標　(14)　に移動した。

(9)の解答群

a. $\dfrac{d\sin\theta_n}{1-\cos\theta_s}$　　　　b. $\dfrac{d\cos\theta_n}{1-\cos\theta_n\cos\theta_s}$　　　c. $\dfrac{d\cos\theta_n}{1-\cos\theta_s}$

d. $\dfrac{dn\cos\theta_n}{1-\cos\theta_n\cos\theta_s}$　　e. $\dfrac{dn\tan\theta_n}{1-\tan\theta_n\tan\theta_s}$　　f. $\dfrac{dn\cos\theta_n}{1-\cos\theta_s}$

g. $\dfrac{dn\sin\theta_n}{1-\cos\theta_s}$　　　h. $\dfrac{d\tan\theta_n}{1-\tan\theta_n\tan\theta_s}$

(10)の解答群

a. $2n\theta_n$　　　　　　　b. $n\theta_n$　　　　　　　c. $\dfrac{\theta_n}{n}$

d. $\dfrac{\theta_n}{n-1}$　　　　　　e. $2(n-1)\theta_n$　　　f. $(n-1)\theta_n$

g. $\dfrac{2\theta_n}{n}$　　　　　　　h. $\dfrac{2\theta_n}{n-1}$

(11)の解答群

a. $\dfrac{d\theta_n}{n}$　　　　　　b. $dn\theta_n$　　　　　c. $d\theta_n$

d. $\dfrac{d\theta_n}{n-1}$　　　　　e. $\dfrac{d\theta_s}{n-1}$　　　f. $n\theta_n$

g. $dn\theta_s$　　　　　　h. $\dfrac{d\theta_s}{n}$

(12)の解答群

a. $\dfrac{d\theta_n}{n}$　　　　　　b. $dn\theta_n$　　　　　c. $d\theta_n$

d. $\dfrac{d\theta_n}{n-1}$　　　　　e. $\dfrac{d\theta_s}{n-1}$　　　f. $n\theta_n$

g. $dn\theta_s$　　　　　　h. $\dfrac{d\theta_s}{n}$

⒀の解答群

a ．$\dfrac{2\pi d\theta_n}{n(n-1)\lambda}$　　　　b ．$\dfrac{2\pi d\theta_n}{(n+1)\lambda}$　　　　c ．$\dfrac{2\pi d\theta_n}{(n-1)\lambda}$

d ．$\dfrac{2\pi n(n+1)d\theta_n}{\lambda}$　　e ．$\dfrac{2\pi n(n-1)d\theta_n}{\lambda}$　　f ．$\dfrac{2\pi(n+1)d\theta_n}{\lambda}$

g ．$\dfrac{2\pi(n-1)d\theta_n}{\lambda}$　　　h ．$\dfrac{2\pi d\theta_n}{n(n+1)\lambda}$

⒁の解答群

a ．$-(n-1)L\theta_n$　　　b ．$\dfrac{L\theta_n}{n+1}$　　　c ．$(n+1)L\theta_n$

d ．$nL\theta_n$　　　　　　　e ．$-(n+1)L\theta_n$　　f ．$-nL\theta_n$

g ．$\dfrac{L\theta_n}{n-1}$　　　　　h ．$(n-1)L\theta_n$

II　以下の問の答を解答用紙の該当欄に記入せよ。

　惑星の公転運動に成り立つ法則には，
一般の物体の運動にもあてはまるものが
ある。まず太陽系の惑星の運動について，
次の問に答えよ。図1に示すように，惑
星が楕円軌道に沿って太陽のまわりを運
動している。楕円の半長軸の長さはa，

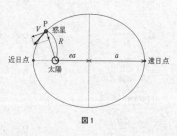

図1

楕円の中心と太陽との距離は ea（$0\leqq e<1$）である。惑星が楕円軌道上の
点Pを通過しているとき，惑星の面積速度は，点Pから太陽までの距離
Rと，点Pと太陽を結ぶ線分に垂直な方向の惑星の速度成分の大きさ V
を使って，$\dfrac{1}{2}RV$ と表される。

問1　ケプラーの第2法則（面積速度一定の法則）に基づき，近日点での
　　　惑星の速さが遠日点での速さの何倍になるかを求めよ。

　太陽の位置で常に惑星の方向を向くように回転している観測者Sを想
定する。この観測者Sには，惑星に遠心力がはたらくように見える。惑

星が点 P を通過するとき，S から見た惑星にはたらく遠心力の大きさは，同じ惑星が速さ V で半径 R の等速円運動をしている場合の向心力の大きさと同じである。

問2　観測者 S から見ると，近日点で惑星にはたらく遠心力の大きさは遠日点での値の何倍になるかを求めよ。

　問1に用いたケプラーの第2法則，および問2の遠心力の考え方は，物体に一点に向かう力（中心力）だけがはたらく場合の運動一般に適用できる。このことを参考に，地上で観察する物体の運動について以下の問に答えよ。ただし重力加速度の大きさは g とする。図2のように，小さな穴のあいた滑らかな水平台の上で，質量 $2m$ の小球が穴を中心に運動している。小球に付けられている糸は穴を通って鉛直下向きに下げられ，その先端に質量 m の小さなおもりが取り付けられている。水平台は地面に対して固定されており，台の面や穴での摩擦は無視できるほど小さい。小球とおもりの大きさ，穴の大きさ，および糸の質量は，いずれも十分小さく無視できるものとする。また糸は伸びたり縮んだり切れたりすることなく，常にぴんと張っている。この小球とおもりを観測者 A と B が見ている。観測者 A は，中心の穴の位置で常に小球の方向を向くように回転しており，観測者 B は，水平台に対して静止している。

　静止している観測者 B から見て，最初，小球は一定の角速度で等速円運動をしていた。このとき中心の穴から小球までの距離は r であった。

問3　観測者 A から見た小球にはたらく遠心力の大きさと，観測者 B から見た小球の速さをそれぞれ求めよ。

　ここに質量 Δm の，大きさの無視できる小さな蜂が飛んできて，静かに（速さゼロで）おもりにとまった。蜂の質量はおもりの質量よりずっと小さい（$\Delta m \ll m$）が，力のつり合いがくずれて，おもりと蜂は鉛直下向きに動き始めた。蜂がとまる前の位置からのおもりの変位を，鉛直下向きを正として x と表す。この変位の大きさは小球の最初の円運動の半径よりずっと小さく（$|x| \ll r$），糸は十分長いので，運動中に小球が穴の位置

に到達することはない。また，おもりの運動中，蜂はおもりに対して静止したまま一体となって動くものとする。

問4　変位が x のとき，観測者 B から見た糸に垂直な方向の小球の速さは，蜂がとまる前の何倍になるかを求めよ。ただし，蜂がとまっても小球には一点に向かう力（中心力）だけがはたらくので，面積速度一定の法則が成り立つことに留意せよ。

問5　変位が x のとき，観測者 A から見た小球にはたらく遠心力の大きさは，蜂がとまる前の何倍になるかを求めよ。

問6　前問で求めた遠心力の大きさと変位の関係を，$|x| \ll r$ であることを使って簡単な近似式で書き換えよう。一般に実数 z が $|z| \ll 1$ のとき，

$$(1+z)^n \fallingdotseq 1+nz$$

という近似が成り立つ（n は任意の実数）。この近似式を使って，変位が x のとき，観測者 A から見た小球にはたらく遠心力の大きさを，x の 1 次式で表せ。

問7　前問で得た遠心力の表式を使って，観測者 A から見た糸に沿った方向の小球の運動方程式を，加速度を α（小球が穴に向かう向きを正とする），糸の張力の大きさを T として，書け。また，蜂と一体となったおもりの運動方程式を α, T, m, Δm, g を用いて書け。

問8　小球の運動方程式および蜂と一体となったおもりの運動方程式から T を消去し，加速度 α を T を含まない式で表せ。

問9　前問で得られた加速度と変位の関係式は，糸に沿った方向の小球の運動と鉛直方向のおもりの運動を表している。$\dfrac{\Delta m}{m}$ が 1 に比べて十分小さいとき，おもりの変位が時間とともにどのように変動するかを解答欄のグラフに描け。ただし，蜂がとまった時刻を $t=0$ とし，グラフの横軸を $\dfrac{t}{\sqrt{\dfrac{r}{g}}}$，縦軸を $\dfrac{x}{\dfrac{\Delta m}{m}r}$ とする。あらかじめ記入されている目盛りに注意して描くこと。

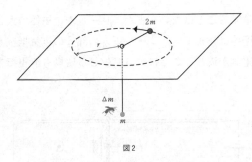

図 2

〔問 9 の解答欄〕

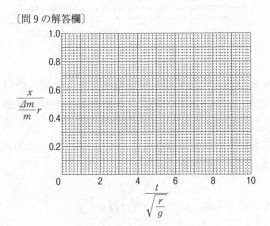

III　以下の問の答を解答用紙の該当欄に記入せよ。

　図1のように，2本の金属製の直線レールが水平面上で互いに平行に間隔 L 離して設置されており，その上に金属棒がレールに対して垂直に乗せられている。2本のレールの左端はそろっており，一方のレールの左端から金属棒までの距離ともう一方のレールの左端から金属棒までの距離は等しい。それぞれのレールには単位長さあたり λ の一様な電気抵抗があるが，金属棒の電気抵抗は無視できるものとする。水平面に対して垂直な向き（紙面の裏から表の向き）に磁束密度の大きさが B の一様な磁場がかけられている。図1のように，2本のレールの左端の間に起電力 E の直流電源を接続し，金属棒に大きさ F の一定の外力を左向きに加え続ける。レールと金属棒に電流が流れて金属棒はレール上を運動する。その間，金属棒はレールに対して常に垂直であり，レールは十分長くて金属棒がレ

ールの右端に達することはない。また，レールや金属棒の太さ，金属棒と
レールの間の摩擦は無視でき，レール以外の部分の電気抵抗も無視できる
ものとする。電流が流れることによって生じる磁場も無視できるものとす
る。

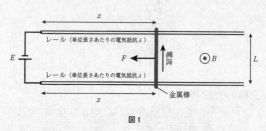

図1

問1　レールの左端から金属棒までの距離が x で，金属棒の速度が v の
　　とき，金属棒に流れる電流を答えよ。ただし，速度 v は図1の右向き
　　を正とし，電流は図1に示した向きを正とする。

問2　前問において金属棒にはたらく力のレールに沿った方向の成分を図
　　1の右向きを正として答えよ。

　　金属棒はやがてレール上のある位置に静止した。

問3　レール上のどこに静止したか，レールの左端からその位置までの距
　　離を答えよ。

問4　この静止状態においてレールの電気抵抗で消費される単位時間あた
　　りのエネルギーを x を含まない式で答えよ。

　　ここで，金属棒に左向きに加えていた外力の大きさを F からその3倍
の大きさ $3F$ に瞬時に変えて一定に保つと，金属棒はレール上を運動して
やがてレール上のある位置に静止した。

問5　レールの左端から金属棒までの距離は，外力の大きさを変える前の
　　静止状態における距離（問3の答）の何倍になるか答えよ。

問6　外力の大きさを変える前の静止状態から，この新たな静止状態に落
　　ち着くまでに，外力がした仕事を x を含まない式で答えよ。

　次に，図2のように，2本のレールの左端から距離 L のところをレールと同じ材質の直線状の金属線（ブリッジ）でつないだ。このブリッジにも単位長さあたり λ の電気抵抗がある。金属棒に大きさ F の一定の外力を左向きに加え続けると，金属棒はレール上を運動し，やがてレール上のある位置に静止した。レールや金属棒と同じくブリッジの太さは無視でき，金属棒とブリッジの間の摩擦も無視できる。また，金属棒はブリッジの部分でも滑らかに運動できるものとする。

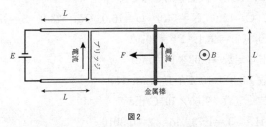

図 2

問7　この静止状態において金属棒に流れる電流を答えよ。ただし，電流は図2に示した向きを正とする。

問8　外力の大きさ F が小さく，静止状態における金属棒の位置が図2のようにブリッジよりも右側の場合，その静止状態においてブリッジに流れる電流は金属棒に流れる電流（問7の答）の何倍か答えよ。ただし，電流は図2に示した向きを正とする。

　この状態から金属棒に加える外力の大きさを変えてみよう。

問9　金属棒に加える外力の大きさを大きくし，静止状態における金属棒の位置がブリッジよりも左側になる場合，その静止状態においてブリッジに流れる電流を答えよ。

問10　静止状態における金属棒の位置がちょうどブリッジの位置になるときの外力の大きさを答えよ。

問11　静止状態における金属棒の位置がブリッジから右側に距離 L のところになるようにするには，外力の大きさを問10の答の何倍にすればよいか答えよ。

■化学■

（2科目　120分）

> 必要ならば，以下の数値を用いなさい。
>
> H＝1.0，C＝12.0，N＝14.0，O＝16.0，Na＝23.0，S＝32.1，
> Cl＝35.5，Ca＝40.1，Pb＝207.2
> アボガドロ定数：$6.02×10^{23}$/mol
> 気体定数：$8.31×10^3$ Pa・L/(mol・K)
> ファラデー定数：$9.65×10^4$ C/mol
> $\sqrt{2}$＝1.41，$\sqrt{3}$＝1.73，$\log_{10}2$＝0.3010

I 　つぎの(1)〜(10)の文中，（　A　），（　B　），（　C　）にもっとも適合するものを，それぞれA群，B群，C群の(ア)〜(オ)から選び，マーク解答用紙の該当欄にマークしなさい。

(1)　^{134}Cs は β 線を放出して（　A　）となる。β 線は，（　B　）。^{134}Cs は 1500 日後には 25% まで減少するので，この半減期はおおよそ（　C　）日と推定される。

A：(ア)　^{131}I 　　　　　　(イ)　^{133}Cs 　　　　　　(ウ)　^{134}Ba

　　(エ)　^{134}Xe 　　　　　　(オ)　^{138}La

B：(ア)　紙を透過しない

　　(イ)　紙を透過するが，厚さ 1cm の Al 板は透過しない

　　(ウ)　紙や厚さ 1cm の Al 板は透過するが，厚さ 1cm の Pb 板は透過しない

　　(エ)　紙，厚さ 1cm の Al 板，厚さ 1cm の Pb 板を透過するが，厚さ 1cm のコンクリートは透過しない

　　(オ)　紙，厚さ 1cm の Al 板，厚さ 1cm の Pb 板，厚さ 1cm のコンクリートを透過する

C：(ア)　375　　　　　　(イ)　750　　　　　　(ウ)　1000

　　(エ)　1060　　　　　(オ)　3000

⑵　同じ電子配置のイオン O^{2-}, F^-, Na^+, Mg^{2+}, Al^{3+} のうち, もっ
　ともイオン半径が小さいのは（　A　）である。これは,（　B　）が
　多いほど, 電子が強く原子核に引き付けられるためである。^{11}B, ^{14}C,
　^{14}N, ^{16}O, $^{19}F^-$, $^{23}Na^+$, ^{32}S, $^{35}Cl^-$ のうち, 原子またはイオンがもつ
　中性子の数と電子の数が等しいものは（　C　）個存在する。

　A：(ア)　O^{2-}　　　　　(イ)　F^-　　　　　　(ウ)　Na^+

　　　(エ)　Mg^{2+}　　　　(オ)　Al^{3+}

　B：(ア)　質量数　　　　(イ)　正の電荷　　　　(ウ)　中性子の数

　　　(エ)　負の電荷　　　(オ)　陽子の数

　C：(ア)　2　　　　　　(イ)　3　　　　　　　(ウ)　4

　　　(エ)　5　　　　　　(オ)　6

⑶　酢酸に十分な量の酢酸ナトリウムを加えた水溶液は（　A　）作用を
　示す。ここで, つぎの式において $[CH_3COOH]$ は加えた酢酸の濃度
　C_a に, $[CH_3COO^-]$ は加えた酢酸ナトリウムの濃度 C_b にほぼ等しい。

$$K_a = \frac{[CH_3COO^-][H^+]}{[CH_3COOH]}$$

　これより, 水素イオン濃度は（　B　）で表され, 同一モル濃度の酢酸
　水溶液と酢酸ナトリウム水溶液を 1：10 の体積比で混合した場合と,
　10：1 で混合した場合では, これらの pH は（　C　）程度変化する。

　A：(ア)　質　量　　　(イ)　緩　衝　　　　(ウ)　還　元

　　　(エ)　酸　化　　　(オ)　平　衡

　B：(ア)　$\dfrac{K_a C_a}{C_b}$　　　(イ)　$\dfrac{K_a C_b}{C_a}$　　　(ウ)　$\dfrac{C_a}{K_a C_b}$

　　　(エ)　$\dfrac{C_b}{K_a C_a}$　　　(オ)　$K_a C_a C_b$

　C：(ア)　0.1　　　　(イ)　0.2　　　　　(ウ)　1

　　　(エ)　2　　　　　(オ)　10

(4)　K^+，Fe^{3+}，Cu^{2+}，Zn^{2+}，Ag^+ のイオンが，それぞれ等しい物質量
　　含まれる水溶液がある。これに十分な量の希塩酸を加えると（　A　）
　　を含む白い沈殿が生成した。沈殿をろ過して除いたのちに溶液に硫化水
　　素を通じると（　B　）を含む黒い沈殿ができた。さらに沈殿をろ過し
　　て除いたのちに溶液を煮沸して硫化水素を除き，濃硝酸を少量加えた。
　　その後，アンモニア水を加えたところ，（　C　）を含む赤褐色の沈殿
　　が生じた。

A：(ア)　K^+　　　　　　(イ)　Fe^{3+}　　　　　(ウ)　Cu^{2+}

　　(エ)　Zn^{2+}　　　　　(オ)　Ag^+

B：(ア)　K^+　　　　　　(イ)　Fe^{3+}　　　　　(ウ)　Cu^{2+}

　　(エ)　Zn^{2+}　　　　　(オ)　Ag^+

C：(ア)　K^+　　　　　　(イ)　Fe^{3+}　　　　　(ウ)　Cu^{2+}

　　(エ)　Zn^{2+}　　　　　(オ)　Ag^+

(5)　化合物（　A　），（　B　），（　C　）はいずれも白色の固体である。
　　（　A　）と（　B　）は乾燥剤に用いられる。（　A　）は凍結防止剤
　　に用いられる。（　B　）は水との反応で1molあたりの発熱量がもっ
　　とも大きいため，弁当などの携行食品の加熱に用いられる。（　C　）
　　はセメントやチョークの原料に用いられる。

A：(ア)　$CaCO_3$　　　　(イ)　$CaCl_2$　　　　(ウ)　CaO

　　(エ)　$Ca(OH)_2$　　　(オ)　$Ca(HCO_3)_2$

B：(ア)　$CaCO_3$　　　　(イ)　$CaCl_2$　　　　(ウ)　CaO

　　(エ)　$Ca(OH)_2$　　　(オ)　$Ca(HCO_3)_2$

C：(ア)　$CaCO_3$　　　　(イ)　$CaCl_2$　　　　(ウ)　CaO

　　(エ)　$Ca(OH)_2$　　　(オ)　$Ca(HCO_3)_2$

(6)　理想気体とは異なり，実在気体は低温・高圧にすると気体の一部が凝
　　縮する。そのため純粋な実在気体は，一定温度において体積に対して圧
　　力は図（　A　）のように変化し，圧力一定にて温度に対して体積は図
　　（　B　）のように変化し，体積一定にて温度に対して圧力は図（　C　
　　）のように変化する。

A，B，C：

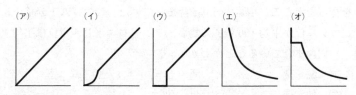

(7)　分子式 $C_5H_{12}O$ で表される化合物のうち，鏡像異性体は異なるものと
　　して数えた場合，ナトリウムを作用させても水素が発生しないのは（
　　　A　）種類，硫酸酸性の二クロム酸カリウム水溶液を加えたときにケト
　　ンになるのは（　B　）種類，また，塩基性の水溶液中でヨウ素と反応
　　して CHI_3 を生成するのは（　C　）種類である。
　　A：(ア)　3　　　(イ)　4　　　(ウ)　5　　　(エ)　6　　　(オ)　7
　　B：(ア)　3　　　(イ)　4　　　(ウ)　5　　　(エ)　6　　　(オ)　7
　　C：(ア)　3　　　(イ)　4　　　(ウ)　5　　　(エ)　6　　　(オ)　7

(8)　アンモニア性硝酸銀水溶液と反応させると銀が析出する化合物は（
　　　A　）である。タンパク質に（　B　）が含まれている場合，濃硝酸を
　　加えて加熱すると黄色になり，これを冷却してからアンモニア水を加え
　　て塩基性にすると橙黄色になる。臭素と反応させても臭素の色が消えな
　　いものは（　C　）である。
　　A：(ア)　アセトン　　　　(イ)　スクロース　　　(ウ)　シュウ酸
　　　　(エ)　エタノール　　　(オ)　ギ　酸
　　B：(ア)　リシン　　　　　(イ)　メチオニン　　　(ウ)　グルタミン酸
　　　　(エ)　チロシン　　　　(オ)　システイン
　　C：(ア)　ナトリウム　　　(イ)　リノール酸　　　(ウ)　アセチレン
　　　　(エ)　ポリエチレン　　(オ)　シクロヘキセン

(9)　空気を遮断して生ゴムを（　A　）すると，おもにイソプレンが得ら
　　れる。イソプレンの（　B　）を他の原子や原子団に置き換えた化合物
　　を，付加重合もしくは他の化合物と共重合させると，合成ゴムが得られ
　　る。たとえば，1,3-ブタジエンとアクリロニトリルを共重合させると

アクリロニトリルブタジエンゴムが得られる。このゴム 50 g の元素分析を行ったところ，窒素が 5.0 g 含まれていた。このゴム 1 分子中にブタジエン単位が平均 100 個ある場合，アクリロニトリル単位は平均（　C　）個含まれていることがわかる。

A：㋐ 脱　硫　　　　　㋑ 重　合　　　　　㋒ 乾　留

　　㋓ 加　硫　　　　　㋔ けん化

B：㋐ 水　素　　　　　㋑ メチル基　　　　㋒ ヒドロキシ基

　　㋓ ハロゲン　　　　㋔ 硫　黄

C：㋐ 24　　　㋑ 53　　　㋒ 56　　　㋓ 62　　　㋔ 81

(10)　卵白の中に多く含まれるタンパク質は（　A　）である。卵白を加熱すると無色透明から白色に変化するが，これは卵白中のタンパク質が（　B　）からである。これと同様の現象は，（　C　）現象である。

A：㋐ アルブミン　　　㋑ インスリン　　　㋒ ケラチン

　　㋓ コラーゲン　　　㋔ ヘモグロビン

B：㋐ 分解してアミノ酸になりそれが凝固する

　　㋑ 重合して凝固する

　　㋒ 変性して凝固する

　　㋓ 互いにジスルフィド結合により架橋され凝固する

　　㋔ 気化し微小な泡を生成する

C：㋐ 魚のあらを煮たものを冷やすと煮こごりができる

　　㋑ 魚を焼くと表面が黒く焦げる

　　㋒ 魚の骨を酢に漬けておくと柔らかくなる

　　㋓ 牛乳を加熱すると表面に白い膜ができる

　　㋔ 髪の毛にパーマをかけるとカールする

II　　つぎの問題の答えを，記述解答用紙の該当欄に記入しなさい。

(1)　ベンゼンとトルエンの混合溶液を蒸留により分離したい。そこで W 君は，図 1 のように装置を組み立てた。<u>先生から間違いを指摘された</u>ため，指摘点を直してから蒸留を開始した。その後加熱を止めて冷却し，三角フラスコ内の留出液を分析した。丸底フラスコ内にはまだ溶液
^(問1)

が残っていたので，三角フラスコを再度設置したうえで　<u>加熱を再開</u>
<u>した。</u>
_(問2)

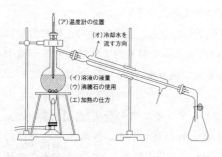

図1　実験装置図

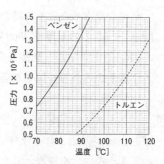

図2　ベンゼンとトルエンの蒸気圧曲線

問1　図1の(ア)〜(オ)のうち，間違いのある点を記号ですべて答えなさい。

問2　加熱を再開する際には，(ア)〜(オ)のいずれかに対してさらに対応が
　　　必要である。必要な対応を 10 字以内で答えなさい。

問3　ベンゼン（モル分率 0.50）とトルエン（モル分率 0.50）の混合
　　　溶液がある。この溶液の 90℃ におけるベンゼンの蒸気圧とトルエン
　　　の蒸気圧を，蒸気圧曲線（図2）を用いて有効数字2桁で答えなさい。

(2)　硫黄はさまざまな酸化数をとる元素である。　<u>二酸化硫黄は硫化水</u>
<u>素とも，ヨウ素と水とも反応する。</u>硫酸は二酸化硫黄から製造さ
_(問4)
れ，<u>濃硫酸は種々の反応を起こす。</u>　<u>濃硫酸から希硫酸を調製する</u>
　　　　　_(問5)　　　　　　　　　　　　　_(問6)
<u>ときは注意が必要である。</u>　<u>硫酸は鉛蓄電池にも使われる。</u>
　　　　　　　　　　　　_(問8)

問4　それぞれの反応前後での二酸化硫黄中の硫黄原子の酸化数の変化
　　　を答えなさい。

問5　濃硫酸をスクロースに作用させて完全に反応したときの化学変化
　　　と，熱濃硫酸を銅に作用させたときの化学変化を表す化学反応式を答
　　　えなさい。

問6　純水と濃硫酸をどのように混合したらよいか，適切なほうを記号
　　　で答えなさい。

　　(ア)　純水に濃硫酸を加える　　　　　(イ)　濃硫酸に純水を加える

問7 密度 1.84 g/cm³, 質量パーセント濃度 95.6% の濃硫酸 1.00 mL から, 密度 1.03 g/cm³, モル濃度 2.00 mol/L の希硫酸を調製したい。必要な純水の質量を有効数字2桁で答えなさい。

問8 1.00 A の電流を 3600 秒放電したとき, 鉛蓄電池の正極の質量は何 g 変化するか, 数値を有効数字2桁で答え, また増加するか減少するかのどちらか適切な語句を丸で囲みなさい。

(3) <u>ハーバー・ボッシュ法によるアンモニアの合成</u>は, 1913 年に工
(問9,10)
業的生産が開始され, 今日でも広く行われている。さらに, <u>下図に</u>
(問11)
<u>示すような白金を触媒としたオストワルト法</u>によりアンモニアから硝酸が工業的に製造されている。ただし, 下図で A と B はそれぞれある化合物を意味する。

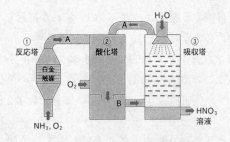

問9 ハーバー・ボッシュ法は, 窒素と水素からアンモニアを合成する工業的製造法である。N≡N, H−H, N−H の結合エネルギーはそれぞれ 942 kJ/mol, 432 kJ/mol, 386 kJ/mol である。ハーバー・ボッシュ法に対する熱化学方程式を答えなさい。

問10 窒素と水素からアンモニアが生成する反応の平衡定数および反応速度に関する記述として, 正しいものをすべて選び記号で答えなさい。

(ア) 圧力を上げると, 平衡定数は大きくなる。

(イ) 圧力を上げると, 平衡定数は小さくなる。

(ウ) 温度を上げると, 平衡定数は大きくなる。

(エ) 温度を上げると, 平衡定数は小さくなる。

(オ) 触媒を用いると, 平衡定数は大きくなる。

　㈹　触媒を用いると，平衡定数は小さくなる。

　㈸　温度を上げると，反応速度は大きくなる。

　㈺　温度を上げると，反応速度は小さくなる。

　㈹　触媒を用いると，反応速度は大きくなる。

　㈼　触媒を用いると，反応速度は小さくなる。

問11　オストワルト法の各工程で主として起こる化学反応のうち，窒素の酸化数がもっとも大きく変化する工程はどれか，図中の①，②，③の記号で答えなさい。

Ⅲ　つぎの問題の答えを，記述解答用紙の該当欄に記入しなさい。なお，構造式を書く場合，ベンゼン環は ⬡ のように書きなさい。

(1)　ある化合物を過剰量の水酸化ナトリウム水溶液と完全に反応させた。反応終了後，<u>反応溶液へ有機溶媒を加え，分液操作により有機層Ⅰ</u>_{（問1）}（上層）と水層Ⅰ（下層）の２層に分離した。有機層Ⅰは化合物 A を含んでいた。水層Ⅰに希塩酸を加えて中和した後，有機溶媒を加え，分液操作により有機層Ⅱと水層Ⅱの２層に分離した。有機層Ⅱは化合物 B を含んでいた。水層Ⅱには有機化合物は含まれていなかった。

　　<u>化合物 A は無水酢酸と速やかに反応し，分子式 C_8H_9NO で表される</u>_{（問2）}<u>ベンゼンの１置換体 C が生成した。</u>化合物 A を塩酸に溶かして氷で冷却し，亜硝酸ナトリウムの水溶液を加えたところ，化合物 D が生成した。<u>化合物 D の水溶液にフェノールの水酸化ナトリウム水溶液を</u>_{（問3）}<u>加えたところ，化合物 E が生成した。</u>

　　化合物 B は分析の結果，分子中にヒドロキシ基と不斉炭素原子を含み，炭素，水素，酸素のみからなる分子量 200 以下の芳香族カルボン酸であった。166.0 mg の化合物 B を完全燃焼させたところ，CO_2 396.0 mg と H_2O 90.0 mg を得た。化合物 B に過マンガン酸カリウム水溶液を作用させたところ，<u>化合物 F が生成した。</u>_{（問4）}<u>化合物 B は，気</u><u>体を発生して炭酸ナトリウム水溶液に溶解した。</u>_{（問5）}濃硫酸を触媒として化合物 B のメチルエステルを加熱したところ，二重結合をもつ化合物 G

と水が生成した。　化合物 G は臭素と反応し，2つの臭素原子を含む
_(問6)化合物 H が生成した。

問1　このような分液操作に用いる有機溶媒として，適切な化合物の名
　　　称を1つ答えなさい。

問2　下線部の化学反応式を答えなさい。化合物 A，C は構造式で書き
　　　なさい。

問3　下線部の化学反応式を答えなさい。化合物 D，E は構造式で書き
　　　なさい。

問4　化合物 F とエチレングリコールを縮合重合したものは，飲料の
　　　容器として使われる高分子である。化合物 F の名称を答えなさい。

問5　下線部の化学反応式を答えなさい。化合物 B は構造式で書きな
　　　さい。

問6　下線部の化学反応式を答えなさい。化合物 G，H は構造式で書
　　　きなさい。

(2)　以下の糖(ア)〜(カ)に関する問7〜問13に答えなさい。なお記号選択問
　　題の答えが複数ある場合はそのすべてを答えなさい。

　　(ア)　アミロース　　　　(イ)　アミロペクチン　　　(ウ)　グリコーゲン

　　(エ)　スクロース　　　　(オ)　セルロース　　　　　(カ)　マルトース

問7　すべてに共通する構成成分である単糖の名称を答えなさい。

問8　複数種類の単糖から構成されているものを選び記号で答えなさい。

問9　ヒトが食物として摂取しても栄養源として利用できないものを選
　　　び記号で答えなさい。

問10　ヒトが体内で合成できるものを選び記号で答えなさい。

問11　枝分かれしながら鎖状に連なった構造をもつものを選び記号で
　　　答えなさい。

問12　ヨウ素デンプン反応を示すものを選び記号で答えなさい。

問13　1gあたり還元できる銀イオンの量がもっとも多いものを1つ選
　　　び記号で答えなさい。

生物

（2 科目　120 分）

I　以下の問題文を読み，答えを解答欄に記入しなさい。

　真核細胞が細胞数を増やすためにおこなう分裂を（　あ　）とよぶ。（　あ　）は，多細胞からなる生物の個体を形成するために，また単細胞生物が（　い　）生殖をおこなうために必須の分裂様式である。これに対して，減数分裂は，単細胞生物および多細胞生物が（　う　）生殖をおこなうにあたり，（　え　）を作るために用いられる分裂様式である。

　両親からの（　え　）が合体してできた接合子は，その後（　あ　）を繰り返し，個体を形成する。両親からは一対ずつの染色体を受け継いでおり，生物種によっては雌雄で共通する（　お　）染色体と性別の決定にかかわる性染色体をもつものがある。

　減数分裂では 2 回の染色体分配がおこなわれるが，1 回目と 2 回目の染色体分配では本質的に異なる点がある。これを調べるために，ある単細胞生物を用いた以下の実験をおこなった。

【実験】

　図 1 に示すように，雄性の（　え　）がもつ第 1 染色体上の動原体の近く（動原体から約 30,000 塩基対離れた距離）に位置する A 遺伝子座に特殊な DNA 配列を挿入した。この DNA 配列に結合するタンパク質と緑色蛍光タンパク質（GFP という）との融合タンパク質を発現させることで，染色体の A 遺伝子座が緑色の蛍光を発するようにした。これに対して，雌性の（　え　）の第 1 染色体の A 遺伝子座には別の特殊な DNA 配列を挿入することで，そこに赤色蛍光タンパク質（RFP という）を結合させて赤色の蛍光を発するようにした。これら両者からなる接合子を多数作製し，その後，減数分裂を誘導した（問 2）。充分な解像度をもつ蛍光顕微鏡を用いて，減数第一分裂の直後に生じた連結した 2 細胞を観察すると，

GFP や RFP の蛍光像が分離している様子が見られた（問3，問4）。

　また，減数第二分裂において染色体が分配された直後の連結2細胞を同様に観察したところ，GFP や RFP の蛍光像について，減数第一分裂の場合とは異なる様子が観察された（問5）。

問1　空欄（　あ　）～（　お　）に入る適切な語句を解答欄に記入しなさい。

問2　減数第一分裂において，紡錘糸による染色体分配が起きる直前の様子を模式的に示したものとして，最も適切なものを図2の中から記号で選び，さらに選んだ根拠を説明しなさい。

問3　減数第一分裂で染色体が分配された直後の連結2細胞を観察したときに，最も高い頻度で観察される蛍光像は図3のどれか。その記号を選び，その判断の根拠を，減数第一分裂における染色体の分配様式にみられる特徴を挙げながら説明しなさい。

問4　問3に関連して，2番目に高い頻度で観察される蛍光像はどれか。図3から記号を選び，このような蛍光像を示す細胞が生じる理由を説明しなさい。

問5　問3で選んだ，正常でかつ高頻度で観察された減数第一分裂後の細胞が次に減数第二分裂に移行し，染色体の分配が起きた直後には GFP および RFP はどのような蛍光像を示すか。最も高い頻度でみられる蛍光像の配置を，解答欄の図の中に図3と同様の要領で記入しなさい。また，減数第二分裂における染色体分配の様式が，減数第一分裂の様式とどのように異なるのか具体的に説明しなさい。

問6　ある遺伝子（*B* 遺伝子とする）を完全に欠く変異体の接合子を用いて，同様の実験をおこなった。この変異体において，減数第一分裂をおこなった後に生じた連結2細胞を観察したところ，図4のアのような蛍光像を示す連結2細胞と，イのような蛍光像を示す連結2細胞がほぼ同じ頻度で出現するという異常がみられた。*B* 遺伝子から作られるタンパク質は，正しい減数分裂を起こすために具体的にどのような作用を染色体にもたらす因子だと推測されるか，考察しなさい。

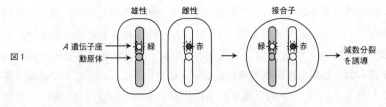

図1

図中の第1染色体以外の染色体は省略してある。

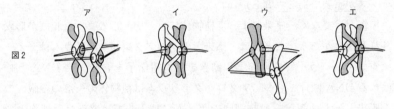

図2

図中の染色体の色の違いは，図1と同様に雄性・雌性の違いを示す。

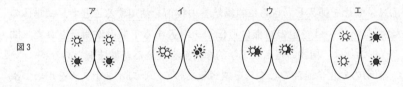

図3

減数第一分裂の結果生じた連結2細胞と，その中に図1に示した2色の蛍光像が見られる様子を模式的に示している。

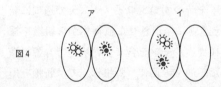

図4

II　以下の文章を読み，問いに答えなさい。

　傷つけられた植物が高い再生能力を示すことは昔からよく知られている。たとえばジャガイモの塊茎（イモの部分）を切って土に埋めると，やがて根や芽が生えて植物体が再生してくる。植物では，単離した一つの細胞が分化全能性をもつことが示されている。この性質は，植物の高い再生能力をもたらしている。

　植物体は傷つけられると，損傷部位にもともと存在していた様々な分化細胞が（　あ　）することで，（　い　）と呼ばれる不定形の細胞塊が形成される。（　い　）は傷口を覆うとともに，そこで新たな植物の幹細胞が作られ，組織の再編成の舞台となる。植物ホルモンの存在下で組織培養を行うと，（　い　）の形成を容易に誘導できる。細胞の（　あ　）や組織の再編成には，特に二つの植物ホルモン，オーキシンと（　う　）のバランスが重要である（問2）。

　損傷だけでなく，感染によって植物体に（　い　）のような腫瘍が形成される場合がある。たとえば，感染菌の一種アグロバクテリウムは，オーキシンや（　う　）を合成する働きをもつ遺伝子を含む，T-DNA と呼ばれる DNA 断片をもつ。アグロバクテリウムは植物体の一部の細胞にのみ感染し，T-DNA を植物細胞のゲノムに挿入して，感染した細胞の形質転換を行うことができる。アグロバクテリウムの T-DNA に特定の DNA 断片を挿入し，さらに組織培養の技術を活用することで，植物体の全細胞あるいは特定の組織に遺伝子を導入する実験系が開発された（問3）。これは，植物の遺伝子工学的な研究を支える基盤技術である。

　植物の分化全能性のしくみを調べるために，シロイヌナズナを用いて次のような実験をおこなった。まず，通常の個体では発現していないが，（　い　）でのみ発現している遺伝子を複数特定した。次に，遺伝子工学的な手法を用いて，これらの遺伝子を一つずつシロイヌナズナで過剰に発現させた。そのうちの遺伝子 W を過剰に発現させた植物体から組織を採取し，組織培養を試みたところ，植物ホルモンを含まない培地でも各組織から（　い　）が形成された。また，通常の個体（野生株）では胚軸を損傷させると（　い　）が誘導されるが，遺伝子 W を欠く変異体では抑制された。遺伝子 W を過剰に発現させた植物体では，（　う　）の合成系の遺伝子発現が促進されていた。一方，別の実験で特定された遺伝子 P にコードされるタンパク質 P は，遺伝子 W を含む多くの遺伝子の発現を抑制する。遺伝子 P を欠く変異体では，（　い　）の形成は（　え　）された。詳しく調べたところ，タンパク質 P は，ヒストンタンパク質をメチル化することがわかった（問4）。

問1　（　あ　）〜（　え　）に入る適切な語句を答えなさい。

問2　オーキシンと（　う　）が拮抗的に働く現象を一つ答えなさい。

問3　下線部に述べたように，T-DNA を植物の遺伝子改変の基盤技術に利用するためには，アグロバクテリウムの本来の T-DNA に目的とする個別の遺伝子を挿入するだけでは不十分であり，T-DNA を予め改変しておく必要がある。本文を参考にしながら，どのような改変が必要か，二種類以上述べなさい。

問4　ヒストンのメチル化によって遺伝子の発現が抑制されたのはなぜか，考察しなさい。

問5　分化全能性とは何か，簡潔に説明しなさい。また，分化全能性と多能性の違いを説明しなさい。

問6　植物で分化全能性を持つ細胞を誘導・維持するしくみと，動物で多能性を持つ iPS 細胞を誘導・維持するしくみにはどのような共通点があるか，本文全体を読んだ上で述べなさい。その際，以下の用語をすべて用い，用語には下線を引きなさい。（遺伝子 *W*，山中因子，未分化，ヒストン，遺伝子発現）

III

以下の個体群に関する二つの話題を読み，答えを解答欄に記入しなさい。

話題1

原生動物 X を大小 2 種類の容器で混合餌を与えて飼育したところ，小さい容器では図1Aのような個体数変動を，十分に大きい容器ではそれとは異なる個体数変動を示した（問1）。別の種類の原生動物 Y または Z を小さい方の容器で単独で飼育すると，個体数は図1Bまたは図1Cのような変動を示した。これらの原生動物を組み合わせて，小さい方の容器で以下の3つの飼育実験をおこない，個体数を毎日同じ時刻に計測した。ただし，どの実験でも混合餌を，その濃度が容器の大きさに関わらずおおよそ同一となるように毎日与え続け，排泄物と死骸を取り除いていた。また，餌の奪い合い以外に種間競争はなく，空間的な棲み分けがないこと，捕食・被食の関係にないこと，生殖の方法は観察期間中一定であること，異なる原生動物間（近縁種間も含む）で交配がないことを確認した。

実験1：原生動物 X と Y を混合飼育（結果を図1Dに示す）

実験2：原生動物 X と Z を混合飼育（結果を図1Eに示す）

実験3：原生動物 X，X′（X の近縁種），Y の3種類の混合飼育

ただし，初日の個体数の比率は，実験1と実験2では1：1，実験3では X：X′：Y＝1：1：2とした。

問1　下線部のような違いがなぜ生じたか説明しなさい。さらに，十分に大きい容器で飼育した場合の個体数変動の概略を解答欄のグラフ（図1 A と同じグラフが示されている）に描きなさい。

問2　実験1の2種類の原生動物では食性や摂餌量は同じであることがわかっている。図1 B と図1 C のうちどちらが原生動物 Y の単独飼育の個体数変動を示しているか記号（B または C）で答え，それを選んだ理由を簡単に説明しなさい。さらに，図1 D の（　あ　），（　い　）に対応する動物種の記号を（X，Y）から選んで書きなさい。

問3　実験2で用いた原生動物 Z の単独飼育の個体群変動のプロットは問2で選ばれなかった方（図1 B または図1 C）である。図1 E に示すように，原生動物 X は，単独で飼育した場合（図1 A）と比べて個体数がわずかに小さい値に収束し，Z と共存している。これらのことから，X と Z の種間競争についてどのようなことがいえるか書きなさい。

問4　実験3の原生動物 X′ の単独飼育の個体群変動のプロットは図1 A とほぼ同じで，その他の習性も原生動物 X のものと同じである。実験3の3種類の個体数はどのような時間経過をたどるか，グラフを描きなさい。そのとき，3種類のプロットが区別がつくように工夫し，さらに，プロットと動物の対応関係がわかるように図中に示しなさい。

話題2

　動植物の個体群は図2のように特徴的な配置パターンを示すことがある。図2 A は他個体の配置とは無関係なランダム配置，図2 B は個体が密に集合した配置，図2 C はおおよそ一定の距離を置いた配置である。魚群や草食動物の群れでは，より強大な捕食動物から身を守るために個体間で互いに引き合う力が働き，その結果図2の（　う　）のような配置になる。これらに類似した配置は，多細胞生物の組織中でも見られることがある。例えば，イモリの発生過程において，神経胚から，表皮になる部分の細胞と神経板の細胞を分離し混合して再培養すると，内側に神経板細胞群が自発

的に再集合することが知られている（問6）。また，網膜などの神経細胞では，同種の細胞から伸びる樹状突起が互いに重なり合わないように平面状に広がる事例が知られており，このとき細胞の中心（細胞体）は図2Cのように配置される（問7，8）。

問5　（　う　）に入る適切な配置の記号をＡ，Ｂ，Ｃから選び答えなさい。

問6　下線部の例で神経板細胞群が自己集合するのは細胞間にどのような作用があるためか，そのしくみを具体的に答えなさい。

問7　個体群で図2Cの配置となる動植物の事例を一つあげ，個体間でどのような作用が働いてそのような配置になるのか述べなさい。

問8　下線部の例でどのようなしくみがあれば，樹状突起が重なり合わないように広がることができるか考えて答えなさい。

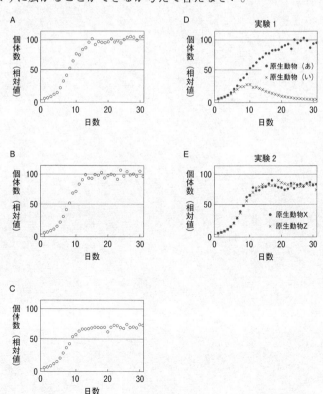

図1　個体数と日数の関係：個体数は相対値（基準値はすべて共通）で示している。

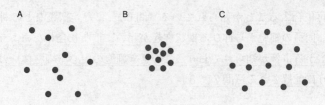

図2 個体群の空間パターンの例

教学社 刊行一覧

2025年版　大学赤本シリーズ

国公立大学（都道府県順）

374大学556点 全都道府県を網羅

2025年版　大学赤本シリーズ

国公立大学　その他

※ No.171〜174の収載大学は赤本ウェブサイト（http://akahon.net/）でご確認ください。

私立大学①

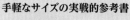

いつも受験生のそばに──赤本

大学入試シリーズ＋α
入試対策も共通テスト対策も赤本で

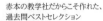

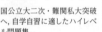

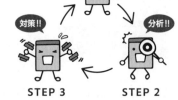

大学赤本シリーズ
別冊問題編

2025